Willibald Gawlik

Götter, Zauber und Arznei

Uxori liberisque carissimis

Willibald Gawlik

Götter, Zauber und Arznei

Barthel & Barthel
Verlag

1994

© 1994 Barthel & Barthel Verlag GmbH, Schäftlarn
Lizenzausgabe der Barthel & Barthel Publishing Corp.,
New York
Satz: Barthel & Barthel Verlag, Schäftlarn
Druck: WB-Druck, 87669 Rieden am Forggensee

ISBN 3-88950-094-3

Inhaltsverzeichnis

Teil I

Teil III

Götter — Zauber — Arznei

Bei der heutigen Betriebsamkeit einiger Behörden — dabei denke ich z. B. auch an das Bundesgesundheitsamt — ist es durchaus möglich, daß auch einmal Bücher rezeptpflichtig gemacht werden. In solch einem Fall besteht meine Hoffnung vor allen Dingen darin, daß dieses Buch nicht eines Tages in den Apotheken als Schlafmittel verkauft wird.

Martial (Marcus Valerius Martialis) war ein römischer Epigrammatiker, der etwa um 40 n. Chr. geboren wurde und etwa 103 n. Chr. starb. Er galt als ein sehr ironischer, mitunter scharf geißelnder Kritiker, der mit kurzen Sprüchen alles sagen konnte, was er wollte.

In einem Doppeldistichon zitiert dieser Martial sehr selbstbewußt und erfolgsbewußt die Wechselbäder der Seele, einmal mit heißen, einmal mit kalten Kausalwirksamkeiten, die er durch sein Publikum durchmachen muß, wenn er ein neues Epigramm vorträgt, oder gelegentlich auch ein neues Buch als Rolle herausgibt. Er beschreibt seine eigene Seelenerwärmung ob dieser Publikumswirkung:
„Überall lobt und liebt und singt mein Rom meine Büchlein;
jedermann hat mich im Sack, jedermann mich in der Hand.
Sieh: Der wird rot, der bleich, der erstarrt, der gähnt,
und der verwünscht mich;
recht so!
Jetzt lob'ich mir meine Gedichte auch selbst."

Vorwort

Liebe Freunde! Liebe Leser und alle, die Fragen haben über Arzneien, deren Entstehung, deren Sinn und deren Zauber!

Den Impuls zu diesem Buch gab das Anliegen meiner Freunde, meiner Schüler und meiner Zuhörer in unzähligen Vorträgen über homöopathische Arzneimittel. Ich habe bei diesen Vorträgen immer wieder versucht, das Arzneimittel, gleichgültig ob es eine Pflanze war oder ein Metall, ein Mineral oder ein Tierstoff, so transparent zu machen, daß der Zuhörer nicht nur die chemischen und physikalischen, die biochemischen, die ökologischen und alle anderen Faktoren einer Arznei kennenlernt, sondern auch versucht aufzuzeigen, daß man sich auch an dem Namen dieser Stoffe orientieren kann, ganz gleich ob es ein Tier, eine Pflanze oder ein Metall ist, daß nämlich dieser Name häufig bereits die Wirkung des Arzneimittels beinhaltet. Das werden Sie hier erleben.

So können selbst Metalle und Mineralien äußerst lebendig werden, man kann sie viel leichter verstehen, wenn man ihren Werdegang im Laufe der Jahrhunderte und der Jahrtausende kennengelernt hat, wenn man ihre Stellung in diesem Weltgeschehen erkannt hat. Dann werden diese Arzneimittel nicht nur als chemische Formeln gesehen. Diese Formeln werden auf einmal beweglich, fangen an, Gestalt anzunehmen, zeigen völlig unbekannte Umrisse, die teilweise einen magischen Charakter tragen, was ja zu den Zaubermitteln geführt hat. Darüberhinaus wird das Wesen aller dieser Mittel richtungweisend zum Schöpfer hin. Sie alle haben eine Struktur im Inneren, die einer Leiter gleicht, die schließlich mit ihren Sprossen den Weg nach oben bis zum Himmel weist.

Seit Jahrtausenden gibt es Bücher über Kräuter, Pflanzen, Mineralien und Arzneien. Vom Ernsthaften bis zum Magischen, vom Heiteren bis zum Lyrischen.

Die Bedeutsamkeit dieser Bücher wird jeweils vom Standort des Betrachters heller oder dunkler, und der Leser gewinnt Einblicke, die ihm bisher unbekannt waren.

In diesem Buch nun will ich Sie hinführen zu den Arzneimitteln, besonders im Bereich der Homöopathie und der Phytotherapie, über den Weg der Mythologie und der Etymologie, über den Weg der religiösen Betrachtung, den Weg der Magie und des Zaubers bis hin zum konkreten, in naturwissenschaftlichem Zeitalter beweisbaren, meßbaren und reproduzierbaren Arzneimittel.

Es war immer das gleiche Mittel, das man bei bestimmten Krankheiten gegeben hat in Tausenden von Jahren. Aber die Betrachtungsweise hat sich im Laufe der Jahrhunderte geändert. Wenn wir diese Jahrhunderte durchgehen und ihnen unsere Aufmerksamkeit schenken und dabei auf die Pflanze schauen, so kommen wir an Fragen der Nahrung, des Nutzens, an Fragen von Würz- und Zauberkräften und an Fragen der Heilung heran, die die Pflanze je nach der Betrachtungsweise wertete. Und bei allen diesen Erkenntnissen entsteht von unserer Seite eine unmittelbare Beziehung zur Pflanze, wo wir unser eigenes innerstes menschliches Wesen auch wieder treffen und wo unser Wissen immer weiter geraden Weges zur kosmischen und religiösen Dimension geführt wird, je mehr wir uns mit der Transparenz dieser Geschöpfe beschäftigen.

Sie sollen in diesem Buch eine Verflechtung finden des großen riesigen Lebensbaumes, des Pflanzenreiches, das wie eine Wunderblüte der Schöpfung dasteht, das aber auch mit dem Geist verflochten ist, der am letzten Schöpfungstag den höchsten Stamm des bewegten Lebensreiches der Wirbeltiere hervorbringt mit dem Wunder Geist. Fast unergründlich scheinen die Verflechtungen, sowohl der Minerale als auch der Metalle, der Tiergifte und der Pflanzen, die geprägt sind von Jahrtausenden. Auf riesigen Geraden, aber auch auf

Umwegen hat der Mensch sich vorsichtig und tastend an diese Geschöpfe herangepirscht, hat sie betrachtet, hat sie benutzt, untersucht und sie schließlich verwendet. Das sehr moderne Wissen um die toxischen Stoffe der Tiere, aber auch um die Wirkung und Wirksamkeit von Metallen und Mineralien, schließlich auch über die Inhaltsstoffe der Pflanzen weit über deren Wunderwirkung und Farbe, Duft, Aussehen und magische Kräfte hinaus, das alles sollen Sie beim Lesen dieses Buches spüren: Diese Arzneien sind uns als Ärzte Freund geworden, Freund in der Hand eines Arztes, der sie benutzt und um ihre Kräfte weiß. Der Arzt, der sich auf solche Freunde verlassen kann, und der Freund, der hilft, den kranken Menschen zu heilen. Etwas von dieser Faszination, von dem Wunder der Annäherung, dem Erstaunen in der Begegnung und der riesigen Freude der Erkenntnis möchte ich hier berichten.

Aristoteles spricht in seiner Einleitung zu der später, in der „Metaphysik" zusammengefaßten grundlegenden Vorlesungsreihe, von dem Staunen sei das Philosophieren — in diesem Falle heißt das, die Wissenschaft — ursprünglich ausgegangen. Es führt dabei einmal zu einer Verwunderung, die wir empfinden können, einer Verwunderung, die uns verwirrt, verstört oder sogar erschrecken kann. Schließlich zu einer Bewunderung die uns wiederum, aber in anderer Weise, die Sprache verschlägt und dann zu einer „sprachlosen" Bewunderung umschlägt. Hier, zwischen diesen beiden Arten des Wunderns, ist das Staunen angesiedelt. Das läßt uns die Freiheit der Erkenntnis, aber auch die Freiheit, zu fragen. Und, so sagt Aristoteles, von solchem Staunen ist alles, auch die Wissenschaft, ausgegangen. Zunächst einmal war das Staunen so, daß es sich nicht einordnen ließ in bestimmte Fächer oder gar Fakultäten. Erst ganz langsam, Schritt für Schritt, ging man im Denken weiter. Von der Erde zum Mond, vom Mond zum Himmel, zur

Sonne, zu den Sternen und zum All überhaupt und seinem Entstehen.

Er sagt dabei wörtlich: „Denn wer nicht weiterkommt, wer sich nicht wundert und staunt, der geht davon aus, daß er nichts weiß."
Bei diesen Worten denkt man schon an den Lehrer von Aristoteles, an Sokrates, jenen, ja mit einem ironisch-sarkastischen Gesichtsausdruck versehenen Schalkgesicht, der uns das „Ich weiß, daß ich nichts weiß" beigebracht hat.

Für alle, die Aristoteles nicht gleich wieder in der gesamten „Metaphysik" lesen wollen, wenngleich es sich schon sehr lohnt, nur kurz, daß hier Aristoteles den Weg des Erkennens nachzeichnet, der den Unwissenden aus dem sich Wundern und dem Staunen zum Erkennen und zum Verstehen führt und dabei einen Rückblick riskiert zu einem Neuen Sich-Wundern und Staunen darüber, wie er über dieses und jetzt eben Erkannte zuvor hat noch staunen können. Dabei nimmt Aristoteles verschiedene Beispiele aus der Technik, z. B. die mechanischen Wunderwerke der sogenannten Figuren auf dem Jahrmarkt, richtige Automaten bereits, dann aber auch ein Beispiel aus der Naturwissenschaft, nämlich die Wechsel der Jahreszeiten und schließlich ein drittes aus der Mathematik: Die Irrationalität oder besser gesagt die Immensurabilität der Diagonale im Quadrat, die mit der Seite im Quadrat von 1,0 x 1,0 cm kein noch so kleines gemeinsames Maß besitzt.

„Es muß doch für jeden, der schon die gesamte Wissenschaft kennt, höchst verwunderlich sein, und dann beginnt man wieder zu staunen, daß sich eine Ursache dafür nicht findet, wenn eine Größe sich selbst durch eine noch so kleine Größe sollte messen lassen. Doch dieses muß zu guter letzt, mit dem Sprichwort, auf das Gegenteil und auf das Bessere hinauslaufen, wie es ja auch bei den hier genannten Problemen allen ergeht, sobald sie die Verhältnisse erst ein-

mal klar verstanden haben. Denn über eines muß man sich im Klaren sein, nichts auf der Welt würde einen Menschen, der etwas von Geometrie versteht, in solches Staunen und Verwundern versetzen, wie wenn die Diagonale im Quadrat von 1,0 x 1,0 cm auf einmal Immensurabel werden sollte."
(Zitiert nach Euklid)

Sehen Sie meine Damen und Herren, so ist es bis heute. Bevor Einstein seine Theorien entwickelt hat, wäre jeder Physiker höchst erstaunt gewesen, zu hören, daß nichts auf der Welt schneller sein könne, als das Licht; seit Einstein aber wäre jeder Physiker noch viel erstaunter, zu sehen, daß irgend etwas wirklich schneller wäre als das Licht.

Vielleicht werden wir uns am Ende unseres Denkens oder des Denkens der Menschheit überhaupt, auch darüber einmal wundern können, daß wir selbst über die Entstehung des Alls jemals haben staunen können!
Es kann natürlich auch möglich sein, daß wir am Ende aller Erkenntnis und allen Wissens, wenn wir auch alles über die Grenzen des Alls wissen und über die Sterne und vielleicht sogar über uns selbst, daß wir dann vielleicht erst am Anfang des Staunens angelangt sind.

Hier sind wir vielleicht noch vor dem Anfang des Staunens und trotzdem wird noch einiges für Sie übrig bleiben, worüber Sie auch heute noch staunen können. Wenn mir das ein einziges Mal nur auf irgendeiner Seite gelingt, dann bin ich glücklich und dankbar. Ich wünsche Ihnen viel Freude an der Lektüre.

Einleitung

Es wird wohl niemand ernsthaft mit der kühnen These auftrumpfen wollen, „wir" Deutsche, so sehr wir uns auch auf „unsere" Griechen, auf „unseren" Goethe und andere und ihre Weisheitsworte zu berufen pflegen, hätten mit jenem unschätzbaren Kapital, das sie uns als Erbe hinterlassen hatten oder haben, weidlich gewuchert. Wir durchlaufen gerade heute, 150 Jahre nach dem Tode Goethes, über 2000 Jahre nach Plato, Sokrates und Aristoteles, die seither wohl humanistenfernste Phase, und niemand wird uns nachrühmen wollen, wir gäben uns Mühe, uns aus diesem geistigen Tief, in das wir hineingeraten sind, sicher nicht ohne unsere Schuld, wieder emporzuraffen. Vielleicht ist das Gegenteil der Fall. Wenn aber nicht alles täuscht, sind wir alle auf dem besten Wege, unseren geistigen Offenbarungseid ablegen zu müssen. So ist doch unsere derzeitige emanzipatorische Arroganz, die strikt ablehnt, sich auf Lebenserfahrung anderer zu berufen, nicht in der Lage, uns unserer großen Vorbilder zu bedienen, um mit geistigen Sturmböen und Orkanen einer apokalyptischen Zeit fertig zu werden, für die eine amorphe metabolisierte Meute ambivalenter ametaphysischer Spießbürger und dialektisch-materialistischer Konsumenten oder auch rein materialistischer Sykophanten in keiner Weise gerüstet ist.

Man ahnt diese Dekadenz doch schon, wenn man Menschen, – deren Verstand einen von keinerlei Sachkenntnis getrübten Infantilismus zeigt –, gegen medizinische Teilgebiete vorgehen sieht wie gegen die Phytotherapie oder gegen die Homöopathie. Sie alle exhumieren uralte Gedanken, die schon seit 150 Jahren begraben sind, und von allen Gegnern der letzten 150 Jahre getragen wurden; sie führen also wie in der Gerichtsmedizin üblich, eine Exhumierung durch, dabei gebärden sie sich, als wäre es eine Auferstehung.

Die Zerstörungswut unserer beruflich konditionierten Unterminierer und dieser fast intellektuellen Denkmalsdemonteure hat sich auch im Fachgebiet der Homöopathie und Phytotherapie geradezu barbarisch ausgetobt, weil man einfach nicht ertragen kann, die eigene Unzulänglichkeit in der einsamen Größe einer solchen für die Zukunft tragenden Methode gespiegelt zu sehen.

Mittlerweile sind nun auch die, ach in unserer Zeit so hochgejubelten Gegenwartsliteraten oder auch „gegen Homöopathie-Literaten" mit Pauken und Trompeten in die Logenplätze eingerückt, wo sie ungeniert ihr fragwürdiges Rüpel- und Satyrspiel abziehen. Es schert sie dabei sehr wenig, daß unsere inzwischen bereits zu Jahren gekommenen Musen angesichts solcher Praktiken ihre schon von vielen Dingen gramgebeugten Häupter verhüllen. Sie müssen vielleicht doch zähneknirschend zur Kenntnis nehmen, daß man über unsere, ach so oberflächlichen, aber hoch dotierten modernen Weltbeglücker in unserer Zeit viel schneller als man denkt, zur Tagesordnung übergehen wird. Sie haben uns so gründlich verteufelt, wie es sich für so progressive Geister von selbst versteht. Das eigentliche Werk der Naturheilkunst und der Homöopathie mit ihrer Hintergründigkeit und ihrer Transparenz, das haben sie bewußt mit eisigem Schweigen übergangen. Vielleicht haben sie es noch nicht einmal gesehen, noch nicht einmal erkannt, geschweige denn begriffen.

So sei dieses Buch diesen fast ideologisch verklemmten Literaten wie ein rotes Tuch gewidmet, gleich in welchem trüben Fahrwasser sie zur Zeit wohl schwimmen mögen. Die Homöopathie wird auch diese geistigen Gnome und Pygmäen, die Mühe haben, ihre verbogenen Seelenachsen zu verbergen, überleben.

Ein Mann, dem keine menschlichen Eigenheiten unbekannt blieben und der immer aufs Neue erfahren mußte, daß das

Niederträchtige stets und immer das Mächtige ist und bleibt, hielt sich schon zu seinen Lebzeiten nicht allzu lange mit den schlechten Allüren des intellektuellen Mobs auf, den er aus des „Chaos wunderlichen Söhnen" rekrutiert fand. Es war Goethe.

Und er hatte für dergleichen höchst anrüchige und bedenkliche menschliche Phänomene stets so überaus herzhafte Sentenzen bereit, wie z. B. diese:

„Wanderer! Gegen solche Not
wolltest Du Dich sträuben?
Wirbelwind und trocknen Kot
laß sie drehn und stäuben."

Eine zwischen Zweifel und Verzweiflung hin und her getriebene Masse, auch im Bereich homöopathischer Könner, ist häufig in ihrer Ratlosigkeit Meditationspraktiken und Ersatzreligionen aufgesessen, ohne sich in ernsthafter Bemühung der eigenen kulturellen Vergangenheit zuzuwenden, auch wenn jene Tausende von Jahren zurückliegt. Hier liegt nämlich die einzige praktikable Orientierungshilfe in einer Zeit, die eigene geistige Positionslichter setzen und damit wieder Licht hereinbringen kann in die düstere Zeit.

Lassen Sie sich nicht durch die geistig abgeschlaffte und von allen Quellen wahren Lebens abgeschnittene Gesellschaft führen. Mobilisieren Sie konzentriert Ihre letzten geistigen Reserven, damit wieder Licht hereinkommt in diese geistig so traurige Zeit. Denken Sie mal an die Worte von Karl Himmermann, die er auf Goethes Grab in der Weimarer Fürstengruft anspielend, sagte:

„Hierher soll man junge Leute führen, damit sie den Eindruck eines soliden, redlich verwandten Daseins gewinnen. Hier soll man sie drei Gelübde ablegen lassen:

„Die Gelübde des Fleißes,
der Wahrhaftigkeit,
der Konsequenz."

Vor solchen beschwörenden Gedanken sollten wir Halt machen. Ich habe es versucht, mit Fleiß, mit Wahrhaftigkeit; ich habe versucht, die rote Linie der Konsequenz eines großen Teiles unserer Arzneimittel, nämlich aus den Pflanzennamen und Tier- wie Mineralnamen heraus den Inhalt und den Gehalt des Arzneimittels zu erkennen. Diese Gedanken habe ich hier niedergeschrieben in der Hoffnung, ein ganz kleines Lichtlein angezündet zu haben, damit Sie hindurchsehen können, nicht nur durch die Wunder der Natur, sondern auch durch diese Welt ein bißchen in die alte Welt der Mythen. Durch jene wiederum hindurch in die Welt des Olymps hin zu den Göttern. Von der Arznei über den Zauber hin zu den Göttern schauen und von den Göttern her über den Zauber zu der Arznei Vertrauen erringen, gewinnen und besitzen.

Es mag die Einleitung sehr ernst und leidenschaftlich geklungen haben, und doch hoffe ich, daß Sie manches Mal schmunzeln werden beim Lesen dieser Zeilen. Ich hoffe es deshalb, weil ich den kleinen Humor, manchmal diesen ehrlichen, aufrechten Witz und das Wort zur rechten Zeit, das Spannungen lösen kann, einzuflechten versucht habe. Und zwar aus der Überzeugung heraus, daß Gott die Welt nicht aus einem tierischen Ernst heraus erschaffen hat. In ihm war das Göttliche und ihm ist es eigen. Jenes Göttliche, das vom strafenden Ernst bis zum „Μελιευσι γελευσι" („Melieusi geleusi") reicht, dem „honigsüßen Gelächter". Hiervon nahm ich mir das Recht, ein wenig auch lächeln zu lassen.

Und so entstand eine, wenn auch nur sehr kleine, genau genommen nur bruchstückhafte Arzneimitteldarstellung, in der erstmals der reine Ernst vertrieben worden ist, aber all das Ehrliche ernst erscheint. Immer mit dem Gedanken, daß der frohe Mut viel leichter in der Lage ist, Schöpfung zu lehren und zu lernen. Das ist mein Wunsch, mit dem ich dieses Buch auf den Weg schicke.

Götterglauben, später Okkultismus und Magie, schließlich Signaturenlehre, naturphilosophische Grundlagen und moderne naturwissenschaftliche Erkenntnisse zeigen eine Palette von Erkenntnissen auf, deren Tragweite größer ist als der Radius eines Regenbogens. Daß hier in diesen riesigen und weiten Gebieten des Lebens unendlich viele Standpunkte andere Bilder ergeben, ist selbstverständlich und normal.

Hat man aber einmal alle diese eben genannten Voraussetzungen studiert, reiflich überlegt, um dann mit den gewonnenen Erkenntnissen einen Überblick zu gewinnen über all das, was die Weltgeschichte uns schon geschenkt hat, zusätzlich zu der Schöpfung, aus der wir diese Erkenntnisse herausgeholt haben, dann erleben wir, daß hier, wie überhaupt in weiten Gebieten des Lebens, mit der sogenannten kausal-mechanischen Welterklärung nichts zu erreichen ist.

Es wird immer einleuchtender, daß jedes einzelne Lebewesen eine Eigengesetzlichkeit hat, indem es das Naturgebiet seines Lebensraumes für besondere Zwecke modifiziert und das nicht nach einer bewußten Erkenntnis, sondern nach einer für uns noch völlig unbegreiflichen schöpferischen Kraft. Wir können die gegenseitigen Beziehungen all der Geschöpfe zum Menschen nicht einfach in ein Schema hineinstecken wie es der Weg einer mathematischen Wissenschaft wäre, sondern man muß sich durch ein gewisses Einfühlen mit dem Sinn für die Gestalten der einzelnen Geschöpfe, der Pflanzen, der Mineralien, der Metalle und der tierischen Gifte einen Sinn erarbeiten, aber auch erfühlen. Und wenn diese Betrachtung fruchtbar sein soll, dann brauchen wir einen Eindruck, sei er sympathisch oder auch ablehnend, es spielt keine Rolle. Hier möchte ich Sie einführen – ein wenig nur – in die Wunder der Schöpfung.

Aber auch in die Probleme, die Komplikationen, die verschlungenen Umwege der Erkenntnisse der vielen Jahrhunderte, damit wir sehen, daß der menschliche Geist bereits beim Überblick versagen muß, weil er einfach überfordert ist. Doch es gibt einen roten Faden durch all diese verschiedenen Erkenntnislehren bis hin zur modernen Naturwissenschaft.

Diese sind so erstaunlich, daß ich sie einmal zusammenfassen möchte, wenn auch nur in kleinen Ausschnitten. Am Anfang waren es die Instinkte von Antipathie und Sympathie, die uns zuerst geführt haben. Es waren die Götter, sei es am Olymp oder auf anderen religiösen Thronen, die uns die ersten Erkenntnisse brachten. Aus den Religionen und den Erfahrungen kamen neue Dinge hinzu, die wie das Salz des Göttlichen hineinkamen in unsere Erkenntnis. Alle sind von der Stunde der Vergänglichkeit ereilt worden. Wir aber dürfen nicht vergessen, daß menschliche Erkenntnis so aufgebaut ist, daß sie sich teilen muß zwischen der doch sehr schmalen Erkenntnis wissenschaftlich-mathematisch-physikalischer Zahlen, die ja früher nichts anderes war als die rinnenden Sanduhren, und auf der anderen Seite dem Strömen und den riesigen Wogen mächtiger und geheimnisvoller Mächte in dieser Schöpfung.

Auf der einen Seite müssen wir eine Anleihe nehmen bei dem von dem Verstand erfaßten Wissen und uns auch über Zahlenwerte, über Laborparameter Strukturen schaffen in der modernen Wissenschaft. Und es wird uns das Staunen ergreifen, je mehr wir uns damit beschäftigen.

Uns mag die Heilkunde auch durch noch so unglaubliche Entdeckungsfolgen der letzten Jahrzehnte bewundernswert und äußerst hilfreich für den Patienten geworden sein, für uns Ärzte steht die Hilfsbedürftigkeit der kranken Wesen doch noch im Vordergrund, die sich paaren muß mit unserer Hilfsbereitschaft, diese aber nun muß auf dem weitesten Gebiet der Künste handeln und auch alle anderen, vom mythologisch bis zum geistig-religiösen Haltungsbewußtsein heraus stehenden Kräfte fordern.

Es ist ziemlich gleich, welchen Weg die moderne Medizin geht, die moderne Betrachtung der Welt, sei sie biologisch, ökologisch, biochemisch oder physikalisch-chemisch betrachtet. Nur die Zusammenhänge müssen immer auf einen einzigen Nenner kommen, nämlich auf die von Paracelsus sehr deutlich gegebene Bezeichnung:
„Zugrunde liegt die Ordnung Gottes."

Die Tatsache, daß alles was bisher geworden, erkannt und geschaffen, wissenschaftlich erforscht worden ist, ist *so* geworden, daß der eigentlich schon vermessene Mensch das gesicherte Gebiet verläßt, wo der Glaube waltet und die Schöpfung. Interessant dabei ist allerdings die Tatsache, die man gerade bei den großen Geistern immer wieder findet, nämlich je mehr und je weiter sie sich in ihre exakten Wissenschaften hinein vertiefen, um so eher verlassen sie gerade diesen Weg von Glauben und Schöpferkraft, um auf Umwegen wieder auf ihn zurückzufinden.

Man muß von der griechischen Mythologie über die Geschichte der Völker und die vergleichende Religionsphilosophie hinweg zur systematischen Botanik, aber auch zur deskriptiven Botanik und zur Philosophie finden. Man muß über diese groß angelegte Kulturphilosophie hinaus naturalistisch denken können, nicht ohne die Grundlage religiöser Lehren zu verlassen. Man muß auch in der Lage sein, die Gesamtheit der Entwicklung der Welt in all ihren Sparten zumindest zum Teil auch erfassen, um zu begreifen, welche Macht und Fülle, welche ungeheueren Tiefen und Wunder in der Schöpfung liegen.

Ich möchte in diesem Buch etwas vom geistigen Gefüge, nicht nur der Schöpfung, sondern auch unserer Arzneimittel vermitteln. Das ist eigentlich meine Ernte der letzten Jahre aufgrund vieler tiefer Betrachtungen auf allen den von mir genannten Gebieten.

Im weiteren dieser Einleitung möchte ich den Grundtenor dieses Buches verständlich machen.

Sophokles, „Ödipus auf Kolonos", Auszug aus einem Chorlied.

„Fremder, sei willkomm' in gerühmtem Land ....
in ewigem Schatten tausend Früchte gedeih'n ....
Tag für Tag unter himmlischem Tau
blüh'n die doldenschweren Narzissen,
der Götter heiliger Kranz,
und Krokus leuchtet in herrlichem Gold ....."

Die Quellen, aus denen wir unsere Kenntnis von der frühen Zeit der Antike, besonders in der griechischen Antike schöpfen, sind nicht die ältesten Schriftdenkmäler der Griechen. Selbst die homerischen Gedichte führen uns in eine schon ziemlich vorgeschrittene Bildung. Es sind vielmehr die bei späteren Schriftstellern aufbewahrten Mythen und Schilderungen, von Kultgebräuchen, die bis in die späten Zeiten das Alte und Ursprüngliche mit großer Zähigkeit festgehalten haben. Aus ihnen erfahren wir alles über die Verehrung der Götter, die ursprünglich nicht etwa in geschlossenen Räumen in den Tempeln stattfand, sondern im Freien, an einem Quell, unter einem Baum, in heiligen Hainen, auch in Höhlen, auf den Berggipfeln und am Ufer des Meeres. Als Wohnsitz der Götter dachte man sich nicht nur den Olymp, mit dem Himmel vergleichbar, sondern einen Baum oder gar einen Stein. Und diesen Stellen nahte man mit Opfern und Gebeten. Man schmückte alle diese Dinge mit Kränzen, mit Blumen, man opferte da und nahm Mineralien dazu oder gar Schwefel, um dieses Opfer für die Götter sichtbar zu machen; es war ein Fortschritt, wenn das Gebiet eines heiligen Baumes mit einer Grenze umgeben oder mit heiligen Steinen überdacht wurde. Es entstand auf diese Weise ein heiliger Bezirk (Temenos). Das war der erste Anfang eines Heiligtums. Die Götter wurden verehrt und in ihrer leiblichen Gestalt auch dargestellt, die der menschlichen durchaus ähnlich ist.

Für gewöhnlich sind die Götter wohl unsichtbar, wollen sie sich aber dem Menschen offenbaren, so zeigen sie sich in göttlicher Herrlichkeit und nehmen die Gestalt eines Sterblichen an. Ihre Paläste sind auf dem Gipfel des Olymps. Aber sie brauchen, genau wie die Menschen den Schlaf und die Nahrung, den Göttertrank und die Götterspeise, Nektar und Ambrosia. Sie sind auch nicht frei von Fehlern: Neid, Haß, Zorn bewegen auch ihr Gemüt und wie bei den Menschen vermag die Liebe sie auch zu verblenden. Und so gleichen sie in manchen Beziehungen den Menschen, die ja nach ihrem Bilde geschaffen wurden, nur sind die Götter ungleich größer, schöner, herrlicher, sie sind unsterblich. Zeus allein hält die Herrschaft über die Schöpfung und lenkt die Geschicke der Sterblichen nach seinem Willen. Viele Pflanzen, Mineralien und Steine tragen den Namen manches Gottes, und in manchem Namen finden wir Eigenschaften des Gottes wieder, und in manchen Eigenschaften, nennen wir sie jetzt einmal „Symptome", manche Symptome finden wir bei Krankheiten wieder, und wenn wir diese Pflanze bei diesen Krankheiten mit solcher Symptomatik verwenden, dann kann diese Pflanze, kann dieses Mineral helfen. Erstaunt es hier nicht, daß so viele mythologische Namen in der Pflanzenwelt zu finden sind?

Wir wollen diese Namen einmal durchgehen und uns einmal erbauen an den Legenden, an den Erzählungen, aber auch an dem Wahrheitsgehalt, ebenso an dem Zauber, an dem Geheimnis, das all diese Pflanzen einhüllt. „Zauberpflanzen" nannte man sie früher. Viele von ihnen sind heute genau erforscht und als Heilpflanzen klassifiziert, und dem Betrachter kommt das Schauern über den Rücken, wenn er den Namen so manches Gottes wiederfindet in der Pflanze und in der Heilkraft der Pflanze so vielleicht auch die Kraft des Gottes spürt, die hier zur Heilkraft wird. Wir wollen gemeinsam einen Spaziergang machen, einen Spaziergang durch die Welt der Schöpfung, Pflanzen, Mineralien, Tiere und deren Gifte. Alles wollen wir betrachten und schauen, welche Namen mit welchen Kräften gesegnet sind. Wir wollen gemeinsam den Namen und die Pflanzen und all diese Heilmittel transparenter machen. Nicht nur sehen, was die Augen sehen, hören, was die Ohren hören, fühlen, was die Finger tasten oder riechen, was die Nase riecht oder schmekken, was die Zunge an Sinneseindrücken aufnimmt. Wir wollen darüberhinaus das Gespür erweitern über die Namen der Pflanzen, um zu deren tieferen Gehalt zu kommen. Und dabei ein kleines Wunder in der Natur aufspüren, das uns bislang verborgen blieb.

Die Pflanzenwelt, aber auch die scheinbar tote Welt der Mineralien und die Tiere, sind Bestandteil der griechischen Kultur und haben diese Kultur seit Jahrtausenden mitgeprägt. Es wird reizvoll werden, die Synthese aus heutiger moderner Anschauung und antiker Überlieferung plötzlich aufblühen zu sehen und damit zu erleben, wie Gegenwart und Vergangenheit sich berühren in jenen Pflanzen, die den Alten heilig waren, aus denen sie ihre künstlerischen Formen entwickeln und die sie für sich und ihre täglichen Bedürfnisse immer wieder nutzbar machen. Wir können ja nicht Gewächse und Gifte nach Regeln der Systematik anordnen, sondern wir werden sie betrachten nach ihrem Vorkommen in Mythos, Heilkunde, Kunst und Alltagsleben.

Es wird dem Leser auffallen, daß in diesen Schriften vor allen Dingen Pflanzen vorkommen. Es werden auch Tiere und deren Gifte sein und vereinzelt Mineralien, aber Pflanzen werden vordergründig behandelt.
Wer die griechische Antike nämlich ganz begreifen will, muß auch die Natur zu sehen wissen, die das Leben der Alten beeinflußte.

Der griechische Mensch hat im Laufe vieler Jahrhunderte und Jahrtausende Wandlungen durchgemacht, und von all seinen großen Bauten, den Tempeln, den Markthallen und Theatern, in denen sich sein Leben abspielte, sind nur noch Bruchteile erhalten. Das Pflanzenkleid aber ist geblieben. Der außerordentliche Reichtum der griechischen Flora setzt uns in Entzücken und Erstaunen. Doch wie schon gesagt, das größte Erstaunen umfaßt die Tatsache, daß mythologische Namen dieser Pflanzen, aber auch der Mineralien, und verschiedene Tiergifte bereits den Sinn beinhalten und die Kraft, die Dynamik, die in ihnen wohnt, genau entsprechend dem Namen, den die Pflanze trägt. So müssen wir hier die Regeln botanischer Systematik mißachten und die einzelnen Gewächse nach deren Vorkommen in Mythos und Heilkunde zusammenfassen. Wir werden nur gelegentlich genaue botanische Beschreibungen der Pflanzen bringen. Sie werden dabei erleben, daß es Beziehungen der Pflanzen zur Vergangenheit gibt und auch zur Gegenwart, die sich sehr gleichen und das Staunen nur noch größer machen. Bei Homer finden wir für das Weidekraut, also das Gras, das griechische Wort „Hae Botanae"(η $\beta o\tau\alpha\nu\eta$). Danach wurde die moderne wissenschaftliche Pflanzenkunde „Botanik" benannt. Die Pflanzenlehre Homers beschränkt sich auf die seinen Göttern heiligen Haine, die Wunderkräuter seiner mythologischen Gestalten oder seiner zu Gleichnissen herangezogenen Pflanzenbilder. Diese mythische Vorstellung von den Pflanzen sollte erst im Zeitalter des Aristoteles durch die denkende und forschende Betrachtung des Naturlebens verdrängt werden. In der philosophischen Naturwissenschaft waren das theoretische Wissen und die Zusammenhänge in der Natur zu hoher Vollkommenheit gelangt. Da entwickelte Hippokrates von Kos (460 – 370 v. Chr.), der größte Arzt der Antike, seine praktische Heilkunde, die fortan die gesamte medizinische Wissenschaft bis zum heutigen

Tage beeinflussen sollte. Es war sein unumstrittenes Verdienst, die Medizin von den Fesseln philosophischer Spekulationen und mythischer Vorstellungswelt der Götterkulte zu befreien. Umsichtig und voll Weisheit ordnete er alle Erfahrungen in der Anwendung von pflanzlichen Heilmitteln, er setzte nur dort dieselben ein, wo es ihm aufgrund seiner Krankheitsdiagnose angezeigt erschien. Eine umfassende Schriftensammlung ist uns von ihm überliefert, in der die Heilwirkung und Anwendung von etwa 237 Heilpflanzen ausführlich dargelegt wird, ohne daß allerdings auch ein einziges dieser Gewächse nah beschrieben wird. Es kamen später Aristoteles (384 – 322 v. Chr.) und Thales (650 – 560 v. Chr.), schließlich Theophrast von Eresos (371 – 287 v. Chr.), der wohl gründlichste Kenner der Botanik in der damaligen Zeit. Er räumte auf mit den Wundern in der Natur und ging rein biologische Wege in der Beschreibung der Pflanzenwelt. Und was die Namen anbelangt, so haben wir einige Schwierigkeiten, denn viele Namen haben sich geändert und bei einigen – besonders Homer erwähnt einige Namen – wissen wir heute nicht mehr, welche Pflanzen es wirklich waren.

Nun schöpfen wir aus der unschätzbaren Fundgrube der Antike alles aus, was wir wissen, versuchen es, wie ein Mosaik zusammenzusetzen, um voll Staunen dann zu sehen, was uns die Alten sogar heute noch zu sagen haben.

1. Der griechische Götterhimmel und die alten Griechen

Göttergrafik frei nach Hesiod

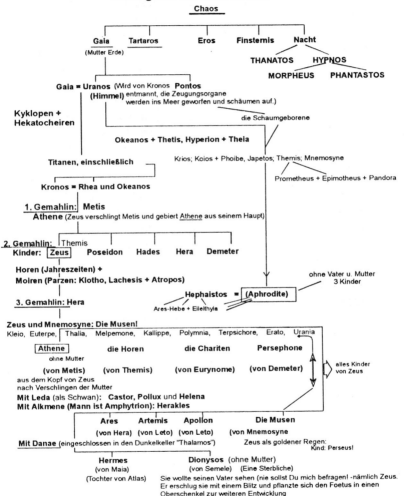

Chaos

Gaia   Tartaros   Eros   Finsternis   Nacht
(Mutter Erde)

THANATOS   HYPNOS

MORPHEUS   PHANTASTOS

Gaia = Uranos (Wird von Kronos Pontos
(Himmel) entmannt, die Zeugungsorgane
werden ins Meer geworfen und schäumen auf.)

Kyklopen +
Hekatocheiren

die Schaumgeborene

Okeanos + Thetis, Hyperion + Theia

Titanen, einschließlich

Krios; Koios + Phoibe, Japetos; Themis; Mnemosyne

Prometheus + Epimotheus + Pandora

Kronos = Rhea und Okeanos

1. Gemahlin: Metis
Athene (Zeus verschlingt Metis und gebiert Athene aus seinem Haupt)

2. Gemahlin: Themis
Kinder: Zeus   Poseidon   Hades   Hera   Demeter

Horen (Jahreszeiten) +
Moiren (Parzen: Klotho, Lachesis + Atropos)

ohne Vater u. Mutter
3 Kinder

3. Gemahlin: Hera

Hephaistos = (Aphrodite)
Ares-Hebe + Eileithyia

Zeus und Mnemosyne: Die Musen!
Kleio, Euterpe, Thalia, Melpemone, Kallippe, Polymnia, Terpsichore, Erato, Urania

Athene   die Horen   die Chariten   Persephone
ohne Mutter

(von Metis)   (von Themis)   (von Eurynome)   (von Demeter)
aus dem Kopf von Zeus
nach Verschlingen der Mutter

alles Kinder
von Zeus

Mit Leda (als Schwan): Castor, Pollux und Helena
Mit Alkmene (Mann ist Amphytrion): Herakles

Ares   Artemis   Apollon   Die Musen
(von Hera) (von Leto) (von Leto) (von Mnemosyne

Mit Danae (eingeschlossen in den Dunkelkeller "Thalamos")   Zeus als goldener Regen:
Kind: Perseus!

Hermes   Dionysos (ohne Mutter)
(von Maia)   (von Semele) (Eine Sterbliche)
(Tochter von Atlas)   Sie wollte seinen Vater sehen (nie sollst Du mich befragen! -nämlich Zeus.
Er erschlug sie mit einem Blitz und pflanzte sich den Foetus in einen
Oberschenkel zur weiteren Entwicklung

29

Die Götter der Griechen

Die Göttergestalten da droben auf dem Olymp, diese Früchte unserer Sehnsüchte und Wünsche, die Göttinnen, alle, die da angerufen wurden in unseren Nöten, in unseren Unzulänglichkeiten und Verunsicherungen. Und die Götter, diese starken Gestalten, die alles, ja sogar menschlich sein konnten, sie waren in unseren Träumen gereift und langsam traten sie in das Leben der westlichen Welt und genauso langsam starben sie auch. Aber es ist staunenswert, ihr Tod ist unvollkommen, denn zum Teil leben sie noch, ihre Namen bestimmt, ihre Eigenschaften auch. Teilweise sind sie auf neue Gottheiten übergegangen, haben neue Identifikationen bekommen und sind unter neuem Namen angepaßt worden. Den Veränderungen, den Wandlungen der Menschen. So mag Aphrodite, jene Liebesgöttin der Griechen, die Römer nannten sie Venus, gestorben sein. Aber lesen wir nicht bei Homer und vielen anderen, daß sie unsterblich sei? Und so ist in unserer Gefühlswelt, in Tausenden und Hunderten von Jahren mehr von ihr lebendig geblieben als von allen anderen Gottheiten der griechischen, römischen oder ägyptischen, selbst der mesopotamischen Mythologie. Dargestellt war sie immer als die verkörperte Anmut. Die Jugend liebte sie als ihre Schutzpatronin. Mädchen riefen sie an und beteten zu ihr, da sie sich ihr verwandt fühlten und baten sie um Beistand, wenn es darum ging, weibliche Anziehungskraft einzusetzen. Aber auch Jünglinge kamen zu ihr, wenn sie sich wünschten, ein Mädchen ihrer Wahl sollte sie so beglücken, wie Aphrodite es wohl tat. Sie war in einer Menschengestalt herabgestiegen, die hinreißend schön war und als Göttin verteilte sie ihre Gunst zwischen den Sterblichen. Sie schenkte sie den Halbgöttern, aber auch den Göttern. Sie haben richtig gelesen, nicht nur einem Gott, den Göttern schenkte sie ihre Gunst und wohl auch ihre Liebe.

Frauen, aber auch Männer, verliehen diesen großen Kunstwerken, in denen die Vorstellung der Göttin ausgedrückt war, zärtliche, teilweise auch vornehme, niemals aber einfältige Züge. Sie war die Göttin des Mannes, der ein Frau sucht, ebenso wie die Göttin einer Frau, die einen Mann sucht, aber auch die Göttin einer Frau oder des Mannes, die einen ganz bestimmten Partner sich wünschen. Man bat sie um Beistand, man betete zu ihr, wenn man eine Frau erobern wollte, die man tags zuvor vielleicht in ihrem Garten gesehen hatte.

Sie war darüber hinaus die Göttin der Frauenliebe, so etwa die Göttin der Liebe zwischen Sappho und ihren Mädchen, aber auch die Göttin der Liebe zwischen den Männern und schließlich, und wer weiß das nicht, da käufliche Mädchen ebenso schön und begehrenswert sein können wie die wohlerzogenen Töchter der feinen Familien, schloß die Schutzherrschaft dieser weltweiten Liebesgöttin auch die Dirnen mit ein.

Man muß einmal all die griechischen Wörter, die sich von ihrem Namen herleiten, in alten Lexika und in der Literatur verfolgen, und da denkt man plötzlich, daß das griechische Wort „Αφροδιαστικος" so viel bedeutet wie „wollüstig". „Αφροδιαζειν", das heißt so viel wie „kopulieren" und „Αφροδισια" waren die Freudenhäuser, deren es sehr viele gab und die Pächterin eines öffentlichen Bordells war eine „Αφροδιαστες". Lesen wir in der griechischen Literatur, dann finden wir bereits in den ersten großen Hymnen die Eigenschaften und den Ursprung, ihre vielen Beinamen und wer sie kennt, der erinnert sich sicher noch des mystischen Beinamens „Αφροδιτε Πηιλομμεδες" – die Genitalienliebende – eine Eigenschaft, die sowohl, wie wir später hören werden, von ihrer Geburt herkommen kann als auch von ihrer Aufgabe als Göttin der Liebe. Nun, das sind keine sündigen Gedanken, die ich hier vorbringe. Wir müssen darüber nachdenken, daß z. B. Clemens von Alexandria, einer der großen Kirchenväter im 2. Jahrhundert nach Christus, bereits bemüht war, die Griechen zur Abkehr von ihren alten Göttern zu bewegen. Und er nahm diesen erotischen Beinamen, die Genitalienliebende, als ein besonders vortreffliches Argument. Er vertrat nämlich die Ansicht, Aphrodite sei aus dem Schaum geboren, den die wollüstigen Teile, die Chronos seinem Vater Uranus mit einer Sichel abgeschnitten und ins Meer geworfen hatte, aufgewirbelt hätten. Nun, für die Griechen gab es dagegen recht nette Wortspiele: „Wenn ihre Göttin der Liebe, ihre Göttin aller sexuellen Gelüste zwischen Göttern, Menschen, Vögeln, Tieren und aller Kreaturen, wenn diese Liebe Philommedes war, dann war sie auch ‚Philomeides‘.“ Das ist die Freundin jenes Lachens, jenes Jauchzens eigentlich, das hinwegspringend über alle Schwierigkeiten und Ängste schließlich bei den alten Griechen den Höhepunkt der Liebe bezeichnete.

Die wechselseitige Erfüllung ist mit Worten in der Liebe zwischen zwei Menschen nicht zu beschreiben, und wir haben kein irdisches Ausdrucksmittel, selbst in der Kunst nicht, und dafür gab es eben eine Göttin. Sie allein konnte dadurch, daß sie die Göttin der Liebe war, jenes darstellen, was nicht zu sagen und zu erklären war. Sie ist sozusagen die Göttin jener kurzen Augenblicke, die den Sterblichen hinaustragen über dieses eine Leben. Oder man kann auch sagen, die ihn das Leben in seiner ganzen Tiefe erfassen lassen oder vielleicht, wenn wir es einmal vom christlichen Denken her betrachten, der Augenblick, der uns daran erinnert, daß es das einzige ist, was uns nach der Vertreibung aus dem Paradies geblieben ist.

Können Sie sich vorstellen, daß solch eine Gottheit wie Aphrodite sterben oder untergehen kann, aber alles, was ihre großen Eigenschaften ausmacht, bleibt? – So wird auch sie bleiben, so lange es männlich und weiblich gibt. Und deswegen ist sie überall lebendig. Wenn wir den

Abendstern im dunklen Himmel nach Sonnenuntergang erblicken, dann erinnern wir uns, daß es ihr Planet ist, und wenn im Frühling die Tauben in den Bäumen sitzen und sich im schützenden Dickicht des jungen Laubes mit ihrem betörenden Gurren paaren, dann denken wir daran, daß es die Tauben sind, die zu Aphrodite gehören.

Hunderte Male kehrt sie in Gedichten wieder. Hunderte Male und mehr in Bildwerken, eines schöner als das andere. Und immer wieder wurde sie neu entdeckt, immer wieder neu besungen und neu gemalt.

Es war in Florenz im 15. Jahrhundert, als man die Antike neu entdeckte und gerade Aphrodite in Gemälden eine künstlerische Auferstehung bescherte.

Und da war ein damals noch sehr junger, hoch begabter Maler, Botticelli, der seine Aphrodite nackt malte, von Rosen umrankt, und er stellte sie in eine Muschel. Es ist schon etwas Unglaubliches, wenn man dieses Bild anschaut, Aphrodite steht in der Muschel wie in einem Schiff. Kenner wissen, daß sie in Zypern, in Cyprum, landete. Diese Insel hatte ihren Namen von den Kupfervorkommen (Cuprum). Und Kupfer war auch das Liebesmetall. Es war das Metall der Aphrodite. Aber wußte denn der Maler Botticelli, daß just die Muschel, die zu der Gattung der Mollusken gehört, ein Kupferatmer war oder ist? Es ist erst in diesem Jahrhundert entdeckt worden, daß die Muschel für ihre Atmung Kupfer braucht, so wie der Mensch Eisen benötigt. Nicht allein in dem zauberhaften Ausdruck dieses Bildes, in der Farbgebung zeigt sich das Genie Botticelli. Das Geniale liegt in der Intuition, die ihn vorausahnen läßt, was 500 Jahre später naturwissenschaftliche Wahrheit wird.

Nach der Renaissance verliert Aphrodite dann wieder etwas an Bedeutung und wird in Frankreich, so im 19. Jahrhundert, wieder in ihrer ganzen Lebensfülle neu aufgedeckt. Da allerdings ist es ein Engländer, der eine große Verwirrung unter den Honoratioren stiftet, als er in einem fast mittelalterlichen Gedicht erklärt, der Mund der Aphrodite sei lieblicher als der der Gottesmutter. Es war der englische Dichter Swinburne, der dem christlich viktorianischen Gott oder — wie er ihn nannte — den bleichen Galiläer, dessen Atem die Welt rauh werden läßt. Die Mutter Gottes, Maria, nennt er „bleich und jungfräulich, eine Schwester der Sorge", während er die Venus in einem Gedicht ganz anders beschreibt:

„Ihr reiches Haar erfüllt mit Duft und Farbigkeit der Blumen,
weiße Rose aus rosenweißem Wasser,
Silber, Schimmer und Flamme,
neigt sie sich denen, die darum flehten,
und Süße kam mit ihrem Namen auf die Erde.

Der Deine kam mit Weinen, Sklave unter Sklaven, war geleugnet
doch sie trug eine hohe Woge, da sie Fleisch geworden
den königlichen Fuß aufs Wasser setzte,
den Wellen und den Winden wohl vertraut und allen Geisterwesen,
das Rosenrot der Blüten und das blaue Meer
noch strahlend blauer an die Ufer schlug."

Die alten Griechen und ihr göttlicher Olymp

Hellenistische Kultur ist im Grunde eine nie endende Lebensfülle von fast unheimlichem Ausmaß und tiefster Gegensätzlichkeit. Jubelnder Daseinswille, daneben jauchzender Todesrausch, unsagbares Leid und grenzenlose Sehnsucht, banale, brutale Diesseitigkeit und mystische Jenseitigkeit, rationalistische, empirische Forschung und spintisierende oder dogmatische Spiritualisierung, massive Technisierung und Verachtung alles Mechanischen, grelle Farbigkeit und strenge, farblose Nüchternheit, leere Geschwät-

34

zigkeit und zuchtvolle Worte, alles sprengende Freiheitsliebe und vieles Öde, alles ertötende Bürokratie.

Das alles und vieles mehr wirbelt durcheinander, wie die Worte Epikurs, und ist doch ein Kosmos wie der Kosmos der hellenistischen Platoniker, aber auch der Stoiker. Alles ist im Fließen, aber alles lebt.

Eine solche Lebensfülle muß der Ausgangspunkt unendlicher, mit Worten kaum zu schildernder kultureller Ereignisse sein, muß der Ursprung sowohl naturwissenschaftlicher Entscheidungen als auch philosophischer Sehnsüchte sein.

In der griechischen Kunst finden wir alle Stadien, erstaunlichen Realismus, hemmungslose Hingabe, ein Nebeneinander von Edelstem, aber auch Trivialstem, dionysische Lust- und Leidensfähigkeit. Tod und Unterwelt stehen auch in der Mythologie dem Leben und dem Genießen krass gegenüber. Auf unendlich vielen Gebieten ist der Hellenismus die geistige Grundlage unserer heutigen Kultur. Aus alten Mythen können wir schöpfen wie aus einem Brunnen, der immer neues Wasser hergibt, klares, reinigendes und erfrischendes Wasser.

Auf unendlich vielen Wegen blieb Homer der geistige Führer. Die zuweilen grenzenlose hellenistische Homerverehrung und Homergläubigkeit hat nur fortgesetzt und zuweilen gesteigert, was schon vorhanden war. Die hellenistische Überzeugung, daß die Gesänge Homers den Menschen für alles nützlich sind, war nach früheren Vorbildern schon bei Xenophon zu finden, unter dessen Freunden auch solche waren, die Homer nahezu Allwissenheit in allen menschlichen Dingen zusprachen. Ich möchte hier nur Demokrit nennen und Plato, Matrodorus und Theophrastus. Sie sind die Lehrmeister des Hellenismus geworden. Die göttliche Inspiration Homers haben im Verlauf der griechischen Geistesgeschichte nur wenige bezweifelt. Bis in die spätesten Zeiten gab es Sänger, die auf großen Festen begeistert Homer rezitierten und im Unterricht der humanistischen Gymnasien ist heute Homer selbstverständliche Lektüre. Homer begleitet als Autorität in der Naturwissenschaft und Philosophie die gesamte griechische Geistesgeschichte.

Mit Homer und seiner Bedeutung für den Hellenismus kann sich nur Euripides messen. Ein wesentlicher Unterschied sollte zwischen diesen beiden hervorgehoben werden zur Erkenntnis: Homer bedarf der Interpretation, Euripides nicht. Mit Euripides wurde das hellenistische Menschenbild begründet, genau so wie das hellenistische Gottesbild. Mit ihm beginnt eigentlich die hellenistische Religionsgeschichte. Hier ist der Übergang vom Mythischen zum Menschlichen vollzogen. An die Stelle von Entmenschlichung oder Entmythisierung tritt das ewig Menschliche im Mythos und das unzerstörbare Mythische im Menschen. Alles das, was göttliche Mächte dem ohnmächtigen Menschen schenken oder ihm nehmen, alles, was wir von Göttern wissen, alles, was uns die Götter gezeigt haben, sollten wir nicht vergessen. So soll in dieser, vielleicht gelehrsam erscheinenden mythischen Form am Anfang ein Grundstein gelegt werden für das Verständnis dessen, was ich berichten will, nämlich den ungeheueren Einfluß und vielleicht auch eine beweisführende Richtigkeit, daß Namen alles Wesentliche beinhalten, wie Kratylos – bei Plato können Sie es nachlesen – uns sagt, daß das Wort bereits den Inhalt offenlegt.

Die Namen aus der griechischen Mythologie finden wir bei unseren Pflanzennamen wieder; eine hellenistische Ebene in der modernen Nomenklatur unserer Arzneimittel. Dahinter steht die Erkenntnis, daß alle menschlichen Leiden und Irrungen im Grunde Irren und Leiden der Götter sind. In der „Alkestis" ist es die Spannung zwischen dem Gott Apollon und dem mühseligen Gottmenschen Herakles, die auf der hellenistischen Ebene liegt. Und in unseren Pflanzennamen finden wir alles wieder, was wir uns mühselig in den Arzneimittelprüfungen der Homöopathie angeeignet haben, teilweise auch in den Inhaltstoffen der modernen Pharmakologie. Führt nicht hier ein Weg der Vorsehung der griechischen Götter und der Überlieferung ihrer Namen auch als Namen unserer Pflanzen zu der Erkenntnis, daß sehr viel Wahrheit in allen Schattierungen, vom Sinnlichen bis zum rein Geistigen, von der verfeinerten Selbstliebe bis zur sozial-ethischen Nächstenliebe zusammenlaufen, in der hellenistischen Erlebnissphäre von ihr gebildet wurden und uns heute noch Früchte in den Schoß legen, nur noch nicht geöffnet und so wollten es die Götter. Unsere Aufgabe ist es, diese Früchte zu öffnen, uns den Inhalt einzuverleiben und zu versuchen, ihn zu begreifen und zu verstehen.

Haben wir uns erst einmal nur ein wenig an diese Denkweise gewöhnt, so gleicht dieses Epos von den alten Griechen einem kunstvoll angefertigten Spiegel, in dem ein sehr klares Bild der Antike zu sehen ist, aber, und das ist das Interessante, auch ein großes Stück der eigenen Gegenwart.

Aus Homer und Hesiod schöpften die Hellenen ihre theologischen Vorstellungen auf ganz ähnliche Weise, wie wir es heute aus dem Alten und Neuen Testament tun. Oder wie es der Islam aus dem Koran entnimmt. Ihre heiligen Schriften waren eigentlich profane Gedichte. Das ist bezeichnend für den Charakter dieses Glaubens, im guten, wie im schlechten Sinn.

Die griechische Religion ist genauso ein Kunstwerk, wie es die Plastik war, die griechische Sprache und das griechische Epos. Plötzlich war sie da. Die Sagen von Chronos und den Titanen, auf die wir später noch zu sprechen kommen, sind die letzten dumpfen Klänge, die von der kretischen Religion in die Zeit Hesiods hinüber wehten, und der Kampf von Zeus und seinen Göttern gegen diese ganz anders geartete Dämonenwelt symbolisiert den Sieg des olympischen Glaubens. Da existiert der blitzesfrohe Zeus, der Vater der Menschen und Götter ($\pi\alpha\tau\eta\varrho$ $\alpha\nu\delta\varrho\omega\nu$ $\tau\epsilon$ $\vartheta\epsilon\omega\nu$ $\tau\epsilon$) als Hüter des Eids, als Schützer der Gastfreundschaft. Und immer, aber nicht zuverlässig, als oberster Gott des Himmels hat er die Herrschaft über die ganze Natur, die er aber andererseits wieder mit seinen beiden Brüdern Poseidon, dem Herrn aller Gewässer, und Hades, dem Fürsten der Unterwelt und verhaßtesten aller Götter, teilen muß. Da finden wir Apollon, den Patron der Musik und der Mantik, der Heilkunst und der Schützenkunst, aber seine Pfeile senden auch böse Krankheiten, vor allen Dingen Seuchen. Er ist der Gott der Sonne, aber als „silberbogiger" auch des Mondes, genau wie seine Zwillingsschwester Artemis, die als „pfeilfrohe" Jägerin und als Beschützerin des Wildes eine Doppelrolle spielt. Die Bedeutung der anderen Götter, Hera, Aphrodite, Athene, Hephaistos, Ares und Hermes sind soweit bekannt, einiges werde ich noch davon erzählen. Ja, einige sind sogar ausgesprochen unmoralisch in unserem modernen Sinn. Ares ist ein ausgesprochener „Raudi", Hermes sogar ein Dieb. Man nannte ihn damals den Gott der Diebe und Kaufleute. Neben diesen Hauptgöttern haben wir eine leuchtende, kometenschweifähnliche Menge von niederen Gottheiten, Nereiden und Sirenen, deren Gesang und Geplauder das Meer zum Tönen bringt. Dryaden und Oreiaden, die in Wäldern und Bergen hausen. Silenen und Sartyrn, die als Halbböcke und Halbpferde umhertollen. Moiren und Erinnyen, die die ernste Seite des Lebens verkörpern. Auf der anderen Seite die Wiesen- und Quell-Nymphen, die Chariten und schließlich auch die Musen.

Nektar und Ambrosia

Nektar, das war der süße Honigtau, an dem sich die Götter labten und Ambrosia speisten sie. Der junge Zeus auf Kreta wurde ernährt von der Ziege Amaltheia und von der Biene Melissa.

Wilder Honig wurde schon von den alten Ägyptern gesammelt. Sie haben die Bienenvölker eingefangen und zuchtmäßig gehegt. Das gleiche war auch schon Homer im griechischen Raum bekannt.

In Amphoren wurde der Honig aufbewahrt und zwar in großen und ansehnlichen Mengen, sowohl als Nahrung für Personen, aber auch als Opfergaben für die Götter. Den Toten gab man etwas Honigkuchen mit. Sie kennen ihn alle, diesen mit Honig übersüßten Kuchen der heutigen Griechen. Die Toten nahmen ihn mit, um den Höllenhund mit einem Stück davon friedlich zu stimmen.

Als kalzinierte Reste fand man im Totenorakel am Acheron große Mengen von Honig als Opfergaben. Er war erhalten nach in Brand-Setzung des Heiligtums durch die Römer als kalzinierter Rest. Odysseus selbst opferte dort den Göttern der Unterwelt Honig und Milch, und zwar damals als Kirke ihm klarlegte, er solle die Seele des Theiresias nach seiner Zukunft befragen.

Bei Homer in seinem Epos finden wir die Begriffe „süß" und „lieblich" und ähnliche, immer von dem Wort Honig abgeleitet und die Biene Melissa war der Ausdruck für feinste Dichtung.

Man erzählt, daß bei Sophokles, bei Pindar und selbst bei Plato auf den Lippen sich einst Bienen niedergelassen hatten, um deren Dichtung Ausdruck und Klang zu verleihen.

Der arkadische König Aristeios, er war der Sohn der Nymphe Kyrene und Sohn des Apoll, wurde vom Kentauren Chiron auf dem Berg Pilon erzogen. Er hat den Menschen die Bienenzucht beigebracht.

Ein Zyprianer, Aristomachos mit Namen, hatte sich 58 Jahre lang mit dem Leben der Bienen beschäftigt und diese mit dem Menschen verglichen. Er stellte damals schon fest, daß beide gesellig leben, eine Verfassung haben, einen eigenen Herd, einen gemeinsamen Besitz. Sie üben Gerechtigkeit, werden von einem Monarchen regiert, sind fleißig, tapfer und reinlich und meiden Fleischkost wie strenge Pythagoräer, die sich mit Brot und Honig begnügten.

Die Bienen, welche nach Meinung der Alten das Wachs aus dem Blütenstaub und den Honig aus der Luft in ihre Stöcke trügen, bilden den Übergang zum Weidevieh. Man baute schon damals für die Bienen spezielle Futterpflanzen wie Klee, Glockenblumen, Anemonen, Mohn, Veilchen, Rosen, Thymianarten und Strauchgewächse an und brachte die Bienenstöcke in den Wald. Den besten und süßesten Honig lieferte Attika. Hier stellte er den wichtigsten Ausfuhrartikel dar. Ebenso waren Kreta, Kalinos, schließlich auch Kos berühmt wegen ihres Honigs.

Zum ständigen Inventar der Bauernhöfe gehörten tönerne Bienenstöcke, so wie sie auch heute noch z. B. auf der Insel Paros üblich sind. Honig diente sowohl als Säuglingsnahrung, für medizinische Zwecke, zum Süßen von Backwerk und Getränken und schließlich als Opfergabe für die Götter, aber auch als Beigabe für die Toten.

Bienenwachs hatte auch große Bedeutung. Es wurde verwendet zum Glänzen von Säulen, auch um Krüge zu verschließen oder Schiffsplanken abzudichten. Die Federflügel des Ikarus, die dem übermütigen Flieger zum Verhängnis wurden, als er über Sizilien zu hoch zur Sonne aufstieg und abstürzte, waren mit Bienenwachs zusammengefügt, das in der Hitze der Sonne schmolz.

Die Gefährten des Odysseus ließen sich angesichts des betörenden Gesangs der Sirenen die Ohren mit Wachs verstopfen, während Odysseus selbst sich an den Mast des Schiffes fesseln ließ. Damals führte übrigens jedes große Boot viele Scheiben Wachs mit sich, um Leckstellen abzudichten.

Aristoteles, schließlich auch Plinius (11, 13) berichteten von einer Art Honig aus dem Pontus, der dort „Manomenon" heißt wegen der Raserei, die er erzeugt. Plinius fragte sich mit Recht, warum es denn der Natur nicht genüge, den Bienen giftige Stacheln zu geben. Indem sie jetzt auch noch den Honig vergifteten, wollten sie zweifelsohne den Menschen weniger gierig machen.

Es handelt sich hier um diesen giftigen Honig von Pontos, dem im Feldzug von Kyros gegen dessen Bruder Ataxerxes im Jahre 401 v. Chr. in Kolchys das griechische Söldnerheer erlag. Angesichts der großen Anzahl von Bienenstöcken labten sich die Soldaten an dem süßen Honig, nach dessen Genuß sie aber ins Delirium gerieten. Sie schienen dem Tode nahe zu sein und nach der Schilderung in Xenophons Anabasis (4.8.19) war der Boden bedeckt mit leblos erscheinenden Körpern.

Wörtlich lesen wir bei Xenophon: „Es gab dort nichts weiter, was ihre Bewunderung erregt hätte; nur Bienenstöcke gab es in Mengen. Die Soldaten, die von den Honigwaben aßen, verloren alle die Besinnung, erbrachen und bekamen Durchfall, keiner von ihnen konnte sich aufrecht halten, sondern, wer wenig gegessen hatte, glich einem völlig Betrunkenen, wer aber zuviel zu sich genommen hatte, einem Wahnsinnigen, sogar einige den Sterbenden. So lagen viele auf dem Boden herum wie nach einer Niederlage und es herrschte große Mutlosigkeit.

Am nächsten Tag aber war keiner gestorben und ungefähr zur selben Stunde kamen sie wieder zur Besinnung. Am 3.

oder 4. Tag erhoben sie sich wie nach dem Genuß eines betäubenden Trankes und waren gesund." (Anabasis 4.8.19f)

Und tatsächlich wächst auch in unseren Tagen im kleinasiatischen Pontos eine Rhododendronart, *„Rhododendron flavum"*, deren Blütennektar und der daraus gewonnene Honig giftig sind. Auf der gegenüberliegenden Insel Lesbos sind Restbestände dieser Rhododendronart teilweise erhalten und bedeuten heute noch eine Gefahr für die dortigen Weidetiere, falls diese davon fressen.

Die ersten Schritte der Heilkunst

Die Pflege der Heilkunst und deren Kenntnis war in frühesten Zeiten, wie wir es von Homer bis Hippokrates lesen können, eigentlich eine Angelegenheit der Götter. Dem jüngsten Göttersohn der Griechen, Asklepios, einem Sohn Apollons, wurden an besonders anmutig gelegenen Stellen, an Flüssen, Quellen, in schattenspendenden Wäldern und in Hainen eigens zu diesem Zweck Heiligtümer gewidmet, wo die Hilfesuchenden mit Opfern und Gebeten von ihren Leiden Heilung und Genesung suchten und auch fanden. In den Tempeln wurden Inkubationen durchgeführt und den Patienten erschienen, während sie schliefen, die göttlichen Offenbarungen, aus denen sie Ratschläge ziehen konnten, um gesund zu werden.

Wie zu allen Zeiten immer wieder an Wallfahrtsorten Wunderheilungen zustande kamen, geschah dies auch in den Heiligtümern des Aesculap. Wir kennen aus verschiedenen Krankengeschichten, aus Epidaurus aus dem 4. Jhr. v. Chr., daß solche Heilungen wirklich stattfanden. Eine Blinde wurde sehend, ein Mann mit Glatze bekam über Nacht wieder Haare und verschiedenes andere mehr. Der Schlangenstab, wir nennen ihn ja heute den „Aesculap-

Stab", weil er das Zeichen des Asklepios war. Die Schlange ist ein uraltes Symbol der Heilkunde. Sie war schon bei den Ägyptern bekannt, denn sie war ein erdverbundenes Tier zwischen Oben und Unten, zwischen der sichtbaren Welt und der Unterwelt, zwischen dem Tag und der Nacht, auch zwischen dem Leben und dem Tode. Sie war auch das Zeichen der Erneuerung, konnte sie doch ihre alte Haut abstreifen und in einer neuen Haut weiterleben. Man verglich das mit dem wieder Jungwerden. Die Geschichte von Aesculaps Geburt wird an anderer Stelle erzählt werden. Er wuchs jedenfalls unter der Obhut des weisen, in der Heilkunde hocherfahrenen Centauren Chiron auf.

Dieser ließ es sich angelegen sein, Aesculap in der Heilkunde zu unterweisen. Bei ihm lernte er die Riesenkraft der Wurzeln kennen, aber auch die schmerzlindernden Säfte der Kräuter. All das Wissen machte ihn zum helfenden Arzt. Als er aber zum Höhepunkt seiner Kunst gelangt war, versuchte er die menschlichen Schranken zu durchbrechen und Tote wieder aufzuerwecken. So zog er sich den Zorn der Götter zu. Hades befürchtete, daß sein Schattenreich plötzlich leer werden könnte, weil keiner mehr dahin kam. Er war es auch, der Asklepios mit dem Donnerkeil zerschmetterte aus Angst, daß er des Todes Rechte an sich reißen könnte.

Es gab schon eine rein mystische Medizin, sowohl unter den Göttern, als auch den Helden, aber es existierte auch eine wirkliche Heilkunde. Diese basierte auf den tatsächlichen Heilkräften der Pflanzen und man glaubte, daß die Heilkräuter als Geschenk der Götter zu erkennen wären. Einmal durch die Form ihrer Blätter oder durch das Aussehen ihrer Wurzeln könnten sie ja ihre eigene Indikation für die Heilung betreffender Organe schon offenbaren. So mußte also eine Pflanze mit herzförmigen Blättern zweifellos gut sein zur Behandlung von Herzkrankheiten und Pflanzen, aus deren kleinen Ästchen ein gelbgrüner Saft sprudelte, nahm man zur Behandlung von Leberkrankheiten. Es gab also schon viel ältere Heilgötter als Asklepios. Da war Paeon, der, als Hades und Ares im Kampf um Troja verwundet wurden, diese beiden Götter mit einem Balsam heilte. Ihm zu Ehren führt die Pfingstrose bereits den Namen „*Paeonia*" bei den alten Griechen und ihre blutstillende Wirkung finden wir bei Homer, und zwar in der Ilias im 5. Kapitel, 902. Vers, ein sehr hübsches dichterisches Gleichnis:

„Schnell wie die weiße Milch
vom Feigenlab sich eindickt,
gerann das Blut in der Wunde des Ares,
unter der Wirkung von Paeons Kräutern."

In zwei alten griechischen Gedichten finden wir die Pfingstrose erwähnt als die Königin der Kräuter, welche ihren Namen dank der Pracht ihrer Blüte, aber vor allem auch wegen der in ihr schlummernden Heilkräfte verdiente. Der Götterarzt Paeon hatte die Pfingstrose Apoll als dem Heilgott übergeben, der wiederum gab sie seinem Sohn Asklepios als Heilmittel gegen körperliches Leiden.

Wir finden die gleiche heilkräftige Zauberpflanze auch in Hekates Zaubergarten, was nun wieder auf die Zauberkräfte der Pflanze schließen läßt. Hekate war gerade wegen ihrer Kräuterkenntnisse ungemein berühmt, lebte sie doch im Lande Kolchos am Schwarzen Meer zusammen mit ihrer Tochter Medea in einem Garten, der von einer hohen Mauer umgeben war. In diesem Garten zog sie mit ihrer Tochter zusammen giftige Gewächse und Zauberkräuter.

Den Frauen bei ihren Krankheiten und den naturgegebenen Obliegenheiten stand die Fruchtbarkeitsgöttin Artemis, eine Schwester Apolls bei. Sie verwendete eine ganze Reihe von Kräutern, die heute noch in der Heilkunde gebraucht werden. Wir kennen von ihr noch Rezepte zur Einleitung von Fehlgeburten.

Aber auch Aphrodite, die Göttin der Schönheit und der Liebe, galt als Helferin bei Geburten. Ist doch das Kind, das geboren werden soll, eine Frucht der Liebe.

Aus der Ehe des Zeus und seiner Gattin Hera ist auch eine Tochter bekannt, die sehr eng mit der Heilkunde verbunden ist, die Geburtsgöttin *Eileithyia*. Sie konnte mit Kräutern die Wehen der Frauen hemmen, aber sie konnte sie auch beschleunigen. Doch auch Athene vollbrachte Heilwirkungen. Sie heilte einen Mann aus Sparta, Lykurgos, der ein krankes Auge hatte, und seither galt sie als Göttin des Augenlichtes und hieß auch „Γλαυκοπις", die Eulenäugige.

Bei Homer finden wir Apollo selbst als Schmerzstiller. Selbst Hades, der Gott der Unterwelt, wurde teilweise als Heilgott verehrt. Und nicht zuletzt Dionysos, der Gott des Weines.

Doch was bei letzterem vielleicht vom Wein herstammt, ist bei Hades wohl nicht recht zu begreifen. Oder sollten quasi als Geschwister Hypnos und Thanatos, der Schlaf und der Tod, die Empfindung wegnehmen? Daran waren Hades und Dionysos sehr stark beteiligt.

Doch auch Halbgötter und viele Helden hatten im alten Griechenland ihre Heilqualitäten. So galt Herakles als Beschützer der Heilquellen. Ihm wird die Entdeckung des Bilsenkrautes − *Hyoscyamus niger* − zugeschrieben. Die Hippokratiker gaben den Samen des Bilsenkrautes mit Wein bei Fieber, bei Frauenkrankheiten, wenn z. B. nach einer Geburt Lähmungen auftraten.

Dioskorides sagte dem Mittel jedoch nach, daß es Wahnsinn bewirke und deshalb als Arznei untauglich sei. Lediglich zur Schmerzlinderung könne es verwendet werden.

Achill, der den verwundeten Telefos geheilt haben soll, wurde *Achillea millifolia*, die Schafgarbe als das wichtigste Heilmittel zugesellt.

Die Dioskuren, Kastor und Polideukes, von denen an anderer Stelle noch erzählt wird, waren die ritterlichen Helfer und Helden der Menschen, und zwar auf den Schlachtfeldern, auf hoher See, aber auch zu Fuß. Sie machten von den Heilkräften der Natur reichlich Gebrauch. Sie leben heute noch fort in den Schutzheiligen der Apotheker und der Ärzte, bei Kosmas und Damian, die eigentlich die heidnischen Kulte ganz deutlich und freundlich ablösten.

Bekannt ist uns auch, daß ein Priester des Apoll, Melampus diejenigen Frauen, die damals schon etwas starke Auswüchse des Dionysos-Kultes empfanden, d. h. zuviel Alkohol genossen hatten, einzudämmen hatte. Er nahm dazu Milch von Ziegen, die vorher *Helleborus*, die Nießwurz, gefressen hatten. Diese Milch wirkte augenblicklich ernüchternd. Man müßte vielleicht versuchen, diese Melampus-Tat nachzuahmen.

Mit Nießwurz, *Helleborus niger*, wurde übrigens die phokische Stadt Chrissar nach 10jähriger Belagerung von den Belagerern vergiftet.

Auch ein Anaesthetikum kannte man schon. So wurde z. Zt. des Plinius als Anaesthetikum bei Operationen die Alraunen-Wurzel, *Mandragora* gebraucht. Die Patienten kauten ein Stück Wurzel und schliefen davon ein. Der Saft dieser Wurzel machte den Körper unempfindlich beim Schneiden und Brennen. Genaue Angaben über die Dosierungen gibt es nicht. Es konnte schon einmal gefährlich werden damit zu arbeiten. Die Chirurgen jedenfalls brauchten gute Nerven, und mußten darüber hinaus Gehilfen haben, die sehr stark und kräftig waren.

Interessant in diesem Zusammenhang ist allerdings, daß die Gesellschaft der griechischen Anaesthesisten immer noch die Alraunen-Wurzel in ihrem Emblem trägt.

Aber lassen Sie uns noch einmal bei Homer nachlesen, der

Ilias im 11. Kapitel, 844. Vers. Hier finden wir die Stelle von dem verwundeten Patroklos, der von seinem Freund Achilles behandelt wird:

„Bettete ihn und schnitt mit dem Messer,
den scharfen, stechenden Pfeil aus dem Schenkel,
und spülte davon mit erwärmten Wasser das
schwärzliche Blut,
zerrieb die bittere Wurzel,
legte sie auf, die Schmerzstillende,
welche die Schmerzen alle bezwang,
da versiegte das Blut und vernarbte die Wunde."

Es gibt kaum jemand, der erklären wird, welche Wurzel das war. Wir kennen von verschiedenen Pflanzen die blutstillende Wirkung. Es kann aber auch eine am Feuer getrocknete, zu Pulver zerriebene Wurzel gewesen sein, die auf die Wunde gestreut wurde.

Viele der damals genannten Kräuter sind heute unbekannt, so z. B. das Kraut Moly, das Kraut, mit dem Odysseus dem Schicksal seiner von Kirke in Schweine verwandelten Gefährten entging.
So gibt es viele Pflanzen, fast Zaubermittel, magische Mittel, denen auch Homer keinen Namen zu geben wußte.

Helena hatte aus Ägypten ein Pharmakon erhalten, das alles vergessen machte. Mit diesem Mittel tilgte sie den Kummer von Telemachos und dessen Gefährten. Wir lesen hier auch in der Odyssee:

„Kostet einer davon, nachdem in den Krug es
gemischt war,
nicht eine Träne benetzte mehr das Antlitz,
und wären Vater und Mutter ihm gestorben ...."

Viele Zaubermittel finden wir in den Händen der Frauen, bei Medea, der „klassischen" Giftmischerin der griechischen Sagen. Sie konnte mit Zauberkräutern den Drachen einschläfern, der das goldene Vlies bewachte. Dieses Zauberkraut soll das kolchische Ephemeron gewesen sein. Vielleicht unser *Colchicum?* In der gleichen Reihe wie das Colchicum ist unser weißer Germer, *Veratrum album,* auch bekannt als äußerst giftige Pflanze.

Aus dem gleichen Land Kolchis stammt auch der *Oleander.* Er ist seit alters her bekannt als eine tödliche Pflanze für Hund und Esel. Man pflegt heute noch Mäuselöcher mit Oleanderblättern zuzustopfen. Mäuse, die sich durchbeißen wollen, sterben.

Die Tollkirsche gehört in jene Serie hinein, deren Beeren man aß, um Rauschzustände zu bekommen.
Ebenso der Schierling, von dem Plato so deutlich schreibt beim Tode des Sokrates.

Viele Pflanzen werden nun genannt und besonders auch das berühmte Dodekatheon der alten Griechen, das Zwölfgötterkraut, das wahrscheinlich unsere *Primula*, die Schlüsselblume ist.
Wenn vor langer Zeit die Heilung von Krankheiten den Göttern und Zauberern überlassen war, so entwickelte sich mit der Zeit doch eine medizinische Wissenschaft.

Hippokrates wehrte sich mit Schärfe gegen den alten Glauben an übernatürliche Dinge. Und Dioscurides, ein fortgeschrittener Empiriker, erkannte bereits pharmakologische Zusammenhänge. Doch blieben Wissen und Aberglaube noch lange Zeit nebeneinander bestehen und ineinander verknüpft. Der Glaube an die besonderen Mächte gewisser Kräuter hat sich oft genug bis in die Neuzeit erhalten. Das nun gerade bei einem Volk wie den Griechen, das ständig in irgendwelche Kriege verwickelt war, die Wundkräuter besondere Beachtung erhielten, ist wohl selbstverständlich. Damals war bereits *Hypericum*, das Johanniskraut, ein wichtiges Mittel bei mechanischen stumpfen Verletzungen, aber auch bei Schlangenbissen.

Origanum dictamnus, diese Pflanze hieß auch „Artemision", nach Artemis, der Göttin der Jagd. Sie konnte damit alle Verwundeten, die mit giftigen Pfeilen verletzt waren, wieder heilen.

Kein geringerer als Aristoteles war es, der uns überlieferte, daß die Wildziegen auf dem Berge Ida von diesem Kraut fressen, wenn sie von giftigen Pfeilen getroffen wurden. Worauf die Wunden sich wieder schlossen, wenn der Körper das Gift ausgeschieden hatte.
Interessant ist in diesem Zusammenhang, daß bei uns in den Klöstern mit *Dictamus* der berühmte Benediktiner-Likör hergestellt wurde. Der heute im Verkauf befindliche Wermut-Wein wird immer noch damit gewürzt.

Den Fingerhut, *Digitalis*, gab man damals schon als Herzmittel, bei Leberschwellung. *Agrimonia eupatoria*, der kleine Odermenning hat ähnliche curative Eigenschaften für die Leber.

Der meistverschriebendste Heiltee der alten Griechen war Salbei, *Salvia*. Theophrastus und Plinius und andere beschreiben dessen Verwendung ganz ausführlich. Bei uns wird Salbei heute noch zu den Wunder- und Zauberpflanzen gerechnet, mit denen man alle möglichen Infektionen heilen kann.

Die Raute, *Ruta graveolans*, war berühmt als Gegengift bei Schlangenbissen, aber auch als wirksame Arznei bei Atemnot.

Bekannt war schon das Beruhigungsmittel, wie wir es kennen, der Baldrian, *Valeriana*. Bei vielerlei nervösen Leiden, vor allen Dingen aber auch bei Frauenleiden wurde er selbst von Hippokrates empfohlen.

Das waren nur ein paar Beispiele, daß die medizinische Therapie der alten Griechen vor allen Dingen auch auf der Anwendung von Heilkräutern beruhte. Das Land war reich davon gesegnet, und man nahm es zunächst aus der Hand der Götter als Gabe der Natur, bis später frühwissenschaftlich durchdachte Arzneimittelkunde dieses Denken ablöste.

Bedeutende Fachschriften über die Heilkunde sind verloren gegangen. Bekannt sind nach den Berichten aus der Schule des Aristoteles entsprechende Zeugnisse, besonders gynäkologische Schriften, darunter finden sich auch einige von Diokles von Karystos, den man wohl einstimmig als die größte Autorität dieses Zeitalters bezeichnete. Damals begann ein neuer Abschnitt in der Geschichte der Medizin, sowohl der Anatomie, als auch der empirischen Beobachtung.

Spätere Werke, wie ein Hebammenbuch von Herophilos aus Chaldikon, sowie die Bücher von Kleophantis und Alexandros Philalethes sind nur noch von anderen Schriften bekannt, doch reichen diese Quellen aus, um uns ein Bild von der antiken Medizin zu zeichnen.

Bereits in Homers Ilias wird von dem Eingreifen der Göttin beim Ablauf von Schwangerschaften berichtet. Hera veranlaßte, daß Alkmene ihren Sohn bereits im 7. Monat gebar (Ilias, 19 X, S. 17-119). Ferner wird verkündet, daß die Eileithien, die Töchter der Hera, die als Hebammen in der Mythologie eine große Rolle spielten, den Pfeil des Schmerzes in die Seele der Gebärenden schickten und da bittere Wehen verursachten (XI, 269-271).

In der nachhomerischen Zeit beherrschten Magie und Aberglaube, Theourgie und mythische Vorstellungen die gesamte Medizin.

Das geht aus den Krankengeschichten hervor, die aus den Stellen des Heiligtums von Epidaurus überliefert sind. In dieser, dem Gott des Asklepios geweihten Stätte, sind etwa 70 Wunderheilungen aufgezeichnet, die in das 4. vorchristliche Jahrhundert zurückgehen, aber der Niederschlag einer viel älteren Theourgie sind.

Vier von diesen steinernen Urkunden berichten von unfruchtbaren Frauen, die während des Tempelschlafes im Abaton, dem heiligsten Bezirk, durch Traumerleben oder Epiphanie geheilt worden sind.

Eine Frau träumte, der Gott sei zu ihr mit einer Schlange gekommen, die mit ihr verkehrt und sie begattet habe. Darauf habe sie nach Ablauf eines Jahres zwei Knaben geboren.

Ein altes mythisches Relikt ist die Vorstellung von der Gebärmutter als Lebewesen. Z. B. bei Platon im Timaios (91 B,C). Neben diesen irrationalen Faktoren bildete auch die Empirie eine der Grundlagen der vorhippokratischen Medizin.

Darüberhinaus bestand unter dem Einfluß der vorsokratischen Naturphilosophie das Bestreben, das mit Hilfe der Sinneswahrnehmung Erfahrene kausal zu erklären, zu ordnen und auf rationalem Weg einen Gesamtzusammenhang zwischen allen Dingen und Geschehnissen zu suchen. Dies geschah entweder rein logisch oder spekulativ, oder in mehr oder weniger visionärer Schau.

Zwischen dem Arzt als Seher (Iatromantis) und dem Arzt, der sich zwischen primitiver und rationaler Medizin befand, gab es Übergänge. So befreit z. B. der Medizinmann Epimenides, der schätzungsweise etwa 600 v. Chr. gelebt hat, die Stadt Athen von einer Pest als von Gott geschickter Seuche durch ein religiöses Reinigungsopfer.

Hingegen ordnete der Schamane Empedokles eine hygienische rationale Maßnahme zur Beseitigung der Pest an, durch die manche Frauen Mißgeburten hatten. Er ließ offenbar verseuchte Flüsse ableiten.

Den göttlichen Anteil an einer Heilung haben die antiken Ärzte niemals bestritten, obwohl die Hippokratiker die gottgesandte Krankheit nicht anerkannten. So verurteilten sie jeden „pfuscherhaften" Krankheitszauber. Vor allem in Kos, der Wirkungsstätte des Hippokrates, der im 5. Jahrhundert v. Chr. die Medizin als Wissenschaft begründete, haben die Ärzte die Therapie durch Beratung und Behandlung stärker in rationale Bahnen gesteuert.

Wo immer in den hippokratischen Schriften die Krankheiten der Jungfrau und die Natur der Frau besprochen worden ist, wird das Ewige in der ärztlichen Kunst, bzw. das „Theion" betont, von dem der Arzt Kenntnis besitzen muß. Hiermit wird an die ewig waltenden Gesetze im Sinne der aufgeklärten Naturreligion erinnert.

Das „Corpus hippokratikum", das älteste Schriftdenkmal der griechischen Medizin, dessen Ursprung im wesentlichen unbekannt ist, legt die wichtigsten Beiträge der Medizin zur damaligen Zeit fest.
Die Säftelehre, die Grundlage der Biologie und Pathologie der damaligen Zeit, sind ohne Philosophie überhaupt nicht denkbar.

In der auf Hippokrates folgenden Epoche hielt die Medizin ziemlich stark an der überlieferten Erkenntnis fest. Es bestand sogar die Tendenz, den Lehren des Hippokrates dogmatische Geltung zu verschaffen.

Die erste Grundlage für eine auch in der Theorie realistisch orientierte Medizin wurde von der griechischen Philosophie geschaffen. Zu den ältesten Naturphilosophen gehört Thales von Milet in der ersten Hälfte des 6. Jahrhunderts v. Chr., der die Meinung vertrat, daß alle Tiere aus Samenfeuchtigkeit entstehen.

Seine jüngeren Zeitgenossen waren Anaximander und Anaxagoras. Diese machten das perikleische Athen mit der ionischen Naturphilosophie bekannt. Der Pythagoräer Alkmeion aus Chroton, etwa 500 Jhr. v. Chr., der allgemein der „Vater der Anatomie, der Physiologie und der Embryologie" genannt wird, befaßte sich mit dem Problem der Zeugung und Entwicklung.

Parmenides und seine Untersuchungen zeigen Anfänge einer Entwicklungstheorie, die in hippokratischen Schriften vertreten wurden. Empedokles begründete die Lehre von den 4 Elementen Feuer, Wasser, Erde, Luft, die zur Grundlage der Morallehre wurden, und Demokrit aus Abdera war der hauptsächliche Repräsentant der Lehre vom Aufbau der Welt aus Atomen, unter denen er kleinste und ewige Urstoffe verstand.

Bei diesen Naturphilosophen erkennt man schon vereinzelt das Suchen nach dem Sinn des Lebens. In diesem Zusammenhang befaßte man sich auch mit den Problemen Mann und Frau.

Aristoteles (384 – 322 v. Chr.) der Begründer der abendländischen Logik, bemühte sich, das Experiment und die Empirie als Forschungsgrundlage zu verwenden, obwohl er gleichzeitig deduktiv und spekulativ vorging. Er, der Leibarzt und Erzieher des späteren König Alexander des Großen war, stellte ein Bündnis zwischen Medizin und Philosophie her.

Er lehrte den Arzt die Kunst des methodischen Denkens.

Er zeigte, wie man die Heilkunde aus Erfahrung logisch aufbaut. Von ihm stammt der schöpferische Gedanke, dem Objekt des ärztlichen Forschens, dem Menschen als Universalhintergrund die Lehre von der Gesamtheit des organischen Lebens zu geben.

Aristoteles leitete eine eigene Schule in Lykeion und hielt Vorlesungen über Anatomie und Physiologie. Das deutsche Wort „Lyceum" übrigens stammt aus dieser Schule Lykeion.

Dieser große Wissenschaftler der Antike, dieser gewaltige Sammler und Ordner aller Erkenntnisse und alles Wissens seiner Epoche, dieser Philosoph, er war Schüler des Plato, in dessen athenischer Akademie. Er wurde aber nach dem Tode des Meisters nicht das Haupt dieser platonischen

Schule, wie er es sich wohl gewünscht hatte, und wanderte aus. In Lykeion gründete er seine eigene Philosophenschule.

Schauen wir uns den Begriff im modernen Bereich „Lyceum" an. Welch ein großer Wandel ging bei dem Terminus „Lykeion" angefangen bis zu „Lyceum" vonstatten.

Bei „Lykeion" müssen wir wissen, daß es ein Haus war, das von schattigen Ölbäumen umgeben war. Aristoteles pflegte dort seine Schüler im Umhergehen zu lehren, was im Griechischen „peripatein" heißt, deshalb nannte man ihn auch den „Peripatetiker", so einfach sind philosophische Begriffe zu klären.

Da wir gerade bei solchen etymologischen Begriffen sind, wollen wir noch einen hinzunehmen.

Ich sprach davon, daß Aristoteles zu Platons Schülern gehörte. Nun, von Platon haben wir schon gehört und sei es nur in Verbindung mit der platonischen Liebe. Wer einmal Platons Werke gelesen hat, und es lohnt sich, weil trotz des ernsten Stoffes ungemein lebensvolle Gespräche geschildert werden, die auch für unsere Zeit absolut gelten. Ich denke dabei nur an Platons „Politeia", den Staat, in dem wir exakt die Vorgänge unserer Zeit, wie wir sie bei der Jugend finden, geschildert bekommen.

Es gibt noch einiges andere aus Platons Leben. Er hat seine Lehre den Schülern vorgetragen, die aus Athen kamen und sich um ihn versammelten. Da er selbst nicht sehr vermögend war, auch keine großen Räume zur Verfügung hatte, hielt er seine Vorlesungen in einem Garten. Dieser Garten mitsamt dem Haus und seinen Arkaden hatte den Namen von seinem Freund, einem Athener Helden, der Akademos hieß. Und hier kommt unsere Bezeichnung „Akademiker" her.

Platons Zuhörer waren die ersten Akademiker. Wie gesagt, so einfach ist es, wenn man einmal Begriffe auf ihren Ursprung hin betrachtet. Genau so wie Kratylos, der Lehrer von Sokrates uns folgendes gelehrt hat: „Wenn ihr ein fremdes Wort lest, überlegt erst einmal, was bedeutet es und dann wißt ihr genau, was ihr davon zu halten habt."

Als die Römer die Weltherrschaft erlangten, und Rom sich zu einer Weltstadt und einem Staat erhob, drang hellenistischer Geist in dieses Zentrum ein. Allerdings bestanden große Vorurteile gegenüber den griechischen Ärzten, da sie in Italien als Giftmörder und Rohlinge verdächtigt wurden. Hinzu kamen rassische Vorurteile, die wechselseitig zwischen Griechen und Römern vorhanden waren. Es scheint fast so, wenn wir die Geschichte betrachten, als ob die ersten griechischen Ärzte, die nach Rom kamen, Abenteurer und Scharlatane gewesen seien.

Der Stab des Aesculap

In grauer mythologischer Vorzeit war es Paeion, dessen Namen wir heute noch im Namen *Paeonia*, die Pfingstrose, wiederfinden, der der Vater der Heilkunde im Götterhimmel war. Sein Nachfolger, der unter Zeus auf dem Olymp herrschenden Götter war Apoll. In seinem Götterleben spielt die Schlange eine sehr wichtige Rolle.

Er war noch ein kleines Kind, 4 Tage alt, da brachte er es fertig, die erdgeborene Schlange Python zu töten. Sie hatte die Aufgabe, den Erdschlund des delphischen Orakels zu bewachen und hat, wie nach anderer Überlieferung zu lesen ist, auch später einmal Delphi bedroht oder sogar verwüstet. Danach errichtete Apoll an diesem Ort sein bedeutendstes Heiligtum über einer tiefen, tiefen Kluft, aus der betäubende Dämpfe aufstiegen schwefliger Art, möglicherweise noch verstärkt durch betäubende und halluzinatorisch wirksame Kräuter.

Dieses delphische Heiligtum, das am Fuße des Parnaß gelegen war, wird auch das pythische genannt, eben nach der genannten Schlange Python; Pythia heißt auch die berühmte Priesterin, die, berauscht von den Erddämpfen, Orakelworte sprach und deshalb Orakelpriesterin genannt wurde.

Wenn wir das „pythische" Heiligtum und seine Priesterin Pythia von dem Namen der Schlange Python ableiten können, so ist nun deren Name etymologisch auf das Verbum „pythein" (Πυθειν; / lat. puteo) zurückzuführen, was eigentlich „stinken" oder „modern" bedeutet. So geht also der Beiname des Gottes, seines Heiligtumes und seiner Priesterin zurück auf die modrigen eigenartigen Erddünste, die der Überlieferung nach an dieser Stelle dem Erdspalt entquollen und die als der Atemdunst der hier verborgenen Schlange betrachtet worden sind.

Die Sagenüberlieferung, die scheinbar widersprüchlich ist, zeigt ja, daß die Schlange einmal das Orakel bewachen sollte, aber auch, daß sie den Ort bedrohte oder sogar zerstörte. Diese Widersprüchlichkeit läßt sich begreifen, wenn wir uns das Wissen zunutze machen, daß die Gegend um Delphi nach Zeitabschnitten geologischer Ruhe von verstärkten Erdbeben bedroht, erschüttert und auch zerstört worden ist. Bekannt ist dabei ein Erdbeben, das sich im 4. Jahrhundert vor Christi ereignete.

So scheint es, daß der Sieg des Apoll über die Schlange Python das glückliche Ende eines bedrohlichen seismischen Geschehens der Vorzeit beschreibt.

Ursprünglich war Delphi ein Ort der Verehrung der Erdgöttin und Allmutter Gäa. Erst später wurde dieser Ort Apollon geweiht. Gäa, jene machtvolle Mutter der dunklen Tiefe, wird durch eine lichte Kraft überwunden, nämlich durch Phöbus Apollon. Apoll, der Strahlende, er hat das höhlenbewohnende aber auch höhlenbewachende Tier Python, das in der Erde kreucht, getötet.

Der Name Delphi wiederum dürfte von Apollon herrühren, der in der Gestalt eines Delphins, eines sehr intelligenten und äußerst heiteren Tieres, kretische Fischer bis nach Delphi geleitet hat, damit sie ihn dort verehren sollten.

Wie wir es immer in der Geschichte der Völker, der großen und der kleinen, aber auch der Religionen sehen, übernahm hier der Sieger große Wesenseigentümlichkeiten der Unterlegenen: Das delphische Orakel blieb angewiesen auf die düsteren, stinkenden, modrigen pythischen Erddämpfe, wenn auch die sehr intelligenten und geistreichen apollinischen Priester aus dem verwirrten Gestammel der Pythia geschliffene Hexameter mit großer faszinierender Vieldeutigkeit formten.

Deren sind viele bekannt und brauchen an dieser Stelle nicht wiederholt zu werden.

Daß Apollon den Griechen nicht nur als Gott der Weissagung, der schönen Künste und als Meister der Bogenkunst berühmt war, sondern daß er auch als Strahlender und Übelabwender ($\varphi o\iota\beta o s$) genau wie sein Sohn Asklepios als Gott der Heilkunde verehrt wurde, ist weniger bekannt, obgleich der hippokratische Eid ja eigentlich mit folgenden Worten beginnt:
„Ich schwöre bei Apollon dem Arzt ...."

Wenn unter den Attributen des Apoll außer den bekannten Bildern der Leier, des Köchers, des Bogens und des im Haar gebundenen Lorbeers mitunter auch eine Schlange anzutreffen ist, so stellt sich die Frage, ob die Schlange hier schon im nämlichen Sinn wie bei Aeskulap auf die Heilkunst des Gottes zu beziehen ist.

Der gleiche Gott aber wird auch mit dem Attribut der Eidechse dargestellt und in dem Zusammenhang auch Sauroptonos ($\sigma\alpha\upsilon\rho o\pi\tau o\nu o s$), d. h. der Eidechsentöter bezeichnet. Hier legt man uns die Auffassung nahe, daß er mit dem

Schlangensymbol ausgezeichnet als Schlangentöter, als Überwinder der Python erkannt werden soll.

Vom Sprachgebrauch her ist es nötig zu erwähnen, daß die Griechen zwischen Schlangen und Drachen nicht klar unterschieden. Die pythische Schlange erscheint wesentlich als Drache dargestellt worden zu sein, dessen giftiger Atem dem stinkenden Schlunde entströmte. Hier müssen wir nun entsprechend magisch-mystischer Denkweise die Gestalt des strahlenden Apoll, wenigstens des delphischen, uns auch vorstellen mit Schlangen-Drachen-Kräften, in diesem Sinn eigentlich ein magisches Amalgam.

Wenn die ursprüngliche Verbindung der Python mit Gäa nur eine delphische Sage, die lokal anwendbar, gewesen ist, so muß man doch daran denken, daß hier der Mythos etwas Wesenhaftes ausdrücken wollte, nämlich die Beziehung zwischen Erde und Schlange. Das scheint der Fall zu sein. Ich möchte hier nur hinweisen auf die Mythologie von Persephone; der Göttin des Erdinneren oder auch der Unterwelt. Sie war ja die Gemahlin des Hades.

Im Lateinischen hat die gleiche Göttin den Namen Proserpina. Hier tun wir uns leichter in dem Wortstamm „serpens" die Schlange zu finden, genauer aber das Verb „proserpere" = sich vorwärtsschlängeln. Entsprechend war Persephone auch das Schlangensympbol zugeordnet.

Was wir hier deutlich erkennen können, ist die Beziehung des Schlangensymbols zum Erdhaften, zum in der Erde, also im Unterirdischen Lebenden. Es wird für uns Menschen schwer, hier Symbol und ihre Sphäre unmittelbar zu erfassen oder gar nachzuempfinden. Auch der Fluch der Genesis, daß die Schlange Erde essen solle ihr Leben lang, erklärt den Zusammenhang von Schlange und Erde nicht auf besondere Weise, denn das wäre ja völlig unbiologisch. Und das gibt es in der Mythologie eigentlich nur sehr selten.

Es sei noch zu erwähnen, daß das Schlangensymbol auch in anderen Kulturen, in indischen, chinesischen, asiatischen und auch alt-indianischen Betrachtungen zu finden ist, die uns aber auch nicht weiter führen. Wo immer wir mit dem Schlangensymbol zusammentreffen, so werden wir die Tiefe seines Ursprunges als Rätsel hermetisch abgeschlossen finden. Alle unsere Gedanken münden dann in den Urtiefen voll dunklen Rätselsinnes.

Es bewegt uns sicher, aber es enthellt uns des Rätsels Lösung nicht.

Gehen wir einmal von der genealogischen, also nach der Wurzel suchenden Betrachtungsweise weg und hin zu einer Betrachtungsweise, die nur das Erscheinungsbild in Augenschein nimmt. Hier werden wir nun ganz andere Dinge erleben.

Ich darf dabei zunächst einmal aus dem sprachlichen Bereich einige Ergebnisse aufführen. Wir müssen die etymologische Erkenntnis sowohl für die Sinnerfassung als auch für die Sinnvertiefung und Sinnerweiterung nutzen, müssen also eine etymologische Betrachtung einführen. Das gilt auch für die Sinnerfassung eines Mythos, wo wir verschiedene Ergebnisse je nach Betrachtungsweise erzielen können.

Zurück also zu dem Schlangenbild. Wo das deutsche Wort „Schlange" steht, finden wir in der Nachbarschaft „Schleife", „Schlupf", „schleichen", „Schlinge", „schlingen", „Schlingel", „Schlaufe". Das sind genug Hinweise auf eine nicht etwa mystische oder mythische, sondern auf erlebnismäßige Bedeutung des Schlangensymbols. Die Sprachverwandtschaft weist hier auch eine Sinnverwandtschaft aus. „Die Schlange war listiger als alle Tiere", so heißt es in der Genesis.

Ins Auge fällt dabei das Schlaue-sich-Schlängeln, die Vermeidung von Gradheit und Starrheit, von Unbeweglichkeit.

Das hat der Schlange das Attribut von Klugheit und List eingebracht.

Nun, das wäre in der deutschen Sprache so. Es gibt aber noch keinen Hinweis auf die aus dem Ost-Mittelmeer und griechischen Raum stammende Frage nach dem Aesculap-Stab.

Versuchen wir es lateinisch. In welcher Nachbarschaft steht das Wort „serpens"? Hier finden wir „serpere — schleichen", sich heimlich schleichen, unbemerkt sein, „serere" — knüpfen, schlingen.

Entsprechend können wir aber auch „dissere" als entknüpfen, auseinandersetzen oder klarmachen finden, denken Sie an die Dissertation!

Schließlich haben wir im Lateinischen noch das Wort „sertum — Girlande". Hier haben wir eine gleiche Bildgruppe, ähnlich wie im Deutschen.

Das zweite lateinische Wort für Schlange heißt „anguis". Da haben wir nun den Angulus, den Winkel, die Bucht, den Schlupfwinkel, das Geknickte, das Versteckte, das Heimliche, also etwas doch wieder der Schlange sehr Ähnliches.

Im Griechischen haben wird das Wort „Ophis" (Oφıs). Hier haben wir in der Übersetzung das Synonym für Heuchler, falscher Mensch und Hinterlist.

Jetzt zeigt uns das Bild der Schlange doch auch in der Sprache etwas. Wir hören in dieser Sprache ein Bekenntnis zur Schlauheit, zur List, ja sogar zur Klugheit im Zeichen des Aesculap.

Es stellt sich hier eine neue Frage. Ist List eigentlich mit der ärztlichen Ethik vereinbar?

Warum denn nicht! Wie kann sonst der Arzt seinem Gegner, der so überaus listig ist, in all seinen diagnostischen, therapeutischen Kämpfen mit dem Phänomen Krankheit einen Sieg abgewinnen? Also muß hier List gegen List stehen.

Vielleicht kann man auch sagen Schlange gegen Schlange, Klugheit gegen Klugheit. Das war jetzt ein neues Licht von der Aesculap-Schlange, die ja ein Zeichen der unerschöpflich listenreichen Natur versinnbildlicht.

Zwar haben wir noch nicht alles erkannt, aber zumindest gehen wir von dem Gedanken weg, nicht ohne eine Befriedigung.

Vorstellen können wir uns außerdem, daß Hermes an seinem Heroldstab eine Doppelschlange hatte, die Doppelschlange des Caduceus. Dieser Hermes, der doch der Schlingel und Schlaumeier im Olymp war, der Gott der Kaufleute und Diebe. Er hat bereits als Säugling die Rinder des Apoll gestohlen.

Hier sind also doch solche listigen schlingelartigen und schlauen Schliche von Überlegenheitsgedanken da, um die Natur zu überlisten. Man kann natürlich, wenn man will und etwas zu weit geht, auch aus dem ernsthaften ärztlichen Tun zu einem Schlingel, zu einem Scharlatan werden, falls man nicht, auch wie bei Apoll wiederum und bei Aesculap, ein eindeutiges Votum für Aufrichtigkeit, Rechtschaffenheit und Gerechtigkeit eingeht. In diesem Zusammenhang denken Sie noch einmal an den Eid des Hippokrates.

Hier kommen wir natürlich wieder ein Stückchen weiter, wir müssen ja außer der Schlange auch noch den Stab betrachten, dann haben wir das vollkommene Aesculap-Symbol.

Es gibt Auffassungen, daß es sich dabei um Vergrößerungen eines ursprünglich kleinen Stäbchens handelte, mit dem man Parasiten, den Medina-Wurm — *Dracunculus medinensis* — aus dem von ihm verursachten Hautgeschwür herausgewickelt habe. Doch das scheint mir zu oberflächlich oder zu flach gedacht, als daß man es unbedingt ernst nehmen könnte.

Ebenso ist der Begriff des Wanderstocken ja wohl nicht im

Zusammenhang mit ärztlicher Kunst zu sehen, denn wenn auch früher einmal gelegentlich Ärzte herumwanderten, so paßt das doch nicht in die ethischen Grundlagen des mythologischen Denkens herein.

Die Darstellungen des Aesculap zeigen ihn weniger mit dem Stabe wandernd, als auf ihn gestützt, was aber wiederum nicht bedeuten kann, daß Aesculap etwa gebrechlich gewesen wäre und sich festhalten mußte. Genau so fällt die Altersstütze, einfach der Spazierstock weg, auch der Bettelstab spielt hier keine Rolle mehr. Er ist sicher auch kein Szepter, der hier Herrschaftsansprüche oder Zeichen von Aesculap darstellen soll. Der Stab repräsentiert das Aufrechte, Wichtige, stellt vielleicht sogar im Geradlinigen einen Gegenpol zur Schlange dar, die sich da windig-listig zeigt.

Um es zu vervollständigen, müssen wir auch noch die psycho-analytische Symboldeutung anführen, wonach der Stab männlich-phallischen Charakter hat.
Hier haben wir ein Freudsches Symptom, von dem ausgehend auch wieder neue sprachliche Gedankengänge möglich sind.
Wenn wir aber den Stab in dieser Richtung als männlich ansehen, dann müßten wir in diesem Zusammenhang sinnvollerweise naheliegend in der Schlange das Pendant des Weiblichen erblicken. Dann wäre das Aesculap-Zeichen auch eine androgyne Polarität, die sich gegenseitig ergänzt, also einen ganzen Menschen darstellt, Mann und Weib. Vielleicht ein Hinweis auf die Ganzheit der Medizin?

Alle großen Zauberer der Urzeit, denken wir nur an die Pharaonen oder Moses oder Petrus späterhin, benutzten, um zaubern zu können, einen Zauberstab. Hatte Aesculap vielleicht mit der listigen Schlange auch so einen Zauberstab?

Denn der erste, der überhaupt ohne Stab zauberte und heilte, war ja der Heiland, war Christus.

Der Aesculap-Kult hatte eine große Verbreitung. Jüdische Intellektuelle der Zeitenwende, wie auch die frühen christlichen Gedanken, mußten hier irgendwie einen Kontakt zu dem alten Aesculap-Gedanken haben, denn das Attribut dieses Heilgottes ist sicher nicht ohne Einfluß gewesen auf die Formulierung in Matthäus 10, 16: „Seid klug wie die Schlangen und ohne Falsch wie die Tauben". Diese Worte wurden ja auch dem Heilgott in den Mund gelegt, und sind später übertragen worden. Und wenn wir nun im Matthäus-Evangelium nachlesen, so finden wir nur 8 Verse vor dem Vers: „Seid klug wie die Schlangen ...." folgende Zeilen: „Macht die Kranken gesund, reinigt die Aussätzigen, hebt die Toten auf ....!"

Im letzten finden wir nun einen direkten Weg und eine Beziehung zum Aesculap-Zeichen bis hin zu den neutestamentlichen Gedanken.

Die Geburt der Aphrodite

Gäa, die Erde, entzweite sich mit ihrem Gatten Uranus, dem Himmel. Dadurch entstand ewige Feindschaft zwischen der weitbusigen Mutter Erde und dem unnahbaren Vater Himmel.
Gäa hatte Uranus nicht nur die Titanen geboren und die einäugigen Zyklopen, sondern auch die drei Monster mit den hundert Armen, die Hekatoncheiren, die schrecklichsten aller Erdenkinder.
Uranus verfluchte sie; die hundertarmigen Monster stieß er einen nach dem anderen zurück in die Mutter Erde, die nun wiederum sich aufbäumte und unter solch unsäglichen Schmerzen jetzt Rache schwor für die schändliche Tat.

Der Racheplan der Mutter Erde reifte langsam, sie konstru-
ierte eine große Sichel mit Flintsteinzähnen und rief ihre
Söhne, sie um Hilfe zu bitten. Der einzige, der keine Angst
hatte, war Chronos. Gäa gab ihm die Sichel und hieß ihn
sich zu verstecken, da sein Vater des nachts käme und ihn
nicht sehen konnte. Es wurde dunkel, als der lüsterne Uranus erschien, und wie gewöhnlich wollte er sich auf Mutter
Erde ausstrecken. Justament in diesem Augenblick, da er
wieder die Absicht hatte, er, der Himmel, sich mit der Erde
zu vereinen, konnte Chronos im rechten Augenblick seine
Genitalien fassen und mit der Sichel abschneiden. Viele
Blutstropfen flossen aus der Wunde, fielen zur Erde nieder
und schwängerten so die Erde mit den Erinnyen, den Giganten und den Nymphen. Dieses lohnt sich zu merken, denn in
den späteren Kapiteln wird noch die Rede von ihnen sein.
Chronos warf nun die Genitalien seines Vaters hinter sich in
das aufschäumende Meer, lange Zeit trieben sie da umher
und Hesiod, bei dem wir genau dieses nachlesen können,
beschreibt es folgendermaßen:

„Und ihr unsterbliches Fleisch
schlug um sich her einen wilden Schaum.
Aus ihm wuchs ein Mädchen,
das zuerst getrieben wurde zum hochheiligen Kythera
und von dort aus weiter zu der Insel Zypern im Meer,
wo sie als herrliche und allmächtige Göttin ans Ufer stieg,
daß das Gras unter ihren schlanken Füßen sproß.
Götter und Menschen gaben ihr den Namen Aphrodite,
weil sie aus Aphros, dem Schaum, erwuchs.
Und Kytheraia, weil sie nach Kythera kam,
und Kyprogenes Philommedes, die Genitalienliebende,
weil Genitalien ihr Ursprung waren.
Eros war ihr Gefährte und holdes Begehren
folgte ihr vom Augenblick ihrer Geburt
bis zu ihrer Vereinigung mit dem Göttergeschlechte.

Und von Anbeginn wurde sie geehrt
und angenommen unter den unsterblichen Göttern
und Menschen
in den Gesprächen, die Mädchen miteinander führen
in verführerischem Lächeln,
in süßer Erfüllung
und Liebe und Zärtlichkeit."

Nach der Auslegung von Hesiod wurde die neugeborene Aphrodite sogleich von Eros begleitet. Später erst machte man ihn, diesen geflügelten Eros, zum Kind Aphrodites, er wurde zum mutwilligen Knaben verniedlicht, der seine fatalen Pfeile auf diesen oder jenen Busen abschoß. Für Hesiod aber gilt er als einer der Hauptgötter Aphrodites.(Siehe Genealogie und entsprechende Skizze dazu.)

Hesiods Bericht läßt auch ein Attribut vermissen, das allgemein bekannt ist — die Muschel. Nirgendwo ist davon die Rede, daß Aphrodite im Frühling in einer halben Muschelschale auf den sanften Wogen der Ägäis, des Mittelmeeres, trieb. Nach unserer Vorstellung wurde Aphrodite auf einer Muschelschale nach Zypern getragen.

So ist uns das Bild von der Geburt der Venus Botticellis bekannt, das vielleicht das berühmteste Gemälde von Aphrodite auf dieser Welt ist.

Es war aber nicht Botticelli, der diese Muschelschale erfunden hat. Schon vor Jahrhunderte nach Hesiod begann man, Aphrodite in der Kunst mit der Muschel in Verbindung zu bringen. Im 2. Jahrhundert v. Chr. fertigte man kleine bemalte Figuren als Grabbeigaben und als Opfergaben für die Altäre, die Aphrodite mit der Muschel darstellten. Aber die Göttin schwimmt nicht darauf, sondern ersteigt dieser Muschel neu erschaffen und nackt, als sei sie darin gewachsen wie eine Perle.

An dieser Stelle ist auch daran zu denken, daß Tausende von Jahren, bevor die Biochemie entdeckte, daß die Muscheln Kupferatmer sind, die Muschel mit Aphrodite in Verbindung gebracht wurde. Kupfer war schon im alten Ägypten das Liebesmetall und galt auch als Metall der Aphrodite. Kyprum, der Name der Insel zeugt davon, denn in Kyprum kam sie an Land. Daß die Muschel ein Kupferatmer ist, daß ausgerechnet auf einer Muschel Aphrodite an Land kam und noch dazu in Zypern, das sollte zu denken geben. Es ist hier nicht nur die Überlieferung, sondern auch die Genialität der Künstler, auch eines Botticelli, so unglaublich über unser Denken erhaben, daß wir in Ehrfurcht dastehen müssen vor solchen Kenntnissen und Erkenntnissen der Künstler.

Nicht nur eine, sondern manchmal auch zwei Muschelschalen erscheinen bei vielen der kleinen Terrakotta-Figuren, die wir in Attika und anderswo gefunden haben. Die Schalen öffnen sich und Aphrodite liegt frei, sie steht nicht darin, sondern sie kniet.
Schauen wir in einem griechischen Lexikon nach, das griechische Wort für Muschel heißt „kteis", wörtlich „der Kamm", wegen der Wülste und Furchen aus denen die Außenwand der Muschel besteht. Dieses Wort stand auch im altgriechischen für die Geschlechtsorgane der Frau.
So reift im Mutterleib des Meeres eine neue Göttin heran. Und wir stellen uns vor, daß die Muschel vom Meeresboden aufstieg, daß Aphrodite Anadyomene sich erhob und die Muschelhälften sich öffneten, um sie zu enthüllen.
Zuweilen hält Aphrodite in ihrer Terrakotta-Muschel ein männliches Glied in ihrer Hand, was ihr Bild als Göttin der weiblichen Kteis wie deren männliche Entsprechung vervollständigt; das Bild einer Göttin, welches ebenso die Philommedes war, die Genitalienliebende, wie die „Königin höchster sexueller Befriedigung".

Aphrodites Geburt aus einer Kteis nähert sich auch jener anderen meeresverbundenen Vorstellung vom Ei, das die

Fische mit Bewegung der Flossen und dem Schwanze aus dem Euphrat ans Ufer rollten. Die lateinische Erzählung stammt von Hyginus, er schreibt etwa im 2. Jahrhundert nach Chr.:

„Es wird erzählt, ein Ei von gewaltiger Größe sei vom Himmel in den Fluß Euphrat gefallen. Fische rollten es an Land, Tauben setzten sich darauf, wärmten es und brüteten Venus aus, die später als die syrische Göttin bekannt wurde. Venus war von unerreichter Hoheit und Heiligkeit und Jupiter gewährte den Fischen, sich zu den Sternen zu gesellen."

So haben wir heute noch das Sternbild der Fische am Firmament.

Aus dem gleichen Grund gelten den Syrern Fische und Tauben als heilig und lange Jahre und Jahrhunderte durften sie nicht verzehrt werden.

Dieses wurde — so scheint es — in der Literatur erst von Atargatis erzählt, von jener Atargatis im großen Tempel in Hierapolis, in Nordsyrien, nur wenige Meilen vom Euphrat entfernt.

Aphrodite war auch die Göttin der Hetären, der Straßenmädchen, denn, wie die Leute sagten, würde sie zu den „Muschelmädchen" so nett sein.

Es ist sicher interessant zu lesen, daß „Concha", das von Plautus im Lateinischen gebrauchte Wort, die gleiche Doppelbedeutung hat wie „Kteis" im Griechischen, nämlich „Muschel" und auch „weibliche Geschlechtsteile".

Es mag sein, daß die Aphrodite der Griechen, die Venus der Römer gestorben ist, so wie andere Göttergestalten, diese Früchte unserer Sehnsüchte und Wünsche, unserer Nöte und Verunsicherung, unserer Unzulänglichkeiten und Träume. Sie starben langsam, gerieten in Vergessenheit, doch viele Eigenschaften von ihnen haben sich erhalten. Am meisten ist in unserer Gefühlswelt aber Aphrodite lebendig geblieben, die Göttin der Liebe, weit vor allen anderen Gottheiten des Mittelmeerraumes. Sie ist als ein Symbol der blinden, urwüchsigen Inbrunst erhalten, sie ist gereift zur ewig jungen, aber auch ewig erfahrenen und erfahrenden göttlichen Frau.

Dargestellt als verkörperte Anmut, geliebt als Schutzpatronin der Jugend, wo sie von den Mädchen angerufen wurde, die sich auch ihr verwandt fühlten und um Beistand baten, wenn es darum ging, weibliche Anziehungskraft einzusetzen; aber auch von Jünglingen, welche sich wünschten, ein Mädchen ihrer Wahl sollte sie so wie Aphrodite beglücken. So hinreißend schön in Menschengestalt herabgestiegen teilt diese Göttin jener Zeit ihre Gunst zwischen sterblichen Halbgöttern und Gottheiten.

In allen Kunstwerken, die wir kennen, den Bildwerken, den meisterhaften Bilddarstellungen, den Gedichten und Prosaerzählungen haben geniale Künstler ihre Vorstellung von der Göttin ausgedrückt. Zärtliche und vornehme, nie einfältige Züge gaben sie der Göttin. Sie war die Göttin des Mannes, der eine Frau sucht, die Göttin der Frau, die einen Mann sucht, aber auch des Mannes und der Frau, die einen bestimmten Partner für sich wünschten. Man bat sie um Beistand, um eine Frau zu erobern, die man irgendwo einmal gesehen hatte.

Sie war aber auch die Göttin der Frauenliebe, wie etwa zwischen Sappho und ihren Mädchen, oder auch der Liebe zwischen Männern.

Da käufliche Mädchen ebenso schön sein können wie züchtige Töchter, schloß die Schutzherrschaft dieser Göttin die Dirnen mit ein.

Gehen wir auch hier einmal auf den Ursprung der Wörter ein, so müssen wir die griechischen Wörter verfolgen, die sich von ihrem Namen herleiten und da entdeckt man nun,

daß „aphrodiasticos" „wollüstig" heißt, daß „aphrodiazein"
so viel heißt wie „kopulieren", das „Aphrodisia" Freudenhäuser waren und daß die Pächterin eines öffentlichen Bordells eine „Aphrodiastis" war.

Und bereits die ersten großen Hymnen, mit denen die griechische Poesie ihre Eigenschaft und ihren Ursprung besang,
erinnern sich ihres mystischen Beinamens „Aphrodite Philommedes".

Für die Griechen lag in diesem Namen ein Wortspiel:
Wenn ihre Göttin der Liebe, ihre Göttin aller sexuellen Gelüste zwischen Göttern, Menschen, Vögeln, Tieren und allen Kreaturen „Philommedes" war, dann war sie auch
„Philommeides", die Freundin jenes Lachens und Lächelns,
das jenseits aller Schwierigkeiten und Ängste den Höhepunkt der Liebe bezeichnet. Da jene wechselseitige Erfüllung mit Worten und Bildern nicht zu beschreiben ist und in
keinem unserer irdischen Ausdrucksmittel völlig dargestellt
werden kann, gab es eben eine Göttin dafür:
Aphrodite ist diese Göttin.

Sie ist die Göttin des kurzen Augenblicks, der den Sterblichen hinausträgt über das Leben oder besser der ihn das Leben in seiner ganzen Tiefe erfassen läßt oder noch besser des
Augenblicks, der den Sterblichen in das wahre Leben hineinträgt.

Ist es nicht auch jener Augenblick, vielleicht der einzige Augenblick, der, auf welchem Weg auch immer, mit Adam
und Eva aus dem Paradies zu uns auf die Erde kam als einziger kleiner Bestandteil des Paradieses? Ist es nicht einer jener Augenblicke, die weitaus schöner sind als der schönste
Sonnenaufgang oder andere großartige und faszinierende
Naturerscheinungen?

Was wäre der Olymp, was das Leben der Menschen, was
das Leben der Götter ohne Aphrodite? Keiner der Götter
und kein Sterblicher ist Aphrodite entflohen, so heißt es im

5. Homerischen Hymnus. Alle Menschen und Götter mußten ihrer Macht erliegen, nur mit Ausnahme der drei Göttinnen Athene, Artemis und Hestia. Diese hat sie nie verlocken können.

Der dritte Gesang wird erfüllt von der Anmut und der Macht Aphrodites. Sie entrückt ihren Schützling Paris, der ihr beim Streit der Göttinnen um die Schönheit den Preis zugesprochen hatte, vor dem Ansturm des überlegenen Menelaos. Auch andere Götter entziehen ihre Söhne oder Lieblinge dem drohenden Verhängnis. Aber Aphrodite tut es auf ihre eigene Art: Sie trägt Paris in sein mit Wohlgerüchen erfülltes Schlafgemach, bettet ihn und holt Helena herbei, die von Trojas Mauer den Zweikampf ihrer beiden Gatten zugeschaut hatte. In der Gestalt einer Greisin spricht Aphrodite zu ihr:

„Paris läßt Dich nach Hause rufen.
Er liegt in seinem Gemach, auf einem gedrechselten Bett,
von Schönheit glänzenden schönen Gewändern.
Du würdest nicht meinen, er käme vom Zweikampf,
vielmehr gleicht er einem, der zum Tanzen geht oder
der vom Tanze kommt und sich ein wenig ausruht."

Helena, die wie die anderen Zuschauer glaubte, Paris sei von Menelaos besiegt worden, ist über diese Rede ungehalten. Aphrodite aber wirft die Maske der Greisin ab und zeigt sich Helena in ihrer wirklichen Gestalt:

„Als sie nun erkannte der Göttin überaus schönen Hals,
die reizende Brust und die funkelnd leuchtenden Augen,
staunte sie ...."

Helena gehorchte Aphrodite widerwillig. Die lächelnde Göttin aber rückte einen Sessel an das Bett des Paris und die Tochter des Zeus, wie Helena ja feierlich genannt wird, läßt sich darauf nieder. Auch wendet Helena zunächst die Augen noch ab, sie spricht ähnlich vorwurfsvoll zu ihrem Gemahl wie vorher Aphrodite:

„Wärest Du doch getötet worden von dem gewaltigen Mann, der mein früherer Gatte war."

Paris jedoch läßt sich nicht von den Gaben abbringen, welche die goldene Aphrodite ihm verlieh. Das wechselnde Kriegsglück gilt ihm wenig, bald ist er, bald jener der Sieger. Ganz erfüllen ihn dagegen Eros und der süße Hiemeros, die Liebessehnsucht nach Helena.

Hier bei diesem Spiel erleben wir auch eine Schmährede gegen Aphrodite bei den Griechen. Ausgerechnet die junge, verwöhnte achäische Fürstin Helena, die der Liebesgöttin doch so viel zu verdanken hat, überschüttet diese nun, nachdem die Göttin ihr, besorgt um das Schicksal ihres Lieblings Paris, den Gatten vom Schlachtfeld in die Schlafkammer gebracht hatte, mit bitteren Vorwürfen:

„Grausame Du, was dachtest Du nur mich so zu verführen?
Setze dich zu ihm und weiche vom Pfade der Götter —
niemals kehre zurück Dein Fuß zu hohem Olympos,
sondern leide nur immer um ihn und hüte ihn sorglich,
bis er vielleicht zum Weibe Dich nimmt oder zur Sklavin!"
(Ilias III, 399-409)

Wo hätte je eine Sterbliche es gewagt, mit Göttern so zu sprechen und zu welcher anderen Göttin hätte hier ein Sterblicher so sprechen können?

Der Aphrodite, der „menschlich-allzu Menschlichen", wagt man solche Reden zu bieten.

Die Liebesgöttin der homerischen Epen ist ein Kind des Zeus und der Dione. Auch im 5. Homerischen Hymnus heißt sie die „Tochter des Zeus", und sie wird von Sappho herbeigerufen in dem ersten Gedicht, das uns als einziges der Dichterin vollständig erhalten ist. Hesiod dagegen erzählt einen anderen Mythos von der Geburt, wie ich Ihnen schon erzählte:

„Hier entwand sich dem Schaum die erhabendste,
reizendste Göttin.
Duftende Kräuter entsprossen unter den flüchtigen
Füßen, dieser dem Schaum entschlüpften.
Götter und Menschen nannten sie „Aphrodite", die
vom Schaume Genährte ....
Eros begleitet sie, der schöne Hiemerus folgt ihr.
Seit der Geburt, wenn sie zu der Götter Versammlungen
wallte."

Selbst Hera, die Gemahlin des Zeus, bedarf ihrer, um die
Liebe des Zeus zu entflammen. Dies zeigt die berühmte Geschichte vom Gürtel der Aphrodite, dem Liebesgürtel im
14. Gesang der Ilias.

Ehe Hera zu Zeus auf das Ida-Gebirge geht, erbittet sie von
Aphrodite unter einem Vorwand deren Zaubergürtel. Die
Liebesgöttin kann der Gemahlin des Zeus diese Bitte nicht
abschlagen:

„Sprach's und löste sich dann von der Brust das
bunte gestickte Busenband. Drin waren alle die
Zauber enthalten:
Darin war Liebe und Liebesverlangen und
Liebesgeplauder,
wie sie schon oft verständigen Männern die Sinne
berückt hat,
die Wirkung der wunderbaren Stickerei auf Zeus mit
dem folgenden ganz in der Weise geschildert, wie es
die Verse andeuten."

Dionysos

Dieses Kapitel über Dionysos soll nicht über den griechischen Gott berichten und dessen Wirken, wenn die heutige

Zeit als Entschuldigung angeführt wird für bestimmte Rauschzustände, sei es mit Alkohol oder anderen Rauschdrogen.

Von Kleinasien her kam die Weinrebe nach Griechenland; da war sie bald sehr heimisch. So blieb es nicht aus, daß die Griechen ihren im Olymp wohnenden Göttern noch einen Gott zur Seite setzten, nämlich den Gott des Weines, und sie taten es, indem sie den Vater aller Götter bemühten, und zwar Zeus. Dieser doch ungeheuer potente Göttervater verband sich mit Semele und zeugte mit ihr den Gott des Weines, für gewöhnlich Dionysos genannt.

Im alten Rom nannte man ihn später Bacchus. Semele aber, die Tochter eines thebanischen Königs, wollte ihren Geliebten, den Vater des Kindes, auch sehen. Die Männer scheinen das nicht mehr sehr zu schätzen, wie auch heute nicht. Zeus ließ die Neugierige im Glanz seiner göttlichen Herrlichkeit verbrennen. Den Sohn aber entnahm er ihr, ließ ihn die restlichen drei Monate allen Gynäkologen zum Schrecken und zum Possen in seinem Schenkel reif werden, gab das Kind dann den Nymphen und diesem berühmtesten „Saufhaus", dem Silen zur Erziehung.

Auf Naxos, heißt es, hat Dionysos dann Ariadne geheiratet. Im übrigen trieb er sich mit wilden, von Wein und Liebe oder nur dem einen oder anderen berauschten Weibern und Männern, den Mänaden und Bacchen herum und sorgte mit seinem Thyrsos-Stab dafür, daß überall, wo er es nur wünschte, der Wein in reichstem Überfluß sprudelte. Ihm zu Ehren trank man nicht nur den funkelnden Rebensaft, sondern sang feierliche Hymnen, Thyramben und noch andere Gesänge, aus denen sich später das Drama entwickelte. So ist das älteste und berühmteste Theater des Abendlandes auch dem Dionysos geweiht und steht zu Füßen der Akropolis in Athen. Hier sollte man einmal eine der großen Tragödien von Aeschylos oder Sophokles oder einem der anderen großen Dichter, zum Beispiel Euripides, gehört haben, vielleicht auch die Komödie von Aristophanes, um in diesen Zeitgeist einsteigen zu können.

Dionysos sorgte auch für eine große Zahl von Feiertagen. Das war notwendig, das wissen wir auch heute, denn wer kann schon Wein unbegrenzt genießen, wenn er nicht die nächsten Tage auch noch frei hat. Denn arbeiten kann man dann ja nicht mehr. So hat man also im März und im Dezember die großen und kleinen Dionysien gefeiert, im Januar die Lenäen mit verschiedenen ausgelassenen Spielen, im Oktober das Weinfest und dann das Anstichfest usw. usw. Es scheint doch so, als wenn damals in den großen Ratskollegien kaum Abstinenzler gesessen hätten.

Dionysos verkörperte für die Griechen die „ek-stasis", d. h. „das außer sich sein". Also eine Entrückung eines Menschen aus dem gewohnten Gefüge seiner Person.

Jeder, der die griechische Geschichte kennt, weiß, daß die Mänaden, die Begleiter des Dionysos, Stadt und Haus verlassen, nachts um wilden Tanz in die Berge ziehen und sich da völlig ausgelassen benehmen. Es ist ganz interessant, daß gerade die Frauen im alten Griechenland, deren Entwicklung durch die vorgegebene Sozialstruktur in der Isolation von Haus und Herd doch sehr eng gehalten wurde, daß diese Frauen Phänomene wurden, Massenphänomene, und zwar in der dionysischen Ekstase. Es war ein Fest ungehemmter Empfindung, im Verein mit anderen übergreifend von einem zum anderen, hineingesteigert bis in visionäre Zustände: Hier kam unberührte Natur und ihr Gott des quellenden Lebens in Berührung. Es waren zwei gegensätzliche Pole, um die der selbstvergessene Spürsinn der Mänaden kreiste. Mit den Geheimnissen der Wildnis, Geheimnissen der Pflanzen und Tiere fühlten sie sich verbunden. Auf den bildlichen Darstellungen wiederzuerkennende Felle von Tieren, Schlangen und Thyrosstäbe mit Efeu sind äußere Zeichen dafür.

Sie wurden mit dem Gott, den sie erblickten und der voran ging, immer nur eins.

Wir sollten aber nicht vergessen, daß dieses Faktum vorübergehender Identifikation mit Dionysos den damaligen sakralen Stil verriet, der diese Ekstasen der dionysisch Ergriffenen kennzeichnete. In der naturhaften Ausweitung des Empfindens die Richtung zum Göttlichen hin, das ist das Entscheidende.

Dionysos war, wie die stets wiederkehrenden Beiwörter bezeugen, nicht nur der „Gynaimanes", das ist derjenige, der „die Frauen rasend macht"; er war in einem größeren Umfang auch der „Polygethes", der Spender vieler Freuden. Und er war der Befreier und Erlöser, denn mit ihm wächst der Geist, wenn wir, so sagt Pindar, vom Pfeil der Rebe überwältigt sind.

Wir sollten aber daraus nicht etwa die Folgerung ziehen, daß wir nun auch dem Alkohol, dem Wein insbesondere hier, uns hingeben sollten. Daß wir dem Gott des Weines Kränze spenden sollten, wie es ja manchmal noch getan wird, daß man ein ganzes Glas an die Wand wirft. Nein, was damals im kultischen Bereich eine Gemeinschaft besiegelte, was im kosmisch-jenseitigen Leben zur Erfahrung des Diesseitigen geführt hat, das ist heute nicht mehr der Fall.

Die wissenschaftliche Forschung spricht von der Mission des Weines und des Dionysius-Kultes für die menschliche Bewußtseinsgeschichte. Aber damals hatte der Alkohol noch die Aufgabe, den menschlichen Leib so zu präparieren, daß dieser abgeschnitten wurde von dem Zusammenhang mit dem Göttlichen, damit das persönliche „Ich — bin" herauskommen konnte. Der Alkohol hat nämlich tatsächlich die Wirkung, daß er den Menschen abschneidet vom Zusammenhang mit der geistigen Welt, in der der Mensch früher zu Hause war. Alkohol zwingt und bannt den Menschen in seine physische Welt, weil er ihn in seine physische Natur zwingt. Der Mensch wird als Auswirkung des erlösenden Rausches die Möglichkeit zur Ekstase und Inkarnation haben. Als Auswirkung des Rausches spürt er neue Bindungen, verstärkte Empfindungen seines Körpers, die sich auch auf das Ich-Gefühl konzentrieren und es intensivieren. So wurde der Alkohol, d. h. damals war es der Wein bzw. die Kenntnis der Weingewinnung, mit Recht als die größte Gabe des Dionysius verstanden. Zwar waren alkoholische Getränke im Mittelmeer-Raum seit 4 Jahrtausenden bekannt, aber nirgendwo spielte im alltäglichen oder kultischen Leben der Alkohol eine solche Rolle wie der Wein in Griechenland, später auch im römischen Reich, diese doch deutlichen exemplarischen Zentren fortschreitender Ich-Entwicklung.

Wein, von den Griechen wurde er auch als „Pharmakon" bezeichnet, war tatsächlich ein „Pharmakon", in dessen doppeltem Wortsinn. Ein flüchtiges Heilmittel für trübe Stunden und Sorgen, aber auch ein stetig wirkendes Zaubermittel zur dauerhaften Entfaltung neuer Kräfte.

Man pflegte auch in Griechenland den Weingenuß. Dessen berauschende Wirkung benutzte man, um über das Maß des Alltags hinauszuwachsen. Besonders in der Gesellschaft Gleichgesinnter, auch geistig Hochstehender, war es üblich, in Trinkgelagen zusammen zu sein, bei einem Symposion, eine sicher falsche Übersetzung. Denn „Symposion" heißt auch „eine sakrale Handlung", und zwar verbunden mit Opfern, Flötenbegleitung, mit Händewaschen, Kränze wurden aufgesetzt, Becher bekränzt, Gebete gesprochen. Alles waren Regeln und Vorschriften, die zu einem eigentlichen Trinkgelage nicht passen. Es war kein profanes Vergnügen, sondern ein sakraler Akt. Zwangsläufig mischten sich im Verlauf eines Symposions Göttliches und Menschliches, Allzumenschliches und Weltliches, Göttergedanken und der Rausch des Weines.

Alle großen Bürger dieser Zeit warnten davor, ein Symposion ausarten zu lassen. Man konnte es sehr gut festhalten und eine großartige geistige Atmosphäre schaffen, in der dann auch sehr viel Geistiges geboten wurde. Die so entstehenden heroischen Bilder, mythologischen und dramatischen Bilder, halfen auch dem Zuschauer in der stundenlangen Anstrengung des Zuhörens und des Miterlebens zur beweglichen Schulung seiner eigenen Gedanken und Gefühlskräfte. In jedem Fall ging es bei den griechischen Festen, aber auch bei den Symposien um die Erfahrung eines für alle erreichbaren Dionysos in jedem Fall. Daß es daneben auch den Dionysos der Mysterien gab, der weitere seelische Dimensionen eröffnete, soll hier nur kurz erwähnt werden. Denn nicht allein intellektuelle Bemühungen im Namen des Dionysos auf die kleineren und größeren Rauschzustände des Alkohols ließen den „Geist wachsen", so sagte Pindar.

Nehmen wir den Alkohol heute, den Wein insbesondere, dann haben wir zunächst einmal Alkohol als Rückschlag. Er macht zwar sehr selbstbewußt und genügend selbstherrlich. Und mehr als das sind wir ja schon lange geworden. Aber Alkohol verhärtet uns nur in unserem körperlichen Bewußtsein und verfestigt uns am Leib gebunden, am egozentrischen Null-Punkt unserer Bewußtseins-Seele, von dem aus eigentlich eine Wende zur Überwindung dieser krassen Egozentrik nötig wäre. Das, was einst als segensreiche Gabe eines Gottes gepriesen und im Lauf der Zeit als angenehme Gewohnheit gepflegt wurde, ist für uns jetzt eine Hemmung echter geistiger Weiterentwicklung. Alkohol ist jetzt ein Mittel nicht nur der Stagnation, sondern eigentlich der Regression und damit des Ich-Verlustes. Daß regelmäßiger Alkohol-Genuß, insbesondere exzessiver Alkoholgenuß nur scheinbar belebt und anregt, in Wirklichkeit aber nur seelisch hemmt, aber auf die Dauer zum Persönlichkeitsabbau führt, ist ja doch in vielen großen Studien längst nachgewiesen worden.

Daß sogar schwerwiegende Willenslähmungen die Folge sein können, wenn man es als Droge betrachtet. Andere Formen von Rausch und Verzückung, wie sie früher bei Dionysos vorkamen, bei modernem Tanz zum Beispiel, wobei wir ja zwar eine Steigerung des Selbstempfindens haben. Die Menschen, die so etwas tun, nehmen ihre eigene Körperlichkeit berauscht wahr. Der Geist wächst aber keinesfalls, im Gegenteil — er verkümmert. Denken Sie doch nur einmal an die Disco-Tänzer mit ihrem Trance-Stereotyp. Sie wirken geradezu grotesk, ja manchmal animalisch, und es verpufft irgendwo im Leeren, es hat nichts Sakrales mehr.

Auch die Entrücktheit griechischer Mänaden lief Gefahr, in animalische Abgründe abzugleiten, selbst wenn sie nach mythologischem Muster vorgegeben waren.
Die Bindung des Ritus an die religiöse Norm vermochte die Wildheit des nächtlichen Rasens aber doch in gemäßigte Bahnen zu lenken. Freiheit für alles, vom Break-Dance bis zum Elektro-Boogie, das gibt es erst heute.

Dionysischer Rausch ist also keineswegs gleichzusetzen mit modernen rauschhaften Erlebnisweisen. Ebensowenig besteht eine Identität der Ekstase mänadischer Kultverbände und der Phänomene sogenannter Massenhysterie. Sicher, das kann ansteckend wirken, aber Gestik und Mimik entsprechen auch einander, aber die Ursache, das Höhere, das Vermitteln von Höherem, von Göttlichem, das war von dieser Seite her geregelt und geordnet.

Wir sollten heute eine Rückbesinnung auf die Tiefendimension dieses einstmals verborgenen Dionysos durchführen, dem Dionysos der Mysterien, die zum wahren Ich führen. Hier wäre ein Gegengewicht ein heilsames dionysisches Erleben, vielleicht auf der Waagschale wichtig, um die Vorherrschaft des kalten, seelisch-leeren Denkens, die Ernüchterung historisch gesehen, auszugleichen. Dionysos war ja im alten Griechenland auch der große Begründer und Förderer der intellektuellen Kultur, er war der „rasende Gott", der die Menschen trunken machte mit ihrem Stolz auf die neuen Fähigkeiten, mit Fähigkeiten, die im Laufe der Zeit immer mehr gesteigert wurden und heute ja fast ausgeschöpft zu sein scheinen, aber in ihren Endprodukten immer noch ambivalent sind. Rasend schnelle Entwicklung, Hektik, materialistische Ausrichtung des Wissenschaftsbetriebes, Wahnsinn von Großtechnologie und Wirtschaftsstrategie. Ist das vielleicht der Nachklang dionysischer Tendenzen? Ist das vielleicht die letzte Folge dionysischen Erlebens und Rausches?

Es wird doch hoffentlich unsere moderne Kultur nicht ein Rauschzustand dionysischer Drogen sein?

Herakles

Sie haben sicher schon gemerkt, daß Herakles eigentlich erst den Namen Alkeides erhielt, und zwar von Zeus und seiner Geliebten Alkmene. Erst später verlieh ihm das Delphische Orakel den Namen Herakles, was soviel heißt wie „berühmt durch Hera" und das mit vollem Recht, wie Sie ja oben schon gelesen haben. Viel interessanter sind jedoch die vielen Aufgaben, 12 insgesamt, die Herakles zu lösen hatte. Zuerst mußte er den Nemeischen Löwen erlegen, was für ihn nicht schwer war und womit er auch seine „Anzugsfrage" regelt. Das Löwenfell war nun seine, ihm absolut adäquate Herrenoberbekleidung. Es gibt Menschen, die daran zweifeln, daß er diese Aufgabe lösen konnte. Wenn Sie Richtung Athen mit der Bahn und dann mit dem Kleinzug nach Nemea fahren, dann fragen Sie die dort lebenden Hirten. Sie werden Ihnen exakt und genau die Stelle zeigen, wo jener Löwe sein Leben aushauchen mußte.

Die berühmte Reinigung der Augiasställe habe ich hier gerade mit der Fließwassersituation erklärt, bei der Herakles ja nicht nur seinen Mut, sondern seine Kraft und vor allem seine Klugheit und seine List unter Beweis stellt; besonders die List gehörte zu den Eigenschaften eines griechischen Helden, die unabdingbar waren. Die Aufgaben wurden gesteigert, schließlich mußte Herakles seinem Vetter Eurystheus in dessen Diensten er stand – Hera hatte dies veranlaßt – die goldenen Äpfel der Hesperiden besorgen. Er sollte damit in die Unterwelt hinabsteigen, um dort den schrecklichen Höllenhund Zerberus zu bezwingen. Schließlich half er noch den Göttern im Kampf mit den Giganten. Er stürmte sogar das Orakel von Delphi, weil man ihm eine Auskunft verweigerte, hat sich dabei mit Apoll angelegt und mußte dafür büßen. Dieser doch sehr mächtige Gott nötigte ihn, schließlich den Dienst bei einer zauberhaften Frau, der Omphale anzutreten. Diese sicher äußerst stattliche Dame, sie soll so groß gewesen sein, wie die Bavaria in München, hat ihn überredet, Frauenkleider anzuziehen und am Spinnrokken zu sitzen, während sie selbst sich mit seinem Löwenfell und seiner Keule schmückte.

Hier, an dieser Situation ist eigentlich innerhalb der griechischen Mythologie deutlich zu sehen, daß gegenüber einer schönen Frau selbst ein riesig starker Mann wie Herakles ohnmächtig ist. Das läßt natürlich die Frage aufkommen, wie man vom weiblichen Geschlecht angesichts dessen noch als vom schwachen reden kann, wo wir doch alle wissen, wie stark es ist, zumindest wenn es um Kriegs- oder „nur" um Liebeslisten geht.

Später rettete er Alkestis, hat sich dann mit Deianeira vermählt. Ein Zentaur, nämlich Naissos, interessierte sich für die Gattin des Herakles und wollte sie rauben. Herakles, sogleich, als er es entdeckte, tötete ihn mit einem vergifteten Pfeil. Allerdings konnte der Zentaur sich noch rächen. Er wußte, daß Deianeira eifersüchtig war und redete ihr ein, sein Blut sei ein unfehlbarer Liebeszauber. Und nach der Idee, „Mein Gott, schaden wird's ja nicht", imprägnierte sie das Nachthemd oder auch das Taghemd, es ist nicht ganz sicher, welches von beiden, mit dem Blut dieses Zentauren. Der arme Herakles legte das Hemd an und wurde von schrecklichen, unstillbaren Schmerzen ergriffen, schrie laut vor sich hin. Er brüllte aus Wut und Qual; vor lauter Leid mußte er sich — es bestand kein anderer Ausweg — das Leben nehmen. Auf dem Berg Oite schichtete er einen mächtigen Scheiterhaufen auf und verbrannte sich selbst. Zeus holte ihn zu sich in den Olymp, gab ihm, wie oben schon erwähnt, die anmutige Hebe, eine Tochter von Hera und Zeus, genaugenommen eine Halbschwester von Herakles, zur Gattin. Und Hebe, die Göttin der Jugendschönheit, durfte Herakles dann ausschließlich getröstet haben über alles, was er an Leid und Schmutz, an Qual und Dreck, an Schwierigkeiten und an Liebesverlusten auf der Erde erlebt hatte. Vielleicht sollte man noch erwähnen, daß mit dieser Heirat Hera, die ihn auf Erden mit Schlangen und anderen Übeln verfolgt hatte, seine Schwiegermutter wurde. Es scheint, als wäre sie ihm eine gute Schwiegermutter gewesen. Woher kommt die Rede, daß Schwiegermütter böse sein müssen?

Ein Geschenk der Götter —
Die Familie der Rosen

„Rose — du Thronende — denen im Altertume
warst du ein Kelch mit einfachem Rand.
Uns aber bist du die volle, zahllose Blume —
der unerschöpfliche Gegenstand.

In deinem Reichtum erscheinst du wie Kleidung um Kleidung

um einen Leib aus nichts als Glanz ....
Aber dein einzelnes Blatt ist zugleich die Vermeidung
und die Verleugnung jeden Gewands.

Seit Jahrhunderten ruft uns ein Duft
seine süßesten Namen herüber.
Plötzlich liegt es wie Ruhm in der Luft.

Dennoch: Wir wissen ihn nicht zu nennen − zu raten ....
Und Erinnerung geht zu ihm hinüber −
die wir von rufbaren Stunden erbaten."

Rainer Maria Rilke

Mein Vater, der die Rosen sehr liebte, nahm mich einmal
auf eine Reise mit, es war irgendwo in Oberhessen. Wir gingen in den Furchen der Rosenfelder dahin. Es war eine Zeit,
in der einen die Uhrzeiger der Uhr noch nicht jagten, eine
Zeit, in der kein Ziel laut rief und wir uns beeilen mußten.
Wir waren gekommen, eigentlich um etwas Besonderes zu
sehen, um etwas zu genießen, und es war am Nachmittag,
sogar am späten Nachmittag und die Sommerdämmerung
hatte uns die Sicht noch nicht genommen und das wachsende Mondlicht − es war Vollmond − löste nun Farben ganz
anders als sonst in durchblautem Silber und Smaragd aus.
Da waren sie alle, diese unglaublich schönen Rosen.

Ein Gärtner begleitete uns. Er zeigte uns einen Acker auf
dem sich alle orangenen bis roten und gelben Feuer von
Sonnenuntergängen zusammendrängten. Oder war es eine
Wüste bei Sonnenuntergang? Die Farben waren einmalig,
zauberhaft. Dann kam ein neues Feld, ein Taumel von Kupfer, Koralle und Lachs, Pfirsich und Safran, Aprikose und
Zitrone, noch etwas übergoldet und später beim Mondschein übersilbert. Dieses viele Rot, hier eine kirschrote
Rose, da ein Ziegelrot und dort ein Rot wie von — ich möchte
fast sagen — zertropftem Blut.

Die Augen tranken, tranken sich satt an diesem fast undenkbaren Farbenspiel, das einen fast berauschte. Jede Sekunde, die wir länger hinschauten, steigerte unsere Lust, und dann kamen durch den Lichtwechsel neue Schattierungen. Das Spiel der Schatten fügte sich in den Mulden der Blütenblätter oder an den glatten Rändern bis zur Tiefe der goldenen Staubfäden hin in den Fluß der Farben ein und schuf völlig neue Bilder. Eine fast seidige Milde und Dichtigkeit, aber auch wieder Auflichtung, war es, die die äußere Gestalt bannte.

Wir pflückten einen Strauß, der Gärtner half uns dabei, es sah aus wie ein Strauß aus Sonnenuntergängen, aus Abendrot, aus Abendgold bis hin zum dunklen Purpur.

Was ist das für ein Feld gewesen! Welch ein Duft stieg aus den vielen offenen Kelchen dieser Blumen! Es war ein betäubender Duft, so betäubend, daß die ganze Natur, auch schon als wir uns von den Rosenfeldern entfernt hatten, wie von Zaubergeistern bevölkert war. Da war alles, was reich und schön in diesem Leben war. Alles, was man an Duft und Bild sehen konnte, und alle unsere Sinne waren völlig erschlagen.

Wir kamen in die Stadt zurück, noch völlig berauscht von dem herrlichen Duft und verzaubert von den Farben und Formen; und so wie unser Herz, zumindest mein Herz, damals die Rosen gesehen und gerochen hat, so waren sie wie eine Information in mich gedrungen. Und wenn ich will, schließe ich die Augen und dann dringen alle diese Rosen zurück in mein Herz und alles, was ich an Traum erlebte, alles, was mir Kraft gab, kommt wieder zu mir.

Noch heute schlägt bei dem Gedanken an diese Erinnerung mein Herz in meiner Brust und ich spüre den Duft — es ist, als ob eine Prise eines zarten Sommerwindes mich ein wenig abheben würde von der Erde. Die Rosen hatten mich verzaubert.

Mein Leben lang begleitete mich die Erinnerung an diese Rosen. Ich habe dann gelernt, wenn ich etwas gesehen habe, das mir besonders imponierte, das mich so verzaubert hat, daß ich mich innerlich, wenn ich davon erzähle, mich vorbereiten muß. Denn da ist so viel Geist in dieser inneren Schönheit, Geist, der auf geheimnisvollem Gesetz errichtet, das Wunder aller lebendigen Schöpfung widerspiegelt.

Man darf keine Mühen scheuen, den Umweg, oft auch den unsicheren Pfad des Ergründens beiseite zu lassen. Wer das will, der kann sich am äußeren Glanz und bloßer Ahnung verborgenen Zaubers erfreuen. Er wird dann auch zufrieden sein.

Aber der erobern will, wer menschlichen Hochmut vergessen kann und auch in der Pflanze begnadete Wesen sieht, der wagt den Weg und wird am Ende überreich belohnt.

Somit wäre die Rose eigentlich das Sinnbild alles dessen, was aus irgend einem Keim entspringt und sich nach eigenem Gesetz in das Licht entfaltet.

Das Sinnbild, das aus dem Dunkel frühester Menschenbewußtheit bis in unser übersteigertes Dasein hinübergekommen ist.

Und die Rosen, die älter sind als der Mensch, vielleicht ist Asien in seiner Braunkohlenzeit ihre Heimat. Dort blühten die wilden Urformen der Vorfahren der Rosen, lange ehe der Alpenausbruch aus der Tiefe Europa gebar und das aufsteigende Ostland einen früher bis Indien reichenden Ozean in das Becken des heutigen Mittelmeeres zurückverwiesen hat.

Jetzt war eine Brücke geschlagen, jetzt trat die Rose ihre Wanderung nach Westen an und kam in zwei getrennten Zügen auf das neue Festland. Im Bogen nordwärts greifend durch Sibirien über den Ural, im Süden in breiter Zone Himalaya und Vorderasien überstreichend an das Mittelmeer. Hier umlief sie dieses Meer längs den Uferwegen bis zu den

Küsten Spaniens. Und von dort nach Norden hinüber die Gebiete Frankreich und Deutschland überquerend traf sie die Vorhut des anderen Zuges und schloß mit ihr den ungewöhnlichen Kreis.

Man kann, so gesehen, weder von abendländischen noch von morgenländischen Rosen sprechen. Man muß sich diese Scheidung ansehen, dann weiß man, daß sie nicht berechtigt ist.

Studiert man die Schriften, die in den letzten 100 oder 150 Jahren über die Rosen gewuchert sind, auch nur flüchtig blätternd, findet man ein erschreckendes Labyrinth der Forschung. Man sucht jedoch weiter, man gibt die Hoffnung nicht auf. Der Forscher wird die Rose kaum ergründen können. Dem Freund der Rose aber hilft sie, seine Leiden zu ertragen, den Schmerz zu vergessen und ihn heimwärts zu führen, heimwärts in den Urgrund, der alles Leben birgt und alles Leben spendet. Der Urgrund, der mit gleichem Geist Mensch, Tier und Pflanze begabt.

Wir wollen aber nicht vergessen, daß wir auch unter den Rosen eine gewisse Ordnung aufstellen können. Eine Ordnung, die Rang und Stufung aller Teile in höherer Einheit bindet. Alle unzähligen Arten der Rose in einer solchen Ordnung zusammenzuschließen ist kaum ganz gelungen. Die Rose hat eine übersinnliche Lebenskraft, einen nie gedämpften Drang die Ausdrucksform zu wandeln.

Der berühmteste Rosenforscher war Crepin in Brüssel. Diesem Mann ist um die Jahrhundertwende gelungen, eine Ordnung zu finden, welche es ermöglicht, die Urformen der Rose, die wilden, nicht von Menschenhand gezüchteten Arten übersichtlich einzureihen und diese Ordnung auch der Einteilung der Edelrosen zugrunde zu legen. Diese Crepin-'sche Ordnung ist und bleibt bis auf den heutigen Tag die brauchbarste, weil sie auf den natürlichen Verwandtschaftsmerkmalen errichtet ist und damit den sinnlich wahrnehmbaren Charakter der einzelnen Abteilungen kennzeichnet. Es ist unmöglich, das Gebiet aller lebenden und ununterbrochen in Entwicklung stehenden Rosensorten auch nur halbwegs zu überschauen, solange man sich nicht mit der Anordnung Crepins wirklich vertraut gemacht hat.

Es ginge zu weit, in diesem Buch hier noch die botanische Systematik durchzuführen. Man sollte nur an dieser Stelle wissen, daß neben diesen herrlichen Blütenblättern mit ihren Kelchblättern, den Fruchtknoten, dann den Diskus, der wie ein Ring die Öffnung des Fruchtknotens umläuft, die Laubblätter bei ihrer Einteilung eine bedeutsame Rolle spielen, aber sie sind auch als schön anzusehen und wechseln je nach Ort und Klima.

Wichtig ist zu wissen, daß die Rose keine Dornen hat, nein, sie hat Stacheln. Das ist nach der Crepin'schen Einteilung von Bedeutung. Der Grund, warum man bei Rosen nicht von Dornen, sondern von Stacheln sprechen soll, ist, daß man mit Dornen immer nur einen, mit dem eigentlichen Holzkörper der Pflanze in unmittelbarer Verbindung stehenden Auswuchs meint, während, wie es bei der Rose der Fall ist, der Stachel nur ein Gebilde der äußeren Rinde darstellt, das leicht abzulösen ist, ohne das Holz zu verletzen.

Mehr möchte ich hier über die Systematik nicht erzählen.

Im Dunkel uralter Zeiten liegen die Anfänge des Rosenlebens, ebenso unergründlich wie die Anfänge menschlichen Daseins.
Oft fehlt die Brücke zwischen Teilerkenntnissen und damit die Möglichkeit, die Bezüge herzustellen.

Oben habe ich von der Wanderung der Rosen etwas erzählt. Vielleicht waren sie schon auf dem Weg, ehe es Menschen gab. Sicher haben sie aber später manche Züge der Menschen begleitet. Diese Dunkelheit werden wir nie klären können.

Durch Zehntausende von Jahren wuchs das Rosengeschlecht neben dem Geschlecht der Tiere, schließlich neben dem Wachstum der Menschen. So mußte der Tag kommen, an dem es zu Tier und Mensch in eine Beziehung trat. Auch das ruht tief im Geheimnis uralter Zeiten.

In der Gegend des Altai-Gebirges, wo noch heute manche Forscher die Heimatsitze des indogermanischen Stammvolkes sehen, will man in einem Tsuden-Grab des 4. vorchristlichen Jahrtausends silberne Münzen ohne Aufschrift, aber mit deutlicher Prägung voll erblühter Rosen gefunden haben. Es steht dahin, ob diese bildliche Darstellung wirklich Rosen sind, oder ob die Münzen wirklich aus so früher Zeit stammen wie man annimmt.

Die erste glaubhafte Spur des Rosendaseins kommt aus dem Bannkreis der minoischen Kultur, deren Sitz die Insel Kreta war.

In jener Freske von Knossos, auf der ein Ornament von Rosenblumen steht, finden wir die ersten Hinweise, die aus dem Jahre 2000 vorchristlicher Zeit stammen. Es muß also die Rose in dieser ägäisch-minoischen Welt bekannt gewesen sein und sie muß einen sehr großen Schönheitswert besessen haben, daß der Schöpfer dieses Steinfrieses sie benutzt hat, um eine Darstellung gerade der Rose künstlerisch zu fertigen.

In den Dichtungen von Homer, sowohl in der Ilias, als auch in der Odyssee, welche wahrscheinlich aus dem Jahre 800 v. Chr. stammen, wird bekundet, daß die Rose damals als eine Pflanze, bzw. Blume sehr hoher Art und seltenen Reizes gewertet wurde: Rodydaktylos eos ($\varrho o \delta v$-$\delta \alpha \varkappa \tau v \lambda o s$), die rosenfingrige Morgenröte.

Diese Morgenröte führt mit ihren rosigen Fingern den Tag herauf und bei Homer lesen wir auch, daß Hectors Leichnam von Aphrodite mit Öl, das nach Rosen duftet (rodoenti, — $\varrho o \delta o$-$\epsilon v \tau \iota$), gewaschen wird.

Die Rose selbst wird bei Homer nicht erwähnt, was möglicherweise darauf hinweist, daß sie etwas Außergewöhnliches, etwas Unerreichbares war und umwoben von dem Zauber ihrer Eigenart. Nur die Finger einer Göttin, der Morgenröte, werden mit ihr verglichen und nur die höchste Göttin, nämlich die der Liebe, salbt den Körper des geliebten Toten mit kostbarem olympischen oder ambrosischem Öl. Dieses Öl kennt nur die Wohnung der Himmlischen.

Aus dem ägyptisch-babylonischen Bereich gibt es keine Quellen, durch die die Nennung der Rose zu uns kommt. Vielleicht war sie in ihrer wilden Art ein unscheinbarer Bewohner jener Reiche.

Im 7. vorchristlichen Jahrhundert finden wir sie wieder mit Namen erwähnt bei Archilochos, dem kleinen asiatischen Dichter, der das Erbe Homers antrat.

Er spricht vom Rosenstrauch.

Sappho, die große lesbische Sängerin an der Wende des 6. Jahrhunderts, vermag schon aus der seherischen Tiefe ihrer dichterischen Grundstimmung heraus dem Bild der Rose eine seelisch-sinnliche Belebung zu geben, in dem sie ihm die ganz von Eros durchhauchte Schönheit irdischen Daseins angleicht.

Hier finden wir eigentlich das im dichterischen Herzen begnadete Sinnenvorbild wieder, von dem die große Menschenmenge noch lange nichts wissen oder kennen muß, der Dichter aber genial bereits davon berichtet und es würdigt.

Erst im nächsten Jahrhundert erwähnt der Dichter Stesichoros aus Himera in Sizilien den Rosenkranz, der die Schläfe festlicher Trinker schmückte und Pindar, der große Hymnendichter, er hat bis 422 v. Chr. gelebt, hat auf Athen die Zeilen geprägt:

„Veilchenblüten durchduften voll Süße das Land
irdischer Wonnen − und Rosen umkränzen die Schläfen ...."

Etwa zur gleichen Zeit hat Konfuzius, der bedeutendste Denker Chinas, von den großen Rosenpflanzungen der kaiserlichen Gärten in Peking gesprochen und von dem reichen Schrifttum über Rosenzucht und Rosenpflege in kaiserlichen Bibliotheken. Wie hoch im Rang die Rose in China stand, ist schon daraus erkenntlich, daß es nur den Mitgliedern des kaiserlichen Hauses und des hohen Adels gestattet war, sich mit Rosenöl zu besprengen.

Ein weiterer großer Zeuge für die Rosen tritt sehr bald auf den Plan und führt uns wieder in die westliche Welt zurück. Es ist Herodot, jener große griechische Weltreisende und Geschichtsschreiber, dem wir einen guten Teil unserer Kenntnis der hellenischen Zustände im 5. Jahrhundert verdanken.
Er weiß von Rosen zu berichten in den Gärten des Makedoniers Midas, diese Gärten galten als Wunder ihrer Zeit.

Aus Persien kennen wir aus dieser Zeit, daß die Rose den Persern heilig war, da das Lichtfest ihres Ormuz-Kultes eigentlich ein Rosenfest war.

Etwa aus dem Jahre 350 ist uns eine sehr bedeutsame Aufzeichnung des berühmten Philosophen Theophrastus, des Nachfolgers von Aristoteles, überliefert. Er war das damalige Haupt der peripatetischen Schule. Er bestätigt, daß die Griechen Rosen aus Samen zogen. Dieses Ziehen ist dem Begriff des Züchtens gleichzusetzen. Sicher ist jedoch aus der Bemerkung dieses sehr exakten und genauen Philosophen zu schließen, daß der hellenische Mensch jener Tage der Rose eine besondere Stellung einräumte und um die Entfaltungsmöglichkeiten ihrer schlummernden Kräfte wußte. Und das wiederum nun wird bestätigt durch den sizilianischen Idyllendichter Theokrit, etwa 300 v. Chr., welcher die Schönheit der in den Gärten gezogenen Rosen besingt.

Aus den Berichten, die aus den Anfängen der römischen

Kaiserzeit stammen, kann man Rückschlüsse ziehen, daß in Italien schon lange Zeit vor dem Sturz der Republik die Rosenpflege und der Rosenanbau bedeutende Ausdehnung gewonnen hatten.

Hier ist es der Dichter Vergil (79 bis 19 v. Chr.), er besingt die zweimal blühende Rose von Paestum, womit er wohl die Damaszener Rose gemeint hat.

Und sein lyrischer Zeitgenosse Horaz (65 – 8 v. Chr.) beklagt den Anbau von Rosen auf Kosten der Getreideaussaat.

Der zweite Dichter dieser Zeit ist Leovid und der ältere Plinius, sie beschreiben die Rosen.

Martial, der bereits 40 n. Chr. in Spanien geborene Epigramm-Dichter der Zeit um Nero hat uns einen Zweizeiler hinterlassen, aus dem in unzweideutiger Klarheit hervorgeht, welche Höhe der römische Rosenanbau im ersten christlichen Jahrhundert erreicht hatte:

„Nil, die römischen Rosen sind heute schon schöner als Deine! Rosen brauchen wir nicht: Aber wir brauchen Dein Korn!"

Die Rosen haben also bereits eine so riesige Anbaufläche in Anspruch genommen, daß man Angst bekam, vielleicht kein Brot essen zu können, weil alle Landflächen mit Rosen bebaut waren.

Seneca, der Lehrer und Philosoph Neros, berichtet von Rosen, die in Treibhäusern aufgezogen wurden. Nero liebte die Rosen über alle Maßen. Ihm, so dachte er, gehörten die Rosen als Blume, als Duft, als Zutat zu seinen Speisen.

Es vergehen wieder Jahrhunderte, in denen sich der Weg der Rosen scheinbar in dem Durcheinander der heidnisch-christlichen Weltenwende, auch der Völkerwanderung verlaufen mag und dann wieder sichtbar wird.

In der Zeit der merowingischen Könige aus dem 6. christlichen Jahrhundert erhalten wir die Kunde von einem Rosenfest, welches ein geistlicher Herr auf seiner Herrschaft mit Namen „von Salency" einführte. Ob hier ein alter keltisch-heidnischer Brauch von einer klugen Kirche aufgenommen wurde oder ob es eigentlich ein Fest zur Bewunderung der Rosen war, das ist hier gleichgültig. Es beweist uns doch nur, daß die Rose, zumindest in Frankreich, einen hohen Geltungsgrad hatte, und auch in ihrer sinnbildlichen Bedeutung nicht dem christlichen Gefühl entgegen stand.

Jetzt, nach so vielen Jahrhunderten begegnen wir einem deutschen Zeugnis. In der berühmten Verordnung Karls des Großen (768 − 814) über die Pflege seiner Gärten und Landgüter mit dem Titel: „De villis et cortis imperialibus" wird der Anbau der Rose befohlen. Das ist wahrscheinlich die erste geschichtlich nachweisbare Nennung der Rose in Deutschland.

Daß deutsche Stämme wilde Rosenarten kannten, ist nicht zu leugnen, denn wir kennen gerade am Niederrhein noch die Frigg-Rose, also der germanischen Göttin Frigga irgendwie verbunden. Auch die westlichen Stämme, sowie die römischen Besatzungen kannten verschiedene Rosensorten.

Große kultische Gebräuche mit Götterverehrung sind an Orten abgehalten worden, wo die wilde Rose als Umfriedung einer Opferstätte heute noch teilweise zu erkennen ist. Daß man an solchen Orten natürlich keine Blumen geduldet hat, die einer solchen Opferhandlung nicht würdig waren, ist selbstverständlich.

Interessant in diesem Zusammenhang ist sicher auch, daß zur gleichen Zeit von Karl dem Großen nicht nur die Rose, sondern auch die Pflanzung der Lilie verlangt wird, einer sehr edlen Blume, die auch schon von den Römern in ihrer Zucht zur großen Vollendung gebracht worden war.

Der berühmte Rosengarten von Kriemhild aus dem Nibelungenlied gehört sicher nicht der Geschichte, sondern mehr der Dichtung der späteren Zeit an.

Danach ist es erst der Eintritt der Araber in die westeuropäische Geschichte, bzw. die im Süden liegende westeuropäische Geschichte und die Zeit der Staatengründung im 8. bis 10. Jahrhundert. In Sizilien und Spanien erhalten wir da neue und auch deutliche Nachrichten über die Rose, nämlich über die Damaszener-Rose, die persische Kapuziner-Rose, die Essig-Rose und auch die Fuchs-Rose, am bekanntesten aber war wohl die Moschus-Rose.

Zu verdanken haben wir das der leidenschaftlichen Liebe der Mauren zu allem, was Garten und Pflanze hieß und ihrer Liebe zu den Düften und Farben.

Um 1250 haben wir wiederum ein wichtiges deutsches Zeugnis. Albertus Magnus, Graf von Bollstedt, Dominikaner-Mönch, Bischof von Regensburg und der größte, fast gefürchtetste Gelehrte seiner Zeit. Er schildert vier Rosensorten so deutlich, daß sie erkennbar werden. Die Feldrose (arvensis), die Hundsrose (canina), die Weinrose (rubigenosa) und die Centifolia.

Zur gleichen Zeit hören wir, daß der Graf Thibeault der 6. von Champagne bei seiner Rückkehr aus dem Heiligen Land eine veredelte orientalische Rose mitbrachte, die er in seinem Garten anpflanzte und pflegte. Da sein Schloß in der Nähe des bretonischen Ortes Provençe lag und selbstverständlich auch im Laufe der Jahre die Bauern die neue Rosensorte aufzogen, wurde sie unter dem Namen „Rose de provins" (Rosa gallica provencialis) verbreitet und dann in allen europäischen Ländern heimisch.

Mit den Kreuzzügen brachten die westeuropäischen Ritter die zu Hause noch unbekannten Rosensorten mit und machten sie in ganz Europa bekannt.

Um 1350 begann der Ruhm des großen persischen Dichters Hafis. Seine Werke, mehr noch als die Werke anderer persischer Dichter aus diesen Jahrhunderten, schwimmen im Duft und im Widerschein des Rosenwunders und bekunden, zu welchem Überschwang der Blüte in seiner Heimat eine lange und leidenschaftliche Pflege eine „heilige" Blume entfalten kann.

Man sprach davon, daß ganz Persien ein großer Garten war und in Rosenbüschen vergraben lagen Binnenhöfe, Häuser, sogar ganze Städte, wie z. B. Chiras.

So wie in Frankreich wurde auch Florenz Stätte einer wahren Rosenkultur.

Aber auch England hatte mit den Rosen einiges zu tun. Und wenn im Jahre 1451 der Krieg der Häuser York und Lancaster ausbrach, so ist er nicht unter diesem Begriff bekannt, sondern berühmt geworden ist er unter dem Namen des Krieges der weißen und der roten Rose.

Wir wissen, welche Rosenarten die beiden kämpfenden Parteien in ihren Feldzeichen führten: York die cremeweiße Albacarnea, eine noch heute in Dorfgärten blühende alte Form (galgallica und canina), Lancaster dagegen die rote Damaszener-Rose.

Heute, zweihundert Jahre nachdem die größte politische, gesellschaftliche Umwälzung Westeuropas in Fluß gebracht wurde, nämlich mit der großen Französischen Revolution 1789, ist auch, und das ist kaum bekannt, das Jahr der Revolution in der Geschichte der Rose und der Beginn einer völlig neuen Ära in der Rosenzucht.

Im Jahre 1789 kam eine hochrot blühende ostasiatische chinesische Rose nach Europa. Sie ist heute unter dem Namen „Bengal-Rose" bekannt und hat eine Schwester, die Tee-Rose, welche eigentlich erst im Jahre 1809 nachfolgte.

Das Blut dieser beiden Rosen, d. h. seine Einkreuzung in die seither in Europa schon herangezogenen Arten und Sorten, hat jene ungewöhnliche Entwicklung der Gattung Rose ermöglicht, deren fast verwirrende Ergebnisse wir noch in unseren Tagen sehen.

An dieser Stelle muß man Kaiserin Josephine gedenken, der

ersten Gemahlin Napoleons. Der Glanz ihrer Gärten ist ausschließlich den alten Damaszenern und Centifolien zu danken. Und hier beginnt eine neue Entwicklung zu den weltberühmten Rosengärten in ganz Frankreich, Holland und dann im übrigen Europa.

Es ginge jetzt zu weit, alle neuen Hybriden und deren Kreuzungen genetisch zu erwähnen, um zu wissen, welche Rosen dann mit welchen gekreuzten Rosen zusammenkamen. Aber eines möchte ich auf jeden Fall anführen.

Die Woge der Entwicklung ging dahin, daß schließlich die ostasiatischen Arten über die alten europäischen auf der ganzen Linie gewannen.

Deutschlands Rosenzüchter, deren Arbeit ganz auf die unübersehbaren Möglichkeiten der asiatischen Kreuzungen beruhten, haben Weltgeltung erlangt. Und hier stehen wir mitten in den Anfängen einer fast traumhaften Entfaltung der letzten Jahrhunderte und schließlich der letzten Jahrzehnte.

Im Jahre 1608 erschien in Frankfurt die Auflage eines Werkes des Neapolitaners J. B. Porta mit dem Titel „Phytognomonica". Er hat versucht, hier in mehreren Bänden der Symbolik der Pflanzen Spielraum zu geben und aus den Farben, den Gestalten, den Formen heraus möglichst viel zu schöpfen.

Im 5. Buch dieses Werkes, und zwar im 24. Kapitel, führt er nun an, daß Pflanzen von flammenden Farben, dazu zählt er den Mohn und auch die Rose, besonders bei Entzündungen helfen sollen. Nun, dieses Denken ist eine ganze Weile überholt, aber trotzdem sehr interessant.

Ein anderes Buch von Chapiel, „Des Rapports des L'Homoöpathie avec la doctrine des signatures" erschien 1866 in Paris.

Und hier finden wir den Hinweis, daß die Rosen besonders bei Erkrankungen der Augen, nämlich bei Tränenfluß und beim Müdigkeitsgefühl der Augen wirksam sein können.

Heute noch gelten besonders in der anthroposophischen Pharmakopoe, bei Behandlungen von Augenkrankheiten die Inhaltsstoffe Oleum rosae und Rosa als für die Augen besonders wertvoll.

In den weiteren Jahren werden die Rosen zu den Gewächsen gezählt, die einen lieblichen und süßen Geruch haben. Der süße Geruch bedeutet, daß sie eigentlich feurige, heiße Pflanzen sind und nicht, wie man zunächst meinen könnte, wegen ihrer Stacheln kalte Pflanzen.

In den Büchern der alten Zeit wird häufig darauf hingewiesen, man sollte bei Blumen ähnlich vorgehen wie beim Menschen: Wenn man einen neuen Menschen trifft, dann schaut man ihm zunächst ins Gesicht und in die Augen − so sollten wir es auch bei den Blumen tun. Nun ist hier ein kleiner Widerspruch vorhanden, denn die Blumen, besser gesagt die Blüten der Rosenpflanzen sind ja ihre Geschlechtsorgane. Es sind die Geschlechtsorgane der Pflanzen, und so scheint mir, hinkt doch der Vergleich ein wenig. Wer weiß das heute noch, wenn er einen Strauß Rosen seiner Geliebten bringt und, wir wollen ganz ehrlich sein, hier nun einen Wunsch äußert, der, ich möchte sagen, nicht so kraß ist wie die Anatomie der Botanik. Er schenkt diese wunderschönen Geschlechtsorgane der Rosenpflanze seiner Geliebten, die dann vom Duft verwirrt noch ihre Nase hineinsteckt und gar nicht weiß, was sie von der systematischen Botanik her da tut.

Weiterhin wird berichtet, daß z. B. die rote Rose nicht nur als sympathische Pflanze, die mit dem Herzblut etwas gemeinsam hat, sondern auch als Riech- und Heilmittel für das Herz einige Zeit in Gebrauch gewesen ist. Wobei mit dem Begriff „Herz" damals schon nicht nur das in der Brust klopfende Organ gemeint war, sondern auch jenes Herz, dessen geistiger Untergrund den Motor der Gemütsbewegungen darstellt.

Hingegen nahm man die gelben Rosen aufgrund ihrer Farben nur, um allerlei Schlechtigkeiten und Bösartigkeiten aus dem Körper zu treiben über den Umweg des Harns oder der Galle. Denken Sie an alle anderen gelben Pflanzen, an das Schöllkraut, denken Sie an *Taraxacum* oder an *Alchemilla.* Alle diese Blumen, auch *Potentilla anserina*, eine Rosenfamilien-Angehörige, sie sind zum Zwecke der Austreibung gebraucht worden. So nahm man denn häufig früher die Blume nach ihren Signaturen, nach ihren Farben, Formen zur Therapie.

Kaum eine Pflanzenfamilie ist dem Menschen so zugewandt wie die Rosengewächse. Wissenschaft, Kunst und Religion haben sich intensiv mit ihnen verbunden. Bis in die Darstellung dringt vor allem die Rose ein. Dem aufmerksamen Betrachter wird sie immer wieder in der christlichen Kunst begegnen, aber genau so in der profanen Kunst. In allen Ländern Europas finden wir solche Gemälde, und bei den Franzosen sind sehr häufig bildschöne nackte Frauen dargestellt und immer wieder mit Rosen zusammen, manchmal nur mit einer Rose. Daß nun besonders im sakralen Bereich Maria als jungfräuliche Gestalt mit der Rose dargestellt wurde, ist auch wieder interessant. So wird die Blume, gerade weil sie ihre Geschlechtsorgane so deutlich emporhebt und Bewunderung auslöst für alle, die sie anschauen, als Zeichen der Unschuld dargestellt. Und hier ist eines der bildlichen Darstellungen der Rose als Unschuld eben übertragen auf Mutter Maria und die Mutter des Herrn.

Lassen wir uns noch etwas aus der Geschichte der Rosen erzählen. Im gesellschaftlichen Leben der antiken Zivilisation gehörten die aromatischen Kräuter und scharfen Gewürze zum persönlichen Luxus. Sie waren ein wichtiger Teil der öffentlichen Dienste und privaten Angelegenheiten. Parfümierter Rauch von Duftkerzen und leuchtender Sandelholzduft zogen durch die königlichen Gemächer der mächtigen orientalischen Könige. Duftende Kräuteröle wurden als Opfer für die Götter in die heiligen Tempel gebracht. Die arabischen Frauen in Nubien und anderen arabischen Staaten verbrannten auf kleinen Holzkohlefeuern Gewürznelken, Ingwer, Zimt, *Rosenblätter* und andere aromatische Stoffe, um zur Reinigung und Parfümierung ihrer Körper duftenden Rauch zu erzeugen. Die Griechen und Römer füllten ihre Vasen mit aromatischen Kräutern, um ihren Wohnungen einen bezaubernden Duft zu verleihen. Bei Neros Gelagen sprudelten Fontänen mit Rosenwasser in die Hallen und die Gäste trugen Rosengirlanden um den Hals.

Das sprichwörtliche „Lager aus Rosen" ist nicht nur poetische Fantasie. Ein römischer Politiker, „Verres" mit Namen, hatte die Angewohnheit, in einer rosengepolsterten Sänfte zu reisen. Die Sybariten schliefen auf Matratzen, die mit Rosenblütenblättern gefüllt waren. Und Kleopatra selbst erzählt, daß sie auf einem Lager ruhte, dessen Matratzen und auch Kissen mit Rosenblättern gefüllt waren. Bei ihren Gelagen regnete es Rosenblätter auf die Gäste, man trank Rosenwein und füllte duftendes Rosenwasser in große Schalen.

Im sagenhaften Reich der Pharaonen wurden Kapseln mit exotischem Weihrauch und Myrrhe zusammen mit Rosenblättern in die Gräber gelegt.

Wir können heute kaum noch begreifen, in welcher unglaublich starken Form die Duftstoffe überall bei diesen berühmten Völkern benutzt wurden.

„Kuphi" hieß das Parfüm, bei dem Myrrhe, Weihrauch und Rosenöl eine wichtige Rolle spielten. Es war ein exquisites Parfüm, mit dem Kleopatra ihre Bewunderer Marc Anton und auch Caesar bezauberte und ihnen schließlich „das Mark aus den Knochen zog". Man berichtet und so steht es geschrieben, daß die Segel von Kleopatras Schiff so stark parfümiert waren, daß der Duft bereits das Fahrzeug ankündigte, lange bevor man es sehen konnte.

Goethe bekannte: „Ich liebe die Rose als das Vollkommenste, was unsere Natur als Blume gewähren kann." Er liebte sein Gartenhaus in Weimar, ganz mit Rosen berankt und zog sich oft zurück in die duftende Stille, die er hinter dieser Abschirmung fand.

Wir haben es gesehen, weit zurück bis in die Dämmerung vergangener Jahrtausende reicht die Liebe der Menschen zu Rosen. Menschen und Blumenwesen begegnen einander immer wieder auf verschlungenen Wegen.

In der chronologischen Aufzählung der Geschichte der Rosen haben wir gelesen, daß in den chinesischen Kaisergärten Rosen schon vor der Zeitenwende blühten, genau so wie in Persien. Die Römer verliehen ihren Kriegshelden Rosengebinde anstelle von Orden. Kein Fest wurde im alten Rom gefeiert ohne überaus üppige Rosendekoration.

In den Klostergärten des Mittelalters und den Burggärten der Ritterfrauen blühten sie ebenso wie in den fürstlichen Parkanlagen der Renaissance. Danach in den fröhlichen Gärten des Barocks und in den melancholischen Gärten der Romantik. Es waren die Franzosen, die dann an die sinnesfrohen Genüsse der Antike anknüpften, wenn sie noch Ende des vorigen Jahrhunderts ihren Freudenmädchen einfach nur „Rose" sagten.

Rosen blühten unentwegt durch alle Jahrtausende. Zu Kränzen und Sträußen wurden sie gebunden. Dichter machten sie unsterblich in der Poesie, große Künstler in der Malerei, der Bildhauerei. Rosen wurden getrocknet, sie wurden destilliert, sie wurden verehrt, in Kissen gefüllt und auf dem Weg sowohl profaner, als auch kirchlicher Feste schritt man über Rosenblätter mit den Füßen.

Die Trinkschalen wurden mit Rosen umkränzt und man streute Rosenblättchen in den Wein. Aphrodite hatte immer Rosen auf ihrem Altar und die Priesterinnen der Aphrodite trugen weiße Rosenkränze im Haar.

Mehr über die Rosen und ihr Verhältnis zu Aphrodite finden wir in dem Kapitel „Die Blumen der Liebesgöttin".

Im Florenz des 15. Jahrhunderts, das die Antike neu entdeckte und in den Gedichten, Gemälden und Statuen der Renaissance künstlerische Auferstehung bescherte, wagte es ein damals noch sehr junger und außerordentlich gut aussehender und deshalb von den Damen sehr geliebter Maler, Sandro Botticelli, seine Venus — mit welcher platonisch-allegorischen Begründung auch immer — nackt und von Rosen umrankt in eine Muschel zu stellen. Dem Antlitz dieser Göttin gab er den unverwechselbaren Ausdruck sexueller Verzückung. Einmal sind es die Rosen, die hier so wichtig sind, zum zweiten ist vielleicht daran zu denken, daß diese Muschel ein besonderes Lebewesen ist. Sie ist nämlich kein Eisenatmer, wie die Säugetiere, die Fische und andere Wesen, sondern ein Kupferatmer. Kupfer ist das Liebesmetall von Aphrodite gewesen. Die Genialität dieses Malers war so groß, hier nicht einen Fisch zu nehmen, sondern eine Muschel, in der er Aphrodite in Zypern landen ließ. Eine Muschel, ein Kupferatmer, also ein Lebewesen, das mit jenem Metall atmet, welches Aphrodite gewidmet und geweiht war als Liebesmetall.

An solch einem Bild ist die Genialität eines Künstlers herauszulesen, und zwar genial deshalb, weil er über die biologischen Hintergründe der Sauerstoffbindung mit Kupfer und Eisen bei Tieren überhaupt nichts wußte.

Interessant ist zu wissen, daß der berühmte englische, damals noch sehr junge Swinburne im 19. Jahrhundert an die Öffentlichkeit trat und in einem sehr berühmten Gedicht klarlegte, daß der Mund der Venus viel viel lieblicher sei als der der Gottesmutter.

Ein anderes Gedicht, das sehr berühmt geworden ist, lassen Sie mich hier zitieren, denn hier kommt wieder einmal die Rose vor:

„Ihr reiches Haar erfüllt mit Duft und Farbigkeit der Blumen,
weiße Rose aus rosenweißem Wasser,
Silberschimmer und Flamme,
neigt sie sich denen, die darum flehten,
und Süße kam mit ihrem Namen auf die Erde.
Der Deine kam mit Weinen,
Sklave unter Sklaven, ward geleugnet,
doch sie trug eine hohe Woge,
da sie Fleisch geworden,
den königlichen Fuß aufs Wasser setzte,
den Wellen und den Winden wohl vertraut und allen Geisterwesen.
Das rosenrote Blühen und das blaue Meer
noch strahlend blauer an die Ufer schlug."

Diese Verse stammen aus dem Gedicht der „Hymne an Proserpina".

In den einzelnen Kapiteln des Buches finden wir noch viel über die Götter des alten griechischen Olympes.
Hier wollen wir noch kurz einige Götter nennen, die mit der Rose dargestellt sind. So Apoll, Eros, der kleine Frechdachs, er hat manchmal eine Rose an seinem Bogen. Priapos, übrigens ein Sohn von Aphrodite, wirft manchmal mit Rosen und benutzt Rosenstacheln, wenn er andere ärgern möchte.

Schon immer sah man die Rose als Krönung aller Blüten an, dabei begleitet von einem Duft, den man als besonders ausgewogen und harmonisch empfindet.

Die Blätter dieser Familie zeigen eine Formenvielfalt, die aber immer das Maß behalten und nicht in Extreme gehen, wie z. B. bei Doldenblütlern, bei Fenchel oder Dill.

So kann uns die Rose und ich von den Rosen noch sehr viel erzählen. Es bleibt uns aber noch die Frage, daß nicht nur die Schönheit, die viele Sinne herausfordert, die Augen und die Nase, vielleicht auch den Geschmackssinn. Nicht nur die Blüten dieser Rosengewächse sind es, die uns so erfreuen, das Geschenk der Götter geht weiter, ein Geschenk, das wir gleich voll erkennen werden mit allen seinen so wunderbaren, vielfältigen und faszinierenden Facetten.

Es bleibt noch immer die Frage nach anderen Rosengewächsen, aus der gleichen Familie und die Frage nach Heilmitteln innerhalb dieser Familie.

Der in Deutschland übliche Name „Rose" kommt aus dem lateinischen „rosa" und aus dem griechischen „rhodon". Diese beiden Namen sollen nun auf das altindische Wort „vrad" zurückgehen, das bedeutet etwas Weiches, etwas Biegsames, Zartes.

Demnach müßte das Wort „Rose" sich von dem Begriff „zart" ableiten und damit wäre die vermutete indogermanische Urheimat dieser seit ältesten Zeiten bewunderten und geliebten Königin der Blumen, die nach alten Sagen als Rest der ersten Morgenröte auf der Erde zurückgeblieben oder zusammen mit Aphrodite dem Meerschaum entstiegen sein soll, bestätigt.

Im frühesten Altertum wurden die Blütenblätter nicht nur kosmetisch, sondern auch diätetisch verwendet. Daneben gab es auch eine medizinische Verwendung gegen vielerlei Leiden, wobei die Blütenblätter, aufgelöst in Ölen oder in Wein, vermischt mit Honig als Rosenpastillen oder als Rosenwasser gegeben wurden.

Schon Herodot berichtet von einer sechzig-blättrigen Rose,

er meint dabei sicher die Rosa centifolia und rühmt die zweimal jährlich blühende Rose von Samos, wahrscheinlich die Damaszener-Rose, deren Blütenblätter zur Gewinnung der ätherischen Öle durch Wasserdampf-Destillation verwendet werden.

Rosenwasser gab es und das ätherische Rosenöl, mit dem Persien im 17. Jahrhundert einen riesigen Handel getrieben hat.

Diese Ingredienzen waren bei der Zubereitung von Speisen sehr wesentlich, wurden aber auch als Parfüm und als Medizin verwendet.

Mit der Gewinnung des ätherischen Rosenöls wurde in Frankreich und Deutschland erst im 19. Jahrhundert begonnen, wegen der hohen Preise dieser Essenzen, die außerdem noch die Tendenz haben, sehr rasch zu verharzen. Es ist nicht verwunderlich, daß immer schon Fälschungen vorkamen und ich glaube kaum, daß wir heute noch Rosenöl, das ja meist mit Hiranium-Öl verwässert wurde, noch bekommen können und genau so ist es wohl unwahrscheinlich, daß wir naturreine Rosenessenz im Handel finden.

Wenden wir uns nun aber zunächst einmal vielen anderen in der Familie der Rosen beheimateten Pflanzen zu, die mehr zu den Sträuchern und zu den Bäumen gehören.

Unsere normale Umgangssprache hat hier große Schwierigkeiten, die unermeßliche Fülle der Fruchtbildung bei Rosengewächsen einigermaßen zum Ausdruck zu bringen. Hier hat nur noch großes Staunen seinen berechtigten Platz.

Wir kennen den Blütenreichtum an Farbe, Form und Geruch der so faszinierenden Rosenblüten und dessen außergewöhnliche Schönheit. Denken Sie aber jetzt doch daran, daß unsere so geliebte Baumblüte im Frühling fast ausschließlich den Rosengewächsen zu verdanken ist.

Jetzt kommt die Frage, warum Baumblüte und Rosengewächse? Nun, es ist vielleicht mit einem Gedicht von Eichendorff hier die Faszination, vielleicht auch die träumende Romantik zu erklären:

„Verschneit liegt rings die ganze Welt,
ich habe nichts was mich freuet,
verlassen steht der Baum im Feld,
hat längst sein Laub verstreuet.

Der Wind nur geht bei stiller Nacht
und rüttelt an dem Baume,
da rührt er seine Wipfel sacht
und redet wie im Traume.

Er träumt von künftiger Frühlingszeit
von Grün und Quellenrauschen
wo er im neuen Blütenkleid
zu Gottes Lob wird rauschen."

(Joseph von Eichendorff)

Lesen wir einmal bei Laphkadio Hearn:

„Wenn die Bäume im Frühling in Blüte stehen, ist es,
als wären Massen von rosigen Federwölkchen vom Himmel
herabgeschwebt, um sie an die Bäume zu schmiegen."

Dieser Vergleich ist keine poetische Übertreibung, er ist auch nicht originell; vielmehr ist er eine alte japanische Beschreibung der wunderbarsten Blütenentfaltung, die die Natur zu bieten vermag.

Wer niemals blühende Kirschbäume in Japan gesehen hat, kann sich unmöglich den Zauber eines solchen Anblickes vorstellen.

Man sieht keine grünen Blätter — diese kommen erst später — nur eine einzige, herrliche, überquellende Blütenfülle, die jeden Zweig und Ast in ihren zarten Duftschleier hüllt, und der Boden unter jedem Baum ist über und über dicht mit abgefallenen Blüten bedeckt, wie mit rosigen Schneeflocken.

Hier haben wir diesen außergewöhnlichen Blütenreichtum,

unsere geliebte Baumblüte im Frühling und es sind Rosengewächse.

Aber was die Blüten anbelangt, so wird deren Reichtum innerhalb der Rosenfamilie noch übertroffen von der Fruchtbildung. Da sind die Beeren und in den Steinobstfrüchten finden wir edelste Nahrung, feinstes Aroma, unheimlich viel Zucker und im Gegensatz dazu in den Kernen solches Gift wie die Blausäure. Die Ambivalenz der Natur zeigt auch hier ein Spiel, das uns, wenn wir es richtig betrachten, nur in Staunen versetzen kann und fasziniert.

Wir können hier bei all diesen Früchten, die ich noch nennen werde, einen Prozeß verfolgen, wo höchste Substanzverfeinerung vorliegt, nährende, erfrischende und belebende Qualitäten, als hätten die Götter uns hier, und nur uns, den Menschen, ein großes Geschenk machen wollen.

Und genau wie bei der Rose wenn sie blüht, neben der Blüte mit ihrem Duft, mit ihren samtweichen Blättern und ihrer Schönheit die stacheligen Dornen Schmerzen verursachen, finden wir auch bei den Früchten ein polar dem Geschmack der Köstlichkeit der Frucht gegenüberstehendes Medium. Nämlich die Bildung von Blausäure in Form des Blausäure-Glykosidsamygdalin, dem Bittermandelöl. Diese Substanz allerdings ist so eingehüllt in den Kern, daß sie keinen Schaden anrichten kann.

Aber es bleibt doch diese erstaunliche Tatsache, wie überall in der Natur, diese Ambivalenz des Lebendigen: Das Schöne, das Große, das Köstliche, das Sinnenerregende und das Böse, das Gemeine, das Tötende, stehen nebeneinander.

Wo wir hier auf der einen Seite aufbauende Ernährung haben, auf der anderen Abbau, vielleicht sogar Todesprozeß, ist das, was überall in der Natur zu finden ist. So kann man auch weitergehen in der Ausführung dieser Pflanzenfamilie, das Bild wird immer reicher und vielfältiger, ob Blüte, ob

Frucht, ob Blatt, ob Wurzel. Ganz egal, was wir uns ansehen mögen, alles, alles ist staunenswert.

Staunenswert ist aber auch, daß eine so große Familie von Pflanzen wie die Rosenfamilie, so wenige Pflanzen hat, die arzneilich genutzt werden.

Da haben wir einmal *Potentilla anserina*, das Gänsefingerkraut, ein Rosengewächs, das im allgemeinen nur noch in der Homöopathie gebräuchlich ist. Sie kennen das Gänsefingerkraut, das sowohl wild wächst als auch in Gärten angepflanzt wird, ein Mittel bei Dysmenorrhoen und Lochialstauung, ein Mittel bei Spasmen im Pylorusgebiet infolge von Gastritis, gelegentlich auch bei Ulcus ventriculi oder duodeni aller vegetativ labilen Menschen. Schließlich auch bei chronischen Darmerkrankungen, besonders bei Kolika mucosa, gelegentlich bei Wadenkrämpfen solcher enteritischen Erkrankungen. Auch dann, wenn die Krampfbereitschaft beim weiblichen Genitale sehr groß ist, kann es hilfreich sein.

Die nächste Pflanze ist *Prunus spinosa*, die Schlehe. Sie hat eine ähnliche Wirkung wie Crataegus, auf das wir gleich noch zu sprechen kommen. Es hat sich bewährt sowohl im phytotherapeutischen, als auch im homöopathischen Bereich, bei kardialen, als auch von der Niere ausgehenden Wasserretentionen, bei Stauungsorganen mit Meteorismus, bei Kolikneigung, aber auch bei pectanginösen Zuständen und Uteruskongestionen; bei Ziliar-Neuralgie kann man es auf der rechten Seite gut empfehlen.

Filipendula vulgaris, das Mädesüß, ist vielen von Ihnen bekannt. Es ist eine Pflanze, die ihren Namen nicht etwa von den Mädchen hat, die so süß sind, sondern ihre Blüten, die einen milden, angenehmen Duft haben, wurden verwendet, um dem Met einen richtigen Geschmack zu geben, also eigentlich, ihn erst schmackhaft zu machen. Also Met-süß.

Alchemilla, der Frauenmantel, gehört auch hierher, sowohl

der Ackerfrauenmantel, wie auch der kleinfruchtige Frauenmantel bis zum Silberfrauenmantel. Alle diese in der Volksheilkunde so beliebten Pflanzen sind Rosengewächse.

Die wichtigste aber aller dieser für die Heilung notwendigen Pflanzen ist *Crataegus oxyacantha L.*

Auch Crataegus ist ein Geschenk der Götter, der Weißdorn, wie wir ihn beim Altersherz anwenden, bei arteriosklerotischer Hypertonie, bei coronarer, cerebraler Störung, bei Schlaflosigkeit der alten Leute und Herzklopfen, überhaupt bei allen sklerotischen Symptomen alter Leute. Er hat eine normalisierende Wirkung sowohl auf den zu niedrigen, als auch auf den zu hohen Blutdruck: Objektiv meßbar, zumindest im niedrigen Blutdruckbereich, subjektiv sehr gut faßbar durch eine Besserung aller Beschwerden von Seiten des Herzens und der Durchblutung, besonders bei alten Menschen.

Doch das große Staunen kommt noch, denn die große Familie der Rosengewächse in ihrer Gesamtheit ist noch nicht erfaßt. Wir müssen noch ein Stückchen weitergehen.

Haben Sie schon einmal daran gedacht, daß die Rosen nicht nur für die Nase, für die Augen wundervoll sind. Haben Sie einmal ein Rosenblütenblatt in den Mund genommen und daran gesaugt? Noch bevor die Bienen dahin kamen? Haben Sie einmal daran geleckt oder mit einem Blütenblatt über die Wangen gestreichelt, welche Zartheit darin liegt? Nicht die Stacheln, nein, die meine ich nicht, das Blütenblatt. Und haben Sie einmal daran gedacht, daß eine Pflanzenfamilie, die so viel für unsere Sinnesorgane, für die Augen, für die Nase tut, möglicherweise auch etwas für den Gaumen übrig hat?

Gehen Sie doch einmal in den Wald, da finden Sie die Walderdbeere mit ihrem herrlichen Geschmack und diesem wundervollen Duft, wenn sie reif ist. Wie gut schmeckt sie und wie gut schmeckt auch die Gartenerdbeere, in der Küche der Hausfrau verwendet zu vielfältigem Genusse. Es sind Rosengewächse!

Sie sehen, die Götter haben uns hier ein Geschenk gemacht, bei dem alle Sinne angesprochen werden. Ein Geschenk, das so wundervoll ist, daß man es tatsächlich – und das war meine Absicht – in einer unglaublich wunderschönen Schau darstellen kann. Es ist übrigens die einzige Pflanzenfamilie, die man so darstellen kann.

Eben haben wir von den Erdbeeren gesprochen. Denken Sie an den Saft der Erdbeeren, an die Marmeladen, denken Sie aber auch an die Himbeere, auch sie ist ein Rosengewächs. Welch ein Duft der frischen Himbeere und welch ein Genuß, ein frisches Himbeergelee oder Marmelade zu verspeisen.

Haben Sie schon einmal einen ganz Teller frischer Himbeeren im Wald gepflückt und dann geschmaust, auch ohne Schlagrahm und ohne Zucker, ist es nicht wundervoll, wie der Duft in die Nase steigt? Wie die Augen sich daran weiden und wie der Duft aus der Nase auch wieder herauskommt und wie der Gaumen delektiert immer wieder aufs neue speisen möchte.

Sie kennen die Stachelbeeren, auch die Brombeeren; was ist das für ein Göttergeschenk, sie zu essen. Man kann sie natürlich auch trinken als Brombeerlikör, als Kroatzbeere. Aber noch lange sind wir nicht am Ende.

Zu den Rosengewächsen gehören alle Kernobst- und Steinobstsorten, die wir haben. Da sind die Äpfel, ich will gar nicht an das Paradies erinnern und alle seine Folgeerscheinungen und die psychologisch wichtige Betrachtung dieses Rosenfamilien-Pflänzleins oder des Baumes der Erkenntnis. Hier kommen wir ins Philosophieren. Hier müssen wir theologische Gedanken aufbauen.

Aber auch den Genuß und die Sünde müssen wir betrachten in ihrer Analogie. Das gilt aber nicht nur für den Apfelbaum.

Die Birnen gehören hierher und die Kirschen, genau so wie die Aprikosen, die Pfirsiche, die Zwetschgen, die Pflaumen. Ich kann sie gar nicht alle nennen.

Erwähnen möchte ich aber noch die Mändelröschen, die Zwergmandel, überhaupt den Mandelbaum. Die Haferpflaume und die Zwetschge, alle die vielen Kirschensorten von der Trauben- bis zur Weichselkirsche, von der Süß- bis zur Sauerkirsche, sie alle gehören hier herein, aber auch die Mispel und noch viele andere dieser Früchte.

Wer seine Pflanzen draußen kennt, der sollte doch einmal versuchen, die Blüten der Rosa omissa oder der Rosa tomentosa zu riechen, wie die nach Äpfeln duften und gar nichts mit Äpfeln zu tun haben!

Und so kann man staunenswerter Weise mit der Nase, mit den Augen, aber auch mit dem Mund Vergleiche ziehen.

Ich will hier keine großen Legenden zitieren, vielleicht aber einmal die des Apfels und des Apfelbaumes:

Die Beschreibung eines Apfels gestaltet sich schwierig. Wie kann man an diese Frucht herankommen? Welchen Weg ging diese Frucht durch alle Legenden, Geschichten, die Geschichte überhaupt, ob profan oder religiös?

In der Sprache der Bibel dient der Apfel, der christlich-lateinisch als Frucht des Baumes der Erkenntnis gedeutet wird, als Symbol des Wissens und der weiblichen Neigung über ein Bündnis mit den dunklen Mächten, das göttlich-patriarchalische Gebot zu umgehen:

„Und das Weib sah, daß von dem Baume gut zu essen wäre und daß er lieblich anzusehen sei und begehrenswert, weil er klug machte und sie nahm von seiner Frucht und aß und gab auch ihrem Manne neben ihr. Und er aß und da gingen beiden die Augen auf."

So ist es nachzulesen in der Heiligen Schrift.

Auch in vielen Märchen gilt die Sinnlichkeit der Apfelfrucht als große Versuchung. So lesen wir in den Kinder- und Hausmärchen, gesammelt durch die Gebrüder Grimm:

„Fürchtest Du Dich vor Gift? Fragte die Alte.
Siehst Du, da schneide ich den Apfel in zwei Teile;
den roten mit dem Backen ißt Du, den weißen will ich essen.
Der Apfel war aber so künstlich gemacht, daß der rote Backen allein vergiftet war.
Schneewittchen lüsterte den schönen Apfel an und als es sah, daß die Bäuerin davon aß, konnte sie nicht länger widerstehen."

Der Ausgang des Apfelbissens ist bekannt, Schneewittchen stirbt. Was erstaunt, ist die Aktualität des Bezuges. Der Apfel war nämlich „künstlich" gemacht! So könnte durchaus die Beschreibung des modernen Apfels lauten. Auch das Gift hat ihn wieder eingeholt.

Wir haben darüber gesprochen, daß die Augen ihre Freude haben, die Nase mit ihrem Geruch, der Geschmack ist wundervoll, welch ein herrliches Tastgefühl über die Haut eines Pfirsich zu streichen.
Aber haben wir auch etwas für die Ohren übrig? Nun, Sie kennen es ja, in einen reifen, harten Apfel hineinzubeißen, das Knirschen, das Brechen des Fruchtfleisches und das eigenartige Tonspiel des berstenden Apfels zu hören. Wo gibt es sonst noch so ein Geräusch. Oder wo gibt es jenes Geräusch, das beim Hineinbeißen einer reifen Birne ein Schmatzen hervorruft? Alles das ist hier vorhanden.
Wir haben Pflanzen, Blumen, Blüten, die so berauschend sind, ja Pflanzen, die uns als Heilmittel wertvolle Dienste leisten, aber auch als Genußmittel. Und hier, wenn wir einen Vergleich mit den alten Griechen nehmen, als Göttergeschenk zu uns kommen.

Aber beginnen wir noch einmal mit einigen Aspekten der Geschichte des Apfels.

Der Apfel ist ein altes Kulturgut. Um 3000 v. Chr. bereits sollen die Zivilisationen von Mesopotamien Apfelbäume kultiviert haben. Im alten Griechenland galten Äpfel als Attribute der Aphrodite, der Demeter und des Dionysos. Da haben wir sie wieder, Aphrodite und Dionysos, all die lustbetonten, liebesfreudigen Götter der alten Griechen mit ihrer Sinnenfreude, die sich nicht nur mit Rosen umkränzten. Jetzt nehmen sie auch noch andere Rosenpflanzen, nämlich die Äpfel dazu.

Alte römische und griechische Kulte verehrten den Apfel, auch den Granatapfel als Symbole der Liebe, der Sinnlichkeit und der Fruchtbarkeit. Man kannte Sommer- und Herbstäpfel und eine dritte Sorte, die dort bei den pythischen Spielen als Kampfpreis verliehen wurde.

Mit dem Eindringen römischer Macht und Kultur kamen auch die mediterranen Kultursorten der Äpfel nach Germanien. Hier jedoch war die Frucht schon lange bekannt. Bereits in der Steinzeit züchteten die Pfahlbauern des Bodensees Apfelbäume, deren Herkunft allerdings im Dunkeln liegt. Der germanische Name dieser Baumfrucht „Apala" konnte sich als einziger gegenüber der lateinischen Namensgebung anderer Früchte halten.

In den Sagen, Märchen und Mythen tauchten Apfelmotive in ganz Europa und im Orient auf. Sie symbolisierten auch hier Liebe und Weiblichkeit und galten als Sinnbild des Lebens.

Meist wuchsen Apfelbäume an magischen Orten, die die Heldin oder der Held unter vielen Mühen finden mußte, um ein ewiges Leben oder andere außergewöhnliche Gaben zu erlangen.
Aber auch als Objekte des Giftes wurden Äpfel gewählt, da sie so unwiderstehlich anzuschauen waren. Denken Sie an den Satz: „Schneewittchen lusterte den schönen Apfel an."

110

Im Mittelalter wurde der Apfel „Appholtra" genannt. Dieser Name hat sich in vielen Ortsbezeichnungen erhalten: „Afoltern", „Affalterbach". In dieser Zeit wurde aus der kultischen heidnischen Frucht der Lüste der keusche, saure Apfel, der Krankheiten heilte und Maria als Symbol der Erde und des Kosmos beigegeben wurde.

Gleichzeitig geriet er schon im Mittelalter zum Objekt des gärtnerischen Spiels. Jedes Kloster und jeder Fürst, später auch die freien Bauern, züchteten eigene Sorten und experimentierten mit Geschmack, Farbe und Wuchs. So entstanden Hunderte von regional unterschiedlichen Landsorten, die auf Eigenarten der Landschaft, den Bedürfnissen der Züchter abgestimmt waren. Bereits 1839 wurden 878 verschiedene Apfelsorten beschrieben. Inmitten dieser unglaublichen Geschmack- und Formenvielfalt trieb die gärtnerische Lust am Apfelspiel mitunter bizarre Blüten.

In „der allgemeinen Enzyklopädie der Wissenschaften und Künste in alphabetischer Folge" von Gruber, Leipzig, 1820, lesen wir:

„Einen seltsamen und vielleicht einzigartigen Apfelbaum soll der Prediger Agricola in seinem Garten haben. Auf ihm sollen mindestens 300 Gattungen Äpfel gepfropft oder okuliert sein, von denen 268 bereits Früchte getragen haben. Jeder Zweig ist mit einem Bleitäfelchen versehen, welches die Gattung angeht. Das war vielleicht die Ursache, warum der Baum verschont wurde, als alle übrigen in der Gegend dazu dienen mußten, die russischen Krieger auf der Wacht in der Nacht zu erwärmen."

Die ordnende Sprache der Botanik von Linné, die in seinem „Species Plantarum" 1753 systematisch und lateinisch eingeführt wurde, wollte nur Licht in das Dunkel der Mythen und der Symbole bringen.

Die Natur wurde geordnet und etikettiert. Im Zusammenhang mit dieser Objektivierung geriet natürlich auch die

Sinnlichkeit in Gefangenschaft, denn Linne orientierte sich an den Sexualmerkmalen der Pflanze. Der Apfel wurde zum Dekor seines Baumes, dessen botanisches Etikett nur lautet: Malus domestica, das ist hier die Kulturform. Er gehört zur Gattung Malus, Blüten in Doldentrauben usw., zur Familie der Rosaceen, zur Ordnung der Rosales, zur Klasse Dicothyledonae, zur Unterabteilung der Angiospermae und zur Abteilung der Spermatophyten.

Über die wissenschaftliche Systematik hinaus gab es auch andere Vorschläge zur Einteilung der Pflanzen, aber sie wurden nicht berücksichtigt.

So lesen wir in Heinrich Heines gesammelten Werken:

„Es ärgert mich jedes Mal, wenn ich sehe, daß man auch Gottes liebe Blumen ebenso wie uns in Kasten geteilt hat und nach ähnlichen Äußerlichkeiten, nämlich nach Staubfäden-Verschiedenheiten. So soll doch einmal eine Einteilung stattfinden, demzufolge man dem Vorschlag Theofas, der die Blumen mehr nach ihrem Geiste, nämlich nach ihrem Geruch einteilen wollte."

Wir kennen sehr viele schöne Sprichworte jenseits aller dieser Einteilungen. Diese stellen sich unter diesem Apfel etwas anderes vor. In bildreichen Umschreibungen wird der sinnliche Aspekt des Appetites vergegenwärtigt:

„Ich rede von Äpfeln und ihr antwortet von Zwiebeln."
„Ein Apfel, der runzelt, fault nicht so bald."
„Ein roter Apfel hat oft den Wurm drin."
„Goldene Äpfel wachsen nicht am Wege."
„In den sauren Apfel beißen."
„Der Apfel fällt nicht weit vom Stamm."

Das Sinnliche, das Spielerische der Apfelfrucht ist längst der Entzauberung der Welt zum Opfer gefallen. Jetzt zählt etwas anderes und das gilt für alle Obstsorten.

Der Kampf um Ertragssteigerung, um Waren-Konkurrenz,

um sichtbare grelle Oberfläche der Ware Apfel, oder der Ware Erdbeere, oder der Ware Zwetschge. Der Kampf wird mit Vernunft und kaufmännischem Sachverstand geführt. Bürokratischer Verzug wird in der Sprache garantiert. Es gibt Entwicklungspläne, Sollbestimmungen einer angestrebten Industrielandschaft und da heißt es dann: „Die Agrarstruktur ist durch Betriebsaufstockung usw., usw."

Die Absurdität dieser Geschäftspraktiken wird zum Sarkasmus. Aus Ländern wie Südafrika, Neuseeland, Argentinien, Brasilien, Chile wurden Tausende, Hunderttausende von Tonnen Äpfeln in die EG-Länder importiert. Während die Menschen in diesen Ländern fast alle hungern, werden immer mehr Plantagen neben dem Energieträger Zuckerrohr mit Obst und Gemüse für den Export bepflanzt. Aus Hungergebieten bekommen wir unser Obst frisch auf den Tisch. Das sind die Stacheln bei den Rosen.

Denken Sie aber einmal an ein anderes Obst, die Birne. In der Bildsprache der Märchen symbolisiert die Birne durch ihre Tropfenform das strömende, fließende Gefühl, während der Apfel doppelbödig und widersprüchlich zu sein scheint.

Zeigt er sich sowohl im Guten wie im Bösen, so verhilft sein Genuß einmal zu höherer Erkenntnis, zum ewigen Leben oder zur Weisheit, ein andermal bringt er Sünde und Tod. Diese unterschiedlichen Interpretationen der Früchte läßt viele trivialen oder philosophischen Deutungen zu. Doch beruht sie auf einer genauen Kenntnis der Früchte und ihrer wechselvollen Geschichte durch heidnische und christliche Symbolgehalte hindurch. Heutige Mythen knüpft man an alte Bilder an, speisen sich jene aber tatsächlich nur noch aus technischen Fantasien.

BALIS, das ist kein griechischer Gott, nein, sondern einfach das „Bayerische landwirtschaftliche Informationssystem".

Der Gott der bayerischen Landwirte wohnt in einem IBM-System mit 50 Datenbanken, bestehend aus mehr als 5 Millionen Segmenten, und er hilft den bayerischen Landwirten, auch mit ihren Äpfeln konkurrenzfähig zu bleiben. Man muß informiert sein, und wenn man eine Information nicht hat, wenn sie einem fehlt, dann ruft man bei BALIS diese Information ab. Damit hat man teil an der neuen, an der elektronischen Welt.

Sehen Sie, sogar die Rosen sind in der elektronischen Welt eingekehrt, heraus aus dem sakralen, aus dem Zauberbereich in das Reich der Computer und der EDV.
Individuelle Erfahrungen und überlieferte Kenntnisse über Boden und Pflanzen, das ist doch altmodisch, überflüssig.

Wer einmal die „Harzreise" gelesen hat, ein Spaziergang durch blühende Apfelgärten, der verbindet diese Vorstellung immer mit angenehmen Eindrücken. Der schwere süße Duft unzähliger rosa getönter Blüten erinnert in dieser Harzreise: „Düfte sind die Gefühle der Blumen und wie das Menschenherz in der Nacht, wo es sich einsam und unbelauscht glaubt, stärker fühlt, so scheinen auch die Blumen sinnig verschämt, die umhellende Dunkelheit zu erwarten, um sich gänzlich ihren Gefühlen sinnlich hinzugeben und sie auszuhauchen in einem süßen Duft."
Heute ist es anders, da kommen giftige Schwaden und machen den Aufenthalt zur Blütezeit fast unmöglich, denn soviel Duft auf einmal kann man gar nicht unterscheiden.

Wir haben eine ganze Menge geplaudert über die Rosen, diese wunderbare Familie, die unseren Augen, unseren ganzen Sinnen, Nase, Haut, Mund und Ohren etwas bietet und sie sollten uns noch etwas bieten. Sie sollten uns die Möglichkeit geben darüber nachzudenken, was wir noch tun können.

Vielleicht so wie Schneewittchen. Da heißt es doch:

114

„Sie beißt in den künstlich-vergifteten Apel und stirbt."

Nehmen wir den einmal für die ganze Natur.

„Da geschah es, daß sie über einen Strauch stolperten und von dem Schütteln fiel der giftige Apfel, den Schneewittchen abgebissen hatte, aus dem Hals. Und nicht lange, so öffnete es die Augen, hob den Deckel vom Sarg in die Höhe, richtete sich auf und ward wieder lebendig."

Betrachten wir noch einmal rückwirkend alle Rosen und alle Mitglieder der Familie der Rosen. Hier gibt es Erscheinungen, die das Entzücken unserer Sinne hervorrufen. Wir haben dies gesehen bei den Blüten, bei dem Duft, bei den Früchten, aber auch bei dem Gedanken, die all diese Motivationen, unseren Geist auf das Übersinnliche hinlenken.

Die uns fernsten Erscheinungen für die Augen sind die Sterne, die uns am nächsten liegenden Sterne sind die Blüten.

Das Unbewußte in uns erspürt das beiden Gemeinsame und läßt sie sehr nah beieinander wohnen in den Bildern der Sprache.

Wir reden doch von „Blütensternen" und „meinen Blumen". Wir lassen die Gestirne erblühen und beide gleichzeitig, Blumen und Sterne aufgehen und leuchten. Weil uns der Kosmos immer im kleinsten und anmutigsten seiner Geschöpfe am faßbarsten und begreiflichsten erscheint, lieben wir von Kindheit an die zarten pflanzlichen Geschöpfe um der Schönheit willen, in der das Geschehen von Blühen und Welken, von Werden und Vergehen uns rührend und beinahe tragisch vorkommt.

Die Blüten sind Sterne der Botanik und die Sterne Blüten des Himmels.

Am bewegendsten und am sichtbarsten von allen Blumen erfüllt die Rose dieses Geschick. Und wenn die meisten Blumen ihre kleinen Augen plötzlich aufschlagen, für kurze Zeit dann strahlen und rasch zugrunde gehen, sehen wir die

Rose lange, sehr lange schon in ihrer Knospe schwellen, langsam wachsen, bis endlich ein schüchternes Gelb, Weiß oder Rot die grünen Kammern durchscheint, sie langsam aufdrückt und von innen heraus Blütenblatt um Blütenblatt zu einer vollen reifen Schönheit aufgeht.

In der Pflanze träumt Gott. Ist der Traum Gottes vielleicht jener Duft, den wir spüren, wenn wir unsere Nase an eine solche Blüte halten? Aus welchen tiefen Gründen steigt er heraus und umspielt die Blume mit einem der unerschöpflichsten Reize, den die Welt kennt, mit ihrem Duft, mit dem Rosenduft. Ein Traum Gottes?

Wer an seinen verwehten Spuren die Gesellschaft der versunkenen Kulturen durch die Jahrtausende herausführte, das ist die Rose, eine kleine Blume. Sie verweigert diesen Duft wie es ihr gefällt. Gleichgültig gegen Wunsch und Lust der Menschen, nichts anderem getreu als dem unergründlichen Willen ihrer Gattung oder des Gottes, oder der Götter. Jede Rose ist ein Mysterium des Lichtes, ein Traum von Farben. Es ist hier nicht mehr die Ahnung von einem Gesetz, das Menschengeist je errechnen oder bannen könnte. Immer wieder Enttäuschung, Überraschung, nie mehr als ein Versuch, der Anfang und Ende aller Weisheit, hier bei der Rose.

In Persien hat im 13. Jahrhundert Rumi ein Gedicht geschrieben:

„Gedanken nicht, noch Welt begreifen Rose,
sie kommt als Botin aus dem Garten Seele.
Des Schönen Sinn und Spiegel ist die Rose.

Von neuen Kräften wird der Geist durchdrungen,
so oft er schlürft die Süßigkeit der Rose.
Wie einst durch Abrahams Einhauch Vogelstriche leben,
erwacht durch Frühlingshauch das Herz der Rose.
Oh schließe Dir den Mund mit Rosenknospen,
und lerne schweigend lächeln wie die Rose."

Das dunkle Geheimnis des Ruhmes der Rose liegt in ihrer Kraft, bis in die frühen Fernen menschlicher Geschichte hinauf Sinnbild der ewigen Mächte zu sein, in deren Dämmer unser Schicksal abläuft: Der Liebe und des Todes. So hoch erschien sie dem Menschen, daß er sie diesen äußersten Spannungen seines befristeten Daseins verband: Den Sehnsüchten und Erfüllungen, durch die er selbst zu Gottes Ähnlichkeit aufzusteigen wünschte. Wo die Göttin der Liebe ihre Altäre hatte, sowohl die irdischen als auch die himmlischen, wo die allerbarmende Gottesmutter über dem Glück und Leid der Menschen thronte, dort mußte aus untersten Gründen der Bewußtheit das Sinnbild der vollkommensten Blume heraufwachsen und mit demütigen Händen der göttlichen Vollendung dargeboten werden. So war es bei Demeter, bei Isis, bei Aphrodite und Maria, bei Dionysos, dem Osiris, bei Eros und auch bei Christus. Unentwirrbar ruhen in der Tiefe der Zeiten die Vermischung der Gottheiten und die Abwandlung ihrer Gestalt. Nur die Bewahrung der Sinnbilder über allen Wechseln läßt noch den Urgrund sehen, aus dem die Vielfalt aufwuchs. Aber auch Sinnbilder wandelt das Antlitz über dem gleichen Grundwasser.

Die Rose des christlichen Marienkultes war nicht mehr die Rose der Isis oder der Aphrodite. Die einst aus dem göttlichen Blut des Adonis Geborene war nun in vergeistigtes Gottestum aufgerückt; der Heiligen Jungfrau selbst und ihrem Sohn, dem Erlöser, gleichgesetzt.

Dante in den letzten Gesängen der „Divina Comedia":

„So ließen sie die frommen Baumeister als blühendes Auge des Paradieses über den Steinportalen christlicher Dome ruhen. Und doch vermochte sie auch diese äußerste Verhimmlichung nicht von den Gräbern der Erde wegzuscheuchen, wo sie dem menschlichen Herzen nahe, ein Sinnbild abgeschlossenen Daseins, blüht."

So wie sie in ihrem Leben Sinnlichkeit verbreitet und doch in ihrem Kern den Tod beinhaltet, so wohnte sie auf den antiken Totenhügeln und zog auch auf die christlichen Hügel hinüber.

Tod und Leben einend, nach dem Gesetz des letzten Gleichgewichtes, das aus dem Dunkel Eleusinischer Mysterien gerettet wurde. Diese Blume, diese Rose, sie wurde Sinnbild der eigenen schöpferischen Sehnsucht, sie wurde Mahnung, alle Kräfte Richtung nehmen zu lassen zu einem und auf ein Ziel hin: Schönheit zu schaffen nach Gott verliehenem Maß und Schönheit zu fühlen, zu staunen und demütig zu werden. Und in jeglichem Werk wahrhaftig zu sein und einfach zu bleiben, so wie diese Rose, trotzdem sie so schön und so stolz ist. Diese Rose, die nichts anderes kann als das, was sie sein muß.

So sind es zwei Dinge, die ich hier schreiben wollte. Einmal das Wunder der Schöpfung, die Familie der Rose, dieses Göttergeschenk etwas näherzubringen, etwas transparenter zu machen. Und schließlich wollte ich meine Leser bitten, nicht darauf zu warten, daß wir stolpern und der Apfel aus unserem Hals herauskommt, sondern wir wollen ihn selber herausziehen, wir wollen mithelfen, in die Natur wieder etwas Ordnung hereinzubringen und in unserem Garten einen Apfelbaum zu pflanzen, oder vielleicht einen Himbeerstrauch und die Früchte herauszuholen und sie uns schmekken zu lassen.

Wir müssen den Deckel eigenhändig lüften und zu diesem Zweck wollte ich Ihnen einfach das Zauberwort „Rose" mit auf den Weg geben, wie wir es in den paar Zeilen des Dichters Eichendorff lesen können:

„Schläft ein Lied in allen Dingen
die da träumen fort und fort
und die Welt hebt an zu singen
kennst Du nur das Zauberwort!"

Blumendüfte

Viele Düfte werden als liebreizend wahrgenommen, als bezaubernd und entrückend, als anziehend, verführerisch, unwiderstehlich, raffiniert und als sinnlich betörend empfunden. Wird ein Mensch von dem Duft angesprochen, so hat er das Gefühl, als würde er in Versuchung gebracht und setzte plötzlich blind vor Gier und ohnmächtig seinen eigenen Willen durch. Der Mann fühlt sich dem Wohlgeruch seiner Angebeteten erlegen und ist ihm willenlos ausgeliefert. Manchmal ist es sogar so, daß einige Herren willenlos von einer Duftnote abhängig sind und nur aufgrund dieser Duftnote in psychodelische Erotismen „abfahren".

Die Verknüpfung von Geruch und Sexualität, oder nennen wir es von Duft und Erotik, ist eine in die Entwicklung des Menschen eingegebene Information. Im Bereich der Pflanzen, da werben die Blüten mit ihren reichen Wohlgerüchen um Insekten nur, um bestäubt zu werden.

Bei den Tieren werden Duftmarken gesetzt, sogar Duftwolken, die dann Männchen und Weibchen zusammenführen. Diese Duftmarken sind über Kilometer hinweg in einer ungeheueren Verdünnung, die wir kaum rechnerisch begreifen können, noch vorhanden. Die meisten Tiere − und das wissen wir genau − wären ohne ihre Duftmarken, d. h. ohne die Sekrete der Sexualdrüsen und deren Funktionen nicht in der Lage, sich weiter zu vermehren.

Schon in alten Kulturen, d. h. also in Asien und im Mittelmeerraum, waren alle die Sinneslust steigernden Düfte von Räuchereien, von Balsam, von Ölen und von Blumen hoch gepriesen und sehr hoch angesehen.

In den Kyprien, etwa 800 Jhr. v. Chr., da heißt es von Aphrodite, der Göttin der Liebe und auch der Göttin der Liebesmittel:

„Sie hüllte ihren Leib in Gewänder,
welche die Grazien und Horen für sie gefertigt
und in Blumenduft getaucht hatten ....
Rittersporn, Krokus, Veilchen, betörend und fein,
Nektarspendende Rosenblüten.
Ambrosiaschwellende Narzissen-Kelche und Lilien ....
Jede Jahreszeit verschwendete ihren Duft
über die Stoffe, die göttliche Aphrodite zu kleiden."

In Richard Wagners „Parsival" lesen wir:
„Wie duftet ihr hold!
Seid ihr denn Blumen?"

Er spricht die Frauen damit an, die doch möchten, daß ihr
Duft gerochen wird. Sie unterstreichen auf diese Weise ihren Willen sich auszudrücken, untermalen damit ihre körperlichen Reize und suchen so die Ergänzung zum eigenen
Ich.

Frauen werden mit köstlich duftenden Blumen, mit blühenden Gewächsen, die berauschen und Gerüche verbreiten,
indentifiziert.
Ja, sie vertauschen ihre Gestalt mit denen der Pflanzenwelt,
sie schmücken sich mit Blüten und Blumen und werden oft
dargestellt als Elfen, Nixen oder andere in Blüten und Blumen lebende Wesen.

Tun sie es, weil Blumen die Symbole der Reinheit sind oder
der Wiedergeburt? Oder tun sie es, weil hier vielleicht eine
besondere Verderbtheit vorliegt?

Für die Rosenkreuzer war die Rose das Symbol höchster
Reinheit, ihr Erblühen war der Entfaltung göttlicher Weis-
heit gleichgesetzt.
Dem Vater der Anthroposophen, Rudolf Steiner, galt der
Blütenkelch einer Pflanze als keusch und rein, ja er wurde
sogar zum heiligen Gral.
In anderen Traditionen wurde Kundryka, die wilde Grals-

botin zur Höllenrose, zur Ursünde, zu fleischlicher Sinneslust als Ausgeburt der Hölle.

Unsere Rose, ob aus den Blutstropfen Christi, den Schweißtropfen der Propheten oder aus dem Höllenpfuhl erblüht, ist seit undenklichen Zeiten die Blume der Liebenden gewesen. Sie war den alten Germanen heilig und stand unter dem Schutz der Liebesgöttin Freia. Ihre Blüte wird als Zeichen der Zuneigung und Liebesbereitschaft verschenkt. Ihre Farbe, falls rot, ist die Liebe selbst und ihr Duft die Metapher für die Geliebte.

Ein Liebesmittel war sie aber auch. So hat Casanova die nackten Frauenleiber seiner Verehrerinnen geradezu manisch rituell mit Rosenwasser beträufelt, bevor er sich lüstern auf sie stürzte, wie in seinen Geschichten zu lesen ist.

Wie viele Maler, denken Sie etwa an Francois Boucher (1703 – 1770) haben nackte Frauen dargestellt mit einer Rose. Immer wieder die Rose, sei es zwischen den Beinen, sei es an anderen Körperstellen, je nach dem, wo etwas verdeckt werden sollte.

Die Rose galt in vielen Kulturen bis hin zu den Slawen als jene Blüte, die man der Angebeteten schenkt, um sie zu stimulieren und zu ermuntern, an einem paradiesischen Spaß, einer Riesen-Freude, einem himmlischen Erlebnis teilzuhaben.

Daß außer der Rose noch andere Blüten erotisch wirken, von der Lotusblüte bis zu den Orchideen-Blüten, finden wir in allen Gegenden dieser Welt. Das hat seine Ursache darin, daß anderweitig auch wohlriechende Blumen und aus Blüten gewonnene Duftwässerchen existierten, die dann auch zur erotischen Ausstattung jeder Frau erarbeitet wurden.

Die Musen

Jeder von uns hatte einmal, vielleicht zum letzten Mal als er verliebt war, das Bedürfnis, ein Gedicht zu schreiben, und wartete auf den Augenblick, wo ihn die Musen küßten. Da saß man nun im stillen Kämmerlein, hoffend, daß das Hirn zu arbeiten begänne, um sich mit der Kraft des Herzens und den Erlebnissen zu verbinden, sich in den Stift hineinzubegeben und dann beschwingt über einige Bogen hinwegzugleiten, auf dem sich dann herrliche Gedichte zeigen.

Die Musen kennen wir ja auch von den Griechen. Ursprünglich gab es in der griechischen Mythologie nur eine Muse. Das war vielleicht die Frau, die man im Pieria-Gebirge in Thrakien verehrte. Da sich aber die Künste immer weiter entwickelten, so mußte man auch in diesem Bereich die Zahl der Musen erhöhen. So einfach war das. Die Götter galten als die Erfinder, als die Spender, als die Richter oder auch im modernen Sinn als die Sponsoren der Künstler. So wurden sie schließlich als die Väter der Musen angesehen oder besser gesagt, man nahm Zeus, den Göttervater, als den Vater aller neun Musen an.

Klio war eine von ihnen und war zuständig für die Geschichtsschreibung, sie trug deswegen eine Schriftrolle. Eutherpe war verantwortlich für die Instrumentalmusik, aber auch für Gedichte. Dargestellt wurde sie mit einer Doppelflöte. Zwei dramatische Dichtungen: Das war Thalia, sie war verantwortlich für die Komödien und wurde mit einer Maske dargestellt. Und schließlich Melpomene, verantwortlich für die Tragödien, wurde dargestellt mit einer tragischen Maske.

Terpsychore war für den Tanz und für die leichte Lyrik zuständig. Ihr Attribut war die Lyra.
Erato für ernste Lyrik und für Liebespoesie. Ihr Zeichen war die Kithara.

Polyhymnia trug die Verantwortung für Pantomime und für Gesang. Sie wurde ohne Attribute dargestellt.

Kalliope beschützte die epische Dichtung, ihr Attribut war ein Buch.

Schließlich Urania, sie war die göttliche Ratgeberin in der Astronomie. An ihrer Seite stand immer ein Globus.

Uns ist diese Einteilung nicht ganz begreiflich, denn es gibt ja noch andere bildende Künste, die bei den Griechen sehr hoch entwickelt waren und die trotzdem nicht bei den Musen wiederzufinden sind. Auf der anderen Seite muß man schon staunen, wenn man erfährt, daß Kalliope außer der epischen Dichtung auch noch die gesamte Wissenschaft in Bausch und Bogen zu betreuen hatte.

Vielleicht ist das eine Erklärung, daß die Bildhauerei ja eigentlich zum Kunsthandwerk zählte und damit gehörten dem Schmiedegott Hephaistos auch die steinbearbeitenden Künstler an.

Als Vater für die Musen ist Zeus anerkannt, und die Mutter der Musen heißt Mnemosyne, d. h. die Erinnerung. Hier wird es äußerst interessant, wenn wir erfahren, daß ursprünglich schriftliche Aufzeichnungen völlig entbehrlich waren. Alle Menschen waren auf die auswendig vorgetragenen Gedichte, Gesänge und Reden angewiesen.

Die Musen hatten auch einen Führer, das war Phoibos Apollon. Er war der Musenführer, hielt sich immer in der Nähe von Delphi auf, wo auch die Musen ihre Tage bei Tanz und Spiel, bei Singen und wissenschaftlichen Unterhaltungen verbrachten. Selten fand man sie auch an einer Quelle, sie hieß Hippokrene, auf dem Helikon. Ihre Mahlzeiten durften sie im Olymp neben den höchsten Göttern einnehmen, was davon zeugt, daß sie auch bei den Göttern und nicht nur bei den Menschen sehr beliebt waren.

Bei allen gottähnlichen Geschöpfen gab es allerdings auch

sehr menschliche Züge. So konnten sie ungeheuer jähzornig werden, eifersüchtig und neidisch. Wie sie z. B. den Sirenen eigenhändig das Gefieder gerupft haben, als diese sich anmaßten, besser singen zu können als die Musen.

Ein damals noch sehr berühmter Sänger mit Namen Thamyris, wurde von ihnen geblendet, seine Leier zerstört, und sie haben bei Vater Zeus sofortige Strafversetzung in die Unterwelt verlangt, was auch geschah.

Und so könnte man noch viele Geschichten erzählen von ihnen, die zweifelsohne interessant sind, aber sowohl Gutes als auch Böses beinhalten. Wieder einmal war das allzu Menschliche im griechischen Götterhimmel zu Hause.

Selten finden wir ihre Namen wieder in irgendwelchen Pflanzen. Eutherpe ist z. B. vorhanden. Zwei Palmen, die Asai-Palme und die Kohl-Palme sind nach ihr benannt.

Oder noch Thalia, die eine finden wir in Florida und Texas, die andere – Geniculata – finden wir in Brasilien und Argentinien.

Polhymnia kommt ohne „hym" aus als *Sonchifolia* und ist in der Nähe von Bogota zu finden. Und schließlich kommen wir auch schon zum Ende. Keine andere Pflanze trägt mehr den Namen einer dieser Musen. Man hätte denken können, daß eigentlich gerade in diesem Bereich doch ein wenig mehr von den Namen wiederzufinden sei.

Die Heilpflanzen Europas
mit Götter- und Heldennamen

Im letzten Kapitel sind uns aus der alten Mythologie der Griechen und auch aus der Geschichte einige Gestalten wieder geläufig geworden. Ich möchte aber noch an andere erinnern. Denken Sie doch bitte an den berühmten Agamemnon und seine Frau, die Mörderin Klytaimnestra. In diese Familie gehört auch deren Sohn, der berühmte Rächer Orestes und auch seine Töchter Iphigenie und Elektra. Woher Sie sie auch immer kennen mögen, aus der Legende oder aus den Opern von Strauss, es ist schon eine interessante Familie.

Genau so wie der berühmte Jason, der Führer der Argonauten und schließlich König Tindareus aus Sparta mit seiner Frau Leda, von der wir auch noch reden werden.

Schließlich noch die Dioskuren mit ihrer Schwester Helena, der späteren Gemahlin des Paris.

Nicht zu vergessen die Eltern von Herakles, Amphytrion und Alkmene. Die Eltern von Achill sollten wir auch noch erwähnen, Peleus und Thetis, deren Hochzeit ja doch sehr viele Skandale hervorrief, wie wir aus der Geschichte von *Paris quadrifolia* wissen. Selbst wenn wir Mythos und Legende unberücksichtigt lassen, so bleibt doch nach Meinung der Mehrzahl der Historiker eine geschichtliche Persönlichkeit in jedem Falle zurück.

Aus diesen Zeiten gab es jedoch auch bestimmte Nachrichten, die sogar schriftlich überliefert worden sind. Damals war die sogenannte Linear-B-Schrift, ungefähr 1 000 Jhr. vor der Zeitwende, in Gebrauch. Es gibt so genaue Zahlen über Kriegsgeräte, über die Viehhaltung, sogar eine Viehzählung auf Tontafeln ist uns vom Ende des 4. Jahrtausends bekannt, und zwar aus Susa. Bedenken Sie, welch lange Zeit vor Christi! Daß eine Zählung von Vieh und Sklaven, aber auch von Einwohnern vorgenommen worden ist, wissen wir von verschiedenen königlichen Geboten und Erlassen.

Auf den damaligen Burgen lebte sicherlich ein Hochadel im alten Griechenland, auch ein niederer Adel, schließlich höhere und niedere Beamte, Schreiber, Kaufleute, Bauern, Diener und vor allen Dingen Sklaven. Von Ärzten oder einem Stand der Ärzte ist in dieser Zeit eigentlich nicht die

Rede. Wir kennen nur Vermerke über Heilpflanzen und wissen von Leuten, wie z. B. Achill, die über große Kenntnisse von Heilpflanzen verfügten und sie auch anzuwenden wußten. Aber es gab keine Angaben von Krankheiten. Man kann also nicht sagen, ob bestimmte Arzneimittel nur als Gewürze verwendet wurden oder ob schon Arzneimittelwirkungen bekannt waren.

Uns sind zwar Zeugnisse der damals praktizierten Chirurgie überliefert, so fand man beispielsweise trepanierte Schädel, doch war dieses Verfahren bereits in der Steinzeit üblich.

Zu dieser Zeit existierten sicher Heilkundige aus den obersten Adelsschichten, aber es gab auch Kräuterweiblein, auch Hirten, die sehr viel von Heilkunde verstanden und sie auch angewendet haben.

Bekannt und bestätigt durch antike Autoren ist eigentlich erst Cheiron, der schon 13 Jahrhunderte vor Christi die Heilkunde am Menschen und auch die Tierheilkunde begründet hat.

Wir wissen, daß viele der Götter eine große Rolle spielten als magische oder theurgische Heiler. Es wurden ihnen Opfer dargebracht in Form von Getreide, Opfer von Tieren oder auch Arzneipflanzen, z. B. an Poseidon. Es gab eine Patronin der Geburt, die im Griechischen „Eileithya" heißt. Von dieser berichtet auch Homer. Man verehrte zu dieser Zeit den Gott Päion, den berühmten Götterarzt der Olympier, der später in Apoll „überging" und dem zu Ehren wir heute noch eine Pflanze kennen, *Paeonia*, die Pfingstrose.

Hier gibt es übrigens einen interessanten Sachverhalt: Bei der Knospe der Pfingstrose haben wir doch den Eindruck, daß es sich um eine große entzündliche Haemorrhoiden-Knolle handelt. Nun, tatsächlich wird Paeonia bei Haemorrhoiden angewandt und das bis zur heutigen Zeit.

In der Homöopathie kennen wir *Paeonia* in einer bestimmten Zubereitung als wirksames Mittel bei entzündeten Hämorrhoiden.

So sollten wir weitere Heilpflanzen der alten Griechen, die uns häufig noch als Gewürze bekannt sind, einmal kurz kennenlernen.

Als erstes kennen wir „Cardamon", zu deutsch die Gartenkresse. Bei Plinius wird diese Kresse empfohlen zur äußerlichen Anwendung bei Pferderäude.
Den alten Hippiatern war die Brunnenkresse bekannt. Sie wird als Antitussivum, als Stomachicum, aber auch als Roborans empfohlen. Wir können einiges darüber lesen bei Theophrastus (370 – 287), dem Begründer der wissenschaftlichen Botanik.

Bei Xenophon finden wir den Namen, auch bei Aristophanes und schließlich bei Dioskurides. Eine ausgezeichnete Abhandlung über diese Pflanze steht in dem „Liber fundamentorum pharmakologiae" des Abu Mansur Muwaffak ben Ali Hararvi. Bei Theophrastus lesen wir den Unterschied zwischen „knekos-haemeros", das ist die Kultivierte und „knekos haeagria" das ist die Wildwachsende.

Die griechischen Hirten nutzten diese Pflanze bei der Käsebereitung als Lab.
Schließlich wurde sie aber auch verwendet als Ersatz oder Färbemittel statt des noch sehr teueren Safran.
Bei Plinius lesen wir, daß dieses Kraut genommen werden sollte, wenn der Genuß bestimmter Tiere bzw. Pflanzen als Ursache für eine Vergiftung in Frage kam.
Dioskurides empfiehlt sie bei Skorpion-Stichen; ähnlich bei Aristoteles und Diokles.

Griechisch „blecho", das Flohkraut, oder die Polai-Minze, *Mentha poligium*. „Blechae" ist das griechische Wort für „blöken", und dieses Kraut soll, wenn es von Schafen gefressen wird, diese zum Blöken reizen.

Plinius nennt mehrere Indikationen. Wenn man es in verdorbenes Wasser hineinreibt, so wird dieses wieder trinkbar. Wenn man die Blüten verbrennt im Kreis seiner Freunde oder vor den eigenen Kleidungsstücken, so werden die Flöhe verscheucht.

Und Hierokles verordnet „Blechon" als Bestandteil eines Kolikmittels. An anderen Stellen, u. a. bei Theophrastus, wird sie als Antitussivum, Stomachicum, aber auch als Rubefaciendicum verwendet.

„Choinos" − dabei handelt es sich um Binsen verschiedener Arten. Es ist das wohlriechende Bartgras.
Aber auch das schwärzliche, dicke Gras. Die Inhaltsstoffe sind vor allem Bitterstoffe. Die Blüten des wohlriechenden Bartgrases nannte man „Choinos anthos".
Diese Blüten dienten medizinischen Zwecken, wurden aber auch wegen ihres Wohlgeruches für kosmetische Salben verwendet. Später finden wir sie als Roborans, besonders für Rennpferde, darüber hinaus als Hustenmittel und als Umschlag bei Erkrankungen überanstrengter Sehnen. Angeblich hat Cheiron auch den Rat gegeben, es als Diuretikum und als Laxans einzunehmen.

Alexandros von Tralleis in Lydien, der später Arzt in Rom war, erwähnt die Binsen in seinem Werk: „Therapeutica".
Plinius verwendet sie als Mittel gegen Blähungen.

„Korinanon" (griechisch) der Koriander. Er leitet sich ab von dem griechischen Wort „Koris", das ist die Wanze und zwar wegen dieses wanzenähnlichen Geruchs, der ein wenig an Bittermandelöl erinnert.
Im Papyrus Ebers wird Koriander zusammen mit Honig und Wachs zu schmerzstillenden Umschlägen verordnet oder wird gelegentlich auch als Bestandteil von Laxantien angewendet.
Interessanterweise wurde dabei zerriebener Koriander mit

128

Kümmel in Essig als Konservierungsmittel für Fleisch verwendet.

Plinius nimmt ihn als Umschlag für Geschwüre und Geschwülste.

Von Cheiron berichtet man, daß er den Saft von grünem Koriander mittels eines Kuhhornes in die Nase von Pferden eingegossen habe, wenn sie Epistaxis hatten – Nasenbluten –.
Griechisch „kyminon", der morgenländische Kümmel, ist eine sehr alte Arzneipflanze, die in Assyrien bereits bekannt war unter dem Namen „Kamunu", das heißt so viel wie „Mäusekraut".

Ägyptische Priesterärzte haben Kümmel bei Krätze, aber auch bei Zahnkrankheiten verwendet; in der Bibel lesen wir: „Weh euch Schriftgelehrte und Pharisäer, ihr Heuchler, die ihr den Zehnten erhebt von Minze, Dill und Kümmel!"

Theophrastus schreibt, daß die Bauern auf Lesbos schrecklich „fluchen", wenn sie Kümmel aussäen, weil dieser dann besser wächst.

700 Jahre später berichtet Paladius genau das gleiche.

Medizinische Indikationen waren Krampfkoliken, Blähungen, aber Kümmel war auch Bestandteil einer Salbe bei Schulter- und Hüftleiden.

Spasmolytika werden von Dioskurides auch angezeigt.

„Kypeiros" (griechisch), das Zyperngras.

Dieses Gras wird von Theophrastus genau beschrieben, und zwar zum Teil als „langes Gras" oder als „Rundkraut". Daraus wurde eine Zyperussalbe hergestellt. Es gab damals schon den Beruf eines Salben-Sieders.

Mit heißem Fett und Öl wurden bestimmte Stoffe aus den Heilpflanzen extrahiert. Bei Homer hören wir, daß das Zyperngras ein wertvolles Pferdefutter gewesen sei.

Plinius erwähnt es als Diuretikum, aber interessanterweise auch als Depilatorium.

„Marathon" (griechisch) ist der bei uns bekannte Fenchel,

eine Heilpflanze, von der der als Tierarzt in die Geschichte eingegangene Epicharmos, aber auch Hippokrates schon wußte.

Die Kämpfer, die nach Olympia gingen, um da ihren Sieg zu feiern, wurden mit Fenchel ernährt, weil dieser sehr kräftigte, andererseits aber auch ein Schlankheitsmittel darstellte. Dioskurides verschrieb ihn als milchtreibend für Frauen, die gerade geboren hatten.

Und bei Plinius lesen wir, daß die Schlangen im Frühjahr Fenchel fressen, damit sie ihre Sehkraft wieder erlangen.

Es gibt noch eine weitere Reihe von Indikationen.

Interessant ist ein Stein in der Asklepios-Heilstätte auf Kos. Hier ist folgendes eingemeißelt:

„Man nehme je 2 Denare Quendel, Opopanax und Bärwurz, dann einen Denar Kleesamen, je 6 Denar vom Samen des Anis, des Fenchels und vom Epich, sowie 12 Denare Ervenmehl. Man solle es zerstoßen und sieben und bereite daraus mit bestem Wein Pillen vom Gewicht eines Viktoriatus. Man verabreiche jeweils eine Pille in 3 Cyalatus gemischten Weines."

Plinius berichtet uns, daß König Antiochos der Große, diesen Trunk gegen alle giftigen Tiere verwendet habe, außer gegen Vipern, da habe es nicht geholfen.

Für die Geschichtskundigen sei hier vermerkt, daß Plinius zweifelsohne etwas verwechselt hat, nämlich diesen genannten König mit seinem Nachkommen Antiochos III., der sich im 1. Jahrhundert vor Christi mit der Herstellung von Giften und Gegengiften befaßt hat. Das gleiche hat übrigens auch Mithradates getan.

In der üblichen Praxis im alten Griechenland hat man Fenchel als Aromatikum und als Augenwasser benutzt.

An dieser Stelle sei noch nebenbei erwähnt, daß sowohl im altägyptischen Papyrus als auch im chinesischen Kräuterbuch Pentsa „Fenchel" genannt wird.

„Mintha" (griechisch) ist die grüne Minze. Minzenarten sind seit alter Zeit aus China und Indien bekannt, und Archäologen fanden auch Minzen in ägyptischen Gräbern.

Hippokrates erwähnt ihre Heilkraft und Plinius spricht besonders davon, daß der Geruch den Geist erfrische. Wenn man der Milch Minzenöl zusetzt, so wird das Gerinnen verhindert; interessanterweise wirkt das nicht nur bei Milch, sondern auch bei Sperma. Dieses koaguliert aber mit der grünen Minze, weshalb man zur Verhinderung einer Konzeption Minzenzäpfchen in die Vagina einführte.

Sie sehen also, daß wir ganz moderne Techniken aus uralten Zeiten verwenden.

Als Umschlag für verletzte Sehnen und Gelenke empfiehlt es Theophrastus.

„Sphakos" (griechisch) ist eine Salbeiart. Auch hier unterscheidet Theophrastus sowohl die kelchartige als auch die dreilappige *Salvia Triloba*.

Im alten Griechenland kennen wir etwa 20 bis 25 Salbeiarten, die bei Frauenleiden empfohlen werden wie z. B. von Hippokrates; Aristophanes verwendet Salbei bei Koliken, und in der römischen Heilkunde galt der Gartensalbei, Salvia officinalis, als Heilmittel.

Der Name leitet sich ab von „salvere" — „gesundsein".

Im alten England gibt es ein Sprichwort:
„Eat sage in May and you'll live for aye".

In der alten Schule von Salerno gab es auch einen schönen Vers, der zwar sehr nüchtern ist, aber doch interessant:
„Cur moritur homo, Cui salvia crescit in horto?
Contra vim mortis,
Non est medicamen in hortis!"

Damit wurde die Tatsache gegeißelt, daß man Salbei als das Allheilmittel selbst bei schweren Kranken sah.

„Sesamon" (griechisch) ist Sesam. Hier hören wir vor allem

von Hippokrates und Xenophon etwas, aber auch von Theophrastus, der berichtet, daß Tiere keinen grünen Sesam fressen. Herodot sagt, daß die Babylonier nur Sesamöl als Speiseöl verwendeten, Bei Plinius gibt es einige für uns unklare Indikationen.

„Selinon" (griechisch) ist der Sellerie. Der Sellerie wurde schon in Ägypten bei Infektionen der Harnwege verabreicht, wie auch später bei Hippokrates und Diokles. Hippokrates sagt zum Sellerie:
„Hast Du zerrüttete Nerven, so sei Sellerie Deine Nahrung und Arznei."

Plinius wendet ihn auch bei Pferderäude an. Im übrigen galt es als ein Nerven- und auch sexuell stärkender Trank, den Saft von gekochtem Sellerie zu trinken.

Dieses waren wohl die ältesten Pflanzen, die auch heute noch als Gewürzpflanzen eine Rolle spielen. Wir werden später, im Mittelalter, diese Gewürzpflanzen plötzlich als Teufelsaustreiber und Hexen vertreibende Gewürze finden, damit diese bösen Geister uns nicht durch das Essen in unserer Seele Schaden geben können. Hier sind wir am Übergang vom Göttlichen zum Teuflischen.

Paris quadrifolia

Blättern wir Platons Schriften durch, so finden wir einen Dialog, der nach dem Lehrer von Sokrates, Kratylos, benannt ist. Kratylos legt hier allen seinen Zuhörern klar, daß man immer den Namen eines Dinges betrachten muß, um zu begreifen, was dieses Ding bedeutet.

So finden wir u. a. auch bei sehr vielen Arzneimitteln, besonders in der Homöopathie, in der Phytotherapie, Namen, die aus dem griechisch-mythologischen Bereich stammen. Von Göttern, von Helden, aber auch von sonst geschichtlich relevanten Personen.

132

Ich will an ein paar kleinen Beispielen nur zeigen, wie weit und wie tief allein der Name einer Pflanze reicht.

Paris quadrifolia ist eine Pflanze aus der Familie der Liliacaeen, im Deutschen nennen wir sie die „vierblättrige Einbeere". Sie wird aber auch „Wolfs- oder Wuchsbeere" genannt; „One berry", da aber auch „true love". Im Französischen heißt es „parisette a quatre feuilles".

Diese Pflanze in schattigen, feuchten und humusreichen Laubwäldern ist in Mittel- und Nordeuropa anzutreffen, auch in Nordasien.

Wir wollen bei dieser Pflanze einmal untersuchen, wie weit der Name, der der griechischen Mythologie entnommen ist, etwas mit der Wirkung dieser Pflanze zu tun hat. Wir müssen nur einen kleinen Schritt in die griechische Mythologie machen, um hier nachzuforschen, woher dieser Name „Paris" kommt und wie weit dieser Name mit der Wirkung und Wirksamkeit der Pflanze übereinstimmt.

In wohl vorgeschichtlicher Zeit gab es eine Insel Samothrake. Sie wird zum ersten Mal in der Ilias genannt und zwar in der Voss'schen Übersetzung: (Ilias 13, 10-19, 24, 77-99, 751-753.)
Es ist eine Insel, von der aus das Gesichtsfeld bis zu den troischen Gefilden reicht, und genau gegenüber liegt der Berg Ida mit 1 670 m Höhe, der eine große Rolle für Paris spielte.
Abgesehen davon konnte man von dieser Insel aus ganz Troja übersehen.

In Homer's Ilias, (13, 10-19) lesen wir folgendes:

„Aber nicht achtlos lauschte der Erderschütterer Poseidon, denn er saß, anstaunend die Schlacht und das Waffengetümmel
hoch auf dem obersten Gipfel der grün umwaldeten Samos Thrakiens: Dort erschien mit allen Höhen ihm der Ida,

auch erschien ihm Priamos Stadt und der Danaer Schiffe.
Dorthin entstieg er dem Meer und sah mit Gram die Achaier
fallen vor Trojas Macht.
Und er grimmte vor Zorn dem Kronion.
Plötzlich stieg er herab von dem zackigen Felsengebirge,
wandelnd mit hurtigem Gang; und es bebten die Höhen und
die Wälder.
Weit den unsterblichen Füßen des wandelnden Poseidon."

Dies sei als Einleitung gedacht, weil diese Insel eine große
Rolle spielt, wie aus den Zeilen schon zu sehen war. Auf dieser Insel wohnten zwei Brüder, Iason und Dardanos. Sie
waren die Söhne des Zeus und einer Plejade. Die Plejaden
waren die sieben Töchter des Atlas und der Okeanide Pleio-
ne. Sie wurden dauernd von dem riesigen Jäger Orion über
5 Jahre hindurch verfolgt, von Zeus als Siebengestirn an
den Himmel versetzt, wo sie heute noch als Orion zu sehen
sind.
Übrigens hieß die Mutter von Iason und Dardanos Elektra.

Als Iason als Göttersohn seine Augen eines Tages zu einer
Tochter des Olymp erhob und mit seinen Sinnen sich in un-
gestümer Neigung sich ihr zuwandte, es war die Göttin Demeter, wurde er zur Strafe für seine Kühnheit vom Blitz erschlagen. Sein Bruder Dardanos verließ daraufhin sein
Reich und seine Heimat und ging auf das asiatische Festland,
dahin, wo die Flüsse Simois und Skamanda vereinigt
in das Meer strömten und wo auch das hohe Idagebirge ter-
rassenförmig zum Meer abfiel. Hier herrschte König Tou-
kros. Nach ihm hießen die Mitglieder des Hirtenvolkes jener
Gegend die Toukrer. Von diesem König wurde Dardanos
gastfreundlich aufgenommen, bekam ein Stück Landes zum
Eigentum und die Tochter des Königs zur Gemahlin. Er
gründete eine Ansiedlung im Gebirge und das Volk der
Toukrer wurde nun das der Dardaner genannt.
Zwei Generationen später folgte ihm dessen Enkel Tros, der

eponyme Heros der Trojer. Nach diesem wurde nun die ganze Landschaft Trojas benannt, der offene Hauptort des Landes aber in der Ebene wurde „Troja" genannt und das Volk „Trojaner" oder auch „Troer".

Es folgten diesem König weitere Söhne, die große Bauten vollendeten, die im Zusammenhang unserer Erzählung aber nicht wichtig sind.

Ein Urenkel von Tros war Priamos. Er vermählte sich mit Hekabe. Die Königin gebar ihrem Gemahl einen Sohn, nämlich Hektor. Als aber die Geburt eines zweiten Kindes herannahte, träumte sie eines nachts einen entsetzlichen Traum. Ihr war, als gebäre sie einen fackelnden Brand, der die ganze Stadt Troja in Flammen setzte und zu Asche verbrannte. Erschrocken erzählte sie diesen Traum ihrem Gemahl Priamos. Der nun ließ einen Sohn aus erste Ehe namens Äsakos kommen, denn dieser war Wahrsager und hatte von seinem mütterlichen Großvater die Kunst, Träume zu deuten erlernt. Äsakos erklärte, seine Stiefmutter Hekabe würde einen Sohn gebären, der seiner Vaterstadt zum Verderben gereichen müsse. Er also müsse den Rat erteilen, das Kind, das seine Stiefmutter erwartete, auszusetzen.

Tatsächlich gebar die Königin einen Sohn, und ihr Muttergefühl wurde noch überboten von dem Gefühl der Liebe zum Vaterland.

Sie gestattete ihrem Gatten Priamos, das neugeborene Kind einem Sklaven zu übergeben, der es auf den Berg Ida bringen mußte und es dort aussetzen sollte. Der Sklave tat wie befohlen.

Das Kind wäre verhungert, aber eine Bärin reichte dem Säugling die Brust und nach 5 Tagen fand der Sklave dasselbe Kind gesund und munter im Walde liegend. Er hob den Knaben auf, nahm ihn mit sich, zog ihn auf seinem Äckerchen wie sein eigenes Kind auf und gab ihm den Namen Paris. Als dieser Hirtensohn, der ja eigentlich ein Königssohn war, unter den Hirten zum Jüngling herangewachsen war, zeichnete er sich durch besondere Schönheit, durch ungeheuere Körperstärke aus und er wurde ein Schutz aller Hirten des Berges Ida gegen die Räuber, weshalb sie ihn auch „Alexandros" nannten, das heißt zu deutsch „die Männerhilfe".

Es kam ein Tag, an dem sich Paris mitten in einem unwegsamen Gelände in einem schattigen Tal befand, das sich in den Schluchten des Berges Ida hinzog, zwischen Tannen und alten Eichen, mit kleinen Lichtungen, fern von seinem Vieh, das den Zugang zu dieser Einsamkeit nicht kannte.

Wieder eines anderen Tages stand er auf dem Gipfel des Berges und blickte hinunter über die Paläste Trojas und auf das ferne Meer. Plötzlich begann die Erde um ihn etwas zu beben. Das war der Schritt eines Gottes, der die Erde zum Beben brachte, und ehe er sich besinnen konnte, stand halb von seinen Flügeln, halb von seinen Füßen getragen Hermes der leuchtende Götterbote vor ihm. Er trug den goldenen Heroldstab, den Kaduceus, in den Händen. Doch er war nur Vorkünder einer neuen Erscheinung von Göttern. Hinter ihm schwebten oder schritten drei Göttinnen des Olymps mit leichtem Fuß über das weiche Gras, das nie von Vieh beschmutzt oder gar beweidet war, so daß ein heiliger Schauer den Jüngling überlief und seine Stirnhaare sich schier aufrichteten.

Doch der geflügelte Götterbote rief ihm entgegen:

„Leg alle Furcht ab, die Göttinnen kommen zu dir als zu ihrem Schiedsrichter,
dich haben sie gewählt zu entscheiden, wer von ihnen die Schönste sei.
Zeus, der Göttervater selbst befiehlt dir, diesem Richteramt dich zu unterziehen, er wird dir dann seinen Beistand nicht versagen!"

136

So sprach Hermes und ließ den Hirten beziehungsweise den Königssohn Paris zurück. Die Worte hatten dem Hirten Mut eingeflößt, und da stand er nun und wußte nicht wie ihm geschah.

Aber wie kam es dazu, daß hier eine Entscheidung getroffen werden mußte, wer von diesen ach so jugendlichen Göttinnen die Schönste sei? Es war beim Hochzeitsmahl der Nereide Thetis und des Helden Peleus, da hatten sich die Götter versammelt, um ein großes Fest zu feiern. Um aber einmal ein Fest zu feiern ohne Streit, ohne Zwietracht, hatte der Bräutigam die Göttin der Zwietracht, Eris, nicht geladen. Eris erfuhr es sofort, als Göttin war sie allwissend und sie ersann einen teuflischen Plan. Während die Götter schmausten und tranken und das Hochzeitsmahl seinem Höhepunkt zuging, rollte sie einen großen goldenen Apfel vor die drei Göttinnen hin, die an der Spitze der Tafel saßen. In diesen Apfel war eingeritzt in goldener, leuchtender Schrift: „Der Schönsten".

Wie es der Göttin der Zwietracht wohl entspricht, mußte nun ein Streit entstehen, denn wer von diesen Göttinnen wollte nicht die Schönste sein?

So stritten sich also schließlich die drei Schönsten, nämlich die Göttermutter Hera, die Göttin der Schönheit und der Liebe Aphrodite und die Göttin der Klugheit und Weisheit Pallas Athene darum, wer wohl die Schönste sei. Der Streit konnte nicht entschieden werden, und so befahl Zeus, daß ein Jüngling, der rein, stark, schön und unberührt sein mußte, entscheiden sollte, wer die Schönste sei. Die Wahl fiel auf den Hirtenknaben Paris im Ida-Gebirge, und so kam es, daß die drei Göttinnen plötzlich vor Paris standen.

Durch die Worte des Hermes mutig gemacht, wagte nun der schüchterne Knabe, seinen Blick zu erheben und die göttlichen Gestalten zu mustern, die in überirdischer Schönheit, seines Spruches harrend, vor ihm standen. Schon der erste Anblick zeigte ihm, daß die eine wie auch die andere und schließlich auch die dritte es wert sei, einen solchen Preis der Schönheit davonzutragen. Doch während er näher hinschaute gefiel ihm einmal die eine und dann die andere wieder mehr. Diese schien ihm jünger, jene holder, die dritte zärtlicher und liebenswürdiger als die anderen, und ihm war, als ob ein Netz von Liebesstrahlen von den Göttinnen ausginge oder von den Augen der Göttinnen und sich um Blick und Stirn herumlegte.

Die stolzeste der drei Göttinnen, an Wuchs und Hoheit über die anderen hinausragend, trat dem Jüngling als erste entgegen und sagte:

„Ich bin Hera, die Schwester und Gemahlin des Zeus. Wenn du diesen goldenen Apfel mir zuerkennst, den Eris, die Göttin der Zwietracht beim Hochzeitsmahl der Nereide Thetis und des Helden Peleus unter die Gäste warf − er trägt die Aufschrift „der Schönsten" − so soll dir, obgleich du nur ein Hirtenknabe bist, die Herrschaft über das schönste Reich der Erde zuteil werden."

Die andere trat hervor, mit reiner Stirn, tiefblauen Augen, mit jungfräulichem Ernst in einem wunderschönen Antlitz. Sie sprach:

„Ich bin Pallas Athene, die Göttin der Weisheit. Wenn du mir den Sieg zuerkennst, sollst du den höchsten Ruhm der Weisheit und Männertugend unter den Menschen erben! Und in Tausenden von Jahren werden die Menschen noch von dir sprechen!"

Jetzt schaute die dritte, die bisher immer nur mit ihren Augen Netze ausgeworfen hatte, den Hirten mit einem überirdisch süßen Lächeln noch durchdringender an und sagte:

„Paris, du wirst dich doch nicht durch das Versprechen von Geschenken betören lassen, die beide gefahrvoll sind und nur einen ungewissen Erfolg verheißen.

Ich will dir etwas geben, das dir gar keine Unlust bereiten soll. Ich will dir geben, was du nur zu lieben brauchst, um des Geschenkes froh zu werden, nämlich das schönste Weib der Erde soll dir als Gemahlin in Deinen Armen als Lohn sein. Und immer wirst du ein echter Mann sein, ich bin nämlich Aphrodite, die Göttin der Liebe!"

Als Aphrodite dem Hirten dieses Versprechen gab und vor ihm stand, nur mit ihrem Gürtel geschmückt, der ihr den höchsten Zauber an Anmut verlieh, erblaßte vor seinen Augen der Schimmer der Hoffnung, der Reiz der Schönheit der anderen Göttinnen und mit schon trunkenem Sinn erkannte er der Liebesgöttin das goldene Kleinod zu, das er aus Heras Hand empfangen hatte.

Ob nun der prickelnde Reiz der hier genannten Bestechungsprämie oder die nackten Tatsachen den Ausschlag gaben, das ist gleichgültig.

Hera und Athene wandten ihm zürnend den Rücken, schwuren Majestätsbeleidigung, schwuren seinem Vater Priamos am Volk und Reich der Trojaner sich zu rächen und alle miteinander zu verderben.
Aphrodite aber schied mit holdem Gruß von dem entzückten Hirten, nach dem sie ihr Versprechen feierlich mit Götterschwur bekräftigt hatte.

Die Rückkehr Aphrodites zu den Göttern soll hier vielleicht in wenigen Zeilen wiedergegeben werden. Es handelt sich um eine Übersetzung von Mörike, einer im 15. Jahrhundert entdeckten Handschrift, durch die der Maler Botticelli seine Details für seine Gemälde bekommen hatte.

„Aphrodite, die Schöne, die Tüchtige will ich
besingen, sie mit dem goldenen Kranz, die der
meerumflossenen Kypros,
zinnenbeherrscht, wohin sie des Kephyros schwellender
Windhauch

sanft hintrug auf der Woge des vielaufrauschenden Meeres,
im weichflockigen Schaum; und die Horen mit
Golddiademen
nahmen mit Freuden sie auf und taten ihr göttliche Kleider
an und setzten ihr ferner den schön aus
Golde gemachten
Kranz aufs heilige Haupt und hängten ihr dann an
die Ohren
Blumengeschmeid, aus Erz und gepriesenem Golde
verfestigt.
Aber den zierlichen Hals und den schneeweiß strahlenden
Busen
schmückte mit goldenem Kettengeschmeide sie, welche
die Horen selber geschmückt, die mit Gold umkränzeten,
wann zu der Götter
Anmut seligem Reihn und dem Vaterpalaste sie gingen.
Doch nachdem sie den Schmuck an dem Leib ihr fertig
geordnet,
führten sie drauf zu den Göttern sie hin, die sie
freudig empfingen. Reichten zum Gruß ihr die Hand
und ein jeglicher fühlte Verlangen sie zur Gemahlin
zu haben und heim als Braut sie zu führen,
höchlich bewundert die schöne Gestalt der bekränzten
Kythere."

Selten ist ihre Schönheit so zauberhaft besungen worden wie
in dieser kleinen Handschrift. Alle drei Göttinnen werden
wir an derer Stelle nochmal genauer betrachten.

Jetzt aber zurück zu Paris. Er lebte voll Hoffnung noch ge-
raume Zeit als Hirte auf den Höhen des Ida, aber da die
Wünsche der Göttin so lange nicht in Erfüllung gingen, vermählte er sich hier mit einer schönen Jungfrau namens Oinone, die für die Tochter eines Flußgottes und einer Nymphe gehalten wurde und mit welcher er auf dem Berg Ida bei
seinen Herden glückliche Tage in Verborgenheit verlebte.

Es kam ein Tag, da König Priamos Leichenspiele für einen verstorbenen Anverwandten hielt. Die Spiele lockten ihn in die Stadt hinab nach Troja, die er früher nie betreten hatte. Als Kampfpreis war ein Stier ausgesetzt, der bei den Hirten des Ida geholt werden mußte. Nun traf es sich, daß gerade der Lieblingsstier des Paris auserkoren war; da Paris ihn seinem König nicht vorenthalten durfte, beschloß er, wenigstens den Kampf um denselben mit zu versuchen. Und hier siegte er in dem Kampfspiel über alle seine Brüder, selbst über Hektor, der der Tapferste und Herrlichste von ihnen war.

Ein anderer mutiger Sohn des Priamos, Deiphobos, wurde auch besiegt. Vor Zorn und Scham über seine Niederlage aber war er überwältigt und wollte den Hirten niederstoßen. Paris aber flüchtete sich zum Altare des Zeus, und die Tochter des Priamos, Kassandra, welche die Wahrsagergabe von den Göttern zum Geschenk erhalten hatte, erkannte in ihm ihren ausgesetzten Bruder. Jetzt wurde er umarmt von den Eltern, man vergaß über die Freude des Wiedersehens die verhängnisvolle Weissagung bei seiner Geburt, man nahm ihn wieder als Sohn auf.

Der Vollständigkeit halber sei noch angefügt, daß schließlich Helena von Paris zum Treuebruch verleitet wird und zur Flucht. Daraus entstand schließlich der trojanische Krieg.

Hier ist aber darüber nicht zu reden, wir wollen alles das, was wir gehört haben, einmal betrachten und dann unseren Blick auf das Arzneimittelbild werfen, wie wir es aus der Homöopathie kennen, wo die Pflanze, welche wir als Arzneimittel brauchen, auch in einem Arzneimittelversuch bei gesunden Menschen zu erkennen ist. Da nämlich, wo sich die Symptome alle zeigen, die bei dem Genuß der Früchte, bzw. der Blätter der Einbeere auftreten. Und wir müssen darüber nachdenken.

Hier ist nicht nur der Treuebruch, den Helena dem Gemahl gegenüber verübte, zu erwähnen, man muß auch daran denken, daß Paris im Ida-Gebirge eine Nymphe liebte mit Namen Oinone, mit der er zusammen einen Sohn hatte, Korüthos. Darum existiert eine zweite Legende. Er ließ Oinone im Stich, eine Halbgöttin, die in der Lage war alle Wunden zu heilen. Und als er dann später vor Troja verwundet war und an dieser Wunde fast zu sterben schien, eilte er zu Oinone zurück, um sich von ihr Hilfe zu holen. Sie aber, eingedenk der Untreue des geliebten Mannes verweigerte die Hilfe. Er stürzte zurück nach Troja, Oinone besann sich eines besseren und wollte ihm nach, um doch noch zu helfen. Als sie bei ihm ankam, war er bereits tot.

Nun aber lassen wir diese Gestalten einmal an unseren Augen vorbeimarschieren, versuchen wir uns alle miteinander in das Herz, in die Seele, ein wenig in den Körper des Paris hineinzuversetzen, um vielleicht zu empfinden, was Paris spürte, als er von diesen drei so herrlich aufreizenden, erregenden Göttinnen stand, um zu entscheiden, welche von ihnen die Schönste sei.

Ich habe einige junge Leute, auch Kollegen im Alter zwischen 18 und 25 Jahren befragt, wie ihnen zumute wäre, wenn sie gleich Paris die Entscheidung zu treffen hätten. Die Aussage dieser jungen Burschen habe ich zusammengefaßt, sie lautet etwa folgendermaßen:

„Wahrscheinlich bekäme ich einen heißen Kopf, vielleicht auch kalte Füße, sicher wäre mir der Hals trocken, es hätte mir die Sprache verschlagen, ich könnte nur noch heiser reden, es würde mir in den Fingerspitzen kribbeln, ein Pulsieren im Kopf, im Hals, es würde mir ein Gefühl geben, als würde der Kopf immer größer. Ich würde vielleicht auch erröten, vielleicht auch Schweißausbrüche haben, vielleicht kämen mir vor Wonne die Tränen in die Augen. Aber sicher hätte ich das Gefühl, als ob die Augen herausgezogen werden aus ihren Höhlen, um alles das festzuhalten, was ich da sehe."

Einer gab auch an, es könnte möglicherweise ein Krampf im Darm auftreten mit erheblichem Stuhldrang. Mit Sicherheit sagten alle, daß sie unter diesen Umständen wohl eine erhebliche Neigung zur Erektion haben würden.

Überlegen wir uns einmal alle diese genannten Symptome, die nur aus der Vorstellung heraus entstanden sind. Denken wir selbst einmal darüber nach, wenn wir in die Lage versetzt würden, ein Urteil wie Paris zu fällen, ob wir nicht ähnliche Symptome hätten. Und dann, wenn wir uns das überlegt haben, dann nehmen wir uns das Arzneimittelbild vor wie wir es aus der Homöopathie kennen und da nur die Leitsymptome:

— Gefühl als ob die Augen an einer Schnur in oder auch aus dem Kopf gezogen würden. Neuralgie des Ganglion pterygopalatiunum mit retrobulbärem Schmerz und krampfartigem Erröten und Tränen in den Augen;

— Gefühl, als ob der Kopf zu groß oder aufgeblasen sei;

— Gefühl des Pulsierens am Hals und in den Kopf hinein;

— der Kopf ist heiß, die Füße kalt;

— die Fingerspitzen sind kalt und zeigen Einschlafgefühl;

— es besteht Heiserkeit mit Trockenheitsgefühl im Hals aber ohne Schmerzen;

— im toxikologischen Bild zeigt „Paris" starke Tenesmen am Darm mit Stuhldrang, im Kopf Vergrößerungsgefühl, bei den Geschlechtsorganen auffallende Neigung zu Erektion und wesentliche Steigerung der Sexualität.

Nehmen wir einmal die Übereinstimmung dieser Symptomatik des Arzneimittelbildes und des Erlebnisbildes zusammen, erscheint es ganz transparent, daß eine solche Pflanze, die solche Symptome hervorruft, den Namen „Paris" trägt. Ist es nicht erstaunlich, daß eine Pflanze nicht nur botanisch, chemisch, physikalisch oder vielleicht auch volkstümlich zu betrachten ist, aber daß wir auch den Namen heranziehen können, um die Pflanze zu erkennen und ins Bewußtsein hereinzuholen.

Mich mutet es fast wunderbar an, daß hier der Name eines Helden, eines Königssohnes oder eines Hirten, wie Sie wollen, genau das aussagt, was wir nach der Hahnemann'schen Vorschrift als Arzneimittelbild wiederfinden. Es regt an darüber nachzudenken. In den folgenden Kapiteln finden wir weitere Pflanzen mit solchen Namen und Ähnlichkeiten mit dem Arzneimittelbild.

Wir wollen wenigstens ganz kurz, da die Göttinnen Aphrodite, Hera und auch Athene, hier und da noch einmal wiederkommen, uns auch noch kurz mit diesen Göttinnen beschäftigen. Ist es doch so, daß die Menschen des alten Griechenland, wie hier Paris und die Götter, doch eine Verbindung miteinander hatten. Ich zitiere kurz einige Zeilen:

„Eins ist der Mensch
eins der Götter Geschlecht;
Von einer einzigen Mutter entsprossen
atmen wir beide.
Aber uns trennt die gänzlich verschiedene
Macht, da das eine nicht ist,
für das andere aber der eherne Himmel ein ewig dauernder Sitzplatz."

Mit diesen Worten beginnt Pindars 6. nemeische Ode. In diesen Oden ist ausgedrückt, was Götter und Menschen verbindet und was sie trennt. Unter den olympischen Göttern weist Apollo am stärksten auf die Kluft zwischen Sterblichen und Unsterblichen hin. Dagegen betont Demeter besonders die Verbindung zwischen den beiden, von einer einzigen Mutter stammenden Geschlechter. Die Götter bleiben dem Menschen auch im Tode nahe. Viele der Olympier verlassen die Sterbenden, verlassen auch die Toten, außer Demeter und Hermes.

Eine Göttin, die auch mit zu den schönsten zählt, war Hera, die Göttermutter. Im Gegensatz zu dem Namen „Zeus" ist die Etymologie des Namens „Hera" sehr dunkel. Viele Gelehrte haben die Meinung vertreten, es sei die weibliche Form von „Heros" und bedeute so viel wie Herren, doch haben sich die Sprachwissenschaftler nicht einigen können. Einige behaupten, es wäre eine Ableitung von „Hora". Die Horen waren die Göttinnen, die im Wechsel der Jahreszeiten die Vegetation hervorbrachten. Möglich auch, daß eine Verbindung zu dem Namen „Rhea" denkbar wäre. Rhea und Hera, im griechischen Mythos Mutter und Tochter, hatten in der Frühzeit viele gemeinsame Funktionen. Sie beide besaßen nahe Beziehungen zum Kult des Dionysos. Aber das soll uns hier wenig interessieren. Wir wollen nur aus der griechischen Literatur etwas herausholen, was uns Hera etwas näher bringt. Immer wieder finden wir sie im Zusammensein mit einer Kuh oder mit Kälbern, ihre liebsten Opfergaben. Sie war eine der Gemahlinnen des Zeus, wohl die letzte, war ihrem Gemahl an List und Ränken ebenbürtig. Dafür berühmt ist die Geschichte aus dem 14. Gesang der Ilias, in der es Hera gelingt, die Aufmerksamkeit des Zeus von den Kämpfen um Troja abzulenken. Sie betört den auf dem Idaberg Thronenden mit dem Zaubergürtel der Aphrodite; Liebe und schließlich Schlauheit bezwingen den obersten Gott, doch das Paar verliert dabei nichts von seiner Würde. Homer schildert den Anschlag der Hera wie eine heilige Hochzeit:

„Sprach's des Kronos Sohn, und umarmte seine Gemahlin. Unter ihnen ließ die Erde, die göttliche, ganz junges Gras und tauigen Lotos und Krokos so wie Hyakynthos wachsen, dicht und weich, der aus der Erde empor sproß. Darin lagerten sie und zogen die goldene schöne Wolke über; und Tau fiel nieder in blinkenden Tropfen."

Lesen Sie selbst weiter im 14. Gesang der Ilias, um dieses Ereignis und das Bild der Hera vor Augen zu sehen.

Aber lassen Sie uns nun Pallas Athene betrachten, die zweite Göttin, wie die Schönste wohl hieß. Pallas Athene, dieser Doppelname, wie wir ihn auch bei Phöbus Apollo finden, hat ja wohl auch eine Doppeleigenschaft zugute. Athene auf der einen Seite die Reine, die Jungfräuliche, auf der anderen Seite die Mütterliche, wird Pallas Athene genannt. So können wir bei Pallas Athene aber noch etwas doppeltes auffinden, auf der einen Seite das Kriegerische, das mit dem Speer schützende, den Helm auf dem Haupt, auf der anderen Seite der Schutz der Familie und der Schutz des Friedens. Athene war es, die zusammen mit Zeus auch die Ölbäume schützte. Hier finden wir bei Sophokles in einem Chorlied aus dem „Ödipus auf Kolonos" folgendes:

„Hier auch blüht ein Gewächs, wie im Gefild sonst keines
noch auf dorischer Flur, dort, in dem weit
prangenden Eilande des Pelops.
Er wuchs; von selbst ohne Pflege keimt es,
der Feindes Speere Schrecken, das
gewaltig aufblüht in dieser Landschaft;
mein Sproß nährender, blauschimmernder Ölbaum,
den kein bejahrter, kein junger Heerfürst
je mit feindlicher Hand tilgend verheert;
denn mit dem ewigen wachen Blick
sehen Zeus Morios Augen ihn,
und helläugig Athene."

Vieles noch wäre von Athene zu berichten, daß sie das Flötenspiel uns gebracht hat, daß sie, gleich Apoll, alle niederen Instinkte verabscheute, daß sie den strengen Stil liebte, wie alle Abbildungen in Griechenland, wo auch immer in den Museen uns zeigen. Lassen Sie mich zur besseren Erkenntnis noch einen Teil des 28. homerischen Hymnus zitieren, in dem Himmel, Erde und Meer durch die Geburt der gewappneten Athene mächtig bewegt werden:

„Pallas Athene besinge ich nun, die ruhmvolle Göttin,
eulenäugig und findig, mit unnachgiebigem Herzen,
züchtige Jungfrau, Städteerhalterin, stark in der Abwehr,
tritogenaia, die selber gebar der Meister im Rat, Zeus,
aus dem heiligen Haupt; sie trug die Waffen des Krieges,
golden und ganz voll Glanz; ein Staunen erfaßte sie alle,
die es sahen, die Unsterblichen. Stürmisch sprang sie herunter
aus dem unsterblichen Haupte des Zeus, des Schüttlers der Ägis,
schwingend den scharfen Speer; da bebte der große Olympos
mächtig unter der Wucht der Eulenäugigen. Ringsum brüllte
entsetzlich die Erde, das Meer geriet in Bewegung,
schwellend von Purpurwogen. Doch plötzlich stockte die Salzflut,
und der strahlende Sohn Hyperions ließ eine Weile
halten die schnellen Rossegespanne, bis daß von den Schultern
den Unsterblichen nahm die göttlichen Waffen das Mädchen,
Pallas Athene. Es freute sich drob der Meister im Rat, Zeus
und so sei mir gegrüßt Zeus' Kind, des Schüttlers der Ägis.
Aber ich werde so Deiner wie anderen Sanges gedenken."

Aconitum napellus

Aconitum napellus – Eisenhut oder auch Sturmhut.

In der alten antiken Volksetymologie steht der Name eigentlich für das Wort „ohne bestauben", d. h. hier im Sinne von unbesiegbar, d. h. wiederum mit anderen Worten, daß es die Pflanze war, die, was ihre Giftigkeit anbelangt, von keiner Pflanze besiegt werden konnte. Selbst nicht von Conium, dem Schierling, denn des „A", das verneinende Element sagt, daß er noch darüber steht.

Der Name dieser Pflanze kommt von dem Namen des Hügels Aconitos in Pontos, wo Herakles den Höllenhund Zerberus aus der Unterwelt holte. Das Tier wehrte sich, verspritzte seinen Geifer und überall, wo der Geifer den Boden berührte, entstand eine solche Pflanze.

Wenn wir also Aconitum vom Höllenhund her ableiten, so ist das eine Pflanze, die tatsächlich mit ihrem Gift den Menschen zu Tode bringen kann. Ein Gift, das plötzlich überfällt, so wie auch irgendeine Krankheit plötzlich beginnt, die man mit einem solchen Mittel heilen kann. Eine Krankheit, die ganz heftige, plötzliche Symptome hat – mit einer ungeheueren Angst und Unruhe verbunden –, die auch erklärt wird aus der Tatsache, daß ja wohl der Name der Pflanze aus dem Geifer des Höllenhundes kommt.

Ja wer von uns hätte nicht Todesangst und eine wahnsinnige Unruhe in sich, wenn er wüßte, daß es der Höllenhund ist, der hier selbst seine Krallen oder Pfoten im Spiel hat.

So ist auf einmal auch diese Riesenangst erklärlich, die gleiche Angst, die jede arme Seele hatte, als sie in den Hades hinabstieg. Und so mußte der berühmte „Thanatopompos" Hermes die armen Seelen über den Styx geleiten am Höllenhund vorbei, damit sie nicht vor Angst ein zweites Mal sterben mußten.

Eine ungeheuer interessante Pflanze, wichtig in der Homöopathie, eben bei allen Zuständen, die mit Angst einhergehen, mit der Angst, die der Höllenhund bereitet.

Aconitum napellus ist tatsächlich das Giftigste von allen Hahnenfußgewächsen. Ein gewisser Carducci hat es folgendermaßen charakterisiert:

„Eisenhut, die blaue Blume, heimtückisch, als brächte sie das Gift einzig mit der Absicht hervor, alle Menschen zu töten."

In Frankreich heißt die Pflanze u. a. auch „Char de venus".
Man sagt, daß im Altertum alle zum Tode verurteilten Übeltäter mit Aconitum hingerichtet worden wären.
Matthiolus, der Leibarzt von Erzherzog Ferdinand in Prag, berichtete als Augenzeuge, man habe im Jahre 1561 einem zum Tod Verurteilten Aconitum und hernach ein „berühmbt Pulver wider allerlei Gifft" verabreicht. Das Antidot versagte, der arme Sünder starb sanft, als entschliefe er.

Amarylis belladonna

Es ist der Name einer schönen Hirtin und heißt so viel wie „funkeln lassen". Auf die Blume wurde er übertragen, um ihre Pracht auszudrücken.
Bei den Amarylis-Pflanzen handelt es sich um eine Pflanzenfamilie, in der sehr viele mythologische Namen zu finden sind. Dazu gehört die stark giftige *Amarylis belladonna*, sie wird auch die Belladonna-Lilie genannt, ein Zwiebelgewächs, das sehr giftig ist. 2 – 3 g der Zwiebel reichen aus, um einen Menschen umzubringen.

Dazu gehört auch die *Clivia miniata*. Sie ist auch ein Narzissen-oder Zwiebelgewächs. Alle Pflanzenteile sind sehr giftig.

Ein weiteres Narzissengewächs ist *Galanthus nivalis*, Schneeglöckchen. Der Name kommt von dem Namen der Tochter des Proitos. Sie war eine Freundin von Alkmene, der sie in Kindesnöten beistand, in dem sie Eileithya und die Moiren, die im Auftrag Heras mit zauberisch verschränkten Händen im Vorhof saßen, um die Geburt des Herakles zu verzögern, durch die falsche Nachricht von der erfolgten Geburt so erschreckten, daß sie die Hände frei machten, wodurch der Zauber verschwand. Die zürnende Hera verwandelte dann Galanthia in ein Wiesel, das Hekate zu ihrer Tempeldienerin machte, und Herakles stiftete ihr ein Bild und opferte ihr gern, eben weil sie es fertig brachte, daß seine Geburt ohne Schwierigkeit vorüberging.

Der griechische Name für Zauberinnen ist übrigens „Pharmakides". Erinnert das nicht deutlich an Pharmazeuten?

Achillea millefolium

Schafgarbe — Augenbrauen der Venus

Im Mittelalter nannte man die Schafgarbe die „Augenbrauen der Venus". (*Supercillium veneris*)

Millefolium aus dem botanischen Bestimmungsnamen bedeutet „tausendblättrig" und deutet, ebenso wie die anmutige Bezeichnung des Mittelalters, auf jene filigranartigen Fiederblättchen hin, welche der Pflanze, schon ehe sie ein Blütenkleid entwickelt, ihr charakteristisches Aussehen verleihen.

Der Arzt und Botaniker Dioskorides übermittelte uns die Sage, nach welcher der Held der Ilias, Achilles, durch den heilkundigen Zentauren Cheiron im Gebrauch der Schafgarbe als Wundheilmittel unterwiesen wurde. Dieser wiederum übermittelte seine Kenntnis dem Potrokles und heilte mit Schafgarbe die Wunden des Königs der Mysier Telefos. Daher die botanische Bezeichnung „Achillea".

Das ganze Mittelalter hindurch wurde die Schafgarbe gegen äußere und innere Blutungen und als Wundheilmittel benutzt. Man nannte sie auch „Stratiotes", d. h. so viel wie „Soldatenkraut".

150

Sie hat mit der Kamille gemeinsam, daß sie einen hohen Azulengehalt hat und auch in ihren ätherischen Ölen in vielfältig komplizierter Zusammensetzung dieser gleicht.

Außerdem enthält sie einen Bitterstoff, Achillin, den man noch in drei Liter Wasser bei einem Tropfen spüren und schmecken kann.

Zudem weist die Pflanze einen hohen Gehalt an Chlorophyll, sehr viele Flavone und antibiotisch wirksame Substanzen auf.

So ist es wohl erklärlich, daß Schafgarbe schon früher vielseitig empfohlen wurde. Dies erstreckt sich auf den Gesamtstoffwechsel im Sinne einer Anregung und Steigerung auf den Verdauungskanal, den Kreislauf und nicht zuletzt auf die großen und kleinen Beckenorgane, die Gebärmutter.

Interessant ist, daß pharmakologische Untersuchungen ergeben haben, daß bei subcutanen Adrenalin-Injektionen kleine Dosen von Schafgarbe die ganzen sympatico-mimetischen Reaktionen von Kreislauf und Hormonsystem noch erhöht haben. Und hier kommen wir wieder darauf zurück, daß der alte Name, nämlich *„Supercillium veneris"*, eben die Augenbrauen der Venus, tatsächlich diese mit Recht trägt, denn bei welchem Mann würde nicht das sympatico-mimetische System in Aufruhr geraten, wenn die Göttin der Liebe – Venus – ihre Augen geöffnet hätte und ihn angeschaut hätte. So gesehen finden wir tatsächlich die Wirksamkeit der Pflanzen bereits in ihrem Namen durchaus treffend bezeichnet.

Aethusa cynapium

Hundspetersilie oder Gartenschierling

Nach der griechischen Mythologie war „Aethusa" oder nach dem altgriechischen „Aithousa" eine Geliebte Apolls. Der Name bedeutet eigentlich die „Brennende", die „Leuchtende".

Wenn man ihn wörtlich übersetzen würde, hieße „Aithousa" die „Gleißende".

Nun, wenn wir uns überlegen, daß sie eine bildhübsche Frau gewesen sein muß, denn Apoll pflegte sich nur solche ans Herz zu legen, dann kann man verstehen, daß im Arzneimittelbild die Unfähigkeit zu denken und sich zu konzentrieren auftritt. Bei einer Vergiftung scheint der Verstand verloren; eine Schranke besteht zwischen den Sinnen und den äußeren Dingen. Mit anderen Worten: Der Verstand scheidet aus, wenn man einem solchen Weib gegenübertritt. Dazu kommt Reizbarkeit, es steigt einem die Hitze zu Kopf und man ist im Kopf verwirrt. Die Pupillen sind erweitert, es kommt später zu einer Schläfrigkeit vor Schwäche. Wenn man so verliebt ist, dann ist das auch wieder verständlich. Schließlich, nachdem große Hitze im Körper war, vielleicht auch Schweißausbrüche, dann kommt es zu einem starken Kältegefühl und einem roten Gesicht.

Wer kann sich dieses Arzneimittelbild von Aethusa cynapium nicht vorstellen, wenn er einer solchen Geliebten in die Arme fiele?

Sie ist als Gewürz der Petersilie zwar ähnlich, aber giftig.

Agnus castus — Keuschlamm

Der Name ist hebräischen oder phönizischen Ursprungs und wurde angelehnt an das griechische „hagios", was „heilig" heißt und möglicherweise auch nach Galen das griechische „aganos", das heißt wiederum „unfruchtbar", auch „von Liebe säuft". Daneben wurde Agnos — hagios — heilig zu agnos — Lamm abgeleitet von Albertus Magnus, der in diesem Tier wohl Unschuld und Keuschheit bestens dargestellt sah.

Nehmen wir aber das „agonos", so finden wir doch klarere Bezeichnung eines Mittels, das bei der Impotentia coeundi tatsächlich hilft, also von „aganos" eher abstammen dürfte.

In der Tat finden wir auch im homöopathischen Arzneimittelbild eine deutlich verminderte Libido mit Schlaffheit und Kälte der Geschlechtsteile, mit Abgang von Prostata-Sekret, mit Ziehen und Drücken im Hoden und Samenstrang. Bei Frauen sind Prüfungssymptome nicht bekannt.

Also können wir auch in diesem Fall, bei Agnus castus, mit Hilfe der Etymologie den Namen der Pflanze erklären, hier bedeutet er „Unfruchtbarkeit" oder besser gesagt: „Impotenz".

Atropa belladonna – Tollkirsche
Über die Tollkirsche wird im Teil II noch Genaueres beschrieben. Wichtig ist nur eines: Diese Pflanze ist sehr giftig entsprechend ihren Inhaltsstoffen Atropin, Hyoscyamin und Scopolamin. Sie trägt im ersten Teil den Namen einer Parze, und zwar jener Parze oder Moire, die den Lebensfaden abschneidet.

Also können wir sagen, hier finden wir etwas „Unabwendbares", das ist die Übersetzung des griechischen Wortes „atropos". Sie schneidet den Lebensfaden ab, und der Name ist der Pflanze gegeben worden nach der tödlichen Wirkung des Giftes, insbesondere bei Kindern, aber auch bei Erwachsenen nach Verzehr einer größeren Menge dieser sehr gut schmeckenden Beeren.

Nach einer etwas wilden, zuckenden, mit Halluzinationen einhergehenden Phase, wie sie die Moiren in ihrem Tanz auch bevorzugen, kommt es dann abrupt zum Tod.

Calendula – (Ringelblume)
Wahrscheinlich kommt der Name vom Namen „calendae", dem Monatsersten im Sinne von „kleiner Kalender"; die Pflanze ist aber sicher ein „kleines Wetterglas": Die Blüte öffnet sich am Morgen, folgt den Tag über dem Lauf der Sonne und schließt sich zur Nacht.

Den Bauern dient sie als Barometer: Bleibt sie morgens geschlossen, so ist mit Bestimmtheit Regen zu erwarten.

In der Homöopathie finden wir diese Pflanze dann benutzt, wenn besonders tagsüber vom Beginn des Sonnenaufgangs bis zum Sonnenuntergang die Schmerzen sehr stark sind und der Patient sehr unruhig ist. Also entsprechend dem Tagesverlauf dieser zu allen Monaten, außer Winter, wachsenden Pflanze.

Cannabis indica – Indischer Hanf

Das griechische Wort „Kannabis" bedeutet Hanf. Die Pflanze selbst stammt von der Gegend um das Kaspische Meer herum, von wo sie sich bis um das Jahr 500 v. Chr. bis nach China ausbreitete. Nach Herodot fand sich diese Pflanze bei den Skyten wieder, die sich damit berauschten, also schon Haschisch herstellten.

In Thrazien diente sie eher zum Weben, in Italien besonders zum Flicken von Netzen und Seilherstellung und medizinischer Verwendung. Es kann aber auch sein, daß wir hier einen Zusammenhang finden mit einer alten, indogermanischen Sprache, mit dem Ossetischen. Da bedeutete es „Wein" oder „ähnlich dem Wein", es heißt ja: nur der Weinrausch ist dem Hanfrausch wohl vergleichbar.

So zeigt also das Wort schon deutlich, daß hier eine berauschende Wirkung vorliegt wie wir sie ja in dem halluzinatorischen Zustandsbild bei einem Cannabis-Rausch kennen.

Auch hier führt uns der Name deutlich auf den Gehalt der Pflanze hin.

Nicht verwechseln darf man sie aber mit dem Wasserhanf – Cannabis sativa.

Cypripedium pubescens – Frauenschuh

Gebildet aus dem Griechischen „Kypris", das ist Zypern, die Insel, auf der auch Aphrodite beheimatet war und deren

Namen sie unter anderen als Beinamen getragen hat, also in diesem Fall „die Zypriotische". „Podis" heißt der „Schuh" bzw. „Podion", „das Füßchen". Der zweite Teil „pubescens" heißt so viel wie „Flaum bekommen", „mannhaft werden". Das bedeutet also in etwa auch „liebesbereit zu sein".

Wenn also bei Cypripedium pubescens Aphrodite eine Rolle spielt, so sollten wir auch wissen, daß hier ein Mittel vorliegt, das etwas mit „Liebe" zu tun haben muß, und tatsächlich entspricht es der pubertären Liebessituation, des Verliebtseins.

Und was finden wir im Arzneimittelbild? Anregung und Erheiterung des Nervensystems, Gesprächigkeit, Arbeitsfreudigkeit, manchmal auch vorübergehend Schwere und Bedrücktheit des Gemütes. Es kommt zur Unfähigkeit zu studieren, zu denken oder Vorlesungen anzuhören. Dazu Reizbarkeit und Ärgerlichkeit über Kleinigkeiten. Schließlich auch noch Schlaflosigkeit mit ständigem Drang zu sprechen oder mit Andrang äußerst angenehmer und verliebter Gedanken. Schlaflosigkeit aber auch mit Ruhelosigkeit des Körpers und Zuckungen der Glieder.

Alles Symptome, wie wir sie ja bei dem pubertären Verliebtsein erleben, wenn im Gehirn alles durcheinanderwirbelt. Auf der einen Seite wird die Lust zum Arbeiten und zum Studieren immer größer, auf der anderen Seite aber werden die Gedanken häufig abgelenkt zu jener ach so schönen Seite des Verliebtseins. Was aber auch wiederum verbunden ist mit den traurigen Seiten, den Gemütsverstimmungen, wenn einmal, sei es auch nur aus Zufall, irgendeine Begegnung nicht stattfinden konnte.

Elaterium – die Springgurke
Sie gehört zur Familie der Kürbisgewächse.
Der Name „Elaterion" bedeutet seit Hippokrates immer die

Bezeichnung für alle Abführmittel, die aus der noch unreifen Frucht der sogenannten „Eselsgurke" oder auch „Spritzgurke" hergestellt wurden.

Der Saft wurde mit anderen Flüssigkeiten gemischt und bildet dann, entweder als Saft oder getrocknet und pulverisiert die Grundlage für Pillen.

Das Mittel galt damals auch, nach Hippokrates und Theophrastus als Abortivum.

Elaterios heißt so viel wie „vertreiben", „abführen", „abtreiben", aber auch „treiben", so daß man in mehrfachem Sinne dies annehmen kann.

Ganz früher ist es ein Mittel gewesen, mit dem die Leibesfrucht abgetrieben wurde. Dann, zu Hippokrates-Zeiten ein Mittel, mit dem der Darm gereinigt wurde und da alles ausgetrieben wurde, was darin war.

Heute verwenden wir es aufgrund der pharmakologisch bekannten Eigenschaften als ein Mittel, das den Gallenfluß anregt und hier wieder insbesondere mit dem sogenannten Gamma-GT meßbar zu machen bei allen Lebererkrankungen, die aufgrund dieses Wertes als toxisch anzusehen sind.

Castoreum − Bibergeil

Der Göttervater Zeus konnte vom Olymp her, da er alles ohne optische Geräte sehen konnte, häufig sich am Anblick schöner Frauen ergötzen. Und hin und wieder reizte ihn eine so sehr, daß er sie unbedingt besitzen wollte. Da aber der Anblick seiner göttlichen Majestät sterblichen Frauen mit Sicherheit Verderben, also den Tod gebracht hätte, mußte er sich verwandeln. Denken Sie nur an den goldenen Regen mit dem er zu Danae kam oder als Adler zu Aigina, als Stier zu Europa. So kam er, als er eines Tages unbedingt Leda haben wollte, als Schwan zu ihr.

Wenn Sie sich einmal überlegen, daß Zeus ja wohl auf der einen Seite das animalischste und erotomanischste Geist-Le-

bewesen war, das je existierte, und wenn wir andererseits
überlegen, daß er — justament als er zu Leda schwamm —
sich in ein rein weißes Gewand versteckte, in das Schwanen-
gewand, weiß wie die Unschuld. Nicht ohne Sinnlichkeit!
Schauen Sie einmal mit welchem Stolz und mit welch arro-
ganter Sinnlichkeit ein Schwan auf einem See schwimmt
und nur ein wenig den Hals und den Kopf bewegt. Welch
traumhafte Gedanken- und Sinneswelt wird hier durch geringste Bewegungen dargestellt.
In dieser Doppelnatur hatte Zeus es nicht schwer, sich immer
näher an Leda heranzumachen, sie schließlich mit seinen
Flügeln zu streicheln, zu liebkosen, so daß das arme weibliche Geschöpf am Strande des Meeres sitzend sich nicht er-
wehren konnte und auch gar nicht wollte, denn was sollte
schon ein Schwan ihr tun. Nun, er tat das, was er eigentlich
wollte. Er verführte sie, und sie gebar Zwillinge, nämlich
Castor und Polydeukes. (Im Lateinischen heißt er Pollux.)

Aus dem reichen Sagenkranz, der sich früh um Leda rankte,
kommt eine nicht ganz klare Geschichte noch hinzu, die allerdings mit Sicherheit zeigt, daß noch ein Ei gelegt worden
ist. Es ist nicht ganz sicher, ob von Leda selbst oder von Ne-
mesis, die es schließlich Leda untergeschoben hatte.
Aus diesem Ei entsprang die schöne Helena. Von der haben
wir ja schon einiges bei Paris gehört. Nun aber, die beiden
Zwillinge, die Dioskuriden (die Söhne des Gottes Zeus) waren ein göttliches Zwillingspaar, das in ganz Griechenland
verehrt wurde. Sie wurden mit verschiedenen Einzelnamen
benannt, aber im allgemeinen immer als Castor und Polydeukes bezeichnet.

Unzertrennlich waren sie, ein ritterliches Paar in jeder Not,
im Kampf und Sturm helfend und gefürchtet, weil sie so
stark und allen Kämpfern überlegen waren.
Untrennbar waren sie miteinander verbunden und liebten
sich über alles. Und als es einmal zu einem Kampf kam,

auch mit ein paar Zwillingen und beide getötet wurden, da sollten die Leichen dieses erstklassigen „Boxers und Faustkämpfers" und des „Rossebändigers" plötzlich getrennt werden. Der Krach entstand, als die beiden göttlichen Zwillinge sich der Bräute von ein paar anderen Zwillingen bei einer Hochzeit bemächtigten und mit diesen fliehen wollten. Obwohl die Dioskuren mit ihrer völlig unangebrachten Leidenschaft schuld waren, nahm Zeus Polydeukes in den Olymp auf. Castor aber mußte aus schwindelnder Höhe in den Hades hinunter, in höllische Tiefen. Polydeukes erbat von seinem Vater, mit seinem geliebten Bruder zusammenbleiben zu dürfen, was aber nicht genehmigt werden konnte, denn auch eine Götterentscheidung war bindend. So mußte er also in den Olymp, konnte aber mit seinem Bruder Castor wechseln und dann 14 Tage in den Hades hinunter und wieder nach oben gehen.

Viel, viel später erst hat Zeus die beiden Zwillinge an den Sternenhimmel genagelt. Dort erscheinen sie heute als Gemini − Zwillinge − den Seeleuten als Richtzeichen. Im Kampf gegen die dräuenden Elemente erinnern uns die Sterne an die treue Liebe dieser zwei Brüder, die wie Männer immer auch viele kleine Fehler hatten im Bereich des Männlichen − allzu Männlichen.
Jetzt müssen sie es eine Ewigkeit lang wieder gut machen.

Aber nun kommt das Interessante. Wir kennen eine Arzneimittelprüfung in der Homöopathie und diese Arzneimittelprüfung wird von einem Mittel gemacht das „Castor" heißt, oder besser „Castoreum". Es ist das Bibergeil, das Sekret, welches sich in den sogenannten Castorbeuteln des sibirischen Bibers befindet. Und bei der Prüfung dieses Mittels ergab sich nun ein ganz interessantes Symptomenbild, das dieser Geschichte auch sehr ähnlich ist.
Wir haben eine ungeheuere Reizbarkeit und Überempfindlichkeit. Auf der einen Seite kennen wir eine sehr stark me-

158

lancholisch bis depressive Stimmung mit schreckhaften und angstvollen Träumen, die an das Höllendasein von Castor erinnern. Plötzlich aber nach Tagen wieder ein Wechsel zu freudiger Erregtheit, zu hypomanischer Erotik, zur Freude und Sehnsucht. Ein himmelhochjauchzender und zu Tode betrübter Zustand. Immer wieder herauf und herunter.

Zum zweiten finden wir bei der Prüfung bei Frauen einen sehr starken Reizzustand im Bereich der Geschlechtsorgane mit Erotomanie, mit Nymphomanie, die auch wiederum wechselhaft verläuft mit einem Hang zur Frömmigkeit, zu tiefer Sehnsucht ins Transzendente. Und so handelt es sich tatsächlich um ein Mittel, das diesem Castorbild so ähnlich ist. Es sind Menschen, die himmelhochjauchzend, zu Tode betrübt sind, tiefgläubig, fromm und hingegeben den himmlischen Segnungen, wobei die Stimmungen gleich wieder wechseln, kaum daß der Angebetete oder der Geliebte ihrer Sinne in ihre Umgebung kommt, und sich diese Frauen dann traumverloren der Sinnlichkeit hingeben können, wie wir sie schon am Anfang bei Zeus in seiner Verwandlung zum Schwan gefunden haben.
Welch eine Ähnlichkeit dieser Bilder und welch ein Beweis für die Meinung von Kratylos, daß hier tatsächlich der Name eines Mittels bereits alles aufzeigt.

Daphne mezereum – Seidelbast

Er wächst in ganz Europa, in großen Teilen Asiens. Interessant ist hier auch wieder der Zusammenhang zwischen dem Namen und dem Arzneimittelbild, d. h. jener Phänomene, auf deren Grundlage dieses Mittel in der Homöopathie als Therapeutikum eingesetzt wird.

Die Göttin der Schönheit und Liebe, über die wir ja schon genug geschrieben haben, konnte ja unmittelbar nur von dem höchsten der Himmlischen stammen, dem selbst in der Liebe meisterlich erfahrenen Zeus. Ihr Gatte war Hephaistos, was nur sehr wenigen und durch keinerlei Sachkenntnis getrübten Infantilisten unbekannt sein dürfte. Denn schließlich besteht doch zwischen der Schönheit und der bildenden Kunst, wie sie ja bei Hephaistos zutage trat, eine sehr enge Verbindung.

Aphrodite war, wie uns die Geschichte zeigt, keineswegs gefeit gegen amouröse Abwechslung. Neben ihrem Gatten war Ares lange Zeit ihr Begleiter. Von Adonis werden wir noch etwas hören und auch Apoll hat sich lange Zeit in Liebe und Schönheit bei ihr aufgehalten.

Wie Sie bereits gehört haben, war Aphrodite auch an dem Urteil des Paris mitbeteiligt, wofür er als Dank die Hilfe von Aphrodite bekam, die Liebe der schönen Helena zu erringen. Nun, die Folge war ein männermordender trojanischer Krieg, in dem Aphrodite ihren Beistand nur den Trojern gab, besonders einigen Günstlingen. Ich denke nur an Anchises, dem sie einen Sohn, Aineas, gebar. Diesen hat man dann später für den Ahnherrn der Römer gehalten, so daß man also sagen kann, daß dieses rauhe Kriegsvolk der Römer eigentlich seine Entstehung einer zarten und auch intimen und leidenschaftlichen Verbindung zwischen Liebe und Schönheit verdankt.

Sicher ist eines: Verliebte Leute hatten es bei Aphrodite gut, während alle, die über die Liebe verächtlich dachten und sprachen oder gar lachten, radikal bestraft wurden.

Denken Sie an den schönen Narzissus, von dem Sie noch etwas hören werden.

Aphrodite hatte eine ganz große Gesellschaft bildhübscher Mädchen bei sich, ihre Gespielinnen. Das waren teils Nymphen, teils Najaden, teilweise waren es Göttertöchter, die, bevor sie einen Mann fanden, hier mit Aphrodite lernten, wie man wohl liebte. Die schönste unter ihnen war Daphne. Um ihre Herkunft wollen wir uns jetzt nicht kümmern, nur darum, daß auch sie immer dabei war, und zwar zu einer

Zeit, als Apoll seine Liebe an Aphrodite verschwendete. In reichem Maße, wie man weiß; was ihn aber nicht davon abhielt, hin und wieder ein Auge auf die schöne Daphne zu werfen, die aber als sehr spröde galt. Sie war die Tochter des Flußgottes Peneios. Irgendeines wunderschönen Tages, man weiß nicht genau wo es geschah, hatte nun Aphrodite plötzlich das Bedürfnis verspürt, ein wenig auszuruhen und sanft fiel sie in einen tiefen Schlaf. Diese günstige Gelegenheit benutzte nun Apoll, um sich mit Daphne zu beschäftigen. Daphne, kühl, sehr schön, spröde, aber nicht ohne Interesse, pflegte auf ihre eigene Art mit Männern umzugehen. Da war diese würzige, die Sinne aufmunternde Luft, die vom Mittelmeer her wehte. Und da sie ja doch Anschauungsunterricht über Lust und Laster und auch die wechselhafte Unterscheidung zwischen anständig und unanständig erfahren hatte, pflegte sie diesem doch überall bekannten herrlichen Gott als tugendhaft entgegenzukommen, immer mit dem Gedanken, er würde dann vielleicht von ihr ablassen. Doch mitnichten, Apoll jagte ihr nach. Sie versuchte, ihm zu entfliehen mit jener großen Geschwindigkeit, die Götterkinder an sich haben. Es ging nun entlang der Pyrenäen, dann wieder zum Apennin bis zu den Alpen und wieder herunter in den Peloponnes. Von da wieder zurück zum Apennin und Apoll jagte ihr immer hinterher und kam ihr immer näher.

Das nun wieder sah Hermes, der Götterbote, der gerade auf einem Regenbogen herunter zu den Menschen rutschte, um ihnen eine neue Nachricht vom Olymp zu bringen.

Er sah wie Apoll Daphne jagte, er war sowieso schon eifersüchtig auf Apoll, und glaubte, hier die Gelegenheit gefunden zu haben, einem immer in der Liebe im Vordergrund stehenden Götterkollegen einmal so richtig eines auszuwischen. Er raste mit seinen geflügelten Schuhen zu Aphrodite, weckte sie und bat sie, doch sofort ihre göttlichen Augen in die Ferne zu richten, wo sie in einem bestimmten Planquadrat Apoll, ihren Liebhaber, entdecken würde, wie er nun gerade Daphne erjagte, um sie zu seinem Liebesopfer zu machen.

Aphrodite sah es, erschrak, war furchtbar wütend und im Augenblick, wo Apoll Daphne an sich reißen wollte und seine Finger in ihre Haut hineinkrallte, um sie endlich zu besitzen, verwandelte Aphrodite dieses zauberhafte Mädchen in einen dürren Strauch, von dem schließlich Apoll nur noch die Rinde abreißen konnte und, wie wir gleich hören werden, sich dabei die Finger verbrannte.

Das dürfte der erste Fall der Weltgeschichte sein, wo sich ein Mann, in diesem Fall ein Gott, ein göttlicher Mann, die Finger an einer Frau verbrannte.

In der Homöopathie finden wir nun exakt bei der Arzneimittelprüfung, die ja am Gesunden durchgeführt wird, diese ganz deutlichen Verbrennungserscheinungen. Es kommt zu Bläschenbildung, starker Rötung der Haut mit heftigem Juckreiz und Brennen. Die Bläschen haben einen roten Hof, können gelegentlich nässen, sich dann mit Krusten bedecken, unter denen sich auch Eiter ansammeln kann. Die Sekrete dieser Ausschläge sind sehr scharf und reizen die Haut noch weiterhin bis zu großen Geschwüren, die aussehen, als sei die Haut an dieser Stelle verbrannt. (Herpes zoster) Soweit die offizielle Darstellung der Arzneimittelprüfung.

Doch zurück zu Apoll: Nun, als er zu Aphrodite zurückkam, wurde er von ihr gefragt, wo er sich denn wohl die Finger verbrannt habe. Denn sie sah gleich seine Hände, wußte es ja schließlich und sagte es ihm ins Gesicht, was sie allerdings nicht daran hinderte, ihm doch zu verzeihen und zu vergeben, um ihn wieder in die Arme zu schließen.

Wir sehen hier an dieser Stelle sehr schön, daß der Name und nicht nur dieser, sondern die ganze Pflanze darauf hindeuten, welche Wirksamkeit die Pflanze hat. Diese Wirk-

162

samkeit machen wir uns in der Homöopathie zunutze, um sie bei solchen Hauterscheinungen, wie oben beschrieben, anzuwenden. Sie sehen also, Kratylos hat recht, der Name reicht aus, um zu wissen, was an dem Kraut wirksam ist.

Wenn ich mir die Homöopathie so betrachte, dann kommt sie mir vor wie ein wunderbarer Biotop inmitten einer äußerst kargen und dürren Pharmaka-Öde.

Iris

Iris versicolor – Schwertlilie

„Iris" in der griechischen Sprache heißt zu deutsch „der Regenbogen". Es ist aber auch der Name der Götterbotin, die von Göttern und Menschen bis ins tiefe Meer und sogar in die Unterwelt gesandt wird, aber auch selbständig als Helferin der Götter handelt, teils in göttlicher, teils in menschlicher Gestalt auftretend. Sie ist die Tochter des Vaters Thaumas und der Mutter Elektra, die die Elemente von Licht und Wasser besonders beinhaltet. Wir finden in einigen Berichten über die Götter, daß Eros ihr Kind sei mit dem Vater Zephyros.

In der alten Göttergeschichte hat Hermes schließlich als Götterbote Iris verdrängt, aber in vielen Darstellungen in bunt schillernden Gewändern, auf Vasen, auf Fliesen des Parthenons finden wir sie stehend und schwebend wieder. Sie ist aber nie eine „richtige" griechische Göttin geworden.

Wenn wir heute eine Verbindung suchen zwischen dem Arzneimittelbild in der Homöopathie von Iris, dieser Göttin des Regenbogens, dann müssen wir daran denken, daß häufig der Wetterwechsel eine Rolle spielt beim Ausdruck bestimmter Erkrankungen. Und besonders dann, wenn Ruhe nach großen meteorologischen Störungen auftritt, kommt es zu Migräne und zu Kopfschmerzen. Wenn der Regenbogen entsteht, dann ist ja auch die Ruhe eingetreten im Wettergeschehen. Das Unwetter zieht ab und das allein dient schon als Hinweis auf die Indikation des Mittels in der Homöopathie, worauf ja auch der Name „Iris" – der Regenbogen hindeutet.

Jasione – Sandglöckchen oder große Zaunwinde

Der Name kommt vom griechischen „Iasion", das ist in der griechischen Mythologie ein Sohn des Zeus und der Elektra. „Iasis" heißt an sich die „Heilung", „zur Heilung gehörend". Jasione ist eine Heilpflanze im alten Griechenland gewesen, insbesondere wenn es sich um Verletzungen handelte. Ähnlich wie bei Achillea millefolium.

Levkojum vernum – Frühlingsknotenblume
oder Märzenbecher

Das ist auch ein Narzissengewächs und wird bei uns häufig mit dem Schneeglöckchen verwechselt oder sogar als Schneeglöckchen angesprochen.
Genau wie das Schneeglöckchen ruft es auch Übelkeit, Erbrechen, Durchfall, Herzrhytmusstörungen, Somnolenz sogar und extrapyramidale Symptomatik hervor.

Limon – Zitrusfrucht, Zitrone

„Limon" ist ein Wort, das aus dem Semitischen entlehnt ist, wir finden es im Arabischen wieder, doch auch im Griechischen. Aber da heißt „Limos" „der Hunger".
Wir wissen aus der alten griechischen Literatur, daß es jene Frucht ist, die man essen mußte, um keinen Hunger zu haben. Auch heute wissen wir, daß bestimmte Diäten darauf abzielen, viele Zitronen zu essen, um ohne Hunger zu leben und damit an Gewicht zu verlieren. Es ist also eigentlich eine Anti-Hungerpflanze.

Mandragora – Alraune

Mit Sicherheit ist dieses Wort nicht herzuleiten von dem

164

griechischen Stamm „mandra" bzw. „agora". „Mandra" ist „der Viehstall" und „agora" „der Sammelplatz", weil sich diese Pflanze in der Nähe von Ställen finden soll. Das ist sicher nicht der Fall, sondern „Mandragora" kommt tatsächlich aus der persischen Sprache, „mardum-gia", die „Menschenpflanze". Weil nämlich die Wurzel die Gestalt eines „Manderls" erkennen läßt.

Mandragora gehört zu den Solanaceen und im zweiten Kapitel finden wir sie sorgfältig unter diesen aufgezeichnet.

Piper methysticum − Rauschpfeffer

Es heißt „der Rausch", Piper *methysticum* ist der Rausch-Pfeffer, ein Mittel, das einem die Angst wegnimmt wie alle die Drogen, die Rauschdrogen, man ist dann wie betrunken.

Interessant ist in diesem Zusammenhang, und darum ist der Name hier aufgeführt, daß wir in Piper methysticum ein Mittel gegen das Lampenfieber besonders bei Schülern, bei Examenskandidaten in homöopathischer Potenzierung haben.

Von Interesse ist ebenso der Name „Amethyst", das ist der Name eines Edelsteines der früher als Abwehrmittel gegen Rauschzustände als „a-methystitos" genommen wurde. Das heißt: Wer keinen Rausch bekommen, aber viel trinken wollte, der mußte einen Ametyhsten tragen. Es gab auch eine Zeit, wo auch Frauen gerne etwas getrunken haben, auch schon im vorigen Jahrhundert. Sie trugen dann meist große Amethyst-Steine an Ketten um den Hals.

Narcissus − Narzisse oder Osterglocke

Das Wort kommt aus dem Griechischen: „Narkav" heißt „erstarren", „narkoein" bedeutet „starr machen", denken Sie an Narkose.
Der mythologische Blumenheld hat dieser Blume den Na-

men gegeben, weil er, närrisch verliebt in sein eigenes Bild, völlig versteinerte und zu Tode kam. An dieser Stelle blühte eine Narzisse.

Narcissus pseudonarcissus – Osterglocke
oder gelbe Narzisse

Auch ein Zwiebelgewächs, zu den Amaryllen-Gewächsen zählend. Sie sind sehr giftig, und zwar alle Pflanzenteile, besonders aber die Zwiebel. Wichtig bei dieser Pflanze ist, daß das Blumenwasser auch giftig ist. Man muß also vorsichtig sein, daß Kinder nicht davon trinken, denn es kommt dann zu Übelkeit, Durchfall und schließlich auch noch zu einer Narzissen-Dermatitis, besonders wenn die Sonne scheint und man sehr stark schwitzt.

Es gibt Fälle aus der Toxikologie, aus der man erfahren hat, daß gelegentlich eine Familie, die statt einer Küchenzwiebel – Allium cepa – eine Narzissenzwiebel verzehrt hatte, erkrankte an Erbrechen, Durchfall, Schweregefühl in den Beinen. Die weiße Narzisse – Narzissus poeticus – hat ähnliche, aber deutlich stärkere Wirkung.

Von Floristen weiß man, daß sie gelegentlich an ihren Händen in der Narzissen-Zeit starke Hautentzündungen bekommen und daß Kinder, wenn sie vom Blumenwasser etwas trinken, sehr krank werden können, sogar mit tödlichem Ausgang.

Nymphaea – Seerose

Das ist eine Pflanze, die den Nymphen heilig ist; eine Wassergottheit. Nach dem deutschen Volksglauben schaukeln sich die Wassergeister auf den Blättern. So werden die deutschen Bezeichnungen „Nixenblume", „Mummel" oder auch „Mümmelchen" abgeleitet.

Die Nymphen sind weibliche Elementargeister. Bei der Vielseitigkeit ihres Wesens haben sie im Laufe der Zeit mit zahlreichen Gottheiten Verbindungen aufnehmen können, aber seit alters her stehen sie besonders Hermes, Pan, doch auch Apollon nahe und bilden das Gefolge der Artemis, mitunter auch der Aphrodite, die vielerorts nichts anderes als eine aus ihrer Mitte aufgestiegene Gestalt ist.

Ihr männliches Äquivalent sind die Satyrn oder Silenen, mit denen zusammen sie in den Schwarm des Dionysos geraten sind, um hier das göttliche Gegenbild der menschlichen Mänaden, oft ununterscheidbar, zu bilden. Erscheinen sie in unbestimmbarer Vielfalt, so können einzelne sich doch individualisieren und dann insbesondere dionysische Namen erhalten.

Auf der anderen Seite sind sie Wesen, die von je her selbständig waren, wie z. B. Calypso oder Ioturna, die als Nymphen klassifiziert werden.

An bestimmten Stätten werden sie leicht in irgendeiner begrenzten Anzahl gedacht, als Dreier- oder Zweierverein. Nicht selten wird dann eine von ihnen als He-Nymphe (η $\nu\nu\mu\varphi\eta$) hervorgehoben. Diese wird dann allein verehrt.

Sie gehören im wesentlichen in die Zeit der neuesten Göttergeschichten und sind wohl nach Homer die Töchter des Zeus. Möglicherweise aber auch des Okeanus, obgleich sie sich von den Okeaniden unterscheiden. Es gab im Endeffekt so viele Nymphen, daß man zwischen älteren und jüngeren Generationen differenzieren mußte und dabei einen sehr großen Freiraum hatte, um die einen als sterblich, als langlebig oder auch als unsterblich anzusehen. Im Einzelfall war es schwierig, ihre Verschiedenartigkeit herauszustellen, vor allem sachlich gesehen. Wenn sie mit Wasser verbunden waren, dann hießen sie „Najaden" oder „Naiden", manchmal auch „Hydriaden".

Das Salzwasser blieb den „Nereiden" vorbehalten, die ihre Konkurrentinnen ganz verdrängten. Sie waren nämlich auch in jeder Art von Wasser zu finden, an den Quellen, den Flußläufen, den Teichen und Seen. So standen schließlich alle Thermalbäder unter ihrem Schutz. Sie schenkten das Wasser, vereinzelt sogar den Regen, wurden manchmal sogar im feuchten Element wohnend gedacht und verfloßen auch mit ihrem Namen. Ihr Name wird übrigens in allen Sprachen oft verschieden gebraucht.

Seit Ovid sind die Nereiden in ihre Quelle verwandelt, während frühere Sagen nur aus Tränen oder Blut eine solche entstehen ließ.

In ganz alten Vorstellungen hieß es aber auch, daß sie in Grotten und Höhlen zu Hause waren, die nicht unbedingt feucht zu sein brauchten und daher nicht nur den Najaden vorbehalten waren. Ihnen war jedoch stets ein sakraler Charakter eigen, den sie bewahrt haben.

Eine andere Hauptgruppe sind die „Oreiaden" oder „Orestiaden", die auf den Bergen wohnen, während die „Napaiaden" sich in Schluchten und Tälern aufhalten.

Den „Dryaden" haftet vielfach die Vorstellung an, daß sie mit einem bestimmten Baum verbunden sind und mit ihm zugleich auch vergehen, weswegen sie gerne „Amadryaden" heißen. Das ist kein Baumfetischismus, sondern ein sehr alter Glaube. Er hängt mit der Auffassung der Nymphen als Makraiones zusammen und hat zu allerlei Verwandlungssagen Anlaß gegeben.
Daneben wurden aber auch die Dryaden und andere Arten als frei beweglich gedacht.

In der Regel sind alle Nymphen, Neriden und andere ihren Namen nach entsprechend jung, natürlich und schön, damit ist jede als Vertreterin des Mädchentums schlechthin geeignet. Man stellt sie sich immer vor im Reigen, teils unter sich, teils mit anderen, wie man es auf vielen attischen Vasen oder Reliefs dargestellt sieht. Während Pan mit Syrinx aufspielt. Aber auch Apoll bleibt ihnen treu.

Im Dienste von Dionysos werden alle ihre Bewegungen ekstatisch und unnatürlich, als Begleiterinnen der Artemis werden sie im Chorus vorgestellt, gehen aber auch mit ihr auf die Jagd.

Die Satyrn waren angeblich sogar Kinder der Nereiden oder der Nymphen.

Gelegentlich rauben sie Jünglinge, doch leider sterben die Jünglinge dann, so daß keiner erzählen kann, was mit ihm geschah.

In der freien Natur spenden die Nymphen Fruchtbarkeit, sind als Hochzeitsbegleiter und als Geburtshelferinnen tätig, aber auch als Ammen und als Wärterinnen. Als Krankenpflegerinnen bei Schwangeren, Gebärenden und bei Säuglingen. Sie können musizieren, goldig tanzen, aber sie können auch zornig werden wie wir aus vielen Legenden und Dichterszenen wissen. Sie beweinen Tote und helfen den Lebendigen. Wie man sagt, sind sie auch dem Wein nicht abhold.

In vielen mythologischen Szenen werden sie, wenn sie nicht eine bestimmte Rolle zu spielen haben, einfach als „Füllfiguren" verwendet, besonders im Sinne von Ortspersonifikationen, weshalb wir also auch Tiere, Pflanzen und Steine nach ihnen genannt finden.

Silene – Leimkraut

Das Leimkraut, nach dem in der griechischen Mythologie der Silen als der trunkene Begleiter des Bacchus stets mit aufgedunsenem Bauch dargestellt wird. Die Benennung erfolgt deshalb, weil der kropfartige Kelch dieser Pflanze wie aufgeblasen aussieht, also dem Bauch des Silen ähnlich.

Protea latifolia

Das Proteus-Gewächs, benannt nach dem Meergott, der für seinen häufigen Gestaltwandel bekannt war, wie bei Ovid nachzulesen ist. Der Gestaltwandel des Gottes wurde deshalb für die Namensgebung von Linné herbeigezogen, weil justament die Mannigfaltigkeit der Form, der Blätter, der Blüten und der Früchte in mehr als tausend Arten sichtbar wird.

Passiflora incarnata
Passiflora – Passionsblume

Der Name kommt von „leiden" her. Flora ist die Göttin der Pflanzen, Passiflora die Passionsblume. Sie stammt aus dem tropischen Amerika und wurde ihrer Blüte wegen das Symbol der Passion Christi.

In dem Buch von Ferrari „De florum cultura", Rom 1633, wird diese Ansicht gestützt und sie trägt auch wesentlich zur Verbreitung bei:

„Die Blume ist ein Mirakel für alle Zeiten hin; die göttliche Liebe hat darin mit eigener Hand die Schmerzen Christi bezeichnet: Der äußere Kelch verlängert sich in Dornen und erinnert an die Dornenkrone; die Unschuld des Erlösers zeigt sich in der weißen Farbe der Blütenblätter; die geschlitzte Nektarkrone erinnert an seine zerrissenen Kleider; die in der Mitte der Blume befindliche Säule ist diejenige, an welche der Herr gebunden wurde; der darauf stehende Fruchtknoten ist der in Galle getränkte Schwamm; die drei Narben sind die drei Nägel; die fünf Randfäden die fünf Wunden; die dreilappigen Ranken die Geißeln; nur das Kreuz mangelt, weil die sanfte und milde Natur die Darstellung des Gipfels der Schmerzen nicht zuließ."

Eine durchaus bildreiche und sehr gute Darstellung der Blüte.

Papaver somniferum – Mohn

Die lateinische Bezeichnung für Mohn kommt von dem lateinischen Wort „papere", „aufblasen". Und zwar ist er so benannt nach dem klatschenden Schall der beim zerschlagen der Blumenblätter entsteht, deshalb heißt er ja auch zu deutsch „Klatschmohn". Opium, ein homöopathisches Arzneimittel, wird aus Papaver gewonnen.

Es gibt Hinweise, daß es vielleicht zu dem Wort Papa gehört und zwar deshalb, weil man ihn den Kindern abends in den Brei tat, damit sie besser schlafen konnten. Somniferum heißt Schlaf bringen. Somnolenz ist das Leitsymptom von Opium.

Panax – Ginseng

Es handelt sich bei allen Pflanzen, die den Namen Panax tragen um Pflanzen die so ziemlich alle Leiden, die ein Mensch haben kann, heilen können. Also um ein „Allheilmittel". Denken Sie nur an Panax Ginseng und viele andere. Bei Plinius lesen wir auch von *Pastinaka opopanax*, auch eine Heilwurzel, von der wir heute in der Behandlung von Krankheiten nichts mehr wissen. Aber wir kennen es noch als Nahrungsmittel, es handelt sich um die Karotte. Panax Ginseng, diese als „Allheilmittel" bezeichnete Pflanze ist ja auch heute wieder durch die gute Public-relation-Situation im Arzneimittelgebrauch. Es handelt sich um das schöne alte Ginseng, was zweifelsohne in Ostasien gezielt eingesetzt wurde. Bei uns aber, wenn man alle die Anpreisungen hört wo Panax Ginseng helfen könnte, handelt es sich wohl um ein Mittel, das kaum eine Krankheit „nicht" heilen kann.

Paeonia – Pfingstrose

Der Name kommt aus dem Griechischen „paionios", was rettend oder heilend heißt. Abgeleitet ist es von „Paion", das ist der Götterarzt der griechischen Mythologie noch vor Apoll und Hippokrates. Der Name ist der Pflanze gegeben worden, weil sie in alter Zeit für viele Erkrankungen eine ungeheuere Heilwirkung hatte. Das begann bei der Epilepsie, über Migräne zu Gicht bis zu Krampfzuständen und schließlich bei Durchfällen und insbesondere bei Hämor-

der Signaturen-Lehre, weil nämlich die Knospe der roten Pfingstrose unendlich ähnlich war dem Aussehen eines Hämorrhoiden-Knotens in entzündetem Zustand.

In der Homöopathie wird Paeonia heute noch gebraucht bei der Behandlung von bestimmten haemorrhoidalen Beschwerden. Der Erfolg ist ausgezeichnet.

Schlußkapitel

Wenn wir jetzt die Gedanken über Griechenland und ihre Götter abschließen und blicken dabei noch einmal in die große Ferne jener Zeiten, dann sehen wir meist das klassische Altertum als eine Welt vor uns liegen, die besonnt und bevölkert ist mit Menschen, welche unbeschwert und heiter sind und es verstanden, das Leben zu genießen. Aber diese Idylle dürfte verdächtig sein, wie mehrere Kulturgeschichtler uns dargelegt haben. Sie haben gefunden, daß die alten Griechen keineswegs so hellen Gemütes, sondern umdüstert waren, und auch der Druck des damaligen Daseins hat auf ihnen gelastet wie schwere Pakete auf dem Eselsrücken.

Aber wie auch immer die Lebensstimmung damals war, so sollten wir doch sehen, daß auch in jener Epoche eine auffällige Menge an Tugend und Weisheitslehren vorhanden war, die allen klarmachen wollte, wie man das Leben genußvoll und gelassen nehmen kann, wie man überhaupt anständig leben sollte. Es war eine Heilslehre, so wie wir moderne Gurus haben mit einer beträchtlichen Anhängerschaft. Es gibt teilweise richtige Schulen, die u. U. Jahrhunderte überdauern und sogar heute noch Schüler finden. Ich denke dabei nicht einmal an Epikur. Auch er war auf der Suche nach der besten Lebensart und diese Suche setzte eigentlich ein, wenn wir an einen Mann denken, der sehr berühmt ist, aber der von vielen als verrückt und teilweise als gefährlich angesehen wurde — Sokrates. Er war einer jener Erztugendlehrer seiner Zeit, und es war wohl im 5. Jahrhundert vor Christi, daß er durch die Straßen Athens ging und auf den Märkten, den Plätzen, in Räumen, Kolonaden, Werkstätten Leute aufsuchte und sie mit ironischen, bohrenden und interessanten Fragen teilweise entnervte. Er hatte viele Freunde, Müßiggänger, die aber sehr begütert waren. Sie konnten es sich leisten, nichts zu tun und er verunsicherte sie. Und ständig stritt er mit anderen „Gurus", z. B. den Sophisten, die für ihre Lehren auch Geld verlangten.

Fast ein Jahrhundert später gründete auf der Insel Samos, die man ja heute nur noch von ihrem Wein her kennt, ein Mann eine große Schule, es war Epikur. Epikur ist schon ein staunenswerter Mensch gewesen. Er hatte eine Art dem Menschen das Leben zu lehren, so zu lehren, daß jeder es zu genießen wußte, denn wenn es zu Ende war, konnte man nicht mehr genießen. Aber bei Epikur waren auch sehr viele andere Gedanken dahinter, die auch heute noch sehr wertvoll sind.

Dann kam eine Schule, die sich nicht weit vom Marktplatz von Athen auftat und sich wegen der Säulenhalle, die in der Nähe war, einfach Stoa nannte. Das war ein Mann, der aus Cypern kam, Zenon hieß und seine Mitmenschen darüber aufklären wollte, wie das kummervolle Dasein mit „stoischer Ruhe" zu bewältigen sei.

Noch Jahrhunderte nach diesem Zenon haben berühmte Dichter wie Seneca, Marc Aurel sich zu dieser Lehre bekannt. Diese Lehre verlangte nicht unbedingt asketisches oder freudloses Leben, so wenig wie die Epikuräer nur nach Lust und Genuß ihre Gier ausstreuten. Das sind absolute Verfälschungen dieser philosophischen Schulen.

Im 4. Jahrhundert vor Christi waren noch viele kleinere Gruppen vorhanden, man würde sie heute Sekten nennen, die meist nur am Rande erwähnt werden und diese Sekten haben sehr vieles mit unseren heutigen Hippies zu tun, vielleicht auch mit jenen etwas sehr alternativ denkenden Jugendlichen. Diese „Hippies der Antike" waren die Kyniker. Wir kennen sie heute unter dem Namen „Zyniker".

Aus dem griechischen K wurde später ein C und schließlich ein Z.

Diese Zyniker waren, wie es sich natürlich gehört, auch zynisch, aber ihr Zynismus bedeutete etwas ganz Anderes als was wir heute darunter verstehen.

Für uns ist ja ein Zyniker ein Mensch, der höhnisch ist, der auf andere herabblickt, verächtlich herabblickt und seine Gefühlskälte, seine Mißachtung der Mißwelt ist ganz offensichtlich. Seine Skrupellosigkeit kommt dabei noch dazu, und er macht keinen Hehl daraus, boshaft, also wirklich „zynisch" zu sein.

Während sich ein ironischer Mensch hinter Zweideutigkeiten versteckt, läßt der Zyniker in seinem Spott seine eigene Maske fallen.

Er hält die Menschen für dumm und schlecht. Der Zyniker ist eigentlich jener, der als Morologe, als Wissenschaftler der Dummheit anzusehen ist, weil er eben die Dummheit der anderen ausnutzt. Er kann sie schamlos hintergehen; mit Vergnügen stellt er die Schwächen seiner Mitmenschen bloß und weidet sich dann an deren Hilflosigkeit.

Die großen Zyniker dieser Welt, denken Sie dabei an Macchiavelli, der nun auch in die Politik hereinredete. Voltaire gehört in diese Gruppe. Mit seiner spitzen Feder konnte er seine Widersacher mit Worten aufspießen vor aller Welt. Als zynisch gelten auch alle, die ihre Opfer verhöhnten.

Hier sei noch zu erwähnen, daß der Name der Kyniker auch von dem Ort, an dem sie sich versammelten, herstammt, nämlich dem Namen nach von dem Gymnasium „Kynosarges" in Athen.

Man kann sie natürlich auch auf das Wort Kyon − „Hund"

in seiner Bedeutung – ansprechen. Sie führten nämlich tatsächlich ein Hundeleben. So wie heute manche ausflippen und sich Underdogs nennen. Auch hier kommt das Wort „Hund" wieder vor.

Es war kein Geringerer als Wilhelm Busch, der einen alten Kyniker sehr deutlich machte, allerdings als Karikatur eines Urbildes eines weltabgewandten Philosophen. Es handelt sich dabei um Diogenes in der Tonne. Da war der Kynismus in seiner reinsten Form verkörpert. Er war, um politisch-neudeutsch zu sprechen, ein Flüchtling, der sehr sparsam leben mußte. Daraus hat er eine Tugend gemacht und seine Wohnung in einem Faß aufgeschlagen. Im Sommer hat er es in glühend heißem Sand gewälzt, im Winter die eiskalten Bildsäulen umarmt. Man sagt ihm nach, wobei nicht sicher ist, ob es wahr ist, daß er zu dem berühmten großen Alexander geäußert hat: „Geh mir aus der Sonne", als er vor ihm stand.

Diogenes war ein Original, er war ein Kauz, er war ein Bürger mit einer Hunde-Lebensweise und mitten auf dem Marktplatz von Athen gab er gewisse Obszönitäten von sich. Viele hielten ihn für einen Narren, unheilbar vielleicht, mit Flausen im Kopf. Sein Beruf war Bürgerschreck. Oder war es wirklich eine Philosophie? Man weiß, Diogenes hat keine Zeile geschrieben. Mit seinem Sarkasmus, seinem verwahrlosten Äußeren, seiner völlig alternativen Lebensform wollte er ja nur zeigen, daß sein Gedanke war, die bestehende Gesellschaft, die Kultur überhaupt und die Zivilisation abzulehnen. Und wie die Kyniker meinten, der Mensch sei von Haus aus bedürfnislos, er sei gut und mit sich selbst zufrieden. Nur die Gesellschaft lege dem Menschen heute Gesetze auf, die sein ganzes Wesen verschütten. Der ganze Plunder von Kunst, Kultur und Zivilisation zerstöre den Menschen als wirklich bescheidenes Wesen. So gesehen, kann man ihn natürlich auch als Tugendlehrer ansehen.

Und auch unsere Hippies, unsere Aussteiger, unsere Underdogs, sie wollen ja auch Tugendlehrer sein. Der Mensch soll frei sein, er soll ohne Konsumterror leben, einfach seinen natürlichen Trieben und Bedürfnissen nachleben können.

Nun, hier sind wir an einer Stelle, die Rousseau schon vor einiger Zeit beschäftigte und die wir bei ganz modernen Philosophen wieder finden, denken Sie nur an Popper, der gesagt hat: „Es gibt keine Rückkehr in einen harmonischen Naturzustand. Wenn wir uns zurückwenden, dann müssen wir den ganzen Weg gehen bis zum bitteren Ende, wir müssen wieder zu Bestien werden."

Sobald der Lebensgenuß zum Höchsten wird, sich der Kulturbetrieb snobistisch zum Daseinswerk aufbläht und die Zivilisation die Natur verbessern bzw. schließlich zubetonieren will, werden − heute wie damals − solche scharfen galligen Kandidaten auftreten, die die Welt wieder einmal verbessern wollen.

Wir haben gesehen, was die olympischen Götter dem Menschen sein können, was sie ihm sind. Wie sie ihn in seinen Bekümmernissen des irdischen Daseins beruhigen und trösten. Das geschieht zwar nicht immer mittels Hilfeleistung oder durch Heilsversprechung, aber stets durch ihr eigenes Sein, weil sie, die allgegenwärtig Wirkenden, bei sich selbst die Seligen, die Unbekümmerten sind und so von der seligen Tiefe alles Seins zeugen.

Wir haben gesehen, wie sie auch den Willen des Menschen lenken und an seiner Verblendung und Schuld teilhaben nach ihrem Plane, und ihn doch nicht unfrei machen, sondern ihm Geborgenheit schenken in der allein wahre Freiheit sein kann.

Wo die Musen wohnen, d. h. wo die Götterstimmen, olympische Melodien eingekehrt sind, darf kein Jammer des Erdenlebens sich hören lassen, wie die Dichterin Sappho ihre trauernde Tochter ermahnt (SRG. 109):

176

„Denn in dem Haus, da man den Musen dient,
darf kein Wehklagen sein, solches geziemt uns nicht."

Wir werden später noch sehen, daß bis zum christlichen Glauben hin auch der Frohsinn im Verkehr mit den Göttern eine große Rolle spielt. Wir könnten über die einzelnen Götter noch so unendlich vieles schreiben. Jede einzelne Göttin böte Stoff für ein ganzes Buch.

Denn hier, wo der alte Mythos von den Göttergestalten erzählt, müssen wir sagen, daß sein ursprünglicher Sinn dem heutigen Menschen verschlossen ist.

Man kann an die Götter nicht den Maßstab bürgerlicher Ehrbarkeit anlegen. Denken Sie doch daran, wie Hermes in der glückhaften Sphäre des Daseins mit ihrem Gewinn und Verlust, mit Schelmenhaftigkeit und Dieberei als Gestalt unter Göttern wandelt, welche Weite und Tiefe sich in ihrer Göttlichkeit auftut und welche Wunder und kostbaren Geheimnisse sie birgt.

Dieses Göttliche in der Gestalt von Hermes hat Goethe sehr wohl verstanden. An einer der schönsten Stellen, nämlich der Helena-Tragödie im 2. Teil des Faust, wo Phorkyas von dem neugeborenen Wunderknaben Euphorion berichtet, stellt der Chor, der Hellas urväterlicher Sagen göttlich-heldenhaften Reichtum kennt, diesem Wunder ein noch größeres gegenüber: Die Erscheinung des Hermes, der kaum geboren den Händen seiner Wärterinnen entschlüpft:

„Gleich dem fertigen Schmetterling,
Der aus starrem Puppenzwang
Flügel entfaltend behendig schlüpft,
Sonnedurchstrahlten Äther kühn
Und mutwillig durchflatternd.

So auch er, der Behendeste,
Daß er Dieben und Schälken,
Vorteilsuchenden allen auch

177

Ewig günstiger Dämon sei.
Dies bestätigt er alsobald
Durch gewandteste Künste."

Er stiehlt allen Göttern ihre kostbaren Insignien und vermag selbst der Liebesgöttin ihren Zaubergürtel zu entwenden. Alles tat er geheim, hermetisch!

Goethe wußte sehr genau von der göttlichen Tiefe dieses Geistes, der Verschlagenheit und der Führung zu verborgenen Schätzen, auch zu denen des Wissens.

So könnten wir Vieles noch berichten von den Göttern, die nicht nur die Förderer menschlicher Handlungen waren, sondern sogar ihre Vollzieher. Homer nennt sie die Leichtlebenden, aber eines der wichtigsten Beiworte war auch die „Seligen".

Die Schönheit spielte da eine Rolle, die Seligkeit und die Liebe.

Aber auch Scham (Aidos — $\alpha\iota\delta\sigma\varsigma$) als heilige Scheu, die Freude (Charis — $\varkappa\alpha\varrho\iota\varsigma$) gehört dazu. Nur eines müssen wir versuchen zu erkennen: Die Götter sind keine „Personifikationen", nein, sie öffnen nur den Blick für Wesenhaftes und Wahres.

Andersgläubige werfen der griechischen Religion Vielgötterei vor. Diese steht aber nicht im Gegensatz zum Monotheismus, sondern ist vielleicht sogar seine geistreichste Form. Denn die Summe aller dieser göttlichen Schickungen bedeutet doch immer, daß der Wille des Zeus alles gefügt hat. Er ist also von einziger allumfassender Größe und die Einheit des Göttlichen kommt schon bei Homer in dem immer wiederkehrenden Satz zum Ausdruck: „Daß die Götter, oder daß Gott über allem walte."

Es gibt also eine lebendige Erfahrung der göttlichen Einheit des Vielgestaltigen, die auch wir — da die Welt in ihrer ungeheueren Mannigfaltigkeit diese Einheit ist — den Griechen nachempfinden können: Es ist die Gotterfülltheit alles Seins, wo Aphrodite lächelt, Apollon herrliches Auge leuchtet, Artemis mit den Nymphen tanzt und zur Jagd geht, Athene zu Taten ruft und den Geist beflügelt, Hermes geistert mit Schälke und Dionysos in seliger Trunkenheit zu den Sternen blinkt. Das alles ist ein einziges göttliches Leben, es ist eine göttliche Wahrheit des Seins — gleich einer Symphonie mit ihrem Ernst und ihrem Spiel, ihrem abgründigen Dunkel, aber auch ihrem majestätischen Glanz.

Da sind nämlich alle in Einem da, die Vielfalt in der Einheit.

Wissen wir das alles einmal und haben es durch Nachdenken und durch kritisches Betrachten gefunden, dann kann man mit Nietzsche sagen: „Ward meine Welt nicht eben vollkommen?"

Was aber hält diese Welt zusammen? Ja nun, gerade eben dieser Geist des vollkommenen Augenblicks! Und den kann man auf griechisch zumindest „Zeus" nennen. —

Wir haben aber ein noch größeres Wort, einen noch größeren Namen: „Gott"!

Die Urgötter, das alte titanische Erdgeschlecht, dessen Protest und Kampf gegen die Olympier noch in der Tragödie nachzittert, hat ihn zwar nicht in seine Familie aufgenommen, diesen Zeus. Aber nachdem sie durch seine Übermacht gewaltsam überwunden und aus ihren Banden gelöst waren bzw. Frieden mit ihm geschlossen hatten, dürfen sie in der Tiefe der Erde, in kleinste, allerkleinste Teilchen eingeschlossen, wohnen. Alle anderen, in anderen Religionen überwundenen Urgötter sind zur Verdammnis und zur Verteufelung gelangt.

Lassen Sie mich Ihnen hier noch einmal von der Einheit des Vielgestaltigen des griechischen Götterhimmels einen Anstoß geben.

Die Vielfältigkeit in der Einheit ist ein in der Natur immer wieder erstaunendes und zauberhaftes Wunder.

Wie diese Gottheiten den Menschen, den wahren Adel, die echte Größe nicht durch Gebot und Lehren, sondern durch ihr bloßes Sein offenbaren, so öffnen sie ihm durch dieses Sein auch die Tiefen und Weiten der Welt.

Und damit wird eigentlich das Wesen der griechischen Gotteserfahrung getroffen.

Die Götter zeigen dem, und nur dem, der ihnen ins Antlitz blickt, den unendlichen Reichtum des Seins.

Dieses bedeuten sie ihm, ein jeder nach seiner besonderen Art: Apoll stellt das Sein der Welt in seiner Klarheit und Ordnung, das Dasein als Erkenntnis und Wissen, als Reinheit von harmonischer Verstrickung dar.

Seine Schwester Artemis hat eine andere Reinheit von Welt und Dasein, die ewig Jungfräuliche, Spielende und Tanzende, den Tieren Befreundete und sie fröhlich Jagende, die kühn Abweisende und hinreichend Bezaubernde.

Aus Pallas Athenes Augen blitzt die Herrlichkeit der männlich-sinnvollen Tat, des „Ewigkeitsaugenblicks" allen siegreichen Vollbringens. Ist sie vielleicht die erste Feministin gewesen?

Im Geiste des Dionysos tritt die Welt als Urwelt ans Licht, als uralte Wildheit und grenzenlose Beseligung.

Spricht man von Aphrodite, so wird die Welt golden. Alle Dinge zeigen das Gesicht der Liebe, des göttlichen Zaubers, der zur Hingabe einlädt, zur Verschmelzung und Einswerdung.

Seite um Seite könnten wir so fortfahren. Aber die wenigen Bilder genügen. Es sind doch die Urgestalten, die Urfunktionen eines unendlichen Lebens der Welt, seine Entzückungen und auch seine dunklen Geheimnisse. Die Weltwirklichkeiten sind also in Wahrheit doch nichts anderes als Götter, oder wenn Sie wollen, göttliche Gegenwärtigkeiten und Offenbarungen. Eine jede dieser in der Schöpfung vorhandenen Wirklichkeiten ist in allen ihren Sphären und Stufen des Gottes voll, der sich im Elementarischen, im Mineralischen, im Pflanzlichen und im Tierischen bezeugt und in der Höhe im Menschenantlitz uns ansieht. Und immer wieder ist es die ganze Welt, die einer dieser Götter oder die Gott uns eröffnet. Denn in seiner besonderen Offenbarung sind alle Dinge beschlossen.

Und so sollen Sie aus diesen Göttergestalten heraus auch die folgenden Seiten lesen. Alles, was Sie da erleben werden, alles, was Sie da erstaunen wird, stammt von diesem Schöpfer.

Religion, Mystik, Magie, Animismus, auch das Primitive und Romantik, Tiefenpsychologie und Urerscheinung im Mythos, sie alle werden Gestalt. Bei Zeus und seinen Göttern im Olymp und für uns bei dem großen Schöpfer dieser Welt.

Teil II

„In einem durchaus wunderbaren Universum ist es unnötig,
daß auch noch Wunder geschehen."

(Ernst Jünger)

Epitaph

„Fremder, sei willkommen in gerühmtem Land ....
In ewigem Schatten tausend Früchte gedeih'n
Tag für Tag unter himmlischem Tau
Blühen die Dolden schwerer Narzissen
Der Götter heiliger Kranz,
Und Krokus leuchteten herrlichem Gold ...."
Auszug aus einem Chorlied „Oedipus auf Kollonus"
Die Quellen, aus denen wir unsere Kenntnis von der frühen
Zeit der griechischen Antike schöpfen, sind nicht die älte-
sten Schriftdenkmäler der Griechen. Selbst die homerischen
Gedichte führen uns in eine schon ziemlich vorgeschrittene
Bildung. Es sind vielmehr die bei späteren Schriftstellern
aufbewahrten Mythen und Schilderungen von Kultgebräuchen, die bis in die späten Zeiten das Alte und Ursprüngliche mit großer Zähigkeit festgehalten haben. Aus ihnen bekommen wir Kenntnis über die Verehrung der Götter, z. B.
daß diese Huldigung ursprünglich nicht etwa in geschlossenen Räumen in den Tempeln stattfand, sondern im Freien,
an einem Quell, unter einem Baum, in heiligen Hainen,
auch in Höhlen, auf den Berggipfeln und am Ufer des Meeres. Als Wohnsitz der Götter dachte man sich nicht nur den
Olymp, mit dem Himmel vergleichbar, sondern einen Baum
oder gar einen Stein. Diesen Stellen nahte man mit Opfern
und Gebeten. Man schmückte alle diese Orte mit Kränzen,
mit Blumen, man opferte und nahm Mineralien dazu oder
gar Schwefel, um dieses Opfer für die Götter sichtbar zu
machen, und es wurde ein Fortschritt, wenn das Gebiet

182

eines heiligen Baumes mit Kränzen umgeben oder heilige Steine überdacht wurden. So entstand ein heiliger Bezirk (Τεμενος). Das war der erste Anfang eines Heiligtums. Die Götter wurden verehrt und ihre leibliche Gestalt auch dargestellt; diese Gestalt ist der menschlichen durchaus ähnlich.

Für gewöhnlich sind die Götter wohl unsichtbar, wollen sie sich aber dem Menschen offenbaren, so zeigen sie sich in göttlicher Herrlichkeit und nehmen die Gestalt eines Sterblichen an.

Ihre Paläste sind auf dem Gipfel des Olymps. Aber sie brauchen, genau wie die Menschen, den Schlaf und die Nahrung, den Göttertrank und die Götterspeise, Nektar und Ambrosia. Sie sind auch nicht frei von Fehlern: Neid, Haß, Zorn bewegen auch ihr Gemüt und wie bei den Menschen mag die Liebe sie auch zu verblenden. Und so gleichen sie in mancher Beziehung den Menschen, die ja nach ihrem Bilde geschaffen sind. Nur sind die Götter ungleich größer, schöner, herrlicher, sie sind unsterblich.

Zeus allein hält die Herrschaft über die Schöpfung und lenkt die Geschicke der Sterblichen allein nach seinem Willen.

Viele Pflanzen, Mineralien und Steine tragen den Namen manchen Gottes und in manchem Namen finden wir Eigenschaften des Gottes wieder; ebenso entdecken wir in manchen Eigenschaften, nennen wir sie jetzt einmal „Symptome", eben diese Attribute auch bei Krankheiten wieder. Wenn wir dann Pflanzen bei diesen Krankheiten mit solcher Symptomatik verwenden, dann kann diese Pflanze oder dieses Mineral helfen. Erstaunt es hier nicht, daß so viele mythologische Namen in den Pflanzen und in der Pflanzenwelt zu finden sind? Wir wollen diese Namen einmal durchgehen. Wir wollen uns einmal erbauen an den Legenden, den Erzählungen, aber auch an dem Wahrheitsgehalt; an dem Zauber ebenso, wie auch an dem Geheimnis, das alle diese

Pflanzen einhüllt. Pflanzen der Götter waren es in alten Zeiten. „Zauberpflanzen" nannte man sie später. Viele von ihnen sind heute genau erforscht und als Heilpflanzen klassifiziert. Dem Betrachter kommt das Schauern über den Rükken, wenn er den Namen so manchen Gottes und Helden in der Pflanze wiederfindet, aber auch in der Heilkraft der Pflanze vielleicht die Kraft eines Gottes spürt, der hier zur Heilkraft wird.

Wir wollen gemeinsam einen Spaziergang machen, eine kleine Wanderung durch die Welt der Schöpfung. Pflanzen, Tiere und deren Gifte, Mineralien, alle wollen wir betrachten und sehen, mit welchen Namen, mit welchen Kräften sie gesegnet sind.

Wir wollen gemeinsam den Namen und alle diese Heilmittel transparenter machen. Nicht nur sehen, was die Augen sehen, hören, was die Ohren hören, fühlen, was die Finger tasten oder riechen, was die Nase riecht, oder schmecken, was die Zunge an Sinneseindrücken aufnimmt.

Wir wollen das Gespür erweitern über unsere Sinne hinaus und über die Namen der Pflanzen zu ihrem tieferen Gehalt kommen, zu ihrem Wesen.

Dabei ein kleines Wunder in der Natur aufspüren, das uns bislang verborgen blieb. Die Pflanzenwelt, die Welt der Tiere, aber auch die scheinbar tote Welt der Mineralien sind Bestandteil der griechischen Kultur, haben diese Kultur seit Jahrtausenden geprägt und uns diese Prägung sichtbar gemacht.

Es wird reizvoll werden, die Synthese aus heutiger moderner Anschauung und antiker Überlieferung plötzlich aufblühen zu sehen und damit zu erleben, wie Gegenwart und Vergangenheit sich berühren in jenen Pflanzen, aus denen künstlerische Formen entwickelt, die für tägliche Bedürfnisse immer wieder nutzbar gemacht wurden und die den Alten heilig waren. Wir können ja nicht Gewächse und Gifte nach

Regeln der Systematik anordnen, sondern wir werden sie betrachten nach ihrem Vorkommen: im Mythos, in der Heilkunde, in der Kunst und im Alltagsleben.

Und es wird dem Leser auffallen, daß in allen alten Schriften so viele Pflanzen vorkommen. Es werden auch Tiere, Gifte und Mineralien behandelt, doch die Pflanzen stehen allzeit im Vordergrund. Wer die griechische Antike nämlich begreifen will, muß auch die Natur zu sehen wissen, die das Leben der Alten beeinflußte. Der griechische Mensch hat im Laufe vieler Jahrhunderte und Jahrtausende Wandlungen durchgemacht. Von all seinen großen Bauten, den Tempeln, den Märkten und Theatern in denen sich sein Leben abspielte, sind nur Bruchteile erhalten, selten etwas mehr.

Das Pflanzenreich aber ist geblieben, der außerordentliche Reichtum der griechischen Flora setzt uns in Entzücken und Erstaunen. Doch wie schon gesagt, daß größte Erstaunen bereitet die Tatsache, daß mythologische Namen dieser Pflanzen, auch der Mineralien und verschiedener Tiergifte bereits den Sinn beinhalten und die Kraft, die Dynamis, die in ihnen wohnt, genau entsprechend dem Namen, den die Pflanze, das Mineral etc. trägt.

Wir müssen die Regeln der botanischen Systematik hier mißachten und die einzelnen Gewächse nach deren Vorkommen in Mythos und Heilkunde zusammenfassen. Gelegentlich werden wir nur genaue botanische Beschreibungen der Pflanzen bringen.

Sie werden dabei erleben, daß es Beziehungen der Pflanzen zur Vergangenheit gibt, auch zur Gegenwart, und daß dieses Faktum das Staunen nur noch größer macht.

Bei Homer finden wir für das Weidekraut, also das Gras, das griechische Wort „βοτανη". Danach wurde die moderne wissenschaftliche Pflanzenkunde „Botanik" genannt. Die Pflanzenlehre Homers beschränkte sich auf die seinen Göttern heiligen Haine, die Wunderkräuter seiner mythologischen Gestalten oder seiner zu Gleichnissen herangezogenen Pflanzenbilder. Diese mythische Vorstellung von den Pflanzen sollte erst im Zeitalter des Aristoteles durch die denkende und forschende Betrachtung des Naturlebens verdrängt werden.

In der philosophischen Naturwissenschaft war das theoretische Wissen und die Zusammenhänge in der Natur zu hoher Vollkommenheit gelangt. Da entwickelte Hippokrates von Kos (460 – 370 v. Chr.), der größte Arzt der Antike, seine praktische Heilkunde, die fortan die gesamte medizinische Wissenschaft bis zum heutigen Tag beeinflussen sollte. Es war sein unumstrittenes Verdienst, die Medizin von den Fesseln philosophischer Spekulation und mythischer Vorstellungswelt der Götterkulte zu befreien. Umsichtig und voller Weisheit ordnete er alle Erfahrungen in der Anwendung von pflanzlichen Heilmitteln und setzte nur dort dieselben ein, wo es ihm aufgrund seiner Krankheitsdiagnose angezeigt erschien. Eine umfassende Schriftensammlung ist uns von ihm überliefert, in der die Heilwirkung und Anwendung von etwa 237 Heilpflanzen ausführlich dargelegt wird, ohne, daß ein einziges dieser Gewächse näher beschrieben wird.

Später folgten Aristoteles und Thales, schließlich Theophrast von Eresos, der wohl gründlichste Kenner der Botanik der damaligen Zeit. Er räumte auf mit den Wundern in der Natur und ging rein biologische Wege der Beschreibung, der deskriptiven Darstellung der Pflanzenwelt. Was die Namen anbelangt, so haben wir einige Schwierigkeiten herauszufinden, um welche Pflanzen es sich handelte, denn viele Namen haben sich im Lauf der Zeit geändert. Besonders bei einigen, von Homer genannten Namen gelingt uns eine Zuordnung zur entsprechenden Pflanze oft nicht mehr. Wir schöpfen also aus der unschätzbaren Fundgrube der Antike alles aus, was wir wissen, und versuchen, es wie ein

Mosaik zusammenzusetzen, um dann voll Staunen zu sehen, was uns die Alten sogar heute noch zu sagen haben.

Vorwort II

Die tiefere Kenntnis der Botanik und der Zoologie, aber auch der Mineralogie gehört zu den großen Künsten gleichwie zu den Geheimnissen, die dämmernd von fernen Zeitaltern herüberreichen und uns belehren, so wie Pflanzen, Mineralien, Metalle und Tiere uns belehren, wie es die Muscheln ja auch tun, die man jetzt auf Berggipfeln findet und die uns zeigen, wo früher das Wasser gestanden haben muß.

Was war die alte kolchische Magie anderes, als das genaueste Studium der Natur in ihren geringsten Werken? – Was war die Fabel von Medea anderes als ein Beweis von den Kräften, die man aus Keimen und Blättern ziehen kann. Plutarch berichtet, daß es ein Menschengeschlecht gab, das seine Feinde von Ferne, ohne Waffen, ohne eine Bewegung töten konnte.

Das Kraut, das wir am Wegesrand niedertreten, besitzt mitunter tödlichere Kräfte als manche Kriegsmaschine.

Die ersten Kräuterkundigen der Welt – die Meisterchemiker der Welt – waren die Titanen. Asklepiades behauptete, Kräuter zu kennen, durch die man Seen und Flüsse austrocknen, alles Verschlossene öffnen, feindliche Heere in die Flucht schlagen und sich alle Dinge im Überfluß verschaffen könnte.
(Nachzulesen bei Plinius.)
Bei der Betrachtung von alten Hieroglyphen, von Emblemen und Allegorien, von Sinnbildern und Symbolen kommen manchmal diese alten Gedanken greifbar zu uns und wir erkennen den Wahrheitsgehalt, denn alle diese Dinge, über die wir in diesem Kapitel sprechen wollen, alle die

Kräfte und die Macht, alle Dynamik dieser unserer Welt haben ja sowohl die Pflanzen als auch die Tiere, die Edelsteine, die Metalle.

Sie alle haben einen Anteil an unserem Fortschritt, nicht nur passiv, auch aktiv. Irgendwann, irgendwie begann das und es ist ein langer Weg, es sind Jahrtausende, die diese Geschöpfe durchwandert haben. Ein Weg, der seinen Beginn in der Schöpfung hat, bei den Göttern der Alten und ich glaube bestimmt, er ist noch lange nicht zu Ende; der Weg ist jetzt bei den Menschen. So wie der Mensch alles zuasphaltiert und zuzementiert und verzinkt und verleimt, so läuft er auch Gefahr, diese Welt zu zerstören. Wir sind jetzt aufgerufen, diese Welt zu erhalten, sie nicht zu analysieren bis in die Mikro-, Nano- und noch kleinere Maßstäbe, nur um ja Natur-wissenschaftlich zu bleiben. Wir sollten die Welt erhalten. Alle sprechen von der „Umwelt" und von der Reinhaltung der Umwelt. Laßt uns doch unsere „Welt" lebenswert und liebenswert erhalten. Das geht nur, wenn wir das Leben auf dieser Welt lieben lernen.

Ein liebes Wort und ein freundliches Lächeln sind billiger als elektrischer Strom und geben trotzdem mehr Licht.

Zauberpflanzen

Von einer schier unübersehbaren Fülle von Arten, Familien und Formen des Pflanzenreiches werden wir hier besonders interessante, dabei aber auch merkwürdige und seltsame Gewächse vorstellen.

Denken Sie nur, daß weit über 370 000 verschiedene Pflanzenarten auf unserer Erde wachsen und es wird verständlich sein, daß wir nur eine kleine, mit Blick auf Arzneiwirkung ausgewählte Reihe von Pflanzen aufnehmen können. Ich werde mich dabei auf wenige Pflanzen beschränken, die besonders als Zauberpflanzen eine große Rolle spielten. Dabei werde ich auch den Aberglauben streifen, ihre Wundertätigkeit, ihre Giftwirkung, aber auch ihren großen Wert als Arznei.

Die Kulturgeschichte der Pflanzen soll dabei nicht zu kurz kommen, aber auch die Mythologie spielt eine große Rolle und nicht zuletzt die Etymologie. Der Bogen spannt sich über Jahrtausende, von der Frühzeit der Menschheitsgeschichte über die Hochkulturen alter, längst vergangener Reiche der Antike, schließlich über das Mittelalter bis zu unserer Zeit, die wieder ein neues, ein ganz anderes Verhältnis zu Blüten, Blumen, Sträuchern und Bäumen gefunden hat.

Man geht ja gern zurück in die gute alte Zeit, diese war aber geprägt, und das wird sehr leicht vergessen, durch Aberglauben, durch Ängste vor Hexen, vor Dämonen und vor Druden. Aber diese Dinge sind es, die uns diese Zeit so geheimnisvoll erscheinen lassen, angefangen vom Alraunen-Glauben bis zu Alchemisten-Kräutern, von Hexenpflanzen zum Teufelsspuk.

Kommt da nicht von ganz allein der Gedanke, daß wir bei den Pflanzen tatsächlich beseelte Wesen vorfinden? Wo liegen denn die Ursprünge aller ach so hochgepriesenen Stärkungsmittel, aller Liebesmittel, aber auch aller Gifte, die das Leben auslöschen können. So werden diese Pflanzen schließlich auch zu Heilkräutern, die über die antike Medizin bis zur Volksmedizin in die Naturheilkunde, auch in die Homöopathie hineingefunden haben.

Sie werden keine Systematik finden, weder im botanischen Sinn, noch im Sinn der Wirkungsrichtung oder der Wirksamkeit.

Sondern auf diesem Weg nur die eine oder andere Pflanze, die so unglaublich geheimnisvoll ist. Wir beginnen zunächst mit jenen Pflanzen, deren Namen uns schon einen Anstoß gibt auf die Wirksamkeit.

Es ist erstaunlich, daß hier die Worte von Kratylos, dem Lehrer von Sokrates, beweisbar werden. Kratylos lehrte uns, bei jedem Wort, das wir aussprechen zu untersuchen, was dieses Wort bedeutet. Und so finden wir in den ersten Pflanzen, von denen ich hier etwas erzähle, bereits die Tatsache, daß der Name der Pflanze, sei es ein Held, sei es eine Nymphe, sei es eine Halbgöttin, uns genau darauf hinweist, in welche Richtung diese Pflanze geht. Das gilt besonders im homöopathischen Bereich.

Lassen Sie sich überraschen von diesen Dingen, überraschen aber auch im weiteren Verlauf von den Pflanzen, die durch ihre Signatur jahrhundertelang wichtig waren. Ebenso von den Pflanzen, die als Zauberkräuter Aphrodites oder Gott Amors mit ihren verführerischen Wohlgerüchen den Weg bahnten zu sündigem Gebrauch.

Ich will Ihnen schließlich jene Kräuter zeigen, und auch da wieder nur eine Auswahl, aus der christlichen Zeit, in der die Stimmen und Bilder eines Frühlings Lob und Preis des Schöpfers singen. Und es sind nicht wenige Blütenpflanzen, die besondere religiöse Bedeutung erhalten haben.

Wir werden bei Walahfried Strabo, dem Abt des Klosters auf der Insel Reichenau, er lebte von 1809 bis 1849, Gartengewächse finden und Arzneien, die mit mythologischen und christlichen Elementen verknüpft sind. Wobei z. B. die Rose, ein extra Kapitel ist ihr gewidmet, und die Lilie durch ihre Symboldeutung überirdisch, ja sogar numinösen Glanz bekommen. Wo Lilien im Glanze des strahlenden Glaubens mitgeführt und wo Rosen im Blute der Märtyrer gepflückt werden.

Ganz tief treten wir hier in den Glauben ein. Die Lilie bedeutet „Glaube", „Unschuld" und ist so das Zeichen Marias. Außerdem beinhaltet sie „Frieden"; die Rose hingegen „Märtyrer-Blut", „Tod" und „Kampf".

Beides aber, Märtyrer-Tod und Unschuld und Frieden vereinigt Christus in sich. Er hat durch Wort und Leben die anmutigen Lilien geweiht, durch seinen Tod am Kreuz die Rosen gefärbt. Dem Menschen hat er beide Wege, den des Friedens und den des Kampfes hinterlassen. Mit diesen beiden Sinnbildern, der Lilie und der Rose, sind Sie vorbereitet auf ewigen Lohn, welchen Weg Sie auch gehen mögen.

Solches z. B. ist zu lesen in Strabos Gedanken aus seinen Büchern über den Gartenbau (De cultura hortorum XXVI). Lassen Sie mich erst eine Geschichte von den Rosen erzählen:

Die Rosen, eigentlich das schönste Geschenk der Götter, ein Geschenk, das ein Erlebnis aller Sinne darstellt. (Teil I) Fürwahr, es ist schon so, daß die Rose die Blume unter den Blumen ist. Als Königin der Blumen hat sie die griechische Dichterin Sappho bezeichnet. Aber lange vor ihr war sie in Indien das Symbol des göttlichen Geheimnisses.

Aus Persien stammt die hübsche Legende von der „Thronbesteigung der Rose":
Eines Tages traten die Blumen vor Allah hin und verlangten einen neuen Herrscher, da der schläfrige Lotos in der Nacht nicht wachen wollte. Da gab Allah ihnen die jungfräuliche weiße Rose mit den schützenden Dornen.

Und gerade in der Antike, in dieser so sinnlichen Atmosphäre, erreichte die Rose einen Höhepunkt ihres Erdendaseins.

Sie ist ja immerhin so alt schon wie Wein, vielleicht älter als Brot. Als Kranz lag sie auf der Stirn des Zechers als Zeichen von Lust und Lebensfreude, aber auch, um seine Trunkenheit zu bannen. Sie hat schließlich als Sinnbild Altäre und Bildsäulen von Gottheiten geschmückt, um diese überirdisch-ewigen Mächte zu ehren. Aber sie schmückte auch das Haupt der Priesterinnen während ihrer kultischen Handlungen in den großen Tempeln der Liebesgöttinnen und ebenso bei den orgiastischen Frühlingsfesten der Flora. Die späthellenische Dichtung begann dann, die Rose mit den Begriffen Wollust und Grausamkeit zu verquicken.

Wie sagt doch der Dichter Vulgentius:

„Die Rosen erröten wegen des Vorwurfs der Schamlosigkeit und stechen mit dem Stachel der Sünde."

Die Blumen-Orgien der Neuzeit, sei es mit Tulpen oder Orchideen, mit Narzissen oder Exoten, sind ein schwaches Abbild von dem, was uns die dionysischen Lustfeste symbolisch brachten als Verehrung ihrer eigenen Macht und Glorie mit ihren Rosen.

Die Betten im kaiserlichen Palast und in den Villen der Aristokraten waren mit Thymian und Rosenblättern bestreut und aus offenen Decken ließ man auf die tafelnden Gäste einen duftenden Blütenregen herabfallen von Rosen und Veilchen, Lilien und Narzissen, bis alle fast bis zum Ersticken zugedeckt waren und das alles nur, um Freude zu machen.

Diese verschwenderische Schwüle duftender Rosen, mit der ein ganzes Zeitalter vergewaltigt wurde mit einem allgemeinen Sittenzerfall, überlebte auch die Spätantike und die ersten christlichen Jahrhunderte. Nun allerdings wurde die Rose zum Mittelpunkt des Marienkultes und war nicht mehr die heidnische Rose der Iris oder der Aphrodite. Die einst aus dem göttlichen Blut des Adonis geborene Blume des trunkenen Bacchus, sie ist zum vergeistigten Gottestum erhöht und gleichgesetzt mit dem Sohn und der heiligen Jungfrau, dessen Golgatha-Wunden mit brennenden Rosen verglichen werden. Rosen schmückten fortan die Altäre der Muttergottes. Weiße Rosen als Sinnbild der unbefleckten Reinheit, blutrote Rosen als Symbol der Passion.

Aus dieser Huldigung entstand vor 5 Jahrhunderten etwa der Kult des Rosenkranzes mit freudenreichen und schmerzhaften Gesetzen in Weiß und in Rot, aber auch in Gold für die glorreichen Mysterien der Verklärung.

„In den Kräutern ist die ganze Kraft der Welt. Derjenige,

der ihre geheimen Fähigkeiten kennt, ist allmächtig."
So lesen wir in einer alten indischen Sage. Aber nicht nur in Indien, in Alt-Indien, überall auf der ganzen Welt in allen großen Kulturbereichen hat sich alles Geschehen vor dem Hintergrund magischer Pflanzen abgespielt. Das lesen wir bei vielen Dichtern, nicht nur bei Virgil, und seit der Einführung des Christentums hat sich eigentlich gar nichts geändert.

Man war sich im Mittelalter absolut sicher, daß man mit Hilfe „der Kraft und Tugenden der Kräuter und allerhand Erdgewächsen − so unter und ober der Erde seien − Unglaubliches erleben kann, sogar Wunder. Da waren es vor allem die Nachtschattengewächse, die Solanaceen, aus denen man Tränke aller Art und Salben bereiten konnte; darin träumt die Hexe und vor lauter Tanzen, Fressen, Saufen und dergleichen vermeinet sie, sie sei geflogen."
Die unseligen Hexenverfolgungen im 15. und 16. Jahrhundert sind vorüber. Die Scheiterhaufen der Armen, die da verbrannten, sind längst erloschen. Aber der Glaube an die Magie der Pflanzen ist geblieben.

Auch Geheimrat von Goethe reiste zum Wunderdoktor Schüppach in die Schweiz, wo er sich über das Bilsenkraut informieren ließ.

Wir wollen uns jetzt nur die Frage stellen: Was muß eigentlich eine Pflanze an sich haben, daß sie in den Ruf von Eigenschaften gerät, die Zauber, Magie und Wundersames versprechen?

Der Schritt vom Ungewöhnlichen zum Geheimnisvollen bis hin zum Okkulten ist an sich nur klein. Und wenn eine Pflanze, sei es in Form oder Gestalt, in Duft oder Art ihres Jahresablaufes etwas nur „aus der Reihe tanzt", dann wird die Einbildungskraft und die Fantasie eines Menschen sich sofort damit beschäftigen, dann werden diese Pflanzen zu Trägern von Zauber- bzw. Aberglauben, der sich dann aber auch hartnäckig hält. Eine Generation übergibt es der nächsten, und so haben wir heute unheimlich viele Kräuter, die als Zauberpflanzen gelten.

Viele Kriterien führen dazu. Das sind die Blütenformen, denken Sie an das Löwenmaul oder diese komisch geformten unterirdischen Pflanzenteile wie beim Knabenkraut, die Orchideen heißen. Wie orchis, der Hoden, sehen diese Wurzelknollen aus. Oder denken Sie an die menschenähnlichen Wurzeln Mandragora, die Alraune. Aber auch die Besonderheiten biologischer Jahresperiodizitäten bringen manche Pflanzen in zauberischen Ruf. Denken Sie auch an die Blütezeit der Herbstzeitlose, die im Frühjahr ihre Früchte trägt. Nur weil die Mistel auf Bäumen wächst und sich ohne Samen und Blüten vermehrt wie die Farnkräuter, gilt sie als Zauberpflanze. Oder wenn eine Pflanze einen besonders aufdringlichen Geruch hat wie Baldrian beispielsweise, wird ihr eine solch besondere Bedeutung zugesprochen.

Ich möchte Sie an den Dost oder den Dill erinnern, von dem es so schön heißt, daß ihn die bösen Weiber nicht ausstehen können:
„Baldrian, Dost und Dill, kann die Hex nicht, wie sie will."
So heißt ein alter Volksreim.

Deshalb tat man solche Kräuter auch dem Vieh ins Trinkwasser, dann war der Stall geschützt vor den Hexen.

Natürlich muß man auch wissen, wie und wann man solche Pflanzen ernten kann, zu welchen Tages- und Jahreszeiten, welchen Nachtzeiten, an welchen Örtlichkeiten. Welche Pflanzen kann man sich in der Johannisnacht holen, welche bei bestimmten Mondphasen. Und manche haben nur eine Zauberkraft, wenn sie auf dem Friedhof wachsen oder an irgendeinem Kreuzweg, vielleicht unter der Richtstätte.

Ein ganz alter Aberglauben zeigt uns noch, daß Zauberpflanzen, besonders wenn sie zu Heilzwecken bestimmt sind, auch in einer bestimmten, möglichst ungeraden Zahl

194

gesammelt werden müssen: 3, 7, 77, 99; neunerlei Kräuter; neunerlei Holznamen in Bayern, um einen Schemel zu zimmern, auf den man den Kranken setzt, damit er schneller gesund werden konnte.

Hierzulande ist es immer noch üblich, daß man Pflanzen nicht mit dem Messer oder der Schere abschneidet, sondern mit der Hand abbricht, möglichst mit der linken Hand, denn die kommt ja vom Herzen. Übrigens eine Vorschrift, die schon in der Antike üblich war, wo man „sine ferro" (ohne Eisen)-Heilpflanzen ernten mußte.

Das Altertum hatte auch noch Orakel- und Schicksalsbäume, die meist im Mittelpunkt kultischer Übungen standen. Denken Sie an die heiligen Eichen und Buchen in Griechenland und in Germanien. Hier wurde das Rauschen ihrer Blätter, das Tönen der an den Zweigen aufgehängten Gefäße, von den Priestern genutzt zu Weissagungen.

Und hat denn niemand von Ihnen entsprechend der „alten Weiber Philosophie" aus dem Jahre 1571 das Liebesorakel selbst erlebt: Er liebt mich, liebt mich nicht . . .

Es gibt eine große Anzahl von magischen Pflanzen. Viele suchen wir vergeblich in den botanischen Lehrbüchern, zumindest finden wir nicht das Zauberische, das Magische über sie.

Sie können aber in der Odyssee nachlesen:
„All auch will ich Dir nennen, die furchtbaren Ränke der Kirke.
Weinmus menget sie Dir und mischt in die Speise den Zauber.
Gleichwohl nicht vermag sie Dich einzunehmen;
die Tugend dieses heilsamen Krautes verwehrts ....
Also sprach und reichte das heilsame Kraut Hermeias,
das er dem Boden entriß und zeigte mir seine Natur an:
Schwarz war die Wurzel zu schauen, milchig weiß blühte die Blume,

Moly wird sie von den Göttern genannt, schwer aber zu graben ist des sterblichen Menschen, doch alles können die Götter."

Weiße Blüte, schwarze Wurzel, was war das wohl für ein Kraut? Ein Kraut, das dem Odysseus half, der Hexe und Zauberin Kirke widerstehen zu können.

Bei Theophrastus, dem bedeutendsten Schüler von Aristoteles, steht in seiner „Naturgeschichte der Gewächse":
„Das Moly wächst in der Gegend von Pheneus und im Kylene-Gebirge. Es soll dem gleich sein, von dem Homer spricht."

In vielen Schriften wird die Pflanze noch genannt. Es muß ein Zwiebelgewächs gewesen sein. Manche dachten auch an *Helleborus niger*, vielleicht ist es auch nur eine mythologische Erfindung, möglicherweise stammt der Name aus der Sprache der Götter.

Bei Homer finden wir noch ein weiteres Zauberkraut: Helena kredenzt im Haus des Menelaos, des Guten, dem Telemach den Trank *Nepenthes* (der Name bedeutet „ohne Leid"), damit er den Schmerz um seinen Vater und das Elend seines Hauses vergesse. Also lesen wir bei Homer:
„Aber ein anderes ersann nun Helena, Tochter Chronions. Schnell in den Wein warf jene, wovon sie tranken, ein Mittel,
Kummer zu tilgen und Groll und jeglicher Leiden Gedächtnis.
Kostet einer davon, nachdem in den Krug er gemischt war, nicht an dem ganzen Tag benetzt ihm die Träne das Antlitz, nicht ob selbst gestorben ihm wäre auch Mutter und Vater."

Ob Nepenthes gleich ist mit unserer Pflanze Nepenthes, der Kannenblume, oder handelt es sich um ein echtes Rauschgift, vielleicht Haschisch? Oder Bilsenkraut, es kann auch ein Mohnpräparat gewesen sein.

196

Denken wir an diese berüchtigte Zeit im klassischen Altertum, da haben wir Medea, die Tochter des Helios-Sohnes Aietes, des Königs Kolchis und Gemahlin Jasons, von dem sie später verstoßen wurde. Ihre Kenntnis zauberkräftiger Kräuter muß groß gewesen sein. Jason gab sie eine Zaubersalbe als Schutz gegen feuerspeiende Stiere, mit Zauberkräutern füllte sie nach der Sage die Adern von Jasons Vater Aison, verjüngte ihn auf diese Weise und schläferte schließlich auch mit solchen Kräutern den Drachen ein. Jenen Drachen, der das goldene Vlies bewachte.

Sagenumwoben und sehr geheimnisvoll ist die „Springwurz".

Schon in der altindischen Veda-Literatur finden wir sie als Pata. Und in den antiken Zauberbüchern ist von ihr oft die Rede. Man muß allerdings auch dazu noch einen Specht haben, so schreibt Plinius im 1. Jahrhundert n. Chr., dann erst kann man sie als Springwurzel verwenden. Die Wirkung der Springwurzel besteht darin, daß alle Türen und Schlösser vor ihr aufspringen und alle Felsen, hinter denen verborgene Schätze liegen.

Und sie macht einen ganz sicher.

Auch in Rußland finden wir diese Springwurz, da heißt sie „Ras-riv-Trawa" (Auseinanderbrechkraut). Sie blüht nur in der Johannisnacht, und muß in dieser kurzen Zeit, in der sie blüht, gepflückt werden. Man erkennt sie daran, daß die Sensen an ihr zerbrechen und von einem Pferd die Eisen abspringen, wenn es darüberläuft.

Über Springwurz werden wir nichts in botanischen Büchern lesen. Manche sagen, es wäre vielleicht das Salomonsiegel, eine Geschwisterpflanze des Maiglöckchens, also eine Lilie. Vom Salomonsiegel sagt man, es hätte seinen Namen daher, weil es beim Tempelbau Salomons zum Sprengen der Felsen Verwendung gefunden hätte. In alten Kräuterbüchern liest man, daß man einer Gebärenden, die bei der Entbindung

Schwierigkeiten hat, diese Pflanze blühend auf den Leib binden soll, sie würde den Leib dann öffnen.

Alraune – Mandragora

Wer wünscht es sich nicht – und wer könnte es nicht gebrauchen – das Glück, möglichst in allen Lebenslagen und zu jeder Zeit. Jeder möchte es haben, und wenn er es hat, dann möchte er es festhalten. Weil aber das Glück flüchtig ist, so haben alle Menschen versucht von alters her, dieses Glück in greifbare Symbole hereinzustellen und sie so jederzeit bei sich zu haben. Heute noch finden wir in jedem Auto einen Talisman und früher? Nun, da war die Alraunen-Wurzel das Symbol des höchsten Glückes. Wer schon besaß eine solche Wurzel?

Sie ist ohne Frage die wohl berühmteste aller Zauberpflanzen. Seit Jahrhunderten ist ihr Name nicht nur erregend und aufregend, er ist geheimnisvoll und manch einem Alten läuft noch der kalte Schauer den Rücken hinunter, wenn er ihren Namen hört. Ist doch im alten germanischen Bereich hier ein mythisches Wesen vorhanden. Die Alraunen-Wurzel spricht für Naturdämonen, die im geheimen wirken und zauberische Fähigkeiten haben. An sich ist die Alraune im Mittelmeerraum zu Hause. Genau wie die Tollkirsche, das Bilsenkraut oder der Stechapfel enthält sie alle die berühmten Alkaloide, Atropin, Hyoscyamin und Scopolamin, die Aufregungszustände hervorrufen, Unruhe, Tobsucht, Halluzinationen sogar und verschiedene andere geistige Veränderungen, die dem, der solche Zustände hat, erscheinen lassen, als tanze er auf einem Drahtseil, was eine Gratwanderung der geistigen Gesundheit darstellt.

Doch konnte man sie auch als Schlaftrunk benutzen. Schon etwa 100 bis 200 Jahre v. Chr. wird darüber gesprochen.

Die Wurzel sieht tatsächlich aus wie ein Menschlein, ein Menschlein, das in die Erde hineingewachsen ist, ein leibhaftiger kleiner Homunculus, der immer wieder die Fantasie der Menschen anregen mußte.

Von den alten Ägyptern wissen wir es schon. Da ist nämlich bereits 1500 Jahre v. Chr. in einer Grabwand diese Pflanze dargestellt. Ob sie dabei bei Zauberriten eine Rolle spielte ist unbekannt.

Auch die in der Bibel geheimnisvolle und unbekannte Pflanze Dudaim scheint, so jedenfalls sagt uns das Luther, mit Mandragora gleich zu sein.

Bei Theophrastus, dem berühmten Nachfolger von Aristoteles, begegnen wir dieser zauberischen Pflanze Mandragora in seiner von ihm geschriebenen „Naturgeschichte der Gewächse". Er sagt, es sei ein einschläferndes Mittel und vor allen Dingen gebraucht zu Bereitung von Liebestränken. Da gibt es auch genaue Vorschriften, wie man die Wurzel ausgräbt, denn man könnte sehr schnell sterben. Und heute noch ist dieser alte Glaube im tiefen Oberbayerischen und Tiroler Land zu Hause. Man wird nie eine Mandragora-Wurzel mit der Hand ausgraben, sondern sie vorsichtig mit einem Strick umschlingen und dann einen Hund benutzen, der sie herauszieht. Denn dieser Hund muß dann sterben.

Bei Dioskurides, dem so berühmten Mann, der uns viel von Pflanzen erzählt hat, wird die Alraune ausführlich behandelt, aber er spricht nur von einem wohlriechenden Kräutlein, nichts von den Zauberseiten der Alraune. Außer, so sagt er, „sie sei von etlichen Kirkaea genannt und dasselbige von wegen der Hexen und Zauberin Kirke, dieweil es zu den Zaubereien der Liebe wird gerühmet."

Vergessen wir bitte nicht, daß die andere berühmte Zauberin der Antike Medea eine Schwester von Kirke war. Auch sie war des Zauberns kundig, an anderer Stelle werden wir es lesen.

Einen sehr genauen Bericht gab Josephus Flavius kurz nach

Christi Geburt in der „Geschichte des jüdischen Krieges".
Da beschreibt er diese ungeheuerlich wundersame Pflanze,
die sich menschlicher Hand entzieht, und man muß sie
schon mit Urin oder Menstrualblut begießen, damit sie
bleibt. Man muß sie umringen, umgraben. Wenn sie einmal
ausgerissen ist, dann muß sie ein Opfer haben; das ist dann
der Hund, der sie ausgerissen hat.

Dieser jüdische Geschichtsschreiber berichtet uns auch, daß
die Dämonen, d. h. die bösen Geister, welche in die Lebenden hineinfahren, sofern nicht schnelle Hilfe gebracht wird,
ausgetrieben werden, wenn man sie einem Kranken auch
nur nahe bringt.

Auch in Goethes „Faust" finden wir die Suche nach dieser
Zauberwurzel. Hier macht Mephisto den Vorschlag, wie
man die Finanzen des kaiserlichen Hofes in Ordnung bringen könnte. Er stößt aber auf die Verständnislosigkeit der
Menge:
„Da stehen sie umher und staunen,
vertrauen nicht dem hohen Fund,
der eine faselt von Alraunen,
der andere von dem schwarzen Hund."

Später im germanischen Volksglauben und dann im deutschen Volksglauben sind die Fabeln des Josephus Flavius,
der germanische Mythos und die christlichen Ansichten zu-
sammengeflossen. Hildegard von Bingen, sie wird heute als
erste deutsche Ärztin angesehen, kann von der Alraunen-
Wurzel sagen, daß man mit ihr der Versuchung des Teufels
mehr ausgesetzt ist als mit anderen Pflanzen. Umgekehrt
kann aber auch alles Böse und Üble mit ihr ausgetrieben
werden, wenn man sie rechtzeitig und immer wieder mit
Quellwasser reinige. Dann kann man nichts Zauberisches
und nichts Böses tun, nichts Dämonisches, sondern man ist
in der Lage, mit ihrem magischen Einfluß auch zu heilen.
Sie gibt auch den Rat, wenn unter magischem Einfluß reine

Lüsternheit sich im Körper ausbreite und er sich der Unkeuschheit ergebe, dann solle man eine weibliche Alraune zwischen die Brust des Mannes und den Nabel binden, ein wenig davon essen, dann werde man geheilt. Und sollte ein Mensch von Natur aus depressiv und melancholisch sein, so empfiehlt sie, eine gut gewaschene, mit Quellwasser gewaschene Mandragora ins Bett zu legen, bis das Kraut von dem Schweiß warm werde, und dann ein Gebet dazu zu sprechen:

„Gott, der Du den Menschen aus Erde ohne Schmerzen geschaffen, jetzt lege ich diese Erde, die niemals gesündigt, neben mich, damit auch mein irdischer Leib den Frieden fühle, wie Du ihn geschaffen hast."

So eine Pflanze muß die menschliche Fantasie anregen. Besonders wenn sie unter einem Galgen wächst an der Stätte, wo ein Mensch sein Leben lassen mußte, wo ein Mörder oder ein anderer durch teuflische Kräfte ein Verbrechen begangen hatte. Um so mehr war man hier dem Grauen ausgesetzt, da ja die Figur der Wurzel der Mandragora so sehr an Menschliches erinnert. Halb Mensch, halb Pflanze, halb von dieser Welt und halb geboren aus Sehnsüchten, aus Ängsten, Halluzinationen aus Wünschen, Träumen, Hoffnungen und Suggestiv-Gedanken. Der Glaube und die ewig alte Vorstellung, daß jedem Menschen gute Geister und Kobolde beistehen, ihm Glück, Gesundheit und Reichtum geben, ihn auch behexen und beschreien, beschützen. All das ist im Alraunen-Glauben darin.

Denken Sie nur einmal an das schöne alte Märchen vom „Tapferen Schneiderlein". Da sagt es der ungeschlachte Riese, daß dem armseligen Schneiderlein jene Kraft zuzumuten sei, denn:

„Der Kerl kann mehr als Äpfel braten, der hat Alraun im Leibe."

Sie ist ein Hexenkraut, ein riesiges Hexenkraut. Das lesen

wir in all den Jahrhunderten, im tugendsamen Weiberspiegel, in alten Märchen und Geschichten. Landauf, landab, immer nur liest man es in alten Chroniken, wie teuer diese Alraunen waren, wenn man sie haben wollte und nicht zuletzt soll man nicht vergessen, daß auch die Alraune dazu gehörte, wenn es darum ging, eine Hexensalbe zu bereiten, über die wir noch sprechen werden.

Im Zusammenhang damit hatte natürlich auch die Obrigkeit ein scharfes Auge auf die Alraunenbesitzer, denn sie haben viel Unfug angerichtet. Viele haben natürlich auch irgendwelche Rüben, z. B. Bryonia, sogar gelbe Rüben, als Alraune verkauft und unheimlich viel Geld verdient. Aber weil die Alraune doch so Schreckliches, Dämonisches leisten konnte, hat im Jahre 1611 der bayerische Herzog Maximilian das Landgebot erlassen „wider den Aberglauben, die Zauberey, die Hexerey und andere sträfliche Teufelskünste". Darin wird mit schweren Strafen bedroht, wer Mandragora oder Alraune ausgräbt oder sie gar daheim aufhält. Aber wie immer, wenn etwas verboten ist, hielt es über Jahrhunderte fest und viele, viele haben sie ausgegraben und zu Hause behalten.

Im Vertrauen, ich besitze auch eine Alraunen-Wurzel. Ich habe sie aber für alle Fälle in meinem Sprechzimmer gegenüber einem Kruzifix aufgehängt, damit der Teufel sich nicht ihrer bemächtige.

Außer Mandragora sind noch die Tollkirsche, das Bilsenkraut und der Stechapfel, der Sturmhut und ein wenig Schlafmohn, aus denen die Hexensalbe gefertigt wurden, zu nennen. Und „Hexen" wurden in heißes Wasser gesetzt, gebadet, bis die Haut krebsrot war. Nach einem einstündigen Bad wurden die „Hexen" mit dieser Salbe eingerieben. Die so stark gerötete Haut nahm alle Gifte voll auf, welche dann nach kurzer Zeit bereits anfingen zu wirken. Ganz wenig bekleidet wurden die „Hexen" vor Gericht gestellt, dann kamen die Fangfragen: „Was habt ihr heute Nacht gemacht?" Durch diese Salbe wurden Halluzinationen erzeugt, mit denen die Angeklagten vor Gericht prahlten, daß sie auf einem Besenstiel geritten seien, einem Imaginations-Vehikel, um mit dem Teufel zu buhlen. Alle haben diesselbe Aussage gemacht und das Gericht verurteilte sie zum Scheiterhaufen-Tod. Solche Versuche sind auch noch in Amerika gemacht worden mit Studenten, die sich freiwillig meldeten. Auch sie haben die gleichen Aussagen gemacht, wenn auch nicht auf dem Besenstiel, sondern auf einem anderen kräftigen Stiel seien sie nackt zu einem Berge geritten, um mit dem Teufel zu buhlen.

Das Nackte spielt bei allen Halluzinationen der Kräuter, den Nachtschattengewächsen, eine große Rolle. Und so sollten wir uns auch daran erinnern, daß zur Magie des Kräutersammelns von alters her die Nacktheit gehört.

Medea, die Hexe des Altertums, die Schwester von Kirke, läßt Sophokles die Wurzeln in hüllenloser Nacktheit abschneiden.

In einer alten Schrift, der „Magia naturalis" heißt es:
Farnsamen, Wünschelruten, Eisenkraut und Eberraute, Johanniskraut muß in der Johannisnacht „ganz nacket geholet werden, damit es helfe".

Diese Angaben werden deswegen gemacht, so erklärte man es früher, damit der Mensch mit all den Kräften, dem Wohlwollen und dem Segen der Gottheit in Verbindung treten könne. Dies sei nur möglich, wenn er sich loslöse vom Gewöhnlichen und Unreinen des alltäglichen Lebens und nur mit der Nacktheit, wenn die irdische Hülle abgestreift sei, auch die Hüllen des Geistes direkt Kontakt bekommen könnten mit alll den zauberischen und geheimnisvollen Kräften der Nacht und der Dämmerung.

Wenn wir von „Hexen" reden, dann müssen wir uns auch überlegen, wo das eigentlich herkommt? Nun:

„Hexe" muß eigentlich „Hägse" heißen, denn das Wort kommt von „Haag" (germanisch der „Hain"). Hexen sind Waldweiberlein, ursprünglich waren es die „Albrunen" oder die „Heilrätinnen" der Germanen, deren Wirken aber der weißen Magie entsprach. Es waren die späteren „weisen Frauen". Das waren jene, die Heilkräfte besaßen.

Als das Christentum schließlich überhand nahm, wurden Wotan und seine barmherzigen Samariterinnen zu Hexen deklassiert. Aus ihrem Stand herausgeworfen rächten sie sich insgeheim an den Ursurpatoren mit Gift. Sie machten natürlich die Anhängerinnen des neuen Glaubens mit künstlichen Paradiesen abtrünnig. Dazu gehörten die Gifte der Nachtschattengewächse.

Mit zunehmender Verbreitung stellte sich die christliche Kirche immer mehr auf die Seite der Herren und drängte die Frau immer weiter in den Hintergrund. Um zeitweise ein Vergessen aus dieser sozialen Not zu finden, mehrte sich die Schar der Widerstandskämpferinnen, denen im Endeffekt, wenn man den heutigen Feminismus betrachtet, möglicherweise ein anarchisches Endziel vorschwebte bzw. vorschwebt.

So ist auch heute das Hexentum noch nicht ganz ausgerottet. Es hat sogar einen Zuwachs an Mitgliedern gewonnen. Und nicht nur bei den primitiven Völkern, nein, auch bei den sogenannten hochzivilisierten und kulturell Hochstehenden, da finden wir Armeen von hexenähnlichen Umtrieben.

Aber ich möchte jetzt nicht alle Frauen verteufeln, oh nein, sonst ist mir einst die Rache auch dieser noch sicher.

Bei Zigeunern finden wir sogar ganze Hexen-Vereinigungen. Die hatten es nun fertiggebracht, noch bis ins vorige Jahrhundert hinein, die Hexen aller Welt zusammenzuschließen. Man kann dabei wirklich von Sekten sprechen, denn auch der Satanskult ist eine Religion. Dämonenkult ist nicht unsinniger als Gotteskult. Die Anhänger des Satans sind Mystiker eines unsauberen Ordens, aber sie sind Mystiker. Ein Autor spricht sogar von einer „Hexenreligion", ein anderer von dem „Herrn Satan und seinem Orden". Und auf der ganzen Welt, egal welchen großen Religionen Sie begegnen oder in welches Land oder welchen Erdteil Sie kommen, werden nirgends dämonische Mittler ausgeschlossen. Es ist staunenswert, daß nicht nur bis zum Ende des vorigen Jahrhunderts Hexen-Verbände existierten, bei denen berühmte Adelige Gauleiterinnen waren und sogar Hexenschulen eröffneten. Ganz zu schweigen von den Hexentänzen und all den mit Hexen zusammenhängenden Gewohnheiten in unseren Urländern. Ob Bayern, Schwaben, ob Elsaß oder Lothringen, ob Kelten oder Goten, überall herrschten sie, überall waren sie bekannt und überall, sogar in China, gab es magische Kulte. Diese Kulte sind, wenn man die heutige Zeit betrachtet, technisiert worden, z. B. wenn sie mit dem elektrischen Strom experimentieren.

Einst sagte der Kirchenvater Aurelius Augustinus (bis 430 n. Chr.):

„Wir wandeln inmitten von Dämonen, die uns üble Gedanken verursachen."

Johanniskraut – *Hypericum perforatum*

Das Johanniskraut sollten wir noch besprechen, denn am 24. Juni ist das Geburtsfest Johannes des Täufers. Da blühen die gelben Blüten des Johanniskrautes, die von alters her wegen ihrer hervorragenden Eigenschaften beim Volk großes Ansehen genossen. Im 14. Jahrhundert hieß es noch „Johanneskrût" oder auch „Hartheu" und ist für alle möglichen Leiden vorgeschlagen worden. Es ist ein Heilkraut, aber auch ein Zauberkraut. Man nannte es früher auch „Mutter-Gottes-Kraut" oder „Teufelskraut", das den Teufel verjagt. Man sagte, das rote Öl, das Rot-Öl, das wir in der Apotheke kaufen können, stammt ja vom Johanniskraut. Dieses rote Öl, dieser rote Saft, sei das Blut Johannes des Täufers. Manchmal wird es aber auch als die Tränen Marias bezeichnet, mit welchen sie ihr Lager benetzte. Berühmt ist dieses Kraut wegen seiner antidämonischen Wirkung. Es vertreibt den Teufel und alle bösen Geister.

Heute finden wir in vielen oberbayerischen Dörfern, daß den jungen Mädchen, wenn sie zum ersten Mal zum Tanzen gehen, ein Zweiglein vom Johanniskraut in den Rocksaum genäht wird. Der Grund? Damit der Teufel ihr nicht unter den Rock greife!

In der Chemnitzer Rockenphilosophie, einer Sammlung von abergläubischen Meinungen, die vom 16. bis 18. Jahrhundert immer wieder neu aufgelegt wurden, da lesen wir:

„St. Johanniskraut ist von so großer Kraft – den Teufel und die Hexen zu vertreiben – da hero auch der Teufel aus Bosheit – dieses Kraut die Blätter mit Nadeln durchsticht."

Die durchscheinenden Punkte auf den Blättern sehen aus wie Nadelstiche des Teufels. Deswegen auch der lateinische Ausdruck „Perforatum", das durchlöcherte Kraut.

Immer wieder ist die antidämonische Kraft von Johanniskraut zu hören, sei es in der Liebe, sei es bei Krankheiten, sei es bei Gewittern oder bei Unglück. Mit entsprechender Signatur der durchlöcherten Blätter wird es verwendet vor allen Dingen bei Wunden, bei Verletzungen, bei Blutarmut allerdings auch, bei Gehirnerschütterung, ebenso bei starken Wöchnerinnenblutungen, die nicht weichen wollen.

Es hieß auch, und zwar bei Bock im Jahre 1539: „Unserer lieben Frau Bettstroh".

Auch der Beifuß gehört zu den sogenannten allgemeinen Johanniskräutern (*Artemisia vulgaris*). Ein Korbblütler, der überall auf Schutthalden, an Wegrändern und an Hecken blüht. Früher eine berühmte Würzpflanze, und wenn man früher beim Johannisfeuer übers Feuer sprang, dann hat man einen Gürtel umgelegt mit Beifuß, das schützte einen vor jeglicher Krankheit.

Wenn jemand krank war, hat man ihn mit Beifuß eingewikkelt und dann den Wickel im Feuer verbrannt, denn die Krankheit war in die Pflanze übergegangen.

In der antiken Medizin war *Artemisia vulgaris* vor allen Dingen ein gynäkologisches Zaubermittel. Es ist das Kraut der „Artemis", auch „Frauenkraut" genannt. Es half, wenn die monatliche Reinigung der „Frauenzimmer" nicht immer funktionierte.

Arnika montana

Noch eine Pflanze, die im Sonnwend besonders wichtig ist, ist *Arnika montana*, die gerade auch, wenn man sie in der Johannisnacht pflückt, die höchste Zauberkraft besitzt. Im Böhmischen war es früher Sitte, daß die Kinder aus Arnika und Glockenblumen ein Johannisbett machten, Heiligenbildchen daraufleegten, dann lag am nächsten Morgen Geld darunter. Auch an den Ecken der Felder stellte man Arnika-Pflanzen auf, damit der Teufel dem Feld keinen Schaden zufügen konnte. Die Arnika ist eine uralte „Wohl verleihende" Heilpflanze. Daher auch ihr deutscher Name: „Wohlverleih".

Farnkräuter

In die Gruppe der Pflanzen, die auch zu den Johannispflanzen zählen, gehört auch der Farn: Baumfarn, Frauenfarn, Adlerfarn. Ihr Vorkommen im dämmerigen Waldschatten, der eigentlich immer schon als Aufenthaltsort für Kobolde und Wichtelmänner galt, dann dieses plötzliche Auftreten dieser goldglänzenden Sporenhäufchen auf der Unterseite der Blätter, hat zusammen bewirkt, daß Farnkräuter bis in die Neuzeit hinein die Fantasie des Volkes immer wieder neu beschäftigt haben.

„Blühen" soll der Farn nach der Volksmeinung nur in der Johannisnacht, und kurz danach ist der Farnsamen am zauberkräftigsten. Der Farn blüht aber gar nicht und hat demzufolge auch keine Samen, denn die Farnsamen sind an sich ja nur Sporenhäufchen.

Auch hier finden wir wiederum bei der heiligen Hildegard von Bingen Anhaltspunkte für die wunderbaren Zauberkräfte des Farns. In ihrer „Naturgeschichte" habe der Farn so große Kraft, daß der leibhaftige Teufel fliehen müsse und daß das Haus, bei dem Farnkräuter wüchsen, vom Blitzschlag sicher sei.

Und wer Farn immer bei sich trägt, ist geschützt vor Zauber und vor Hexen.

Farn gehört natürlich auch in das Bett einer Wöchnerin und selbstverständlich in das Bettlein eines Neugeborenen. So können die Ränke des Teufels ihm nichts anhaben.

Es ist noch gar nicht so lange her, etwa 300 Jahre, da glaubte man in vielen Bereichen der Schweiz beispielsweise, daß man mit Hilfe des Farnsamens Macht über den Teufel bekäme, aber daß man auch mit dem Farnsamen vom Teufel geleitet werden könne. Auch hier hat Herzog Maximilian von Bayern in seinem Landgebot wider den Aberglauben verfügt, daß ein jeder mit Strafe zu rechnen habe, der den Farnsamen hole.

Fast unbegrenzt ist der Dämonenglaube um den so geheimnisvollen Farnsamen. Das ist ein Aberglaube, der bis heute noch nicht ausgestorben ist. Da gibt es noch viele Redensarten. Im Schwäbischen heißt es „der hat den Farnsamen geholt". Die Tiroler meinen, Farnsamen finde man am leichtesten, wenn ein Komet am Himmel stehe. Dann werde man reich, glücklich und bleibe gesund.

Eine Zauberwirkung sollte ich noch erwähnen, nämlich daß die höchste und begehrteste Zauberwirkung des Farnsamens darin besteht, daß er seinen Träger mit einer Tarnkappe bedenken kann. Weil der Samen ja eigentlich unsichtbar ist, so kann man auch den Träger nicht sehen.

Im deutschen Sprachgebiet gibt es eine Legende, die ein wenig abgewandelt in jedem Volkstum erzählt wird, wie einem Bauern nach der Suche eines im Wald verlaufenen Stück Viehs Farnsamen in die Schuhe fielen, ohne daß er es merkte. Als er heimkam, berichtete er, daß er das Tier nicht gefunden habe, da erschraken alle aufs höchste in der Stube, ihn zwar sprechen zu hören, aber nicht zu sehen. Der Mann merkte jetzt erst, daß er unsichtbar war und dachte bei sich, er möge wohl Farnsamen in den Schuhen haben. Er zog die Schuhe aus, schüttete sie aus, der Farnsamen fiel heraus und siehe, vor aller Augen war der Bauer wieder zu sehen.

Als Junge hatte ich nur einen großen Wunsch. Ich wollte gerne eine Tarnkappe tragen. Ich weiß nicht mehr genau, was ich alles sehen wollte, es lohnt sich auch nicht, das alles zu erzählen. Sie haben sicher auch ähnliche Wünsche gehabt wie ich.

Und ich habe oftmals Farnsporen in meine Schuhe getan, bin dann herumgelaufen und nie wurde ich unsichtbar. Immer haben mich alle gesehen, bis ich eines Tages meine Experimente aufgegeben habe.

Nun, vielleicht ist es ganz gut so. Ich danke Gott zumindest dafür, denn welchen Unsinn hätte man wohl damit treiben können.

Silberdistel

An eine Blume, an die Eberwurz möchte ich noch erinnern. Carlina acaulis, die Silberdistel. Ein Korbblütler, der aussieht wie Silber, dessen Blütenboden eßbar ist und der unglaubliche Kräfte zugeschrieben bekommen hat. Unglaubliche Kräfte kann diese Silberdistel dem geben, der sie bei sich hat oder auch verspeist oder in Branntwein angesetzt trinkt. Neunmal stärker als ein ohnehin starker Mann wird er werden. Diese Ansicht stammt aus dem Jahre 1629, wenn man in der Sonnwendnacht eine Eberwurz findet, die viele Blüten hat, sie in Wein siedet und dann trinkt.

Der Name „Carlina acaulis" rührt daher, daß nach einer Legende diese Distel Karl dem Großen während einer Pestzeit von einem Engel im Traum offenbart worden ist. Er gebot dem Kaiser, einen Pfeil in die Luft zu schießen, und auf welches Kraut dieser Pfeil fallen werde, das sei heilsam gegen die Seuche. Karl der Große folgte diesem Rat und siehe, die Spitze des Pfeils blieb in der Eberwurz stecken. So wurde sie teilweise auch „Carduus angelicus" genannt.
Auch heute noch haben wir manchen Zauberglauben um diese Silberdistel.

Interessant ist auch, daß wir von der Silberdistel die ersten Doping-Berichte haben und zwar aus dem Jahre 1777. Da hat Graf Matuschka in Schlesien ein „verbotenes Kunststückchen" erzählt in seiner „Flora silesiaca". Wir sagen heute dazu „dopen", er sagte: „Wenn ein Pferd zum Rennen kommt und es hat vorher immer regelmäßig die Eberwurz gefressen, besonders den Blütenboden, dann wird sie dem Pferd helfen, in keinem Turnier zu verlieren, sondern immer nur zu siegen."

Diese ganze Zauberbotanik, die Dämonie und Hexenpflanzen-Ideen mit ihren so vielfältigen Erscheinungen, Deutungen und Interpretationen scheint nur in der Vergangenheit zu liegen und für uns heute ohne Bezug zu sein. In Wahrheit sind die Menschen unserer Zeit in diesem alten Glauben noch stehengeblieben, manchmal vielleicht in einer wissenschaftlichen Verpackung, aber interessant ist es doch.

Schauen Sie − die frühere Wünschelrute gehört auch hierzu − was wir heute schon für sorgfältig durchgeführte wissenschaftliche Untersuchungen, was für Meßergebnisse wir haben.

Zauberkräfte in weiteren Pflanzen

Bei den alten Wenden spricht man schon von der Haselrute, auch bei den Kelten. Und heute? Wir wissen, wie tüchtig das Holz ist und was es uns alles zeigen kann. Und wir wissen auch, daß in Tirol zumindest, am Tag der Mariä Heimsuchung, das ist der 2. Juli, Haselzweige geschnitten werden müssen, die dann zum ersten eine gute Rute geben, zum zweiten aber auch, wenn man sie ins Fenster steckt, in den Blumenkasten, das Haus vor Blitz geschützt ist. Und wenn zu allen Zeiten unglaubliche Aberglaubengeschichten erzählt wurden, wenn Hexen und Druden ihr Unwesen trieben, so wissen wir auch, daß viele Pflanzen solche Namen tragen. Hexenhaar und Hexenzwirn, Drudenfuß, Hexenpulver und Hexennester, die Mistel zum Beispiel. Es gab also gute und bösartige Pflanzen und es gab Pflanzen, die den Bösen davonjagten. Denken Sie nur an die geborstenen oder hohlen Kopffeigen, die an sich die Burgen der Hexen waren, wo der Böse auch übernachtete und sein Unwesen trieb. Denken Sie auch an Efeu. Auch er galt als ein Hexennest.

Böse Pflanzen stellen die Giftgewächse dar, die von teuflichem Wissen erzählen, sie sind verfluchte Unkräuter und machen den Menschen das Leben schwer: Die Tollkirsche und wie sie alle heißen. Aber wir haben auch gehört von anderen Pflanzen, wie dem Johanniskraut, das den Teufel vertreibt, dem Bärlapp, der die bösen Geister austreibt oder dem Baldrian, dem Gundermannskraut.

Und wenn einmal ein Mädchen alleine über die Wiesen ging und Angst haben mußte, daß der Teufel es vielleicht greifen könnte, dann gab es eine ganz einfache Empfehlung: Das Benediktenkraut. Es zu brechen, ein Zweiglein in die Hand oder die Tasche zu nehmen oder in den Rock zu tun, half:
„Ich brich euch edle Kräuter schon,
durch des himmlischen Vaters Kron

und durch den heiligen Geist
daß du behaltest den Krafft und Tugent
mit gantzem Fleiß,
daß du mir seyest ein Sicherheit vor dem Teuffel und allen
Zauberleuth."

Die Rauten, Dost, Waldhyazinthe, Dorant sind die Retter
vor dem Teufel.

Gegen das Hexenvolk gerichtet ist auch der Dill, dieses wunderbar aromatisch riechende Küchengewürz, Kümmel sowie
der Sonnentau und die Mondraute.

Im Jahr 1588 hat der Wettauer Pfarrer Konrad Roßbach ein
Büchlein geschrieben „Paradeiß-Gärtlein", darin lesen wir
folgendes:
„Viel Wunders treiben mich hie die Leut
mit diesen Kräutlein allezeit
den alten Weibern wohlbekanndt
drumb Widerthon habens genannt
sie brauchens sehr für Zauberey
treiben damit vil
Fantasey.
Groß Aberglaub steckt in der Welt
wie sichs jetzt und bei vielen helt.
Den Teufel und das Hexenwerck
mit Kräutern wollen treiben weg."

So könnten wir noch viele solche Kräuter nennen, von der
Pfingstrose bis zum Tausendguldenkraut und alle Pflanzen,
die Dornen haben.

Nach altem Glauben ist die Anti-Zauberkraft mancher
Kräuter so groß, daß die bloße Nennung des Namens genügt, um Unheil zu bannen oder zu verjagen. Knoblauch
gehört in diese Gruppe herein. So war es lange Jahre üblich,
vor zwei Jahrhunderten noch, wenn einer das Kind eines
Ehepaares lobte, weil es so gut und gesund aussah, weil es
so hübsch sei, daß man dann fürchten mußte, das Kind

212

könnte vielleicht Schaden erleiden, und die Eltern sagten sofort: „Knoblauch, Knoblauch". Damit war der Schaden abgewendet, verschrien.

Denn wenn Gesundheit sich in Krankheit, Glück sich in Unglück, Gutes sich in Böses wendet, wer kann da nur schuld sein?

Nur die Hexen oder sonst eine Person mit bösem Blick. Und um den bösen Zauber unwirksam zu machen, gab es noch andere Handlungen, z. B. das Ausräuchern mit neunerlei Holz, Umhängen von Amuletten oder Baden in einem Absud des Berufskrautes. Als Berufskräuter war nicht nur *Verbenum* bekannt, sondern auch die Kohldistel. Im alten Schlesien gab es da eine Empfehlung Ende des 19. Jahrhunderts: Mittags zwischen dem 12. und 1. Schlag muß man Kohldisten sammeln. Die Abkochung davon diente als heiles Waschmittel bei kleinen Kindern gegen Schärfe, Hitze, Hautausschlag und bösen Befall. Und in vielen Ländern mußte man, wenn man nicht ganz sicher war, ob man krank oder gesund sei, an neun Tagen hintereinander in einem Absud aus Brennessel und Gundermann, Holunderraute, Sauerklee, Kamille, Salbei und Sauerampfer, außerdem Löwenzahn oder Beinwell baden.

Dann konnte man sicher sein. Entweder brach die Krankheit aus oder es zeigte sich, daß man gesund war.

Das Bemühen, Krankheiten, Beschwerden, Gebrechen, Unglück und alles mögliche wegzuzaubern, ist so alt wie die Menschheit. Immer hat sich eine Pflanze als ein Werkzeug Gottes angeboten, in dem unglaubliche Kräfte schlummern. Die älteste Anwendung fanden die Pflanzenblätter als Wundheilmittel. Es war nur wichtig, das richtige Kraut zu finden und anzuwenden. Die Arznei war also von Anbeginn da, als Gott die Welt erschuf und Kraut und Frucht aus der Erde schossen. Die Pflanze war nicht nur ein Göttergeschenk oder ein Gottesgeschenk des 3. Schöpfungstages. Sie war nicht nur die Nahrung von Adam und Eva, sie war auch zugleich Arznei. Und als Arznei war sie auch ein Mittel gegen Dämonen und Zauberer, im religiösen Bereich auch, um den Teufel auszutreiben.

Und wenn wir hier davon sprechen, daß die Pflanzen uns Nahrung und Heilung gespendet haben, daß sie aber auch den Dämonenglauben unterstützen und uns Angst gemacht haben, weil wir glaubten, der Teufel sei vielleicht da drin und die Hexen sprängen mit ihnen um. Wir dürfen auch nicht vergessen, daß die Pflanzen auch unseren Durst gestillt haben, den Durst nach Schönheit, schöne Düfte zu riechen, oder etwas Wunderschönes zu sehen. Und wenn man überlegt, welchen Lustgewinn unsere Seele hat, wenn im Frühling die ersten Blumen herauskommen, das erste satte Grün den Durst der Augen stillt nach dem trostlosen Grau-Schwarz-Weiß des Winters. Und wenn wir überlegen, daß diese wunderschönen Blumen, die die herrlichsten Blüten haben mit ihrem Duft und ihren verwegenen Farben, mit ihren Kompositionen an Form und Farbe, nur die Vorstufe einer Frucht sind, die Vorstufe eines Samens, dann wird die Pflanze, auch die Zauberpflanze, immerhin ein riesiges Geschenk unseres Schöpfers. Die Pflanze in ihrer Schönheit, in ihrer Zauberkraft, so wie wir es gehört haben, ist in ihrer Elementarstruktur als Pflanze androgyn, d. h. sie ist zugleich Mann und zugleich Weib, sie besamt sich selbst, sie bedarf keines Zeugungsaktes. Das ist es, was ihre Unschuld ausmacht. Und hier haben nun sowohl die religiöse Betrachtungsweise als auch die Sagen, Märchen, Legenden, Dichtung, Volksglaube, auch der Aberglaube immer wieder eingehakt. Hier haben sie ihren Ursprung. Die Pflanze ist das unschuldigste Geschöpf der Schöpfung. Auch wenn sie Gifte speichert, auch wenn man ihr andichtet, daß Dämonen in ihr wohnen, ja selbst der Teufel mit ihnen sein Spiel treibt, so ist das von einer Faszination begleitet, die unglaublich ist.

214

Farbe, Duft, Geschmack und Berührung dieser Kinder Floras werden zu einem Erlebnis aller unserer Sinne. Das beginnt in der sinnlichen Atmosphäre der Antike, spielt aber auch heute noch eine große Rolle.

Die Pflanze hat auch ein Sinnbild, heute noch in allen Kirchen. Altäre und Bildsäulen sind damit geschmückt. Und früher trugen die Priesterinnen in den Tempeln der Venus Blumen während kultischer Handlungen.

Bei den orgiastischen Frühlingsfesten der Flora, dieser alten Göttin des pflanzlichen Blühens, waren sie wunderbar. Und beim Kult des Hymenaios, dem Gott der Eheschließung, schmückten sich die Jungvermählten mit Rosenkränzen. Ist doch die Rose auch ein Attribut der Liebesgöttin.

In der heutigen Zeit gibt es auch noch einen Blumentaumel. Tulpen, Nelken und dann die vielen exotischen Pflanzen, die aus Afrika und wer weiß woher kommen, und bei uns dann nachgezüchtet werden, sind sinnliche Pflanzen. Sie scheinen, wenn wir die alte Literatur lesen, nur ein schwaches Abbild gegenüber der dionysischen Lust, mit der das Rom Cäsars Blumen, besonders Rosen als Symbol von Macht und Glorie verehrte. Die Böden in den kaiserlichen Palästen, in den Villen der Aristokraten genauso wie deren Betten bestreut wurden mit Thymian und Rosenblättern. Aus offenen Deckenschleusen, Deckenfenstern auf die Tafeln der Gäste blühende Duftregen von zauberhaften Blumen herunterließ. Sie überlebte den Wandel der Antike, der Spätantike, sie überstand die Erschütterungen der frühchristlichen Jahrhunderte. Und ist heute immer noch, auch im christlichen Bereich, eine gleichnishafte Huldigung, sowohl auf den Altären als auch bei Prozessionen.

Vor 5 Jahrhunderten entstand der Rosenkranz. Sein Gebet der Freudenreiche mit der Farbe weiß, der Schmerzhafte mit der Farbe rot und gelb für das glorreiche Mysterium. Alles das sollte man immer wieder überlegen und darüber nachdenken. Epochen, Jahrhunderte, Zeitalter, vieles, vieles ist vergangen. Heute haben wir unsere Gärten, freuen uns an ihnen und kennen kaum noch die Gedichte über solche Pflanzen. Auch die Gedichte über die Vergänglichkeit. Denken Sie doch nur an Ovid, einen der berühmtesten Dichter des Altertums. Er schreibt in seiner „Ars amandi":

„Ein vergänglich Gut ist Schönheit
und mit den Jahren
wird sie geringer und nimmt ab
durch die eigene Zeit.
Immer blühen auch nicht
die Lilien oder Violen
und nach der Rose Verblühen
starrt der gebliebene Dorn."

Bei allen lyrischen Dichtern aller Welt finden wir so schöne, unglaublich faszinierende Hinweise, bis hin zur Lyrik im Islam, wo in blumiger Sprache Augen mit Narzissen verglichen werden, die Wangen sich röten wie Rosen und die Zungen sprechen wie Saiten an Lauten und Harfen.

So werden heute wie früher den Göttern auf den Altären Blumen gestreut, in den Tempeln vor 4000 und wohl auch 10 000 Jahren schon. So wurden die Blumen und Pflanzen, mit den geheimnisvollen Kräften, die Dämonie und Zauber verbreiteten, die Halluzinationen und Illusionen schenkten, vor tausenden von Jahren bereits verwendet, um Schmerzen zu bekämpfen, um Schlaf zu schenken, aber auch um Kummer und Gram zu vertreiben. Und nicht nur allein um das Bewußtsein zu erweitern, nein, um Genuß zu haben, allerdings nicht mehr mit sakraler Hilfe und deswegen destruktiv und grausam.

Solange Zauber und Dämonie in sakralen Bereichen zu Hause waren, so lange konnten Disziplin, Konzentration und Geduld dazu führen, daß wir im Rahmen menschlicher Erlebnisfähigkeit blieben.

Wer ist heute noch bereit zu lernen, wer ist heute noch bereit, den Göttern zu opfern oder an Gott zu glauben, um nach seinen Geboten auch die köstlichen Früchte der Natur zu genießen, ohne sich selbst zu zerstören. Denken wir an die Bäume. Sie wachsen wie eine Antenne zum Himmel empor und wollen uns zeigen, daß wir sie erhalten müssen, daß wir sie stützen müssen, um hier diese Welt nicht den Dämonen zu überlassen, die sie gänzlich zerstören.

In dieser Welt müssen wir unsere Bäume, ja unsere Natur überhaupt schützen. Nicht nur das Ausbeuten ist der Sinn der Worte, daß wir alles der Schöpfung nutzen könnten, die wir im christlichen Bereich finden. „Nutzen" heißt auch, mit Weitblick so zu handeln, daß wir es nicht „ausnutzen", heißt auch zu danken, nicht einfach abdanken. Und daß wir es auch, dieses unser Leben in Gottes reichhaltiger Natur, nicht nur leben und ausleben, sondern er-leben, aber auch erleben im Hinblick auf die Zukunft, indem wir unseren Nachkommen ein Über-Leben bereiten in einer wundersamen, einer so zauberhaften Welt, deren Reichtum und deren Faszination uns täglich aufs Neue überrascht und uns immer wieder neu zwingt, alles das erleben zu können.

Immer transparenter muß uns die Welt werden. Je älter wir werden, um so klarer wird das. Wenn wir hier apokalyptische und poetische Bilder finden, Allegorien und Symbole, Magisches, Dämonisches und Archetypisches. Immer begegnet uns die Pflanze und die Natur. Das ist nicht nur Botanik, was aus der Erde wächst, was die Sonne wärmt und der Regen tränkt. Die Pflanze, auch die Zauberpflanze hat an unserer Welt einen riesigen Anteil. Irgendwie, irgendwann, zu irgendeiner Zeit, in irgendeiner Form geht ihr Weg durch Jahrtausende.

Und wenn sie heute, wie wir noch im letzten Kapitel sehen werden, in der Arznei einen etwas nüchternen Charakter hat, dann scheint das nur so. Wir müssen auch da noch den richtigen Durchblick bekommen.

Nehmen Sie sich doch einmal ein paar Gemälde vor und lassen Sie sich meditierend von Chagall inspirieren, der wie ein Zauberer die Blumen malt.

Hier, wo ich dieses Buch geschrieben habe, war Franz Marc zu Hause. Denken Sie an seinen Zyklus „Tierschicksale", den er am Vorabend des 1. Weltkrieges schuf, voraussehend, wie der mächtige Stamm eines Baumes aufsplitternd, rot glühend den Tod verbreitet. Und das sich aufbäumende blaue Reh.

Oder denken Sie an Max Ernst mit seinem Surrealismus. Dieses Zarte der Pflanzen geht oft ins Gegenteilige hinein, ja fast ins Negative und ins Böse. So freundlich auch oft die Namen seiner Bilder sind. Alles das bis zu Pablo Picasso und all den modernen Malern. Dazu gehören auch Manet und Monet, dazu gehört van Gogh und Emil Nolde oder auch Henri Rousseau. Bei allen finden wir unterschwellig, oder auch sehr transparent, was ich Ihnen als Wunder zeigen wollte. Wie es auch Leonardo da Vinci, Dürer oder Grünewald bewundernd sah, die mit erstaunlicher Eindringlichkeit die symbolische Bedeutung der Pflanzen darstellen konnten. Nicht zu vergessen Rubens, der die Fähigkeit hatte, das Genie, Allegorie und Dekoration in einem darzustellen, Sinnbilder zu schaffen. Genau wie in der Natur ein Jean Breughel, genannt der Blumen-Breughel, der uns Bilder geschaffen hat, die wir zur Meditation benutzen können und die jeder auskosten kann, um den Zauber dieser Pflanzen zu erleben.

Nymphen, Nixen, Trolle und Hexen

Wenn wir uns schon in den Bereich der Zaubergedanken begeben, dann dürfen wir eine Exkursion in das Zauberreich der Feuer-, Erd-, Wasser- und Luftgeister nicht versäumen. Alle Fabelwesen, die Erd- und Wassergeister, die Feen und

Nymphen, die Zwerge und Riesen, haben zu allen Zeiten Schriftsteller, Künstler, Komponisten, aber auch Denker und Philosophen, Märchenerzähler und nachdenkliche Esoteriker fasziniert. Zu einer wahren Invasion dieser Wesen kam es während der Zeit der Romantik in der Dichtung und in der Oper. Damals wandte man sich emphatisch ab vom Geist der Klassiker, betrachtete den Menschen nicht mehr als Herrn über das Erdenrund. Er wurde zur Kreatur, die hilflos den Widrigkeiten ihrer Umwelt ausgeliefert ist. Daneben setzte sich die Romantik für eine Popularisierung, aber auch für eine Veredlung aller dieser Wesen ein, deren Faszination nicht zuletzt auch in den Märchen von der Allgegenwart absonderlicher Gestalten herrührt. Diese Gestalten — sind sie vielleicht Projektionen unkontrollierter menschlicher Fantasie?

Vielleicht handelt es sich aber auch um Wesen, deren Existenz wir nur deshalb leugnen, weil wir sie nicht sehen, nicht berühren, sondern sie uns nur vorstellen oder denken können.

Daß diese Wesen selbst schließlich, wenn auch behutsam, schablonisiert wurden, sehen wir darin, daß die Entwicklung dieser Fabelwesen in den Opern der letzten 2 Jahrhunderte einen deutlichen Fortschritt machten. Zwar wurden diese unheimlichen Geister nicht radikal entmystifiziert, heute wissen wir jedoch weitgehend, was wir von ihnen zu halten haben.

Die Meinung heute geht dahin, daß ein echter Geist, wie er in der Oper vorkommt, immer weiblich sein muß und erotisch, voll wahrer, voll sinnlicher Gefühle. Seine Affinität zum unvollkommenen Menschengeschlecht jedoch wird ihm zuletzt meist zum Verhängnis. In den Opern sind sie gebildet aus Illusionen, Verzauberungen, sie sind Zwitterwesen, mal mit menschlichen Gefühlen, mal elementar, vielleicht zur Hälfte, oder mehr zur einen oder anderen Seite hin neigend. Sie sind eigentlich des Theaters sehr liebe Kinder. Shakespeare's „Sommernachtstraum", Felix Mendelsohn-Bartholdy, Carl Orff, Benjamin Britten oder denken Sie an Webers „Oberon". Bei Debussy sind es „Les Sirènes"; „Rusalka" bei Dvorak; bei Strauss seine „Frau ohne Schatten", überall treffen wir sie wieder. Und diese verzwergten Elementarwesen in Goethes „Melusine", dieses dämonischen Unheilstifters, mal heimatlos, mal zerquälter Wanderer zwischen Mensch und Geisterwelt.

Wo finden wir sie noch diese Zauberwesen?
In den Opern:
In Händels „Alcina" haben wir sie; die „Undine" in der Wassernixengenealogie herausgearbeitet von dem vor einiger Zeit noch häufig gespielten Komponisten Lortzing — bei Ernst Theodor Amadeus Hoffmann — und schließlich Reimanns „Melusine".

Bei Schiller lesen wir:
„Wo jetzt nur, wo unsere Weisen sagen,
seelenlos ein Feuerball sich dreht,
lenkte damals einen goldenen Wagen
Helios in stiller Majestät.
Die Höhen füllten Orkaden,
eine Dryas lebt in jedem Baum
aus den Urnen lieblicher Najaden
sprang der Ströme Silberschaum."

Ungeheuer groß aber, auch eigentümlich ist der Eindruck, den das Pflanzenreich, im Wald, auf den Weiden und auf der Wiese auf das Gemüt des Menschen macht. Wälder, so wie sie aus der Hand der Natur hervorgingen, also wirkliche Urwälder, die man bei uns kaum noch sehen kann, es sei denn, jemand kennt den Bayerischen Wald sehr gut, oder auch hier bei mir den Isarwinkel mit diesen kolossalen Stämmen, mit diesen lebenden Zeugen von vergangenen Jahrhunderten, mit dem undurchdringlichen Dickicht, mit dem bedeutsamen Schweigen, dann das von zahllosen Zweigen hervorgebrachte Halbdunkel und schließlich die liebliche Kühle in wärmsten Jahreszeiten. All das mußte eigentlich dazu hinführen, und alle Nationalitäten, alle Völker, die es je gab, dachten so, daß hier Gottheiten ihren Sitz haben und man sie an solchen geheiligten Orten am schicklichsten verehren kann. Und so waren es bei den Griechen und Römern, aber auch bei den Germanen, besonders die Bäume, in deren Nähe sie sich zu ihrer Verehrung versammelten. Deren Verletzung störte schließlich sogar den Gottesfrieden. Bei Plinius und bei vielen anderen mehr können wir das nachlesen.

Bei den Griechen und Römern waren es die Wälder und Haine, die heilig waren. Vor dem kapuanischen Tor bei Rom gibt es eine Quelle, Ägeria. Sie war beschattet von einem heiligen Hain, der zugleich den Musen geweiht war. Finstere Waldstrecken waren den Furien und den Erinnyen geweiht oder gewidmet. Hebe hatte einen Tempel in der Landschaft Argulis bei der Stadt Flyos in einem ganz reizenden Hain. Viele Beispiele könnte man noch nennen.

Im Kapitel der Bäume werden Sie darüber noch mehr erfahren.

Als Gott der Wälder wird Pan genannt. Faunus heißt er bei den Römern. Alle diese Götter werden von einigen Mythologen für Naturgottheiten gehalten, Silvanus wird zu den Göttern des Waldes gezählt, dann auch Diana, die Göttin des Waldes, die später die Göttin der Jagd war.

Schutzgöttinnen der Wälder, auch Waldnymphen genannt, waren die Dryaden, die auch öfters Hamadryaden genannt werden, wobei ein Unterschied gemacht wird zwischen denen, die dort leben und den anderen, die mit den wachsenden Bäumen geboren werden, aber auch mit ihnen sterben.

Schauen wir uns einmal die Entwicklung der Mythologie an. Da finden wir eine Dryade, und zwar Hamadryas, eine

Tochter des Orias. Sie erzeugte mit ihren Bruder Oxylos
8 Töchter:
Carya, die Haselnuß,
Balanus, den Walnußbaum
Kraneon, die Kirsche,
Orea, die Buche,
Ägairos, die Pappelweide,
Ptelea, die Ulme,
Ampilos, den Weinstock und
Syke, den Feigenbaum.
Alle wurden nach ihrer Mutter Hamadryaden genannt.

Was Syke, den Feigenbaum anbelangt, so sollte man sich an
den alten griechischen Ausdruck „Sykophanten" erinnern,
die nach dem Feigenbaum genannt sind. Es sind praktisch
Denunzianten, zunächst einmal benannt nach jenen, die in
den Häfen ausspüren mußten, ob jemand Feigen einführte,
was verboten war, später aber auch andere denunzierten,
sogar gegen Geld, ohne daß sie die Wahrheit zu sagen
brauchten. Ein Ausdruck, den man sich eigentlich merken
sollte, weil heute solches ja doch noch überall möglich ist.

Die anderen Nymphen, auch die anderen Bäume gleichermaßen, hatten alle nach ihrer Mutter entsprechende Namen. Sehr viele Geschichten werden von Zeus und seinen
Söhnen und vielen anderen erzählt, die dann einen Baum
retteten und dann auch die Liebe der Baumnymphen erhielten. Es wirkt sehr abgeschmackt und für uns heute sogar
sehr seltsam solche Dinge zu erzählen, aber es sind Dinge,
die bis ins 18. und 19. Jahrhundert als selbstverständlich angenommen wurden, daß die Bäume nicht unbeseelt seien,
sondern auch der Aufenthalt einer Menschenseele werden
könnten, wenn sie gestorben ist. Dieser Hinweis wird übrigens bei Aristoteles und auch bei Plutarch erwähnt.

Hier steht auch die von Ovid erzählte Sage von Philemon
und Baucis, denen als altes verdientes Ehepaar die Götter

eine Bitte erlaubten. So wünschten sie sich nur, daß sie beide in derselben Stunde sterben möchten, damit nicht einer von ihnen den Schmerz habe, den anderen zum Grabe zu begleiten:

Siehe da, gebückt von hohem Alter standen sie einst an des Tempels Stufen, als sie bemerkten, daß sie gleich Bäumen in die Erde wurzelten und sich einander das letzte Lebewohl zuriefen. Als dicht nebeneinander stehende Bäume waren sie dann miteinander verwachsen und hatten nur eine einzige Krone.

So gibt es noch viele andere Beispiele. Wer einmal auf dem Ätna war, kennt dort die Kastanie. Sie ist außerordentlich dick, sehr berühmt und hat eine Krone von zwei Bäumen.

Auf dem Friedhof Santa Maria de Festa bei Oaxsaxa in Mexiko steht eine Zypresse; sie hat nur wenig Blätter, aber einen riesigen Stamm und alle in der Umgebung wohnenden Indianer wallfahren zu ihr.

Wir wollen uns aber auch wieder nach dem Rat richten, den Kratylos, der Lehrer von Sokrates uns gegeben hat, jedes Wort genau zu betrachten, um es zu erklären: Das griechische Wort Nymphe bedeutet eigentlich „junge Frau". In der Mythologie meint man damit eine besondere Art junger Damen, die an verschiedenen Örtlichkeiten in der Natur, besonders in der Vegetation, gebunden sind und dementsprechend Untergruppen bilden. So sind die Namen derjenigen, die auf den Bergen zu Hause sind, die Oreaden. Die Meerjungfrauen, das sind die Oceaniden und die Nereiden; da sind noch die Quellbewohnerinnen oder auch Najaden genannt und in den Bäumen sind die Dryaden heimisch.

Die Bergnymphen sind sehr fröhliche Mädchen, die in der freien Natur abgehaltene Belustigungen unter Anführung irgend einer göttlichen Person, ob es nun Hermes ist oder Dionysos, ausführen. Am lustigsten ist es natürlich immer in Begleitung des Weingottes, da sind auch jene Herren dabei, die aufregend lüstern sind, die Satyren und die Silenen. Deren Hauptbeschäftigung ist es, sich eigentlich nur an den Reizen dieser Kameradinnen zu vergreifen. Die Oreaden spielen häufig die Schamhaften und die Entrüsteten. In vielen alten Geschichten lesen wir, wie sie sich darüber empören und schließlich davonlaufen, im Endeffekt aber keinen besonderen Widerstand mehr leisten, wenn sie von ihren Satyren und Silenen eingeholt werden.

Die Meeresnymphen leben in den feuchten Gegenden, an Gewässern und da nur an den großen Seen und Meeren. Im Gefolge sind Poseidon und seine Gattin Amphitrite.
Amphitrite selber, möchte ich sagen, ist eine arrivierte Nereide, eine freundliche Helferin der Schiffsleute, der Matrosen. Und gelegentlich haben solche Nymphen es in Götterkreisen auch zu hohem Ansehen gebracht, wie z. B. Ketis, die schließlich die Mutter des Achill war.
Auch diese sind dem neckischen Liebesspiel nicht abgeneigt, wobei die Rolle des Faunen oder des Satyrn auf den Bergen hier von den Tritonen übernommen wird.

Diese goldigen Naturkinder haben eine ausgeprägte Weiblichkeit. Das hat sie nun wieder hervorragend zur Säuglings- und Kleinkinderpflege geeignet gemacht. Zeus selbst wurde ja von Nymphen hochgepäppelt und auch sein Sohn Dionysos. Ausgerechnet diese beiden, das wissen wir genau, sind ja gerade der Weiblichkeit nie abhold gewesen, ganz im Gegenteil, eher zuviel als zu wenig zugeneigt. So scheint es fast so, als wenn gerade in dem Baby-Alter den Knaben von einer sehr zu Flirt neigenden Weiblichkeit eine Neigung zu eben dieser in die Wiege gelegt worden ist?

Deutlich muß man allerdings sagen, daß die klinische Bezeichnung zügelloser femininer Sinnlichkeit, ja hemmungsloser Lustanhänglichkeit als „Nymphomanie" diesen armen Seerosenkindern entschieden unrecht tut. Wir müssen uns allerdings darüber im klaren sein, daß zur Zeit der christlichen Klöster die Wurzel der in Europa wachsenden Seerose verwendet wurde, um in den Salaten der Nonnen eine große Rolle zu spielen. Sie galt zur Bändigung und zur Dämpfung femininer Gelüste nach männlichen Wesen.

Sie konnten natürlich mitunter auch zürnen, wie z. B. Daphnis, der Erfinder der Hirtendichtung. Er mußte erfahren, daß ihn die Nymphe Eschenais wegen seiner Untreue mit schrecklicher Blindheit strafte. Es ging aber auch diese so schöne Bergnymphe Echo an der völligen Uninteressiertheit ihres von ihr so angebeteten Narzissus zugrunde, über den schon berichtet worden ist. Ihr Liebesschmerz zehrte so an ihr, daß sie zusammenschrumpfte und schließlich nur noch eines von ihr übrig blieb, nämlich ihre Stimme. Diese ist in bergigen Gegenden als ein Widerhall zu hören, man könnte fast sagen, als klagendes Echo und sie fristet ihr Dasein dürftig, sehnsuchtsvoll und lieblos.

Erinnern Sie sich noch an die Flußtochter Oinone, die ja die erste Gattin von Paris war, mit dem sie in Liebe zusammenlebte. Sie waren ein glückliches Paar bis diese Geschichte mit den Göttern geschah, mit den Göttinnen, die Sie aber bei „Paris quadrifolia" nachlesen können. Und hier sehen wir nun, daß diese Nymphen sehr böse sein und sie es nie verzeihen können, wenn ihre Liebe nicht erwidert wird.

Als nämlich Paris eines Tages einem vergifteten Pfeil des Philoktetes erlag, der diese schrecklichen Geschosse aus der Erbmasse des Herakles erhalten hatte, da rief man seine erste Frau Oinone, denn diese besaß angeblich ein Heilmittel, mit dem sie selbst treulose Ehegatten hätte bei einer Verwundung retten können. Sie tat es nicht! Den immer noch Geliebten der Helena für diese zu erhalten, brachte sie nicht übers Herz. Als er aber tot war, nahm auch sie sich das Leben und setzte so nicht nur hinter den heldischen Grabstein ihres Paris auch noch für sie selber ein heroisch-dramatisches Ende.

In der Natur sind doch die Nymphen, die — wie ja schon ihr Name andeutet — ebenso wie ihre Namensvettern, die Gespielinnen der Götter, in den Flüssen, Seen und Bächen und anderen Gewässern ihren Standort haben. Sie kommen in beiden Hemisphären unserer Erde vor und bilden eine ganz eigene natürliche Pflanzengruppe, die aus vielen Gattungen besteht. Es handelt sich um die Nelumbien, die Eurialien, die Nymphäen und die Nupharen und noch viele andere.
Wir finden sie auch im Deutschen als die „Seerosen", in Afrika, in Hinterindien, im ostasiatischen Raum als „Lotosblumen".

So ist die Nymphaea der Isis die Lotosblume, die früher im Nildelta wuchs, wo die Reisfelder waren. Die knollige, mit einer braunen Rinde überzogene Wurzel ist eßbar. Die riesigen Blätter schwimmen auf dem Wasser, sie haben die Form eines Schildes, an der Basis tief eingeschnitten, am Rande zersägt, auf der oberen Seite aber glatt, auf der unteren wiederum behaart. Sie sind sehr groß, diese Blüten, ihre Kelche grün und die Blumenblätter äußerst zahlreich und weiß. Diese schöne und merkwürdige Pflanze war bei des Landes Gottheiten der Ägypter der Isis und Osiris geweiht, in der das Bild der Natur, nämlich die Schöpfung aus dem Wasser verehrt wurde.

Sobald der Nil angeschwollen ist, von dem in Ägypten alle Fruchtbarkeit abhängt, erscheint die Wasserrose und sie verschwindet wieder, wenn der Fluß in die Grenzen seines Bettes zurücktritt, und bleibt in dem durstigen Sand begraben, bis die nächste Überschwemmung sie wieder erweckt. Sie ist „die Braut des Nils", wie sie auch heute noch die Ägypter nennen, womit gleichzeitig die Existenz und die Fruchtbarkeit des Landes angedeutet wird. Dieses Losungswort der Ägypter hieß früher immer: „Je mehr Lotus, desto mehr Jahressegen".

Kinder und Frauen brachen sie, die schöne Wasserrose, um

sie überall herumzuzeigen, sie liefen durch die Dörfer und riefen dabei: „Je mehr Lotus, desto mehr Nil und je mehr Nil, desto mehr Fruchtbarkeit"!

Auch die Demeter der Griechen erscheint oft mit dem Symbol des Lotus, denn die Mondköpfe, wie wir sie im allgemeinen nennen, die man in den Bildern des Xeres zu erkennen glaubt, sind eigentlich Früchte der Lotusblume.

Und bei Herodot lesen wir, daß die Früchte der Wasserrose an der Sonne trockneten, und man aus den gemahlenen Samen eine Art Brot oder Kuchen daraus zu bereiten pflegte, der, so die Legende, sehr gesund zu sein versprach. Was aber heute nicht alles gesund sein soll, verglichen mit den früheren Jahrtausenden, so ist die Berechtigung dieser Eigenschaft ja doch wohl manchmal anzuzweifeln.

So wie die Isis und Osiris auch aus der Sonne gedeutet wurden, so wird dieser Umstand auch in der Vegetation der Wasserrose erkannt, denn alte Schriftsteller haben schon die Beobachtung aufgezeichnet, daß die Lotusblume sich beim Untergang der Sonne schließt und manchmal sogar unter die Oberfläche des Wasser taucht, aber bei Aufgang der Sonne steigt sie wieder aus dem feuchten Element hervor und wendet ihre Blüte dem Einfluß des freundlichen warmen strahlenden Gestirns zu. Diese Lotusblumen, die auch in Indien, auf Java und bei vielen anderen Völkern vorkommt, die sich diese Blüten beim Besuch des Tempels in die Haare flechten, überall lesen wir von ihr, was sie für wundersame Erscheinungen zeigt, wenn die Sonne aufgeht oder sogar bei Sonnenfinsternis.

Die Seerose des Harpokrates und des Brahma, die von Linné genannte *Nymphaea Nelumbo*, ist eine Prachtpflanze, die nach Zeugnissen von Theophrastus und Herodot früher auch in Ägypten wuchs, dort aber heute nicht mehr anzutreffen ist. Dagegen finden wir sie in Ceylon, China und im ganzen Orient. Ihre Wurzel ist fleischig, weiß und eßbar.

Die Blutstiele sind mit braunen Tuberkeln besetzt, die Blätter sind schildförmig, kreisrund, auf beiden Seiten glatt, am Rande ganz und an der Oberfläche strahlenförmig gefaltet. Die Blumen stehen auf langen rauhen Stielen. Sie haben die Größe einer Magnolie, einer großen Rose, sie sind weiß bis rosarot, sie riechen und duften. Die Frucht ist umgekehrt konisch mit Löchern versehen, in welchen die eßbaren Samen liegen, außen schwarz, innen weiß und von der Größe kleiner Bohnen. Das Blatt dieser Blume gilt als das Blatt für die Wiege des Harpokrates. Und auch Osiris schwamm auf einem solchen Blatt in die Welt. Diese Lotusblume war an sich das Zeichen der Unsterblichkeit und es ist nicht von ungefähr, daß man Gedanken über die Fortdauer nach diesem Leben hegt, wenn man das Liebesleben dieser Pflanzen kennt. Die Samen nämlich dieser ostindischen Seerose keimen schon, ehe sie das Fruchtgehäuse verlassen haben. Dieses Gehäuse schwimmt verhärtet auf dem Wasser herum und die darin enthaltenen schon grünenden keimenden Samen sind eigentlich ein lebendiges Füllhorn. Sie sind schon lebendig, bevor der Tod der Pflanze eingetreten ist.

So ist die Pflanze ja genau genommen lebendiggebärend, wie sie unsere alten Botaniker nannten. Ihre Vegetation steht nie still.
Die Ruhe im Samen mit dem schlafenden Lebensprinzip findet nie statt, sondern unaufhörlich wird immer wieder neues Leben grünend sichtbar. Eine Pflanze, die in der Nymphomanie, wenn wir noch einmal dieses Wort gebrauchen wollen, die Sehnsucht nach Liebe, vielleicht auch nach Fortpflanzung, schon in der Blume und in ihrer Frucht das enthält, was bei Menschen, die ihr so ähnlich sind, zum Ausdruck kommt.

Die Seerosen treten kaum oder selten allein, sondern immer kollektiv auf, als Pflanzen in Gewässern ebenso wie ihre Namensvettern die Nymphen nur kollektiv auftretende Naturdämonen sind, die auch „Töchter des Zeus" genannt werden, damit ihre Göttlichkeit angeläutet werde. Die Vorstellung, daß Baumnymphen mit diesem Baum leben und sterben, übernahmen die Hellenen schon aus der alten Bevölkerung Kleinasiens.

Wenn heute die Bäume bzw. unsere Wälder sterben, dann sollten wir doch einmal daran denken, daß diese jahrhunderte- und jahrtausendelang Gedanken an diese lebenden Nymphen in sich tragen, die ja auch mit den Sterblichen durch ihre Fröhlichkeit, durch ihre Heiterkeit und durch ihre den Göttern bereitete Lustbarkeit dem Menschen Freude machten. Dieses Gut wird mit den Wäldern verloren gehen. Der Himmel möge uns davor beschütze!

Wir sollten uns aber auch noch in den deutschen Pflanzensagen umsehen.

Da ist die Seerose der Sage nach eine verwandelte See-Jungfrau, die um Mitternacht als weiße Elfe aus dem Wasser spiegelnd tanzt und unter den breiten Blättern der Pflanze versteckt sich der lauernde Nix.

Die Blätter aber dienen den Elfen und anderen Elementargeistern als Schiffchen, mit denen sie bei Mondschein und stiller Luft über die weiten Fluten gleiten. So schön die Seerose ist, so war sie jedoch den Menschen teilweise und in vielen Zeiten unheimlich, denn gar manche, die die Blume haben wollten, ertranken oder wurden von den langen Stengeln der Seerose so umstrickt und unter Wasser festgehalten, bis sie letztendlich ertranken. Daher empfand man überall eine Scheu vor ihnen, und warnte besonders die Kinder vor diesen Pflanzen.

Die weiße Farbe deutete zwar auf Keuschheit, deshalb sah man auch die Wurzel im Salat, aber auch die Samen als ein kräftiges Mittel gegen die Liebe und gegen schmutzige erotische Gedanken an. Aber das Holen der Blume, des Samens oder gar der Wurzel, all dies wurde vom bösen Nix bewacht und war nur mit größter Vorsicht durchzuführen.

Man mußte mit der Blume vorher freundlich sprechen, sie durfte nur mit der Hand gepflückt werden, nie mit einem Messer abgeschnitten, denn dann floß Blut von dem, der sie pflückte.

Der Frevler wurde dann lange Zeit von bösen Träumen geplagt oder es kam gar eine dunkle Gestalt der Nacht im Traum in schaurige Tiefen hinab, bis er gurgelnd sein Leben auslöschte, schließlich doch aufwachte, also zwar noch am Leben war, aber nie mehr daran dachte, eine Seerose zu pflücken.

Wer aber ganz sicher sein wollte, mußte sich, genau wie Odysseus bei den Sirenen, die Ohren mit Wachs verstopfen, damit er die betäubenden Stimmen der erzürnten Wassergeister nicht hörte.

So ist es, diese reizende Seerose war zu Zeiten noch so schädlich, daß nur der, der sie in die Hand nahm, schon die fallende Sucht bekam. Trotzdem, wegen ihrer schönen Gestalt, finden wir sie überall wieder in den Wappen, bei den Friesen, bei den Ostfriesen, aber auch hier im Alpenland. Das Seerosenblatt gehört in das Wappen des Tegernseer Klosters und viele Orte, die damals zur Klosterherrschaft gehörten, tragen heute noch dieses Seerosenblatt in ihrem Wappen, z. B. Greiling, mein Wohnort.

Gehen wir einmal weg vom Wasser auf das Land. Ist jeder Wald, den wir sehen, nicht voll von aufregenden Geheimnissen?

Hier tut sich nicht nur die Welt der Märchen auf, hier hausen auch Riesen und Zwerge, da gibt es wilde Männer und Holzweiblein. Mit Rufen und Hohngelächter treiben diese Walddämonen die Menschen in die Irre. Unheimlich ist ihr Äußeres und häßlich dazu: Zusammengeschrumpft, krummrückig und zottig behaart sind sie, bekleidet nur mit

Rinde, Moos und Flechten, Eichenkränze tragen sie auf dem Kopf. Sie wohnen in Klüften, in hohlen Bäumen oder unter Baumwurzeln. Alle diese Kobolde und Waldgeister, christlich umstilisiert in die armen Seelen, verfügen über ein großes Wissen über die Pflanzen des Waldes, um ihre Heil- und Zauberkräuter, mit denen sie häufig Menschen und Vieh heilen. Daher heißt das zauberkräftige Johanniskraut, unser Hypericum, auch „Elfenblut".

Baldrian ist das Wildfraule-Kraut und im Graubündischen heißt die Schwarzgarbe „Wildmännli-Krut".

Die Walddämonen kennen aber auch die besten Mittel und immer wieder hört man aus ihrem Mund den Rat: „Eßt Bibernellen und Baldrian, dann geht euch die Pest nicht an!"

Der Sage nach durften keine dieser Wesen ihre Geheimnisse preisgeben, falls sie einmal gefangen werden. Wenn man selbst ein Geheimnis wahren soll, so muß man Heidekraut, Salbei und Wacholder-Beeren bei sich tragen. Und selbst Folter und Marterei wird einem keine Geheimnisse entlocken.

In der Volksdichtung, da wird der Wald zum Zauberwald, in dem die Kinder des Märchens, z. B. Rotkäppchen, sich im Walde vergnügen mit Sammeln von Beeren und Pilzen. Es kommt auch schon einmal der Wolf und der böse Bär. Natürlich kann man ebenso diesen guten und hilfreichen Zwergen begegnen. Einmal war dort die arme Stieftochter, die mitten im kalten Winter in den Wald geschickt wird, um Erdbeeren zu suchen. Drei Zwerge begegnen ihr, mit ihnen teilt sie ihr Brot und fegt ihnen gar noch den Schnee vor der Hintertür ihrer Behausung fort. Dafür findet sie unter dem Schnee die schönsten Erdbeeren und die Zwerge schenken ihr, daß sie täglich schöner wird und wenn sie spricht, Goldstücke aus ihrem Mund fallen.

Solche und ähnliche Geschichten finden wir in vielen, vielen Märchen, was für gute Wesen doch die Zwerglein sind und wie sie den Menschen helfen wollen.

Der Baum, der das Antlitz des Waldes prägt, ist eine Persönlichkeit. Nicht nur, wenn er frei in der Landschaft steht, auch eine Persönlichkeit, wenn er in den Jahrhunderte überdauernden Wäldern die Vegetationskraft seit Anbeginn darstellt, wie kaum eine andere Pflanze im Bereich der Botanik.

Als Baum der Erkenntnis begegnet er uns schon im Paradies und als Lebensbaum im sumerischen, aber auch im alten germanischen Text, immer wieder ist es ein Baum des Lebens, manchmal auch zwei Bäume. Der Baum des Lebens und der Baum des Todes.

Sie waren heilig und keines Menschen Hand durfte sie berühren. Denken Sie an die Zeder oder an den in der Bibel immer wieder vorkommenden Feigenbaum. Denken Sie nur an den Baum der Wahrheit, der Gerechtigkeit, des Lebens im Gilgamesch-Epos.

An den heiligen Baum der persischen Zaraoster-Kulte, der schneeweiße Königsbaum, am Quell aller Wasser der Welt wächst er und schließlich der Baum der Unsterblichkeit der Inder.

Aber auch an jenen Baum sollten Sie sich erinnern, an dem die Hesperiden-Äpfel wachsen, wo die Drachen die goldenen Äpfel hüten.

Im germanischen Sagenkreis gab es den Apfelbaum, den Idun, dessen Äpfel die ewige Jugend verleihen, und in der Offenbarung des Johannes steht:

„Mitten auf ihrer Gasse, auf beiden Seiten des Stromes stand Holz des Lebens, das trug zwölfmal Früchte, alle Monate!"

Im alttestamentlichen Apfelbaum, der am Saum der Hohen Priester abgebildet war, oder im Tempel des Salomon dargestellt, schließlich die Weltesche Yggdrasil, um die sich die Götter versammeln.

Alles das ist im mythischen Weltbild der Edda enthalten.

Aber auch im tibetanischen Weltbild finden wir, daß der Wald es ist, dessen Krone den Himmel trägt und wehe, wenn er zusammenstürzt. Und dabei heißt es so schön im Grinnie-Lied:

„Die Esche Yggdrasil muß unbeleiden, mehr als man meint
der Hirsch äst den Wipfel, die Wurzeln nagt Nithögg,
an den Flanken Fäulnis frißt."

Beim Weltende wird die Weltesche zusammenstürzen und die ganze Welt im allgemeinen Feuer vernichtet sein. Der wurzelnde Baum, das aus dem Boden entquellende, herauskommende nährende Wasser sind Elementar-Symbole, sie sind nach altem germanischen Denken urheilig.

Da gibt es auch Orakel. Man hat früher Runen in die Buchenstäbe geritzt und dabei gebetet, zum Himmel geblickt und auf die Erfüllung des Gebetes gewartet. So lesen wir bei Tacitus. Die Bäume waren die Mittelpunkte der Richtstätten, so z. B. die Linde, die Eiche. Die Kirchen wurden bei den Linden gebaut. Die Eiche hat sich, wie kein anderer Baum, selbst ein Denkmal gesetzt.

Ihre trotzige Stärke verdankt die Eiche einer besonderen Weihe, sie diente den Gottheiten als Wohnung und ihr Rauschen der Blätter war ein Rat den Menschen, um ihm Weisheit zu bringen.

Gott Donar war die Eiche geweiht, dem Gott der Gewitter und der fruchttragenden Erde. Die Griechen und Römer hatten ihre Eichenhaine, auch die Germanen, und hier walteten die Priesterinnen ihres Amtes und kein Unbefugter durfte diese Stätte betreten.

Später gab es Marien-Eichen, es gab Johannes-Eichen. Der Teufel, der immer die Hoffnung hatte, die Seele des Menschen noch zu erhalten, sah sich getäuscht, als er die Eichen sah und Maria dabei und riß voller Zorn mit seinen Krallen durch das Laub der Eichen. Deshalb haben die Eichenblätter so eine komische Form. Früher, da lebten auch noch Hexen in den Eichen. Diese Hexen hatten auch einen guten Charakter, sie übernahmen manchmal Krankheiten von den Menschen und man ging zu ihnen hin und konnte Kraft aus ihnen schöpfen.

Ich darf hier noch eines dazu sagen. Gehen Sie einmal zu einer Eiche im Frühling. Da ist etwas Phallisch-Männliches daran. Umarmen Sie diesen Baum! Nur 5 Minuten!
Das ist etwas unglaublich Starkes, Vitales, etwas, was uns geschenkt wird aus der Natur heraus. Und dieser elementare Sinngehalt von Baum und Stamm wird durch den Holzbegriff noch erweitert.
Das Holz, denken Sie an die Geburt von Osiris, das Jesuskind, das in einer Holzkrippe liegt, unendlich viel, was da noch zu sagen wäre.

Jetzt aber sollte man sich auch erinnern an unsere sterbenden Wälder. Da kann einem Angst und Bange werden, wenn die sterbenden Wälder vor uns stehen, wenn man von ihnen hört und weiß, was der Baum seit Tausenden von Jahren für eine Rolle gespielt hat. Das kann einen schon das Fürchten lehren. Nicht, weil noch Hexen im Wald leben, nicht, weil vielleicht die Feen und Elfen ihr Haus verlieren, in dem sie wohnen und von dem aus sie uns helfen können, sondern weil es der Wald ist, der den Himmel trägt und weil der Himmel uns dann vielleicht verlassen kann. Wir wollen nicht den mittelalterlichen Gedanken umformen, aber wir wollen auch nicht das Denken unserer Altvorderen einfach in die Ecke werfen.

Ich glaube, das dürfen wir nicht, denn das Holz, das wir aus dem Wald haben ist auch gleichbedeutend mit dem Feuer. Feuer, Holz und das weiblich Mütterliche in Demeter, in Hekate, in allen anderen Erdgöttinnen, ist etwas Wunderbares. Und wenn das Holz einmal weg ist, haben wir auch kein Feuer mehr.
Wir haben auch keinen Prometheus mehr, der uns das Feu-

234

er wieder bringen könnte. Das Feuer hat ja die lichtscheuen Dämonen jahrtausendelang ferngehalten, und die Kerzen zünden wir heute noch an, wenn ein Gewitter kommt. Die Kerzen zünden wir an, wenn jemand stirbt, und die Kerzen zünden wir an, wenn ein Kind geboren wird.

Dieses Feuer, eigentlich nur ein Holzersatz, aber auch daran soll man denken, daß Holz als Mastbaum oder in einem Kirchenschiff das Kreuz eigentlich der Mastbaum ist. Lesen Sie einmal Spengler „Der Untergang des Abendlandes". Hier finden Sie viele von diesen Gedanken wieder.

Eingewurzelt und zwar sehr tief, ist der Glaube von einer Wesensgleichheit von Mensch und Baum. Philemon und Baucis meinen, es solle nichts Schöneres geben, als die gemeinsame Todesstunde in der Auferstehung als Bäume, als Eiche, als Linde, die heute noch beieinander stehen.

Bei Ovid lesen wir im Mythos von Dryope, der Enkelin des Apoll, die in eine Pappel verwandelt wird, nachdem sie die schönen roten Blüten der Lotusblume gepflückt hat, die einst die Nymphe Lotus gewesen war.

Die Sage von Myrrha, der Tochter des Zypernkönigs Kiniras, sagt uns einiges:

Auf der Flucht vor ihrem erzürnten Vater, den sie heftig liebte und von dem sie schwanger war, verwandelten sie die Götter in einen Myrrhen-Strauch, und als die Zeit gekommen war, gebar der von einem Eber gespaltene Baum den Adonis.

In der Edda wird die nordgermanische Vorstellung von der Entstehung des Menschen geschildert. Die Söhne des Riesen Bohr, Odin, Willi und Weh, fanden am Strand zwei Baumstämme, aus denen sie das erste Menschenpaar machten. Den Mann nannten sie Askr, d. h. Esche, die Frau nannten sie Embla, d. h. Ulme. Und diese Anschauung des Baumes als beseeltes Wesen haben die Druiden diese abergläubischen Vorstellungen zurechtgerückt.

Da zwischen Rinde und Holz sich die Hexen aufhalten, flüchten auch die Holzweiblein dorthin und haben dann Ruhe vor dem wilden Jäger. Darum soll man keinen Baum schälen oder ein Bäumchen auf dem Stamm drehen, daß der Bast losspringt. Es muß immer ein kleines Waldweiblein sterben.

Gespenster und Hexen, die sich dem Teufel verschwören, halten sich mit Vorliebe in alten, verkrüppelten Waldstrünken auf, und in ihrer sonderbaren Wuchsform sehen diese dann, besonders in der Dämmerung bei Mondlicht geisterhaft und unheimlich aus. Und von der Königin der Hexen glaubt das Volk, sie habe eine Weidenrute als Szepter. Wenn ihr Untertan den Tau mit Weidenzweigen abstreift, dann gibt es Nachtfröste.

All diesen Gedanken entgegengesetzt finden wir den Baum auch als ein Ort der Freude und der Lebenslust. Die Linde, das Sinnbild der Heimatlichkeit, der Schutzbaum der Gemeinde, der Versammlungsort der Alten, der Jugend und der Verliebten, Zentralpunkt vieler deutscher Volkslieder, aber nicht nur deutscher, sondern auch englischer, französischer und vieler, vieler anderer Nationen.

Bildhafte Kunst zu Nixen, Nymphen, Zwergen

Das berühmte Gemälde von Arnold Böcklin, „Das Spiel der Wellen", ist jetzt über 100 Jahre alt. Es entstand 1883 und erregte damals mitnichten Schmunzeln und Vergnügen, so wie wir heute dieses lebensprühende, von verstecktem Humor überleuchtete Bild sehen, wie in den heutigen Kunstlexika steht. Es war vielmehr ein Skandal, jedoch nicht wegen der FKK-Szene, nicht einmal deshalb. In der Kunst goutierte und schätzte man derlei damals durchaus. Die bekannte Prüderie der damaligen Epoche brauchte und fand ihr Ventil in der mythologischen Allegorie. Da war (fast) alles zulässig. Es war vielmehr die Komik der Szene, oder soll man sagen ihre Fröhlichkeit, die Anstoß erregte. Was da zu sehen war, war erheiternd, war schlicht und einfach zum Lachen oder jedenfalls zum Schmunzeln. Das konnte doch keine Kunst mehr sein! Kunst, so verstand die Epoche damals noch, war die Kunst zu bauen, das Edle, Gute und Schöne zu wecken und darzustellen, aber dieses hier. War es nicht geradezu unanständig, da man doch sah, wie den Beteiligten es Spaß machte.

Darf Kunst Spaß machen? Hat das Edle im Menschen etwas mit Spaß zu tun?

Das Ganze wurde noch rätselhafter dadurch, daß der Maler des Bildes ein ganz anderes „Image" hatte. Dieses Wort war zwar damals nicht in Mode, aber trotzdem gab es natürlich schon das, was es besagt. Das Image des Arnold Böcklin, der 1827 in Basel geboren wurde, gestorben 1901 in Fiesole.

Die Toteninsel war ein Bild gewesen, das mit seiner düsteren Romantik tief ins Herz dieser Epoche getroffen hatte. Fast ein Jahrhundert lang blieb tatsächlich die Toteninsel in hunderttausenden Schlafzimmern ein bevorzugtes Wandbild. Ebenso lange galt es in der seriösen Kunstgeschichte als der kitschigste Edelkitsch der gesamten Kunstgeschichte überhaupt. Erst in unseren Tagen gab es wieder eine seriöse Wertung der Toteninsel mit einer Rehabilitation von Bild und Maler.

Man kann den Schock, den die Zeitgenossen damals empfanden, sogar etwas verstehen. Welch ein Gegensatz, welche Extreme: Da die düster-melancholisch-weltschmerzliche Toteninsel, hier dieses geradezu frivole Spiel der Wellen. Das mochte verstehen wer konnte, die Zeitgenossen jedoch nicht. Jedenfalls nicht in ihrer bestimmenden, beherrschenden Mehrheit. Nicht nur hatte dieser Maler Böcklin gegen sein Image gehandelt, „so etwas tut man doch nicht" — damals nicht und heute erst recht nicht. Nein, er hatte auch das geltende Kunstverständnis und seine Wertung direkt attackiert. Zwar hat er zugegeben, daß Schiller in seinem Wallenstein schon dieses zum geflügelten Wort gewordene Zitat geschaffen habe, wonach „ernst das Leben und heiter die Kunst" sei; aber „heiter" im wahrsten Sinne des Wortes; das ist ja wohl doch zu direkt.

Für uns ist das alles kein Thema mehr. Es ist historisch amüsant von Interesse, aber so haben die Künstler zu allen Zeiten gegen die Wertvorstellungen ihrer Zeit opponiert. Meist stießen sie nur auf Unverständnis und Widerstand. Unseren Malern, Musikern, Schriftstellern geht es kein bißchen anders. Hochmut gegenüber alten Zeiten ist nicht am Platz.
Beethoven wurde zu seiner Zeit als Musiker nicht minder geschmäht bis hin zur Beschimpfung: „Katzmusikant". Man stelle sich das einmal vor!

Wie die Modernen unserer Zeit, und daß die modernen Musiker unserer Zeit wirklich nicht mit Beethovens Genie konkurrieren können, steht außer Frage, meinen viele, daß dies belanglos ist. Spitzweg, der als der fotografischste Maler überhaupt gilt, als Idylliker, war zu seiner Zeit als Avantgardist verschrien, was so viel bedeutete wie heute „linker radikaler Spinner" oder auch „Rechtsradikaler".

Doch zurück zu „Das Spiel der Wellen": Hier auf diesem Bild von Böcklin, da sehen wir sie die Faune, die Nixen und die Nymphen, wie sie in einem fröhlich heiteren Spiel das Leben, und zwar ihr Leben genießen.

Geistwesen und Musik

Sehen wir uns einmal alle Opern an, die bekannt sind, mit jenen Gnomen, Nixen, Nymphen und anderen Geistwesen. Da finden wir solche Gestalten z. B. bei Strauß in seiner Trägodie „Daphne" und bei seinem Textdichter Gregor, der

238

in die älteste Literatur zurückgreift. Bei Ovid finden wir sie auch schon, ebenso bei Boccaccio, bei Hans Sachs. Daphne gab der ersten Oper überhaupt erst das beseelend-bewegende Geschehen zwischen irdisch empfindenden Göttern und vom Naturrhythmus überwältigten Erdenwesen und zarten Nymphen, die am Ende selbst zu einem Stück Natur werden. Da finden wir den Zauber einer Pastoralmusik aus spätromantischem Geist. Sonett, da wo das Ende kommt und die in einem Lorbeerbaum verwandelte Daphne singt, so endet es nur noch bei verstummenden Worten. Die reine Natur spricht. Das Wesentliche in der Natur läßt sich hier in der sprachlosen absoluten Musik ausdrücken.

Mit Daphne hat Strauß noch einmal ein Generalthema gefunden, nämlich die Faszination durch das Wesen der Frau. Die Verwandlung des Menschen als naturmythologische Variante des Wagnerschen Erlösungsgedankens.

Dasselbe finden wir in Melusine von Reimann und bei vielen anderen. Bei Melusine ist alles etwas anders konzipiert. Da gerät Melusine, obwohl sie nicht in diesen Konflikt geraten wollte, mit einer adeligen Bürgerwelt in ein mittelalterlich-romantisches Irgendwo, so daß also aus heutiger Sicht zwei gegeneinander gestufte Unwirklichkeiten aufeinander treffen. Melusines Gegenwelt, die Bürgerwelt, ist vielmehr zerstörerisch konkret: Banale Geschäftstüchtigkeit, zivilisatorische Fortschrittsgläubigkeit und gewinnsüchtiger Materialismus bedrohen die geheimnisvollen Naturmächte.

Wir haben hier eine unwahrscheinliche Brücke zu dem modernen Geschehen, ich möchte fast sagen, hier wird ein Naturmärchen eigentlich äußerst aktuell, sogar mit einem umweltschützerischen Akzent.
Obwohl die Mittel, mit denen Melusine den heimatlichen Park vor der Vernichtung durch einen Schloßneubau zu verteidigen versucht, so unwirklich und realistisch sind wie das zweigeteilte Wesen dieser Fischfrau.

Sie verzaubert die Bauleute durch ihre Schönheit, versucht sie mit gespielter Liebe von der Arbeit abzuhalten und den Bau zu verhindern. Dadurch, daß sie sich anbietet, ohne sich selbst auszuliefern, sind ihre Opfer den zerstörerischen Seiten der Natur schutzlos ausgesetzt.

Der Geometer stürzt sich wie von Zauberhand gestoßen von der Parkmauer zu Tode, der Maurer begeht Selbstmord, der Architekt wird wahnsinnig. Es scheint, als übertrüge sich das Böse, das der Natur zugedacht ist, zunächst auf die Vollstrecker der Vernichtung. Aber Melusine kann das Böse nicht mit Ungutem überwinden und wird selbst überwunden, ironischerweise von dem Bauherrn, dem Grafen Lusignan. Die beiden sprechen die gleiche Sprache, eine Nymphensprache, sie wird überwältigt von der Liebe des Grafen, aber ihre Liebe erlöst sie nicht, sondern sie gibt sie mit dem Grafen dem Untergang preis. Sie, die sich nicht der Liebe ausliefern durfte, verbrennt in Lusignans Schloß mit dem Feuer, das die pompöse operndivahafte Urmutter Pythia gelegt hat.

Melusine ist nicht nur ein Geschöpf zwischen Natur und Mensch, auch zwischen Melisande und Undine. Hier in den Opern, da finden wir sie, Nixen, Geister und Feen, die Trolle, die Faune, die Kobolde, die Satyre, die Waldschrate, die Zwerge, die Walküren, die Elfen und die Najaden und die Hexen, alle finden wir sie wieder. Sie sind wahrhaft keine idyllisch tändelnden Kinder einer willkürlichen erträumten oder erdachten Opernwelt, sie sind Abkömmlinge einer magischen, in den Mythen und Märchen weiterlebenden Frühzeit, die man heute als naive, sinnlose Erzeugnisse vorwissenschaftlichen Denkens wegzurationalisieren gewohnt ist.

Diese Mythengeister brechen in die Welt der Zwecke und Funktionen ein und werden dort in ihrer Symbolsprache, in ihrem bildhaften Dasein nicht verstanden. Sie entfremden ihre Herkunft, bleiben aber auch fremd in der ersehnten Menschenumwelt. Sie agieren, oder besser, sie vagieren als Symbolträger verschütteter Erkenntnisse.

Selbst das Wasser, das Lebensfluidum der Nixen und das Feuer, in dem Nymphen und Menschen sich im Tod vermehren, sind mehr als die naturwissenschaftlich erklärbaren Elemente.

„Rein mußt Du bleiben wie die Nixe im See,
die Druiade der Birke ....
War sie wirklich gegen die Liebe gefeit?
Wir sammeln die Scheiter und legen das Feuer."

Pyhtia spricht sich aus, die Zusammenhänge von Wasser und Liebesangst, Feuer und Überwältigung, haben wir sie in uns aufbewahrt? Wenn nicht, laßt uns tiefer hereinmarschieren in die Welt der Pflanzen, ihre Formen, ihre Farben, ihre Düfte, ihre Gifte, ihre Faszinationen, ihre Geschichte, in ihre Genealogie, in alles, was sie beinhalten. Laßt uns durch sie faszinieren, festhalten, packen, laßt uns hineinfühlen, hineingehen, hineinschreiten in diese Wunderwelt.

Ein kleines bißchen wollte ich Sie an die Hand nehmen, Ihnen einen Weg zeigen in dieses Land.

Vor wenigen Tagen kam eine alte Patientin, sie ist weit über 85, aber in geistig guter Verfassung und von dieser Welt; diese Patientin sagte mir, das Waldsterben sei heute kein Problem der Physiker und Chemiker, der Geologen und der Ökologen. „Das Waldsterben ist unser aller Problem, denn wo, sagen Sie mir nur, wo würden denn jene Geistwesen wohnen, die uns so viel geholfen haben, Freude zu erleben und Entspannung, Heiterkeit und Frieden. Die Nymphen, die Nixen, die Kobolde und die Feen? Wo sollten die nur leben, wenn es keine Wälder mehr gibt?"

Wir können darüber lächeln, sogar darüber lachen, wir können die Schulter zucken, vielleicht darüber nachdenken, wir können uns aber auch voll dem Gedanken hingeben, daß es doch so wäre, tun Sie es einmal, es lohnt sich!

Schon 1735 in Händels Oper „Alcina" sehen wir, wie die Natur und die Menschen in ihren Liebesbann verstrickt werden. Sie ist nicht nur eine Dea ex machina, die in auswegslosen Situationen eingreift, um die sinnenbetörenden Zaubereien der barocken Bühnenmechanik vorzuführen. Sie ist ein Geistwesen, das durch die Sehnsucht nach Menschheit bezwungen wird.

In Vivaldis Oper „Orlando furioso" finden wir ihre Namensschwester Alcina.

Händels Alcina ist sehr überlegen, die alles Leben auf ihrer Insel der Seeligen in ihren Liebeszauber-Bann verstrickt, bezwingt den lebendig pulsierenden musikalischen Ausdruck, nicht zuletzt durch die allmähliche Entzauberung, die sie erleidet.

Ihr Zauberreich und ihre Liebe zu dem etwas labilen Edelmann Luggiero sind auf Täuschung gegründet und zerrinnen endgültig in dem Augenblick, in dem das Trugbild von außen her zerstört wird.

Am populärsten aber ist „Undine" geworden, literarisch und auch musikalisch. Die Geschlechtersage der Staufenberger aus dem Schwarzwald führte Paracelsus in seinem „Liber de nymphis" Mitte des 16. Jahrhunderts als Beleg dafür an, daß die Untreue eines Menschen gegenüber dem elfischen Wesen todbringend sei.

Von Paracelsus her wanderte der Undine-Stoff über Volksbücher wie „Des Knaben Wunderhorn" von Achim von Arnim und Clemens von Brentano bis zu den Opern von Hoffmann und Lortzing und Anderssons Märchen. Als kleine Seejungfrau finden wir sie wieder.

In Hauptmanns Drama „Die versunkene Glocke" ist sie wieder da, in Jean Giraudoux' „Ondine". Auch Ingeborg Bachmanns Erzählung „Undine" lohnt sich zu lesen. Moderne

Dichtung ist unglaublich faszinierend. Respektheischende Wassernixen-Genealogie durch die Jahrhunderte – Undine.

Undine erwacht und steigt aus dem Wasser auf. Damit ist ihr Schicksal besiegelt. Sobald sie ihren natürlichen Lebensraum verläßt, ihrer Affinität zu dem Menschengeschlecht übermächtig wird, muß sie an eben dieser fatalen Neigung zerbrechen.

Mitleid mit diesem Wesen hatte Lortzing. In seiner Undine läßt er die recht weltlich gezeichnete Nixe zusammen mit ihrem Geliebten ins feuchte Element zurückkehren. Ein „Happy End im Geisterreich", in der Wirklichkeit gibt es das nicht.

Was haben wir noch? Ja, da haben wir noch „Rusalka" in Reimanns „Melusine", in Marschners „Hans Heiling", da überall, da kommen sie, die Undinen und die Melusinen, aber da kommt auch Albrecht, der Zwerg.

Kaum ist bekannt, daß Richard Wagner schon viel früher, bevor er den „Holländer" oder „Rienzi" schrieb und auf seine spätere Meisterschaft vorbereitete, als kaum Zwanzigjähriger sich an Opern gewagt hat.

1833 war das, „Die Feen" nach Carlo Gozzi's Märchen „La donna serpente", „Die Frau als Schlange".

In einer Mitteilung an einen Freund erzählt er selbst den Inhalt:

„Eine Fee, die für den Besitz eines geliebten Mannes der Unsterblichkeit entsagt, kann die Sterblichkeit nur durch die Erfüllung harter Bedingungen gewinnen, deren Nichteinlösung von Seiten ihres irdischen Geliebten, diese mit dem härtesten Lose bedroht. Der Geliebte unterliegt der Prüfung, die darin besteht, daß er die Fee, möge sie sich ihm auch noch so böse und grausam zeigen, nicht ungläubig verstieße." Zum Schluß entzaubert der reuige Geliebte die in eine Schlange verwandelte Fee durch einen Kuß. In der Wagner in seinem eigenen Werk die zu einem Stein verwandelte Fee durch des Geliebten sehnsüchtigen Klang entzaubert und dieser Geliebte wird dadurch vom Feenkönig mit ihnen in die unsterbliche Feenwelt selbst aufgenommen.

In „Rusalka" herrscht ein Kampf zwischen einem leidlosen und einem unbeseelten Dasein im Wasserreich. Und mit menschlicher Liebe trägt die Nixe Rusalka diesen Widerstreit bis zur Selbstzerstörung in sich aus.

„Was hilft mir Schönheit, Anmut, Herz, –
bin ich nur halb ein Menschenkind!
Ich kam aus kühlen Fluten,
hab niemals Erdenglut gekannt!
Von euch, (den Nixen) verstoßen,
auch von ihm verbannt (dem Prinzen),
nicht Weib noch Nymphe, was bleibt mir,
ich kann nicht sterben, nicht leben hier."

Und schließlich etwas später, als sie dem reuigen Prinzen den Todeskuß verpaßt hat:

„Tot, nicht, noch lebend, Weib nicht, noch Nymphe –
irr ich umher in meiner Not!
Einst träumt von Glück ich,
Glück ohne Schmerzen.
Nutzlos ich meine Liebe dir bot."

Hier überall, in diesem Grundschema der Nixen mit ihrer Sehnsucht nach Liebe und Menschwerdung, Untreue des Geliebten, Rückkehr und Menschenferne, Todeskuß für den ungetreuen Liebhaber, kommt Verschiedenartigstes zusammen; so bei Rusalka und bei den anderen Nixen, den Undinen, immer wieder ist es das gleiche Spiel.

Selbst bei Richard Strauß in der „Frau ohne Schatten", wo viele Kritiker tausenderlei herausgelassen haben, finden wir es ebenfalls wieder.

Hexen und Teufelsspuk

Daß die Hexen oder auch Druiden im Pflanzenbereich eine

gewichtige Rolle einnehmen, geht allein schon aus den alten vielen volkstümlichen Benennungen für alle möglichen Pflanzen, für Sträucher, für Bäume, für Kräuter hervor. So heißt z. B. die Waldrebe, sie ist die einzige Liane in unserer Heimat, die um Zweige und Geäst von Gehölzen feste Schlingen legt, im Volksmund „Hexenstrang" oder „Hexenzwirn", manchmal auch „Hexenhaar".

Der überall zu findende Bovist wird zum „Hexenfelsen" und seine braunen, bei der Reife freiwerdenden Sporen, die wir Kinder so gerne den Erwachsenen ins Gesicht geblasen haben, zum „Hexenpulver".

Den Wurmfarn schimpft das Volk „das Hexenkraut" und den Bärlapp, den Drudenfuß und die Mistel nennt der Volksglaube „das Hexennest".

So gibt es gute und böse Pflanzen in den primitiven Anschauungen aller Völker und die bösartigen ungeliebten Gewächse können gar nichts anderes sein als eben dieses Teufels. Das Kreuz von Golgotha beispielsweise, soll aus Erlenholz gewesen sein. Das ist das Holz, das an verrufenen Orten, an Mooren und dergleichen wächst.

Ein Baum des Teufels ist auch der Holunder, an dem soll sich Judas Ischariot aufgehängt haben. Geradezu unheimlich sind die alten, oft hohlen und geborstenen Kopfweiden, die Bäche und Gräben begleiten. Nach dem Glauben des Volkes gilt es als ein Werk des Bösen, der Aufenthaltsort für Hexen und boshafte Geister.

Nichts anderes ist auch der Efeu, der Unglück bringt ins Haus und unter die Menschen, wo immer er auch wächst, sei es im Wald, über Mauern, über Gräbern, aber auch über Ruinen. Böse Pflanzen sind die Giftgewächse, die einzig und allein teuflischem Wissen entsprungen sein können. Natürlich kann es sich nur um diese verfluchten Unkräuter handeln, die dem Landmann und Gärtner das Leben so schwer machen. Was giftig ist und ohne Nutzen, kann keine

Wohltat sein, die der Schöpfer der Erde erwies. Sie allein hat der Fürst der Hölle in die Welt gebracht.

Nun, aus der Sicht des Aberglaubens ist das wohl gar nicht anders möglich. Und jetzt fallen Ihnen sicher auch die Tollkirschen ein, deren verlockend aussehende Früchte schon vielen Menschen den Tod brachten. Im Volksmund heißen sie „Teufelskirsche", „Teufelsbeere", „Höllenwurz". Zusammen mit dem Bilsenkraut, dem „Teufelswurz", die schwere Erregungszustände und Sinnestäuschung auslöst, war sie ein wichtiger Bestandteil der Hexensalbe, in der auch noch Datura stramonium, Opium und Aconitum darin war. Hier haben sich im mittelalterlichen Glauben die Hexen vor ihrer Fahrt durch die Lüfte eingerieben.

Im klassischen Kräuterbuch von Mathiolus, des Italieners, lesen wir jene Stelle, wo er schreibt, er habe Bauernkinder gesehen, die den Samen von Bilsenkraut gegessen hatten und sie waren also sinnesverwirrt und so unsinnig, daß die Eltern meinten, sie seien vom bösen Geiste besessen.

Beim alten Hieronymus Bock lesen wir ein Kapitel über die kalte Natur der Bilsenkräuter. Da heißt es unter anderem, die Hühner auf den Balken fielen herab, wenn sie den Geruch der Bilsen gewahr werden. Und mit solchen Künstlein, mit Bilsenkraut, Stramonium und Tollkirsche, haben die Zigeuner ihr Unwesen getrieben und die Gesellschaft verwirrt.

Lesen wir doch einfach kurz, ohne uns tiefer hineinzustellen, das Vergiftungsbild von *Belladonna*, der Tollkirsche durch. Da kann einem schon heiß und kalt werden: Sinnestäuschungen, Berauschungszustände, Kongestion des Kopfes, Delirien mit heftigen Erregungszuständen, Halluzinationen, große Angst- und Schreckhaftigkeit; dazu noch Pavor nocturnus und anderes mehr.

Denken wir an *Hyoscyamos*, die Gereiztheit, die Angst, die Artikulationsstörungen, die überreizte Fantasie, die Halluzinationen, die Hydrophobie und schließlich erotische Manie bis zur sexuellen Tollheit hin, bis zur Nymphomanie mit entsetzlicher Schwatzhaftigkeit.

Es kommt dazu das Zurückweisen jeglicher Arznei, der Argwohn, der dahinter steckt. Das Springen aus dem Bett, die Zuckungen, die wahnsinnigen Eifersüchteleien des Hyoscyamus, hier in diesem Sabbat, in diesem Hexen-Sabbat, ist alles darin.

Denkt man jetzt an *Stramonium*, wo die Erregungszustände mit manischen Zügen einhergehen, mit unmotiviertem Lachen, mit unkoordinierten Bewegungen, mit Angst vor dem Alleinsein, Angst vor der Dunkelheit, unwirklichen Sinneswahrnehmungen, die mit der Realität gar nicht mehr in Beziehung gebracht werden können und in manchen Fällen sogar zu tätlichen Reaktionen führen.

Sie sehen, die Namen dieser Kräuter, die Hexen- und Teufelsnamen beinhalten, haben Teuflisches, haben hexenähnliche, berauschende Zustände an sich, die unglaublich sind.

Schauen wir noch weiter hinter den Vorhang unserer Riesenpflanzenwelt, blicken wir noch tiefer hinein.

Da haben wir auf der anderen Seite den Aberglauben im Bewußtsein des Volkes, der sehr stark wechselt.

Wir finden aber auch geheimnisvolle Gedanken, die doch sehr logisch sind. So werden die Wurzelknöllchen des Knabenkrautes, die einem Hoden sehr ähnlich sehen, als Signatur betrachtet, d. h. das Aussehen dieser Pflanze bietet uns einen Hinweis auf ihre Heilkraft. Und weil sie einem Hoden so ähnlich sind, kommt auch der Name der ganzen Familie her. Es sind die Orchideaceen; „orchis" heißt der Hoden. Alle diese Pflanzen haben solche Knöllchen als Wurzeln, von denen sich der Name herleiten läßt. „Teufelsfinger" wird er auch genannt. An anderer Stelle finden wir ihn als „Herrgottshändchen" gekennzeichnet. Ein wirrer Zauberkram voll Schreckhaftigkeit und manche gemeine Angst steckt dahinter.

Wem kommt da nicht der Gedanken an jene unseligen Hexenprozesse und Teufelsaustreibungen, die als Welle des Wahnsinns jahrhundertelang über Europa zogen. Gott sei Dank gehören sie der Vergangenheit an.

Den Glauben aber an das Vorhandensein von Hexen und teufelsbündnerischen Dämonen hat selbst die Neuzeit nicht auszurotten vermocht. Heute noch wird in den kleinen Landgemeinden bei uns bei Gerichtsverhandlungen die Dorfhexe sogar erwähnt. Und abergläubische Leute hat es zu allen Zeiten gegeben, die dann zu magischen Mitteln greifen. Sie suchen sich den Gegenzauber, die Anti-Teufels-Kräuter, den Gundermann z. B., den man in der Walpurgisnacht sammelt und zu einem Kränzchen windet und auf den Kopf setzt. Dann kann man die Hexen erkennen, so kann man aufpassen, daß keine Hexe in das Haus hereinkommt. Prunus, die Schlehe, als „Drudenblüh" im Frankenland besonders verwendet, weil die blühenden Sträuße eine Hexe erkennen und sie vertreiben können.

In anderen Gegenden wieder sind es der Baldrian und nicht zuletzt, gerade in der Homöopathie, das so geschätzte *Lycopodium*, der Bärlapp und das Hexenkraut, die als Kranz gewunden über der Stalltür und der Stubentür aufgehängt werden, damit die Hexe nicht herein kann.

Eine besondere Kraft jedoch Hexen zu erkennen, aber auch jedwede Gauklerei und Augenverblendung wird dem vierblättrigen Klee zugesprochen, der ja bei uns bekanntlich als Glückszeichen gilt.

Der altfränkische, ebenso wie der oberbayerische Aberglauben ging so weit, daß man den Klee heimlich unter das Altartuch legen sollte, wenn der Priester eine Messe liest. Man dürfte dann sicher sein, daß dieser beim Reden zu stammeln beginne, aber auf diese Weise bekäme der Klee seine Zauberkraft. Trüge man dann diesen Klee bei sich, d. h. ahnungslos, „untergejubelt", dann erkenne man alle Hexen.

248

Das ist eine der größten Abwehrzaubereien gewesen, die bereits im 15. Jahrhundert üblich waren und schriftlich niedergelegt wurden. Und so gesehen verstehen wir heute noch das vierblättrige Kleeblatt als den Glücksbringer schlechthin, nämlich das Glück zu haben, Hexen zu erkennen.

Weit verbreitet, besonders im alten Oberbayern und Schwaben ist der Glaube, die hexenabwehrende Kraft eines aus neunerlei Holz gefertigten Schemels. In alten Bauernhäusern finden wir hier, z. B. noch in Gaissach, Wackersberg oder in Greiling, sehr hübsche solcher alten Schemel. Sie mußten aus dem Holz der Espe, der Eiche, der Föhre, der Buche, der Linde, dem Vogelbeerbaum, der Fichte, der Tanne und der Birke sein.

Legionen groß ist die Zahl der antidämonischen und Hexen abwehrenden Pflanzen oder, wie sie damals genannt wurden, der apotropäischen Pflanzen. Es sind häufig stark aromatisch riechende, ätherische Öle enthaltende Kräuter, wie wir sie heute im allgemeinen nur als Gewürzmittel verwenden. Und diese Gewürzmittel sind schon damals dem Essen beigegeben worden, nicht um des Geschmacks willen, sondern um die Hexen abzuwehren. Alles: Kümmel, Dill, Fenchel, Liebstöckl, die Lippenblütler wie Dorst, Quendel und Salbei sind in das Essen gekommen, um das von den Hexen hineingetane Gift herauszuhalten. Räucherte man die Kräuter in einem Haus, so ließen sich die bösen Geister verscheuchen, oder aber gnädig stimmen. Man hält sich heute noch an diesen Brauch, und das in dieser so progressiv modernen Zeit, in der man sogar auf dem Mond landet und im Weltall herumsegelt. Da wird in den Alpenländern, in Tirol und Bayern, die Räucherung in den „Rauhnächten" durchgeführt, deshalb heißen sie hier auch noch die „Rauchnächte".

Eine der wichtigsten Pflanzen ist noch *Ruta graveolans*, die Raute, die den Satan und sein Hexengefolge vertreiben kann. In einer alten Handschrift ist vermerkt, daß eine Raute und Benediktendistel, genau so wie Mariendistel mit den Worten zu brechen sei:

„Ich brich euch edle Kräuter schon
durch des himmlischen Vaters Kron.
Und durch den heiligen Geist,
daß du behaltst den Kraft und Tugend
mit ganzem Fleiß,
daß du mir seiest ein Sicherheit
vor dem Teufel und allen Zauberleut."

Origanum hat man früher „Dorst" genannt; dieser bekannte, an Waldrändern und grasigen Hügeln verbreitete rote Lippenblütler, der besonders als Anti-Zauber wirksam ist. Aus mancher Sage erfahren wir, daß der Teufel, als er davonlief, mit Dorst zusammenkam. Und der Dorst entfaltete seine hexenabwehrende Wirkung auch in Verbindung mit dem Hartheu. Hartheu, das ist unser *Hypericum perforatum* und der neue deutsche Name dazu ist Johanniskraut.

Das nun wieder zusammen mit *Ledum palustre* ergibt den schönen Spruch, den wir bei Hieronymus Bock vor über 400 Jahren lesen können: „Dorst, Hartheu und weiße Heid (Ledum) tun dem Teufel gar viel Leid."

Der Dill ist dem Hexenvolk ausgesprochen unangenehm und man empfiehlt jeder in der Küche tätigen Frau, immer wieder Dill zu benutzen, dann kann der Teig keines Essens verhext werden. Kümmel gehört auch dazu. Und das nun wieder in die Schuhe und Strümpfe einer Braut gesteckt, Kümmel, Dill, Salz und Pfeffer, wenn sie zur Trauung geht, um auf solche Weise gegen den Neid der Hexen gefeit zu sein. Ein sehr wichtiges Wider-Tatkraut, so nannte man die Antidämonen-Kräuter, ist auch *Drosera*, der Sonnentau, bei uns in der Homöopathie ein Hustenmittel. Es wird dann gegeben, wenn die Hexe in die Luftröhre gekommen ist.

Paeonia officinalis gehört zu den Pflanzen, die dem Teufel und allen bösen Geistern, den Hexen und allen Dämonen recht unangenehm sind. Ihre Samenkörner haben eine zauberische Wirksamkeit.

Pfingstrose nennt man sie bei uns und sie trägt ihren Namen nach dem ersten alten, griechischen Heilgott.

15 von den Samenkörnern der Paeonia sind trefflich gut wider den Alp. Das ist eine Sucht oder Fantasie, die den Menschen im Schlaf drückt, der Alptraum, daß er nicht reden, noch sich regen kann. Bei Plinius heißt es, die Paeonie schützt vor den Neckereien der Faune (Medetur et faunorum inquiete ludibriis).

Alle Dornensträucher, die bei uns wachsen, gelten seit dem Altertum als besonders antidämonisch. So hatte man ja früher in menschlichen Siedlungen Dornenhecken angelegt als Schutz gegen Eindringlinge, aber auch als Schutz gegen die Eindringlinge aus dem Reich des Bösen. So ist der Weißdorn, *Crataegus oxyacantha*, Sie kennen ihn alle, ein dornenreiches Gewächs, das eigentlich den Teufel, der sich wie ein Alp auf die Brust setzt, da heraustreiben soll. Der Alp auf der Brust ist die Angina pectoris. Die *Rosa canina*, die Hundsrose, wird alles Böse von einem abhalten. Übrigens sind auch die Stachelbeeren an dieser Abwehrhaltung beteiligt.

Das Berufskraut, oder auch Beschreibkraut *Verbena*, das sind alle jene Kräuter, die gegen das Berufen oder das Verschreien, gegen das Verhexen helfen sollen. War einmal ein Mädchen, oder ein Kind zu schön und haben böse Frauen dann über ihre Schönheit gesprochen, so als neideten sie sie ihm und man spürte das, dann sollte man nur „Knoblauch – Knoblauch" rufen und *Allium sativum*, das ist der wissenschaftliche Name für Knoblauch, helfe schon, wenn man seinen Namen nenne.

Manch einer weiß es auch heute noch und wir selbst scheuen uns nicht, darüber zu sprechen; Lumbago z. B. einen „Hexenschuß" zu nennen, ein schmerzhaftes Stechen, das plötzlich hereinschießt. Warum sagen wir eigentlich „Hexenschuß", wo wir doch gar nicht mehr an Hexen oder Leute mit bösem Blick glauben, die die Seele der anderen durch Zorn, Eifersucht oder Neid verderben können?

Um den bösen Zauber unwirksam zu machen, muß man nun Amulette umhängen oder den Absud eines solchen Berufskrautes (*Verbena officinalis*) z. B. nehmen, um darin zu baden. *Verbena officinalis*, das Berufskraut, wurde im alten Griechenland jedem, der einen Eid schwören mußte bei Apoll oder seinem Altar als Strauß in die Hand gedrückt. Und jeder wußte, wenn er jetzt einen Meineid schwört, dann wird ihn der Blitz des Zeus treffen und sofort töten, worauf jeder dann sein Sprüchlein in Wahrheit verkündete.

Der von mir hochverehrte Mineraloge und große Kenner von Kräutern, Herr Professor Kraus, der leider schon verstorben ist, hat auf meine Frage, warum heute eigentlich das Berufskraut, oder auch Eidkraut genannt, so selten geworden ist geantwortet: „Das liegt wohl daran, daß heute nur noch gelogen wird, vor Gericht mit Schwurhand und ohne Schwurhand, und daß deshalb das Eidkraut gar nicht mehr notwendig ist."

Zu den Berufs- oder Eidkräutern gehören auch, und zwar um darin baden zu können, die Brennessel, der Sauerklee, die Raute, Kamille, Salbei, Sauerampfer, *Symphytum* und der Löwenzahn. *Erigeron canadensis* hat einen besonderen Einfluß als Berufskraut besonders bei Männern, die behext worden sind von ihren Nebenbuhlern, damit sie impotent werden.

Sie sehen, keine einzige menschliche Regung ist in diesem Hexen-Teufels-Sabbat ausgelassen.

Menschen und Tiere werden von Dämonen, übelgesinnten Druden und Kobolden, die Unheil stiften, manchmal nur ihren Schabernack treiben, seit eh und je geplagt und gepeinigt. Im ländlichen Bereich kann man heute noch ein Lied davon singen.

Scheune, Stall sind der Aufenthalt dieser Geister, der Wald dazu und das Vorwald-Gebiet, insbesondere in den Vorbergen, im Allgäu, in Oberbayern. Hier ist ein alter Brauch, beim ersten Austreiben des Viehs den Stall mit Kräutern gründlich auszuräuchern. So werden die Teufelswerke, die Gespenster und bösen Geister vertrieben.

Mit Vorliebe nimmt man dazu Wacholder. Wacholder ist aber auch das Holz, was zum Buttermachen und Butterschlagen gebraucht wird und da evtl. den Einfluß einer Hexe abzuhalten, die einfach die Milch nicht brechen läßt.

Den Sonnentau muß ich noch einmal erwähnen, in diesem magisch-mystischen Bereich. Der Rand und die Oberseite der Blattflächen, dieser in Mooren und Torfsümpfen verbreiteten insektenfressenden *Drosera*, sind mit Drüsenhaaren besetzt, die eine besonders bei Sonnenschein glänzende Flüssigkeit absondern. Man sah diese Flüssigkeit als Tau an, als „Sonnentau". Drosolis, oder Solaria wird sie auch genannt, weil sie an den Blättern Tropfen wie ein Tau stehen hat, wenn die Sonne des Mittags am heißesten scheint.

Was hat man nicht alles mit diesem Kräutlein getrieben, und es hat sogar Wunder gewirkt. Man pflegte eine Zeitlang im 10. Jahrhundert das Kräutlein oder seinen Saft in ein Glas zu tun, in dem Wein war, oder ein Getränk überhaupt und dieses Glas sprang in Stücke, wenn Gift darin war. Und ist einer vom bösen Geist besessen, so hängt man ihm das Kraut um den Hals und diesem Kräutlein kann selbst der Teufel nicht widerstehen.

Nicht minder geheimnisvoll ist die Pflanze *Lilium marthagon*, der Türkenbund, der auch „Goldwurz" wegen der gelben Wurzeln heißt, wie in alten Kräuterbüchern zu lesen ist, vielleicht auch weil die Alchemisten das Kraut in hohem Wert hielten und sagten, es habe eine Kraft die Metalle zu veredeln. Der Name „Marthagon", der zuerst im 13., dann im 16. Jahrhundert auftritt, hat alchemistische Beziehungen zum Planeten Mars. In dieses alchemistisch Mythische fällt auch das Schöllkraut – *Chelidonium majus*. Sein goldgelber Saft soll alle vier Elemente enthalten. Häufig wurde daher der Stein der Weisen, der Lapis philosophorum in dem Saft des Schöllkrautes vermutet. Aber ein Mittel ihn damit auszulösen oder auch Gold zu machen, selbst mit des Teufels Beistand, gelang nicht.

Seit alters her übt das Leben und die fruchtbarkeitsspendenden Wasser mit allen seinen Gewächsen auf den Menschen einen magischen Zauber aus. Nach den abergläubischen Vorstellungen des Volkes und das schon vor vielen tausend Jahren, tanzen in nächtlicher Stunde auf der stillen Wasseroberfläche liebliche Nymphen ihre übermütigen Reigen. Najaden nennt die griechische Mythologie diese göttlichen, halbgöttlichen Wesen, denen man im Altertum Grotten errichtete und Blumen, besonders Rosen oder Lilien, als Opfer darbrachte. Heilig ist ihnen die rosenfingrige Seerose, Rhodidactylos nymphos. Sie konnte jeden in ihr Haus und ihre Wogen herabziehen, der sie zu brechen wagte. Die Seerose ist nämlich nicht irgendeine Blume, sondern eine verwandelte Seejungfrau.

Nach altem keltisch-germanischem Glauben ein echtes Seelengeschöpf. Mal lieblich und voller Güte, mal heimtückkisch und grausam, so wie sie auch das Wasser des Lebens in das Wasser des Todes verwandeln kann.
Der lateinische Name „Nymphaea" geht zurück auf eine alte Sage. Eine Nymphe war in heißer Liebe zu Herakles verfallen, welche allerdings unerwidert blieb. Aus Kummer darüber starb die Nymphe.
Aus ihr soll dann die schöne Wasserblume hervorgegangen sein, welche die Griechen Herakleos nannten und bei uns als „Seerose" bekannt ist.

Die Wurzeln und der Samen, der als Blume der Keuschheit geltenden Wasserrose, wurden, wie früher schon erwähnt,

254

im Mittelalter den Klosterinsassen immer wieder aufs dringlichste empfohlen, da sie Mönche wie auch Nonnen ihrer unkeuschen Gelüste berauben sollten; von der vermeintlichen aphrodisischen Wirkung wußte man auch in Frankreich, wo es, wenn ein Mann zur Liebe untüchtig war, ehedem immer geheißen hat oder immer noch heißt:

„Il a bu de l'eau de volet."

Auf deutsch übersetzt heißt das: „Er hat vom Wasser der Seerose getrunken."

Keine andere Pflanze hat in den alten Kulturen Ägyptens, Indiens und Ostasiens eine so bedeutende Rolle gespielt, wie die Lotusblüte. Für den Buddhisten verkörpert sie Vollkommenheit und Unsterblichkeit. Schwimmend auf ihr denkt sich der fromme Inder Laksmi, die Göttin der Schönheit und die Mutter des Liebesgottes Kama, die wie Aphrodite dem Schaum des Meeres entstiegen ist.

Auch die Glückseligen im Paradies sitzen auf Lotusblüten. Zu Buddha, dem Reinen und Erleuchteten, rufen die Gläubigen tagtäglich unter der Forml: „Om mani padme hum" (Du Juwel in der Lotusblume), ein Gebet, das in zahllosen Tempeln ebenso wie auf tibetanischen Gebetsmühlen niedergeschrieben ist.

Diese heilige Pflanze Parma ist dem Inder Symbol des sich stets erneuernden Lebens, das sichtbare Zeichen der ungeschwächten Schöpfungskraft und der Inbegriff alles Schönen.

Für die Ägypter ist Lotus die erste Blume der Weltschöpfung, in der die Sonne verborgen war. Die symbolhafte Pflanze hat noch mehr als die Papyrusstaude die Kultur des Landes am Nil, seine ganze Kunst, die Architektur ebenso wie die Malerei und Skulptur beeinflußt. Immer war die Lotusblume ein Sinnbild der Lebensfülle und des Überflusses, sie war das Zahlzeichen für Tausend, mit dem die Ägypter den Begriff der Menge des Segens verbanden.

Bei keinem Gastmahl, bei keinem Opfer durfte sie fehlen. Sie war schlichtweg die Königin der Blumen, die man überall antreffen konnte und an deren Farbe und Duft sich jedermann erfreute.

Lotus war auch das bevorzugte Geschenk der Liebenden und wurde als Amulett auf Holz oder gebranntem Ton auf der Brust getragen. Der sehnlichste Wunsch jeden Ägypters war ein reiner, „in den Strahlen der Sonne leuchtender geheiligter Lotus im Garten des Sonnengottes Ra" zu werden, wie es in den Totengebeten der Ägypter niedergeschrieben ist.

Lotus war dem Osiris und der Himmelsgöttin Isis geweiht, die das aufkeimende Leben nährt und beschützt und das grünende Land am Nil befruchtet.

In Ägypten und auch im Land der Pharaonen und schließlich auch in der griechischen Antike wurden Kränze bei allen Gelegenheiten getragen; Kränze, in denen Lotusblüten nie fehlen durften. An den Hauseingang hängte man einen Kranz aus Ölzweigen, wenn ein Knabe geboren war und aus Wollfäden, wenn es „nur" ein Mädchen war. Man trug Kränze zur Hochzeit, später bei den Christen auch zur Taufe, bei feierlichen Umzügen, zu Ehren des Bacchus. In dessen Folge kamen Satyrn und Bacchantinnen geschmückt mit vergoldeten Efeukränzen, mit Reben und Eichenlaub. Und selbst im gewöhnlichen Alltagsleben trug man Kränze aus wohlriechenden Blumen, aus Rosen, Veilchen, Lilien, Minze, aus Anemonen, Thymian und Safran, aus Hyazinthen, Königskerzen, Narzissen und anderen Blüten, besonders aber aus Lotusblumen.

Die Sitte der Bekränzung übernahmen auch die Römer von den Griechen und zwar nicht nur bei ihren Kriegstaten, wenn sie als Sieger heimkehrten, auch bei ihren sportlichen Wettkämpfen und bei allen Festen der Familie und der Stadt, wie auch der Kommune. Nur einer hat immer dagegen gewettert, Plinius, der immer wieder sagte, in alten Zeiten hätten nur die Götter Kränze bekommen. Später hätten auch die Opfernden zu Ehren der Götter Kränze auf ihr Haupt gesetzt und zugleich die Opfertiere bekränzt und schließlich seien Kränze sogar bei Kampfspielen aufgekommen, seien aber nicht nur dem Sieger, sondern auch dessen Vaterland zugesprochen worden. Solche Siegeskränze pflegte man als Weihegeschenke in den Tempeln aufzuhängen.

Eine andere Form, eine Metamorphose dieses Blumenkranzes ist später die Krone, die goldene Krone mit Edelsteinen geworden, wobei einen eigenen Sinngehalt die Dornenkrone Christi hat. Um sie bildete sich ein eigener Kult. Das Sternendiadem, das die Gottesmutter trägt, ist das Zeichen der Himmelskönigin.

Die Sprache der Blumen ist vielleicht die schönste Sprache der Welt. In diesen Kränzen, wie viel Schönheit und Anmut, wieviel Ehrfurcht vor pflanzlicher Kreatur, aber auch vor himmlischer Schöpfung begegnet uns bei solchen Blumen, die bei großen Festen immer wieder mitgeführt werden. Einmal, um Ehrfurcht zu zeigen, aber auch um geschmückt zu sein, zum anderen sind ihre symbolischen Inhalte nicht zu vergessen.

Satyrn

In der Medizin wurde im Altertum den Orchideen aphrodisische Wirkung zugeschrieben, die gemäß der Signaturenlehre der Alten ihre Begründung in der meist hodenähnlichen Gestalt der Knollen haben dürfte. Die tatsächliche Heilwirkung ist diejenige eines gut verdaulichen Diätmehls, das heute noch unter dem Namen „Salep" aus den stärkereichen Rizomen gewonnen wird. Dioskurides hat mit seiner sehr guten Beobachtungsgabe die beiden Knollen nach Größe unterschieden. Die großen Knollen, von Männern verzehrt, bewirken nach seiner Lehre die Geburt von Knaben und die kleinen Knollen, von Frauen verzehrt, bewirken die Geburt von Mädchen.

Umgekehrt hatte man auch die großen Knollen denen gegeben, bei denen die Geschlechtskraft zu gering und die kleinen Knollen, bei denen sie zu groß war.

Wegen ihrer hodenförmigen Wurzelknollen galten die Orchideen auch als Pflanzen der Satyrn oder Silenen, jener lüsternen, halb tierischen Wesen im Gefolge des Dionysos, in Menschengestalt zwar, aber mit Pferdeohren und Pferdeschwanz, die häufig als Gespielen der Dryaden und Nymphen auftraten. Es waren die Nymphen, die Feen also, bei denen sie ihr lüsternes Spiel spielten. Bei der Betrachtung der Einzelblüten des italienischen Knabenkrautes *Orchis italica* kann man mit den ohrenähnlichen Kelchblättern und mit dem lang ausgezogenen Schwanz zwischen den Zipfeln des gespalteten Mittellappens diese mit dem Satyrion der Alten identifizieren.

Dioskurides unterschied zwischen zwei Orchideen-Arten, er nannte die eine Satyrion erytronion oder mit dem Beinamen Priapiscos, der kleine Priapos. Auch diese Beschreibung paßt ausgezeichnet zu dieser Orchis, die man sich mit dem kleinen, immer sehr langen Schwänzchen in Zusammenhang mit dem Symbol des phallischen Fruchtbarkeitsgottes Priapos, des Hüters der Gärten und Weinberge im Bereich der Nymphen vorstellen kann.

Pflanzen als Wünschelrute

Die Wünschelrute diente zu allen Zeiten, ebenso wie das siderische Pendel oder die Findekugel, als ein Mittel um Dinge aufzuspüren, die man mit den Augen nicht sehen konnte, weil sie teils von der Erde bedeckt waren, teils aber auch imaginäre Dinge darstellten. Rudolf Tischner nannte es immer ein „Steigrohr des Unbewußten" oder „Fühlhebel eines sensiblen Körpers".

Nicht nur Wünschelrutengänger können bestimmte Dinge in der Erde oder unter der Erdoberfläche anzeigen, auch Pflanzen sind dazu in der Lage. So treffen wir in unseren Breiten eine Zinn anzeigende Pflanze an, den sogenannten „Siebenstern", „Trientalis europäa", es handelt sich um ein Primelgewächs, das in den Wäldern wächst und das hier deutlich anzeigt, daß hier Zinnerz zu finden ist.

Eisenerz verraten große Mengen von Weißbirken und Geibart im gleichen Gelände.

Im Siegerland wird als Blei anzeigende Pflanze der Huflattich genannt, „*Tussilago farfara*", der an feuchten Äckern und Wegrändern wächst und ausdauernd blüht. Wenn er aber in riesengroßen Flächen auftritt, dann ist das ein Hinweis darauf, daß irgendwo in der Tiefe Blei vorhanden ist.

Platin findet man nur da, wo kein Pflanzenleben ist, eigentlich nichts wächst.

Erigeron canadense, Kanadische Blutwurz, entdecken wir immer im Gelände etwa entsprechend der Grundmauern von früheren Häusern angeordnet, in Vierecken oder in Mehrecken. Also immer da, wo einmal Menschen gelebt haben. Auch Schliemann hat in Troja diese Pflanze gefunden und war, einmal aufgrund der deutlichen örtlichen Beschreibungen der Ilias, aber auch aufgrund des Wachstums von Erigeron darauf hingewiesen worden, wo Troja liegt. Erigeron deutet an anderen Erzfundstellen vor allem auf Silber hin.

Das gelbe Stiefmütterchen oder gelbe Veilchen, aber auch die Frühlingsmire, „Minuartia", eine Nelkengewächsgattung, zeigt neben dem Voralpenkesselkraut und der Gänsekresse Schwermetallvorkommen im Boden an.

Man hat früher auch von dem Wissen solcher Lagerstätten her dann die Bepflanzung der Erde über den Lagerstätten betrachtet und hat besonders in der Aachener Gegend Bleiglanz und Zink-Lagerstätten, in Westfalen Blei und Zinkerz, aber auch bei den Blei-und Zinkvorkommen im Erzgebirge und vor allem Oberschlesien, in den Zinkerz- und Bleierzlagerstätten diese Pflanzen gefunden.

Eine haarige Geschichte

Es gibt unendlich viele Pflänzlein, die haarig sind, und zwar entweder nur leicht mit einem Haarkleid bedeckt oder von dichtem rauhem Fell, wei bei einem Bären. Diese Haarigkeit beim Bären zumindest versprach Stärke und Tod, Ungezähmtheit und Leidenschaften. Solche Leidenschaften besaßen etwas Rauhes, man nannte ihn darob einen Wilden.

So nannte man auch, zumindest in Oberstdorf, das Bergmanderl oder das wilde Männlein, das so haarig ist, einen Wilden.

Doch sind sie gar nicht so wild, genau so wie *Pulsatilla* — die Küchenschelle, die auch so haarige Stengel, haarige Blätter hat, sogar die Blütenblätter sind ganz haarig, und trotzdem sind sie Pflanzen mit weichem, sanftem Gemüt.

Der Glatte hat als Tugend sublimen Verstand wie ein Zahmer. Und wenn man überlegt, so siegte im Ritterspiel des Mittelalters immer der Ritter mit der glatten Rüstung über den wilden Mann in haarigem Kleid.

Der Schlaue, das war der Glatte. Er war dem rauhen Tollpatsch überlegen, sei es, daß der Kluge etwas besaß, was der Rauhe brauchte oder umgekehrt. Der Wilde hatte das, wonach es dem Klugen verlangt. Daran hat sich wenig geändert. Der erste Wilde, der die Welt erblickte, war Esau — der Rote, der Behaarte, der dem nachgeborenen Zwillingsbruder Jakob sein Erstgeburtsrecht für ein Linsengericht abtrat. Rauhe Männer sind wilde Männer, wilde Männer sind haarige Männer, und haarige Männer nennt man in der Medizin „Männer mit Hirsutismus". Das waren unglückliche Raritäten der Natur, und in erschrecklichen Abnormitäten-Kabinetten konnte man sie porträtieren. Man wußte nicht recht, stammten sie vom Orang-Utan ab oder von einem Menschen.

Vielleicht hat sich Mutter Rebecca, als sie Esau gebar, nur eingebildet, daß er so etwas wie eine Mißgeburt darstellte. Er war rot am Leibe und man liest, daß Esau nach Art der Satyrn rot und haarig, wild und mit frechem Angesicht auf die Welt kam.

Haarige Männer in der biblischen Geschichte, es gibt ihrer noch viele. Unter anderem auch der König Nebukadnezar. Doch ob solcher Unsinnigkeit, man wußte nicht genau, war es der Pelz, der jenem wuchs, war er Ursache oder Wirkung, die Menschen verstießen ihn. Und so heißt es: „Kraut esse er wie ein Ochs, sein Leib war benetzt von dem Tau des Himmels, bis daß sein Haar so groß war als daß des Adlers Federn und seine Nägel wie die Vogelklauen."

Wenn wir so ein Blümchen sehen, das den richtigen botanischen Namen trägt *Dianthus superbus*, die Prachtnelke, so weiß man bei ihr wie bei Pulsatilla oder manch einer Glockenblume, die so einen Pelz trägt, nie genau, will dieses Pflänzchen eigentlich nur seine milde, weiche Art mit dem Gewand des Rauhen, des Haarigen verdecken? Oder friert es und hat sich deshalb einen Pelzmantel angezogen?

Nehmen wir nur an, daß die *Anemone* ανεμος, das heißt „die in der Windstille Lebende", zu deren Familie ja auch Pulsatilla gehört, der Sage nach aus einem Blutstropfen des sterbenden Adonis wuchs. So rundet sich das Bild. Stärke, Haarigkeit, Wildheit, Milde und Zärtlichkeit, alles in einem. Das Wunder des Weltalls in einem kleinen Blümchen.

Gruppenseele der Pflanzen

Der heute schon etwas in Vergessenheit geratene Schriftsteller Karl May läßt im Land der Skipetaren die Pflanzensucherin Nebatscha auf den Babuna-Höhen bei Ostromidscha von einem Pflanzen-„König" der Gattung Hadsch Marrjam die Marienkreuzdistel oder auch Eberwurz (lateinisch Carlina acaulis) aussagen:

„Sie ist ein König, denn wenn sie stirbt, so stirbt das ganze Volk mit ihr. Nur wenige Menschen wissen es, und unter diesen wenigen ist selten einer so glücklich, einen König zu finden. Das Volk wächst gern auf unfruchtbaren Stellen, an Bergen, Felsenbrüchen und üppigen Halden. Es steht stets im Kreise, der oft klein, aber auch sehr groß sein kann, und ganz genau im Mittelpunkt dieses Kreises steht der König.

Die Distel ist sehr dürr und spröde; sie wird nicht hoch und hat einen dünnen Stengel. Aber der König ist breit und wird alle Jahre breiter. Sein Stengel ist so dünn wie eine Messerklinge; aber er kann so breit sein wie zwei Hände und trägt oben einen langen, schmalen Distelkopf, auf dessen dunklem Grund eine helle Zickzack-Schlange gezeichnet ist. Diese Schlange leuchtet des Nachts. Wenn man den Distelkönig fortnimmt, so gehen alle seine Untertanen ein. Nach Verlauf eines Monats sind sie tot. Sonst aber werden sie sehr alt.

Der König, welchen ich heute hole, ist wohl gegen 10 Jahre alt. Ist ein neuer, junger König gewachsen, dann kann man den alten fortnehmen."

Spät abends hält „Der Mann aus Frankistan" Kara ben Nemsi den Mariendistelkönig in der Hand:
„Eine stachlige Distel von zweimal Handbreite, aber wirklich so dünn wie eine Messerklinge. Die helle Zickzack-Schlange oben auf der langen schmalen Krone war trotz der Dunkelheit sehr deutlich zu erkennen. Sie ,leuchtete' zwar

nicht, aber sie hat einen ziemlich bedeutenden Glanz, so als würde sie phosphoreszieren."

„Hadsch Marrjam" heißt „Kreuz Mariens", und dieselbe Pflanze wächst auch in Deutschland, in Bayern, im Erzgebirge, dort wird sie „Marienkreuzdistel" genannt, in Bayern „Silberdistel".
Sie wächst aber auch am Babuna oder am Plaschkawitz-Gebirge in der Türkei.

Die Behauptung Karl Mays, daß dann, wenn der Distelkönig fortgenommen wird, seine Untertanen eingehen, kann ich bestätigen.

Wir haben einmal einen solchen Distelkönig gefunden und haben ihn eliminiert. Er war schon uralt, 15 Jahre hatten wir ihn beobachtet. Und erst als wenige hundert Meter weiter eine andere Distelsippe groß geworden war, haben wir ihn eliminiert; und als wir 3 Monate später wieder gekommen sind, waren alle Untertanen des Königs eingegangen.

So kann man eigentlich sagen, daß auch Pflanzen, zumindest Carlina acaulis, eine Gruppenseele besitzen.

Können Pflanzen in unserer Umwelt überleben?

Wie können Pflanzen in unserer Umwelt überleben?
Wie können es nur unsere Pflanzen, die so sensibel, so zart, dabei so schön und faszinierend sind, nur schaffen, daß sie nicht von den Tieren aufgefressen und ausgerottet werden? Es gibt doch so viele blütentragende Pflanzen, wir kennen allein in Europa über eine viertel Million verschiedener solcher Pflanzen, deren Früchte auch gut schmecken. Sie können doch nicht weglaufen, wenn Tiere kommen, sie können sich nicht verstecken, selbst nicht angreifen, haben aber Jahrtausende überlebt in ihrem Kampf um das Dasein.

Vielleicht haben sie nur deshalb überlebt, weil es ihnen gelungen ist, eigene Verteidigungswaffen zu entwickeln. Das gilt nicht nur für die Stacheln bei den Rosen und die vielen anderen Stacheln an verschiedenen Pflanzen. Da kommen noch andere Gesichtspunkte hinzu. So unterscheiden sich ja Pflanze und Tier, wenn man sie chemisch betrachtet, ja vor allem darin, daß die Pflanzen sehr viel mehr chemische Substanzen als die Tiere synthetisch herstellen können. Die verschiedenen Proteine, also Eiweißstoffe, die die Pflanzen entwickeln, aber auch eine ganz große Zahl aromatischer und organisch-zyklischer Verbindungen im Pflanzengewebe erfüllen biologische Funktionen, die im Verlauf des Evolutionsprozesses sich entwickelt haben. Das sind keine zufälligen Produkte einer Photosynthese, das ist viel mehr.

Die Pflanzen müssen sich ja davor schützen gefressen zu werden. Sie haben eine Methode entwickelt, die darauf beruht, daß sie solche Stoffe aufbauen, die menschliche oder tierische Enzyme hemmen. Dazu gehört die Blausäure, wie wir sie bekannterweise in Obstkernen finden. Die Blausäure unterbricht schlagartig die Sauerstoffverwertung in den Zellen eines Menschen und auch verschiedener Säugetiere. Etwa 80 bittere Mandeln enthalten bereits eine tödliche Dosis, das sind rund 60-tausendstel-Gramm.

Das Maiglöckchen, das wir alle so lieben, weil es wunderbar duftet und so schön aussieht, wird auf mittelalterlichen Bildern als ein Attribut Christi verstanden, das diesen als das Heil der Welt „Salus mundi" darstellt. Es enthält genau wie auch das Buschwindröschen, die Anemone, der Fingerhut oder der Salomonsiegel ein Digitaloid. Digitalis ist ein Herzglykosid, es fördert zwar als Medikament die Kontraktionskraft unseres Herzmuskels, aber wenn man es nicht richtig dosiert, stellt es ein ungeheueres Gift dar.

Gleiches gilt auch für Atropin, Hyoscyamin ein Alkaloid, das die Wirkung des vom parasympathischen Nervensystem

freigesetzten Acetylcholins hemmt. Atropin ist in vielen Solanaceen enthalten, besonders in der Tollkirsche, im Stechapfel, im Bilsenkraut.

Denken Sie nur an Belladonna, an jene Pflanze, die wir
schon besprochen haben und die deswegen so heißt, weil
früher die Frauen sie benutzt haben, um die Pupillen zu erweitern. Mit diesen riesengroßen Augen sahen die Frauen
selbst zwar weniger gut, dafür aber um so besser aus.

Die Welt der Pflanzen ist genau so alt, wenn nicht noch älter als die Kunst der Giftmischer und die Kunst des Heilens
und ist im wesentlichen noch unerforscht.

Wenn Sie nur an das Maiglöckchen denken, dann sollten Sie
auch darüber nachdenken, wie giftig das Maiglöckchen
auch ihren Pflanzenschwestern gegenüber ist. Nehmen Sie
doch einmal ein paar Maiglöckchenzwiebeln und tun sie diese in ein Rosenbeet. Sie werden erstaunt sein, was für Krüp-
pelchen von Rosen im nächsten Jahr in dem sonst herrlichen
Rosenbeet erscheinen. Dagegen bei Nadelbäumen oder darunter, da fühlen sie sich wohl, da blühen sie schön und vermehren sich ungeheuer schnell.

Denken Sie an die Alkaloide, die uns aus den Hexensalben
bekannt geworden sind. Wir kennen zwischen 5000 und
10 000 Alkaloide, die bei verschiedenen Pflanzen vorkommen.

Sehr unvollkommen ist immer noch unser Wissen über die
Verteidigungsfähigkeit der Pflanzen gegenüber ihren Feinden. Sicher, man kann an dem Mangel an Licht am Boden,
z. B. von Buchenwäldern schon ersehen, daß hier kein Unkraut hochkommt, eben weil es so dunkel ist. Vielleicht, so
meinte man, daß irgendwelche unbekannten Unkrautvertil-
gungsmittel von den Buchen an das Erdreich abgegeben
werden, denn man konnte sich nicht vorstellen, daß es dort
unten so dunkel ist, daß keine Pflanze mehr gedeiht.

Alle möglichen Arten von Bohnen, die wir doch so gerne essen, haben einen Eiweißstoff, der die eiweißzersetzenden Enzyme im Verdauungstrakt hemmt und so die Hülsenfrüchte einfach unverdaulich macht. Erst wenn wir sie vorbehandeln, sei es durch ein bißchen Natron, sei es durch Einweichen, sei es durch Kochen, dann können wir sie auch verdauen. Hier haben die Menschen einen Trick angewendet, den die Bohnen noch nicht mitgemacht haben. Die Bohnen sind älter als die Menschen, und wir haben sie eigentlich überlistet.

Manche Pflanzen, auch Hülsenfrüchte, können vor allem das giftige und heute auch sehr gepriesene Selen in ihren Geweben speichern, wo es für sie selbst ungefährlich ist; im tierischen Organismus wird das mit der Pflanze gefressene Selen im Protein eingebaut und wirkt so sogar toxisch. Die Pferde des Marco Polo sollen 1295 in China verendet sein, nachdem sie selenhaltige Pflanzen gefressen hatten.

Auch heute finden wir, wenn wir uns an Paracelsus erinnern, ja doch die Beweise dafür, daß Gift nicht existiert, nur die Dosis macht es. Wir sollten uns davor hüten, zu hohe Dosen Selen zu geben, um ein Carcinom zu verhindern, denn da gibt es auch schwere Krankheitserscheinungen. Jeder gut beobachtende Arzt sieht heute oft schon eine Ejaculatio praecox bei solchen Leuten, die zu viel Selen einnehmen aus Angst vor Krebs. Hier haben wir ein bekanntes Bild, wie wir es bei der Arzneimittelprüfung aus der Homöopathie kennen.

Die Zivilisation des Menschen vergiftet große Teile der Natur. Denken Sie nur an die Schwermetalle wie Zink. In minimalen Dosen ist Zink für Pflanzen lebensnotwendig. Darüberhinaus aber ist es, wenn es in großen Mengen vorkommt, sogar toxisch.

Galmei-Pflanzen vertragen jedoch mehr als das Hundertfache der sonst für Pflanzen tödlichen Dosis in Zink im Boden. Und so bewachsen diese im Laufe von vielen Jahrhun-

266

derten Schutthalden, beispielsweise im Harz können Sie das beobachten. Das Gift läßt die Konkurrenten um einen Platz an der Sonne nicht hochkommen und sichert den Galmei-Pflanzen einen Vorteil am unwirtlichen Standort.

Wenn wir uns einmal die menschliche Erfindung des Penicillins ansehen, d. h. als Schutz- oder Trutzmittel gegen bakterielle Infektionen, dann dürfen wir nicht vergessen, daß ja auch Penicillin von einem Pilz produziert wird. Allicin, die für den Geruch des Knoblauchs verantwortliche Substanz, ist auch bakterientötend. Manche Pflanzen geben sogar chemische Gifte an den Boden oder an die Luft ab, um zu verhindern, daß der eigene Samen in der Nähe aufgeht, wenn die Umweltbedingungen einzelne Spezies der Arten nur in großen Abständen voneinander gedeihen lassen.

Viele Pflanzen produzieren nicht nur Giftstoffe, sondern auch Farb-, Geschmacks- und Geruchsstoffe, um für Tiere attraktiv zu sein, denn unter gewissen Umständen fressen die Tiere ja die Früchte und verbreiten damit den Samen.

Die Grundbausteine, aus denen sich alle tierischen und pflanzlichen Eiweißstoffe aufbauen, sind etwa 20 verschiedene Aminosäuren. Unser Leben, sowohl bei Pflanzen als auch bei Tieren, das z. Zt. existiert und auch früher existiert hat, dürfte aus etwa 10^{30} verschiedenen Proteinen bestehen. Da die Eiweißstoffe ja doch aus verschiedenen kombinierten Aminosäuren bestehen, so kann man durch Variationen der Aminosäuren theoretisch etwa 10^{510} verschiedene Eiweißstoffe synthetisieren. Nur ein Bruchteil des rechnerisch Möglichen wurde in der Natur bisher verwirklicht. Und wenn sich im Laufe der Evolution biologisch nützliche und stabile Proteinstrukturen entwickelt haben, dann blieben sie im allgemeinen erhalten, wurden nur geringfügig weiterentwickelt und wurden unter Umständen auch zum Giftstoff oder aber auch zur Arznei. Und diese sehr konservative Einstellung der Natur hat es möglich gemacht, daß Tiere entstehen konnten und damit auch Menschen.

Menschen und Tiere mußten sich früher und müssen sich auch heute darauf verlassen können, daß ihnen die Pflanzen außer Giften und Heilmitteln auch Nahrungsmittel schenken, d. h. die für die Ernährung notwendigen Proteine liefern und hoffentlich auch in Zukunft liefern werden.

Nicht vergessen dürfen wir natürlich auch, daß pflanzliche Naturstoffe unter Umständen eine sehr starke mutagene Potenz, auch eine carzinogene Potenz haben, d. h. also es sind gerade Naturstoffe, die bei Untersuchungen eindrucksvoll zeigen, daß sie den Menschen belasten, wenn sie in zu großer Menge, sei es als Tee oder als Medikament in irgendeiner Form, eingenommen werden. Denn eines ist sicher richtig: Nicht alles, was die Natur produziert, ist gesund, sondern sehr vieles ist äußerst giftig. Wir wissen, daß Cumarin beispielsweise oder ganz bestimmten Formen der Alkaloide Monocrotalin und ähnlicher, doch erhebliche Wirkungen auf die Menschen haben in Form von Toxizität, Mutagenität und Karzinogenität. Es gibt also auch Stoffe, die ganz deutlich Krebs auslösend wirksam sind. Aber nicht nur das, es gibt auch Pflanzenstoffe, die selbst gar keine mutagene Aktivität haben, aber sie können die Mutagenität oder gar Karzinogenität anderer Stoffe verstärken. Und da haben wir einige ganz bekannte Stoffe. Dazu gehört z. B. Coffein, dazu gehört Eucalyptus-Öl, Zitronenöl sogar. Das sind die sogenannten Co-Mutagene oder Co-Kanzerogene. Hier ist die Wissenschaft noch nicht so weit, um klare Auskünfte zu geben. Aber wir müssen uns davor hüten, die Pflanzenwelt als solche als einfach gesund anzusehen. Noch hat die Chemie kein stärkeres Gift als Aconitin hergestellt, das Gift des Sturmhutes zum Beispiel.

Wir müssen uns darüber auch im klaren sein, daß – wie Theophrastus so schön sagt – einige Pflanzen zwar andere nicht töten können, aber sie verschlechtern sie durch die Kraft ihrer Säfte und Düfte.

Jeder Weinbauer weiß, daß Kohl oder Lorbeer auf Weinstöcke wirkt. Aus diesem Grunde hat man früher gedacht, man könnte einfach Kohlspeisen einem Patienten geben, der an einem Weinrausch leidet. Sogar im alten Rom empfahl Cato der Ältere, der diesbezüglich mit Plinius übereinstimmt, den Anbau des Spargels mit dem Standort des Schilfrohres zu vereinen, weil gegenseitige Freundschaft diese Gewächse verbände.

Die Kiefer und die Birke, ebenso wie die Kiefer und die Erle, suchen sich dagegen, so wie sich die Kiefer und der Lorbeer aber spinnefeind sind. Seit alten Zeiten ist solches bekannt. Daß die Oliven und der Feigenbaum sich geradezu lieben, ebenso wie die Oliven und der Myrtenbaum, das ist ja schon aus der Bibel bekannt.

Wenn ich oben berichtet habe, daß in einem Rosenbeet die Maiglöckchenzwiebeln ungeheueren Schaden anrichten, was die Schönheit und das Wachstum der Rosen anbelangt, so kann man auch umgekehrt sagen, daß Knoblauchzwiebeln oder Dill im Rosenbeet, nur in kleiner Menge eingepflanzt, durch ihre scharfe Hitze und Geruch den Rosen eine ungeheuere Kraft und Stärke geben und zusätzlich die Rosen noch wohlriechender machen.

Es gibt aus dem Jahre 1862 von einem Professor in Leipzig, Hermann Masius war sein Name, vieles über Freundschaften und Feindschaften verschiedener Blumen und Pflanzen. Nach seiner Meinung vertragen sich Nußbaum und Eiche überhaupt nicht.

Unsere germanischen Ahnen haben den Nußbaum, den gesegneten Fruchtspender, der Nacht und ihrem schwarzen Gefolge geweiht. Der Nußbaum tritt nach dem Glauben unserer Vorfahren der dem Licht und Blitz geheiligten Eichenbaum entgegen. Beide können nicht nebeneinander stehen, ohne zugrunde zu gehen.

Wie ja auch der Schwarz- und Weißdorn schlichtweg nicht nebeneinander stehen können. Es ist ein Erbhaß zwischen diesen Pflanzen, wie wir ihn zwischen Ahriman und Ormud aus der Sagenwelt kennen.

Es war der römische Kaiser Marcus Aurelius Valerius Probus, er regierte von 278 bis 282, der nach Österreich, damals noch das römische Land Noricum, für seine Soldaten den Wein verpflanzt hatte. Bei Wien bilden die letzten Ausläufer der Alpen eine vulkanische Bruchstelle; hier gedeiht der Wein besonders gut und einige Sorten, denken Sie an Nußberg, Grinzinger, Gumpoldskirchner, sind weltbekannt.

Die Soldaten tranken diesen Wein sehr gern, waren leicht berauscht und dann auch rauflustig. Und so geschah es, daß gerade an der Grenze die römischen Soldaten sich gegenseitig umbrachten. Kaiser Probus fand ein wunderbares Gegenmittel.

Er pflanzte überall, wo der Wein gedieh, auch Nußbäume an (die Namen „Nußberg", „Nußdorf", „Nußallee" deuten ja alle darauf hin), und der Genuß der reifen Nußkerne konnte bei starkem Weingenuß in einer unglaublichen Art die Alkoholwirkung neutralisieren.

Heute noch finden wir, zwar nicht mehr so oft wie früher, immer wieder Nußkerne, ohne daß sie auf der Rechnung erscheinen, auf dem Tisch und die Gäste langen zu. Sie können dafür etwas mehr trinken und das kommt dem Wirt wieder zugute.

Ein bekannter Botaniker erzählte, daß er — es war Prof. Jäger — und seine Freunde in Häusern nebeneinander sich entlang dem Zaun Weinreben haben pflanzen lassen. Alle gediehen wunderbar, nur die seinen nicht. Er hatte Kohl unmittelbar vor die Reben gepflanzt und geglaubt, daß die alten Geschichten nicht wahr wären.

270

Und solches geschah im 20. Jahrhundert!

Interessant ist auch, daß Blumen und Pflanzen auf Düfte reagieren. So verlieren Rosensträucher ihre Blätter, wenn Äpfel in der Nähe lagern oder nur im Rosenbeet liegen. Aus welchem Grund das so ist, weiß man nicht. In den USA hat man sich das teilweise zunutze gemacht und hat durch Lagerung von Äpfeln ganze Rosenstöcke sich entblättern lassen. Die entblätterten Rosenstöcke werden nämlich auf dem Transport weniger Gefahr laufen zu vertrocknen, und Entblättern durch Äpfel ist wesentlich billiger als wenn man es per Hand machen läßt.

Wenn man Wicken aussät, so werden die Keimlinge, wenn man einen Apfel daneben legt, unendlich viel langsamer wachsen als normal. Legt man dagegen etwas Zwiebel oder Knoblauch an diese Wickensamen, dann wird das Wachstum erheblich gesteigert.

Sie brauchen nur einmal Reseda, Maiglöckchen oder Eisenhut zu anderen Blumen in eine Vase stellen. Sie werden sehen, daß die anderen Blumen sehr schnell ermordet werden. Der Mohn bewirkt übrigens Ähnliches, geht aber selber dabei kaputt.

Aconitum napellus, der blaue Eisenhut, der Sturmhut, ist eine Pflanze, die sehr, sehr giftig ist. Aber sie wird noch giftiger, wenn man eine Schwertlilie, *Iris germanica*, daneben pflanzt.

Wer seinen Garten gut kennt, der weiß, daß man Tomaten nicht allein irgendwohin pflanzen soll, sondern immer dazwischen oder mindestens in der Nähe von Erbsen oder Erdbeeren, dann gedeihen sie viel besser.

Interessant auch, daß Pflanzen bestimmte Düfte nicht mögen, die wir Menschen übrigens auch nicht leiden können. Wenn einer voll alkoholisiert ist, d. h. „er trägt eine Fahne vor sich her", kann nicht mehr weitergehen und legt sich auf eine blühende Wiese, dann schauen Sie doch einmal, bevor

Sie ihn wecken, da hin, wo die Gänseblümchen ihren Kopf hinstrecken. Nicht der Sonne nach, sondern weg von dem Alkoholisierten.

Noch eine interessante Bemerkung. Die Arznei wächst immer da, wo die Krankheit entsteht. „Ubi malum ibi remedium", so sagt Paracelsus. Und solche ähnliche Sprüche gibt es eine ganze Menge. „Wo das Übel ist, geht auch das Heilmittel hin."

Schon früher ist es beschrieben worden, daß auf den Schlachtfeldern des Jahres 1870/71 *Calendula* in der Nähe der Soldatengräber oder der Feldlazarette wild blühte in großer Zahl, jene Pflanze die Wunden heilend ist. Auch im 1. Weltkrieg konnte man das bemerken, und wer etwas von Pflanzen verstand, der hat im 2. Weltkrieg die gleichen Bedingungen angetroffen. Tatsächlich wachsen hier Pflanzen, wo Soldaten verletzt, verwundet oder gar operiert und begraben wurden.

Selbst im Frieden gab es Menschen die darüber erzählten, daß beispielsweise in Mailand in einem kleinen Garten einer kleinen gynäkologischen Abteilung unglaubliche Mengen Kamillen- und Hirtentäschel-Kräuter wuchsen, die damals eine große Rolle im gynäkologischen Bereich der Therapie hatten und die nicht dahin gepflanzt worden waren.

Solche Dinge konnte man immer wieder beobachten. Dr. Schlegel schreibt in seiner „Religion der Arznei":

„Der liebe Gott meint es so gut mit uns Menschen, er läßt die Heilkräuter vor unserer Tür wachsen, nur müssen wir lernen, sie wieder zu sehen."

Wie vieles ist aus der Volksmedizin entstanden. Denken Sie nur an das Rheumamittel, das Salicyl, das ja von Salix, der Weide, herrührt, von den Chemikern schließlich verändert hergestellt worden ist und in allerlei Zubereitungsformen immer noch als wichtigstes Rheumamittel existiert.

Wenn eine Pflanze ein Heilmittel enthält, so erhebt sich natürlich die Frage, ob es wirklich isoliert oder nur mit der Pflanze zusammen wirksam ist. So werden natürliche Vitamine, Citrus-Früchte, also das Vitamin C, wesentlich wirksamer sein als das Syntheticum, das, so habe ich es oft erlebt, keine Wirksamkeit entfaltet.

Betrachten wir die Natur von dieser Seite, die Welt der Pflanzen, der Bäume, der Kräuter, der Heilmittel, der Giftpflanzen, so sollte man, wenn man gewohnt ist, darüber nachzudenken, sich einmal daran erinnern, was Christian Morgenstern (1871 – 1914) gesagt hat: „Wer die Welt nicht von Kind auf gewohnt wäre, müßte über ihr den Verstand verlieren. Das Wunder eines einzigen Baumes, einer einzigen Pflanze würde genügen, ihn zu vernichten."

Vielleicht sollten wir an dieser Stelle auch einmal daran denken, daß die wildwachsenden Kräuter natürlich die besten sind und nicht die einfach irgendwo angepflanzten Kräuter.

Außerdem ist es gut zu wissen, daß unendlich viele Pflanzen sich nach dem Mondlicht richten, dem Voll- oder Neumond, je nachdem wann man sie aussät. Z. B. wenn man den Kopfsalat 3 Tage vor Vollmond aussät, dann wird er eine wesentlich schnellere Entwicklungsfähigkeit haben als der bei Vollmond ausgesäte. Und der ist wiederum günstiger, als der 3 – 4 Tage nach dem Vollmond gesäte Kopfsalat. Das sind Dinge, von denen wir noch kaum eine Ahnung haben, die wir auch nicht beweisen können. Daß solche Gestirneinflüsse auf Erdendinge sehr groß sein können — ich spreche hier nur über den Mond und die Pflanzenwelt, die Menschen lasse ich hier heraus, — ist bekannt.

Ich will an dieser Stelle nur kurze Anhaltspunkte geben, was man alles tun kann und sollte.

Vielleicht noch etwas. Wenn Sie Tee kochen, dann denken Sie bitte daran, daß noch vor hundert Jahren in Bayern und im Alpenraum überhaupt Tee nie mit Wasser sondern mit Milch gekocht wurde. Lindenblütentee, aber auch Kamillentee hat man mit Milch zubereitet und dabei war die Wirksamkeit ungeheuer groß, versuchen Sie es doch bitte einmal. Aber bitte seihen Sie den Tee vollständig durch ein Sieb, damit Sie nicht zu viel von den Blüten mittrinken.

Es gibt ja doch sehr viele Blüten, die in ihrer Wirksamkeit unseren Hormonen ähnlich sind. Denken Sie nur an die Blüten von Holunder und Linde, die in der Volksheilkunde und Naturheilpraxis eine sehr große Rolle spielen und wesentlich bekömmlicher und wirksamer sind als die aus Tierdrüsen gewonnenen Hormone.

Wenn wir die Pflanzen so betrachten, so werden wir eine ungeheuere Hochachtung, ja Ehrfurcht bekommen vor jenem großen Geist, der uns all das, die Schöpfung, geschenkt hat.

Hexendrogen, Hexensalben

Hexensalben

Zu jeder Zeit und eigentlich in jedem Land in Europa finden wir Erzählungen, Märchen und Legenden von Hexen, die auf ihrem Besenstiel sitzen und durch wütenden Sturm jagen mit Schreien orgiastischem Einschlags, bösem Kichern, sie übertönen sogar das Toben der Elemente. Berichtet wird, daß sie sich immer mit einer Salbe, mit einem Balsam eingerieben haben. Nun, der Besenstiel war nichts als ein Imaginationsvehikel und nicht etwa ein besonderes Luftverkehrsmittel. Man muß es sich so vorstellen wie den Zauberstab bis hin zu Aesculap. Das Szepter der Könige, das war ebenfalls ein Zeichen von Macht und Autorität, aber auch Magie.

Der magische Balsam war eine andere Sache. Da sind giftige Pflanzen enthalten, wie wir schon gehört haben oder noch hören werden, wie Bilsenkraut, Tollkirsche, Stechapfel,

Opium, Aconitum und die schließlich bei allen Menschen, ob jung oder alt, tatsächlich in der entsprechenden Dosierung Flugträume auslösen, Trance-Zustände, die die Delinquenten physisch und auch psychisch all das erleben lassen, was die Hexen wohl mitgemacht haben.

Da bleiben viele Fragen offen, warum wirkt das bei jeder Person? Oder träumt der Mensch Dinge, von dem in seinem Sein vielleicht schon einmal irgend etwas vorhanden war, oder steckt in uns allen irgendwo so ein Kern des Hexensabbats darin, des Satanisch-Teuflischen? Oder stimuliert die Salbe vielleicht nur das archetypische Gedächtnis bei uns oder sind es einfach nur Halluzinationen, ausgelöst durch diese wirksamen Substanzen der Salbe? Wenn das letztere wirklich der Fall wäre, dann gäbe es also Menschen die unempfindlich sind gegenüber solchen Einflüssen von Giften.

Wir werden hier noch hören, daß es außerordentlich viele solche Pflanzen gibt, die in erstaunlich reichlichem Maße als religiöse, aber auch als Zauber- und Visionspflanzen gebraucht wurden, mitunter sogar, um Geheimnisse zu offenbaren und die Zukunft zu prophezeien. Je nach Pflanzenart gibt es dann Visionen, die himmlisch schön sein können, aber auch teuflisch-schrecklich und infernalisch. Selbst in den primitivsten Gesellschaften war es früher schon bekannt, daß man einen solchen Genuß nur innerhalb eines religiösen Rituals freisetzen konnte, um die gefährlichen Mächte der Halluzinogene zu lenken. D. h. mit anderen Worten, verwenden wir Drogen in einem Ritus, so wenden wir unseren Verstand auf ein bestimmtes Ziel, also auf einen Trance-Zustand, auf ein teleologisches Objekt. Es gibt unendlich viele; fangen wir bei Haschisch an, der im Amazonas-Gebiet Ayahuascha genannt wird, was „Rebe der Seele" bedeutet.

Haschisch, die Gottespflanze, ist in arabischen Religionskreisen üblich und Cohoba ist die Zauberprise der Kariben mit Bilsenkraut, Datura und Belladonna.

Vom Fliegenpilz werden wir noch reden, der ja zu vielen Zeiten und bei vielen Menschen zu psychodelischen Erfahrungen führte, aber auch als Doping-Mittel verwendet wurde.

Wir haben heute in unserem Sprachgebrauch das Wort „Berserker". Berserker waren Männer, die in ein Bärenfell gekleidet große, ja übergroße Kraft hatten und so wild rasten, daß sie keinen Gegner verschonten und jeden auch noch so starken Mann niederkämpfen konnten. Daher kommt der Name Berserker, den wir heute noch kennen.

Auch bei den antiken Griechen hatten wir solche Pilze, die „die Nahrung der Götter" genannt wurden, so wie heute noch bei den Indianern in Mexiko, aber auch im Hochland von Peru, Peyotl eine große Rolle spielt in der psychodelischen Welt (*Anhalonium*).

Bei dieser Droge ist Mescalin der wesentliche Wirkstoff, der in die psychodelische Richtung geht. Die Azteken kannten ihn schon, diesen kleinen Kaktus mit seinen trockenen Spitzen, die „Mescalin-Knöpfe" genannt wurden. Er ist heute noch als Sakrament in der Native American Church verwendet. Die Satzung dieser Sekte besagt, daß die Gläubigen durch diesen Pilz genauso im Stande sind, den heiligen Geist aufzunehmen, wie die weißen Christen durch das Sakrament des Abendmahles.

Die Farbvisionen sind bei dieser psychodelischen Reise das wesentliche Leuchten in geometrischen Mustern mit herrlichen Bildern, die sich in eigenartigen Szenerien bis zu einem endlosen Horizont verschieben und sich dauernd verändern wie in einem Kaleidoskop, so ist der Rausch mit Mescalin.

Der Hausarzt des Königs von Spanien, Dr. Francesco Hernandez, schrieb, daß der Peyotl es denen, die ihn verzehren, möglich machte, Ereignisse vorherzusehen und -zusagen, z. B. ob das Wetter schön wird. Ebenso sollte offenbar werden, wer etwas gestohlen hat. Die Indianer glauben, daß al-

276

les, was in der Zukunft ist, im Peyotl-Rausch gesehen, gehört und erfahren werden könne.

In einigen Gegenden Südamerikas war es auch üblich, daß man Peyotl bei Beerdigungen verwendete, um eine ganz nahe Verbindung zu den Toten aufzunehmen.

Hexendrogen

Es war mir schon bekannt, daß weise und kluge Menschen sich durch besonders freundliches und großzügiges Benehmen befleißigen, Bosheiten von Hexen und Zauberern bis zu einem gewissen Grad von sich fernzuhalten und abzuwenden. Schlecht war es für übel gelaunte oder gierige Menschen. Dann kam die Rache der Hexen über diese Menschen.

Um mit den Hexen nun fertig zu werden, gab es wiederum Zauberpflanzen, die in der Lage waren, den Bann oder Zauber zu brechen.

Die Magie bei den primitiven Völkern basiert nicht auf Tricks, sondern auf Kenntnissen von Naturgesetzen, von denen wir uns manchmal gar nicht klar machen können, daß es sie gibt, oder von denen wir auch gar nichts wissen. Denn sie bringen uns nichts besonderes für technische oder ökonomische Dinge. So entstanden Magnetzauber, Amulette, Talismane, verschiedene Symbole, also Gegenstände, die mit emotionaler Kraft geladen worden sind und dann bestimmte Eigenschaften haben sollten.

Bei Pflanzen kam es allerdings auch dazu, daß Pflanzen bemerkenswerte eigene psychische Eigenschaften enthalten, die dann im Volksmund weiter verbreitet wurden, auch bestimmte Hoffnungen und Wünsche erfüllten und so den Glauben immer stärker machten.

Glücksklee

Denken Sie nur an den Glücksklee, wie lange, über Jahrhunderte hinweg er sich in den Herzen und Köpfen der Menschen gehalten hat.

Der Gattungsname des dreiblättrigen Klees ist *Trifolium*, und es erstaunt, wie sich diese drei Blätter nachts verhalten. Schauen Sie sich einmal den Klee in der Nacht an: Die Seitenblätter werden sich zusammenfalten und das Mittelblatt einfach wie in anbetender Bewunderung darüberlegen. Das ist auch eines der Gründe, warum diese Pflanze so verehrt wird.

Hinzu kommt, daß sie auch als Schutz gegen Unglück angesehen wird, und wenn wir ein vierblättriges Kleeblatt finden, dann ist das etwas ganz besonderes. Da gibt es einen altmodischen Volksreim, der hört sich so an:
„Ein Blatt für den Ruhm,
ein Blatt für den Reichtum,
eines für einen treuen Geliebten
und eines, das dir prächtige Gesundheit bringt,
das alles ist ein vierblättriger Klee."
Es gibt noch viele Geschichten aus dem bayerischen Raum vom vierblättrigen Klee, den man unter das Altartuch bringt, um von dort aus nun alle Hexen in der Kirche, die der Messe beiwohnen, sichtbar zu machen.

Johanniskraut

ist in den frühesten Zeiten schon verwendet worden, um bei Ritualen, bei dem Problem der Dämonen und unheimlichen Riesen eine besondere Rolle zu spielen. Eine besondere Art sich vor solchen Wesen zu schützen war der Gebrauch von Johanniskraut.
„Hyper" heißt „über etwas stehen" und „aicon" ist „der Geist", d. h. es handelt sich um ein Kraut, das über dem Geist steht. Die Bezeichnung „perforatum" bezieht sich lediglich auf die Form der Blätter, die aussehen, als ob sie von einer Nadel perforiert worden seien, oder wie es im Volksmund heißt, als ob der Teufel mit seinem Horn hineingestochen habe, denn er ist derjenige, der das Johanniskraut am meisten meidet oder gar haßt, weil es Macht über ihn hat.

Früher nannte man es „Fuga daemonum", den Teufels-
schreck.

Weil die Blüten so leuchten und so hell sind wie die Sonne,
sah man das als einen Beweis für die Wirksamkeit der
Pflanze als Wächter gegen die bösen Mächte, gegen die Geister der Dunkelheit, die ja das Licht hassen.
Und trug jemand einen Talisman aus Johanniskraut, so hatte der Satan keine Macht mehr über ihn. Im bayerischen
Oberland näht man heute noch den jungen Mädchen, wenn
sie zum ersten Mal zum Tanze gehen, ein wenig Johanniskraut in den Rocksaum ein, damit ihnen der Teufel nicht
unter den Rock greifen kann.

Am Johannistag, dem 24. Juni, wird diese Pflanze gepflückt, möglichst in einer Vollmondnacht, denn dann ist
sie besonders wirksam. Heute noch stellt sie ein großes Heil-
und Wundmittel, ein Mittel bei Quetschungen und Prellungen, einschließlich aber auch bei einer Art depressiver Ver-
stimmung dar.

Der Name „Johanniskraut" zeigt, daß die Pflanze dem hei-
ligen Johannes gewidmet ist.
Wir kennen aber noch viele andere Heilige, die auch eine
Blume als Emblem mit sich tragen. Denken Sie an die weiße
Lilie, die der Madonna zugeordnet ist. Hier repräsentieren
die weißen reinen Blüten ihre Jungfräulichkeit, die goldenen
Staubbeutel ihre mit göttlichem Licht scheinende Seele.

Die Kamille ist der heiligen Anna, der Mutter der Jungfrau
Maria geweiht. Der botanische Name „Matricaria" setzt
sich zusammen aus „mater" und „cara", daß heißt „geliebte
Mutter".

Mädesüß zum Beispiel, Filipendulla, ein Rosengewächs, ist
dem heiligen Christophorus geweiht.
Die Eiche ist bekannt als ein besonders bei den Druiden
hoch in Ehren gehaltener Baum. Es war aber auch wahr-

scheinlich der Baum, unter dem Abraham seine himmlischen Besucher empfangen haben soll.

Alle die Mächte des Bösen haßten auch die Eibe, sie ist zwar sehr giftig, kein Mensch kann sie essen, aber irgendwo in allen Märchenlegenden steht sie immer für etwas ganz sonderbar Schreckliches, so daß auch der Teufel und die Seinen sie haßten.

Zwiebel und Knoblauch waren Pflanzen, welche die bösen Geister, die Krankheiten verursachten, vertreiben sollten. Man hat Knoblauch und Zwiebeln im Haus verteilt, überall hingelegt, besonders an Eingangstüren und Fenster, hat sie am nächsten Tag durch neue ersetzt, um Krankheiten möglichst zu vertreiben und sich vor Ansteckung zu schützen.

Eine interessante Pflanze ist *Ruta*, die Raute, die als Gegenzauber bei schwarzer Magie gebraucht wurde, und das nicht nur bei uns, sondern eigentlich in allen europäischen Ländern. In Tirol, auf den britischen Inseln, auch in Skandinavien, im Süden Europas, überall sieht man sie als die okkulte Pflanze an, die böse Geister vertreiben kann.

Die Alraune war der großen Zauberin Kirke geweiht, die bekannt war für ihr großes Wissen an Hexenkünsten.

Es gibt viele Geschichten und Legenden über die magische Kraft von Kräutern, Wurzeln, Pflanzen, Blumen, Blüten und Früchten. Einige nur haben wir genannt, aber auf die aufregenden Tatsachen der psychischen Natur von Pflanzen hingewiesen. Doch Sie werden gleich sehen, daß die Ergebnisse auf bemerkenswerte und fast unglaubliche Weise mit einigen Legenden übereinstimmen, die heute bei wissenschaftlichen Untersuchungen entdeckt werden.

Es gab gerade in den vierziger und fünfziger Jahren unglaublich große Untersuchungen, besonders von Backster, der Pflanzen als Lügendetektoren eingesetzt hat. Philodendron z. B. ist ein solcher Lügendetektor und es scheint, als ob Pflanzen tatsächlich eigene Sinnesorgane besäßen. Nicht die gleichen wie wir Menschen, aber Pflanzen haben auch eine gewisse Intelligenz.

Sie können Gefühle haben, sie haben auch ein Gedächtnis. Es kommt zu einem ESP-Prozeß (Extra-Sensory-Perception = außersinnliche Wahrnehmung).

Viele Untersuchungen wurden an Universitäten nachvollzogen und die Ergebnisse sind staunenswert. Sie werden mit ganz gewöhnlichen Apparaturen durchgeführt, wie es auch ein EKG darstellt. Man kann tatsächlich bemerkenswerte Ergebnisse erzielen. Wer sich dafür interessiert, der kann dies in der einschlägigen Literatur nachlesen.

Die Pflanzen fühlen sehr genau mit uns, spüren auch, wenn wir etwas tun, was nicht gut ist, zeigen uns das auch an mit diesen elektrischen Strömen, die wir ableiten. Sie reagieren auf Musik ungeheuer stark, sie reagieren auf Liebe, wenn man sie freundlich behandelt, streichelt, auch wenn man mit ihnen redet. Es ist unglaublich, welchen Erfolg man damit haben und was man alles nachvollziehen kann. Es gibt heute noch Gärtner, insbesondere Gärtner, die Heilpflanzen, z. B. Salbei, anbauen und mit ihren Pflanzen früh morgens und abends reden. Diese Pflanzen werden von ihren Besitzern auf diese Weise derart emotionell sensibilisiert, daß ihre Heilkraft tatsächlich noch stärker ist.

Lassen Sie mich das einmal zusammenfassen. Da finden wir seit der fernsten Vergangenheit des Menschen bis zum heutigen Tag Visionen erzeugende Pflanzen, wobei eine Befreiung aus der physischen Welt und der Zugang zur psychischen und spirituellen gesucht wird, teilweise auch gefunden werden kann. Suggestionen, die dabei auftreten, können hierbei nicht nur primitive, sondern auch hochintellektuelle Menschen erfassen. Eine Situation, die primitive Völker immer schon gewußt haben, aber im magisch-religiösen Ritualbereich konnte niemals diese Süchtigkeit erzeugt werden, wie wir sie bei der einzelnen halluzinogenen Benutzung finden. Wir wissen durch moderne Studien sehr genau, daß die Pflanzen Intelligenz und die Fähigkeit besitzen, Beziehungen zu menschlichen Wesen aufzunehmen, und daß Musik, aber auch Gebet und Meditation eindeutige Wirkung auf Pflanzen haben.

Auf diesem Wege sind wir heute bei kontrollierter wissenschaftlicher Forschung so weit, daß wir darstellen können, daß die Ursprünge alter Pflanzen, Mythen und Legenden verständlich werden, auch in modernem wissenschaftlichem Licht.

Bäume

Verschneit liegt rings die ganze Welt,
Ich habe nichts, was mich freuet,
Verlassen steht der Baum im Feld,
Hat längst sein Laub verstreuet.

Der Wind nur geht bei stiller Nacht
Und rüttelt an dem Baume,
Da rührt er seine Wipfel sacht
Und redet wie im Traume.

Er träumt von künftiger Frühlingszeit,
Von Grün und Quellenrauschen,
Wo er in neuem Blütenkleid
Zu Gottes Lob wird rauschen.

(Joseph von Eichendorff)

Bäume – Allgemeines

Als Kind hatte ich schon mein Zimmer, in dem ich arbeitete und schlief. Vor diesem Zimmer standen zwei große Platanen; Bäume ungeheuer groß und stark und mächtig. Ich erinnere mich noch sehr genau, am Abend im Sommer, die Balkontüren waren geöffnet, wenn in der Dämmerung leise Ängstlichkeiten kamen; Ängstlichkeiten, die aus den Kindergedanken herauswuchsen, dann war das Rauschen dieser beiden Bäume etwas eigenartig beruhigendes. Wir hatten ja noch kein Radio, kein Fernsehen, keine Videobänder und keine Langspielplatten. Wir haben uns noch mit unseren eigenen Gedanken beschäftigt, in denen diese Angst wie ein Wurm herumkroch. Aber sie konnte nicht groß werden, diese Angst, denn das Rauschen der Bäume war wie Musik. Es war eine Musik, die die Gedanken vertrieb, die Ruhe in das Herz und in die Seele brachte.

Damals fiel es mir auch auf, daß die Bäume sicher auch Gedanken haben, sonst hätten sie mich ja nicht beruhigen wollen. Und weil die Bäume ein längeres Leben haben als wir und auch viel größer und länger sind, so mußten sie ja auch viel längere Gedanken haben, solche ruhigen, langen Gedanken, die meine kleinen kindhaften ängstlichen Gedanken einfach wegwischten und beruhigten.

Ich habe damals gelernt, die Bäume zu verstehen. Angehört habe ich sie, und mit dem Rauschen der Bäume hat dann die Schnelligkeit der Kindergedanken eine große Freude mitgebracht.

Viel später habe ich erst bei Hermann Hesse gelesen: „Wer gelernt hat, Bäumen zuzuhören, begehrt nicht mehr ein Baum zu sein. Er begehrt nichts zu sein als was er ist. Das ist Heimat, das ist Glück."

Hier hat ein großer Dichter so schön niedergeschrieben, was ich damals als Kind schon empfunden habe und mich wirklich glücklich gemacht hat. Und so habe ich lange, auch bei meinem Studium über Pflanzen, über Arzneien, ebenso auch über mythologische Pflanzen, die Bäume mit in den Vordergrund meiner Betrachtungen gestellt, nicht ohne erstaunt darüber zu sein, daß es die Bäume sind in ihrer Größe und Mächtigkeit und ihrer ungeheueren Ruhe und dem Schatten, in dem wir manchmal leben möchten. Oder Gott sei Dank leben dürfen, weil das Leben zu grell, zu sprunghaft, zu kreischend geworden ist.

Erstaunt hat mich dabei, daß die Bäume eigentlich, was die Heilkraft der Pflanzen anbelangt, ein Stiefkind-Dasein führen bis auf wenige Ausnahmen. Es sind die ganz kleinen, kaum beachteten, in der Stille des Waldes stehenden oder auf der Wiese wachsenden Blümchen, Sträucher und Pflanzen, die eine viel größere Heilkraft haben, manchmal sogar stark giftig sind.

Bei Bäumen habe ich festgestellt, daß ihre großen Kräfte nicht so sehr im Bereich des Heilens liegen, sondern vielmehr in dem des Magischen.

Aber auch auf dem Gebiet des ganz Realen hat der Baum eine große Bedeutung. Er ist der wichtigste Produzent unseres Sauerstoffs. Gäbe es keine Bäume, so hätte der Mensch auch keine Luft zum Atmen. Wälder sind für den Sauerstoffhaushalt der Lufthülle von höchster Bedeutung. Die Sauerstoffversorgung ist ausschließlich auf die Fotosynthese der grünen Pflanzendecke angewiesen. Immerhin 95 % des Holzes besteht aus den Fotosynthese-Produkten. Nach modernen Berechnungen dürfte ein Hektar Wald zu diesem Zweck jährlich 12 Millionen Kubikmeter Luft verarbeiten, aus welcher er ungefähr 4000 Kilogramm Kohlenstoff entnimmt. Entsprechende botanische Berechnungen der Biochemie haben ergeben, daß ein Baum mit einer Standfläche von etwa 150 qm, das entspricht einem großkronigen Laubbaum, in 100 Jahren so viel Sauerstoff produziert wie ein erwachsener Mensch während 20 Jahren seines Lebens zum Atmen benötigt.

Würde man dies jetzt mathematisch umsetzen, so entsprächen 70 Lebensjahre des Menschen 350 Baumjahren.

Doch auch was den Wasserhaushalt der Welt anbelangt, spielen die großen Regenwälder Südamerikas, die jetzt schon teilweise vernichtet sind, eine sehr, sehr große Rolle.

284

Um das Wesen der Bäume kennenzulernen, genügt es ja schon, daß man einmal in den Wald mit offenen Augen, aber auch mit offenen Ohren geht. Da wird man nicht allzu schwer feststellen können, welche unglaubliche Ausstrahlung solch ein Wald hat, wobei die verschiedensten Waldtypen, oder sagen wir einmal Waldfamilien, einen ganz anderen Eindruck auf uns machen können.

Wenn Sie einen Mischwald nehmen, in dem viel Nadelhölzer, aber wenig Laubhölzer sind wie in den alpinen und voralpinen Gebieten, so haben wir einen ganz anderen Ausstrahlungsausdruck als bei anderen Wäldern. Und Menschen, die das noch nie erdacht oder erspürt haben, die gar nicht so sensibel sind, denen mag einiges auffallen. Es ist etwas ganz anderes, in einem Buchenwald spazierenzugehen oder in einem hochalpinen Lärchen- oder Zirbelwald mit einigen Fichten oder Latschenhölzern dabei.

Und wenn einmal ein solcher Baum uns interessiert oder mehrere, eine ganze Familie, ein ganzer Wald zusammensteht, so können wir zumindest mit den Ohren merken, daß hier etwas ganz anderes bei jeder Baumfamilie geschieht. Es gibt solche Buchenwälder, in denen der Wind wie ein dumpfes Toben in den Buchenkronen seine Musik macht. Haben Sie einmal die feinen Töne einer Lärche gehört, wenn einige zusammenstehen? Und hier kommt das, was wir eine Heilkraft der Seele nennen, nicht nur der des Baumes, sondern der eigenen Seele, die alle diese Sprachen hört.
Wenn man sie auch nicht ganz verstehen kann und erst lernen muß. Man kann ungemein viel lernen.

Es ist sicher wichtiger, das Wesen eines Baumes kennenzulernen als unbedingt die Systematik, wie sie in der Botanik gelehrt wird. Wissenschaftlich ist es sicherlich sehr wesentlich, die Bäume zu katalogisieren, sie zu analysieren, die Beschaffenheit und die Form der Blätter, das Wurzelsystem und ihre Biochemie zu kennen. Man muß das materielle

Wissen dafür haben, aber wichtig sind auch die immateriellen Situationen, die man eben erspüren muß, die kosmischen Zusammenhänge, die esoterischen Kräfte, die magischen Wirkungen und vor allen Dingen die Ausstrahlungen, die solche Bäume haben.

Sicher ist eines, daß diese Bäume schon seit Jahrtausenden bei den alten Chinesen, den Ägyptern, den Druiden, bei den Ärzten im Mittelalter als wirksame Heilpflanzen galten. Die Volksheilkunde hat sich immer und immer wieder neu mit den Bäumen beschäftigt. Das Allermeiste dieses so alten, wertvollen, so wunderbaren Wissens ist leider einfach verloren gegangen.

Erzählt man mitunter etwas von diesem Wissen, was man selbst erlebt und erspürt hat, welche Kräfte von einem Baum ausgehen wenn man ihn umarmt. Ich berichte und erzähle, wenn ich 5 Minuten solch einen Baum umarme, welche Kräfte aus diesem Baum kommen, welche physischen und auch psychischen Kräfte man wiederfindet, falls sie verloren gegangen sind. Ich berichte oft über dieses Wissen. Dann werden Sie nicht selten erleben, daß ein freundliches, gütiges, mitunter auch mitleidiges Lächeln den Blick des Zuhörers begleitet. Man darf aber auch nicht vergessen, daß das, was wir heute Aberglauben nennen oder auch nur magisches Wissen, durch die heutige intensive naturwissenschaftliche Untersuchung mit den modernsten Methoden vieles bestätigt, was man früher nur ahnte, erahnte, aber nur über Magisches spürte.

Wir werden im weiteren Kapitel davon zu sprechen haben. Und wir wissen es ja auch von anderen Pflanzen, die früher als Zauberpflanzen ihre Wirksamkeiten entfalteten, heute dagegen aufgrund ihrer Inhaltsstoffe genau in ihrer Wirkung berechnet werden können und die Wirksamkeit in früheren Jahrhunderten bestätigt wird.

Wir müssen die Natur auch in ihren spirituellen Grundlagen

kennenlernen, um dadurch die Möglichkeit zu erhalten, Gesundheit und Krankheit unter einen entsprechenden Einfluß zu bekommen.

Die Wirksamkeit sowohl materieller, medikamentöser arzneilicher Wirkung, als auch die spirituelle Natur müssen wir mit einbeziehen.

So eine Natur, nicht meßbar, sichtbar oder wägbar, ist auch verborgen in der Frucht eines Baumes. Nehmen wir einmal an, Sie lächeln darüber. Wie erklären Sie aber dann, daß die Frucht einer sehr giftigen Zauberpflanze, z. B. der Tollkirsche – *Atropa belladonna* – verwendet wird zur weiteren Aussaat, so werden wir botanisch-wissenschaftlich eine neue Pflanze bekommen, die langsam wächst, blüht, neue Früchte trägt, nicht eine, sondern mehrere und das aufgrund der genetischen Information. Aber nicht allein die Form der Blätter ist dieselbe, wie die der Mutterpflanze, nicht nur die Früchte sind die gleichen, nein, es sind auch die Inhaltsstoffe die gleichen.

So haben wir gerade bei der Tollkirsche an Inhaltsstoffen Atropin, Hyoscyamin und Scopolamin, pharmakologisch und chemisch klar umrissene und in Formeln darzustellende Gebilde. Hier sollten wir nicht vergessen, daß gerade in der pharmakologischen Wirksamkeit dieser Pflanze wie Zauberei anmutende halluzinatorische Eigenschaften liegen. So wie Goethe es in seinem Faust beschreibt, nämlich den Hexenritt auf einem Besenstiel zum Blocksberg hin und da möglicherweise die Vereinigung mit Luzifer und seinen Mannen.

Hier, in diesem Bereich, sind magische Kräfte darin, die ungeheuerlich erscheinen. Jetzt wird plötzlich der Besenstiel zum Imaginationsvehikel und vieles, vieles andere mehr, was wir sonst als Halluzinationen bezeichnen, als Illusion vielleicht; zumindest aber außerhalb menschlicher Begriffswelt stehend.

Und da die neuen Pflanzen immer wieder neue Früchte, immer wieder die gleichen Inhaltsstoffe haben, die gleichen botanischen Formen vorliegen und die gleichen geheimnisvollen halluzinatorischen Wirksamkeiten, wie wir sie so häufig bei den Solanaceen finden.

Hier liegt ein ungeheueres Geheimnis darin, hier ist eines der Wunder der Natur. Dieses riesige Wunder, das nicht nur materialistisch, chemisch-pharmakologisch oder pharmazeutisch zu betrachten ist, sondern an dieser Stelle müssen wir auch die Spiritualität des Kosmos hereinleiten, müssen diese geistigen Schwingungen, die in der Substanz liegen, die durch keine Wissenschaft analysiert werden können, begreifen, zumindest aber spüren, notfalls an ihren Heilkräften.

Es mag hier und da einer die Meinung vertreten, daß chemisch-synthetische Produkte auch große Heilkräfte besitzen. Dem kann man nicht widersprechen. Nur, irgendwo besteht eine Irrmeinung, es handle sich um eine wirksame Substanz, die auch Heilkräfte habe, aber im spirituellen Bereich eigentlich weder spürbar, meßbar sowieso nicht, noch erkennbar ist.

Es gibt tibetische Hinweise darauf von Djwal Kul, daß von der direkten Verbindung zwischen Unterbewußtsein des Menschen und dem Pflanzenreich Dinge existieren: Über sein Unterbewußtsein kann der Mensch die Pflanze gleichsam als spirituellen Katalysator nutzen, sich selbst finden und Disharmonien lösen.
Von Aristoteles angefangen bis zur heutigen Zeit ist es ja bekannt, daß Krankheit nichts anderes ist als eine Disharmonie.

Jede Pflanze hat ein eigenes Wesen und jede Pflanze wird bei einzelnen Krankheiten Hilfestellung leisten, vielleicht sogar heilen können.

Dabei sind sehr viele Dinge maßgeblich, nämlich die Ökologie einer Pflanze, die auch für uns Menschen so wichtig ist. Einmal ihr Standort, die Klimatik ihrer Umgebung, die Sonneneinstrahlung, die Art, wie sie behandelt worden ist, aber auch ihre Erntezeit spielen eine Rolle.

Auch die allopathische Medizin benutzt Pflanzen. Sie führt dem Körper Wirkstoffe zu, die die Krankheit zum Verschwinden bringen soll. Diese Wirkstoffe sind entweder chemischer, synthetischer Natur, oder sie werden oft von Pflanzen geliefert, d. h. es wird der Wirkstoff einer Pflanze, sorgfältig herausanalysiert und dann in ganz bestimmter Menge verabreicht. Z. B. bei der Digitalis-Pflanze ist es das Digitoxin oder das Digoxin, aber auch andere Stoffe.
Umgekehrt haben wir den Begriff der Phytotherapie mit Nutz- und Heilpflanzen.

An dieser Stelle möchte ich eines erwähnen, daß in der Medizin vor allen Dingen, doch sehr lustvolle Begriffe herrschen. Wir verstehen heute unter „Phytotherapie" Therapie mit Pflanzen, um eine Krankheit zu heilen. In Wirklichkeit wird jeder Altphilologe, der richtig denkt, Phytotherapie als eine Therapie für kranke Pflanzen bezeichnen.

Nun, wir bleiben bei dem eingeführten Ausdruck, doch sollte man Fehler auch gelegentlich einmal aufdecken.

In der naturwissenschaftlichen Medizin besteht berechtigter Stolz darauf, daß man viele synthetische Mittel geschaffen hat und viele Krankheiten damit behandeln kann. Wenig gesprochen wird dabei von den schädlichen Nebenwirkungen chemischer Substanzen. Für diese Art Wissenschaft existiert nicht der Geist im Pflanzenreich, für sie existiert nur abstraktes analytisches Denken mit Zahlen, Funktionen, Formeln, Wirkungen, Wirksamkeiten und Statistiken.

Wenn wir uns die Bedeutung des Baumes in der Heilkunde einmal genau überlegen, dann dürfen wir nicht vergessen, daß die Bedeutung des Baumes im Kreislauf der Natur eine wichtige Rolle spielt. Es sind überall Zellen, die Pflanzen, Tiere und Menschen aufbauen, und das Leben aller steht somit unter dem gleichen Gesetz. Wenn man den Baum in diesem Sinne betrachtet, erkennt man seine Gleichberechtigung, auch dem Menschen gegenüber.

Das Geheimnis des Lebens sucht man im Stoffwechselvorgang der Zelle: Krankheit ist demnach eine im Gleichgewicht gestörte Zelltätigkeit. Das Chlorophyll der Pflanze bildet eine Parallele zum Blut des Menschen. Der Baum ist die höchste Evolutionsstufe im Pflanzenreich. Innerhalb dieser „kosmischen Pyramide" befindet sich der Baum an oberster Stelle, er hat das höchste Bewußtsein der Pflanzenwelt.

Die Wurzel tief in der Erde und die Krone in den Himmel gereckt kann man beim Baum sich vorstellen als einen großen Austausch von Stoffen i.S. des Fließens („alles fließt" – von Heraklit). Hier geht es um den Weg über Wasser, durch Luft und Licht und Mineralstoffen zwischen Baum und Erde, sowie Körper- und Seelenleben.
Leider hat der heutige Mensch sich von seinem Walddasein, wo er harmonisch mit Tieren und Pflanzen in engster Gemeinschaft zusammenlebte, sehr weit entfernt. Die meisten Menschen haben vergessen, daß Luft, Licht, Sonne und Wasser sowohl für die Pflanzen, aber auch für den Menschen die Grundlagen des gesamten Körper- und Seelenlebens bilden.

Wenn Sie einmal einen Birkensaft nehmen, oder Sie trinken Birkenblätter-Tee. Haben Sie sich einmal Gedanken darüber gemacht, welcher gewaltige Geist unserer Natur in der Birke lebendig ist?

Wenn Sie daran denken, daß die Pflanzenheilkunde mit ihren Pflanzenstoffen nicht nur materielle Medizin, einen chemischen Stoff also, vermittelt, sondern auch einen Pflanzengeist. An den hat man früher auch geglaubt, heute sind die Menschen sehr „stolz" darauf, nicht mehr daran zu glauben.

Wie soll jetzt ein Heilstoff einer Pflanze lebendig werden, wenn er nicht als lebendig angesehen wird!

Ein ganz klein wenig wird heute, auch von politischer Seite her, schon erkannt, daß im ökologischen Bereich bei der Vernichtung der Regenwälder etwas geschieht, was mehr ist als nur Materienvergeudung. Hier wird ein Geist erschlagen, ein guter Geist der Natur, der nicht nur wo man ihn erschlägt, tätig ist, sondern in der ganzen Welt.

Es gab einmal einen Baumseelen-Kult, bei dem sich der Mensch noch mit der „Seele" der Pflanze beschäftigte. Und interessant ist auch, daß die große Kraft großer Völker verlorengegangen ist in dem Augenblick, wo sie sich nur noch für die Nützlichkeit der Pflanze, für den Nutzen des Bodens interessierten und aufhörten, an das Mysterium der Natur zu glauben.

Wir müssen uns an Plato in seinem Gedankenkreis anschließen, dann denken wir so im Sinne der Pflanze: Wenn wir eine Idee haben, so sind dies Erinnerungen aus der Seele, sie kommen aus einer anderen, aus einer ideellen Welt. Das heißt, daß mit uns die Pflanze lebt, die uns tatsächlich Höheres vermitteln kann. Und um die Verbindung mit dem Göttlichen nicht zu verlieren, müssen wir vorrangig die Erneuerung des Mysteriums mit Flora und Fauna wieder herstellen.

Ich darf in diesem Zusammenhang auch noch einen esoterischen Gedanken hereinbringen, der stammt aus den Schriften von A. Bailey: „Als der Mensch den Planeten Erde betrat, um seinen physischen Körper zu entwickeln, war die Pflanze in ihrer evolutionären Entwicklung schon vollkommen. Die Menschheit verdankt sehr viel von ihrer eigenen Struktur den Energien, die sie bei ihrer Entwicklung aus dem in sich bereits perfekten Pflanzenreiche zog."

Wir können uns bei dem Thema „Baum" auch noch über die Yin- und Yang-Bäume entsprechend der altchinesischen Lehre von diesen beiden Polaritäten unterhalten. Die Wirksamkeit der Zufuhr von Yin und Yang für die Behebung bestimmter Disharmonien, Mangelerscheinungen und Leiden ist erwiesen. Denken Sie nur an die Akupunktur, die ja im gleichen Sinne arbeitet.

Das Wirken solcher Kräfte auch im Pflanzenreich würde viele Möglichkeiten zu Überlegungen und zum Nachdenken geben.

Wer weiterdenken will, sei hier an Dualitäten verwiesen, auf Polaritäten, kann aber auch Analogie-Denken erreichen und wird unglaubliche Neuigkeiten in diesem Gedankenkreis finden.

Bei den Südslawen haben wir noch einen Baum-Seelen-Kult und dort gibt es auch Unterscheidungen, ganz analog den altchinesischen Philosophen. Und hier gehört die Eiche, die Pappel und der Nußbaum zu den Yang-Bäumen. Zu den Yin-Bäumen gehört die Birke, die Buche, der Apfel-, der Birn- und der Kirschbaum.

Nicht zuletzt sei auf den Baum hingewiesen, den C. G. Jung als Archetypus hinstellt. So kann der Baum als ein in der Geschichte der Menschheit ausgesprochen archetypisches Symbol angesehen werden. Voraussetzung dafür ist aber nur das Vordringen vom sichtbaren Abbild zum unsichtbaren Urbild Baum.

Da das symbolische Denken und Leben der modernen Menschen im wesentlichen fehlt, müssen wir im weiteren noch kleine Kapitel in dieser Richtung ansetzen. Wie stark der Baum im menschlichen Denken verankert ist und welche reichhaltige Symbolkraft er aufweist.

Seit Urzeiten bestehen hier vielfache Beziehungen.

Zum Abschluß möchte ich noch kurz auf den französischen Philosophen Jean Jacques Rousseau (1712 – 1778) hinweisen, der damals mit seiner Forderung nach Rückkehr zur Natur, u. a. zur natürlichen Lebensweise, folgenden Ausspruch tat:

„Gehet in die Wälder und werdet Menschen!"

Der Baum im religiösen Bereich

Wir alle haben schon mit Kindern zu tun gehabt und jeder von Ihnen, sei es im täglichen Leben als Eltern, in der Schule, als Arzt, ist schon einmal mit einem solch jungen Lebewesen zusammengekommen. Ich selbst habe, nicht nur an meinen eigenen Kindern, sondern auch in der Praxis immer wieder ganz kleine, zwei, vier, sechs, zehn Jahre alte Kinder gehabt und auch ältere. Um die Kinder zu beschäftigen, bekamen sie Buntstifte und Papier und sie sollten etwas malen. Und da interessierte mich das einmal wegen des Baumtestes, der mir aus psychologischen Gründen gute Hinweise geben konnte. Aber aufgefallen ist mir dabei etwas: Wenn ich einem Kind einen weißen Bogen gab und bunte Stifte, ohne mein Verlangen zu äußern, einen Baum darzustellen, dann hat dieses Kind fast immer ein Haus gemalt. Kann sein, daß es hier seine Geborgenheit zeichnen wollte, die Burg, in der es lebte, der Burgfrieden, der dann mit den Accessoires auf diesem Bild deutliche Hinweise gab, wie das Kind in, an oder um das Haus herum alles sieht. Dabei ist kaum ein Haus gezeichnet worden, an dem nicht ein Baum im Garten stand oder gar mehrere Bäume. Vordergründig dabei mal ein Nadelbaum, wie eine Tanne mit der Spitze gen Himmel gerichtet oder auch ein großer Laubbaum mit einer riesigen Krone.

Hier haben wir also auf der einen Seite die Geborgenheit, die Burg oder das eigene Herz, die Seele, wo das kleine Wesen seinen Frieden findet. Es kann aber auch sein, daß es einen Baum zeichnet. Warum? Warum einen Baum? Manche Psychologen erklären, daß das Kind hier seine eigene Existenz erspürt. Warum? Wir werden im weiteren Verlauf dieses Kapitels sehen, daß tatsächlich die Analogie zwischen Mensch und Baum ungeheuer aufregend ist.

Es war ein Trapistenmönch, Thomas Merton, der hat es in einem alten Gedicht beschrieben. Zwei Bäume steckten darin, die er auf einem Bild gesehen hat:

„Zwei knorrige feste Bäume stehen da wie Festungen mit Astlöchern,
für die Tiere, die hinausschauen.
Oh Paradies, oh Welt des Kindes!
Wo alles, Gras und Baum lebendig ist und alle Tiere sprechen können!"

Wenn wir vom Paradies sprechen, wie ist unser Sinn? Nun, können Sie sich ein Paradies ohne Bäume vorstellen?
Bei Chagall werden die blühenden Bäume zu Traumbildern des Schönen. Er malt in sie Liebende hinein und er macht das Laub der Bäume zum Bett für Mädchen. Und unter dem Kreuzesbaum stellt er die Mutter mit dem Kind dar. Denken Sie nur an das Mittelfenster im Züricher Frauenmünster, da wächst Maria mit dem Kind aus dem Baum heraus und darüberhinaus auf dem lebendig grünen Grasgrund steigt der am Kreuz Erhöhte. Marc Chagall hat im Baum als Symbol für sprossendes Leben und Verheißung des Glücks im biblischen Lied der Lieder gefunden:

„Ein verschlossener Garten ist meiner Schwester Braut,
ein Lustgarten sproßt aus dir,
Granatäpfel, Früchte,
wie eine Palme ist dein Wuchs,
deine Brüste sind wie Trauben.
Ich sage: Ersteigen will ich die Palme,
ich greife nach den Knospen."

Hier finden wir in diesen Bildern eine starke Erotik, man sollte die Augen davor nicht verschließen, denn im Alten Testament wurden Liebeslieder durchsichtig für das Liebesverhältnis des Menschen zu Gott.

Die Sensibilität menschlicher Sinne und Gottes Sensibilität für den Sinn des Lebens hängen eng zusammen. Der Baum ist es gewesen, in dem die Sinneserfahrung von Leben, Blühen, Wachsen und Fruchtbringen zusammentraf mit der Sinnerfahrung des Göttlichen, der Lebenswurzel und des Lebensgipfels.

In allen alten Religionen findet man, daß die Mutter-Göttin als Lebenskraft und Fruchtbarkeit verehrt wurde in den großen Hainen. Die antiken Griechen gingen zu Kultfeiern, den Mysterien in diese Haine. Ovid erzählt sogar, daß Adonis, den die Liebesgöttin Aphrodite umarmte, aus einem Baum geboren wurde.

Man kann solche Mythen nicht als Götzendienerei abtun, man muß versuchen, ihren Wahrheitsgehalt zu erspüren. Die Wahrheit des Lebens wurde ja von Gott in die Natur hineingelegt und durch die menschliche Geburt seines Sohnes durch Maria zur Vollendung geführt.
Hat man dies alles einmal begriffen, sogar verstanden, dann wird man auch erfassen, warum die heute noch im orthodoxen Bereich Lebende im brennenden Dornbusch des Moses ein Bild gefunden hat, die nicht verbrennende, unversehrte Jungfrau und doch gesegnet mit Gottes Sohn.

Walter von der Vogelweide hat darüber gesungen:

„Ein Busch in vollem Feuersbrand,
doch nicht verbrannt und nicht vom Brand berührt,
der ganz im Feuerglanze stand, doch grün blieb und die
Flamme nicht verspürt:
Das war die reine
Magd alleine,
die Jungfrau Magd,
die Mutter unseres Gottes ward."

Der Sinn von Zusammenhang von Schöpfung und Erlösung fand in der lebendigen lebensspendenden Kraft der Bäume die jungfräuliche Mutterschaft Marias vorgebildet. Es war kein unverarbeitetes heidnisches Erbe. So wurden unendlich viele vorchristliche Baumheiligtümer wie von selbst Stätten der Marienwallfahrt. Denken wir nur an die Stätten der Druiden-Haine, in deren Nähe wir heute und das nicht selten, Marienklöster finden. Welcher Zusammenhang hier besteht und wie die Mystik hier abläuft, das sollte man selber einmal ergründen.

Mein schlesischer Landsmann, Schuhmacher und Mystiker Jakob Böhme hat im Schlußteil seiner Schrift über die Menschwerdung Christi den „Baum des christlichen Lebens" beschrieben.

So wie er die Menschwerdung und das Leben Jesu betrachtet, so sieht er nun das Ergriffensein des Menschen von Jesus.

Er sieht dies im Bild des Baumes, das ist keine blasse Allegorie, sondern ein Realsymbol:

„Seine Wurtzel stehet im Mysterio (Geheimnis) der Hoffnung, sein Gewächse stehet in der Liebe und sein Leib in der Fassung des Glaubens. Das ist nun das Corpus (der Leib), darinnen der Baum steht, wächset und grünet und Früchte bringet in Geduld; diese Früchte gehören alle in die englische Welt und sie sind der Seelen Speise, davon sie isset und ihr feurig Leben erquicket, daß es ins Licht der Sanftmut verwandelt wird.

Gleich wie ein irdischer Baum im Wind, Regen, Kälte und Hitze wächst, also auch der Baum der Bildnis Gottes und der Kreuz und Trübsal, in Angst und Qual, in Spott und Verachtung und grünet auf in Gottes Reich und bringet Frucht in Geduld."

Seine evangelische Heimatkirche hat ihn damals in Acht getan, aber sie hat wohl hier mißachtet, daß er im Bild spricht.

Seine Eigenerfahrung war so leibhaftig-anschaulich, daß sie von der theologisch-abstrakten Denkweise verkannt werden mußte. Im Baum schaute er das Wesen des Menschen: Wachsend aus dem Urgrund der Erlösungstat Jesu hinein in das Licht der Sonne Gottes.

Es gibt noch weitere Mystiker, die immer wieder den Menschen, der zu Gott wachsen will, als einen Baum ansehen. Und dies Bild, das wir fast in allen Religionen finden, wird am stärksten und einflußreichsten durch die jüdische Kabbalistika und durch die Sephiroth-Mystik dargestellt.

Die Heilige Schrift der Christen stellt mehr als andere heilige Bücher den Menschen und sein Heil in die Mitte; aber auch in ihr wird der Baum zum Symbol des Lebens. Das beginnt im Garten des Paradieses, in dem die Bäume des Lebens und der Erkenntnis wachsen (Genesis 2 − 3) und vollendet sich im himmlischen Jerusalem mit den Lebensbäumen am kristallklaren Wasser (Offenbarung 22).

Jesus setzt den Feigenbaum, das alttestamentarliche Zeichen der Fruchtbarkeit (HOS 2,14; HAB 3,17), zum Mahnmal der Entscheidung ein. Die Bäume zeigen dem Menschen wer er ist, sie treffen ihn in seiner Existenz; vor das Verwurzeltsein stellen sie ihm das Wachsen, das Blühen, das Fruchtbringen und Welken seines Lebens. An einem Baum erkennt der Mensch, daß er an die Daseinsstürme ausgeliefert ist, aber auch, daß er angewiesen bleibt auf die Helle der Sonne, auf die Gnade des Regens und auf die Kraft aus der Erde.

Horchen Sie einmal genau auf die Melodie des folgenden Gedichtes von Heinz Piontek, wie die „i" und die „u" einmal spitz und dann unruhig eine Harmonie bilden, die ganz eigenartig ist.
Heinz Piontek will damit eine Ahnung hochsteigen lassen, daß nämlich über den Wald der Bäume der Kreuzesbaum

mit Jesus hinausragen muß, zugleich hilflos ausgeliefert und wie hingegeben an die Liebe.

Heinz Piontek wollte in diesem Gedicht den Gedanken bestätigen und er hat das Gedicht gewidmet einem Ordenspriester und Professor aus Wien, Alfred Focke, dem ich persönlich unendlich viel zu verdanken habe, in kritischer Betrachtung von Religion, Esoterik, Mystik und Realität. Leider ist sein Lebensbaum schon in den Himmel gewachsen.
Hier das Gedicht von Piontek:

„Bäume,
ihr, ja ihr.
Ruhig auf der dunklen Erde fußend.

Doch verwundbar,
wie wir,
die wir uns vorwärts
kämpfen müssen.

Nützlich oder
einfach schön.
Und immer etwas
Neues bedeuten.

So wachsen
in die Höhe,
in die Tiefe
und mit
ausgebreiteten Armen."

Lauschen Sie noch einmal dem „i" und dem „u". Dem zum Himmel führenden und unter die Erde gehenden. Vielleicht finden Sie selbst die Umrisse Ihres eigenen Lebensbaumes.

Es kann auch hilfreich sein, den Baum des eigenen Lebens vor Augen zu haben, einfach auf ein großes Blatt Papier zu malen, mit Wurzeln und Erdreich, die Wurzel in der Familie, dann das Wachsen in Sonne, Luft, Regen, Sturm, Eis und Schnee, in allen Situationen, Erfahrungen, Aufgaben und Begegnungen, in Schmerz und Freude. Im Baum ist auch die Lebensquelle meines Daseins, sie kann verborgen sein, kaum sichtbar, vielleicht schon versiegt.

Und schließlich das Wachsen meines Lebens in die Höhe, in die Zukunft des Himmels, zu Gott hin, mit der Hoffnung, daß es sich runde und daß es Frucht bringe und zugleich sich übersteigt zu dem, von dem alles Leben stammt und durch den alles Leben erst seinen Sinn gewinnt.

Den Baum, den Christus trägt auf seinem Passionswege, der ist auch eines dieser großen Symbole aus dem religiösen Bereich.

Eben noch in der Bibel als Baum der Versuchung, der Befreiung, des Abstiegs zur Finsternis und schließlich des Aufstiegs zur Helle, als Symbol für eine neue Lebenskraft, auch für das Wachsen, als Sitz des Geheimnisses, als Heimat der Götter bei den Griechen, genau so wie auch als Heimat im Paradies. Und hier als Mittelpunkt der Schöpfung als Baum der Erleuchtung.

Im Christentum wird der Baum zum Kreuz. Wie der alte Märtyrer-Bischof Irenäus hindeutet:

„Den alten Ungehorsam am Holz tilgt er durch den Gehorsam am Kreuz. Der Logos des Allmächtigen Gottes umfaßt so die Welt in ihrer Sichtbarkeit, ihrer Breite und Länge, in ihrer Höhe und Tiefe."

Jesus weiß, der den Kreuzesbaum, also den Baum des Todes erhoben hat zum Baum des Lebens. Wie er sagt, „Der Tod ist besiegt".

Und bei Johannes, 12, 32 lesen wir:

„Wenn ich über die Erde erhöht bin, werde ich alle an mich ziehen."

Wenn wir der Kreuzes- und Baumgestalt im Mythos und in der Sage, in der Natur und im eigenen „Ich" nachgespürt haben, dann sind wir auf dem Weg zum Baum des Kreuzes, an dem Jesus uns das Leben geschenkt hat. Dann kann in uns die Urahnung des Menschen erwachen, die Jesus uns gegeben und auch zu ihrem Ziel geführt hat.

„Alle Mysterien hat der Herr aller Menschen in seiner Kreuzigung vollendet und beide Welten der beiden Völker hat er umarmt als er ein Kreuz umarmte."
So predigt Ephraim, der Syrer.

Bäume — mythologische und moderne Betrachtung

Was ich bisher über die Bäume gesagt habe und was dann, wenn man es gelesen hat, verständlich wird, ist die Tatsache, daß unsere Vorfahren, die Germanen, wie auch die Ahnen aller Völker, in dem hochstrebenden Baum die Achse der Welt sahen.

In der Mitte der Erde steht der Weltenbaum, seine Wurzeln streckt er tief in den Grund unseres Daseins, in das Dasein der Welt, in den Ursprung von Raum und Zeit, von Leben und Tod. Und oben der Gipfel reicht bis hinaus in die Lichtfülle der Götter. In jedem Jahr vollzieht er neu das Wunder der Schöpfung, er blüht aus eisigem Tod zur grünenden Frühlingspracht, blüht, trägt Früchte, um dann seine Blätter zu verlieren und in eisige Todesnacht zurückzukehren.

In diesem Sinn besingen die alten germanischen Lieder der Edda den Weltenbaum:

„Eine Esche weiß ich,
sie heißt Yggdrasil,
die Hohe, benetzt
mit hellem Naß.
Von dort kommt der Tau,
der in die Täler fällt;
immergrün steht sie
am Burdbrunnen ....

Ich weiß Heimdalls
Horn verborgen
unterm heiligen
Himmelsbaum;
Flut seh ich fallen
in feuchtem Sturz.
aus Waldvaters Pfand ....

Yggdrasil's Stamm
steht erzitternd,
es rauscht der Baumkreis
der Riese kommt los.
Alles erbebt in der Unterwelt,
bis der Bruder Surts
den Baum verschlingt."

Ähnliche Riten, ja teilweise sogar Ur-Riten, finden wir bei
vielen Völkern. Einmal im Gilgamesch-Epos des babylonischen Weltreiches oder bei den sibirischen Völkern, oder in
den hinduistischen Stupas. Die Weltesche Yggdrasil in der
Edda stützt das Himmelsgewölbe, von woher Tau und Regen die Erde fruchtbar machen. Sie schlägt ihre Wurzeln bis
in die Urwasser hinein, wo alle Flüsse und Meere entspringen.

Heimdall, der Wächter des Himmels und der Ahnherr der
Menschen hat dort seine Wohnung.
Wenn aber die Endzeit anbricht, dann beginnt alles zu zit-
tern, das Geschlecht der Riesen (Surt) und der furchtbare
Fenri-Wolf reissen sich los von den Fesseln, in die sie von
den Göttern gelegt wurden. Das letzte Chaos beginnt.

Vielleicht denken Sie auch an die Indianer Nordamerikas,
die in der Mitte ihres Zeltes einen Baumpfahl errichteten. Er
soll hochragen zum Himmelsgott, an ihm legten sie die Opfer nieder und verrichteten hier die Gebete ihres Stammes,
für das Glück auf der Jagd und ihren Sieg über die Feinde.

Als Situationsmenschen der heutigen Zeit müssen wir uns des Unterschiedes dieser Baumbauten zu unseren Bauten, nämlich den Hochhäusern, den Fernsehtürmen, den Wolkenkratzern und den riesigen Schornsteinen, bewußt sein. Was wir hier errichten an Menschensilos, an Fernseh- und Radiosendern und Antennen, hat nichts mehr mit jenen Antennen zu tun, die zum Himmel gerichtet waren und eine Verbindung früher mit den Göttern oder in den Kirchtürmen mit Gott hatten. Was wir errichten, wächst nicht mehr aus der Natur oder aus der Nähe zur Natur, hat nicht mehr jenen Lebensrhythmus in seinem Schwung wie der Baum und der Mensch. Unsere babylonischen Türme sehen aus wie Kriegsmaschinen, die sich gegen die Natur und so auch gegen Gott erheben.

Ist es verwunderlich, daß unsere Wälder mit ihren Bäumen sterben, spüren vielleicht die Bäume, daß sie den Himmel gar nicht mehr brauchen? Daß der Himmel eigentlich auf ihnen ruht. Und da wir ja den Himmel nicht brauchen, benötigt auch der Himmel keine Stütze mehr und so sterben auch unsere Wälder. Ist es verwunderlich, daß unsere großen starken Eichen, Fichten, Tannen und Buchen nicht mehr leben wollen, denn die großen Beton-Silos sind ja viel länger und viel größer und versperren den lebendigen Geistern der Bäume ihren Weg zum Himmel. Und all die vielen Kurz- und Langwellen, Ultrakurz- und Laserwellen, alle diese noch unbestimmten und kaum meßbaren Strahlen, ganz zu schweigen vom Ozonloch, treiben unsere Lebensgefährten, die Bäume, zum Selbstmord. Ist es nicht furchterregend, daß bei dieser Betrachtung der Bäume, die nicht nur ein Bild des Lebens, sondern auch ein Bild der Schöpfung sind, uns alle Wurzeln, mit denen wir tief in der Erde stecken, zerstört werden? Wer zeigt uns dann wo der Himmel ist?

Ihr Bäume seid in der Erdentiefe fest gefügt und verwurzelt, damit ihr, was auf der Erde geschieht und unter der Erde ist, mit dem Himmel verbindet!

302

Ihr Bäume, wir wollen euch helfen, bitte helft uns auch wieder, wie ihr uns früher durch euere Anwesenheit, euere Kraft, euere Stärke, durch euere ungeheuere Mächtigkeit nicht nur imponiert, sondern auch den richtigen Weg gewiesen habt!

Bäume – Heilige Haine und Baumkulte

Bäume waren die ersten Tempel der Götter, deren Kultplätze die heiligen Haine. Hier wurden den Menschen die Urkräfte der Natur gezeigt, um ihre Fantasie anzuregen. Mythos ist ja wohl der Ausdruck des innigen Interesses, mit dem die Griechen die Vorgänge in der Natur belauschten. Das ewige Werden und Vergehen in der Natur deuteten sie als göttliche Lenkung und ordneten deshalb ihren Gottheiten bestimmte Bäume zu, die ihrerseits unter dem Schutz der Hamadryaden, der acht Baumnymphen, standen. Wir finden viele Schmuckstücke, Tafeln und künstlerische Zeugnisse kultischer Verehrung von Naturgottheiten. Z. B. ein Terrakotta-Relief, welches das Götterpaar der Unterwelt, Hades und Persephone, zeigt. Der Hahn dabei als Zeuge des Sonnenaufganges; ein Ährenbündel und der Mohnblumenstrauß symbolisieren das von Persephone verkörperte, alljährliche Wiedererwachen der Natur, wenn sie aus dem Hades hinaus auf die Erde stieg.

Es gibt Darstellungen in Reliefs mit ländlichen Hainen, die von einer großen riesigen Platane beschattet wurden, und die alten Griechen pflegten dann einen solchen Baum zum Zeichen seiner Heiligkeit mit einer Binde zu umwinden.

Eine der berühmtesten heiligen Haine war die Altis in Olympia.

Die Überlieferung will wissen, daß Herakles diesen parkähnlichen Kultort für seinen Vater Zeus persönlich eingerichtet hat.

Und aus der Beschreibung von Pausanius ist uns bekannt,

daß damals diese im Schwemmgebiet des Alpheios gelegenen Bezirke nicht wie heute mit Kiefern, sondern mit Platanen bestanden waren. Eine solche Platane wird auch schon bei Theophrastus beschrieben, die in die Erinnerung an die im Schatten ihrer dichten Laubkrone vollzogene göttliche Hochzeit nie mehr ihre Blätter verlieren sollte.

Tatsächlich sind auf Kreta bislang 29 Exemplare einer immergrünen Platanen-Art bekannt, bei der es sich um eine auf das Altertum zurückgehende Mutation — Platanus orientalis var cretica — dieses sonst laubabwerfenden Baumes handelt.

Der Baum der Europa durch den in einen Stier verwandelten Zeus ist in Dichtung und Kunst wiederholt dargestellt. Und die heilige, immergrüne Platane, die zeugende Geburt des minoischen Reiches, inspirierte die Gortyner sogar zu ihrem Bild.

Aus der Überlieferung gibt es viele Legenden. Es werden seltsame Erscheinungen mit merkwürdigen Wundergeschichten erzählt.

Ein Exemplar östlich der Suda-Bucht wurde von den eindringenden Türken dazu benutzt, einen orthodoxen Priester zu erhängen, was die Ursache dafür war, die Platane immergrün und unsterblich werden zu lassen.

Es gibt noch eine Legende, in der wir lesen können, daß sich der heilige Johannes vor ihm nachstellenden Wegelagerern im hohlen Stamm einer Platane versteckte. Er wurde aber entdeckt und getötet, und seither werfe die Platane im Winter ihre Blätter nicht mehr ab.

Wir sehen, die Platane nimmt auch unter den anderen heiligen Bäumen eine sonst nicht übliche Sonderstellung ein. Mit ihrem hellgrünen Laub verkündet der Baum dem durstigen Wanderer bereits aus der Ferne, daß hier eine Quelle und kühler Schatten ist.

Ist es da verwunderlich, daß die Alten die Platanen als Geschenk der Götter ansahen, dem sie Verehrung schuldig waren?

Bei Herodot (7, 31) lesen wir, der grausame Perserkönig Xerxes sei von der Schönheit und Geborgenheit ausstrahlenden Erscheinung einer Platane so geblendet gewesen, daß er sie mit goldenem Schmuck behängte und sogar Krieger bei ihr zurück ließ, um sie zu bewachen.

Da die Platane relativ alt wird, glaubt man noch heute, daß einzelne Exemplare dieser berühmten Bäume aus alter Zeit existieren. So wird auf der Insel Kos eine uralte Platane gezeigt, unter der Hippokrates gelehrt haben soll. Auch die Alten bewunderten schon die Langlebigkeit dieses Baumes und Pausanias, von einer mächtigen Platane im arkadischen, auch Orchomenos, die von Menelaos selbst gepflanzt worden sein soll, als er hier seine Truppen für Troja anwarb.

Platanen also müssen 1300 Jahre alt gewesen sein, ein Alter, das man im Volksglauben zumindest einigen Exemplaren zuschreibt.

Man sollte nicht vergessen, daß die Platane in Kos sehr viele Äste jedes Jahr lassen muß, da die vielen Touristen kleine Scheibchen dieses Platanenbaumes mit einem Stempel der Insel Kos und Hippokrates-Abbild, gern mit nach Hause nehmen.

Berühmt waren auch die Platanen, die die Wanderwege der Akademie Platons in Athen beschatteten. Und so werden viele, viele Orte solch alter Platanen beschrieben.

Im Gegensatz zur Platane stand der Ahorn in der Macht des Phöbus, des Dämons des Entsetzens, des Begleiters des Kriegsgottes Ares. Vielleicht hat dieser schmucke Baum, von dem schon Theophrastus (3,11,1) drei Arten kannte, wegen seiner roten Herbstfärbung Schrecken eingeflößt.

Zeus, dem Allmächtigen, war die Eiche gewidmet, die wohl kräftigste unter den Bäumen. Sie war ihm geweiht. In Dodona, dem Heiligtum des Zeus, wurde er unter einer heiligen Eiche angerufen. Wenn die Bitten der Gläubigen erhört wurden, dann rauschten die Blätter des Baumes und ertönten Vogelstimmen aus seinen Zweigen. Damit tat Zeus seine Anwesenheit kund.

Die immergrüne Kiefer, *Pinus hallepensis* – die Mittelmeerkiefer war der Lieblingsbaum von Mutter Rhea, Tochter des Uranus und der Gaia, weil dieser schlanke, in den Himmel ragende Baum die Verbindung zwischen Himmel und Erde symbolisierte.

Die Apollo-Tanne (*Abies cephalonica*), die es in Griechenland heute noch in Höhenlagen von über 900 m gibt, war – wie der Name bereits sagt – Apollo geweiht. Die Tanne war sonst bei den Alten dem Hirtengott Pan geweiht. Dieser buhlte einst zugleich mit Boreas, dem stürmischen Nordwind, um die Gunst der Nymphe Pitys, die Ersterem als dem sanfteren Gott den Vorzug gab. Sie wurde deshalb von Boreas über einen Felsen hinuntergeweht, wo Pan sie schließlich entseelt vorfand und in seinen heiligen Baum, in die Tanne verwandelte. Die verwandelte Jungfrau aber weinte, so oft Boreas wehte und seither träufeln jeden Herbst helle Harztropfen von den Zapfen dieses Baumes.

Ein besonderes Sinnbild war die Silberpappel (Populus alba) wegen ihrer Zweifarbigkeit der Blätter. Die dunkle Seite des Blattes symbolisierte die Unterwelt, die helle Seite das Diesseits. Hier kam, nach dem Mythos, Herakles mit einem Kranz von Pappelzweigen aus der Unterwelt zurück, als er den Höllenhund Zerberus besiegt hatte.

Taxus bacata, die Eibe, war den Erinnyen, den Rachegöttinnen, geweiht, die menschlichen Frevel mit dem Gift dieses Baumes bestraften. Die Giftigkeit der Eibe war im Altertum bekannt, und tatsächlich sind die alkaloidhaltigen Nadeln des Baumes für Mensch und Tier außerordentlich gefährlich. 500 g der Blätter sind für ein Pferd tödlich. Ebenso die Eibenkirschen. Die Jagdgöttin Artemis machte sich diese Eigenschaft zunutze und verwendete mit Eibengift getränkte Pfeile, mit denen sie auf Geheiß ihrer Mutter die Töchter der Niobe tötete, weil diese gegenüber der Titan-Tochter Leto mit ihrem Kinderreichtum geprahlt hatte. (Homer 2, 24.607).

Artemis wurde in einem Heiligtum inmitten eines von Theophrast beschriebenen üppigen Eibenhains auf dem arkadischen Artemision verehrt. Gegenwärtig sind nur noch vereinzelte Exemplare dieser Bäume in den verbitterten Lüften des heute kahlen Berges zu sehen. Das harte, zähe Holz der Eibe war schon im Altertum für Tischler- und Drechslerarbeiten sehr geschätzt. Es war aber auch ein sehr schönes Holz. Die Bäume können über 2000 Jahre alt werden, deswegen wurden sie frühzeitig ausgerottet, so daß von diesem stolzen Waldbaum nur noch kümmerliche kleine Reste vorhanden sind.

Zwei wichtige Pflanzen möchte ich noch erwähnen, die eigentlich als Nachfolger semitischer Naturkulte anzusehen sind. D. h. die im Aphrodite-Kult schließlich ihre Fortsetzung gefunden haben und dann nach Griechenland kamen: *Myrtus communis*, die Myrte, kam so zu Ruhm und Ansehen. Ihre immergrünen Blätter, die weiße Blüte, der liebliche Duft, waren das Symbol von Schönheit und Jugend und waren heilig für Aphrodite von Paphos, die nämlich dort aus den Meeresfluten ans Land steigend ihre unverhüllte Schönheit hinter dem Myrtenstrauch verbarg.

Die Myrte gehörte schon bei den Alten zu den bekanntesten Sträuchern, die bei Tempeln und Heiligtümern angepflanzt wurde. Bei Theophrastus ist sie viermal erwähnt. Dioskurides unterschied zwischen der gewöhnlichen und der weißen Myrte, die auch für medizinische Zwecke geeignet war. Sie diente zur Heilung von Blasenkrankheiten und gegen den Biß giftiger Spinnen und Skorpione. Bei Darmkatarrh verschrieb er eingekochten Saft aus den Beeren mit Wein gemischt. Und dieses Rezept ist heute noch in der Volksmedizin ein gutes Mittel, zumindest in Griechenland, bei Verdauungsstörungen der Kinder.

Zum Schwarzfärben der Haare wurde der Saft der blauen Beeren der Myrte benutzt.

Die Myrte steht unter dem Schutz der Aphrodite und damit schützt sie auch die Ehe. Diese Verbindung mit der Ehe hat sie bis auf den heutigen Tag im Brautkranz aus Myrtenzweigen, aber auch im Bräutigam-Kränzlein, erhalten.

Ein alter Grieche, Athenaeus, läßt die Teilnehmer an seinem Gastmahl Myrtenkränze tragen, um den Rausch zu hemmen.

Wenn man ein Myrtenblatt gegen das Licht hält, sieht man dieses wie durch zahlreiche Nadelstiche durchlöchert, ähnlich wie bei unserem Johanniskraut. Diese werden der Gattin des Theseus, der unglücklichen Phädra, zugeschrieben, die aus Gram über die von ihrem Stiefsohn Hippolitos verschmähte Liebe die Blätter eines in Troizen stehenden Myrtenbaumes durchstach, bevor sie sich an ihm erhängte.

Nach einer anderen Überlieferung durchlöcherte Phädra die Myrte aus Rache an Aphrodite in deren Heiligtum in Troizen, weil sie keine Macht über Hippolitos gewinnen konnte.

Über das Phänomen der durchlöcherten Myrtenblätter berichtet uns Pausanios (1,22), dem man bei seiner Durchreise in Troizen versicherte, daß es sich nicht um eine natürliche Erscheinung handle, sondern tatsächlich um eine Verzweiflungstat der Phädra, die die Myrtenblätter mit ihrer Haarnadel durchlöcherte.

Für uns modern-naturwissenschaftlich gesehen, sind die Löcher in den Myrtenblättern die das ätherische Myrtenöl enthaltenden Drüsen.

Die Weinrebe (*Vitis vinifera*) galt als Schöpfung des Dionysos und war diesem geweiht. Zahlreiche Mythen, die auch in der Kunst Ausdruck fanden, weisen auf die engen Beziehungen zu dieser alten Kulturpflanze und dem Gott des Weines, aber auch der Freude hin, der mit seinem lärmenden Gefolge von Satyrn, Faunen und Mänaden, die Menschen in seine Gewalt zwingt.

Auf vielen Wein- und Dionysos-Darstellungen ist auch ein Esel abgebildet, und es ist interessant, jene Legende zu lesen, daß ein Esel es war, den man vielmals in einen Felsen oder Metall eingemeißelt hatte und zwar deshalb, weil er von einem Weinstock gefressen hatte. Er wurde dann davongejagt, aber dieser Weinstock hat im folgenden Jahr viel mehr Trauben getragen als vorher. So gesehen ist der Esel wohl der Erfinder der Beschneidung des Weinstockes.

Der Ölbaum (*Olea europaea*) wurde von der Stadt Athen und deren Schutzgöttin im Streit mit Poseidon aus dem Besitz von Attika geschenkt. Nach Ratschluß der Götter sollte das Land derjenigen Gottheit gehören, die das wertvollere Geschenk böte. Poseidon ließ mit seinem Dreizack auf der Akropolis eine Salzquelle entspringen, während Athene den ersten Ölbaum wachsen ließ.
Der Sieg ward Athene zugesprochen. Seither war der Olivenzweig zusammen mit der Eule das Wahrzeichen der Göttin und Symbol für Sieg und Frieden.
Eine Verbindung des Ölbaumes mit dem Götterkult ist oft verbürgt. In Olympia war die Zeus-Statue des Phidias mit einem Olivenkranz geschmückt. Und von wundersamer Kraft ist die Salbe aus dem Saft der Olive, deren Göttinnen sich bedienen. Hera selbst salbte sich mit göttlichem Olivenöl, als Zeus sie verführen wollte.

Bei Homer lesen wir von dem Öl, das nur den großen Helden und Reichen zur Verfügung stand als kostbare Salben in Schatzkammern der trojanischen Helden.

Von der Palme wäre noch etwas zu erzählen. Da hat Pythagoras das Verbot erlassen, Dattelpalmen anzupflanzen, weil deren Zweige gottlose Siegeszeichen waren. Trotzdem hat man darauf nicht geachtet und sie oft angepflanzt.
Die Theophrastus-Palme, eine besondere Art, ist nur noch an 5 Stellen in Kreta zu finden.

Daphne, die Tochter des Flußgottes Ladon, hieß die von Apoll geliebte Nymphe. Ein wunderbares, zauberhaftes Mädchen muß es gewesen sein. Sie war eine faszinierende hübsche, wilde Jungfrau. Sie gehörte zum Gefolge von Aphrodite. Apoll verehrte sie sehr, liebte sie insgeheim, aber als Geliebter von Aphrodite, der ewig wahren Göttin, konnte er nicht von ihr weichen. Doch eines Tages schlief Aphrodite. Sie hatte die Augen geschlossen und träumte nur von Apoll. Apoll wandte sich sofort zu Daphne, die erkannte, was er von ihr wollte und sie jagte davon. Und wie Götter so sind, war die ungeheuere Geschwindigkeit dabei etwas sehr Wesentliches. Von den Alpen bis zu den Pyrenäen und wieder weiter zu den griechischen und römischen Gebirgen, zurück zu den Alpen, jagte Apoll hinter Daphne her. Das wiederum sah Hermes, der gerade vom göttlichen Olymp auf einem Regenbogen herabrutschte. Er eilte, eifersüchtig wie er war, hinzu, denn auch er liebte Aphrodite. Er weckte Aphrodite und zeigte ihr: „da jagt dein Apoll die Daphne".
Daphne, – und jetzt teilen sich die Legenden – Daphne flüchtete zu ihrer Mutter Gaia, die sie in einen Lorbeerbaum verwandelte. Seither ist der Lorbeer dem Apoll heilig und diente ihm mit seinem kräftigen, aromatischen Duft auch als Mittel zur Reinigung.

So erzählt die Sage, daß sich Apollon nach der Tötung des Drachen Python im noch heute lorbeerbewachsenen Tempel reinwusch und mit Lorbeer bekränzt als gereinigter Sieger in Delphi einzog. Und so kündet der Lorbeer als Siegeszeichen bis zum heutigen Tag Ruhm und Ehre.

Es gibt aber auch eine zweite Version, in der Aphrodite, nach dem sie hörte oder sah mit ihren göttlich-antiken Fernsehaugen, wie Apoll hinter Daphne herjagte. Sie hat Daphne mit einem vergifteten Pfeil, es war wohl ein Eibengift, erschießen lassen. Daphne, noch im Sterben wurde von Apoll erreicht. Er krallte sich an ihr fest und verbrannte sich dabei die Finger. Es war „*Daphne mezereum*", der Seidelbast. Reißen Sie einmal, solange er noch nicht blüht, mit ihren Fingernägeln die Rinde von Daphne mezereum ab und versuchen Sie, einen Ast abzubrechen. Saft wird austreten und Sie benetzen, und am nächsten Tag werden Sie wild schmerzende, äußerst empfindsame, Blasen bildende, mit schwarzen Höfen darin befindliche Hauterscheinungen sehen, wie wir sie bei schwerer Gürtelrose kennen.

Apoll hatte sich, wohl als erster Mann der Weltgeschichte, die Finger verbrannt, weil er neben seiner Geliebten noch eine andere liebte.

Bäume der Bibel

Kaum ein anderes Volk des Altertums hat so viele Pflanzen in sein religiöses Leben einbezogen wie die Hebräer in biblischer Zeit. Hier finden wir eine große Zahl von Riten, Festen, Geboten und Vorschriften, die mit Pflanzen, deren Anbau und Pflege zu tun haben. Viele Abschnitte deuten darauf hin, daß Bäume und Waldstücke als heilige Stätten galten. Mose (5. Buch, 12,2) oder im Buch der Könige (2., 16,4). Die ersten Hinweise auf Pflanzen als Teile der Schöpfung Gottes im 1. Kapitel des 1. Buches der Bibel sind nachzulesen:

„Und Gott sprach: Die Erde lasse sprossen junges Grün, Kraut, das Samen trägt und Fruchtbäume, die nach ihrer Art Früchte tragen auf der Erde, auf denen ihr Same ist. (1. Mose, 1,11)."

Alte, große Bäume werden angebetet und verehrt, sie galten

als Symbole göttlicher Kraft und Macht. Das hebräische Allon (Eiche) und Elah terbinthe sind identisch oder verwandt mit den Wörtern für Gott und Göttin. Und so auch die Quelle der nachbiblischen Sammelbezeichnung Elan als Baum.

Das beste Beispiel dafür, wie Pflanzen mit Heiligkeit oder heiligen Vorgängen in Beziehung gebracht wurden, ist die Geschichte vom brennenden Dornbusch (2. Mose, 3, 2-6).

Die Weisen der Städte erledigten ihre Aufgaben im Schatten der Bäume. Man saß dort zu Gericht (1. Buch Könige, 13, 14).

Auch die Thronerhebung der Könige fand hier statt, und später dienten Bäume als Grabstätten großer und verdienter Männer.

Ich möchte hier nur einige Stellen aus der Bibel zitieren, in denen die Namen dieser verschiedenen Bäume und Pflanzen vorkommen.

So lesen wir im 5. Buch Mose, 8,7f:

„Denn der Herr, Dein Gott, bringt Dich in ein schönes Land, ein Land mit Wasserbächen, Quellen, Fluten, die in den Tälern und in den Bergen hervorströmen, ein Land mit Weizen, Gerste, Reben, mit Feigen und Granatbäumen, ein Land mit Ölbäumen und Honig."

Wir lesen hier von einer großen Menge von Bäumen. Der Ölbaum jedoch nimmt eine besondere Stelle ein. Er ist der verbreitetste Kulturbaum Israels und war es auch in der biblischen Zeit. Bescheiden ist er in seinen Ansprüchen, er bildet ausgedehnte Olivenhaine, wie an den Berghängen von Galilea, Samaria und Judäa, aber auch an der Küste. Und die Olive war eine der sieben Früchte, mit denen das Land gesegnet war.

Seit Beginn der Menschheitsgeschichte symbolisiert der Olivenzweig Frieden und bedeutet neues Leben und Hoffnung, wie es in der Geschichte der Sintflut deutlich zum Ausdruck kommt:

„Die Taube kam um die Abendzeit zu ihm zurück und siehe da! Sie trug ein frisches Ölblatt in ihrem Schnabel. Da merkte Noah, daß sich Wasser von der Erde verlaufen hatte." (1. Buch Mose, 8,11)

Und so kann man noch viele Stellen zitieren. Eine wollen wir herausholen: Römer (11,17 f):

„Wenn jedoch einige der Zweige ausgebrochen sind, Du aber, der Du von einem wilden Ölbaum stammst und in ihm eingepfropft worden bist und an der saftreichen Wurzel des Ölbaumes mit Anteil bekommen hast, so rühre Dich nicht wider die Zweige."

Ficus carica L., der Feigenbaum, ist die erste mit Namen erwähnte Frucht in der Bibel und zwar in der Geschichte von Adam und Eva. Bei den Ausgrabungen von Geser, einer großen antiken Stadt westlich des Gebirges Juda, wurden getrocknete Feigen gefunden, die aus der Zeit um 5 000 v. Chr. stammen.

Auch im alten Ägypten wurde die Feige angebaut. In der Bibel ist das hebräische Wort für Feigenbaum „Teenah", für die Frucht „Teenim". „Develah", häufig im Plural verwendet, bedeutet einen „Kuchen aus getrockneten Feigen". Abwandlungen davon sind Eigennamen von Personen und Orten.

Die Feige war ein wichtiges Nahrungsmittel, man konnte sie wegen des hohen Zuckergehaltes pressen und trocknen. In der Bibel wird die Feige häufig zusammen mit der Rebe erwähnt.

Beide zählen zu den sieben Früchten und symbolisieren Wohlergehen und Frieden.

Im 1. Buch Mose lesen wir (3,6 f):

„Und das Weib sah, daß von dem Baume gut zu essen wäre

und daß er lieblich anzusehen sei und begehrenswert, weil er klug mache und sie nahm von seiner Frucht und aß und gab auch ihrem Mann neben ihr und er aß. Da gingen den Beiden die Augen auf und sie wurden gewahr, daß sie nackt waren und sie hefteten Feigenblätter zusammen und machten sich Schurze."

Malus sylvestris, der Apfelbaum. Im Hohen Lied, 2,5 lesen wir die Worte:

„Er labte mich mit Rosinenkuchen, erquickte mich mit Äpfeln; denn ich bin krank vor Liebe."

Trotz des weit verbreiteten Glaubens, daß die verbotenen Früchte im Garten Eden Äpfel waren, werden sie in der Geschichte nie namentlich erwähnt. Das hebräische „Tappuach" kommt in der Bibel fünfmal als Apfelbaum oder dessen Frucht vor, sechsmal als Ortsname (bei Josuah 15,33) und einmal als Eigenname.

Botaniker, die sich mit der Pflanzenwelt der Bibel befassen, haben die Bedeutung von Tappuach intensiv debattiert. Gelegentlich wurde aus nicht hinreichend bekannten Gründen eine Zuordnung zur Aprikose oder zu Citrus vulgaris vorgenommen, obwohl diese wesentlich später als Apfel naturalisiert wurden. Es dürfte aber wahrscheinlich sein, daß Eva sich mit Feigenblättern bedeckte, weil sie nackt war und daß sie auch von den Feigen gegessen hatte. Aus irgendwelchen Gründen sind später Äpfel daraus geworden.

Der Mandelbaum − *Amygdalus communis* − ist ein weiterer Baum, der vor Ende des Winters als erster Baum zu blühen beginnt, und dafür steht er − oder stand er zumindest damals − als Symbol für Eile und Hast. Es ist der Baum, der das Nahen des Frühlings in Israel ankündigt.

In Prediger (12.1,5) lesen wir:

„Sei Deines Schöpfers eingedenk in der Blüte Deines Lebens ehe die bösen Tage kommen, wenn man sich auch vor der

Anhöhe fürchtet und Schrecknisse auf dem Wege sind; wenn der Mandelbaum blüht und die Heuschrecke sich mühsam erhebt...
Denn der Mensch geht in sein ewiges Haus und die um ihn klagen ziehen auf der Gasse umher."

So soll der Mandelbaum, wenn er blüht, uns daran erinnern, daß einmal das Leben zu Ende geht.

Eine, bei uns so beliebte Frucht, aber auch als Heilmittel in der Homöopathie beliebt, ist *Juglans regia L.*, die Walnuß. Hier lesen wir im Hohen Lied (6,11):

„Ich stieg hinab in den Nußgarten, mich zu ergötzen an den Blüten im Tal, zu sehen, ob der Weinstock gesproßt, ob die Granatäpfel in Blüte stehen."
Es ist die einzige Bibelstelle, in der das Wort Walnuß (Egoz) vorkommt. Auch Josephus Flavius hat neben anderen Pflanzen das fruchtbare Tal wegen seiner zahlreichen Walnußbäume gepriesen. Und auch in der nachbiblischen Literatur ist die Walnuß ein an Legenden und Riten wichtiger Baum. Es gibt viele Gedichte und Lieder von Bäumen und ihren Früchten, die als Symbole für Reichtum und Frieden galten.

Die Dattelpalme war so ein Symbol, das so stark war, daß die Römer nach der Eroberung des Landes Judäa Münzen herausgaben, die eine trauernde Frau unter einer Palme zeigte. Judäa capta hieß es, Juda in Gefangenschaft.
Es verwundert deshalb nicht, daß es verboten war, Obstbäume zu fällen. Überhaupt Bäume, denn im 5. Buch Mose (20,19) heißt es:

„Wenn Du lange Zeit vor einer Stadt liegst, in der Du Krieg führst, um sie einzunehmen, so sollst Du ihre Bäume nie verderben, indem Du die Axt wider sie schwingst; Du magst davon essen, sie selber aber sollst Du nie umhauen."

Die Bäume in der bayerischen Volksmedizin

Der Standpunkt der neueren Kulturgeschichte wirft auch auf das Gebiet der Volksmedizin, das dem Landarzt, so wie ich einer bin, ein neues Licht und es erscheint dadurch manches an diesem doch so okkulten Beobachtungsstoff einer Betrachtung wert.

Einmal aus dem Grund, daß wir auf eine alte Wahrheit und Weisheit aufmerksam gemacht werden und daß es uns vielleicht möglich ist, sich ein wenig in der Volksmedizin sehr wertvolle Hinweise zu holen.

So finden wir in Bayern die große Geisterfurcht als die erste Stufe der Religiosität, die schließlich zum Seelen- und Sühnekult führt. So alt wie dieser Kult ist auch die volkstümliche Therapie. Mit der Versöhnung der verschwundenen Seelen, der Geister, welche die Krankheiten der Überlebenden herbeiführen, suchte der urzeitliche, heidnische Mensch die Krankheiten zu heilen.

Vom Gebet bis zum Rudiment des Menschenopfers finden sich in dem Heilmittelschatz jedes Volkes Überreste solcher Kulturperioden.

Auch im bayerischen Oberland hat das Christentum diese Reste nicht auszurotten vermocht. Manche Kultmittel wurden so durch empirische Beobachtung zu tatsächlichen, rationellen Heilmitteln, und die große Lehrmeisterin Natur verschaffte dem beobachtenden Menschen eine Reihe von Mitteln. So finden wir gerade bei Sennern, bei Wildschützen, bei Hirten und Holzknechten, die Wochen und Monate auf sich allein angewiesen waren, gute Aufschlüsse über die Volksmedizin.

Dazu gehört z. B. auch der Teil eines Baumes, der uns allen bekannt ist, nämlich die Rinde, die früher, gerade bei den Holzknechten, zur Schienung gebrochener Gliedmaßen verwendet worden ist.

316

Besonders in der Nähe der großen Klöster, wie Tegernsee und Benediktbeuern, die als Brennpunkte der christlichen Kultur galten, wurden die Erkenntnisse solcher Dinge in der ganzen Umgebung schon früh bekannt gegeben. Wenn man bedenkt, daß Tegernsee im Jahre 1500 bereits über 280 medizinische Werke besaß, so ist das immerhin erstaunlich. Es gab in diesen Klöstern bereits im 12. Jahrhundert botanische Gärten für offizinelle Pflanzen, d. h. also für Heilpflanzen, und wer solche anpflanzen wollte, mußte sich Sämereien aus diesen Klöstern holen. So wurden von allen Seiten und nach allen Seiten hin die Beschwörungsformeln und Segenssprüche, schließlich auch die Signaturen der Pflanzen weitergegeben. Dann kam der Einfluß der Gestirne und Jahreszeiten und schließlich kam die mittelalterliche Arztkunst, die den Chirurgen vieles überließ.

Von ihnen sagt Goethe so schön:

„Der Geist der Medizin ist leicht zu fassen,
ihr durchstudiert die groß und kleine Welt
um es am Ende gehen zu lassen,
wie's Gott gefällt!"

So wurde vom Gebet bis zum Zauberspruch alles benutzt, um Krankheiten auszutreiben. Man denke nur an die Gebete der Wilderer, die, um kugelfest und unsichtbar zu bleiben, das Vaterunser umgekehrt gebetet haben, von rückwärts nach vorwärts, also:

„Amen! Übel dem von uns erlöse, etc. ..",
d. h. wenn man es umgekehrt betet, so betet man zum Teufel.

Und so ging es auch bei Gebeten für Kranke, von denen man glaubte, der Teufel hätte sie gebracht.

Viele Pflanzen wurden gebraucht, z. B. als Amulette, wobei man wissen muß, das „amulet" vom Lateinischen „amuletum" kommt, das wiederum vom Arabischen „Hamulat" und das Wort „Talisman aus dem Persischen „tilisman",

317

oder dem Byzantinischen „telesma". Das alles bedeutet Verrichtung zauberischer Einweihung.

Hier war es der dämonische Kult, der zugrunde lag. Das gleiche gilt auch für die Bäume.

Viele, heute christlich anmutende, kirchliche Ereignisse stammen aus einer alten Volksglaubenszeit. So wurden die Asche der Buchen oder auch der Palmen am Aschermittwoch, wenn man das Aschenkreuz bekommt, verwendet. Man mußte sie ganz lange auf der Stirn haften lassen. Jeder hat sich dann selbst wochenlang nicht gewaschen. Als Präservativ gegen den Kopfschmerz.

Der Birnbaum war im bayerischen Heidentum ein besonders heiliger Baum, an dessen Fuß oft eine Malstelle für Begräbnisse war. Am Birnbaum wurden auch vor Sonnenaufgang die Diebesbeschwörungen gesprochen.

Votivbilder und Figuren wurden nur an solchen heiligen Bäumen angenagelt oder befestigt, wie z. B. an einer Linde, deren Holz heilig war. Man denke nur an die verschiedenen Ortsnamen, wie Linden oder Weihenlinden oder alle mit Linden zusammenhängenden Namen.

Auch die Eiche spielte eine große Rolle als ein heiliger Baum, besonders in der Gegend von Bad Tölz gab es einen von vielen Baumkulten.

Grundsätzlich aber wurden immer in den Gärten von Krankhäusern, die da und dort gebaut wurden, Eichen, Buchen und Linden gepflanzt.

Die Äpfel, als die Früchte des Apfelbaumes, wurden mit guter ungesalzener Butter vermischt und auf Unterschenkelgeschwüre gelegt als „Pomade"; hier kommt der Name des Apfels – Pommes – wieder zu Ehren.

Der Saft der grünen Walnußschalen war ein Mittel gegen Hals- und Rachenschmerzen, gegen Heiserkeit und Keuchhusten; man nahm ihn auch zum Schwarzfärben der Haare.

Birkensaft ist teilweise ein Ersatzmittel für Honig, aber auch um nach Krankheiten wieder zu Kräften zu kommen.

Die auf vielen Bäumen wachsende Mistel „*Viscum album*" war schon in der keltischen Druiden-Religion vorhanden und hieß „Druden-Fuß", eine hochheilige Pflanze, welche zu Staub zerrieben als Mittel gegen die Unfruchtbarkeit galt. Hierzulande, wenn sie auf Eichen, Linden oder Birnen wuchs, wurde sie als Absud gegen Mutter- und Unterleibsblutungen benutzt.

Die Rinde der Eichen und Fichten wurde bei Bädern verwendet, besonders aber bei der Pest, weil nämlich die Lohgerber, welche viel mit der Gerbsäure der Eichen- und Fichtenrinde umgingen, von dieser Krankheit verschont blieben.

Die Lindenblüten dienten als Schwitzmittel und zur Hautverschönerung als Aufguß.

Wenn einer einmal sehr krank war und sich nicht erholen konnte, dann mußte er auf einem Schemel knien, der aus neunerlei Holz gemacht war, es wurde ihm bald wieder besser, wenn er täglich fünfmal betete.

Der gleiche Schemel wurde aber auch mit in die Kirche genommen und, wenn man in der Christnacht auf einem solchen Schemel kniete, so sah man die in der Kirche anwesenden Hexen, da sich diese umschauen.

Aber zum Abschluß wollen wir einheimische Bäume oder deren Teile betrachten, die in irgendeiner Beziehung zum Kinderspiel stehen. Fügen wir dann noch die kindliche Meinung über gewisse Pflanzen hinzu, kommt eine reichliche Liste zusammen.

Ein kleiner Auszug:

Ahorn, die Flügelfrüchte werden als Nasenzwicker auf die Nasen geklebt.

Berberitze, *Berberis vulgaris*, die roten Früchte dienen als allerlei Spielzeug, in jeder Hosentasche eines Buben ist eine solche Beere.

Betula alba, die Birke. Ihre Blütenkätzchen sind die „Bratwürstchen" bei Kinderspielen.

Eberesche, *Sorbus aucuparia.* Hier werden die prächtigen roten Früchte zu Ketten und Halsbändern aneinander gereiht.

Aus den Eicheln werden Ohrringe und Tabakspfeifchen gemacht.

Ikea excelsa, die Fichte oder auch rote Tanne genannt, gibt ihre Zapfen für die Kinder zum Spielen. Besonders an Weihnachten, um Plätzchen hineinzustecken oder sonstiges.

Schließlich auch die Kastanie − Aesculus hippocastanum -.

Bäume − zu Heilzwecken verwendet

Sehr viele Bäume werden in der Volksheilkunde verwendet. Dazu gehört die Birke bei Gicht, Rheuma, bei Wunden, aber auch bei Hautkrankheiten.

Die Eberesche, auch bei Rheuma, aber besonders bei Magenverstimmungen und vielen Blähungen.

Die Eiche bei Katarrhen der Schleimhäute, bei Hautausschlägen, bei Hämorrhoiden.

Die Erle, und hier vor allem die Rinde bei Rachenentzündungen und bei Hautausschlägen.

Die Linde als Fiebermittel und zur Blutreinigung.

Die Pappel bei Erkältungskrankheiten, bei Rheuma.

Die Walnuß bei Lymphdrüsenschwellungen und Entzündungen der Venen.

Die Weide wiederum bei Rheuma,

Weißdorn bei Herz- und Gefäßkrankheiten.

Bei den Nadelbäumen sind es die Fichten, mit ihrer Verwendung bei Bronchitis, Husten im allgemeinen, die Kiefern bei Blasenentzündungen und Bronchitis, die Lärchen bei Erkältungskrankheiten und Fieber.

Und schließlich haben wir noch die Obstbäume, wobei der Apfelbaum besonders mit seinen Früchten bei Durchfall Verwendung findet, aber auch bei Arterienverkalkung.

Der Birnbaum bei Bluthochdruck und Nierenerkrankungen.

Der Kirschbaum bei Bronchitis und Verdauungsstörungen.

Der Quittenbaum bei Bronchitis, Magen-Darm-Entzündungen und Augenentzündungen und schließlich der Zwetschgenbaum bei allgemeiner Schwäche, Verstopfungen und Blähungen.

Bäume bzw. Teile derselben werden aber auch als homöopathische Arzneimittel verwendet.

Aesculus hippocastanum in der D 3 bis zur D 6 bei Frauenkrankheiten, Hämorrhoiden, Rückenschmerzen und Schleimhauterkrankungen.

Die *Berberitze* bei allen rheumatischen Erkrankungen D 3 − D 6, vor allem dann, wenn die Schmerzen durch Bewegung verschlimmert werden. Aber auch bei Rückenschmerzen und Gicht kann es sehr gut helfen.

Crataegus, der Weißdorn, als Urtinktur bis zum C 4 bei Arterienverkalkung, Herzkrankheiten und Durchblutungsstörungen des Gehirns.

Die Walnuß *(Juglans regia)* hilft uns bei der Akne, D 3 − D 6.

Und Juniperus, der Wacholder, bei Blasenleiden.

Der Buchenholzteer − Kreosotum − wird bei Bettnässen, Erbrechen und Durchfall, Schleimhaut- und Zahnfleischerkrankungen und bei Entzündungen der Schleimhäute überhaupt gute Hilfe geben.

Populus tremuloides, die Zitterpappel, hilft uns bei Blasenleiden.

Rhododendren helfen bei Erkältungen mit nachfolgenden Hodenbeschwerden und bei Rheumatismus.

Der schwarze Holunder – *Sambucus nigra* – bei Halsweh, Fieber, Asthma, früher auch bei Tuberkulose.

Thuja, ein Mittel, das in der Homöopathie bei gichtigen Diathesen, bei Entzündungen der Ohren und der Bronchien, bei Haarausfall und bei Verstopfung erhebliche positive Leistungen zeigt, nicht zuletzt bei Wucherungen der Haut und Schleimhäute.

Die Bäume, vielmehr die Blüten der Bäume, werden in der sogenannten „Bach'schen Blütentherapie" verwendet. Bach'sche Blütentherapie ist als eine Heilung durch Harmonisierung des Bewußtseins zu verstehen. Auch Bach sagt, — er ist viel jünger als Hahnemann, — es gibt keine Krankheiten sondern nur kranke Menschen. Er glaubt, daß die Energie der Pflanze sich konzentriere in der Blüte und von der Blüte her auch in ihrer Konzentration in die menschlichen Energiefrequenzen eingreife.

E. Bach, der Begründer der Blütentherapie, sieht die Krankheit als Mittel der Seele, den Menschen auf seine Fehler hinzuweisen, ihn von großen Irrtümern zurückzuhalten, auf den Weg der Wahrheit zurückzubringen. Dies ist eine feinstoffliche Heilmethode. Die Wirkung geht direkt auf das menschliche Energiesystem mittels energetischer Schwingungen.

Die wichtigsten Blütenbäume von Bach sind die Espe *(Populus tremuloides),* besonders für ängstliche Menschen, Angst vor Alleinsein, vor Verfolgung, vor okkulten Phänomenen mit vielen, vielen Symptomen, paranoiden Fantasiegebilden und Wahnvorstellungen.

In der Pappel ist das Seelenpotential der Furchtlosigkeit. Menschen, die diese bekommen, sind Menschen in einem labilen Zustand, teils durch Magisches, teils durch Okkultes hervorgerufen, auf jeden Fall sind sie aus ihrem Gleichgewicht gekommen.

Die Edelkastanie, hier zeigen die Patienten einen blockierten Zustand, bei einem Gefühl extremer Belastung, aber auch Verlassenheit. Sie werden hoffnungslos und sind auf dem Weg zu spiritueller Entwicklung.

Die Eiche. Hier wird die Kraft, die Stärke, für die Ausdauer das Durchalten hervorgehoben, sie gilt als Energiespender par excellence.

Die Eichenmenschen sind pflichtgetreue, mutige, sehr willenskräftige Menschen. Sind sie aber niedergeschlagen, erschöpft vom Kampfe und sie machen trotzdem weiter und geben nicht auf bis zum Zusammenbruch, dann ist die Eichenblüte eine sehr wesentliche Substanz der Blütentherapie.

Bei der Weißbuche – *Carpinus petulus* – wird der Mensch mit Erschöpfung und Resignation, mit Kopflosigkeit und seelisch-körperlichen Blockaden gut beeinflußt.

Es kommt wieder zu innerer Lebendigkeit und geistiger Frische.

Pinus sylvestris – Kieferbetonte Menschen sind vielfach geprägt durch schuldbeladenes Lebensgefühl, sie erscheinen als erschöpft, freudlos und müde. Sie sind mutlos, haben Selbstvorwürfe, Schuldzuweisungen gehen immer an sich selber.

Typisch das Anlasten fremder Fehler als die eigene Schuld. Sie sind deprimiert, kraftlos, haben die Lebensfreude verloren und Minderwertigkeitsgefühle treten auf. Hier ist die Kiefer mit ihren Blüten der rettende Engel.

Die Blütenessenz des Ölbaumes *(Olea europaea)* bringt Ruhe, Frieden und Gleichgewicht nach beruflichen Anstrengungen und nach einem Schlafdefizit. In diesem Zustand wird nämlich die kleinste Aufgabe schon zu einer unüberwindlich scheinenden Schwierigkeit.

Bei allgemeinem Kräfteschwund wirkt sie psychisch und physisch.

So können wir noch viele Bäume anwenden und deren Blüten, die bei negativen inneren Seelenzuständen den physischen Körper-, aber auch den psychischen Disharmonie-Bereich, verschiedenste Krankheitszustände und Leiden beeinflussen können. D. h. nach Bach gesprochen, Gesundheit resultiert aus einem positiven inneren Seelenzustand. Er formuliert seine Therapie daher:

„Blumen, die durch die Seele heilen."

Bäume bringen aber auch in der osmologischen Heilkunde durch die Verwendung von Duftstoffen in der Medizin Erfolge.

Farben berühren Menschen sehr stark, aber Düfte haben eine noch größere Bedeutung und Wirkung, durch Inhalation, Räucherung werden in der Aromatherapie entsprechende Duftstoffe wirksam. Sie wirken weniger auf den materiellen Organismus, als vielmehr auf den seelischen Bereich des Menschen.

Hier ist der Geruch ja an viele chemische Gruppen gebunden, an die Äther-, Aldehyd-, Keton-, Carboxyd-, Sulfozyan-Gruppen, usw. Und die Intensität der Gerüche wirkt über die Gefühle, auf die Seele.

Viel haben wir über die Bäume gehört, viel über ihre Möglichkeiten, ihre Betrachtungsweise von allen Richtungen her.

Vielleicht sollte man noch kurz die Beziehung zwischen den Bäumen und Planeten herstellen. Es sind nicht nur astrologische sondern auch psychologische und astrosophische Zusammenhänge. Und die Nichtbeachtung dieser Gestirnseinflüsse kann zu verschiedenen Schwierigkeiten führen. Die Planeten sind Symbole für die alten Götter, in manchen Bereichen auch für alte Dämonen, und das bloß intellektuelle Denken, sowie die empirische Naturforschung können eigentlich nie in dieser Sphäre des Wissens fruchtbar werden. Die Voraussetzungen für diese Überlegungen sind auf einer Ebene des kosmischen Bewußtseins.

Von Hermes trimegistos (Mercurius) sagt man, daß jede Sonne ein Gedanke Gottes ist und jeder Planet ein besonderer Ausdruck dieses Gedankens. „Die göttlichen Gedanken, oh Seelen, stiegt ihr herab!"

Und der alte weise Mystiker, der Schlesier Jakob Böhme: „Die alten Weisen haben den sieben Planeten Namen gegeben nach den sieben Gestalten der Natur. Sie haben damit auf die siebenerlei Eigenschaften in der Gebärung aller Wesen verstanden. Wenn der Mensch die Bäume als Brüder sieht, dann wird er anfangen, auch die Naturbetrachtung geistig und seelisch zu orientieren."

So kommt man zu einer Erkenntnis ganzheitlicher Wesen. Von den Steinen angefangen über Pflanzen, Tiere. Wir müssen mit unserem inneren Wort mit diesen Wesen sprechen, genau so wie mit den Menschen. Und dann werden diese Wesen auch die Worte, die wir sprechen, verstehen und wir werden beginnen, die Worte des Baumes zu verstehen.

Allen Frauen möchte ich nur sagen, wenn sie aufgeregt sind und schwach: Gehen Sie hinaus, umarmen sie nackt eine Birke, oder halbnackt wenigstens, ganz fest und innig umarmen Sie diesen Baum, möglichst, wenn er alleine steht, und nach Südosten schauend. Sie werden bald spüren, daß ihre Seelenruhe wieder eintritt. Oder wenn sie stark und krankhaft immer wieder ansteigt, daß man fröhlich wird, entspannt und beruhigt ist.

Und den Männern der Schöpfung muß ich empfehlen, so eine Eiche zu umarmen, eine ganz starke Eiche, die alleine auf einem Hügel steht. Sie vermittelt eine ungeheuere Kraft, Stärke und Ausdauer. Es ist eigentlich der Baum zum Auftanken für einen Mann, der wieder stark sein will, wieder Zähne haben, wieder einen Biß bekommen will.

So könnten wir noch sehr viele Bäume nennen und ihre Kräfte, die sie entwickeln, wenn wir uns mit ihnen gut stellen.

Welkes Blatt.

Jede Blüte will zur Frucht,
jeder Morgen Abend werden,
Ewiges ist nicht auf Erden
als der Wandel, als die Flucht.

Auch der schönste Sommer will
einmal Herbst und Welke spüren.
Halte, Blatt, geduldig still,
wenn der Wind dich will entführen.

Spiel dein Spiel und wehr dich nicht,
laß es still geschehen.
Laß vom Winde, der dich bricht
dich nach Hause wehen.

(Hermann Hesse)

Ein letzter Blick noch auf unsere Bäume

Betrachten Sie einen blühenden Kirschbaum, vielleicht auch
einen Baum mit wunderbaren Blüten wie die Kastanie. Stellen Sie sich mit offenen Augen und offener Nase unter einen
Lindenbaum, der gerade blüht. Finden wir hier nicht das
Sinnbild allen Wachstums, aber auch den Lockruf alles
triebhaften und naturhaften Lebens? Aller Sorglosigkeit,
Schönheit und geilen Fruchtbarkeit? Kommt da nicht die
Freude des Genießens eines Augenblicks, die Freude der Lebenskunst in unser Herz?

Nicht die übertriebene unglaubhaft glückliche und ewig
strahlende optimistische Seite soll uns dann packen und
Probleme vielleicht wegwischen. Nein, es sind die Größen
und Stärken eines Augenblickes, die uns bei solchen Bildern
neue Kraft schenken, eine neue Liebe zum Leben. Der
Baum zeigt uns Geburt, Leben und Tod. Aber in seiner
Schönheit wird dieser Schmerz einfach erkennbar als etwas
Besonderes, als etwas Größeres als es dieses Leben mißt.

326

Schauen Sie dann einen anderen Baum an, vielleicht eine Zirbe, still, ruhig, in sich gekehrt, gegen jeden Sturm gefeit, nicht mit brutaler Fruchtbarkeit glänzend, dafür ungeheuer stark.

Vergleichen Sie die beiden Bäume einmal, dann finden Sie das Wunderbare, Vergeistigte in dem Zirbelbaum. Auf der anderen Seite das scheinbar Oberflächliche, vielleicht übertrieben Schöne.

Beide sind schön, beide haben sicher auch recht. Beide können für unser Leben gefährlich sein, wenn wir sie für uns als Zustandsbild nehmen. Nicht immer können wir satt lachen, nicht immer zufrieden sein. Wir müssen auch manchmal dunkel und traurig sein. Aber eines lernen wir beim Anblick jedes Baumes: Wir lernen denken, fühlen und spüren, was wir sonst nicht erleben können.

Nun dürfen wir, die wir hier solche Gedanken äußern, ob wir nun Optimisten oder Pessimisten sind, uns nicht das Recht nehmen, unsere Zeit einfach anzuklagen, sie zu verurteilen oder zu belächeln. Auch wenn man uns die neuen geistigen Romantiker nennt. Wir sind auch ein Stück dieser Zeit. Wir haben auch das Recht, genau wie die anderen, wie die großen Sportler mit ihren Superzeiten, die bereits bei 0,01 sec. Sieg oder Niederlage im Sekundenbruchteilbereich bringen. Wir haben ganz andere Bäume gebaut als es der Herrgott geschaffen hat. Das fing schon beim Eiffelturm an, das geht hin bis zu den Wolkenkratzern, zu den riesigen Bankgebäuden, z. B. in Frankfurt, die alle das Recht haben, die Meinung der neuen Zeit zu verkörpern. Das gilt natürlich auch für den Boxweltmeister im Schwergewicht, genau so wie für den Aufsichtsratsvorsitzenden von MBB oder wie sie heißen mögen.

Beide stehen im Gegensatz, wie alle Dinge der Natur, beide sind unbekümmert ihrer Gegensätze, jeder ist sich seiner selbst sicher. Jeder ist sehr stark und sehr zäh.

Die Bäume im Wald ziehen sich in sich selbst zurück. Vielleicht sind sie traurig und verschwinden, werden krank.

Etwas aber haben die großen, neuen Erfindungen des Menschen, die Riesenkonzerne, die Riesenschlote, die Riesenraketen nicht, was die Bäume haben. Sie können jedes Jahr wieder blühen, Früchte tragen, ihre Blätter abwerfen als buntes Laub und im nächsten Jahr wieder neu entstehen.

Wir sollten uns einmal Gedanken darüber machen. Da die Bäume und der Wald als Geschöpfe Gottes und hier bewundernswerte technische, industrielle Superbauten, Geschöpfe des Menschen. Versuchen Sie doch einmal ein solches Stahlbeton-Silo monitärer Macht zu umarmen, wenn auch nur an einer kleinen Stelle. Tun Sie es einmal, Sie glauben nicht, wie Sie da frieren.

Und dann gehen Sie hinaus, umarmen eine Birke oder eine Eiche — es wird Ihnen warm werden und das nicht nur ums Herz.

Aus dem Buch der Richter (9,8-15):

Einst gingen die Bäume hin, sich einen König zu salben, der über sie herrschte. Sie sprachen zum Ölbaum:
„Sei unser König!"
Da sprach der Ölbaum zu ihnen:
„Soll ich mein Öl aufgeben, das Götter und Menschen ehrt und hingehen, über die Bäume zu schwanken?"
Da sprachen die Bäume zum Feigenbaum:
„Komm, sei Du unser König!"
Da sprach der Feigenbaum zu ihnen:
„Soll ich mein Süßes aufgeben und meine herrliche Frucht und
hingehen, über die Bäume zu schwanken?"
Da sprachen die Bäume zum Weinstock:
„Komm, sei Du unser König!"

328

Da sprach der Weinstock zu ihnen:
„Soll ich meinen Wein aufgeben, der Götter und Menschen erfreut und
hingehen, über die Bäume zu schwanken?"
Da sprachen alle Bäume zum Dornenstrauch:
„Komm, sei Du unser König!"
Da sprach der Dornstrauch zu allen Bäumen:
„Wollt ihr wirklich mich salben, daß ich über euch herrsche, dann kommt, Euch in meinem Schatten zu bergen. Wenn nicht,
dann geht Feuer vom Dornstrauch aus und frißt die Zedern des Libanon."

Die Sonnenblume und die Heckenrose

Die Sonnenblume mit ihrem wissenschaftlichen Name *Helianthus* genannt, gehört zur Korbblütler-Gattung. Daneben die oben genannte Heckenrose gehört zur Familie der Rosen. Nun, das sind zwei völlig verschiedene Pflanzenfamilien. Beide sind sehr groß, beide ungeheuer vielfältig und in ihrer Ausdrucksform von einer seltenen Faszination. Sie haben aufrechte Blüten, aber auch Kräuter oder Stauden, sogar Bäume.

Bei der Familie der Rosen, der ein eigenes Kapitel gewidmet ist, lernen wir alle diese kennen.

Es geschah in einem sehr strengen Winter, daß sich zwischen der Hauswand und den Steinplatten der Terrasse vor der Hauswand ein Samenkörnchen, wahrscheinlich als Rest eines Vogelfutters verirrt hatte, das in günstigen Boden kam, keimte und eine sehr schöne, immer länger und größer werdende Pflanze bildete. Es war eine Sonnenblume und diese Sonnenblume stand an der Hauswand und zwar, was die Himmelsrichtung anbelangt, genau östlich von einer Hek-

kenrose, einer wunderschönen satt rot blühenden Rose, die
unglaublich schöne Blüten hatte. Die Blüten hatten fast die
Form einer Edelrose. Die Rose schlang sich an einem Gitter
bis hinauf in den ersten Stock und bedeckte im Sommer eine
große Fläche mit ihren Blüten.

Nun, zwei Meter davon entfernt und zwar mindestens 1 m
von den Randzweigen, da wuchs immer weiter die Sonnenblume. Die Heckenrose, jedenfalls diese, kam immer sehr
spät zum Blühen und sie blühte diesmal etwa zur gleichen
Zeit mit der Sonnenblume. Es dauerte gut eine oder fast
zwei Wochen, bis die kopfgroße Blüte der Sonnenblume so
herrlich strahlte und daneben das tief dunkle Rot der Hek-
kenrose, aber, wie gesagt, einen Meter entfernt.

Die Sonnenblume gehört zu jenen Pflanzen, die sich immer
nach der Sonne dreht, d. h. am frühen Morgen dreht sie
sich nach Osten um mit dem Gang der Sonne am Firmament
sich langsam nach Westen zu drehen und bei ihrem Untergang im Westen zu stehen. Langsam bei der Nacht dreht sie
sich wieder zurück.

Eine Situation, die man den *Heliotropismus* nannte, das
war das sich nach der Sonne wenden. Und so finden wir ja
den Namen dieser Pflanze, im Französischen als tournesol -
sich wenden zur Sonne, bei den Spaniern, bei den Portugie-
sen heißt es „girasole" und in der älteren Literatur wird die
Sonnenblume „Mirasol" genannt, die Sonnensüchtige, eine
doch recht interessante Eigenschaft dieser Pflanze, die ein
Mystiker und Liederdichter, der um den Anfang des 18.
Jahrhunderts lebte − Gerhard Terstegen − zu einem Gedicht machte.

„Die Sonnenblume liebt das Licht,
sie will sich stets zur Sonne drehen,
so mußt du Gottes Angesicht,
willst du nicht irren, auch ansehen."

Schon im 17. Jahrhundert hatte Angelus Silesius in seinem „cherubinischen Wandersmann" gesungen:
„Verwund're dich nicht, Freund, daß ich auf nichts mag sehn,
ich muß mich alle Zeit nach meiner Sonne drehn."

Vincent van Gogh hat dieser Sonnenblume auch zu unglaublichem Ruhm verholfen, denn er hat deren Bild unzählige Male festgehalten in verschiedenen Situationen, man sagt, daß er innerlich selbst am Wahn an der Sonnenblume verbrannte.

Unsere Sonnenblume drehte sich täglich zur Sonne hin, schaute frühmorgens nach Osten, dann im Laufe des Tages langsam nach Westen um den Untergang der Sonne mitzuerleben und da sah sie auch die Heckenrose.

Ein kleiner Ast dieser Heckenrose ging ganz gegen ihre Gewohnheit nicht senkrecht nach oben sondern zur Seite hin. Im Laufe von 1 oder 2 Wochen wuchs ein Ast der Heckenrose ganz nah an die Sonnenblume heran. Eine Knospe entstand an deren Spitze und wenn die Sonne am Abend im Westen unterging, sah die Sonnenblume auf die kleine, wunderschöne, herrlich anzuschauende dunkelrote Rose.
Am nächsten Morgen wieder war die Sonnenblume nach Osten gerichtet und drehte der Rose ihren Rücken zu.

Ich kam zum Frühstück herunter, es war sehr schön und wir frühstückten auf der Terrasse. Ein Blick auf die Sonnenblume ließ mich im Innern erstarren.

Das kann doch nicht möglich sein! Das entspricht nicht dem Naturgesetz dieser Pflanze! Ist das ein Wunder?
Die Sonne stand im Osten, die kleine rote Rose hatte die Sonnenblume, vielleicht schon am Abend, berührt, ganz zart wohl nur, vielleicht zärtlich. Und die Sonnenblume vergaß das in ihr wohnende Naturgesetz. Die Sonnenblume hatte vergessen, sich zur Sonne zu wenden. Was war geschehen? War es ein Wunder? Oder hatte sich die Sonnenblume

verliebt in die kleine, so wunderschöne, reizvolle, begehrenswerte rote Rose?

Ich weiß es nicht. Tagelang blieb das Wunder erhalten bis der nächste Regen kam und irgendwer die kleine Rose abschnitt. Wenige Tage später knickte die Sonnenblume, nicht bei einem Sturm, sondern einfach so um und starb. Vor Liebe?

Mineralien

Steine

Novalis spricht über das Geheimnis des Steines in seinem „Heinrich von Ofterdingen":

„Es ist dem Stein ein rätselhaftes Zeichen
Tief eingeschrieben in sein glänzend Blut.
Er ist mit einem Herzen zu vergleichen,
In dem das Bild der Unbekannten ruht.
Man sieht um jenen tausend Funken streichen,
Um dieses woget eine lichte Flut.
In jenem liegt des Glanzes Licht begraben –
Wird dieses auch das Herz des Herzens haben?"

Hier spricht Novalis von der seelischen Tugend eines ganz bestimmten Steines und zwar eines Granat. Man kann diese Worte allerdings auch übertragen auf andere Mineralien, wenn man die Frage stellt, ob Minerale wirklich eine reine Materie oder geistiger Natur sind? Oder gibt es vielleicht auch noch materielle Minerale? Oder existieren auch Minerale, die nur geistiger Natur sind?

Wer sich ein wenig in der großen Weltliteratur auskennt, der weiß, daß es unendlich viele, gerade in der religiösen Literatur verankerte Stellen gibt, die große Rätsel aufgeben. Dazu gehört z. B. in der christlichen Literatur das Ende des Neuen Testamentes, die Apokalypse des Heiligen Johannes.

332

Hier finden wir nicht nur Worte erstaunlicher Prophetie, sondern auch unglaublich viel von Mineralien. Zu den Mineralien gehört in seinem Aufbau ja auch das Wasser. Denken Sie nur an die unglaubliche Imagination einer Stadt, die frei schwebt und majestätisch leuchtet, erinnern Sie sich an den Thron Gottes, von dem her das Wasser herunter fließt. Und alle Bildelemente, die vorkommen, und zwar kristallene Bildelemente, sind angefüllt mit geometrischen Figuren, mit Maßen, Substanzen, mit architektonischen Strukturen und mit Zahlen in Bauelementen, die eine unglaublich starke Brücke zu jenem hin schlägt, aus dessen Geist diese Welt entstanden ist.

Alles ist durchwebt vom Strahlen der Gottheit, ob es Maße sind in Zahlen ausgedrückt oder Farben oder Licht, überall tönt das Bild Gottes hindurch.

Die Substanzen, die dort vorkommen sind chemisch, physikalisch, mathematisch sehr gut geklärt, es handelt sich um die edelsten und reinsten Erscheinungen unserer Mineralien, die Edelsteine, die Kristalle. Es sind Substanzen, die wir als Ursubstanzen bezeichnen können, in denen aber mit Zahlen festgelegte Konturen uns auch einen Einblick geben in das Wesen einfacher Zahlen.

Die Mineralnatur mit ihren Kristallen ist nicht nur übersinnlicher Art. So die zentrale Frage der Apokalypse des Johannes. Sie ist auch naturwissenschaftlicher Art.

Sie brauchen ja nur zurückzugehen zu Pythagoras und seiner Harmonik, die bekanntlich auf der faszinierenden Wirkung der kleinen ganzen Zahlen aufbaut. Und die uns die verschiedensten Lebensbereiche des griechischen Kosmos und des Weltganzen immer näher bringen.

Außerdem zeigen sie uns, welche überraschenden, schönen Beziehungen zwischen den Elementen der Musik bestehen, den Elementen der Geometrie, der Arithmetik, der Architektur, oder auch der Kristallographie. Auch die Urphänomene der Akustik sind es, die in den ganzen Zahlen wiederkommen. Denken Sie nur an die Saitenlänge, die wir heute als Wellenlänge, als Frequenz deuten und die uns jetzt die Konsonanten, also wohlklingenden Intervalle bringen.

Es ist ein Urphänomen. Wenn wir die natürlichen Zahlen 1, 2, 3, 4... nehmen, die nach oben nicht abbrechen und sich dem Unendlichen nähern ohne je erfaßbar zu sein, so werden wir auch mit unserer menschlichen Vorstellungskraft hier in dieser Reihe die Ganzheit des Kosmos einfach nie begreifen. Wir sind in der Endlichkeit mit unseren Sinnen auch begrenzt, wir haben unsere reale, konkrete Welt und wir ahnen und spüren das Transparente, das dahinter liegt.

Wenn wir uns mit der Philosophie der Mathematik und der Naturwissenschaften beschäftigen, so finden wir, daß alle Zahlen unserer einfachen Reihe der ganzen Zahlen Sonderwesen sind. Jetzt begreifen wir dann auch die Zahlenmagie, die im Mittelalter herrschte. Daß in dieser Zahlenreihe der Geist aus sich eine unendliche Mannigfaltigkeit wohlcharakterisierter Sonderwesen erzeugt, was auch für uns nachfühlbar ist.

Über die Zahl „1" brauchen wir gar nicht viel zu reden, denn sie steht ja als Einheit im Gegensatz zu der Vielheit. Sie ist so stark, daß sie als Einzahl zum Ausdruck kommt, wobei ich die symbolischen Hintergründe völlig beiseite lassen will.

Bei der Zahl „2" ist so interessant, daß sie die einzige *gerade* Primzahl ist. Und die Zahl „4" ist die einzige natürliche Zahl, die sich als Summe zweier gleicher natürlicher Zahlen, zugleich aber auch als Produkt dieser zwei Zahlen darstellen läßt.

(Zwei plus zwei = vier; zwei mal zwei = vier)

Die Zahl „3" wird als eine auffallende Gruppe und als Ganzes erlebt. Das fängt schon beim Kleeblatt an.

Aber Plato in seinem Timaios hat mit diesen drei Zahlen, 1, 2, 3 schon das ganze pythagoräische Tonsystem aufgebaut und mit den zusätzlichen Zahlen 4 und 5 die ganzen fünf regulären Polyeder, die er als Bausteine der Welt betrachtet hat.

In der Kristallographie genügen bereits die Zahlen 1 bis 5 zur Festlegung der Kristallflächen. Und in der anorganischen Chemie ebenfalls zur Darstellung ihrer Formeln, ob dies nun H_2O oder H_2SO_4 oder NH_3 oder P_2O_5 ist. Ganz gleich, die Zahlen 1 bis 5 und 1 bis 4 sind für uns unglaublich, wenn wir sie einmal von dieser Seite her betrachten.

Ja, es geht in der Philosophie der Zahlen so weit, daß wir von einer „Struktur der Psyche" sprechen, und zwar schreibt das kein anderer als Johannes Kepler über die Pythagoreer. Aber nicht nur als Symbol der Zahlenprinzipien galten die Zahlen, die Psyche selbst, oder Seele, wie man es auch übersetzen will, setzt sich aus diesen Zahlen und ihren Proportionen zusammen.

Nach heutigen physikalischen Erkenntnissen müssen wir zusätzlich zu den Saitenlängen, wie wir sie auf unseren Saiteninstrumenten haben, auch die Wellenlängen — Lambda — der Schallwellen, die von den schwingenden Saiten ausgestrahlt werden, angeben. Denn die Saitenlängen sind lediglich Vielfache der Wellenlänge bzw. Vielfache des Reziprok-Wertes der Frequenzen. Wobei die Frequenz als Anzahl der Schwingungen der Saite pro Zeiteinheit definiert ist. Man sieht, daß Wellenlänge und Frequenz von Schallwellen umgekehrt proportional zueinander sind, je größer die einen sind, desto kleiner sind die anderen.

Wir können an dieser Stelle weitere Geheimnisse uns heranholen und dann verstehen, warum Aristoteles mit vollem Ernst schreiben konnte: „Die Zahl ist das Wesen der Dinge." Nach ihm ist die Zahl nicht nur die Eigenschaft der Dinge, wie etwa eine Farbe, sondern sie ist das Ding selbst, sie ist die Trägerin der Eigenschaften.

Ich möchte noch einmal bei den kleinen Zahlen bleiben. Bei den kleinen Zahlen des Pythagoras, nur um Ihnen die Überraschung zu zeigen, die Faszination, die in diesen kleinen Zahlen steht.

Pythagoras nennt da zwei verschiedene Vierergruppen kleiner ganzer Zahlen. Die eine ist die sogenannte esoterische Tetraktys wie die Zahlen 6, 8, 9 und 12, die bei den Griechen nur Eingeweihte kannten, d. h. geheimgehalten wurde.

Die andere ist die exoterische Tetraktys, die auch dem breiten Volk zugänglich war und aus den ersten vier, oder den kleinsten ganzen Zahlen besteht, nämlich der 1, 2, 3 und 4. Die Summe aus 1, 2, 3 und 4 ist 10 und deren niedere Potenzen mit ihren Verhältnissen gestatten uns, den ganzen pythagoräischen Tonbereich, Kristallbereich, Architekturbereich aufzubauen.

$10 = 1 + 2 + 3 + 4$. Die Zahl 10 war für Pythagoras die Weltzahl.

Das Quadrat der 10, nämlich 10^2 ist 100, das ist die Summe wiederum der dritten Potenzen der vier kleinsten Zahlen: $1^3 + 2^3 + 3^3 + 4^3 = 100$.

Allein diese kleinen Zahlen 1, 2, 3, 4 zeigen uns unglaublich viele harmonikale Zusammenhänge, was die Musik, aber auch was die Architektur anbelangt. Es ist ungeheuer interessant, wenn man die Zahlenverhältnisse in ganzen Zahlen ausgedrückt der Bauweise alter griechischer Tempel betrachtet. So entsprechen die Tritthöhe und Trittbreite einer Stufe, doch auch die Säulenhöhe, die Winkelmaße der Dächer der großen griechischen Tempel alle dieser Zahlenreihe und stellen damit eine Harmonie, eine musikalische Harmonie, dar, die sich tatsächlich im Bereich der Musik, aber ebenso der Architektur wiederfindet, so daß man in der Lage war, den Tempel als Musik zu beschreiben, oder aber aufgrund einer musikalischen Komposition einen Tempel zu bauen.

Die gleichen Zahlen, die gleichen Verhältnisse finden wir auch wieder in der Kristallographie, in der Aufteilung der verschiedenen Kristallmöglichkeiten.

Man kann an dieser Stelle immer weiter diskutieren und schreiben, die Faszination wird immer größer. Aber wir wollen doch von Mineralien sprechen und von deren Faszination, die nämlich ebenfalls jener der pythagoräischen Grundzahlen entspricht.

Als der Mensch in einem universellen Prozeß in dieser Welt antrat, da dauerte es nicht lange, daß ein Stein von ihm zum Werzeug, aber auch zum Faustkeil geformt wurde, womit er dann die eigene Schwäche seines Körpers überwand und in der Lage war, seine Umwelt stärker als ohne Waffe oder Hilfsmittel zu gestalten. Und diese unglaubliche Funktion von Steinen in einem Prozeß von Tausenden, von Hunderttausenden von Jahren hat es natürlich mit sich gebracht, daß Steine in die Religionen dieser Menschen mit einbezogen wurden. Steine waren es, in denen zuerst magische Symbole eingekratzt worden sind, lange bevor überhaupt eine Schrift entstand, man kann also in diesem Zusammenhang von „heiligen Steinen" sprechen.

Wir kennen in Frankreich Fundorte von altsteinzeitlichen Kugeln, die in Haufen zusammenliegen. Es handelt sich um heilige Steine und die ersten bekannten Zeugnisse solcher Kultstätten.

Die Tatsache, daß ein Stein evtl. der Sitz des Göttlichen, des Geistigen ist, findet sich in späteren Religionen auch wieder. Denken Sie einmal daran, daß der heilige Stein der kanaanäischen Religion in „Bethel", übersetzt „Haus Gottes" bedeutet. Im christlichen Glauben sprechen wir von Jesus als dem „Eckstein", von einem „Haus Gottes" und von der Gemeinde als von den „lebendigen Steinen".

Der Stein war aber auch dazu da, um den Toten den Zugang zum lebendigen Reich zu verwehren. Denken Sie doch an die Pyramiden oder andere Begräbnisstätten, ja selbst an unsere Friedhöfe, auf denen die Gräber mit Steinen bedeckt sind oder an die Grabsteine, die von dem Verstorbenen künden.

Sicher, unsere heutigen Grabsteine dienen dazu, die Erinnerung an Verstorbene noch über Generationen hinweg wach zu halten, im Ursinn drückten sie jedoch ein Verwehren den Toten gegenüber aus, hier in unser Leben einzudringen.

Aus der Jungsteinzeit finden wir vor allem in England die sogenannten Lochsteine, wahrscheinlich waren ihre Öffnungen dazu benutzt worden — sie waren 40 bis 60 cm im Durchmesser — um Kranke hindurchzuschieben, besonders kranke Kinder und damit deren Leiden abzustreifen. Verwurzelt ist dies in der Vorstellung, diese Steine seien göttlicher Herkunft und wirkten deswegen heilend. Dieser Gedanke hat sich schließlich weiter entwickelt, und wenn wir heute einen Stein haben, ein Loch durchbohren und diesen an einer Kette um den Hals hängen, dann haben wir ein Amulett. Im Grunde bedeutet es dasgleiche, was in der Jungsteinzeit diesen Lochsteinen nachgesagt wurde.

Im Gilgamesch-Epos finden wir folgendes Gedicht von den Sumerern:

„Ihre Götter hier, so wahr des Lasur-Amuletts
an meinem Hals ich nicht vergesse:
Will ich die Tage hier, fürwahr, mir merken,
daß ewig ihrer ich nicht vergesse."

Im Land der Sumerer war die Edelsteinverarbeitungskunst bereits bekannt. Aber wir kennen aus dieser Zeit auch schon den Glauben an die Heilkraft der Edelsteine gegen Krankheiten, gegen Liebeskummer und als Schutz gegen Raub und Diebstahl.

Die Rollsiegel von Mesopotamien — etwa 4000 bis 3000 v. Chr. — waren Steine, Lapislazuli, Hämatit und Serpentin. In ihnen wurden Zeichen eingraviert, die man schließlich als Stempel benutzte.

Größere Würdenträger hatten größere Stempel, Götter bis zu 16 cm Länge, ein Fürst ca. 6 cm, ein normaler Sterblicher jedoch hatte keinen.

Überhaupt sind uns aus der Zeit der Sumerer, gerade aus den literarischen Schriften, aus denen ich ein paar Zeilen zitiert habe, unglaublich viele Berichte über Steine und Edelsteine erhalten.

In Ägypten, wo der Glaube an ein Fortleben nach dem Tode besonders ausgeprägt war, haben wir eine Fülle von Edelsteinerwähnungen. Zum Beispiel im ägyptischen Totenbuch galt ein Steinsammler als unsterblich, seine Schönheit und sein Glanz gingen auch nach dem Tode nicht verloren.

Der Edelstein symbolisierte für die Ägypter das Ewige. So war es ganz natürlich, daß man dem Träger solcher Edelsteine dieselben auch auf dem großen Weg ins Unbekannte als Schutz und Schmuckwerk mitgab.

Im Bereich der ägyptischen Mythologie wurden Steine vor allem nach Farbgruppen eingeteilt, und zwar in blaue, in rote, in grüne Farbgruppen. Bergkristall war ein weißer Stein, Obsidian war der schwarze Stein, genau so wie der Hämatit, der Jaspis war ein Grünstein, später kamen auch die violetten Steine, z. B. der Amethyst mit dazu. (Diese Namensnennung kommt aus der nubischen Wüste, aus dem Umschlagplatz des Amethyst.) Oder a-methyst = gegen Rausch.

Den beliebtesten Edelstein ordneten die Ägypter ihrem Gefühlsbereich zu. Die roten Steine waren die Zorn- und Wutsteine, die grünen die Wachstums- und erfrischenden Steine. Und so hatte jeder Stein seine besonderen Eigenschaften, die auch auf den Menschen in irgend einer Form einwirkten.

Im ägyptischen Totenbuch findet man alle diese faszinierenden Mythologien, große Sammlungen und Sprüche, die alle auf Edelsteine eingeritzt worden sind.

Die Grabfunde des Tut-Ench-Amun ähneln diesen Beschreibungen. Da war ja auch die Totenmaske des Königs mit Lapislazuli, Carneol und Obsidian ausgelegt. Die magische Rüstung bestand aus Hämatit und Carneol, auf mehreren Lagen Gold und Juwelen war er gebettet.

In Ägypten wurden aber auch nicht nur die Toten im Grab geschmückt, sondern auch die Lebenden pflegten sich durch Amulette zu schützen. Ein Liebeszauber wurde mit Carneol-Perlen herbeigebetet; Nephrite galten als Steine, die vor dem Ertrinken retten konnten. Der Skarabäus, ein so bekanntes Amulett aus verschiedenen Edelsteinen, sollte einen guten Schlaf verleihen und ein gutes Herz.

Während später bei den Hetitern kaum irgendwelche Edelsteine verwendet wurden, finden wir bei den Israelis alte magische und mythologische Interpretationen der Edelsteine in starkem Maße. Wir lesen bei Jesaja (54, 12 – 14): „Siehe, ich will deine Grundfesten aus Malachit bilden und deine Fundamente aus Saphiren. Ich will deine Zinnen von Rubinen machen und deine Tore aus Karfunkeln und einen ganzen Wall aus köstlichem Gestein und alle deine Söhne werden Jünger des Herrn. Groß wird sein die Wohlfahrt deiner Kinder und auf Heil wirst du dich gründen."

In der mosaischen Epoche gab es das Edelsteinorakel zur Erforschung des göttlichen Willens. Im Alten Testament, und zwar im 2. Buch Mose (Kapitel 28), wird genau beschrieben, wie der Brustschmuck bei einem Feldherrn sein solle. „Viereckig soll er sein, doppelt gelegt, eine Spanne lang und eine Spanne breit; du sollst es mit einem Besatz von Edelsteinen besetzen, in vier Reihen von Steinen; in der ersten Reihe steht nebeneinander ein Karneol, ein Topas und ein Smaragd, in der zweiten Reihe ein Rubin, ein Saphir und ein Jaspis, in der dritten Reihe ein Hyacinth, ein Achat und ein Amethyst, in der vierten Reihe ein Kryolith, ein Soham und ein Onyx."

340

Die heilige Zahl 12 der Steine, die hier die Zahl der Stämme Israels symbolisiert, ist im mediterranen Raum überhaupt belegt. Denken Sie an die esoterische letzte Zahl 12 des Pythagoras, da finden wir sie auch wieder.

In der Literatur des Juden- und Christentums ist es interessant, daß wir für die Erschaffung des Menschen Edelsteine finden, bei Ezechiel (28, 13) heißt es:

„Daß im Eden, dem Gottesgarten, warst du, warst bedeckt von Edelsteinen: Karneol, Topas und Jaspis, Grysolit, Soham und Onyx, Saphir, Rubin und Smaragd und von Gold war die Arbeit der Fassung der Vertiefung in dir." Soweit Ezechiel.

Und lesen Sie das Johannis-Evangelium, die Apokalypse, im letzten Kapitel des Neuen Testamentes, da finden Sie das neue Jerusalem mit unendlicher Fülle von Edelsteinen genannt.

Edelsteine waren in Griechenland und Rom nicht immer sehr bzw. nicht gleichermaßen beliebt.

Erst seit der klassischen Epoche verarbeitete man in Griechenland eine Vielzahl Edelsteine, wobei vorher viel einfachere Steine, z. B. Styatit für Gemmen verarbeitet wurden, auch Calcedon verwendete man. Erst als die Perser-Kriege geführt worden sind, die sie nun bekannt machten mit religiösen Ansichten, Gepflogenheiten und kultischen Gebräuchen des persischen Volkes, lernten die Griechen auch die geheimen Kräfte der Edelsteine kennen, die dann in diese spätantike Epoche einflossen.

Im alten Rom schließlich wurde die Edelsteinkunst zu einem Höhepunkt getrieben, auch hinsichtlich der Verschiedenheit der verarbeiteten Steinarten. Da waren dann in der prunkvollen Kaiserzeit die harten Steine, wie Diamanten, Rubine, Saphire, Topase, Aquamarine usw. besonders beliebt.

In der römischen Kaiserzeit schmückte man sogar das römische Kapitol, das vorher nur mit Laub bekränzt gewesen war, mit wertvollen Steinen. Besonders der erste römische Kaiser Augustus (63 v. Chr. bis 14 n. Chr.) war ein Förderer und Liebhaber von Edelsteinen.

Bearbeitet wurde der Stein damals genau wie heute durch Schneiden und Schleifen, gelegentlich versah man ihn auch mit Gravuren. Schließlich wurde er gefaßt, und das meist in Gold.

Die über Kleinasien und Griechenland nach Rom gelangten mythischen Legenden von den geheimen Kräften der Edelsteine beeinflußten nicht nur die Vorstellungen im alten Rom, sondern gingen wegen der möglicherweise in den Edelsteinen schlummernden Zauberkräfte, bis in die heutigen Tage hinein.

So galt es im allgemeinen als streng verboten, Edelsteine, wenn man sie einmal geschenkt bekommen hatte, einmal abzulegen.

Tote damit zu berühren, das hieße die Kraft zu verunreinigen und zu zerstören.

Schließlich werden wir sie im Mittelalter auch wieder finden in der Lithotherapie, in der die Heilkräfte der Edelsteine besprochen wird, worauf wir hier ganz kurz eingehen.

Beim Amulett tat der Stein seine Wirkung aus sich selbst. Sie konnte noch durch eingeschnittene Bilder oder Inschriften erhöht werden. Später wurden dann jedem Edelstein besondere magische Wirkungen zugesprochen.

„Abraham erhält im jüdischen Talmud von Gott einen Edelstein, mit dem er Kranke heilen konnte. Und nach dem Tode Abrahams wird nach der Erzählung des Talmudisten Abbaji Gott den Stein der Sonne übergeben haben, was nun wieder die Kraft der Sonne um ein wesentliches vermehrte." So ist im Alten Testament überhaupt sehr viel die Rede von Edelsteinen, im Neuen Testament dagegen wesentlich weniger. Eine Ausnahme stellt das Ende der vorhin schon erwähnten Apokalypse des Johannes dar, die uns von dem neuen Jerusalem berichtet, wo die Fundamente der Stadtmauer mit Edelsteinen geschmückt waren und jedes Fundament mit einem anderen Edelstein. Die Tore und auch die Straßen waren unwahrscheinlich ausgeprägt mit dem Schmuck von Edelsteinen und Edelmetallen.

Die Anthroposophen haben sich intensiv mit der Beziehung zwischen Mineralreich und Mensch auseinandergesetzt. Sie sehen in der Offenbarung des Johannes und in seiner Apokalypse eine Versinnbildlichung der Durchdringung des Menschen durch das Mineralische. Diese sinnliche Erscheinung der Edelsteine trägt für sie etwas in sich, das mit der geistigen Erscheinung korrespondiert. Besonders im 4. Kapitel der Apokalypse, in dem Gott auf dem himmlischen Thron mit einem Jaspis und Karneol verglichen wird, umgeben von einem Smaragd im Regenbogen, ist für die Anthroposophen die Versinnbildlichung der Identität der sinnlichen Erscheinung der Edelsteine und der geistigen Erscheinung Gottes.

Die Edelsteine haben die symbolische Bewertung, die ihnen seit jeher zuerkannt wurde, niemals verloren. Das führte natürlich früher oder später im jungen Christentum zumindest zu einem Zwiespalt zwischen der Aufforderung zur Verschmähung irdischer Schätze, aber auch doch der biblisch belegten Anerkennung von Edelsteinen als einer geläuterten Gottesgabe. Ein Zwiespalt, der sogar heute noch gelegentlich Menschen anhaftet.

Konrad von Megenberg (1309 bis 1374) berichtet, daß jegliche Kreatur mit der Sünde des ersten Menschen behaftet ist, besonders die Edelsteine, die Gott genau wie die Kräuter und viele andere Dinge dem Menschen zum Nutzen geschaffen hat.

Auch werden die Kräfte der Edelsteine geschädigt durch Anfassen und Hantieren von seiten der sündigen und unreinen Menschen.

Im Mittelalter haben dann berühmte Autoren die Vorstellungen über die Edelsteine zum größten Teil übernommen, so die Mystikerin Hildegard von Bingen, aber auch Albertus Magnus und Aggrippa von Nettesheim, und sie in ausführlichen Überlegungen weiter beschrieben.

Sie spekulierten im wesentlichen daran, wie Edelsteine überhaupt entstanden sein könnten, denn, und das wußten sie: Jeder Stein hat Feuer und Feuchtigkeit in sich. Der Teufel hat Schrecken, Haß und Verachtung gegen die Edelsteine. Sie erinnern nämlich daran, daß ihr Glanz schon erschien, ehe er von der, ihm von Gott verliehenen Herrlichkeit herabstürzte; außerdem entstehen manche Edelsteine im Feuer, in dem er selbst seine Strafpein erleidet. So lesen wir bei Hildegard von Bingen.

Diese Vorstellungen flossen im Mittelalter sehr stark in die Wissenschaft ein. Allerdings hat Hildegard von Bingen versucht, die Herkunft der Steine anders als religiös zu deuten.

Bestimmte Naturphänomene schienen für sie bei der Entstehung von Edelsteinen zugrunde zu liegen. Sie hat ein Werk geschrieben, „Physica", in dem u. a. zu lesen ist: „Im Osten, wo allzu heftige Sonnenglut herrscht, da entstehen die Edelsteine. Die Berge in jenen Gegenden haben von der Sonnenglut Hitze wie Feuer, die Flüsse dort sind so heiß, daß zuweilen eine Überschwemmung der Flüsse losbricht und sie zu jenen Bergen emporsteigen. Es werden dann die ebenfalls von der Sonne glühenden Berge von ihnen berührt, wo dann Wasser und Feuer zusammentrifft. Dann werfen sie Schaum aus wie es bei feuerglühendem Eisen oder feuerflüssigem Stein ist... Der Schaum bleibt haften und erstarrt dann zu Stein. Hört dann die Überschwemmung wieder auf, dann tropft der Schaum und es bleibt an verschiedenen Plätzen der Berge, oder auch sonstwo, der Stein liegen, bekommt Farbe und andere Kräfte und wird zum Edelstein verhärtet."

344

Die häufige Erwähnung der Edelsteine in der Bibel ist wohl zurückzuführen auf die mittelalterliche Art Edelsteine zu beschreiben und zu interpretieren. Das sowohl in der Dichtung, als auch im Denken. Hier hat die allegorische Auslegung der zwölf Edelsteine der Apokalypse eine große Rolle gespielt. Dabei kommt es nicht so sehr auf die Beschaffenheit, sondern mehr auf die Farbe an.

Dann ging es auch um die magischen Kräfte der Steine, da spielte die Farbe eine große Rolle. Die roten Steine wurden mit Blut in Verbindung gebracht, so daß der Karneol das Blut stillen, der Almandin den Kreislauf stärken könne. Der grüne Smaragd sollte die Augen heilen und die Sehkraft fördern. Aber nicht nur diesen Steinen wurde magische Kraft zugesprochen, sondern auch den weniger ansprechenden, z. B. Antimonid.

Fromm und ernst glaubten die Menschen des Mittelalters an die Wunderkräfte der Edelsteine. Man war überzeugt, Gott habe den Edelsteinen wundersame Kräfte gegeben, die nicht anzuzweifeln seien. Hildegard von Bingen schreibt auch hier darüber:

„Wie Gott für Adam ein besseres Teil zurückgewann, so ließ er auch die Zier und die Kraft der Edelsteine nicht zugrunde gehen; er wollte vielmehr, daß sie zur Ehre und zum Segen und als Heilmittel auf Erden blieben."

Ähnlich hat der Scholastiker Albertus Magnus (1193 – 1280) argumentiert. Er bezweifelte die wunderbare Kraft der Edelsteine in keiner Weise. Für ihn stand fest, daß sie Kraft haben könnten Krankheiten zu heilen.

Neu bei Albertus Magnus ist aber, daß er dies aus dem scholastischen Denken heraus erklärt und bemüht ist, die Überlieferung aus der Antike durch die eigene Erfahrung zu bestätigen.

So will er einen Karfunkel gesehen haben, der bei Dunkelheit leuchtete und wie ein Saphir einen Augenkranken heilte.

Der imaginäre Karfunkelstein spielte im Mittelalter eine zentrale Rolle. Ihm wurde die Eigenschaft zugeschrieben, in der Finsternis aus sich zu leuchten und es hieß, daß er unter dem Horn des Einhorns, eines Fabeltiers, wachse. Der Karfunkel wurde zum Symbol des göttlichen Lichts auf der Erde und dies Bild wurde von der mittelalterlichen Dichtung geprägt.

Der rote Spinell, vor allen Dingen der Rubin oder auch ein hochroter Granat, wurden als Karfunkel dargestellt.

Also wurde der Glaube an die vielseitigen Wunderkräfte und die magischen Kräfte der Edelsteine durch die mittelalterliche Epoche nicht erschüttert. Die theologische Edelsteininterpretation beeinflußte auch die mittelalterliche Dichtung und den Bereich der Minne. Und hier finden wir bei vielen Minnesängern den Bergkristall als Bild der Reinheit oder bei Wolfram von Eschenbach die Bedeutung der Edelsteine im Parsival. Dem Gral, der in diesem Epos eine zentrale Rolle spielt, wird nachgesagt, daß er aus einem einzigen großen Edelstein bestünde, wobei eine eindeutige Bestimmung stattfindet. Hier laufen christliche, aber auch keltisch-heidnische Elemente zusammen. Der Gral hat doch letztlich eine magische Funktion.

Ein unerschöpflicher Spender geistiger Speise, unsichtbar für alle Heiden, aber sichtbar für jeden, der edel und rein lebt.

Der Name „Gral" wurde zuerst in den Sternen gelesen, der Gral ist aber nicht der einzige im Parsival erwähnte Edelstein. Das Bett des Grals-Königs Amfortas ist mit immerhin 58 Edelsteinen besetzt, die allesamt magische Kräfte besitzen.

So kann man die Bedeutung der Edelsteine in der mittelalterlichen Literatur nahtlos fortsetzen.

Sie war eminent mit magischen Vorstellungen verbunden, die sich noch lange bis in die heutige Zeit halten sollten.

Die mittelalterliche Alchemie begünstigte noch das mythische Weltbild der Antike und sah das Wesen der Erde und des Menschen als den Mikrokosmos, als Abbild des Weltganzen, des Makrokosmos. So verfolgte sie die Verfeinerung der Destillation zur Läuterung der natürlichen Substanzen und ihr Ziel war es, den edelsten aller Steine hervorzubringen, den „Stein der Weisen".

Durch das ganze Mittelalter geistert der „Stein der Weisen" bei den Alchemisten. Der „Lapis philosophorum" oder „Lapis occultus", spielte eine außerordentlich bedeutende Rolle. So war der Karfunkel, später der „Lapis occultus", der Stein der Weisen, das große Lebenselexier.
Im 14. Jahrhundert äußerten sich die Alchemisten im Hortolanus dahingehend, daß in derselben Weise, wie die Welt geschaffen worden ist, auch unser Stein der Weisen geschaffen worden sei.

Der Humanismus des 16. Jahrhunderts hatte eine völlig neue Auffassung von Welt und Natur und entsprechend natürlich auch von Edelsteinen.
Das Verhältnis zur Antike hatte sich geändert:
Unter den Humanisten waren Ulrich von Hutten, Melanchthon und – am bekanntesten – Erasmus von Rotterdam. Es gab sehr viele Ärzte, die sich besonders für die Heilwirkung der Edelsteine interessierten, aber auch erstmalig nicht vor Kritik der antiken Autoren zurückschreckten.
Es kam eine neue Wissensauffassung zustande und Georgius Agricola (1494 – 1255) galt als Begründer der neuen Mineralogie, er löste sich von den Bereichen der Religion, der Magie, der Astrologie, der Philosophie und arbeitete am Studium der konkreten Erscheinungsformen der jeweiligen Minerale, zu denen er auch die Edelsteine zählte.

Bei Paracelsus (1493 – 1541), einem Zeitgenossen Agricolas, spielte in seiner Forschung die Heilkunst der Edelsteine eine große Rolle. Mensch und Mineral, so sagte er, sind entscheidende Träger in meinem Denken, der er die Welt ein durch Gott geordnetes Gesamtwerk sieht.

Im 17. und 18. Jahrhundert kam es zur Erneuerung der Wissenschaften. Exakte Forschungsansätze mit neuer Philosophie mußten natürlich auch die ganzen Gedankengänge der Mineralogie betreffen. Sicher hat der Humanismus das Barock entscheidend beeinflußt, aber auf der einen Seite im Barock die prunkvolle Kunst, andererseits die Verachtung alles Weltlichen, da die Erde „ein Jammertal", eigentlich nur eine Vorstufe zum eigentlichen Leben war. Die Eitelkeit der Welt, in der alles vergänglich ist, prägte diese Epoche, die aber auch gekennzeichnet war durch entscheidende wissenschaftliche Entdeckungen, einen Aufstieg nach dem zerstörenden destruktiven Element des 30jährigen Krieges.

Gehen wir aber weiter in dieser Welt der Entwicklung der Wissenschaften, der Astronomie, der Mathematik, wo Kopernikus und später Galilei und Kepler das heliozentrische Weltbild begründeten. Es entstand ein völlig neues naturwissenschaftliches Denken, das aber nicht zu einer antimetaphysischen Weltanschauung führte. Man befreite sich lediglich aus dem scholastischen Dogma und aus den alten Fesseln der Theologie.

Die Bestrebungen, die Welt als geordnetes Ganzes darzustellen, führten zur erneuten Beschäftigung mit der Astrologie und Zahlenmystik, wie sie sich in der Literatur jener Zeit niederschlug. Allerdings auch schon zu Zeiten des Gründers der Philosophie dieser Gedanken, des heute im wesentlichen nur durch seinen Lehrsatz bekannten Pythagoras.

Hatte früher der Glaube an magische Kräfte der Edelsteine eine Rolle in der mittelalterlichen Heilkunde im Bereich des Geistig-Sakralen geprägt, so waren sie jetzt nicht mehr Objekte mystischer Natur und Gottesverehrung, sondern Gegenstand naturwissenschaftlicher Betrachtung. Aber damit waren die metaphysischen Gedankenkräfte keineswegs verdrängt. Sie überdauerten alle geschichtlichen und alle naturwissenschaftlichen Prozesse bis in die heutige Zeit. Denken Sie nur an die Anthroposophie, die den Menschen zum geistigen Prinzip des Alls in Beziehung setzt, dem er sich anschließen soll. Sie räumt den Edelsteinen einen besonderen Stellenwert ein.

Auch Steiners Beschäftigung mit den Geheimwissenschaften und Prinzipien höherer Welten ist hier zu nennen. Er bezeichnete Edelsteine als Sinnesorgane hoher geistiger Wesen, wodurch diesen Wesenheiten die keinen physischen Körper haben, die Möglichkeiten gegeben sind, in das irdisch-physische Geschehen hereinzuschauen. Hier handelt es sich um eine okkulte Tatsache, die Priesterkönigen der Vorzeit und vielen Eingeweihten sehr bekannt gewesen ist. Der Mensch hat die Edelsteine immer verehrt und sie materiell und geistig zu einem Gegenstand respektvoller Betrachtung erhoben.

Heute sind Edelsteine jene Steinarten, welche wegen ihrer Durchsichtigkeit, wegen ihrer Härte und Dauerhaftigkeit, wegen ihrer Glätte und der Annahme eines schönen Glanzes durch das Schleifen von Seltenheit sind und wegen ihrer schönen Farben andere Steine übertreffen. Und je mehr ein Stein von diesen Eigenschaften besitzt, desto vollkommener ist er.

Heute gilt der Brillant, vielleicht als in seiner Form mit Facetten geschliffen, als edelster Stein. Aber auch der Smaragd genießt in allen Kulturen einzigartige Verehrung. Und was den Preis anbelangt, so wird ein Saphir mitunter noch teurer gehandelt, aber nicht nur als Schmuckstück oder als Kapitalanlage, sondern auch als Heilmittel, Glücksbringer und Schutzstein.

Das größte Mysterium aber, was wir von den Mineralstoffen überhaupt kennen, ist jenes große Rätsel der Weltliteratur, das wir am Ende der Bibel in wenigen Sätzen der griechischen Sprache finden. Es ist das „himmlische Jerusalem" am Ende des letzten Buches im Neuen Testament, die „Offenbarung des Johannes", die Apokalypse. Hier werden wir ganz tief hereingeführt in die Wesenheiten der Mineralien, in das Erlebnis „Mineral", die zwar aus einer gewissen Stofflichkeit bestehen, aber den Charakter tragen von Reinheit, Beständigkeit, Unzerstörbarkeit, Gediegenheit, ja sogar von Keuschheit. Es sind Substanzen, die den Menschen noch viel schneller und noch viel weiter zum göttlichen Ursprung führen, zum Gedanken der göttlichen Liebe überhaupt.

Dann die Frage, ist ein Mineral oder ein Edelstein wirklich etwas Gegenständliches oder etwas Wesenhaftes?
Ist es nur reine Materie oder sind diese Mineralien, aus denen das himmlische Jerusalem aufgebaut ist, Lichtsubstanzen, echte leuchtende Ursubstanzen, die möglicherweise auch ein Urbild der Liebe darstellen?

So ist es auch zu verstehen, daß körperliche Beschwerden, z. B. Schmerzen, unter Umständen hier durch Energien, die wir gar nicht kennen, harmonisiert werden. Durch Emotionen oder psychische Leiden hervorgerufene Disharmonien im Körper, die krankheitsauslösend sind, können mittels Energien aus Mineralien wieder in Harmonie überführt werden.

Es sind Energien in diesen Steinen, die bei rechtmäßiger Behandlung ungeheuere Kräfte entfalten können. Es ist mit dem Leben der Pflanzen zu vergleichen: Auch hier finden wir, wenn wir richtig mit ihnen umgehen, eine unglaubliche Freude vor, die auf uns zurückstrahlt, und zwar wenn Pflanzen gedeihen, wachsen, blühen und Früchte tragen.
Je mehr wir uns mit ihnen beschäftigen, um so mehr Freude bereiten sie uns. Schwerer ist es, sich mit dem Potential eines Kristalles zu beschäftigen und schließlich das Wissen zu

bekommen, daß es dem Menschen helfen kann. Denn seine Energie ist ungeheuerlich, es ist eine Dynamis, die über das Somatische bis in den mentalen Teil übergeht und dann sogar in der Seele Resonanz findet.

Wer sich viel mit Mineralien beschäftigt, dessen eigenes Energie-System wird plötzlich reiner, harmonischer. Man hat das Gefühl, zu einem Kanal zu werden, in dem selbst die Lebensenergie zwischen Himmel und Erde hindurchströmen kann und spürbar wird. Und hier ist der Ausgangspunkt der Heilenergie eines Minerals. Das Wissen der dynamischen Dimension eines solchen energetischen Bolidenbündels wie bei einem Kristall braucht man nicht wissenschaftlich zu begründen, sondern nur zu erahnen und dann wird man es spüren. Hat man es einmal gespürt, dann öffnet sich ein Tor zu einem völlig neuen, unglaublich schönen Gedankenreich, einem Machtbereich von Gefühl und Überfülle energetischer Kräfte. Und da ist nicht nur der Körper, sondern auch der Geist beteiligt. Ebenso wird die Seele auf einmal geöffnet sein und wir werden in transzendentale Bereiche hereingeführt.

Die Edelsteintherapie soll hier nicht im einzelnen besprochen werden. Ob wir es nun bei Hildegard von Bingen lesen oder in anderen Werken, alles sind nur oberflächliche Anhaltspunkte, egal unter welchen Voraussetzungen wir es anwenden können. Wir müssen vielmehr meditativ die Energie eines Steines ergründen, spüren und dann weiterleiten, um Unglaubliches zu erreichen. Das Wissen um diese Dinge läßt sich kaum schriftlich fixieren.

Man kann dabei an das Wort denken, daß Bücher einem Menschen sehr viel zu geben und zu lehren in der Lage sind – sowohl über die Macht der Pflanzen, als auch über die Macht der Steine. Aber viel größer ist die Macht der Lehre einer Pflanze und die Kraft, die ein Stein uns lehrt; was man aus dem **Be-greifen** von Steinen und Pflanzen lernt, wird

imprägniert bis tief in die Seele hinein. Es sind die lohnendsten und schönsten Abenteuer dieser Welt, die uns in der Stille mit einem Stein, sei es ein bunter Stein oder ein weißer Bergkristall, in großer Fülle entgegenkommen.
Aber auch bei der Betrachtung einer Pflanze braucht man gar nicht viel zu denken. Nötig ist lediglich, sein Herz zu öffnen, und man **er-lebt** dann die Pflanze, den Stein und auch den Edelstein.

Aber nicht nur Edelsteine, Kristalle sind es, dies sei hier zum Schluß noch angezeigt, die eine unglaubliche Faszination bieten, wenn man sie mathematisch betrachtet. Man muß die kleinen Zahlen in der Geometrie, in der Musik, in der Architektur, in der Mathematik und auch in der Kristallographie betrachten. Und neuen Dimensionen eröffnen sich einem als Vorstufe anzusehen des Er-lebens eines Kristalls, aber auch eines Tones, auch das Er-leben von Wasser ist etwas Unglaubliches.

Die Menschen im Zeitalter Goethes und der Romantik beschäftigten sich in ihrer Naturphilosophie mit dem Wasser als dem Urbild alles Flüssigen und dem Träger lebendiger Gestaltung.

Sie erlebten das Flüssige als Universelles, als etwas nicht Festgelegtes, das aber fähig ist, sich von außen bestimmen zu lassen. Als das Unbestimmte, aber doch Bestimmbare. Je mehr der Mensch die Fähigkeit gewann, durch die Industrialisierung das Wasser als physischen Stoff zu erkennen und technisch zu nutzen, desto mehr „verdämmerte" sein Wissen vom Geist und der Seele des unglaublichen Elementes, das wir ohne weiteres mit den Kristallen vergleichen können. Scheint es doch, sei es, was den Lichteinfall und Austritt, sei es, was seine Bewegung und seine Bizarrität anbelangt, etwas ganz besonderes, wie ein Kristall.
Wir brauchen hier nicht über die energetische Wirkung von Wasser sprechen. Denken Sie nur an die verheerenden Wir-

kungen dieser riesigen Kraft bei Hochwasser, bei Überschwemmungen, bei Dammbrüchen. Da wird Wasser zu einer chaotischen Gewalt.

Ich möchte hier nur zeigen, ganz kurz andeuten, daß Wasser, wenn es z. B. als Strahl herunterfällt über eine größere Strecke, dann sich im Fallen in einzelne Tropfen auflöst. Kein anderes Element ist fähig Ähnliches zu bieten. Es kann stehen in einem See, sich bewegen im Meer oder in einem Fluß. Es kann linear fließen, rhythmisch hin und her schwingen und es kann verdampfen.

Es handelt sich um ein Element, das unserem Kreislauf ähnlich ist. Das Wasser kommt von der Quelle über den Fluß ans Meer, steigt in die Luft auf, kreist mit dieser Luft in großen atmosphärischen Strömungen rund um die Erde und zieht sich zu Wolken zusammen. Es fällt schließlich als Regen, Schnee oder Hagel zur Erde zurück, bildet sich als Tau auf dem Boden. Und ein Teil fließt wieder über die Flüsse, die Bäche zum Meer hin. So hat das Wasser eigentlich viele Kreisläufe. Vom Flüßchen zurück, schließlich auch noch als Eis gefrierend und dann im Kreislauf von Fluß und Meer und Aufstieg bis zum Himmel hin. Wie viele faszinierende Formen finden wir beim Wasser! Denken Sie nur an einen Fluß, der in Meanderlinien durch das Land fließt oder an die Wellen im Meer, im Fluß, aber auch in den Teichen. Stellen Sie sich die Wellen am Strand vor, die zusammenlaufen und -brechen. Aber erinnern Sie sich auch an die Wirbelbildungen des Wassers, wo Mischbewegungen auftreten von warmem und kaltem Wasser. Denken Sie weiterhin an den Verlauf des Wassers in den Steigkapillaren der Bäume, der Pflanzen und denken Sie an die Wirbel, die trichterförmig die Flüssigkeit in der Umgebung in Spiralbahnen verlaufen läßt.

Was hat es uns Spaß gemacht, wenn wir als Kinder kleine Holzstückchen in einen Wirbel hereingeworfen haben, die dann herumkreisten! Wenn diese Holzstückchen gleichmäßig gestaltet waren, hatten wir sie an einer Seite mit roter Farbe bemalt, dann zeigte die farbige Fläche immer in dieselbe Richtung, ganz gleich wie sich das Holzstückchen auch bewegte.

So gibt es unglaublich viele Strömungseigenschaften des Wassers mit einer Faszination, die wir nicht kennenlernen, wenn wir uns nicht stundenlang vor ein Wasser setzen.

Ebbe und Flut möchte ich nicht vergessen, aber auch die Vermischung von Wasser und Luft in seinen verschiedenen Bereichen von Nebel erwähnen, oder als Eiskristalle, die am Fenster schöne Blumen bilden bei großer Kälte. Alles das ist ein solches Wunder, daß man es nur hier neben den Edelsteinen erwähnen sollte. Manchmal, wenn ich vor einem Gebirgsbach sitze und dieser stürzt in das Tal herab mit unendlicher Geschwindigkeit und einer Formenfülle, wie man sie kaum ahnen kann, habe ich den Eindruck, als seien es lauter flüssige Kristalle, die da herunterrasen und sich irgendwann einmal mit dem Meer vermählen wollen.

Das Wasser spielt auch eine Rolle bei verschiedenen Salzen, die auch kristallisieren können, aber keine Edelsteine sind. Und ich möchte hier zwei Salze nur ganz kurz anschneiden, damit wir einmal einen Begriff bekommen von solchen Substanzen, die in dieser Welt mit uns leben und uns auch helfen können, und zwar als unglaublich starke Heilmittel. Das eine ist *Calcium carbonicum*, der einfache Kalk und das andere ist *Natrium chloratum*, unser in der Küche gebräuchliches Kochsalz. Beide sind oder scheinen zunächst einmal indifferent, bis sie in der nötigen Arzneiform wirklich Unglaubliches leisten können.

In der Homöopathie hat Hahnemann, der Begründer der Homöopathie, das Calcium carbonicum eingeführt. „*Calcium carbonicum Hahnemannii*" nennen wir es, wenn wir es aus der Mittelschicht einer Austernschale hervorholen. Es scheint ein geschmackloses, indifferentes Gestein zu sein, das eigentlich zunächst einmal lediglich als Schutz für die Auster dient, die sich dieser Schale bedient, um den nötigen Schutz zu finden. Diese Auster aber ist ein gutes Heilmittel, zumindest der Kalk der Schale bei bestimmten Menschentypen, die ich einmal kurz portraitieren will:

Einmal sind es Menschen, die sich gut schützen nach außen hin, die sich schwer in das Innere hereinbringen lassen, nicht gleich mit den Armen auch die Augen und das Herz öffnen, sondern scheu, zurückhaltend, ja etwas retardiert erscheinen. Jedermann glaubt zunächst: „Ach mit denen kann man nichts anfangen, das sind ja so zugedeckte larvierte Menschen." Und wenn man dann ihre Schale aufmacht, so ist die Auster darin. Sie alle kennen dieses Tier, das, wenn Sie es in die Hand nehmen, so einen quatschig-labbrigen, kalt-nassen, schwammähnlichen und glitschigen Eindruck macht.

Den gleichen Eindruck macht der Calcium-carbonicum-Mensch, wenn er einem die Hand gibt, eine schwabblige, weiche, kalte, nasse Hand, die man gar nicht traut, kräftig zu drücken. So ist also scheinbar dieser Calcium-carbonicum-Mensch etwas, was wir gar nicht mögen, sogar vielleicht abstoßend, viel zu ruhig für unser Weltgetriebe, langweilig. Aber wir sollten eines nicht vergessen. Die Auster braucht ja auch Nahrung. Dazu muß sie ein wenig ihre Schale öffnen, — auch beim Sex, ein wenig öffnen und dann wieder schließen.

Verirrt sich nun gelegentlich ein kleines Sandkorn in diese Schale herein, dann ist das der Kristallisationspunkt für ein sehr wertvolles, schimmerndes und faszinierendes Gebilde, nämlich eine Perle.
Und so ist es nicht von ungefähr, daß trotz aller der o. a. Eigenschaften der eine oder andere Mensch, der dieser Kategorie angehört, eben motiviert durch einen Kristallisierungspunkt zu einer Perle wird, wertvoll, elitär sogar.

Salze
Steinsalz − Kochsalz − Natrium − Muriaticum − Natrium chloratum

„Du weißt, das Bergvolk denkt und simuliert
Ist in Natur- und Felsenschrift studiert.
Die Geister, längst dem flachen Land entzogen,
Sind mehr als sonst dem Felsgebirg gewogen.
Sie wirken still durch labyrinthische Klüfte
Im edlen Gas metallisch reicher Düfte;
In stetem Sondern, Prüfen und Verbinden,
Ihr einz'ger Trieb ist, Neues zu erfinden.
Mit leisem Finger geistiger Gewalten
Erbauen sie durchsichtige Gestalten. −
Dann im Kristall und seiner ewigen Schweignis
Erblicken Sie der Oberwelt Ereignis."

(Goethe, Faust II)

Ein ganz einfaches Salz, das wir alle kennen, das in jeder Küche bei uns als Kochsalz benutzt, im Bergwerk als Steinsalz bezeichnet und in der homöopathischen Rezeptur als „Natrium chloratum" bzw. als „Natrium muriaticum" bezeichnet wird.

An dieser Stelle möchte ich bereits die Grundbedeutung von „Salz" nennen, die doch recht interessant ist. Zwei Dinge fallen dabei auf. Wir kennen in der griechischen Sprache drei Formen mit unterschiedlichen Bedeutungen, da gibt es das „ho-hals" (ο αλs), „das Kochsalz", zweitens haben wir „hae-hals" (η αλs) praktisch als Femininum, und das heißt nicht mehr das Salz, sondern „das Meer".und schließlich haben wir noch „to-hals" (das Neutrum το αλs), das aber auch „to-halas" heißt. Es bedeutet „die Weisheit", besonders aber die „überzogene Weisheit", etwa den Begriff, den wir heute unter „Mystik" verstehen.

Hier sind drei Dinge interessant. Wir finden in der Grundbedeutung schon drei grundsätzliche Eigenschaften des Arzneimittelbildes, wie wir sie in der Homöopathie kennen, nämlich einmal das kleine Salzkörnchen und daneben das ganz große, das riesige, das weltumfassende Meer.

Schauen wir uns nun das Arzneimittelbild an, dann haben wir hier den Vergleich, daß dieses kleine Salzkorn in der Lage ist, Menschen hilfreich zu sein, die bereits bei Kleinigkeiten in Zorn geraten. Eine große Leistung für so ein kleines Mittel!

Im etymologischen Bereich finden wir aber auch drei Artikel, nämlich den männlichen, den weiblichen und den sächlichen Artikel. D. h. also, das Mittel wirkt sowohl beim Mann als auch bei Frauen und Kindern und so ist es wirklich.

Das Salzkorn bietet gewisse Parallelen zu Isolationserlebnissen, zu Frustrationen.

Das Meer dient auf der anderen Seite als Beispiel für Aggression und Korrosion. Schließlich läßt uns die übertriebene Weisheit, die Mystik, zu dem Schluß kommen, daß dann, wenn man sehr viel weiß, natürlich unweigerlich erkennen muß, daß man nichts weiß, was schließlich in die Depression führt.

Soweit also eine kleine Einspielung, wie weit wir hier von dem Begriff eines Salzes doch so weit kommen, daß wir in den Arzneimittelbildern der Homöopathie Analogien finden, die ganz überraschend sind.

Schauen wir uns doch die Zusammensetzung einmal an. Da haben wir auf der einen Seite als Bestandteil von Kochsalz *Natrium*. Natrium ist ein sehr aggressives Element aus der großen Menge der natürlichen Elemente dieser Welt. Natrium zerstört Wasser. Wenn wir Natrium in etwas Wasser geben und dieses „Gemisch" wiederum in einen Kolben, dessen Hals sehr eng ist, so wird es sich selbst entzünden und eine blaue Flamme emporschlagen; man muß aufpassen, daß der Kolben nicht explodiert. Es wird plötzlich sehr viel Sauerstoff und Wasserstoff frei, die einen riesigen Druck ausüben.

Der zweite Bestandteil ist *Chlor*. Auch Chlor ist ein sehr aggressives Element. Chlor ist in der Lage, sogar Lebewesen zu zerstören. Denken Sie bitte an die Chlorierung unseres Trinkwassers, um es für den Menschen unschädlich zu machen. Oder besser, angeblich unschädlich zu machen, denn über die Giftigkeit von Chlor ist das letzte Wort noch nicht gesprochen.

So kommen also zwei Elemente zusammen, wobei jedes für sich genommen ungemein aggressiv ist, beide zusammen aber als Salz auf einmal ein Nahrungsmittel, eine lebenswichtige Substanz, ohne die kein Leben auf der Erde vorstellbar ist. Dieses aus beiden so aggressiven Stoffen zusammengesetzte Salz wird in dem Augenblick, in dem es sich in Wasser auflöst, nicht mehr aggressiv, sondern als harmloses Natrium-Kation (Na^+) gelöst sein, während Chlor als Anion (Cl^-) vorliegt.

Das heißt, beide sind hier als Elektrolyte gelöst und haben ihre physiologische Aufgabe. Salz ist nicht mehr vorhanden, aber es schmeckt nach Salz!

In der Mythologie, auch in der Symbolik der Natur, finden wir das Kochsalz von einer umfangreichen Symbolik gekennzeichnet. Es hat sowohl eine heilige als auch eine augurische und eine antidämonische Bedeutung.

Da das Salz die Speisen würzt und schmackhaft macht, so ist es das Sinnbild des Witzes, der richtigen Einsicht und der treffenden Rede (Hiob 6, VI).

Bei den Römern bedeutet „sal", das Salz, aber auch Witz und Verstand. „Salsus" heißt auch „witzig"; „insalsus" heißt „dumm", also sind humorlose Menschen eigentlich dumme Menschen?

„Sales" sind „witzige Reden" und „amari sales" sind „beißende, witzige Reden" oder auch „Satiren".

Der Apostel Paulus schreibt: „Euere Rede sei jederzeit mit Salz gewürzt, so daß ihr wisset, wie ihr einem jeden antworten müßt." (Markus 9, 49).

„Cum grano salis" stammt von Plinius dem Älteren und bedeutet: „mit etwas Verstand betrachten".

Da das Salz die mit ihm in Verbindung gebrachten Stoffe vor Fäulnis und Zersetzung schützt, man kannte schon in alten Zeiten das Salzen des Fleisches, so ist es das Symbol für das im Menschen „Fortlebende", nämlich für die Seele Gewordene.
Man nennt die Seele „das Salz des Leibes", weil der Körper ohne sie verfault.
So ist Salz aber auch das Sinnbild der Freundschaft, der Treue und des Bündnisses, weil es jene besiegelt.

Bei den Israeliten erscheint das Salz in der Bibel als Symbol des Bundes mit Gott. So wurde das Neugeborene mit Salz abgerieben, um den Bund mit Gott zu bilden. Ein immer bestehendes Bündnis heißt in der Bibel (4. Buch Moses, 18. Kapitel, 19. Vers): „Ein Salzbündnis". Denken Sie nun auch an die Sakramente in der katholischen Kirche, bei der Taufe wird ebenfalls Salz verwendet.

So wie Salz das Sinnbild der Treue und Freundschaft ist, so wird mit dem „Salz verschütten" symbolisch der Bruch einer Freundschaft ausgesprochen; daher leitet auch das deutsche Sprichwort her: „Wer Salz verschüttet, erregt Feindschaft und Verdruß".

In Frankreich herrscht der Aberglaube, daß der Teufel als Friedenszerstörer unsichtbar das Salz umgestoßen hat. Ein Franzose wird deshalb, wenn er Salz verschüttet, ein wenig Salz hinter sich, dem unsichtbaren Teufel ins Auge streuen, damit dieser nicht mehr Schaden anrichten kann.

Im Christentum hat man dem Teufel etwas Salz in den Mund gegeben, auch als Bündnis mit Gott. Sämtliche Opfer der alten Römer, teils waren es Tiere oder Pflanzen, wurden gesalzen und Sulfur beigemischt (To theon, „das Göttliche" το θειον).

Umgekehrt pflegte man, besonders in Zypern, den Menschen Salz vor die Haustüren zu streuen, die man verfluchen wollte (Sie sehen, auch in der Symbolik der Mythologie besteht eine ganz klare Ambivalenz).

Das Salz scheint also etwas Heiliges zu sein. Von Plato wissen wir, das Salz sei den Göttern angenehm und bei Homer wird das Salz auch „das Heilige" genannt, der Schwefel wird „das Göttliche" genannt.

Die Mexikaner hatten eine eigene Göttin des Salzes, sie hieß „Huixtocihualf".

Salzführende Wasser waren den alten Deutschen heilig und nicht selten Ursache für einen Krieg, denken Sie an die Saale, die einmal Salz geführt haben soll, oder an die Salz-Ach.

Beim Untergang von Sodom und Gomorrha, an deren Stelle das rote Meer trat, floh Lots Weib mit ihrem Mann, kehrte aber unterwegs wieder zurück und wurde in eine Salzsäule verwandelt (Moses 1. Buch, 19. Kapitel).

Es gibt unendlich viele Interpretationen über diese Salzsäule, die hier zu weit führen würden. Aber die naheliegendste ist die symbolische Bedeutung des Salzes, das die Keuschheit gefährde (homines salaces = „geile Menschen").

So ist es zu erklären, warum Lots Weib, welches der Tradition zufolge „Voluptuosa" hieß, in eine Salzsäule verwandelt wurde, denn sie blickte sich um, um das sich nach der Materie sehnende irdische Weib zu bleiben und nicht zum Geist der Auferstehung zu kommen. Daher ward sie zu Salz, ein Symbol der materiellen Lust. Dies ist besonders deshalb verständlich, da auch der Urheber aller Sinnlichkeit, nämlich der Teufel, in der Exorzismus-Formel „Creatura salis" heißt.

Vielleicht ist es aber auch ganz harmlos zu erklären. Lots Weib hatte vielleicht einen Ring vergessen, wollte diesen holen, wurde aber von einem Naturereignis ereilt und vom Wasser begraben. Deshalb nennen die Araber den See auch „Lots See" oder „Bahhet Lut".

Als nun später das Wasser zurückgetreten war, fand man ihre Leiche, welche mit einer Salzkruste überzogen war, einer Salzstatue ganz ähnlich. Alle Körper, die man bisher in diesem See gefunden hat und die längere Zeit darin gelegen hatten, sehen aus wie Salzstatuen.

Auch das deutsche Wort „Insel" ist aus „In sal", „das Land im Meer, im Salz" entstanden.

Und ein letztes noch: „Aus dem die Naturallieferung ersetzenden Salarium (das Salzgeld) der Soldaten, entstand das Wort „Salär".

Das Salz spielt also sowohl bei uns in der Physiologie, im Ablauf aller Lebensfunktionen eine immense Rolle als auch im Ablauf der Funktionen der Pflanzen, der Tierwelt; doch ebenso war es im Ablauf der Wasserregulationsfunktionen dieser Welt, vom Regen zum Quell, zum Fluß und schließlich zum Meer wichtig.

Das Salz spielt aber auch in der Homöopathie eine große Rolle, wo es als wunderbares Heilmittel in potenzierter, d. h. in dynamisierter Form bei sehr vielen schweren Zuständen helfen kann, die dann plötzlich erstaunenswerterweise besser und sogar geheilt werden können.

Es wird immer ein Geheimnis bleiben, warum es in der Ursubstanz ein Nahrungsmittel, ein Gewürz ist, aber in potenzierter, in dynamisierter Form, ja sogar in einer Potenzierung und Verdünnung, die jenseits der Loschmidtschen Zahl liegt, trotzdem eine unglaublich stark wirksame Medizin ist.

Es ist ein weltumfassendes, gewaltiges Mittel, im Wasser, auf der Erde, im Weltraum sogar (auch in Meteoriten finden wir Natrium und Chlor), in Pflanzen, Tieren und beim Menschen.

Salz — ein Element dieser Welt, das zum Leben notwendig ist, nicht nur im profanen, auch im sakralen Bereich und bei Opfern und Sakramenten ein auf den Weg zu Gott weisendes und damit auch heiliges Mittel.

„In unsers Busens Reine wogt ein Streben,
Sich einem Höhern, Reinern, Unbekannten
Aus Dankbarkeit freiwillig hinzugeben,
Enträselnd sich den ewig Ungenannten;
Wir heißen's fromm sein! …"

(Marienbader Elegie, J. W. von Goethe)

Silicea — Acidum silicium — Bergkristall

Es gibt sehr viele Steine und Edelsteine, die als stoffliche Grundlage das reine Kieselsäure-Anhydrid (SiO_2) beinhalten.

In Deutschland nennt man diese Grundlage Kiesel, oder auch Quarz, dessen Wort-Ursprung nicht ganz klar ist. Vielleicht kommt es vom slawischen Wort „kwardy", das bedeutet eigentlich „hart". Es kann aber auch aus dem Harzbergbau stammen. Das war im 12. bis 16. Jahrhundert und wurde für den Erzinhalt einer Querkluft benutzt, also ein Quererz, das wäre ein Quarz.

Es kann aber auch von dem Wort „Qiad = Eis" stammen, was dann schließlich im Gedankenkreis zum mittelhochdeutschen Wort „Quad = böse, ekelhaft" gehört. Es wäre also ein böses Erz, d. h. im damaligen Sinne ein Erz ohne Silber.

Nun kann man aber auch das althochdeutsche Wort „Qarx" hernehmen, daß heißt nun wieder „Kobold oder Zwerg". Man will hier wohl darstellen, daß im Quarz schließlich

362

auch Elementarwesen unserer Erde leben oder vorhanden sind.

Der letzte Name „Bergkristall" ist wohl auch maßgeblich für das Wort „Kristall". Es kommt aus dem griechischen Wort „gryos", was soviel wie „Frost" und „große Kälte" heißt, oder „kristallos", das „Gefrorenes" bedeutet. Die Griechen bezeichneten damit zunächst Eis, aber auch ebenso direkt den Bergkristall, weil er dem damaligen Betrachter gegenüber etwa das gleiche Erlebnis aufzwingt, der es dann so interpretiert: „Der Bergkristall ist nichts anderes als Eis, das in großer Höhe und langen Zeiten so stark gefroren ist, daß es nicht mehr auftauen kann."

Chemisch gesehen ist der Bergkristall nichts anderes als das Oxyd eines halbmetallischen Elementes, nämlich des Elementes Silicium, also SiO_2.

Das Silicium selbst ist ein interessantes Element. Wir laufen zwar auf ihm herum, in etwa 1000 km Tiefe bildet es die mineralische Erde und in der Umgebung finden wir es überall. Aber es ist ein Stoff, der in vielen Dingen vorkommt. Nennen wir nur einige, im Feldspat, im Glimmer, in der Hornblende, er kommt vor im Granat, im Beryll, im Topas, auch im Granit, im Gneis, im Basalt, im Schiefer, im Lehm, im Ton, in der Ackererde, überall ist er in einem Viertel der Menge etwa vertreten, aber er will nicht in Erscheinung treten.

Wir müssen Silicium gewaltsam von seinen Hüllen entkleiden und dann erscheint es als Halbmetall plötzlich schwärzlich-blau-grau, etwas härter als die meisten Metalle, gegen Sauerstoff und alle Säuren abweisend, andererseits leichter als die meisten Metalle, gegenüber Basen offen und schnell sich mit Metall mit Hilfe von Sauerstoff verbindend zu Tausenden von mineralischen Stoffen, den sogenannten Silikaten.

Schlägt man mit dem Hammer darauf, dann spritzt es knisternd auseinander, wenn man es schleifen will, knirscht es schrecklich und ist furchtbar verschlossen, in seinem Gehabe eigentlich verknöchert, empfindlich und zart, aber unerbittlich in seiner Haltung.

Mit Sauerstoff und Wasserstoff bildet es Säuren und ist immer auf dem Weg zu einem Salz. Kommt es mit Sauerstoff zusammen, der in der Luft etwa in den gleichen Größenverhältnissen enthalten ist wie Silicium im festen Mineralreich, so kommt dieser Sauerstoff, der ja ungeheuer reaktionsfreudig ist als stärkstes elektro-negatives Element steht er ja in einem Gegensatz zu Silicium, das sich auch unter Licht und Wärmeentwicklung mit vielen Elementen verbindet, leise oder auch stetig, aber auch gewalttätig. Denken Sie bei Sauerstoff und Eisen an den Rost oder an Explosionen, wo es ja dramatische Gewalt besitzt. Es trägt aber auch das Leben in uns herein und belebt unser Leben, ich möchte Sie an unsere Atmung erinnern. Über die Kieselsäure hinweg verhilft das Silicium die Verbindung mit anderen Metallen.

Wenn Silicium und Sauerstoff zusammenkommen, hat man das Gefühl, als ginge es um eine völlige finstere Isolierung gegenüber der Umwelt, denn Silicium gibt seine Isolierung auf und wirkt dann „ehrlich und offen". Umgekehrt opfert der Sauerstoff seine Leichtigkeit und wird empfindlich für das, was er bei seinen Verbindungen aus anderen Stoffen zunächst austreibt, nämlich Licht und Wärme. So kommt es in einer chemischen Verbindung, daß das Silicium-Ion sich mit 4 Sauerstoff-Ionen umlagert, so daß es selber den geometrischen Mittelpunkt eines winzigen Tetraeders bildet, in dessen vier Ecken die Sauerstoff-Ionen sitzen, die nun selbst wieder ein Teil des nächsten Tetraeders sind. So vollbringt die Kieselsäure im anorganischen Bereich dasselbe wie der Kohlenstoff im organischen Bereich. Sie bildet Inseln, Ketten, Bänder, Gerüste, die für uns dann sichtbar werden.

Zusammenfassend können wir sagen, daß alle Silikate das Mineralreich bilden und der Kiesel deren Grundgerüst ist.

So können unter verschiedenen Druck- und Temperaturverhältnissen natürlich auch ganz verschiedene Kristalle entstehen, ein sechsseitiges Prisma, dann dreiseitige Pyramiden, dann Hauptrhomboeder, trigonale Bipyramiden und Trapezoeder, meist trigonaler Art.
Es gibt da noch verschiedene Erscheinungs- und Grundformen von niederen Temperaturen, aber auch jeweils im Ansteigen der Temperaturleiter wieder noch andere Strukturen.

Diese einzelnen hier zu erklären geht viel zu weit. Das, was hier vielleicht am interessantesten ist und in den Bereich von Zauber, Magie und fast Unerklärlichem hineinreicht, ist Folgendes: Betrachten wir einmal den Quarz in der Homöopathie z. B. Acidum silicium als Arzneimittel. So finden wir sehr viele Ähnlichkeiten zwischen dem Aussehen, der Struktur und der Ökologie des Quarzes und dem Arzneimittelbild in der Homöopathie.

Wenn Sie in einem großen, warmen Raum einen Bergkristall aufbewahren, dann wird er sich immer kalt anfühlen; eiskalt ist es auch dem Patienten, der Silicea braucht.
Er hat eiskalte Hände und Füße und friert ständig. Ständig hat er Sehnsucht nach der Sonne. Und wenn wir uns einmal überlegen, daß ein Bergkristall tief in der Erde entsteht und doch immer, trotzdem er nie die Sonne „sieht", genau in die Richtung der Sonne wächst, und zwar in die Richtung des Sonnenstandes am Tag der Sommer-Sonnenwende, wenn die Sonne im Zenit steht. Eine staunenswerte, eine wunderbare Situation, die wir in der Apokalypse des heiligen Johannes schon mitgeteilt bekommen haben.

Bei Enid Bock lesen wir darüber: „Das hochfeierliche intuitionsdurchtränkte Bild, das sich hier vor der Seele des Sehers auftut, besteht aus symmetrischen Figuren, die sich in konzentrischen Runden um einen Mittelpunkt herum anordnen. Zu diesem Mittelpunkt streben sie hin." Es ist nicht sicher, ist hier die Sonne gemeint oder Gott der Herr? Silicea jedenfalls strebt zu dem Mittelpunkt „Sonne" hin.

Und in der Apokalypse lesen wir noch: „Vor dem Thron war ein gläsernes Meer, gleich einem großen oder mehreren Kristallen. Die Sphäre eines Meeres, das im Begriff ist zu kristallisieren umgibt den Thron und seine Kreise."

An diesen kleinen Beispielen nur wollten wir sehen, welch ungeheuere wunderträchtige, geradezu faszinierende Welt in den Steinen, in den Kristallen, nicht nurin den Edelsteinen existiert.

Auf dem Weg von den Steinen und Kristallen zu den Metallen

Erforschen wir die stoffliche Welt wissenschaftlich, dann gehen wir den Weg der Analyse, die letzten Endes zu Stoffen führt, welche nicht weiter chemisch zersetzt werden können, sondern einfach als Letztes da sind. Es sind die sogenannten chemischen Elemente, einige neunzig zur Zeit. Man kann sie ordnen in Gruppen, in Reihen, was schließlich zum periodischen System der Elemente von Meyer und Mendelejew im Jahre 1869 geführt hat.

Jedes Element ist ein Stoff für sich, konkretisiert, strukturiert, mit Erscheinungen und einem ungeheueren Bündel an Eigenschaften.

Die weiter fortgeführten Analysen, auch physikalischen Analysen, haben nun die Energie der Moleküle teilweise bestimmt, sie sind schließlich zu Elementarteilchen, zu Atomen gekommen, man hat quantenmechanische Gesetzmäßigkeiten gefunden, durch die die chemischen Eigenschaften erst verstanden werden konnten. Die Verbindung chemischer und pyhsikalischer Art wirkt allerdings auf die menschlichen Sinne ganz spezifisch, weil hier mechanische Substrate entstehen, die man eigentlich gar nicht mehr erklären kann.

Wenn wir, wie schon vorhin erwähnt, Silicium und Sauerstoff zusammenbringen, dann sind diese beiden nicht als Stoff in dem Quarz verborgen, sondern sie haben sich mit allen ihren Qualitäten irgendwie „versteckt", sie sind verschwunden, erscheinen als etwas ganz anderes, etwas Neues. Und man kann auch nicht aus Bergkristall Silicium und Sauerstoff gewinnen oder heraustrennen, so wie man vielleicht einem Lebewesen die Seele entreißt und es dann tötet. Das gilt nicht für alle Elemente, aber doch für einige, für viele. Man könnte vielleicht sagen, daß hier Silicium und Sauerstoff nicht das Ursprüngliche sind, sondern der Kiesel, aus dem sie beide stammen.

Wenn man jetzt Metalle betrachtet, so hat man das Gefühl, daß sie auch nicht das Ursprüngliche darstellen. Vielmehr sind die einzelnen Metalle aus irgend einer anderen Substanz hervorgegangen, denn alle Metalle haben in vielen Dingen Gemeinsames. Das ist erstaunlich, die anderen Elemente weisen kaum Gemeinsamkeiten auf und wenn, dann betrifft es lediglich drei oder vier in einer Gruppe stehende Elemente.

Die Ordnung des periodischen Systems der Elemente läßt sich als Ordnungsausdruck von Protonen, Neutronen und Elektronen ansehen. So macht man sie zu einem thematisierbaren mechanischen Gerüst. Und das ist auch in der Tat enthalten. Auf diese Weise aber, wenn man weiter denkt, kann man ahnen, daß die Elemente mit allen ihren Qualitäten und Eigenschaften nicht das Ursprüngliche sein können, das sich dann später zu einer chemischen Verbindung zusammensetzt, sondern daß sie ein letztes, räumliches und zeitliches Gerüst darstellen, das aus einem vielleicht höheren Gemeinsamen herausgefallen ist.

So könnte man eigentlich sagen, daß früher etwas Ursprüngliches, eine „Mutter für alle Elemente" vorhanden war, die aus dem Kosmos oder woher auch immer die einzelnen Elemente „herausgeboren" hat. Auf diesem Weg wurden dann aus den sinnlich faßbaren Stoffen die Elemente, Partikel und Quanten „herausgepreßt".
Die Elementarteilchen gehören diesen Bereichen an.

Zusammenfassend kann man sagen, daß wohl die ganzen Elemente höheren Naturbereichen entstammen und schließlich frühere Erdzustände als Muttersubstanz diese Einzelteile dann entwickelt hat.
Denken wir an die Geophysik, wo Gas, Feuer, Flüssigkeit, Magma und Schmelzen eine große Rolle spielen. In ähnlicher Weise müssen viele Elemente hervorgekommen sein.

Man kann dann die Nichtmetalle, die Metalle und die Halbmetalle, die Alkali und die Erdalkali jeweils voneinander trennen. Sie gehören aber in eine Familie hinein und man kommt dann schließlich zu Endstufen eines ursprünglichen Lebenszustandes der Materie schlechthin.

Die Metalle haben doch sehr viel Gemeinsames in ihrer Erscheinungsform. Ihre Gemeinsamkeit ist, daß sie alle fließen können wenn sie warm genug sind ohne zu zerbrechen. Eines unter ihnen ist sogar unter normalen Temperaturen flüssig, nämlich Quecksilber.

Die festen Metalle zeigen mitunter einen Zustand wie ein Kristall, nur verhalten sie sich etwas anders, oder nur teilweise wie ein Kristall. Eines haben alle Metalle gemeinsam: Starken Glanz, hohes Reflexionsvermögen gegen Licht, sehr großes farbspezifisches Absorptionsvermögen, hervorragende, mit steigender Temperatur abnehmende Leitfähigkeit für Wärme und für Elektrizität, gute bis sehr gute Verformbarkeit durch Schmieden, Pressen, Ziehen und Walzen.

Alle echten Metalle kristallieren in Gittern, in denen sich jedes Atom mit so vielen Atomen umgibt als der Platz es erlaubt. Dabei ergeben sich Kristallgitter hoher Symmetrie. Ein Charakteristikum für die Struktur der Metalle ist z. B. die Anzahl der nächsten Nachbarn. (Etwa 12 bei kubischdichtester und hexagonal dichtester Kugelpackung.) Es geht zu weit, hier noch von den leicht abspaltbaren Valenzelektronen zu sprechen, durch die die Atome die Fähigkeit haben, positive Ionen zu bilden, auch innerhalb eines Kristallgitters, die als sogenanntes „Elektronengas" zwischen den Atomrümpfen der Ionen sich bewegen können. Sie ermöglichen dann das, was wir „metallische Bindung" nennen.

Unter bestimmten Bedingungen können sich auch Nichtmetalle wie Metalle verhalten, in manchen Fällen zeigen sie doch sehr große Ähnlichkeiten. Mir scheint es angebracht, die wichtigsten in diesem Rahmen ganz kurz zu besprechen: Gold, Silber, Platin, Kupfer, Quecksilber. Alles Elemente, die auch in der Therapie eine große Rolle spielen.

Metalle

Metalle bilden das Innere der Erde und sie gehören zum Baustoff der Gerüste von Mensch, Tier und Pflanzen. Fest, flüssig und gasförmig sind sie im Blut, im Muskel und Knochen, in den Pflanzenfasern, aber auch in den Steinen, in den Mineralien, in den Salzen. Wir leben mit ihnen und sie leben mit uns.

Ihre ungeheuer tiefgehende Bedeutung ist den meisten Menschen kaum bekannt. Wir wissen zwar die chemische Zusammensetzung, die Atomgewichte, wir kennen die Kristall- und Metallstrukturen, ihre Leitfähigkeit, ihre Anlehnungsmöglichkeit, wir kennen die Geschichte auch ihrer Fundorte. Beschäftigt man sich aber intensiv mit diesen Elementen unserer Welt, dann lernt man, sich Gedanken zu machen über das innere Wesen, die Seele dieser Stoffe, die ja eigentlich den Charakter eines Metalls ausmachen.

Diese Prinzipien findet man nicht im Biologie-Lehrbuch, auch nicht in Chemie und Physik, wo nur meßbare Eigenschaften vorkommen. Diese Eigenschaften sind vorhanden, nicht meßbar, nicht wägbar, reproduzierbar wohl nur vom Schöpfer her. Und deswegen im modernen Sinne auch nicht wissenschaftlich, aber doch vorhanden, mit einer Faszination begabt, die einen staunen läßt.

„Wissen ist Macht."!
„Die meisten wissen nichts!
Aber das macht nichts!"
So könnte man denken, wenn man den reinen Naturwissenschaftler an Metalle heranläßt.

So wie unser Körper durchzogen wird von vielen Adern, so ist auch die ganze Erde von Metallen durchzogen in vielen Formen, in vielen Schichten, in vielen Zonen, auch an der Oberfläche. Ganz tief im Kern der Erde, da sind glühende Substanzen, vielleicht reines Eisen oder beim Eisen noch etwas dabei, ich weiß es nicht.

Eisen spielt ja auch in unserem Blut eine Rolle. Wir können ohne Eisen nicht leben, Molusken können ohne Kupfer nicht leben, so wie wir ohne Eisen kein Leben haben.

Einige Metalle will ich hier ganz kurz vorstellen, vorstellen als ein kleines Erlebnis, denn jedes Metall hat einen Charakter, eine große Geschichte, eine Ökologie und auch eine Seele.

Gold

Aurum metallicum ist metallisches Gold, ist ein gelbes, glänzendes reines Metall. Man kann es schneiden, schmelzen, verdampfen, man kann es blättern und hämmern, in dünnster Schicht auflegen, aber auch in großen Klumpen schmieden. Es ist ein sehr gediegenes, unglaublich vornehmes Metall, fast unnahbar.

Unnahbar aber auch im Verhältnis zu anderen Elementen mit denen es auf ganz besondere Weise reagiert. Es erscheint sehr schön und ruft mit seinem Glitzern und Glänzen im Menschen eine enorme Gier hervor, es für sich zu besitzen. Es ändert sich nicht an der Luft, es setzt keinen Rost an, auch keinen Grünspan wie Eisen oder Kupfer. Es besitzt ein eigenwilliges Selbstgefühl und übergibt dieses Selbstgefühl auch dem Menschen, der viel Gold besitzt. Und sein Selbstbewußtsein wird wie durch eine magische Kraft gestärkt, eine magische Kraft, die sich über Jahrtausende entwickelt hat. Wobei aber alle diese Menschen vergessen, daß in dem gleichen Maße wie das Gold glänzt und anziehend wirkt, es eiskalt ist und tiefe Melancholien und Depressionen verursacht.

Gold kommt im allgemeinen gediegen vor in Quarzgängen in Brasilien, Afrika, im Ural überall. In den Goldminen finden wir Legierungen von Antimon-Wismut, manchmal auch mit Tellur. An der Häufigkeit in dieser Welt ist es an 73. Stelle aller Elemente und findet auch in der Medizin Beachtung.

Biochemiker berichten uns, daß Gold auf die Sekretion von ACTH wirkt und auch auf die Mineralkortikoide. Es beeinflußt außerdem die zellulären Immunkörper, die humoralen Antikörper und was auch immer noch in der Medizin an wichtigen Dingen existiert.

In allen Kulturen stand Gold fast ausschließlich im Dienst kultischer, sakraler Bereiche. Häufig war es ein Bestandteil der Mysterien, der göttlichen bzw. magischen Kräfte. Auf jeden Fall war es etwas absolut Heiliges.

Damals war man der Auffassung, daß Gold, ein so wertvolles, gediegenes Metall, nie einem Menschen gehören dürfte.

Es war Eigentum der Götter. Es durfte nur von Priestern und Königen verwaltet und berührt werden. Es zu verarbeiten war lediglich für kultische und sakrale Geräte, Gewänder oder Skulpturen erlaubt. Das war im indischen, persischen, babylonischen, mesopotamischen und im ägyptischen Kulturbereich oder in der Inka-Kultur nicht anders. Überall war Aurum als Träger göttlichen Willens verstanden worden.

Alexander der Große ließ schließlich seinen Kopf auf Gold prägen. So wurde aus dem sakralen Kultmetall profanes Geld.

Luzifer selbst schien sich mit den Mysterien, den sakralen Gewohnheiten befaßt zu haben, um den Menschen die göttliche Weisheit in die Hand zu spielen.

Jetzt stürzte das Gold aus geistig-göttlicher Dimension in die Abgründe dämonischer Flüche, ähnlich denen, wie sie Alberich in der Nibelungen-Sage ausspricht über das Gold der Rheintöchter. Macht und Egoismus gesellten sich zu Gold, das damit den Menschen nicht mehr durch die Weisheit der Götter erhellte, sondern seine Seele verdunkelte. So wanderte es im Laufe der Geschichte, das Gold wie die Sonne, deren Metall es ja ist, von Osten nach Westen, aus den sakralen geistigen Gefäßen, wo es als Eigentum der Götter die Menschen jahrtausendelang beherrschte, transformierte es sich im Westen in eiskalte riesige Goldbarren, die als Machtmittel die Welt beherrschen.

Die Macht von Gold ist auch in den Offenbarungen des Heiligen Johannes nachzulesen. Gold wird hier erstaunlich oft erwähnt und erscheint beispielsweise in Form goldener Leuchter, goldener Gürtel, Kronen. Auch in Feuer geläutertes Gold wird beschrieben. Schließlich hält der Engel sein goldenes Rohr in der Hand, mit dem er dem Heiligen Johannes die goldene Stadt zeigt.

In der Homöopathie wird Gold angewendet. Da haben wir

372

als Leitsymptom die tiefen, seelischen Depressionen, Neigung zu Selbstmord, Hitzewallungen sind vorhanden, heftiges Herzklopfen, Blutandrang zum Kopf mit sichtbarem Klopfen der großen Arterien am Hals.

Wenn man den Aurum-Patienten etwas fragt, so wird er rot im Gesicht. Er hat Stolper-Gefühle in der Brust und am Herzen, Herzbeschwerden, Durchblutungsstörungen in den Adern, der Netzhaut. Er ist empfindlich gegenüber Kälte, auch dem Winter.

Diese Persönlichkeiten sind entsetzlich sensibel, empfinden ihre Beschwerden unglaublich stark, welche sich alle im Winter, in der Kälte, in den frühen Morgenstunden verschlimmern.

Alles wird besser durch Wärme trotz der Hitzewallungen und beim Spazierengehen in der frischen Luft und schließlich auch noch durch Musik.

Ein Mittel, das in seinem Charakter auch dem Menschen, der es braucht doch sehr, sehr ähnlich ist.

Ein faszinierendes Metall, gleißend, glänzend, überzeugend als Reichtum und doch so zerstörend, genau wie sein Gestirn am Himmel, die Sonne. In den mittleren Breiten, so wie bei uns, hilft sie der Natur zum Blühen, zum Wachsen, zum Gedeihen, zum Früchtetragen. Und da, wo sie direkt über dem Äquator auf die Erde mit einer ungeheueren Hitze niederbrennt, da zerstört sie jede Vegetation, macht alles kaputt so wie die Depression einen Menschen zerstört. Alle Wonne, alle Freude, alle Aktivität geht verloren, es bleibt nur noch Wüste zurück, öde Wüste wie im Gemüt eines schwer depressiven Melancholikers.

Sie erspüren etwas von der Ähnlichkeit?

Kupfer – Cuprum

Kupfer ist ein lebenswichtiges Element im Aufbau des Blutes, der Wechselwirkung von Fermenten, Hormonen, Vitaminen und Redoxkörpern. Eisen wird eigentlich erst wirksam durch Aktivierung durch Kupfer im Bereich des Hämoglobins.

Wenn sich jedes Metall unserer Erde als ein besonderes Wesen mit einem besonderen Charakter darstellt und einem besonderen Planeten zugeordnet ist, so hat das schon irgendwelche Bedeutungen. Kupfer war das Metall der Venus, der Aphrodite.

Man glaubte, daß die Götter, die sich in einen funkelnden Planetenkörper kleideten, im Menschen und in der Natur bestimmte Eigenschaften zur Entfaltung bringen konnten.

So ließ Aphrodite im Menschen die Liebe erblühen, das Verlangen nach Schönheit und Harmonie, die Gier nach Schönheit, aber auch nach Erleben und Abenteuer, sie verlieh die Fähigkeit, durch schöne Künste das Leben zu bereichern. Denken Sie bitte an „Die Geburt der Venus" von Botticelli (1486), über die ich schon berichtet habe.

Entsprechend dem Charakter des Metalls – denken Sie nur an Großmutters Kupfertöpfe in der Küche – müssen wir uns auch diese Persönlichkeiten, die Kupfer als Krankheits- und Konstitutionsmittel brauchen, vorstellen.

Sie sind kontaktfähig auf emotioneller, auf geistiger Ebene, aber auch auf körperlicher Ebene. Sie haben ungemeine Bindungsqualitäten. Sie sind – mit Verlaub zu sagen – „Hansdampf in allen Gassen". In großer Gesellschaft, aber auch im kleinen Kreis erwecken sie Eindruck, und man meint, Aphrodite hat sie einfach auf Rosen gebettet. Es gibt nirgends Bindungsschwierigkeiten, im Elternhaus nicht, in der Familie nicht, bei Freunden nicht, in Sportvereinen nicht, selbst in der Politik gibt es keine Bindungsschwierigkeiten. In der Umgebung herrscht immer eitel Wonne, Harmonie, froher Mut, auch wenn einmal etwas schief geht.

Es sind Menschen, die sehr kontaktreich sind und trotzdem manchmal Junggesellen bleiben, weil sie zu viele Kontakte pflegen.

Mit Pflanzen und Tieren können sie meist nicht kontaktieren. Da haben sie Schwierigkeiten. Das Nervensystem des Kupferkranken ist besonders empfindlich, er neigt zu Krämpfen, aber auch auf der Haut hat er sehr häufig Erkrankungen. Man hat das Gefühl, beim Kupferkranken ist die Haut der „Notausgang" für Gifte im Körper, der sich einfach von diesen negativen Dingen befreien möchte.

In der Homöopathie verwenden wir es als Folgeerscheinung unterdrückter Hautausschläge. Eines ist sicher, eine Kupferpersönlichkeit hat genau so viel Freundlichkeit, Liebenswürdigkeit und Wärme wie das Metall Kupfer. Auch wenn sie nicht schön sind, sie wirken einfach durch ihr Wohlwollen, durch ihren unglaublichen Charme. Sie sind sehr aufmerksam, können ihren Freunden alles von den Augen ablesen, haben gute Manieren, wollen niemanden verletzen, sie sind einfach liebenswürdig, aber auch liebebedürftig und sie können sich auch in der Liebe verzehren.

Platin

Dieses Edelmetall ist erst im 18. Jahrhundert entdeckt worden. Es hat ein eigenartig dunkel-silbrig glänzendes Aussehen, deswegen auch der spanische Ausdruck „Platina" (das Silberkörnchen). Es kommt in der Erde gediegen vor, aber auch in Nickelerzen.

Im physikalischen Bereich wird es verwendet als Katalysator, z. B. in der Chirurgie, manchmal auch als Zahnersatz, aber auch als Schmuck.

Eines ist sicher, schon sein Ruf und seine Seltenheit bringt es zu einem ungeheuer hohen Preis, alles in allem ist es ein elitäres Metall. Elitär in allen Bereichen, auch im chemischen Bereich. Was für Bindungen geht schon Platin ein?

Groß ist die Ähnlichkeit mit den Platin-Menschen. Sie sind meist sehr schön, sehr sinnlich, haben strahlende Augen, sind sympathisch, aber manchmal wirken sie auch wie eiskalte Plastikfiguren. Eine spannungsgeladene Persönlichkeit, die aber auch äußerst sensibel ist, ein durch viel Studieren und Lernen erworbenes großes Wissen, häufig aber auch Freude an Kunst und Literatur. Sie sind intellektuell, sie suchen intelligente Partner, aber doch romantische Beziehungen. Sie sind sexuell ungeheuer aktiv und stürzen sich voll und ganz, aber mit romantischem Idealismus in die sexuelle Beziehung, die sie gar nicht loslassen können. Sie brauchen aber auch einen Partner, der nicht nur ihre sexuelle Gier befriedigt, sie wollen auch geistige Nahrung haben. Kaum einer kann diesen hohen Ansprüchen genügen, geschweige denn sie erfüllen.

Scheitert so eine Beziehung, so bereitet sie großen Kummer. Nun, es ist schwierig für eine Platinfrau, ihr emotionelles, ihr geistiges und ihr sexuelles Verlangen in Einklang zu bringen mit ihren geistigen Bedürfnissen, die sie hat.
So kommt es zu überspitzten, idealistischen Gefühlen, zu hochgeistigen Gedankenflügen. Aber auf der anderen Seite zu einer sinnlichen Gier nach Befriedigung bis zur Abartigkeit.

Doch auch ihre eigene Darstellung im Kreis anderer Menschen, die eigene, häufig faszinierende Persönlichkeit mit einer übertriebenen Selbstüberhebung ist manchmal nicht begreiflich, aber sie ist vorhanden. Das sind Menschen, die alle Höhen und Tiefen des Lebens durchmachen von frommer Demut vor Gott bis zur animalischen Triebhaftigkeit, von romantisierender Sehnsucht nach Höherem bis zur eiskalten Berechnung. Das heißt also, ihre ganzes Leben ist eine Gradwanderung im Bereich seelischer Gesundheit.
Sie halten sich für elitär, werden aber auch so von außen her angesehen. Auch hier wieder diese ungeheure Ähnlichkeit zwischen zwei Dingen, scheinbar wesensfremden, die aber eine bestürzend überraschende Analogie zeigen.

Ferrum

Ein Metall, das sehr häufig in dieser Welt vorkommt und im glühenden Kern der Erde in großer Menge vorhanden ist. Ein Metall, das, wenn man es einmal so überlegt, nicht unbedingt an eine Persönlichkeit erinnert, aber dessen Geschichte doch interessant ist.

Überlegen Sie doch bitte, daß in den letzten 500 Jahren Eisen das Metall war, welches in den Kriegen die meisten Menschen tötete. Ob es früher mit Dolch oder Degen, mit Hellebarde oder Bajonett war, später dann durch Kugeln des Gewehrs und der Pistole, durch Granat- oder durch Bombensplitter. Immer wieder war es Eisen, das Millionen von Menschen tötete.

Haben Sie sich schon einmal überlegt, daß der Mensch ohne Eisen im Blut — Hämoglobin — nicht leben kann? Daß Sie Eisen brauchen, um atmen zu können, um den Sauerstoff auch an die Gewebe heranzubringen, also überhaupt leben zu können? Es ist noch wichtiger fast als Wasser oder mindestens genau so wichtig wie Salz.
Ich wollte Ihnen hier nur diesen kleinen Widerspruch zeigen.

Zincum

Dieses doch sehr junge Metall, das dem Planeten Uranus zugeordnet wird, ist ein auffälliges, eigenartig demütiges, aber gleichmachendes Metall. Überall, wo eloxiert wird, alle Türklinken, alle Fenstergriffe und wo auch immer Griffe sind oder etwas zu verdecken ist, wird Zink angewendet.
Die Dachrinne ist auch verzinkt. Ja, Zink ist zum Gleichmachen auch in den sogenannten Sprays vorhanden, die irgendeinen unangenehmen Körperduft verändern oder zum Verschwinden bringen sollen. Das sind die Deodorantien, Zink ist hier die wichtigste Substanz.

Zink ist aber auch ein Beschützer. Denken Sie an die Zinksalbe bei großen eitrigen Wunden, die die ganze Umgebung kaputt machen. Bei Eisen verhindert es das Rosten.

Zink ist auch das Metall, das für das 20. Jahrhundert, also auch für den Beginn des Wassermann-Zeitalters einen großen Wert besitzt. Diese große Unruhe, die in der heutigen Gesellschaft schon da ist, teils zur Uniformierung, teils zum vorprogrammierten Gesellschaftsleben. Individualisten sind teilweise noch vorhanden, sie werden aber alle sehr schnell in eine Gleichschritt-Situation verdrängt, Erlebbares wird uniformiert. Aber es gibt auch noch deutliche Intuitionsmenschen, es gibt noch Persönlichkeiten, Individuen. Und hier sind die ganzen Revolutionen einzuordnen, hier ist die Konfrontation mit alten Dogmen, wo Jugend und Alter in einem Generationskonflikt zerstörend aufeinander zurasen. Dann die neue Zeit mit Eile und Unrast, mit Bewährungszwang, alles das zeigt uns hier den Hinweis auf Zinkum.

Wenn wir im homöopathischen Bereich Zink ansehen, da ist es immer da, wo Unruhe und Bewegung vorhanden sind; Zittern im Körper, ruckartige Bewegungen, Spasmen von Muskelgruppen, unglaubliche Unruhe im Innern, nervöse Erregbarkeit und vegetative Überspanntheit.

Ein ganz eigenartiges, ein sehr wichtiges Medikament für das nächste Jahrhundert.

So können wir von den Metallen abschließend sagen, daß sie eine gleiche, ähnliche, ungeheuer starke Stellung im System aller Elemente unserer Erde haben. Wir müssen nicht nur die chemische, physikalische Möglichkeit dieser Elemente betrachten, sondern wir müssen auf eines achten, daß nämlich alle diese Elemente, auch Metalle, genau wie vorher die Salze, die Steine, die Edelsteine, einen eigenen Charakter haben. Daß sie ein eigenes Wesen darstellen, das zu erkennen nicht ganz leicht ist. Aber bei der nötigen Überlegung und dem Kontakt mit diesen Dingen kommen wir doch dazu, durch die äußere Hülle von Gleiß und Glanz und Metallischem hindurchzublicken bis in die Tiefe der Seele eines Metalls. Genau so wie wir auch die anderen Elemente betrachtet und gesehen haben.

Wasser

Lied und Gebilde

Mag der Grieche seinen Ton
Zu Gestalten drücken,
An der eignen Hände Sohn
Steigern sein Entzücken;

Aber uns ist wonnereich
In den Euphrat greifen,
Und im flüss'gen Element
Hin und wider schweifen.

Löscht ich so der Seele Brand,
Lied es wird erschallen;
Schöpft des Dichters reine Hand,
Wasser wird sich ballen.

(J. W. von Goethe)

Vorangegangen in den letzten Seiten sind die Bilder der Edelsteine, der Salze, der Mineralien und die Bilder einiger Metalle, der Edelmetalle.

Das Wasser ist etwas Besonderes. Bereits in den ersten Sätzen des 22. Kapitels der Apokalypse des Heiligen Johannes, entquillt das Wasser dem Stuhle Gottes und des Lammes und durchströmt die Stadt.

Im Alten Testament, da finden wir bei dem Propheten Hesekiel eine Beschreibung eigenartiger geistiger Welten und Wesen, welche die größte Verwandtschaft mit der Offenbarung des Johannes hat.

Im 1. Kapitel entwickelt sich hier eine Art Quellbild. Auch da ist der göttliche Schöpfer gegenwärtig, gleich einem Menschen gestaltet, sehr hell, von der Mitte seines Körpers nach oben und unten ausstrahlend. Ihn umleuchtet ein Regenbogen. Ihm voran gegangen sind die vier Cherubime mit dem vierfachen Antlitz, dem Löwen, dem Stier, dem Adler und dem Menschen. Die vier Räder sind noch, und oberhalb dieser Sphäre schwebt ein Kristallhimmel. Dann kommt die große Mündungsvision.

Hier wird berichtet, wie das Wasser unter der Schwelle des Hauses hervorquillt nach Osten hin. Und die Vorderseite des Tempels war ja immer nach Osten hin gerichtet. Das Wasser floß unterhalb der südlichen Wand des Tempels hinab, südlich vom Altar. Dann wird durch das Wasser geschritten und Flüsse sind da und Bäume zu beiden Seiten der Flüsse. Es wird berichtet, daß sich dieses Wasser in das Tote Meer ergießt, in die salzige Flut. Und jedes lebende Wesen, so steht geschrieben, was dort wimmelt, wohin immer der Fluß kommt, das wird leben, und die Fische werden sehr zahlreich sein. Und allerlei Bäume mit eßbaren Früchten werden da wachsen, die Blätter werden nie verwelken und die Früchte werden nicht versiegen, und in jedem Monat werden sie frische Früchte bringen, denn ihr Wasser quillt aus dem Heiligtum hervor. So sehen wir in der Vision des Propheten Hesekiel das strömende Wasser aus dem Tempel, in der Offenbarung des Johannes unmittelbar vor dem Thron der väterlichen Gottheit.

Es muß, wenn man es so sieht, dieses Wasser ein unglaubliches Wesen sein, das sowohl im Bilde des Strömens großartig ist als auch an der Quelle im Beginn des Strömens, aber genauso im Brunnen, aus dem man es schöpfen kann. Und fast in jedem Kapitel finden wir das Wasser erwähnt, das Rauschen der Wasserströme, das Trinken, das Öffnen des Mundes zum Trinken, die Verwandlung des Wassers und

immer mehr bis wir dann im 21. Kapitel lesen:
„Dem Dürstenden will ich aus der Quelle das Wasser des Lebens spenden."

Man sieht hier, daß das Wasser in diesem Motiv der Offenbarung durch die ganze Offenbarung hin immer wieder verwandelt wird, sich neu entwickelt. Man sieht, wie das Wasser, das aus dem Urquell des Daseins, aus dem Thron, hervorgeht und die Zukunftsstadt durchzieht, zu einem umfassenden Lebensstrom wird.

Was bedeutet das? Was heißt das, daß das Wasser hier so groß geschrieben wird?

An der Erdoberfläche finden wir, wenn wir sie ganz profan betrachten, eigentlich nur zwei flüssige Elemente. Das eine ist das Wasser in großer Menge, in gewaltiger Masse, in den Meeren, den Flüssen, den Buchten, in den Brunnen, in den Quellen.

Verdunstet es da, so kommt es in zarter, dichter Weise in die Luft und kommt später als Niederschlag auf die Erde zurück. Aus ihr dann wieder heraus in die Brunnen, in die Quellen, in den Fluß und in das Meer.

Es gibt noch eines, was in äußerster Seltenheit vorkommt in winzigen Tröpfchen, manchmal im Zinnober, das ist Quecksilber.

Beim Wasser ist das Erstaunenswerte, daß bei allen normalen Temperaturumständen es auch verdunstet, so daß fortwährend alle drei Aggregat-Zustände, fest, flüssig und gasförmig durchlaufen werden können. Auf diese Weise kommt das Wasser nie zur Ruhe. Auf der einen Seite ist es der Luft ausgesetzt mit ihren Winden, auf der anderen Seite aber der Schwere der bewegenden Wirkung des eigenen Elementes. Faßt man lange Zeiträume ins Auge, so sind ja auch die Gletscher an diesem ständigen Kreislauf beteiligt.

Während die festen Minerale unserer Erde und ihrer Organe an Ort und Stelle sich weiterbilden, sich verändern, während die Luft um die Erde herumkreist mit ihren Elementen Sauerstoff, Wasserstoff, Stickstoff und vielen anderen gasförmigen, bewegt sich das Flüssige, nennen wir es einmal „Mineral" Wasser in Aggregatzuständen hin und her, wobei immer das Gleichgewicht aufrecht erhalten bleibt. So hat das Wasser eigentlich, wenn man es genau nimmt, einen sehr exakten Haushalt, sowohl was die Elemente anbelangt als auch ihre Dichte und ihre qualitative prozentuale Menge. Es ist der Kreislauf unseres Planeten Erde.

Aber es ist ja nicht nur das Wasser, was wir mit den Augen sehen in den Flüssen, Seen, Meeren, Quellen und Brunnen. Das meiste Wasser befindet sich in den Lebewesen und hier wiederum in den Pflanzen, vielleicht 20- bis 30tausendmal mehr als in den Seen und Flüssen der Umgebung. Da ist die Hauptmasse des Wassers außerhalb der Ozeane, nicht in den strömenden Gewässern, sondern es ist in der Pflanze und zum großen Teil auch in der Luft.

Die physikalisch-chemischen Eigenschaften des Wassers sind sehr interessant zu betrachten, allein schon was seine Wärme und das konstante Mengenverhältnis der gelösten Salze untereinander anbelangt, was die Verdampfungswärme und den Gefrierpunkt betrifft. Auch die innere Beweglichkeit, d. h. die Viskosität im Verhältnis zu Druck und Temperatur ist äußerst eigenartig. Und zu den außergewöhnlichen, teilweise sogar eigenartigen physikalischen Eigenschaften des Wassers kommt noch eine Reihe chemischer Besonderheiten dazu. Einmal ist das Wasser Lösungsmittel für alle polar gebauten Stoffe, besonders für Salze. Wasser ist chemisch außerordentlich reaktionsfreudig, es dissoziiert schnell in positive H-Ionen, negative OH-Ionen.

Drittens haben wir diese Aufnahme aller dieser Stoffe im Wasser und die Vermittlung ihrer Reaktion untereinander in einer Form, wie sie sonst nirgends erreicht wird. Es hat also praktisch die größte Benetzungsfähigkeit der anderen

Körper, ohne sich dabei selbst als Zusammenhang zu verlieren.

Wasser ist außerdem chemisch ein wunderbares Suspensionsmittel. Kleinste Teile fester, gasförmiger und auch flüssiger Stoffe trägt es schwebend in gleicher Entfernung der Stoffteilchen in sich.

Kennen wir alle diese physikalischen und chemischen Eigenschaften, so stellt sich zwangsläufig die Frage, was hat Wasser und Leben gemeinsam, oder ist Leben ohne Wasser überhaupt möglich? Und hier ist sein Verhalten für das Lebendige ungemein wichtig. Erstens einmal, weil es überhaupt flüssig ist. Die meisten Stoffe sind ja fest. Das Verhältnis zur Wärme ist interessant, die spezifische Wärme des Wassers ist außergewöhnlich hoch. Steine erwärmen sich schnell, sie kühlen sich schnell ab, Wasser tut beides ganz langsam.

Weiterhin sind seine Dichteverhältnisse eigenwillig. Jede Flüssigkeit wird bei Abkühlung schwerer, das Wasser auch, aber nur bis zu 4 Grad Celsius; Wasser von 10 Grad Celsius ist schwerer als Wasser von 20 Grad Celsius. D. h. also, daß, wenn Wasser von einem Grad Celsius leichter ist als Wasser von 4 Grad, kaltes Wasser Eis auf seiner Oberfläche bildet. Es schützt sich selbst davor, daß es auch in der Tiefe nicht fest wird, es will flüssig, es will lebendig bleiben. Chemisch gesehen sind alle Wasserstoffverbindungen eigentlich Gifte, denken Sie an HCL, PH_3, Wasser dagegen ist ungiftig. Weiterhin innerhalb aller Verbindungen, die Säuren und Basen sind, ist das Wasser chemisch neutral.
Wasser ist außerdem ein Lösungsmittel für Kolloide. Selbst als Wolke am Himmel ist es selbst noch ein Kolloid, ein Aerosol, wie man sagt.

Es gibt eigentlich keinen Stoff, der dem Wasser gleichkommt, außer Quarz in einer gewissen Hinsicht.

Und schließlich noch die ungeheuere Korrosions- und Adhaesionskraft des Wassers in flüssigem Zustand. Damit ist es kapillar-wirksam, und ein dünner Wasserfaden in einem Haarkapillarröhrchen kann nicht abreißen. Das ist für die Wasserleitung in den Pflanzen, die Gefäße haben, von entscheidender Bedeutung.

So ist es gegenüber den Mineralien, den Salzen und den Edelsteinen ein wesentlich chemisch und physikalisch faszinierenderer Stoff als der schönste Kristall, als der beste Edelstein. Nur ist es flüssig und zerfließt deshalb.
Seine Fähigkeiten sind viel größer, das Wasser ist der Träger des Lebens. Wo Wasser ist, da ist auch Leben, wo kein Wasser ist, dort ist Tod. Es strebt immer nach einem Gleichgewicht, nach Harmonie. Es vermittelt Gegensätze, Säuren und Laugen. Es gibt sich allem hin, tritt immer wieder zurück und bindet alles andere, ohne selbst dabei etwas von sich selbst zu verlieren.

Es kann reinigen, heilen und erfrischen, es nimmt Licht und Wärme, aber auch Luft auf. Es nimmt eigentlich alles auf, was auf dieser Welt ist. Vielleicht auch unsere Tugenden, vielleicht auch unsere Sünden? Nicht umsonst spricht man davon, daß die Erbsünde bei der Taufe abgewaschen wird.

Eis macht das Wunder des Wassers sichtbar. Denken Sie an die kleinen Eiskristalle, die wir am Fenster sehen, und wenn die Sonne kurz daraufscheint, das ist ein unglaubliches Bild. Es erinnert irgendwo an ein Wunder. Hier wird das Licht der Sonne aufgenommen, die Farben der Sonne werden wiedergespiegelt, das Wasser wird plötzlich kristallin, verwandelt sich zu einem Edelstein, zu einem wunder-wunderschönen Edelstein, der aber leider, wenn es wärmer wird, wieder zu fließendem Wasser wird und in kleinen Tröpfchen an der Fensterscheibe herabläuft; lange kann man diesem Tropfen noch nachsehen. Welches Wunder ist ein Tropfen, nicht nur dieser Tropfen am Fenster, auch der Tautropfen, der an der

Spitze eines Pflanzenblattes hängt. Erscheint er in der aufgehenden Sonne, auch im aufgehenden Mond, dann kann man, wenn man in der Lage ist, ein wenig Transparenz im Leben zu finden, einmal in einem Wassertropfen einen ganzen Kosmos entdecken.

Goethe hat in seinem „Gesang der Geister über dem Wasser" in den letzten vier Zeilen geschrieben:
„Seele des Menschen
wie gleichst du dem Wasser!
Schicksal des Menschen,
wie gleichst du dem Wind!
Jetzt weiter zu schreiben ist müßig.
Sie müssen es weiter durchdenken, fühlen und erleben.
So durchsichtig wie klares Wasser, so transzendent wird jetzt das Wasser als ein ganz besonderes, faszinierendes Wesen.

Sie werden mit Recht sagen, jetzt haben wir viele Zeilen über das Wasser gelesen und wo bleibt hier die Mythologie. Nun, sie kommt an unglaublich vielen Stellen vor. Und man sollte nicht vergessen, daß auch schon zur Zeit der griechischen Mythologie das fließende Wasser eine große Rolle spielte. Es war sogar Fließwasser unter großem Druck zu Reinigungszwecken vorhanden, wobei allerdings in gewissen Grade auch eine Umweltverschmutzung stattfand.

Erinnern Sie sich bitte einmal kurz an Herakles zurück. Herakles ist ja der Sohn des Zeus, oder genauer gesagt der Sohn des Amphitryon in dessen Gestalt als Mensch Zeus sich Alkmene näherte, und zwar so nahe, daß sie einen Sohn empfing. Hera, die gestrenge Frau des Zeus hat Herakles natürlich deswegen verfolgt. Als Knaben hat sie ihm schon Schlangen nachgesandt, später hat sie ihn wahnsinnig gemacht. In einem Wahnsinnsanfall hat er seine Kinder aus der Ehe mit Megara getötet.

Viele Abenteuer mußte er bestehen bzw. Aufgaben lösen oder besser gesagt Befehle ausführen, 12 insgesamt, bis zu seinem schrecklichen Tod, nach dem er aber unter die Götter aufgenommen wurde und Hebe zur Gattin wählte. Herakles hatte ein äußerst heterogenes Wesen und war deshalb eine umstrittene Gestalt, die noch nicht recht befriedigend gedeutet ist: Einem adlig-tapferen Heros Herakles steht ein komisch-derber, schließlich auch ein menschlich-selbstloser gegenüber. Die Pythagoreer machten Herakles zu einem sittlichen Dulder. Durch seine menschliche Größe war er lange Jahrhunderte Vorbild der Philosophen, der Athleten, aber auch der großen Herrscher, der Herrscher der Antike. Herakles war einer der wenigen Helden, der ein Mensch war, aber doch auch ein Gott.

Es gibt nicht wenige Philosophen, die im heldischen Leben des Herakles eine Entwicklung vom Menschen zu Gott erblicken. Von seinen abenteuerlichen Aufgaben gibt es viele Hintergründe und Zusammenhänge. Da kommen abendländische und orientalische Sagen zusammen, Märchen von Drachen, aber auch ethische Grundlagen. Wir finden sogar christliche Interpretationen, in denen Herakles zu Abenteuern ausgesandt wurde, um sich den Himmel zu erringen. Harte Aufgaben mußte er erfüllen, um schließlich erlöst zu werden.

Ich wollte aber vom Wasser etwas erzählen und hier spielt Herakles auch eine Rolle. Er war ja, wenn man so sagen kann, ein Held, ein Heros und löste deshalb die ihm gestellten Aufgaben durchwegs mit Bravour. Schlimm war es, als er den Auftrag erhielt, den von 3000 Rindern über Jahre hinweg verunreinigten Stall des Königs Augias in nur einem Tag auszumisten. Er muß sich, als er diese Aufgabe bekam, ziemlich elend gefühlt haben. Anstatt sich aber mit der an sich Helden unwürdigen Arbeit des Ausmistens die Hände schmutzig zu machen, besann er sich auf seinen Intellekt, der ja häufig stärker ist, als die Muskelkraft des größten Helden. Und ein leuchtender Gedanke kam ihm: Er leitete die beiden Flüsse Alpheos und Peneos über einen Kanal durch den Augiasstall und säuberte diesen also gleich. Damals hat er eine moderne Reinigungsmethode vorweg genommen: Eine gründliche, saubere und effiziente Methode. Man könnte sagen, er hatte hier als Innovation in die Kultur der nächsten Jahrtausende das fließende Wasser aus den Leitungen herbeigeführt, wobei seine Leitung ja doch eine sehr große gewesen sein muß. Es genügt wie immer hier, sich selbst daran zu erinnern, sich zu überlegen, wie groß der Stall wohl war mit 3000 Rindern, um zu wissen, welche ungeheure Fläche von Kot und anderen schmutzigen Dingen ausgeräumt werden mußten.

Sie sehen, daß eine Innovation intellektueller Herkunft weitaus mehr bringt, als die durch wilde Muskelarbeit ausgelöste Transpiration. Bei dem Begriff „Transpiration" denken Sie auch wieder an Wasser, in diesem Falle an die Tatsache, daß der große Wasserkreislauf von Fluß, Meer, Wolken, Regen und Brunnen auch beim Menschen stattfindet, wenn auch in etwas deutlich verkleinerter Form.

Vielleicht wollen Sie noch wissen, wo der Fluß Alpheos liegt. Nun, es ist der größte und wasserreichste Fluß des Peloponnes, der mit seinen zahlreichen Zuflüssen den größten Teil Arkadiens entwässert. Bis heute hat er mit seiner starken und bei Hochwasser reißenden Strömung bis zur Mündung hin den Charakter als Wildwasser bewahrt.

Peneos ist ein großer, das ganze Jahr viel Wasser führender Hauptfluß Thessaliens, der mit seinen vielen Zuflüssen im Pindos entspringt, durch die thessalische Ebene fließt und in Saloniki mündet.

Schmetterlinge

Die Schmetterlinge gehören zu den farbenprächtigsten und vielfältigsten Tieren überhaupt. Von anderen Insekten unterscheiden sie sich vor allem dadurch, daß ihre Flügel bunt und undurchsichtig sind und eine charakteristische Form besitzen.

Wir haben da die Tagfalter, die allgemein beliebt sind. Diese lösen nicht den allgemeinen Widerwillen aus, den man den meisten anderen Insekten entgegenbringt. Nur deshalb, weil sie nicht beißen, stechen, keine Krankheiten übertragen? Gewiß ist aber, daß ihre Beliebtheit hauptsächlich auf ihrer Erscheinung beruht.

Die Tagfalter-Arten gehören zu den prachtvollsten Schöpfungswundern überhaupt und sind berühmt wegen ihrer herrlichen Farben und Muster. Wenn wir hier auf einmal so vielen Farben begegnen, dann setzen wir es als selbstverständlich in der Tierwelt voraus. Wir sollten uns aber daran erinnern, daß sie eher eine Ausnahme als eine Regel sind. Die ganze Farbentfaltung, die Mannigfaltigkeit, die Faszination, der Glanz, die verschiedenen Zusammenstellungen der Farben und Muster, die man bei Faltern findet − vor allem bei den Tagfaltern − finden wir im übrigen Tierreich nicht. Ausgenommen bei den tropischen Fischen, da ist die Farbenpracht genau so groß.

Farbe ist aber hier nicht nur ein Mittel für optische Werbung, sie dient auch zur Tarnung oder zur Verteidigung. Denken Sie an das Mimikry, die Anpassungsfähigkeit der Tagfalter-Färbung ist sehr bemerkenswert. Wir finden sie in der Nachahmung von anderen Arten. Und so gesehen sind die Schmetterlinge die Juwelen der Schöpfung.

Die Farbenpracht führt natürlich auch dazu, daß Tagfalter bei Sammlern so beliebt sind.

Tagfalter jedoch ausschließlich nur als Objekte zu betrachten, vielleicht als die farbenprächtigsten der Schöpfung überhaupt, hieße, sie nur halb zu verstehen. Sie sind nicht nur vom Äußeren her von außergewöhnlichem Interesse. Es sind ausgezeichnete Objekte für Untersuchungen zur Entwicklungsgeschichte. Die Flügel dieser Insekten tragen die Merkmale ihrer Ahnen. Darüberhinaus hat die Zucht von Rassen und Formen eine der kompliziertesten Vorgänge enthüllt, die im Vererbungsmechanismus enthalten sind. Sogar Vorgänge, die für den Menschen von Nutzen sind.

Das vielleicht interessanteste Beispiel dafür ist der in jüngster Zeit gemachte Fortschritt in der Forschung der Unverträglichkeit der Rhesusfaktoren — eine der Hauptursachen der Säuglingssterblichkeit. Die Erkenntnisse, wie diese Erkrankung beim ungeborenen Kind entsteht, basierte ursprünglich auf Untersuchungen zu der Genetik des afrikanischen Schwalbenschwanzes (Papilio dardanos).

Da sich unsere Tagfalter — von kleinen Ausnahmen abgesehen — ja nur über kurze Strecken bewegen können, so ist die Falter-Fauna in weit auseinanderliegenden Erdteilen sehr verschieden. Interessant ist auch der Lebenszyklus der Tagfalter. Er ist nicht minder beachtlich als ihre Schönheit. Die Verwandlung der meist abstoßenden, etwas eigenartig-bizarren Raupen in einen eleganten, schönen Falter, ist eines der großen Wunder der Natur.

Dieser natürliche Zaubertrick, ein häßliches Wesen in eine Schönheit zu verwandeln, hat auch noch einen ökologischen Sinn: Raupe und Falter können ganz verschiedene Lebensweisen führen und konkurrieren nicht um das gleiche Futter! Wir können hier nicht über alle Falter dieser Welt berichten, nein, wir können nur einige wenige herausnehmen, um grundsätzlich zu zeigen, welche Wunder, welcher Zauber auch hiervon ausgeht.

Wenn wir alle Tierarten unserer Welt zusammennehmen, dann sind Dreiviertel dieser Arten Insekten. Sie haben eine ungeheuer lange und komplizierte Entwicklungsgeschichte. Es gibt aber auch noch Lücken in dieser Geschichte, und Einzelheiten über ihre Vorfahren bleiben eigentlich reine Vermutungen. Fossilien geben uns Anhaltspunkte. Schmetterlingsfossilien aus dem Oligozän (also etwa vor 30 Millionen Jahren) als Abdrücke in Tonablagerungen zeigen, daß diese Fossilien den heute lebenden Arten sehr ähnlich sind. Über die primitiveren Formen, die früher lebten, haben wir nur Vermutungen. Denn eines ist sicher, Insekten gibt es schon seit 400 Millionen Jahren.

Daß viele Schmetterlinge in ihrer doch typischen Beziehung zu Blütenpflanzen stehen, kann darauf schließen lassen, daß sich die beiden über einen ähnlichen Zeitraum hinweg parallel entwickelt haben. Die ersten Blütenpflanzen sind etwa 90 Millionen Jahre alt. Wenn sich Blütenpflanzen und Schmetterlinge tatsächlich gleichzeitig entwickelten, dürften die letzten 150 bis 200 Millionen Jahre alt sein. Also im Trias entstanden, in der gleichen Zeit vielleicht wie die ersten Säugetiere, die eventuell etwas jünger sind.

Die Tierwelt wird in große Gruppen und Stämme eingeteilt, und jeder Stamm enthält Tiere, die sich weitgehend ähnlich sind bzw. bestimmte Erkennungsmerkmale gemeinsam besitzen. Zum Stamm der Arthropoden, der Gliederfüßer, gehören alle Tiere, die gegliederte Gliedmaßen und ein Außenskelett haben. Diese Gliederfüßer unterteilen sich in viele Klassen, z. B. die Krabben, die Hummern, die Spinnen, die Milben, die Skorpione, die Tausenfüßler. Die größte Klasse aber bilden die Insekten, und zu ihnen gehören auch die Tagfalter. Neben den Käfern stellen die Schmetterlinge die artenreichste Insektenordnung dar. Davon sind 140 000 Arten etwa bekannt, darunter 20 000 verschiedene Tagfalter. Bei der Klassifizierung geht es manchmal etwas durcheinander. Was aber im Rahmen dieses Buches interessant scheint — und deswegen möchte ich es hier erwähnen — ist die Tatsache, daß die Schmetterlinge — und hier wiederum die verschiedenen Arten und Familien — Namen tragen, die wir in der griechischen Mythologie bei Göttern und Helden wiederfinden.

Ich will hier nur einige anführen und begleitend dazu die Erklärung zu dem Namen geben, wenngleich eine Etymologie dieser Schmetterlingsnamen, sowohl bei Gattungsnamen, bei Familien oder Unterfamilien, schlechte Hinweise auf den Namen bzw. auf den Schmetterling geben.

Es gibt eine Familie der „Hesperiidae". Sie heißen „Dickkopf-Falter", weil sie dicke Köpfe haben. Es sind Falter, die zu der Gruppe der Tagfalter gehören, wenngleich die Hesperiden die hellstimmigen Töchter der Nacht sind. Vielleicht, weil sie teilweise sehr bunt sind und faszinierende Zeichnungen tragen und somit doch eine Ähnlichkeit mit den Hesperiden haben.

„Pyrrhochaica", ein Gattungsname, der kaum etwas mit dem berühmten Pyrrhos, dem Gemahl der Antigone zu tun haben kann; er läßt sich auch schwer übertragen auf diese Art Schmetterlinge.

Es gibt eine Gattung „Apilio", was ja vom französischen oder lateinischen „Papillon" abhängig ist, aber wir finden in der griechischen Mythologie keinen Hinweis darauf, daß es einen, auch nur dem Namen ähnliches Mitglied der Heldengötter oder Halbgötter im alten Griechenland gab.

Eine Gattung „Parides" erinnert lediglich an die Hirten, aber es gibt keinen besonderen Namen oder Hinweis.

Bei der Gattung „Phoebis", da muß man schon daran denken bei der Übersetzung, daß es „Schrecken" oder „Wegscheucher" heißt.

Wir sehen vielleicht eine Beziehung zu dem Begleiter des Ares, also des Kriegsgottes.

Warum diese schillernd blauen Farben der meisten Morphoaten so unwahrscheinlich faszinierend sind, ist, wenn man den Namen betrachtet, wohl vom Blau her der Nacht zugeordnet, denn Morpheus ist der Sohn des Hypnos, des Schlafes. Er ist also, vielleicht von der Traumwelt bzw. von unserer Fantasiewelt her, ein im Schlaf für die Nacht bestimmter Falter. Nun, die Farbe deutet allenfalls darauf hin, mehr kann man da wohl nicht sagen.

In dieser Gattung gibt es einige Namen, die durchaus den griechischen Helden oder Göttern entsprechen, aber kaum oder wenig Ähnlichkeit mit ihnen haben. Da gibt es einen Schmetterling mit Namen „Herkules", einen mit Namen „Amphytrion", „Telemachus" kommt vor und „Hekuba". Schließlich in dieser Gruppe auch noch „Adonis", „Helena" und „Aurora", „Diana" finden wir ebenso in dieser Gattung und „Polyphem". „Luna" ist da zu finden und „Menelaos", „Hyacynthos" und „Achilles", „Patroklos" etc.

Mit diesen Namen innerhalb einer Gattung ist schon die halbe griechische Mythologie aufgeführt mit allen ihren Helden, die im trojanischen Krieg eine Rolle spielten.

Bei der Gattung der „Danaiden", die ja vorwiegend in den Tropen und Subtropen vorkommt, finden wir bei allen ein erstaunlich ähnliches Zeichnungsmuster auf den Flügeln. Alle Arten dieser Gattung enthalten giftige Körperflüssigkeiten, die von den Futterpflanzen der Raupen stammen und vor allem bei den „Asklepiaden" und den „Apozynaceen". Die Grenzen zwischen diesen beiden Pflanzenfamilien ist nicht besonders scharf. Dazu gehören im Bereich der *Asklepiaceen Uzara*, eine Pflanze, die mehrere Herzglykoside enthält. Das zweite ist Madar, bei der Sitosterol eine Rolle spielt. Schließlich *Asklepias syriaca*, in der ein Gemisch von mindestens 20 verschiedenen Glykosiden eine Rolle spielt. Der Wurzelstock enthält hier noch das Alkaloid Nikotin und verschiedene ätherische Öle.

Asklepios tuberosa enthält auch mehrere Glykoside, und das gleiche gilt für Vincetoxicum officinale.

Alle Herzglykoside sind sehr giftig, woraus sich schon einmal diese obengenannte Giftsituation erklärt. *Apocynum cannabinum*, der wichtigsten Apocynacee, hat auch wiederum eine mit sehr vielen Herzglykosiden angereicherte Pflanze, außerdem noch Zymarin. Ein Mittel, mit dem man früher Fische fangen ging, weil es für Fische sehr giftig war, aber auch für Menschen, wenn auch nicht sehr stark, so doch deutliche Vergiftungserscheinungen zeigte.

Das zweite wäre Oleander, auch wieder ein Herzmittel mit Glykosiden angereichert, ein sowohl in der Phytotherapie, als auch in der Homöopathie angewandtes Mittel. Und schließlich Strophantus, das wohl giftigste, früher in Afrika nur als Pfeilgift benutzte Herzmittel, das jahrzehntelang als das souveräne Herzmittel in Klinik und Praxis die wichtigste Rolle spielte. Das Mittel ist sehr giftig, schon in winzigster Dosis, wobei die parenterale Gabe deutlich giftiger ist als die enterale Gabe. Von diesen beiden Pflanzen also die wesentlichsten Hinweise.

Mit diesen kurzen Hinweisen auf die Namensgebung bei vielen Schmetterlingsarten, die aus der griechischen Mythologie stammen, können wir dieses Kapitel abschließen. Wir müssen noch einige andere Tiere kurz streifen. Wenn wir auch nur ein Tier nehmen, das wir in der Medizin brauchen können und das durch seine, einerseits giftige, andererseits aber auch sehr heilsame Wirkung sehr hilfreich ist.

Dabei möchte ich aus jeder Tiergattung heraus nur einen Stoff bringen, der vielleicht interessant ist.

Tiere sind ja bereits auf einer höheren Stufe der Entwicklung des Lebens.

Lassen Sie uns einige Tiere betrachten aus dieser Spezies

von unzähligen Tierarten. In der konventionellen Medizin sind nur noch wenige Tiere oder ihre Gifte zur Verwendung gekommen.

In der Homöopathie werden etwa 60 Tierarten verwendet. Dazu gehört die Biene, gehören die Schlangengifte oder Spinnengifte, dazu gehören auch Fische, bzw. Molusken.

Fast alle Tierstoffe sind in der offiziellen Pharmakologie eigentlich unbekannt. Toxikologisch sind einige interessant, die Schlangen beispielsweise. Manche sind Lieferanten bestimmter Nahrungsmittel, denken Sie an Lebertran, oder auch Arzneimittel. In der modernen Zeit ist die Omega-Säure sehr stark in den Vordergrund gestellt worden. Nun, unter welchen Voraussetzungen, das werden wir im 3. Kapitel noch sehen.

Interessant in diesem Zusammenhang ist, daß die Auseinanderentwicklung der Methodik von Homöopathie zur Schulmedizin auf dem gemeinsamen Hintergrund des jahrtausendelangen Gebrauchs von Tierstoffen geschah. Diese wurden vor allen Dingen in der Volksmedizin, aber auch in Zusammenhang mit Scharlatanerie und aus Aberglauben heraus angewendet. Dennoch darf man die Heilkundeerfahrung vieler Völker nicht vernachlässigen, um Kontinuität und kritische Tradierung wertvoller Erkenntnisse zu gewährleisten.

Die arzneiliche Verwendung von Tierstoffen hatte ihren Höhepunkt im 18., später auch noch im 19. Jahrhundert erreicht. Das Hahnemann'sche Apotheker-Lexikon gibt den Stand der Arzneimittel-Lehre zu dieser noch vorhomöopathischen Zeit wieder. Im Laufe des 19. Jahrhunderts sind fast alle Stoffe in der Schulmedizin verloren gegangen, zumindest verloren sie an Bedeutung. Selten wird heute noch „Cantharis", die spanische Fliege in Form von Pflaster in den Arzneibüchern geführt.

Lebertran gehört mit herein in den Substitutionsbereich.

Nach Paracelsus wurden die Tierorgane und Sekrete teilweise nach seinem Prinzip von „Similia similibus curantur".

Heute werden noch wenige Tierstoffe benutzt um indifferente Reiztherapie auszulösen, z. B. tierisches Fremdserum oder anderes.

Die homöopathische Methode erfordert, daß die Wirkung der Stoffe, die als Arzneien dienen sollen, durch planmäßige Versuche am gesunden Menschen festgestellt werden. Hahnemann führte diese Prüfung mit Sepia durch. Hering mit Schlangengiften.

Ich möchte hier nur wenige Tiergifte kurz vorstellen, Tiere, die Sie selbst gut kennen und die Sie vielleicht auch schon einmal als Arzneimittel verwendet haben und die im Mittelalter doch eine sehr große Rolle gespielt haben als Zaubermedizin auf den Jahrmärkten.

Apis melificans

Apis war der heilige Stier in Memphis, der Herold des Gottes Ptah, in dessen Namen er Orakel gab. Ursprünglich war Apis ein Fruchtbarkeitsträger, dessen Lauf über die Felder deren Wachstum sicherte. Später spielte er im Königsritual der Jubiläumsfeste eine große Rolle. In religiösen Riten wurde dieser Stier auch verbrannt. Doch nicht vollständig verbrannt blieb der Rest liegen, bis er mit Erde bedeckt wurde, nachdem in seinem Leib unendlich viele Insekten sich laben konnten.

So entstand der Gedanke, daß aus diesem an sich schon verendeten Tier sich besondere Insekten entwickelten, nämlich die Bienen, denen der Name Apis gegeben wurde.

Schon seit 50 Millionen Jahren existiert auf unserer Mutter Erde die Biene, bestäubt Blüten, sammelt Honig. Ihre Art zu leben beeindruckte ungeheuer viele Staatsmänner und Philosophen. Im Koran lesen wir:

„Aus ihren Leibern kommt ein Trank, verschieden an Farbe, in dem eine Arznei ist für den Menschen. Siehe, hierin ist wahrlich ein Zeichen für nachdenkende Menschen." (16. Sure, 71)

In der Bibel finden wir etwas Ähnliches:

„Iß, mein Sohn, Honig, denn er ist gut und Honigseim ist süß in deinem Halse." (Sprüche Salomons 24, 13)

Vergil schließlich schreibt in der „Georgica", dem Lehrgedicht über Obst und Gartenbau:

„Einzig nur sie haben alles gemein: Stadt, Kinder und Häuser, und sie leben beherrscht von ewigen, aber großen Gesetzen, einzig nur sie kennen Vater- und gesicherte Heimatstadt."

Unsere Urahnen lebten noch in ungeordneten Gruppen und stritten sich um Ernährung und Fortschritt. Da bereits hatten die Bienen eine staatliche Ordnung: Die Biene war das erste konsequent durchorganisierte „Zoon politikon" auf dem Erdball, der sich nach und nach bevölkerte. Irgendwann verirrte sich einmal eine Biene in flüssiges Baumharz, und so finden wir unsere Bienen heute unverändert in honigfarbenen, glänzenden Särgen aus Bernstein wieder. Sie waren königlich in ihrer Art, fast wie die Pharaonen, sie waren einbalsamiert.

Als die Erdgeschichte weiterging, kam es zu Begegnungen des Menschen, damals noch nicht Homo sapiens, mit den schwärmenden Völkern der Bienen. Der Mensch trat in ihre Lebensbezirke zerstörend und raubend ein. Dabei ging er, im Gegensatz zum Bären, überlegend vor. Er sah genau, wann im Laufe eines Jahres in der summenden Höhle, in der die Bienen lebten, die begehrten süßen Fladen, auch Wachs und Bienengift, herauszuholen waren. Der süße Honig war für sie etwas Besonderes, eine Art flüssiges Gold, das man in Felsenklüften, in alten Baumstämmen entdeckte. Und so ist es zu erklären, daß die Steinzeitmenschen schon damals die weiblichen Wesen mit verborgener Süße in Verbindung brachten. Auch die Poesie der alten Völker versah Inhalte wie Weib, Kind, Stimme, Gesang, Schlaf oder Liebe in allen Sprachen mit dem Attribut „süß". In den alten deutschen Weihnachtsliedern wird das Jesuskind als „honigsüß" apostrophiert. In der Odyssee finden wir das „melieusi Geleusi", das honigsüße Gelächter.

Die Bienenkönigin ist nie allein, sondern immer von ihren Hofdamen umgeben und wird von ihnen gefüttert. Geht sie beim Hochzeitsflug einmal aus, ist sie sofort Ziel und Mittelpunkt einer sexuell rasenden Männergesellschaft, die mit ihr in dichter Wolke durch die Luft tobt. Als Resultat dieser Luft- und Lust-Reise wird diese Bienenkönigin die große Mutter eines ganzen Volkes, umhegt und gepflegt von Dienerinnen, stetig geleckt und gepflegt von Arbeitsbienen. Mehr als eine halbe Million Eier legt sie von Februar bis September, stellt also im Grunde eine ungeheuere Gebärmaschine dar. Sie sondert einen Wirkstoff, ein Hormon ab, der die Geschlechtssubstanz der weiblichen Arbeitsbienen, die die Königin umdrängen, völlig degenerieren läßt.

Binnen kurzem sind alle Arbeitsbienen im Stock angesteckt. Der weibliche Geschlechtstrieb wandelt sich dann, wenn die Legezeit zu Ende geht, in einen Bautrieb um, wiederum ausgelöst durch eines jener Pheromone, mit denen die Königin das ganze Volk ihrem eigenen Leben, dem Fruchtbarkeitsrhythmus anpaßt. Dieses etwas nymphenhafte Bienenvolk verständigt sich durch Signale und Alarmzeichen, die schließlich als Tanzrhythmen und Duftwolken erscheinen. Die chemischen Substanzen der meisten hier relevanten Wirkstoffe sind bekannt, die Tanzrhythmen und deren Bewegung auch als ganz bestimmte Signale, die von den Arbeitsbienen den anderen, auch den Drohnen übergeben werden. Alle zusammen in einem Bienenstock zeigen die Funktionen eines Überorganismus, der ungeheuer aktiv, kreativ und von großem Aktionsradius ist. Dabei sind alle Teile verbunden mit einem gemeinsamen Kreislauf von Nahrung, Hormonen und Vitaminen, aber nicht durch Instinkte. Mittels ihrer Tanzsprache können die Glieder eines solchen Volkes Trachtplätze und Entfernung von Bienenstöcken übermitteln.

Die Biene ist also nur ein Teil eines sozialen Organismus. An einem für uns unsichtbaren Faden ist sie an die Gemeinschaft gebunden und kann nicht als Einzelwesen leben. Sie geht zugrunde, wenn sie drei bis vier Tage vom Stock weg ist.

Wenn der Mensch in das Bienenleben eingreift, dann gleicht das immer einem Naturereignis, wenn er den Stock ausräubert, sogar einer Naturkatastrophe. Jedesmal nimmt das ganze Bienenvolk dieses Schicksal stoisch und gelassen hin, wenn auch im Kampf um die Erhaltung der gestörten Ordnung viele einzelne Glieder ihr Leben lassen. Einen heroischen Kampf gegen ein Wesen wie den Mensch zu führen, ist für die Biene sinnlos, gegen ihresgleichen jedoch wehrt sie sich mit Erfolg. Die Trümmer und Ruinen, die nach einer solchen Naturkatastrophe zurückbleiben, würden beim Menschen jeglichen Gedanken an Verteidigung schwinden lassen. Kaum aber ist bei den Bienen alles zerstört, gehen sie an eine neue Stelle, in eine neue Umgebung und zeigen einen enormen, starken Erneuerungswillen, werden aktiv und kreativ.

Schauen wir uns die Mythologie des Bienenlebens an, dann kommen daraus die zärtlichen Anregungen, die Kosenamen, die ja meistens nur in der Intimsphäre gebraucht werden. Ob das „Honigtierchen", oder „Melitta", „Melissa" kann sie auch heißen, die kleine geflügelte Nymphe ist, ehemals eine Königstochter. Sie erntete Blütenhonig und fütterte damit, mit Mehl vermengt, auf der Insel Kreta den Knaben Zeus, dessen Mutter Rhea ihn vor dem die eigenen Kinder fressenden Titan Chronos gerettet hatte.

Die Ziegennymphe Amalthea hat dem künftigen Göttervater die Milch geliefert und sie zog mit Melissa diesen Chroniden Zeus groß.

Das heißt also mit anderen Worten, die Biene muß schon vor den griechischen Göttern auf der Welt gewesen sein.

Wie das gelobte Land den Juden Milch und Honig verhieß, sahen die Griechen in diesen beiden Produkten Urnahrung und Götterspeise, die in der olympischen Küche zu Nektar und Ambrosia „melioriert" wurden. Also, was den Ausdruck anbelangt, eine ins honighafte gesteigerte Besserung des Guten

Vielleicht ist noch erwähnenswert, daß heute das deutsche Wort „Biene" nicht nur für das Insekt gebraucht wird, sondern auch für jene Damen, die sich der käuflichen Liebe widmen und sie als das älteste Gewerbe der Welt fortführen. Auch sie tragen im Volksmund den Namen „Biene", was darauf zurückzuführen ist, daß die Tempeldienerinnen im Tempel des Apoll zu Delphi, die auch als Priesterinnen Kranke behandelten, schließlich von den Neuankömmlingen, die im großen Tempel durch Inkubation, Träume, Psyche und Musiktherapie behandelt worden waren, niedergelegt wurden. Diese Tempelhalle, in der sie lagen, war über einem großen Keller, in dem sich viele Schlangen befanden, die durch entsprechende Löcher im Boden zu sehen waren. Diese sollten eine heilsame Wirkung bei dieser Inkubation spielen. Die Tempeldienerinnen, die sehr jung und sehr hübsch waren, trugen nur sehr leichte Gewänder und empfingen die Patienten samt ihren Angehörigen. Diese nun wieder übergaben zur Fütterung der Schlangen Honigbrote, die wir als honigsüße Kuchen heute noch in Griechenland essen können. Einen Teil davon aßen die Mädchen, und jede Tempeldienerin wurde, weil sie das honigsüße Gebäck in Empfang nahm, „Melissa", „die Biene" genannt. Brach dann die Nacht herein, gingen Priester und Ärzte, häufig damals noch in einer Person, zu den Patienten, die Tempeldienerinnen aber gingen nach Hause, oder aber auch zu den Angehörigen, die auf die Heilung der Kranken im Tempel warteten. Sie unterhielten diese, trösteten sie in ihrem Schmerz und schenkten ihnen ein wenig Liebe, manchmal auch ein wenig mehr, nie ohne Entgelt, da der Gottesdienst ja ein Ehrenauftrag war und keine Einnahmen brachte. So kam über 3 000 Jahre nach Beginn des delphischen Orakels der Begriff „Biene" immer noch zu seinem Recht, wobei eigentlich dieser Begriff nicht als Beleidigung galt.

Die gesamte Biene verrieben und schließlich homöopathisch verarbeitet, spielt in der Homöopathie eine große Rolle. Bei allen Zuständen, die einen plötzlichen, intensiven Schrekken, eine Aufregung, eine Zerstörung am eigenen Leben auftreten lassen, vor allem deren Folgen, aber auch bei Brennen, Stechen und Jucken, plötzlichem Schmerz wie nach einem Stich einer Biene, Brennen und Rohheit dieser Stelle mit feurig roter Schwellung und mit Oedem, einer deutlichen Besserung durch kalte Umschläge, schließlich auch Herzschmerzen, oedematöse Anschwellungen am ganzen Körper und rotes Erythem. Alles wird schlimmer durch Hitze, die man dann nicht verträgt, aber alles bessert sich durch Kälte. Und schließlich so große Ähnlichkeit auch mit dem Leben des Tieres: Das Tänzeln, das Tanzen, das ganze Schreiten ist nicht langsam, ruhig und gemessen, sondern ist bedingt durch Hüpfen und Tanzen, sich Bewegen mit Armen und Beinen. Hier hilft richtig verordnet, die homöopathisch verarbeitete Biene.

Das Gift, das sie produziert und das uns krank macht, wenn wir gestochen werden, dient nicht nur zur Selbstverteidigung, sondern hauptsächlich zum Schutz der sozialen Ordnung und der Gemeinschaft gegenüber Eindringlingen,

so z. B. gegenüber Bienen eines anderen Stockes, gegen Wespen oder unerwünschte Königinnen.
Der Feind, nämlich die fremde Biene, muß sofort sterben, wenn er gestochen wird, so daß man also einen neurotropen Bestandteil im Bienengift als wahrscheinlich annehmen muß.

Das Experiment zeigt tatsächlich, daß Bienengift Effekte hervorruft, die wie bei Curare oder Nikotin eine neuromuskuläre Wirkung haben. Hier ist aber nicht nur das Gift verantwortlich oder dessen Stärke, sondern auch die besondere Empfindsamkeit einer Person. Hier müßten wir dann vom Bereich der Immunität und Allergie sprechen, in dem noch einige ungelöste Probleme vorhanden sind.

Lycosa fascii ventris

(Tarantula hispanica)

Die Tarantel gehört zu der großen Familie der Araneae, das sind die Spinnen.
Sie ist in Spanien, Italien, Sardinien zu Hause, aber wir finden sie auch in Ost-Europa, besonders im Süden. Es wird das gesamte getötete Tier verwendet.

Spinnen haben besondere Werkzeuge zum Ergreifen, zum Lähmen und zum Töten ihrer Opfer. Das sind die Chelizeren. Es sind dies Zangen oder Klauen, die wie umgewandelte Antennen aussehen. Jede Greifzange endet in einem scharfen Chitinhaken. Hier befinden sich die Ausführungsgänge der beiden Giftdrüsen, in dem Cephalothorax der Spinne; die Ausführungsgänge münden nahe der Spitze der Klauen, so daß das Gift unmittelbar mit der Verwundung eingeflößt wird.

Die Gifte wirken auf die Zellen des Opfers der Spinne, der Biß verursacht sehr heftige Schmerzen und führt zu einer lokalen Nekrose. Spinnen beißen allerdings sehr selten, sie sind eigentlich weniger gefährlich als vielmehr berühmt. Ihre Gifte dienen im wesentlichen zur Verteidigung. Der Biß ist, was die Schmerzhaftigkeit und die Giftigkeit anbelangt, kaum schwerwiegender als ein Hornissenstich, allerdings sind die Wunden deutlich größer. Da diese Tiere ja nicht gerade in sehr reinlicher Gegend spazierengehen, so ist die Gefahr von Sekundärinfektionen besonders groß. Die Angriffslust dieser Tiere ist zur Paarungszeit besonders stark und sie können dann bis zum Schlüpfen der Jungen extrem gefährlich sein.

Die Folgen eines Bisses sind abhängig von der Konstitution und der Kondition des Opfers. Die schweren Vergiftungen werden durchwegs von weiblichen Tieren verursacht. Männliche Tiere wirken mit ihrem Gift kaum tödlich.

Der in Spanien so berühmte Tanz „Tarantella" wurde im 18. Jahrhundert als Heilmittel gegen die Bisse der Tarantel empfohlen. Tatsächlich finden wir nach einem Biß der Tarantula heftige Muskelbewegungen, die schließlich in ihrem Aspekt einem exzentrisch-makaberen Tanz entsprechen. Ich selbst habe solche Bisse in Südrußland erlebt, wenn russische Soldaten, um ihren schweren Ischias los zu werden, sich von einer Tarantel haben stechen lassen. Das führte zu einer unglaublichen Ruhelosigkeit der Beine und des ganzen Körpers, so daß es tatsächlich aussieht, als würde der Mensch einen ganz wilden Tanz tanzen. Er wirft sich hin und her auf der Erde, auf dem Boden, im Bett, er dreht sich, er wendet sich, er springt auf, er tanzt, er überschlägt sich. Diese Ruhelosigkeit ist aber nicht nur auf körperlicher Ebene da, sondern auch auf emotioneller und geistiger Ebene. Und hier, in dem geistigen Bereich, da ist eine Unruhe auf der einen Seite mit Angst verbunden, auf der anderen Seite aber wiederum eine unglaubliche geistige Aktivität und Kreativität, die nun wiederum durch die körperliche

Unruhe beeinträchtigt ist, was den Patienten zu einer ganz widersprüchlichen Erlebnissituation bringt.

Jeder von Ihnen kennt solche Tarantula-Patienten. Das sind jene ach so geliebten Mitmenschen, die auf der Autobahn, wenn man selbst schon mit 160 km fährt, auf Millimeterabstand auf einen heranfahren, hupen, blinken und zeigen wollen, daß ihr Motor doch mindestens 1 bis 2 PS mehr hat. Da kann man sich nur noch an den Kopf greifen, aber sie können nichts dafür, ihr Nervensystem ist ungeheuer angespannt und nur Tempo, Geschwindigkeit, auch beim Tanzen, führt dann zur Beruhigung. Ein Similia similibus curentur-Spiel.

In Spanien sagt man, ein Patient, der von der Tarantel gestochen war, hätte Augen wie ein Luchs und wäre schlau wie ein Fuchs.

Alles in allem ein sehr wirksames Arzneimittel in vielen entsprechenden Fällen. In der Zeit, als die Magier und Zauberer unterwegs waren, eines von jenen Mitteln, das man einrieb, nach dem man vorher die Haut leicht geritzt hatte und dann waren die Patienten erst einmal wie gelähmt. Kaum, daß man Musik machte, fingen sie an zu tanzen, zu springen, wurden geistig unheimlich rege und redeten, redeten, zerrissen sich die Kleider, warfen Gegenstände an die Wand, schlugen mit dem Kopf dagegen und richteten diese Zerstörungswut auch gegen sich selbst.

Wir finden hier Situationen, die zumindest in der Zeit, wo Zauberer und Magier ihr Unwesen trieben, dann auch in Bereichen der Erotik, wo eine gewisse Erotomanie plötzlich auftauchte, eine Besessenheit, die den Patienten dazu zwang, sehr aktive und offene sexuelle Annäherungsversuche zu machen, was sie dann wieder in den Verruf brachte, ein Hexer zu sein oder eine Hexe, so daß schließlich der Scheiterhaufen diesem Treiben ein Ende setzte. Ein grausames, ein makaberes Spiel hat man hier mit den Menschen getrieben, nicht nur mit Tiergiften, auch mit Pflanzengiften sowie ich sie erwähnt habe und damit Grauen und Schrekken verbreitet, ja man könnte fast sagen, des Teufels Ideen sind über diese Zauberer verwirklicht worden in der armen Seele des Menschen. Hier kommt auch wieder der Gedanke auf, das ist das wahre Gesicht eines solchen Geschöpfes, eines Tieres, eines Fisches, einer Muschel oder hier einer Spinne, oder einer Schlange. Es waren viele Weise und Gelehrte, die versucht haben solches zu erkennen, was aus der Hexenkunst aus den magischen Kreisen bekannt war. Auf der einen Seite war das große Unbekannte, das Wunder der Schöpfung, das in uns eine faustische Neugier erweckt und das uns ehrfürchtig staunen ließ. Auf der anderen Seite war das Occulte − das unheimlich Makabere, das jeden mit beklemmender Angst erfüllte. Jene Magie, die in uns dem Teufel gehorchte, mitunter auch Gott.

So wird die ganze Schöpfung, alles was so staunenswert ist, so viel Wunder in sich birgt, alles was göttlich ist und heilig, alles was heilbringend ist aber auch voll des Unheils, aber auch Verderbliches und voller Gift, allen Geschöpfen zu eigen, den Pflanzen, den Tieren, auch den Mineralien und Salzen und nicht zuletzt dem Menschen. Alles, was in der Schöpfung ist, ist ein reines Geschenk des Schöpfers, unseres Herrgotts und wir finden es im Garten des Herrgotts wieder. Aber zur gleichen Zeit ist es auch ein schier diabolisches Werkzeug des Höllenfürsten seit wir die Schwelle des Paradieses überschritten haben.

So haben sie alle, die Pflanzen, die Tiere, die Salze, die Mineralien, tausende, ja hunderttausende von Namen von uns Menschen bekommen, ihr Wesen aber zu deuten, ihren Gehalt oder das Wunder ihrer Herkunft bleibt im Dunkeln, im Unbekannten.

Uns bleibt es, den Schleier irgendwann einmal zu heben von diesem Unheimlichen, diesen Zauberkräften und diesen

Heilkräften, denn diese Heilkräfte sind ja Zauberkräfte. Seit Menschengedenken versuchen alle, hier Transparenz zu schaffen.

Ob es uns je gelingen wird ist völlig unklar.

Bei allen den Wundern, bei aller Angst, bei aller Ehrfurcht, aber auch bei aller Neugier, können wir eines nicht leugnen. Je mehr wir uns mit diesen Wundern der Schöpfung befassen, um so größer wird das Staunen in uns. Dieses Staunen, das wiederum in der Ehrfurcht vor der Schöpfung mündet.

Lachesis muta — ein Schlangengift

Im Jahre 1830, also noch zu Lebzeiten Hahnemanns, hat der homöopathische, aus Deutschland stammende Arzt Konstantin Hering in Südamerika einer Giftschlange das Gift entnommen und dieses Gift in einem Eigenversuch geprüft.

Das Gift dieser „Buschmeister" oder „Lachesis" genannten Schlange sah Hering als ein ideales Mittel für die Homöopathie an. Es war eine ungeheuere Leistung, die diesem Mann einen königlichen Platz unter den homöopathischen Ärzten zugewiesen hat. Denn man weiß von Lachesis, daß sie sehr stolz ist; hat man sie gefangen, mag sie nicht fressen, aber das viele Monate, ehe sie zugrunde geht. Sie muß in Freiheit leben, sie kann Gefangenschaft nicht ertragen. In der Freiheit liebt sie nur die kühlen, schattenreichen Wälder, dagegen haßt sie die heiße Sonne. Alles Dinge, die sehr interessant sind. In der Homöopathie verwenden wir dieses Mittel auch bei solchen Menschen, die nicht in Gefangenschaft leben können, bei Menschen, die unter Qualen manchmal nur langsam zugrunde gehen, Menschen, die die Sonne hassen, nur die Kühle, den Schatten, am besten wolkenreiche Regentage lieben.

Schauen wir uns die Mythologie einmal an, so finden wir grundlegend für den Mythos der Schlange die „Fünf Bücher der Weisung", so heißt es in „Genesis (3, 1 – 7), (hier nehme ich eine Übersetzung von Martin Buber):

„Die Schlange war listiger als alles Lebendige des Feldes, daß ER, Gott, gemacht hatte.

Das Weib sprach zur Schlange:
Von der Frucht der Bäume im Garten mögen wir essen, aber von der Frucht des Baumes, der mitten im Garten ist, hat Gott gesprochen: Ihr sollt davon nicht essen und nicht daran rühren, sonst müßt Ihr sterben.

Die Schlange sprach zum Weib:
Sterben, sterben werdet ihr nicht,
sondern Gott ist bekannt, daß am Tag, da ihr davon esset, euere Augen sich klären und ihr werdet wie Gott, erkennen Gut und Böse.

Das Weib sah, daß der Baum gut war zum Essen
und daß er reine Wollust in den Augen war
und anreizend der Baum zu begreifen.
Sie nahm von seiner Frucht und aß
und gab auch ihrem Mann bei ihr
und er aß.

Die Augen klärten sich ihnen beide,
sie erkannten, daß sie nackt waren.
Sie flochten Feigenlaub und machten sich Schürzen."

Im Hebräischen heißt die Schlange „Nachasch". Dieses Wort bedeutet „Feuer des Begehrens", „Glut der Begierde". Es steht also für Leidenschaft, für eine Gier, die die Willensfähigkeit herabsetzt, beinhaltet aber auch die „Finsternis".

Buber interpretiert den Begriff zusätzlich mit „listig" und „schleichend".

Der Akt, an dem die Schlange im hebräischen Mythos beteiligt ist und die dann zur Vertreibung aus dem Paradies

406

führt, wird „Sündenfall" genannt, obwohl dieses Wort in dem Bericht nirgends vorkommt.

Psychologisch gesehen spielt dann nach dem Sündenfall die Angst eine große Rolle in diesem neu entstandenen Bewußtsein. Diese Angst dürfte in Zusammenhang damit stehen, daß hier der erste Abfall von Gott stattgefunden hat. Die Angst ist eine Eigenschaft, ist ein Symptom, das jeder Patient hat, der das Gift von Lachesis in der Therapie, besonders in der Homöopathie, braucht. Es sind riesige Ängste und die Angst ist nicht nur bei Lachesis, sondern bei allen Schlangengiften vorhanden.

Zu den oben genannten Symptomen, das waren die wichtigsten, gehören noch Kreislauf- und Herzwirkung mit starkem Beengungsgefühl am Hals, aber auch am Herzen. Es gehört noch dazu Kapillargerinnungsstörungen, genau so wie Blutgerinnungs- und Blutzellproduktionsstörungen.

An der Haut, an der Schleimhaut eine septisch-gangränöse Tendenz mit schlechter Eiterung, also eigentlich mit einem sehr müden Reaktionsvermögen.

Einige Symptome sind eigenwillig, so kann man z. B. Flüssigkeit viel schwieriger schlucken als feste Nahrung.

Von der Sonne habe ich bereits oben erzählt.

Interessant ist noch der Schlaf. Die Patienten sind nach dem Schlaf äußerst müde, verstimmt und ungut zu haben. Im Laufe des Tages wird es immer besser, gegen Abend sind sie glücklich.

Große Beengung, besonders im Bereich des Halses, aber auch Druck von Kleidungsstücken mit Zusammenschnürungsgefühl wird als äußerst unangenehm, ja sogar als unmöglich zu ertragen empfunden. Es kommt aber noch im psychischen Bereich zu einer ungeheueren Geschwätzigkeit, zu einer Logorrhoe mit erheblicher Erregtheit bis zur Ekstase hin. Und diese Logorrhoe ist auch zu verstehen als ein Symptom, das durch das In-Gang-Kommen von Sekretionen eine Besserung bringt. Diese Logorrhoe ist ein Sekret des Geistes, soweit einer vorhanden ist.

So ist also die Besserung vom In-Gang-Kommen von Schweiß, dem In-Gang-Kommen von Eiterungen eines Geschwürs, aber auch vom Beginn der Periode, verbunden mit einer Besserung des gesamten Befindens zu erwarten.

Sepia

(Es handelt sich hier um den Inhalt des Tintenbeutels eines Tintenfisches).

Sepia ist, auch wenn er Tintenfisch heißt, kein Fisch, sondern er heißt eigentlich „Tintenschnecke", er ist eine Moluske, ein Weichtier. Er kann sich gut verstecken, im Sand, in der Tiefe des Meeres, er verschwindet leicht und zeigt alle anderen ähnlichen Zeichen wie die anderen Molusken, die Muscheln oder die Austern.

Eine äußerst merkwürdige Art hat er beim Fortpflanzen. Es ist fast unheimlich. Ein Arm, in dem die Geschlechtsdrüsen sind, trennt sich vom männlichen Tier und wird zum weiblichen gebracht, gestoßen oder begibt sich dahin, um dort die Befruchtung durchzuführen. Der Arm als Träger der Fortpflanzung wird im Innern der weiblichen Tintenfische später als halbverdaute Substanz wiedergefunden.

Stellen Sie sich bitte vor, hier ist ein ganzer Teil des männlichen Tieres losgelöst und begibt sich voll unter Trennung von dem bisherigen Tier in das weibliche Tier hinein. Ein befremdlicher Vorgang!

Mit diesem eigenartigen Verhalten in der Natur können wir schon fast auch das eigenartige sexuelle Verhalten von Patienten, die Sepia brauchen, verstehen. Ihr Sexualverhalten entspricht nicht der Norm. Es ist entweder furchtbar gehemmt oder es ist, wie bei der Biene, enthemmt. Es ist eigenartig, es ist fast pervers. Auch der Mensch, der ein solches Mittel braucht, zeigt solche Situationen.

Ein zweites noch. Sepia produziert eine tintenartige Flüssigkeit, die in diesem kleinen Behälter vorhanden ist und die wir als Arzneimittel benutzen. Ein Fuß dieses Tieres ist wie ein Trichter umgebildet. Wenn dieses Tier schwimmt, stößt es das Wasser aus dem Trichter heraus und schwimmt dadurch rückwärts.

Das Rückstoß-Prinzip, das ja auch den Düsenflugzeugen zugrunde liegt, ist hier technisch bereits verwirklicht schon vor einigen tausend Jahren. Das Tier kann auch nach vorne, nach den Seiten schwimmen durch entsprechende Seitenflossen. Schnell schwimmen kann es nur durch Rückstoß und kann auch noch schwarze Flüssigkeit diesem Stoßsystem zufügen, die es dann vor seinen Feinden schützt. Es verschwindet im Nebel.

Im Nebel möchte manchmal auch der Sepia-Patient verschwinden. Er möchte allein sein, er zieht sich zurück. Er kann sehr fleißig sein, er kann seine Pflichten auch vergessen und alles stehen und liegen lassen und wenn das Geschirr in der Küche bis zur Decke steht, es ist ihm unwichtig.

Die Sepia-Patienten sind, wie schon angedeutet, in der körperlichen Liebe sehr aktiv, später aber meist von ungeheuerer Frigidität. Sie erleben große Enttäuschungen und erwarten sehr viel und bekommen es nicht. Zunächst aber tarnen sie sich sehr gut, sie tarnen sich vor dem Partner, der auf sie zukommt und wollen gar nichts von ihm haben. Und erst dann, wenn sie Vertrauen gewonnen haben, dann löst sich die Nebelschicht etwas auf und man kann auch zueinander kommen.

Die jungen Sepia-Mädchen haben es schwer sich zur eigenen Weiblichkeit zu bekennen, nicht selten opfern sie diese Weiblichkeit und werden dann zum Blaustrumpf, zum intermediären oder auch manchmal asexuellen Typ.

Der Arzt spürt diese Distanz der bewußten und kühlen Art eines Sepia-Menschen.

Die verschiedenen Inhaltsstoffe des Sepia-Tintenbeutels spielen auch eine Rolle beim Patienten und machen ihre Faszination aus. Da ist Kochsalz enthalten mit seinem faszinierenden Arzneimittelbild, da haben wir unglaublich viele Stoffe die vorhanden sind über Kalium, Magnesium, Mangan, Zink, Silber und viele andere als Einzelstoff schon interessante Arzneimittel.

Hier miteinander vereint zu einem großen Komplex, der dann die Faszination, auch die Faszination einer Sepia-Frau ausmacht.

Denken Sie doch einmal bitte, ich darf Sie hier ja nur anstoßen, an die „Physiker" von *Dürrenmatt*. Das wunderbare Werk dieses Dichters verdeutlicht die Auswegslosigkeit und Hoffnungslosigkeit der modernen wissenschaftlichen Entwicklung. Die existentielle Auseinandersetzung mit tödlichen Gefahren, verzweifelte Versuche einer Rettung scheitern. Viele Bezüge sind hier zum antiken Drama zu finden, in dem ja auch alle Versuche, das Schlechte abzuwenden, scheitern.

Die Griechen nannten es „moira", das „Schicksal".

Die zentrale Figur bei Dürrenmatt ist hier die Irrenärztin, das kleine, etwas bucklige Fräulein Dr. Mathilde von Zahnd. Wenn Sie dieses Stück sich anhören oder gelesen haben, dann werden Sie verstehen, warum ich sage, daß Sepia-Frauen faszinierend sind in der Vielfalt, in der Symptomatik und in der Tragik ihres Lebens.

Wir haben hier im letzten unserer ganzen Tier-Spezies, ich möchte nicht alle nennen, aber man könnte so viel erzählen, „Moira" erwähnen, die drei „Moiren", das sind die Schicksalsgöttinnen der Griechen. Diese haben Namen, die wir alle wiederfinden. So ist das vorhin erwähnte „Lachesis", das jener Schicksalsgöttin den Lebensfaden anspinnt, das Leben

410

geht weiter und „Klotho", eine Schlangenfamilie, spinnt dann weiter und schließlich kommt „Atropos" und schneidet den Lebensfaden ab. Ungeheuer giftige Moira.

Den Namen der letzten finden wir wieder in einer Pflanzenfamilie, bei „Atropa belladonna", sie hat den Namen dieser Schicksalsgöttin bekommen. Auch hier wieder spielt die griechische Mythologie eine Rolle. Wir können sie nicht einfach übergehen, wir verstehen erst recht das Geschehen, auch das toxikologische, wenn wir auch die Mythologie etwas genauer betrachten.

Man könnte noch viele Tiergifte erwähnen, könnte auch ihre Verwendung und ihre Therapie in der Schulmedizin und Homöopathie anführen, aber das führt hier zu weit.

Sicher ist eines, daß fast alle Tierstoffe in der offiziellen Pharmakologie, der offiziellen Medizin unbekannt sind. Toxikologisch, d. h. was die Giftwirkung anbelangt, sind einige sehr interessant, weil durch ihre Bisse lebensgefährliche Vergiftungen hervorgerufen werden können.

Fischarten sind in der offiziellen Medizin bekannt als Lieferanten von Vitaminen und Fettsäuren, denken Sie an Lebertran oder an die Omega-Säuren. Es werden auch Hormone gewonnen, die für die Immuntherapie nützlich sind.

Interessant in dem Zusammenhang die Auseinandersetzung der Methodik von Homöopathie und Schulmedizin aus dem gemeinsamen Hintergrund des jahrtausendelangen Gebrauchs von Tierstoffen.

Diese wurden vor allem von der Volksmedizin, auch in Zusammenhang mit Scharlatanerie, manchmal auch aus Aberglauben heraus, angewendet. Dennoch darf die Heilkunde-Erfahrung vieler Völker nicht vernachlässigt werden um Kontinuität und kritische Tradierung wertvoller Erkenntnisse zu gewährleisten.

Das Apotheker-Lexikon von Hahnemann, das zu seiner Zeit sehr berühmt war, gibt den Stand der Arzneimittel-Lehre zu dieser Zeit noch vor der Homöopathie, deutlich wieder.

Es zeigt, daß die arzneiliche Verwendung von Tierstoffen ihren Höhepunkt im 18. Jahrhundert hatte.

In der konventionellen Medizin verloren diese Stoffe im Laufe des 19. Jahrhunderts an Bedeutung. Heute wird noch, allerdings sehr selten, Cantharis, in Form des Canthariden-Pflasters in Arzneimittelbüchern geführt. Lebertran wurde aufgrund weitreichender empirischer Erfahrungen, insbesondere durch seinen Gehalt an Vitamin A und E für Substitutions-Therapien legitimiert.

Zuletzt spielt auch die Omega-Säure wieder eine Rolle, die auch im Lebertran enthalten ist.

Ursprünglich lag die Anwendung von Tierorganen nach dem „Similia similia curantur" des Paracelsus zugrunde. Man wollte die Funktion kranker Organe beim Menschen wieder anregen. In der konventionellen Medizin werden Tierstoffe heute nur noch benutzt, um indifferente Reize ohne bestimmte Wirkungsrichtung auszulösen. Denken Sie an die Therapie mit Fremdserum, mit tierischer Milch, einfach als Umstellungstherapie.

In der homöopathischen Therapie ist es erforderlich, daß die Wirkung der Stoffe, die als Arznei dienen sollen, durch planmäßige Versuche am gesunden Menschen festgestellt werden. Hahnemann führte diese Prüfungen mit Sepia durch. Hering hat diesen berühmten Versuch mit Lachesis durchgeführt und uns gezeigt, daß auch Schlangengifte sehr viele Arzneimittelsymptome liefern, die für uns in der homöopathischen Therapie notwendig sind.

Sicher ist eines, daß auch im Bereich der Zoologie unglaublich viele Geschöpfe leben, deren Sekrete oder Gifte uns in der Therapie sehr hilfreich sein könnten, nur sie sind uns zum größten Teil noch nicht bekannt, ähnlich wie auch die vielen Pflanzen unserer Flora, die in ihrer Wirksamkeit unbekannt sind, aber auch im Laufe der nächsten Jahrhunderte möglicherweise bekannt werden können.

Schlußgedanken

Wir haben nur einige von Tausenden von Pflanzen kennengelernt, viele tausend Namen sind diesen Pflanzen gegeben. Wir haben nur ein bißchen von dem Wunder ihres Ursprungs ahnen gelernt. Wir haben ein wenig versucht, ihr Wesen zu deuten und auch den Schleier zu heben. Aber auch das Wesen von Steinen, von Tieren wurde besprochen. Der Versuch den Schleier zu heben von dem Dunklen, dem Unerkannten, dem Unheimlichen der verborgenen Heilkräfte, aber auch der magischen Zauberkräfte, dieses Bemühen ist ja so alt wie die Menschheit und wird immer noch bestehen in Hunderttausenden von Jahren. Zu allen Zeiten kamen Antworten. Wir kennen diese alten Bücher, die alten Überlieferungen, die aus Naturbeobachtungen und uralter Natursymbolik, sei es aus Signaturenlehre oder Fantasie, aus Aberglauben oder Wissenschaftlichkeit, entstanden. Es sind dort Deutungen enthalten, die tief im Bewußtsein der Völker wurzeln. In Sprache und Brauchtum, in Symbolen und Bildern ist uns dieses Gut erhalten geblieben.

Wir haben kennengelernt, daß es unendlich vieles gibt, was verderblich ist, von Übel, das giftig ist und unheilschwanger, aber auch heilbringend. Aber auch was heilig und was fast göttlich erscheint. Alles ist in Pflanzen, den Mineralien, den Salzen, auch den Tiergiften und dem Wasser zu eigen. Alle sind Geschenke Gottes in seinem riesigen Garten. An manchen Stellen hat man aber das Gefühl, es sind auch die diabolischen Werkzeuge des Höllenfürsten. Das letztere eigentlich erst, seit alle diese Geschöpfe das Paradies verlassen haben mit dem Menschen, der es verloren hat, um schließlich sich in ihrem eigenen Leben zu entfalten.

Aus Hexenkunst und Symbolismus, aus Zauberglauben und Wunderhandlungen, aus magischen Kreisen heraus bis zur modernen Wissenschaft von Botanik, Mineralogie und Zoologie, haben wir uns über kindliches Gemüt und Einfältigkeit hinweg, über Scharlatane und Heilkünstler, bis zur modernen Wissenschaft hin fortbewegt. Und das Gesicht dieser Pflanzen, der Mineralien ist transparenter geworden. Viele Gelehrte und Weise haben versucht, ein wahres Gesicht herauszuarbeiten, und doch, wenn ich mir das ansehe, ist immer noch eine große unbekannte Komponente da zwischen dem Wunder von einst, der Magie des Mittelalters, dem Zauberglauben, aber auch der Ehrfurcht vor Gott. Ist da nicht noch vieles, was wir nicht wissen? Bei aller Ehrfurcht bleibt noch etwas die Neugier und faustisches Wissenwollen zurück. Und da drängt von der Seite wieder das Unheimliche und Okkulte heran, das uns vielleicht mit etwas Angst beklemmend bedrückt, eine gewisse Magie der Pflanzen, die uns auffordert weiter zu suchen, weiter zu ergründen: was steckt denn darin? Und dann denken wir auch an uns. Auch wir werden beherrscht von dem Gott im Himmel, aber ebenso von dem Teufel in uns, und was wissen wir nun eigentlich wirklich, auch wenn wir immer mehr Bücher lesen, immer mehr ergründen wollen, was bleibt noch zu forschen? Ich glaube, unendlich viel. Ich habe den riesigen Wunsch zu wissen, was man vielleicht einmal in tausend Jahren weiß.

Im nächsten Kapitel lesen wir dann einen Teil dessen, was wir heute schon wissen.

Es gibt tatsächlich auch noch ein Wesen, das der Schöpfer in diese Welt gesetzt hat. Als die Krönung der Schöpfung bezeichnet er sich selber: Homo sapiens, der Mensch.

414

„Viele Menschen sehen sich
ihr Leben lang ähnlich,
aber werden nie sie selbst,
nie Menschen.

Viele Menschen bleiben sich treu,
sich selber,
ohne je zu lieben.

Viele Menschen lösen ihre Probleme nicht,
aus Angst, nichts mehr zu haben,
über das sie reden könnten mit Menschen.

Viele Menschen vergeben nur, was sie vergessen haben,
nur nicht den anderen Menschen.

Viele Menschen wissen gar nicht,
daß sie Menschen sind.
Und wie Menschen sind.

Viele Menschen begreifen alles
und verstehen nichts!"

„Macht nichts!"

„Ich sage Euch, daß der ganze Himmel und alle Kräuter
zehnmal eher und leichter zu erlernen sind als das heillose
Latein und die griechische Grammatik."

(Paracelsus (1491 – 1553)

Der wohl weltweit bekannte und sehr berühmte Wiener Ko-
mödiendichter und Schauspieler Johann Nepomuk Nestroy
(1802 – 1862), der teils abergläubisch, aber auch sehr gläu-
big war, hat einmal einem Gesprächspartner, der so super-
klug tat und ihn wegen seines Aberglaubens belächelte, ins
Gesicht geschrien: „Ich lasse mir meinen Aberglauben von
keiner Aufklärung rauben, von Ihnen überhaupt nicht. Für
mich ist es sehr schön, wenn man heute überhaupt noch an
etwas glaubt!"

„Der Herr läßt die Arznei aus der Erde wachsen und ein
Vernünftiger verachtet sie nicht."

„Damit heilt er und vertreibt er die Schmerzen und der Apotheker macht die Arznei daraus."   (Jesus Sirach 38,4,7.)

„Ich will meinen Mund auftun und alte Geschichten erzählen, die uns unsere Väter erzählt haben, damit wir sie unseren Kindern wiederum erzählen sollen, und die des Herrn
Ruhm und Wundermacht dartun."   (Psalm 78,2ff)

„Und wer kann sich an seiner Herrlichkeit sattse-
hen?
Die Schönheit der Höhe ist das helle Firmament,
das Bild des Himmels ist herrlich anzusehen."

„Wenn die Sonne aufgeht, verkündet sie den Tag,
sie ist ein Wunderwerk des Höchsten."

„Wir sehen von seinen Werken, nur das wenigste;
denn viele noch größere sind uns verborgen."

„Denn alles, was da ist, das hat der Herr gemacht
und den Gottesfürchtigen gibt er Weisheit."

(Jesus Sirach 43, 1, 2, 36, 37)

„Der Herr läßt die Arznei aus der Erde wachsen
und ein Vernünftiger verachtet sie nicht."

„Wurde nicht das bittere Wasser süß durch Holz,
damit man seine Kraft erkennen sollte?"

„Und er hat solche Kunst den Menschen gegeben,
um sich herrlich zu erweisen durch seine wunderbaren
Mittel."

Damit heilt er und vertreibt die Schmerzen
und der Apotheker macht Arznei daraus."

Damit Gotteswerk kein Ende nimmt und es Heilung
durch Ihn auf Erden gibt."

(Jesus Sirach 38, 4 – 8)

„Wie herrlich sind alle seine Werke, obwohl man
nur einen Funken davon erkennen kann."

„Dies alles lebt und bleibt für immer und wenn er sie
braucht, sind sie alle gehorsam."

„Es sind immer zwei; eins steht dem anderen gegenüber,
und dem, was er gemacht hat, fehlt nichts."

„Er hat es so geordnet, daß eins dem anderen nütze."

(Jesus Sirach 42, 22, 23, 24, 25) (43,1)

In diesen wenigen Zeilen steht so ungeheuerlich viel drin.
Einmal, daß wir in der Natur, egal in welchem Bereich, vieles erkennen können, aber kaum davon einen Funken. Und da es alles so bleibt, für immer, und daß alles für uns da ist, steht auch darin.

Und daß das immer zwei sind, wo eines dem anderen gegenübersteht, zeigt uns diese wunderbare Analogie in der Natur.

Da steht dieses neue Gesetz, das Symmetriegesetz der Physik.

Hier finden wir auch die großen Ursprünge des Ähnlichkeitsgesetzes, des Similegesetzes von Hahnemann. Hier keimt auch die große Bewunderung für die Schöpfung empor.

Die Bienen

„Er ist's, der Euch von dem Himmel Wasser herniedersendet.

Von Ihm ist der Trank und von Ihm sind die Bäume unter denen Ihr weidet." (Koran 16. Sure, 10)

„Aufsprießen läßt er Euch durch dasselbe die Saat und den Ölbaum, die Palme und die Reben und allerlei Pflanzen und Früchte.

Siehe, hier ist wahrlich ein Zeichen für nachdenkende Leute." (Koran 11. Sure)

Teil III

Aspekte

Der winterblasse Konsument lechzt nach buntem Frühlings-Eßgenuß. Nun, der Luxus ist verfügbar geworden. Die Grenzenlosigkeit Afrikas, Asiens, Australiens und Neuseelands hat in unser „vitaminarmes, Winterschlaf haltendes Europa" Einzug gehalten. Es gibt alles.
In einem Schweizer Großmarkt habe ich vor drei Monaten vitamin-angereichertes Obst entdeckt! Der Preis war deutlich höher, als bei dem nicht mit Vitaminen angereicherten Obst. Tatsächlich, ich habe es mir nur eine Viertelstunde angesehen. Es wurde mehr gekauft als das zwillingsähnliche Obst ohne Anreicherung nebenan!

Sind diese Konsumenten jetzt Genießer, sind das Kritiker? Sind es vielleicht Schlemmer oder gar Asketen? Sind es Gesundheitsbewußte oder gar Alternative, die besonders lange leben wollen? Oder fallen die auch herein beim Anrollen einer neuen Grippewelle auf den Slogan „Eßt mehr Vitamine und die Grippe meidet euch!"

Ich erinnere mich als kleiner Junge in der Schule, das war vor immerhin 70 Jahren, da gab es auch einen Slogan: „Eßt mehr Obst und die Zeugnisse werden besser!"
Als ich mich dann entschloß, mehr Obst zu essen, − mein Vater konnte es mir bieten − dabei aber entsprechend dem Slogan weniger lernte, wurden meine Zeugnisse schlechter.
Meinen Sie vielleicht auch, daß den Viren beispielsweise, oder auch den Bakterien, möglicherweise Vitamine auch guttun? Es könnte ja sein, je mehr Vitamine man zu sich nimmt, desto mehr steigert man auch die Abwehrkräfte der Bakterien? Haben Sie darüber schon genaue Berichte gelesen? Nein? Fordern Sie doch einmal welche an, vielleicht beim Bundesgesundheitsamt! Es sind ja doch auch Lebewe-

sen und sie brauchen auch Unterstützung bei ihrer der Art
eigenen Dynamik zum Sturm auf die Menschen!

Welch ein Werbeslogan und jeder lebt danach. — Übrigens,
seit der Zeit, als ich fast die Klasse wiederholen mußte, weil
ich nur Obst aß und nichts mehr lernte, seit der Zeit mag ich
kein Obst mehr und es geht mir eigentlich sehr gut. Aber
verraten Sie mich bitte nicht.

Die totale Verfügbarkeit von allen Vitaminen, Pflanzen und
anderen Nahrungsmitteln wird langsam zum Ende des Genus-
ses. Totale Verfügbarkeit ist schon im alimentären Sektor ein
gesundheitspolitischer, auch moralischer, vielleicht sogar
ethischer Aspekt. Man muß anerkennen, daß aus ethischen
Gründen Froschschenkel und Schildkröten vom Angebot verschwunden sind. Aber hat die alimentäre Ethik-Kommission
schon an die Gänseleber gedacht? Oder hat sie die vergessen.
Oder sind Schildkröten und Frösche elitäre Geschöpfe? Ich
möchte da andere Nahrungsmittel für den Genuß gar nicht anführen. Aber man könnte ganze Bücher damit füllen oder Zeitungen. Das wäre noch günstiger, denn da — denken Sie doch
nur an die Kälber, die mit Hormonen gefüttert werden können
— würden noch mehr Menschen angesprochen. Nun, natürlich sind diese Substanzen in dem Fleisch dieser Kälber wiederzufinden. Kälber sind Pflanzenfresser und Wiederkäuer. Sie
können Hormone nicht fermentativ zerteilen. Aber wenn wir
Menschen dann dieses Fleisch essen, wir haben Verdauungs-
fermente, die auch solche Hormone, die wir peroral einnehmen, und wir nehmen ja unseren Kalbsbraten nicht in Form
von Spritzen und Infusionen ein, sondern durch den Mund,
verdauen wir diese Stoffe und wir entgiften diese Stoffe und
bei uns finden wir dann keine Hormone in den Muskeln mehr.
Haben Sie schon einmal gelesen, wie viele Untersuchungen gemacht worden sind bei Menschen, die dieses „hormonver-
seuchte" Kalbfleisch gegessen haben? Ich habe keine gelesen,
aber ich habe Berichte gelesen, daß meine Meinung richtig ist.

420

Was ich noch sagen wollte. Zu kaufen gibt es alles, Nahrungsmittel, Genußmittel, Kosmetika und Arzneimittel. Was eigentlich fehlt, ist die Zeit und die kann man nicht kaufen. Die
Zeit aber ist die entscheidenste Komponente von Lebensqualität, nicht die Vitamine oder die Spurenelemente. Die Zeit ist
uns aber, und darüber müssen wir uns im Klaren sein, abhan-
den gekommen. Die Uhr läuft immer weiter! Wir sind aber
dabei, die Zeit abzuschaffen! Da hilft auch nicht der Begriff
der „Freizeit-Gesellschaft", den die Konsumenten-Technolo-
gen uns servieren, denn für die Freizeit braucht man ja wieder
sehr viel und das muß dann gekauft werden. Der Mensch entwickelt angeblich ein anderes Verhältnis zur Zeit!

Jetzt entsteht eine gigantische Absurdität: Er genießt die
Freizeit. Er genießt nicht irgend etwas in seiner freien Zeit,
einen Apfel, ein Brot, ein Bier, einen Wein, einen Kuß, einen lieben Menschen, ein Buch. Nein, er genießt die Freizeit! Allenfalls vielleicht noch sich selbst.
Ist es oder war es nicht ein Genuß, ein Abendessen vorzube-
reiten für liebe Freunde und uns dann die vitalen Bedürfnisse des Essens lustvoll und behutsam näherzubringen, zu genießen und uns so köstlich zu befriedigen?
Dafür brauchten wir Zeit, viel Zeit und das ist eine Zeit, die
Freude macht, die man auskosten kann. Aber heute in der
„Freizeit-Gesellschaft", da ist es ganz anders.
Da wird das am schnellsten zuzubereitende Gericht einge-
kauft. Einkauf im Schnellkaufhaus, dann vom Kaufhaus
nach Haus. Dann Packung heraus aus der Verpackung, aus
der Kühlbox. Dann rein in die Mikrowelle und dann schnell
und noch schneller, heraus damit. Alles in allem mit dem
Weg nach Hause, Auspacken, Einpacken, Wegpacken,
Empfang der Gäste, 12 bis 13 Minuten. Nein, nicht 13, das
ist eine Unglückszahl, vielleicht 14 Minuten.

Da der Großmarkt gleich in der Nähe ist – und jeder Großmarkt ist in der Nähe – geht alles sehr schnell.

Welche Konsequenz ziehen wir daraus? Ist es ein Fortschritt oder ist das vielleicht sogar ein Rückschritt? Irgendwo kommen wir wieder dahin, daß wir im Gleichschritt marschieren. Aber das bringt so unangenehme Erinnerungen mit sich. Wenn das aber auch beim Essen ist, ist das sicher nicht besonders gut.

Die Umwelt wollten wir wieder in ihren Rhythmus bringen, dabei zertrampeln, zertreten, zerstören wir unsere Zeit. Überlegen Sie einmal, es gibt sogar Menschen, die können nicht einmal Tee kochen. Vielleicht, weil sie unfähig sind, oder weil sie keine Zeit dafür haben. Wenn es heiß wird und der Sommer kommt, dann möchten sie Eistee trinken. Der muß dann nach dem Kochen in den Kühlschrank, das dauert Stunden bis zum Abend und da ist es dann zu kalt zum Eistee trinken. Ein riesiger Schweizer Konzern hat im Jahre 1989 18 Millionen Packungen Eistee verkauft! Wohin marschieren wir? Was machen wir mit unserer Zeit?

Erinnern wir uns doch daran, als Gott die Welt erschuf. Er hatte noch Zeit und wenn mich nicht alles täuscht, ist er noch dabei, weitere Schöpfungsakte zu vollbringen. Nicht solche wie die Menschen mit Bomben, Granaten, Kernzertrümmerung usw., Atomkernzertrümmerungen, nein, einfach Schöpfungsgedanken, ehrliche, wahrhaftige, gute. Aber so wird man mit Recht sagen, ja, der liebe Gott braucht ja keine Zeit, er lebt doch in der Ewigkeit und die wiederum hat keinen Anfang und kein Ende. Also braucht er auch keine Zeit. So einfach ist das. Wir leben nicht ewig. Aber sollte man nicht versuchen, die kurze Zeit, die wir leben, zu genießen und uns alles anschauen, was so nah ist, ganz in die Nähe sehen. Im Winter die Schneeflocken, die Eisblumen am Fenster, im Frühling das erste Grün an den Birken und auf den Wiesen das strahlende Gelb der Löwenzahn-Blüten.

Haben Sie eigentlich schon gesehen, wieviel unendlich große gelbe Felder im Frühling da sind von blühenden Löwenzahn? Während des Krieges blühte mal da und dort ein Löwenzahn. Nun, soll ich Ihnen verraten, warum das so ist? Während des Krieges, da gab es nichts zu essen, da brauchten wir auch keine Löwenzahnblätter, um unsere Leber ein wenig zu unterstützen und ihr zu helfen, diese riesigen Mengen, die wir jetzt in uns hineinstopfen, zu verdauen und nicht krank zu werden. Jetzt, wo so viel im Angebot ist, daß wir es gar nicht mehr aufessen können, jetzt blühen die Wiesen. Alles ist voller Löwenzahn, damit wir ein wenig Hilfe haben.

Sie werden in diesem Kapitel ja noch lesen, daß die Pflanzen uns helfen wollen.

Nun kommen die ganzen blühenden Bäume. Sie wußten doch sicher, daß all diese Bäume, die da blühen und uns so schöne Früchte schenkten, Rosengewächse sind?! Die Rosengewächse sind ja nicht nur die uns bekannten blühenden Rosen, ja auch Weißdorn gehört als Arznei dazu. Auch die Himbeeren, die Brombeeren gehören dazu. Die Erdbeeren, die Walderdbeeren und schließlich auch die Äpfel und Birnen, die Quitten, die Eberesche, die Kirschen, die Weichselkirschen, die Pflaume, die Aprikose, der Pfirsich, die ganzen Steinfrüchte, ja auch die Mandeln. Alles das gehört zu den Rosengewächsen, diesem herrlichen Göttergeschenk, dem ich ein extra Kapitel gewidmet habe im Teil I.

Dann der Sommer, der uns die ersten Früchte schenkt. Früchte von kleinen Pflänzchen im Wald, den Walderdbeeren oder von Sträuchern, den Himbeeren oder von den Bäumen, die ich vorhin schon nannte und noch viele andere Früchte.

Der Herbst, der uns den jauchzenden Taumel der verschiedenen Farben, das Herbstlaub beschert, die durch den Herbstwind durcheinander gewirbelt werden und eine Symphonie von herrlichsten Farbeffekten bilden, aber auch den berauschenden Wein.

So mit offenen Augen, auch mit den Ohren, die Blitz und Donner hören, aber auch den Sturmwind und das Rauschen des

Windes im Wald, das leise durch die Welt gehen. Die Ohren hören auch den Frühling, wenn die Vöglein singen und den Sommer, wenn die Lerche jubiliert und die Nachtigall schlägt. Alles das braucht Zeit und wenn wir dafür die Zeit nicht mehr haben, dann lohnt es sich doch gar nicht mehr zu leben.

Oder lohnt es sich dafür zu leben, daß man viel Geld verdient?!

Ich habe noch nie von einer Zentralbank im Jenseits gehört. Das letzte Hemd hat übrigens auch keine Taschen. Und so gesehen sollten wir eigentlich dieses Leben mit Staunen genießen und dem Schöpfer dankbar sein, der uns diese Wunder geschenkt hat. Aber lesen Sie weiter. Selbst in der modernen Zeit gibt es noch Wunder!

Moderne Zeit

An allen Ecken und Enden, in jeder Zeitung und Illustrierten, im Fernsehen und im Rundfunk, ganz gleich was man tut, immer höre ich, daß wir destruktive Wesen geworden sind und wir die Welt zugrunde richten, und zwar überall. Sei es mit dem Haarspray und dem als Folge auftretenden Ozonloch! Ozonloch ist über dem Südpol — da gibt es weniger Haarspray als auf der nördlichen Halbkugel. Am Nordpol fängt jetzt erst das Ozonloch an, trotz 30 Jahren Haarspray! Sei es mit diesen Plastiktüten, die dann nicht entsorgt werden können. Alle anderen Dinge, wie Kernkraftwerke, die will ich gar nicht erwähnen, weil wir normalen Sterblichen ja da kaum eingreifen können.

Aber es gibt noch verschiedene andere Dinge, die man im Laufe der Jahre und Jahrzehnte gar nicht mehr leiden kann, ja sogar hassen lernt. Ich für meine Person muß da etwas besonders erwähnen: die Kaufhäuser der Großstädte.

Sie kennen diese riesigen, glitzernden Kathedralen des Handels und des Gewerbes. Wenn man sich ihnen nähert, und ich denke hier an ein ganz spezielles Kaufhaus in einer großen deutschen Stadt, dann möchte man am liebsten vorbeigehen, denn die Luft da drinnen, das weiß man ja inzwischen, ist unbeschreiblich schlecht. Aber das hindert einen doch nicht hineinzugehen, das Angebot aller Dinge ist dort schließlich auf einem Haufen. Neulich bin ich an diesem Gebäude vorbeigekommen und ich wollte weitergehen, aber ich weiß nicht warum, mir riß ein Schnürsenkel, und wo sonst sollte ich in einer so großen Stadt wie Berlin einen Schuhbändel herbekommen. Ich sah kein Schuhgeschäft, aber ich stand vor dem Kaufhaus, das seinen Schlund aufriß, riesig wie ein Haifisch mit seinen großen Zähnen. Ich wollte eigentlich nicht hineingehen, aber man wird ja wie in einem Sog hineingezogen. Da wird gerempelt, da wird gepufft von der anderen Seite, dann kommt noch ein Mann auf einen zu, der aus diesem Schlund herauswill, er sieht aus wie ein Panzerkreuzer, und man wird einfach von der Bugwelle dieses Herren zur Seite geschoben.

Ich bin ja nicht sehr groß, 1,75 m vielleicht, was zwar in der heutigen Zeit nichts besonderes ist, doch bin ich nicht gerade zart gebaut, aber wenn man von diesem Panzerkreuzer gegen eine Dame geschleudert wird, die mit einem mächtigen Busen entgegenkommt, so hat mir dies schon erheblich zugesetzt. Doch damit nicht genug: Ich will wieder zurück auf die andere Seite und gehe in Richtung der Treppe, von der ich erneut abgefedert werde und auf einen dürren Punker treffe. Dieser hielt, ich weiß nicht aus welchen Gründen, sein Knie so hoch, daß ich mit der Brust dagegen stoße, oder war es der Magen, ich weiß auch das nicht mehr. Jedenfalls wird mir etwas schwindlig, ich falle um und merke nur, daß ich in einer Art Traum gekreuzigt werde, was nichts anderes als ein hoher spitzer Absatz einer Dame war, der sich in meine Hand hineinbohrte. Um mich herum sind nicht nur Beine, auch volle Plastiktüten stoßen mich, bis irgendeiner merkt, daß da etwas am Boden liegt, und er hebt mich auf. Ich werde hochgerissen und taumle noch ein wenig. Dann auf einmal spült mich schon wieder der Strom weiter. Die helfende Hand, die mich hochgehoben hat, ist im gleichen Moment verschwunden, und ich finde mich wieder in einem scheußlichen Duftgemenge von tausend verschiedenen Parfüms. Ein fundamentaler Bewußtseinsschub hat mich nach vorne weitergebracht, obwohl für mich das vorher Erlebte ein Schock, eine furchtbare Erfahrung war. Ich sah nun überall wunderschöne Menschen, die leuchteten, es waren Frauen in einer Kosmetikabteilung, alles wurde bemalt, rot, gelb, grau und grün, ich weiß nicht, welche Beleuchtungs-und Farb-Facetten da herumspiegelten. Eine Bergwiese im Frühling ist ein harmloses kleines Anfängermalbuch dagegen.

Dazu kam noch diese „herrliche" Musik. Mir hat einer gesagt, da quillt Fruchtjoghurt aus den Lautsprechern! In dem Augenblick, in dem ich plötzlich wieder erwacht war, hatte ich das als sehr angenehm empfunden, natürlich. Ich hatte zwar festgestellt, daß ich an der Stirn blutete, aber das würde ja sicher irgendwann einmal aufhören. In der Konfektabteilung angelangt, setzte ich mich an ein kleines Tischlein wo es jemand einfiel, mir Kaffee hinzustellen, zwei Stückchen Konfekt dazuzulegen und 4,50 DM zu kassieren. Das macht mich wieder munter und ich denke darüber nach, daß wir Menschen doch die ganze Welt zerstören, tatsächlich eine Fülle von Gattungen und Arten in der Tier- und Pflanzenwelt rasant geschwunden sind und immer mehr und mehr von ihnen aussterben. Ob diese Dezimierung auch Menschen derart betrifft, weiß ich nicht, aber bei den Tieren und Pflanzen wissen wir es ja, da steht es in der Zeitung. Und jetzt sehe ich plötzlich in diesem glitzernden Palast der Kaufwonne das große Wunder der Kreativität des Menschen. Denn so wie die Gattungen verschwinden, so werden immer neue Unterhosen ausgedacht und produziert, Computer und Uhrenarmbänder, ja selbst die Armbanduhren sehen schon wieder nicht mehr so aus wie vor zehn Jahren. Von den Pelzmänteln ganz zu schweigen.

Das ist, was mich erstaunt: Der Mensch ist also nicht nur das üble, destruktive Wesen, das Ebenbild Gottes, das mehr kaputt- als ganz-macht, sondern der Mensch ist schöpferisch. Er ist ein Wesen, das in die höhere Ordnung des Schöpfers eingreift und noch ein größeres, reicheres, subtileres, ja ich möchte fast sagen, was Arten und Gattungen anbelangt, vielfältigeres Angebot an Waren herausschüttet. Und es ist ganz einfach staunenswert, daß die Ambivalenz eben auch bei der Schöpfung des Menschen nicht halt gemacht hat, sondern da weitergeht.

Nahrungsmittel

Wir müssen schon einige tausend Jahre zurückgehen, um uns die Nahrung unserer Welt einmal anzuschauen, zumindest im europäischen und vorderasiatischen Raum. Dann sind wir zunächst einmal auf die Bibel angewiesen. Die frühen Übersetzungen der Bibel ins Aramäische, ins Griechische und Lateinische sowie die vergleichende Erforschung der semitischen Sprachen sind von großer Wichtigkeit für die Bestimmung der Pflanzennamen in der Bibel. Auch der Pflanzen, die wir für die Nahrung brauchen.

Zur Entzifferung zweifelhafter Begriffe in der hebräischen Bibel, deren Bedeutung unsicher sind, oder die über einen langen Zeitraum nicht mehr gebraucht wurden und dadurch ganz in Vergessenheit gerieten, sind die frühen semitischen Sprachen von großer Wichtigkeit. Das gilt besonders für die aramäische Sprache, weil sie in späterer biblischer Zeit so verbreitet war, wie das Hebräische und die arabischen Sprachen.

Es gibt viele hebräische Pflanzennamen, die mit den aramäischen und arabischen Bezeichnungen identisch bzw. verwandt sind. Das Akkadische, die Muttersprache der anderen Sprachen, von der man eine Schlüsselrolle hätte erwarten können, zeigt allerdings keine Möglichkeit auf, hier weiterzukommen. Mit Hilfe des Hebräischen ist es viel leichter akkadische Namen zu entziffern als umgekehrt.

Schon seit dem 18. Jahrhundert besuchten pilgernde Gelehrte das Heilige Land, also das Land der Bibel, um seine Pflanzen- und Tierwelt zu erforschen. Es ist nicht meine Aufgabe, hier alle aufzuzählen, aber es waren sehr berühmte Persönlichkeiten dabei, die unglaublich viel gesehen, erkannt und auch aufgeschrieben haben. Seit dieser Zeit hat die Forschung allerdings noch enorme Fortschritte gemacht. Man denke nur an das Buch „Die Flora der Juden" von Loew, das so reichhaltig ist und alle Pflanzen aufführt, die in der talmudischen und anderen jüdischen Literatur vorkommen. Es ist ein mehrbändiges Werk, das einen fasziniert, wenn man auch nur einige Kapitel herausliest.

Es ist nicht lange her, da hat J. Felix eine ausführliche Zusammenfassung über die biblische Flora unter dem Titel „Olam Ha-tzomeh Ha-mikrai" auf hebräisch veröffentlicht. Der deutsche Titel heißt „Die Welt der biblischen Vegetation". Dieses Büchlein trägt auch zur Identifikation vieler Pflanzennamen bei. Mich interessiert in diesem Zusammenhang ja vor allen Dingen die für Nahrungsmittel entscheidenden Pflanzen, wobei hier auch religiöse und ethnographische Dinge eine Rolle spielen.

Machen wir einmal einen kleinen Spaziergang nur durch alle Pflanzen, die als Nahrungsmittel gebraucht wurden, zumindest in der Bibel. Auch hier finden wir schon einige recht interessante und wundersame Dinge.

Die Feige ist die erste mit Namen erwähnte Frucht in der Bibel, und zwar in der Geschichte von Adam und Eva. Im ersten Buch Mose (3,6-7) lesen wir: „Und das Weib sah, daß von dem Baume gut zu essen wäre und daß er lieblich anzusehen sei und begehrenswert, weil er klug machte und sie nahm von seiner Frucht und aß und gab auch ihrem Mann neben ihr und er aß. Da gingen den beiden die Augen auf

und sie wurden gewahr, daß sie nackt waren und sie hefteten Feigenblätter zusammen und machten sich Schürzen."
Wir kommen gleich noch einmal darauf zurück, wenn wir über den Apfel sprechen werden.

Bei den Ausgrabungen von Geser, einer großen antiken Stadt westlich des Gebirges von Juda, wurden getrocknete Feigen gefunden, die aus der Zeit um etwa 5000 v. Chr. stammen. Auch im alten Ägypten wurde die Feige angebaut. In der Bibel ist das hebräische Wort für Feigenbaum „teenah", für die Frucht „teenim". Die Feige war das wichtigste Nahrungsmittel, zumindest ein sehr wichtiges in biblischer und nachbiblischer Zeit. Wegen ihres hohen Zuckergehaltes wurde sie getrocknet, zu Fladen gepreßt für die obstlose Zeit gelagert, ähnlich wie Rosinen und andere Leckerbissen.
In der Bibel wird die Feige zusammen häufig mit der Weinrebe erwähnt. Beide zählen zu den sieben Arten und symbolisieren Wohlergehen und Frieden.

Lassen Sie mich noch über den Apfel sprechen. Trotz des weit verbreiteten Glaubens, daß die verbotenen Früchte im Garten des Paradieses Äpfel waren, wurden sie in der Geschichte nicht namentlich erwähnt. Das hebräische „tappuah" kommt in der Bibel fünfmal als Apfelbaum oder dessen Frucht vor, sechsmal als Ortsname (in Josua 15,33) und einmal als Eigenname (1. Chronik 2,43). Botaniker, die sich mit der Pflanzenwelt der Bibel befassen, haben die Bedeutung von „tappuah" intensiv debattiert. Gelegentlich wurde auch die Aprikose genannt oder diese dann einfach neutralisiert als „der Apfel". Hat Eva wirklich einen Apfel gepflückt und gegessen?

Der Apfel läßt sich bei uns bis in die Jungsteinzeit zurückverfolgen, aber bisher ist keine Spur eines Apfels bei prähistorischen Funden des mittleren Ostens zu finden. Es gibt indirekte Hinweise auf die Tatsache, daß das arabische „tuffah" ausschließlich den Apfelbaum bezeichnet. Da liegt nahe, daß man das hebräische „tappuah" damit gleichsetzt. Alte ägyptische Papyri etwa 12 − 13 000 vor Christi, aus der Zeit Ramses II, verraten, daß die Felder am Nildelta Früchte trugen, und zwar Granatäpfel, Oliven und Feigenbäume. Plinius erwähnt allerdings auch rote und weiße Apfelsorten aus Syrien.

Das einzige, das wir wirklich wissen, ist, daß in der Türkei einige Sorten von Malus sylvestris wild wachsen. Möglicherweise gab es im Libanon einmal Apfelgärten. Denn vor etwa 4000 Jahren gab es im Iran und in Armenien schon Äpfel. Aber warum wurden sie in der Bibel nicht erwähnt? Wir hören von der Walnuß, von der Feige, von der Dattel, von der Maulbeere, vom Mandelbaum, dem ersten Baum, der vor Ende des Winters zu blühen beginnt − daher stand er als Symbol für Eile und Hast, und es ist in der Tat der Baum, der in Israel das Nahen des Frühlings ankündigt.

Das hebräische „shaked" wird in der Bibel für Mandelbaum, aber auch für Mandelzweig und Frucht verwendet. Der Ausdruck mandelförmig in Zusammenhang mit der Blütenknospe, dem Blütenkelch und den Blütenblättern wird im 2. Buch Mose dreimal mit der Mandelblütenverzierung des Leuchters für die Stiftshütte in der Wüste verwendet.

Heute habe ich nicht gehört, daß auf der Sinai-Halbinsel blühende Mandelbäume existieren, es ist aber durchaus möglich, daß früher welche da waren, denn andere Bäume mit ähnlichen Blüten, wie z. B. der Sinai-Weißdorn (Crataegus sinaica), gibt es dort. Genau so wie in der Geschichte der sprießende Ahornstab, der reife Mandeln trug, wird dieser erwähnt, trotzdem es sich hier eher um Legenden oder Symbolbildungen handelt. Der Mandelbaum war aber eine sehr wichtige Frucht neben den oben erwähnten, und schließlich noch die Weinrebe.

Von den ersten Anfängen der Geschichte der Menschheit wurde in der Welt des Alten Testaments Reben angebaut und

430

ihre Früchte verwertet: „Noah aber, der Landmann, war der erste, der Weinreben pflanzte." (1. Buch Mose, 9,20).

Der hohe Wissensstand des Weinbaus in Kanaan vor der Eroberung durch die Israeliten wird in der Geschichte deutlich, nach der Mose Spione ausschickte, die das Land erkunden sollten. Sie kamen mit einer Weintraube zurück und trugen sie zu zweit an einer Stange (4. Buch Mose, 13,24). In jenen doch so frühen Tagen wurde Wein, das kostbarste aller Getränke, vornehmen Gästen angeboten. „Melchizedek der König von Salem, ging Abraham entgegen und brachte Brot und Wein." (1. Buch Mose, 14,18).

Die Bedeutung des Weinbaus zu jener Zeit in Israel wird in der Weinlese deutlich, einem alljährlichen Fest der Freude und Dankbarkeit. Die jungen Menschen gingen in die Weingärten wie es Brauch war, und die Mädchen suchten sich dort ihre zukünftigen Männer. Dies alles war mit Musik und Tanz verbunden.

Darüber hinaus ist die Fruchtbarkeit des Landes gerade in ihren Weinreben ein Symbol für den Segen der auf Juda liegt: „Er bindet seinen Esel an den Weinstock und an die Rebe das Füllen seiner Eselin. Er wäscht seine Hand in Wein und in Traubenblut seinen Mantel." (1. Buch Mose, 49,11).

Die Rebe, die Weinrebe in diesem Fall, ist eine der „sieben Arten", mit denen das Land gesegnet war und sie wurde zum nationalen Symbol. Überall auf Mosaikböden in Synagogen, in Töpfereien, auf Möbeln, auf Gräbern und auf Münzen finden wir sie.

Die Übersetzung des hebräischen „gefen" mit „Weinrebe" ist so unbestritten wie die von „kerem" „Weinberg" und „anavim" mit „Trauben".

Im Neuen Testament wird der Weinrebe sogar geistliche Bedeutung beigemessen, und zwar im Johannes-Evangelium, wo Jesus sich mit ihr vergleicht.

An Feldfrüchten kannten wir sehr viele. Im 5. Buch Mose (8,8) lesen wir: „Ein Land mit Weizen, Gerste, Reben, mit Feigen und Granatenbäumen, ein Land mit Ölbäumen und Honig, das ist unser Land."

Und nicht nur der wilde Weizen, ein richtiger Hartweizen, Gerste, Hirse, Lauch, Zwiebel und Knoblauch gedeihen im alten Israel. Zur Bekleidung wurde Baumwolle verwendet, das betraf auch die weißen und purpurnen Gewänder des königlichen Hofes.

Flachs war in großer Menge vorhanden und wurde viel angebaut. Er diente zusammen mit Wolle als wichtiges Material zum Weben von Stoffen für Kleidung, Wäsche, für Binden und Tücher.

Schließlich finden wir die Linsen und die Kichererbse als Nahrungsmittel, dazu die Puffbohne. Weiterhin, auch wieder aus dem Buch Mose: „Wir gedenken der Fische, die wir in Ägypten umsonst aßen, der Gurken, der Melonen, des Lauchs, der Zwiebel und des Knoblauchs. Und nun verschmachten wir, es ist nichts da als das Manna, was wir hier zu sehen bekommen." (4. Buch Mose, 11,5-6).

Der Kürbis gehört auch noch zu jenen bekannten Gewächsen, dann unter den Gewürzen waren die Roßminze, der Dill, Kreuzkümmel, der echte Schwarzkümmel, der schwarze Senf und Koriander. Das alles zählte zu den Gewürzen der biblischen Zeit.

Die atlantische Terebinthe, Pistacia atlantica, der Baum, der Pistazien trägt, gehört auch zu jenen Pflanzen die sehr bekannt waren und auch als Nahrungsmittel benutzt wurden. Heute ist die Pistazie für teures Geld noch zu kaufen, wie die Früchte von *Pistacia vera*.

Die Tamarisken mit ihren eigenartigen Früchten, der Wacholder für verschiedene Düfte, die Myrte, Efeu und Lorbeer, die Zitrone vor allen Dingen, die eine große Rolle spielte.

432

Wir lesen in der Bibel und wissen nicht genau, was heißt da das hebräische „etz hadar", zu deutsch „die schönen Bäume", wie es in der Bibel heißt. Nun, die meisten, die sehr gut Bescheid wissen, glauben, daß es sich um eine Zitrusart handelt, deren Frucht hebräisch mit „ethrog" bezeichnet wird. Wenn man nun mit Fachleuten darüber spricht, dann dürfte das nichts anderes sein als die Zitrone. Beim Laubhüttenfest wird auf diese Pflanze ebenfalls hingewiesen.

Man liest aber weiter, daß man noch tagelang nach dem Genuß des Fruchtfleisches oder des Saftes sehr lustig sein kann. „Sauer macht lustig!"

Das wären ja wohl die wesentlichsten Früchte, die damals gegessen wurden. Und an eine Stelle sollten wir uns noch erinnern: Was war das Brot vom Himmel? Nun, bei Johannes 6,30-31 steht geschrieben: „Und die Väter aßen in der Wüste das Manna", das war das Brot aus dem Himmel. Es war weiß wie Koriandersamen und hatte einen Geschmack wie Honigkuchen.

Man ist sich hier nicht ganz darüber klar, ob es sich um die Ausscheidung eines kleinen schuppigen Insekts handelt, das von den Zweigen der Niltamariske lebt. Einige glauben, daß die süße Flüssigkeit auf den Zweigen der weißen Hamada, die im südlichen Sinai verbreitet ist, das süße Manna darstellt. Die Beduinen benutzten es z. B. als Süßstoff.

„Siehe ich will euch Brot vom Himmel bringen lassen, dann mag das Volk hinausgehen und sich Tag für Tag seinen Bedarf sammeln." (Mose 16,4)

Dieses Wunder, das vom Himmel fällt und das die Israeliten in der Wüste fanden, ist heute geklärt. Schwärme von Wachteln fliegen, damals wie auch heute, über das Mittelmeer, und wenn sie den Sinai erreichen, sind sie so erschöpft, daß sie ganz einfach zu fangen sind. Alle Versuche, es dem Übernatürlichen zu entziehen und es so natürlich zu erklären, waren vergeblich und man verwies zurück auf den Namen „man", der „was" bedeutet oder auch „manha", „was ist das".

Also könnte es auf der einen Seite die Wachtel sein, deren Fleisch vom Himmel fällt und auf der anderen Seite die oben erwähnten süßen Leckereien des Hamada-Strauches oder der Tamariske.

Dornen und Disteln gab es auch in Hülle und Fülle und viele Feldblumen von Hyoscymus bis zur Alraune, von der weißen Lilie bis zum gefleckten Schierling, von *Rubia tinctorum* bis zum Henna-Strauch, der für die Kosmetik eine Rolle spielte, vom Weihrauchstrauch bis zum Balsamstrauch. Schließlich noch Myrrhe, Zimt, Lavendel und Aloe, heute noch in der Kosmetik wichtige Faktoren, Krokus curcuma und vieles andere mehr.

Nehmen Sie sich doch einmal die Bibel vor, das Buch Mose und einige Lexika über Pflanzen, und Sie werden erstaunt sein, was Sie noch alles an Pflanzen finden. Vom brennenden Dornbusch, aus dem der Engel am Berg Horeb dem Moses erscheint bis zum Land, das verheißen wurde und darin Weizen, Gerste, Weinstöcke, Feigenbäume. Schließlich Lilien auf dem Felde und auch der Maulbeerbaum, auf den Zachäus steigt, um Jesus auch einmal zu sehen.

Machen wir einmal einen großen Sprung über viele Jahrhunderte hinweg bis in die heutige Zeit hinein. Und zwar deshalb, weil ja doch in den ganzen Jahrhunderten vom Mittelalter angefangen und auch vorher und nachher die reichen Leute immer gepraßt haben und teilweise zu viel gegessen haben, aber die sogenannten „feinen Leute" versuchten sich zurückzuhalten, während die armen Leute mühselig ihr tägliches Brot verdienten und dies karg und trocken herunterschlangen.

Gehen wir in die moderne Zeit hinein. Der Krieg hat uns doch einiges aufgegeben und wir sind alle nicht nur schlank, teilweise sogar dürr geworden. Wenn man das Glück hatte, eine über 5jährige Gefangenschaft zu überleben, so wie ich, dann muß man dankbar sein, daß man mit seiner Körpergröße von 1,75 m auch noch mit 43 kg zwar müde, aber geistig doch recht frisch geblieben ist.

Da sind die Erfahrungen einer Kindheit, in der es alles zu essen gab, was wir wollten; mein Vater hatte es sich leisten können uns so zu ernähren, daß wir immer satt waren und auch gut zu essen hatten. Dann kam die Zeit beim Militär, noch in Friedenszeiten, wo es auch noch gut zu essen gab.

Schließlich brach der Krieg aus, und die Portionen wurden immer kleiner, waren aber doch immer noch ausreichend, sowohl an der Front als auch hinter den Linien. Irgendwelche Mangelerscheinungen gab es nicht. Und letztendlich folgte die Zeit der Gefangenschaft, in der der Hunger eigentlich als Konzertmeister für das Kalorienensemble regierte. Es war eine magere Konzertreise diese Zeit über 5 Jahre. Da konnte man schon einmal in die Knie gehen, und leider sind viele noch viel tiefer, in die Erde „hineingegangen", weil die Nahrung einfach nicht mehr ausreichte und eine einzige Krankheit tödlich war.

Dieser Zeit sind aber sehr viele Erfahrungen erwachsen, Erfahrungen, die einfach nicht daran glauben lassen wollen, daß alle modernen Berichte über Diätmaßnahmen, die das Energiesystem des Körpers aus dem Gleichgewicht werfen oder aber das Energiesystem wieder ins Gleichgewicht bringen, stimmen.

Auch die Berichte vom Blutserum, von Berg- und Talfahrt-Reaktionen sprechen von verschiedenen Parametern. Antworten sie schließlich auf die Frage, was eigentlich gesund sei?

Da kommen die unendlich vielen alternativen Ernährungshinweise von einer ganz strengen Rohkostdiät bis zur vegetarischen Kostform, zur lacto-vegetabilen Kost und der manchmal auch etwas aufgelockerten Kost. Bei solchen Diätplänen hat man den Eindruck, daß manche Menschen doch sehr tapfer sind, weil sie behaupten, daß das, was sie essen, ihnen auch wirklich schmeckt. Ob sie sich selbst damit Mut machen oder andere erziehen wollen, das ist ja wohl eine Frage der Einstellung. Es gibt sicher welche, die ihre Körndl und ihre Rohkost mit dem gleichen Vergnügen essen wie mancher Bajuware seinen Schweinsbraten mit Knödl und Kraut. Wenn wir weiter daran denken, daß es Mittel gibt, die in jungen Jahren sicher nutzbringend, jedoch in fortgeschrittenem Alter schädlich sind, dann kann man das wie ein bekannter Amerikaner damit vergleichen, daß Bohnen für ein Pferd, das normalerweise Hafer und Heu frißt, sicher nicht gerade besonders bekömmlich sind.

Oder vielleicht gestatten Sie diesem Pferd beispielsweise eine Weidezeit von 1 bis 2 Stunden in einem feuchten Kleefeld? Das Tier wird mit Sicherheit trotz der Rohkost, die es einnimmt, was ja seiner Art adäquat ist, sehr krank werden.

Gut, es werden viele Nahrungsmittel von der einen oder anderen Richtung verboten wie Zucker und Milch, Butter und Brot, Bier und Kartoffeln. Na ja, alles Nahrungsmittel, die Stärke, Saccharin und Zucker enthalten. Diese neigen ja wiederum dazu, daß sie Fett produzieren und das soll vermieden werden.

Apropos Fett, hier kommen wir zu einem leidigen Thema, zu einem Thema des „Cholesterins". Was für ein Segen an feurigen Zungen, an Pech und an Schwefel ist da über unsere armen Menschen herabgefallen. Nicht nur, daß das „Fettsein" sowieso schon etwas Unästhetisches, sondern möglicherweise auch etwas Krankhaftes darstellt, eine Behauptung die übrigens völlig haltlos ist; nein, im Brennpunkt steht dieses Cholesterin, das sich im Körper befindet und bei dem schon eine wenig in den Parametern angestiegene Zahl signalisiert, daß eine Gefahr im Verzug ist. Nun, es ist hier kein Diätbuch, das geschrieben wird, sondern nur ein Hinweis darauf, was alles in der heutigen Zeit skurril ist. Cholesterin ist ein komplexes, relativ kleines Molekül und stellt — und darüber muß man sich im klaren sein — eine wesentliche Komponente der **Struktur jeder einzelnen Körperzelle** dar. Das heißt, eine Körperzelle kann gar nicht existieren, ohne ihre Struktur aus Cholesterin zu verfertigen. Die meisten Menschen produzieren einen beträchtlichen Anteil dieser fettigen, oder besser wachsähnlichen Substanz im eigenen Körper.

Die mit der Nahrung aufgenommene Menge scheint nach allen Untersuchungen eine ganz geringe Rolle zu spielen. Cholesterin ist nicht leicht wasserlöslich und muß daher zum Transport über die Blutgefäße eigens mit einem Protein-Träger ausgestattet werden. Da gibt es zwei Hauptarten, das LDL und das HDL, das erste hat eine niedrigere Dichte, das HDL eine hohe Dichte. Das HDL dient wohl eher zum Abtransport, das LDL befördert Cholesterin, aber auch andere Fette, in verschiedene Körperregionen und -stellen, wo es gerade gebraucht oder von Zeit zu Zeit auch mal abgelagert wird.

Nun, diese Fette, überhaupt die Cholesterine insgesamt, werden durch Nahrungsaufnahme fast gar nicht beeinflußt. Es gibt Untersuchungen von Tausenden von Patienten. Man kann den Unterschungen Glauben schenken. Entscheidend für die Cholesterin-Situation ist einzig und allein die Bewegung. Damit können wir diese obengenannten Werte, insbesondere das LDL, deutlich herabsetzen, bzw. das Verhältnis von HDL und LDL steigern. D. h., der HDL-Spiegel von Läufern beiderlei Geschlechts bei einer wöchentlichen Leistung von mindestens 20 km war bedeutend höher als bei Menschen mit sitzender Tätigkeit. Wobei das Essen unter Umständen bei den Läufern cholesterinhaltig sein kann.

Ich will an dieser Stelle gar nicht weiterreden, sondern nur kurz darauf hinweisen, daß die sogenannte cholesterinfreie oder cholesterinarme Kost ja dem armen Menschen wieder neue Schädigungen bringt, nämlich Selen-Mangel und Vitamin-E-Mangel, Untersuchungen haben dies bestätigt. Ja muß man denn einen Menschen zwangsläufig krank machen durch falsche Ideen? Und solche teilweise doch beängstigende Ideen sind es wirklich nicht wert, daß man sie diskutiert und den Menschen Angst macht. Man muß schon ganz exakt die einzelnen Fettfraktionen selektieren, um deutlich Krankheiten zu diagnostizieren. Dann erst kann man darüber reden.

Sicher ist eines, daß die aktiven Menschen, die also wirklich etwas oder auch relativ viel Bewegung haben, tatsächlich weniger krank werden und auch weniger LDL in ihrem Blutbild haben. Was sagt schon der hohe Wert an Cholesterin im Blut?
Untersuchen Sie das Blut einer schwangeren Frau im 3. bis 5. Monat, dann sind die Werte entsetzlich hoch, 1500, 1700. Glauben Sie, daß das krankhafte Werte sind, oh nein! Diese Frau muß ja dem neuen Leben bzw. den neuen Zellen Strukturen liefern, und zwar in Unmengen. Das vermehrt sich doch jede Sekunde um das doppelte, also braucht sie das Cholesterin. Und bekannt ist ja auch, daß Frauen, die oft schwanger waren, nicht gerade schnell an Arteriosklerose erkranken. Darüber wird man kaum eine Auskunft von Fachleuten bekommen.

Ob wir nun von „fetten Menschen" sprechen oder von Menschen, die zu viel Fett essen oder von Menschen, die zu viel Fett in ihrem Blut haben, das sind alles grundsätzlich verschiedene Dinge. Und wir müssen uns doch davor hüten, den armen Menschen Angst zu machen.

Meine Großeltern beider Seiten sind über 90 Jahre alt geworden, und heute noch schaue ich staunend zurück.

438

Wenn ich einen meiner Großväter mit 94 Jahren fragte, warum er so alt geworden ist, dann hat er mir berichtet, daß er täglich am Abend − und ich konnte das ja selbst sehen − eine große Scheibe dunkles Brot gegessen habe, die Butter darauf so dick wie das Brot dick geschnitten war und dann noch einige Scheiben Schweinespeck darauf. Gewürzt mit Pfeffer und Salz, im Geschmack ein wenig noch verbessert mit Knoblauch und Zwiebeln, pflegte er dieses Brot in Ruhe und langsam zu verspeisen und er fühlte sich wohl dabei. Ich kann mich nicht erinnern, daß er irgendwann einmal krank war.

Ich möchte mich nicht weiter in Diätvorschriften oder Diätanweisungen „verfahren", sondern an dieser Stelle nur darauf hinweisen, daß mit Ausnahme echter Krankheiten, bei denen der Arzt bestimmte Nahrungsmittel verbietet, doch jeder das essen sollte, was ihm gerade schmeckt. Menschen sind als Allesfresser geboren, als solche auch in unserem Aufbau zu verstehen und wenn wir Maß halten, d. h. uns nicht täglich ein-, zwei- oder dreimal vollfressen, sondern Maß halten, dann wird es uns gelingen, alt zu werden und uns auch wohl zu fühlen. Beide Seiten haben unrecht: Sowohl die eine Seite, die empfiehlt, täglich viel Fleisch, möglichst Schweinefleisch zu essen, als auch die andere Seite, die nur Rohkost ißt. Der bloße Schweinefleischesser wird sich von den Toxinen des Schweinefleisches sicher sehr bald in eine Krankheit jagen lassen. Ihm steht der Rohkostesser gegenüber, der aufgrund des schnellen Transports dieser Nahrung durch den Darm schließlich zu einer Resorptionsschwierigkeit von Zink kommen wird, die dann wiederum neue Krankheiten ausbrechen läßt. Also, die Konsequenz heißt, bitte keine Experimente, keine Null-Diät, keine extremen Diäten, keine wilden Diäten, auch nicht, wenn man vielleicht glaubt, etwas zu dick zu sein. Dieses Problem läßt sich anders lösen. Man kann sich etwas mehr bewegen, nicht weniger essen, wenn es schmeckt, allerdings mit Maß.

Oder glauben Sie vielleicht, daß gertenschlank, hauchdünn und bleichgesichtig-schmal besonders gesund oder gar schön ist? Idealbilder von Menschen ändern sich in jedem Jahrhundert. Bei Rubens war es anders als zur Zeit der Twiggy. Warum soll es kein naturgegebenes Maß für körperliche Schönheiten geben? Wenn sich ein Mensch wohlfühlt, warum muß er hier oder da etwas an seiner Figur ändern? Man sollte rechtzeitig anfangen, vernünftig zu essen und ein wenig Maß zu halten, vielleicht sogar, wie es alle Religionen dieser Welt, zumindest die großen Religionen, immer wieder empfehlen, eine kleine Fastenzeit einzulegen.

Schauen Sie sich die Geschichte der Malerei an, da ist die Idealvorstellung des weiblichen Körpers doch radikal immer wieder revidiert worden. Der Unterschied wird beim Portrait von zwei Frauen deutlich, die nur in einem Abstand von zwei Jahren Mitte des 17. Jahrhunderts gemalt wurden. Da haben wir Rembrandts „Bathsheba", in vieler Hinsicht der Höhepunkt einer Darstellung, die sich auf den Bauch konzentriert. Ihr Leib und die Hüften sind voll und fleischig als habe sie bereits mehrere Schwangerschaften hinter sich. Ihre Brüste sitzen hoch, stehen weit auseinander und sind im Vergleich zu ihrem stattlichen Körper klein.

Die „Venus vor dem Spiegel" von Velazquez wird einem anderen Ideal gerecht, einem Ideal, das Mode wird. Die Göttin, die das Gesicht vom Betrachter abwendet, stützt sich auf ein einfaches Bett und betrachtet ihr Gesicht in einem Spiegel, der von einem bezaubernden Knaben gehalten wird, dessen Züge trotz eines Flügels am Schulterblatt individualisiert und verwirklicht sind. Der kleine Eros blickt seine Mutter voll deutlicher Zuneigung an. Sie ist eine Frau mit einer schmalen Taille, breiten, sich verjüngenden Hüften, ihre Brüste sind vor unserem Blick verborgen, aber wir können vermuten, daß sie voll und sinnlich sind.

Dann, nach dieser Zeit, verlor der weibliche Bauch als Em-

440

blem der Fruchtbarkeit — sowohl in der Kunst als auch in der Mode — systematisch seine Bedeutung. Statt dessen wurden die Brüste und der Schoß, Attribute der Ernährung, zu den dominierenden Teilen des weiblichen Körpers. Hier haben wir schon den Zusammenhang zwischen Nahrung und der Schönheit und Mode.

Ein auffallender Busen und Schenkel, durch eine schmale und zierliche Taille betont, wurden zum erotischen Ideal, das sich bis in dieses Jahrhundert gehalten hat. Diese Geschmacksveränderung war kein Ausdruck des Abscheus vor der Fruchtbarkeit. Bis Anfang dieses Jahrhunderts war ja Sterilität ein erotischer Nachteil für eine Frau von hohem Stand. Und Sex ohne die Möglichkeit der Zeugung galt als ganz und gar pervers.

Sehen wir das einmal so, dann ist das Fruchtbare, Mütterliche, wenn wir eine Frau betrachten, immer so zu verstehen, daß sie auch noch etwas Fett braucht, wenn sie für hübsch gehalten werden wollte.

Davon abgesehen darf man nicht vergessen, daß doch immerhin bis 1740, ja bis 1800 in periodischen Zyklen auftretende schwere Hungersnöte in Europa wüteten. Und da nach einer schlanken Figur zu streben war doch für jemand, dessen Nahrungsversorgung für die Dauer eines Jahres bedroht sein konnte, einfach nicht ratsam, schon gar nicht für eine Frau, die vielleicht noch schwanger wurde oder stillen mußte.

Vielen Frauen ist es nicht möglich, trotz Einhaltung von Diätvorschriften, schlank zu bleiben. Sie wählen Kleider, die gut an ihnen aussehen, so oder so, als ob sie schlank wären. Sie entscheiden sich für einen Stil, der die eigene Person und ihre Einstellung zum Leben identifiziert.

Die Mode hat alle Frauen nach wie vor im Griff. Sie bietet uns eine riesige Silhouette, die ganz weit gestreut ist. Wenn eine Frau den Eindruck erwecken will, daß sie, trotzdem sie voll im Berufsleben steht, von einer Disko in die andere zieht, vielleicht auch ihrem Studium nachgeht und sich keine großen Sorgen macht, dann zieht sie sich eben so an. Der Körper ist dann dem Stil angepaßt, enge Jeans, lässige Bundfalten, ein Stil selbstgeschaffener Freiheit.

Selbst wenn man sich qualvoll in solch eine enge Hose hineinzwängt und dies als Symbol der Befreiung angesehen hat, ist es merkwürdigerweise etwas geworden, was Frauen zum Nachteil gereicht.

Der Wahn, schlank sein zu wollen, dient keinem echten Nutzen, weder biologisch, noch ästhetisch, geschweige denn erotisch. Er bringt allerdings der Diätindustrie sehr viel Geld ein, und das ist ein Nutzen von zweifelhaftem Wert.

Die gefährlichsten Diät- und Arzneimittelbehandlungen gehen auf Vorschläge zurück, die gelegentlich auch in medizinischen Fachzeitschriften veröffentlicht wurden. Die Richtlinien zur Behandlung von Übergewicht sind völlig unklar. Auf diesem Gebiet wird vieles ausprobiert, aber funktioniert das auch? Bis heute gibt es keine Methode zur Behandlung von Übergewicht als Standard-Methode, die anerkannt werden konnte.

Diätnahrungsmittel werden in Hülle und Fülle angeboten, aber nicht nur das. Es gibt viele Firmen, die versprechen, zum Teil sogar durch Haaranalyse den Ernährungszustand eines Menschen feststellen zu können, und es gibt Gruppen, die eindringlich nur für Saccharin plädieren. Wiederum werden Maschinen angeboten, ich denke dabei an Detekt-Diät-Monitor, Mark IV, ein Monitor zum Aufspüren von Kalorien. Es gibt also unglaubliche Dinge, wie z. B. das Letztgenannte, die einen Verstoß gegen die Diätvorschrift sofort registrieren.

Nun, Arzneimittelbehandlungen bei einer doch häufig auf genetischer Information bestehenden Fettsucht bleiben im wesentlichen ohne Erfolg.

Nur wenige Worte über diese Appetitzügler, die Amphetamin-ähnlichen Mittel. Lassen Sie sie liegen! Sie glauben zunächst, daß Sie nichts mehr zu essen brauchen. Sie haben das Gefühl, daß es Ihnen unheimlich gut geht. Denken Sie aber vom ersten Augenblick an daran, daß Sie süchtig werden können, und das ist grausam. Denken Sie an das Kapitel der Drogen!

Es ist hier nicht meine Aufgabe, Diätpläne zu verurteilen und zu kritisieren, hervorzuheben oder gar wegzustellen. Ich denke hier nur an *Atkins* Theorien, wo er am Ende seines Buches schreibt: „Ich habe einen Traum, ich träume von einer Welt, in der niemand Diät halten muß. Einer Welt, in der die dickmachenden, von allen Ballaststoffen befreiten Kohlehydrate vom Speisezettel gestrichen sind." Dann plädiert er dafür, daß Kinder bzw. die ganze Familie richtig leben sollten. Er fordert, daß Gesetze geschaffen werden, welche die Diätnahrungsmittelindustrie zwingt, Produkte herzustellen, die nicht nur kalorienarm, sondern auch kohlehydratarm sind. Mit ihrer Hilfe kann man tatsächlich zu einer Diätrevolution kommen.

Diese Diätrevolution ist von politischer, aber auch von ärztlicher Seite sehr schnell aufgegeben worden. Zumal wieder einige Angst hatten, daß der Cholesterinspiegel bei dieser fetthaltigen Diät steigen könnte.
Es scheint, hier fällt man von einem Wahnsinn in den anderen!

Hüten Sie sich bitte auch vor der sogenannten Null-Diät. Um zu den zum Überleben notwendigen Kalorien zu kommen, beginnt der Körper sehr schnell Fett- und Muskelproteine abzubauen. Und was geschieht, wenn der Mensch nur so viel Protein zu sich nimmt, daß kein Muskelprotein abgebaut wird? Das wird grausam.

Wenn dann zu irgendwelcher Diät auch noch ein passives Training als klassisches Beispiel herbeigeführt wird, dann hüten Sie sich aber ganz bestimmt davor. Das passive Training ist sehr beliebt, weil man ja nichts tun braucht, stellt aber ein völlig falsches Versprechen dar. Und wer wirklich abnehmen will, soll sich zu irgend einem Programm physischer Aktivität entschließen. Körperertüchtigung ist Arbeit und erfordert ein gewisses Maß an Willenskraft, im Gegensatz zum Hungern lohnt sich die Mühe, körperliche Übungen durchzuführen. Aus dem fleischigen Etwas, das massiert, geknetet oder durch Hunger gequält wird, kann durch körperliche Übung ein unabhängiger, sich selbst regulierender Organismus werden. Und das ist vermutlich viel wichtiger.

Die verbreitete Meinung, daß dick, fett und unkontrolliert zu sein eine weit verbreitete Meinung über korpulente Menschen ist, stimmt nicht. Dicksein ist doch kein Zeichen von Schwäche, dann wäre ja Schlanksein ein sichtbarer Beweis für Selbstbeherrschung.
Untersuchungen in dieser Richtung zeigen, man kann seinen Körper nicht so verwalten wie man sich um sein Vermögen kümmern kann: Sparsam, wirtschaftlich und besonnen.

Ideen von Selbstdisziplin und Selbstverleugnung und von Beziehungen des Willens, Ideen von Erfolg, von Anstrengungen und Vervollkommnungsfähigkeit durch ständiges Trachten nach Verbesserung der eigenen Person, von Mißtrauen gegen ausgelassene Freuden auch beim Essen, sind für die Entwicklung kapitalistischer Privatunternehmen in unserer Welt unerläßlich. Das ist die Moralität, die sich auch in der Ansicht über Korpulenz widerspiegelt. Und das sollte man doch endlich einmal ablegen.

Eine Änderung unserer Verhaltens- und Ernährungsweise sollte auch durchgeführt werden, aber in Form von „diaita" der alten Griechen. Die Nahrung ist gehaltvoller und abwechslungsreicher geworden und das tägliche Leben unbeschwerlicher. Mechanisierung, Automatisierung, dadurch ist der Kalorienbedarf zurückgegangen. Und das Auto nimmt uns auch noch die eigene körperliche Bewegung weg. Wie sagt doch *Zatopek* so schön: „Die Vögel haben Flügel und können fliegen. Die Fische haben Flossen und können schwimmen. Und wir Menschen haben Beine, also auf, laßt uns die Beine bewegen und das Auto in der Garage stehen!"

Herauskommen muß man auch aus abwechselndem Schlemmen und Hungern, immer wieder hin und her. Mein Rat wäre, das unnötige und sinnlose Streben nach übermäßiger Schlankheit, aber auch nach übermäßigem Fettsein zu lassen. Wenn man zu viel Freude am Essen hat, hat das jedem bisher viel mehr geschadet als genutzt. Und für die meisten Menschen hat das Verlangen nach dem einen oder nach dem anderen immer einen riesigen, kostspieligen und unnötigen Aufwand erfordert gegen den eigenen Körper. Lassen Sie doch Ihren eigenen Körper sich froh in der Natur bewegen und essen Sie auch, was Ihnen schmeckt, aber nicht zu viel. Sie werden gesund bleiben. Außer bei den schon erwähnten echten Krankheiten, brauchen Sie sich nicht um **Kalorien** zu kümmern. Lassen Sie doch diesen Begriff fallen, denn kaum jemand versteht ihn richtig. Und steigen Sie auch nicht jeden Tag auf die Waage, es sei denn, der Arzt verordnet Ihnen das. Sie werden sehen, wenn Sie sich nicht die Fesseln anlegen des Essens und Trinkens, daß man sich gar nicht mehr freuen kann.
Froh leben, aber vernünftig!
Oder, wie es in allen Religionen heißt: „Maß halten!" Wer eine richtige und wirklich gute Diät halten will, der sollte sich mal eingehend mit dem Evangelisten Lukas beschäftigen: LK 1,53 bis LK 25,0 können Sie lesen: „Iß, trink und sei fröhlich!" An vielen Stellen.
Dann haben Sie den Weg zur Gesundheit.

Mein erster klinischer Lehrer war ein sehr berühmter Mann *(Viktor von Weizsäcker)*. Aber nicht nur sehr klug, sondern auch weise und wenn man ihn fragte, wie eine Diät einzuhalten sei und was man dem Patienten sagen solle, dann gab er seine Meinung so zum Besten:

„Diät halten heißt nicht, die verbotenen Dinge völlig aus seiner Nahrung zu streichen, sondern bedeutet lediglich, sich nicht ausschließlich von verbotenen Sachen zu ernähren."

Recht kompliziert eine kleine Anmerkung noch am Schluß: Die Branche der Lebensmittel aus kontrolliertem Anbau, also „Naturkost und Naturwaren" fängt an, aus ihrem Image, das sie bisher hatte, auszubrechen, so daß die Bio-Alternativen und Öko-Freaks aufhorchen, denn jetzt haben wir den Bio-Großmarkt. Und es wird die Öffentlichkeitsarbeit für Naturprodukte verstärkt.

Wenn man alt genug ist und ein Kenner dieser Szene, dann weiß man, daß hier zwar auf der einen Seite sicher sehr ehrliche Arbeit geleistet wird. Aber auf der anderen Seite, so ganz versteckt und kaum für jemand spürbar, bereits Public Relation betrieben wird. Man muß es ja unter das Volk bringen, man muß diplomierte Gesundheits- und Ernährungsberater auf den Plan schicken, die diese Produkte auch anpreisen.

Es ist sicher sehr wertvoll, kranken Menschen beratend zur Seite zu stehen, daß sie wieder gesund werden, auch durch die Ernährung. Es ist ebenso wichtig, gesunden Menschen zu helfen, damit sie nicht krank werden. Aber wird nicht mit dem Wort „bios" – das Leben (auch die gespritzten Zitronen sind lebendige Geschöpfe des Himmels!), sogar die Schweine, deren Fleisch man ja nicht essen soll, weil sie gespritzt sind mit Hormonen, sind doch biologisch groß geworden.

Das Wort „Öko" hat eine noch viel größere Bedeutung. Weit ausladend von familiär und häuslich bis eigentümlich und heimisch, von abhängig, anpassend bis zu Verwalten und Regieren. Wir müssen aufpassen, daß *wir* hier nicht

446

„verwaltet", regiert oder dirigiert werden in eine bestimmte Richtung.

Denken Sie doch einmal an „Phytotherapie"! Das Wort kennen Sie alle, es heißt richtig übersetzt „die Behandlung kranker Pflanzen".

Gegen Ende des Jahres 1990 haben Ernährungsexperten vor den möglichen nachteiligen Folgen eines Heilfastens gewarnt. Es sind zwei Münchner Medizin-Professoren, die behaupten: „Strenges Fasten bedeutet für den Körper und für den Stoffwechsel einen sehr schweren Eingriff. Deshalb müssen beim Fasten Nieren, Leber und Lunge vollkommen „gesund" sein, wenn sich jemand zu einem derartigen Schritt entschließt."

Totales Fasten führt eben nicht nur zum Abbau von überflüssigem Fettgewebe, was sehr wünschenswert wäre, sondern auch zum Abbau von hochwertigem Funktionseiweiß.

Ein anderer, ein in der Welt sehr berühmter Diabetologe vertrat den Standpunkt, daß die vielgepriesene Entschlakkung des Körpers auch erreicht wird, wenn man kalorienarm ißt und viel Flüssigkeit zu sich nimmt, jedoch Alkohol und Nikotin meidet.

Nun, beide Standpunkte sind sicher sehr richtig. Man soll aber nicht alles, was Heilfasten genannt wird, in einen großen Topf werfen. Denn das „Fasten" ist bei allen großen Weltreligionen üblich und seit Jahrtausenden geübt, nur heute in Vergessenheit geraten aus Wohlstandsgründen. Wer einmal gefastet hat, streng oder nicht so streng, natürlich nicht im Rahmen einer Null-Diät oder einer Diät, die praktisch gar nichts mehr erlaubt, der weiß, daß man nach zwei bis drei Tagen, die einen nervlich in etwas schwierige Regionen bringen, doch geistig und auch körperlich unglaublich fit wird. Man fühlt sich sehr kreativ, sehr aktiv und sehr unternehmend, auch viel mutiger für Aussagen und überhaupt nicht mehr empfindsam gegenüber äußeren Angriffen. In den heiligen Büchern heißt es immer: er fastete 40 Tage **und** Nächte. Wenn man fastet, braucht man wenig Schlaf!

Ich persönlich stehe auf dem Standpunkt, daß wir hier den alten Religionen, trotz ungeheuerem Fortschritt in der Wissenschaft, trotz unglaublicher Erweiterung des Wissens um viele Dinge, den religiösen Grundlagen weitaus mehr glauben müssen als der modernen Wissenschaft. Dabei denke ich auch nochmals an den Cholesteringehalt der Muttermilch, die dem Säugling eine Menge Cholesterin zuführt. Dieses Cholesterin braucht das Neugeborene aber, um seinem eigenen Körper im Aufbau Strukturen für die Zellen zu geben. Und dieses Cholesterin ist sicher nicht dazu da, um ihm jetzt schon in den ersten Tagen seines Lebens die Grundlagen für den Sarg zu legen.

Ein Freund sagte mir einmal: „Ich traue es mich kaum zu sagen, aber der liebe Gott wäre ja ein Trottel (man verzeihe mir diese Aussage), wenn er mit der ersten Nahrung bereits die Grundlagen für den Tod gelegt hätte!"

Honig

Wenn im Winter die Tage immer kürzer werden, die Nächte immer länger, dann vermissen wir zunehmend die Sonne mit ihren warmen Strahlen und das Licht. Beides ist eine für uns sehr notwendige Energie. Der Mensch, der naturnah lebt, weiß aber diese dunkle Jahreszeit auch zu schätzen. Sie bietet Gelegenheit, einmal den Streß abzuschütteln und Rückschau zu halten auf das, was geleistet wurde im alten Jahr, aber auch die Möglichkeit, Kräfte zu sammeln für das, was neu auf uns zukommt. Wie oft kommt die Frage auf, wie können wir denn jetzt gerade im Winter, wenn nicht mehr so viel gartenfrische Erzeugnisse zur Verfügung stehen, unseren Organismus mit Vitaminen versorgen? Wie können wir andere Nahrungsstoffe wie Mineralien, Spurenelemente und Proteine unserem Körper zuführen, die er normalerweise ja nur im Sommer bekommt? Denn jetzt gibt es keine lebendigen, naturbelassenen Produkte aus dem Garten und vom Feld. Alles, was wir jetzt essen, ist durch Hitze und durch chemische Vorgänge teilweise zerstört. Unser Körper muß uns viel zu wertvoll sein, als daß wir ihn einfach mit chemischen Stoffen füttern, ganz gleich, was wir zu uns nehmen. Mineralstoffe, Spurenelemente, irgendwelche Salze wie sie in der Natur nur selten vorkommen, oder gar Vitamine, synthetisch hergestellt, das mag der Körper ja gar nicht. Wenngleich der Name eines synthetischen Vitamins genau der gleiche chemische Name ist wie der des normalen Vitamins, so ist es doch nicht das gleiche, sondern ein Vitamin ist ein Lebensstoff, ein lebendiger Stoff. Und hier sollten wir uns Gedanken darüber machen. Was können wir tun, um unserem Organismus Nahrungsstoffe, ja sogar Heilmittel zuzuführen.

Die Biene ist eines dieser so faszinierenden, aus der Tierwelt stammenden Geschöpfe. Tausende von Jahren ist sie bekannt, in alten, uralten Bernsteinen finden wir sie genau so wie sie heute aussieht. Wir finden zwei-, dreitausend Jahre alte Höhlenzeichnungen, und in Spanien, in Portugal, in Italien und Griechenland und bei ägyptischen Pharaonengräbern weisen Funde darauf hin, welch große Wertschätzung die Biene (Apis) und ihre Erzeugnisse bei den Menschen hatten. Damals schon war der Honig bekannt. Sie haben oben von Xenophon gelesen, dann wissen Sie auch, daß es die Lebensarbeit von ungefähr 6000 Bienen braucht, um 1 kg eines so kostbaren Nahrungsmittels zu produzieren?

Und wenn dieses Nahrungsmittel auch noch von den Bienen gesammelt wurde von Arzneipflanzen, so können wir tatsächlich sicher sein, daß wir alles an Vitaminen, an Wirkstoffen überhaupt, von Mineralien angefangen, über die

Proteine bis zu den Spurenelementen in einer Form zu uns nehmen können, daß nicht nur unsere körperliche Kondition, sondern auch die geistige Kreativität und Aktivität über den Winter voll erhalten wird und die körpereigenen Abwehrkräfte außerdem noch unterstützt werden.

Das fängt schon an, wenn wir am Abend Melissentee trinken mit ein bis zwei Teelöffel Honig gesüßt, ein unwahrscheinlich bewährtes und schlafförderndes Mittel. Und wenn Sie den Baldrian-Tee, natürlich zimmertemperiert, nicht etwa warm, mit Honig süßen und zum Schlaf trinken, werden Sie eine hervorragende Nacht haben und gut schlafen.

Es gibt Honigsorten, aus Nordspanien beispielsweise, aus der kastilischen Hochebene, in denen unendlich viele aromatische Heilpflanzen enthalten sind. Von Melisse über Salbei bis Ysop, Lavendel, Thymian, Rosmarin und Eisenkraut und viele, viele andere mehr wachsen in manchen Gegenden wild, wo Bienen in ungeheueren Mengen den Honig einsammeln.

Schon in der Römerzeit stand der Honig aus dieser kastilischen Hochebene, der Alcaria, hoch im Ansehen und wurde gepriesen. So kann man, wenn man einen Imker hat, der seine Bienen an bestimmten Heilpflanzen ihren Nektar sammeln läßt, tatsächlich eine bestimmte Heilwirkung mit diesem Honig erwarten.

Für uns ist es aber erst einmal wichtig, über den Winter alles an wichtigen Nahrungsstoffen zu haben, die jetzt aus den fehlenden Gartenfrüchten heraus nicht auf uns zukommen können. Und da ist Honig eigentlich das Nahrungsmittel, nicht nur als wohlschmeckendes, sondern auch teilweise noch als Heilmittel und als Prophylaktikum unglaublich wertvoll, wie alle Stoffe, die die Biene produziert. Dazu kommen die Pollen, das Bienenwachs, denken Sie an den sakralen, aber auch den profanen Bereich, wie schön es ist, vor einer Kerze zu sitzen in der Winterzeit und nicht den kalten Lichtstrahl von Neonröhren oder gar das häßliche Flimmern der Televisions-Scheibe zu sehen.

Wichtig aber auch, und das sollte man noch an dieser Stelle sagen, ist es, nicht nur den Honig zu schlucken, sondern ihn einzuspeicheln. Zur richtigen Verdauung des Honigs bedarf es sehr viel Speichels. Das ist eine der wichtigsten Voraussetzungen, um auch alle Stoffe, die in unendlicher Vielfalt im Honig geboten werden, richtig aufzuarbeiten und so dem Körper zuzuführen. Erst wenn der Honig richtig eingespeichelt wird, kommt es zu einer besonders großen Bioverfügbarkeit des Honigs und seiner Stoffe. D. h. für uns, als lebendige Substanz steht er dann wirklich voll zur Verfügung.

Die Artischocke (Cynara scolymus L.)

Die Artischocke ist eine der ältesten Kulturpflanzen der Welt. Sie stammt wahrscheinlich aus Äthiopien und hat sich über Ägypten nach Südeuropa ausgebreitet. Der Name kommt aus dem arabischen Wort „al harsuf" über „alcar chofa" (spanisch), „artichaut" (französisch) und „articiocco" (norditalienisch).

Die deutsche Bezeichnung „Artischocke" kam so zustande. Bei den Ägyptern hat sie sich schon besonderer Wertschätzung erfreut, denn die bildliche Wiedergabe von Opfertischen und Fruchttabletts läßt überall Artischocken-Köpfe erkennen. Die Griechen und Römer kannten die verdauungsfördernden Eigenschaften der damals noch sehr seltenen und deshalb nur in begüterten Kreisen als Nahrungsmittel verzehrten Pflanze.

Im 16. Jahrhundert galt sie in Europa als Edelgemüse, zum Genuß war sie deshalb vor allem nur Königen und Reichen vorbehalten.

In alten Kräuterbüchern finden wir sie gern und oft abgebildet.

Als Arzneipflanze ist sie erst in der ersten Hälfte des 20. Jahrhunderts entdeckt worden, als sich in Frankreich mehrere Wissenschaftler mit ihr beschäftigt haben. Man fand choleretische, diuretische und cholesterinolytische Eigenschaften. Also wurde sie bei Leber- und Gallenerkrankungen eingesetzt; wir verwenden nicht wie beim Gemüse die Artischockenböden, sondern die Artischocken-Blätter, teils aus frischen, teils aus getrockneten Laubblättern. Daraus werden galenische Zubereitungen hergestellt, aber auch Frischpflanzen-Preßsaft und getrocknete und zerkleinerte Drogen.

(Was ihre Wirksamkeit anbelangt, sollte man nicht vergessen, daß auch Nebenwirkungen da sind in Form von Allergien gegenüber Artischocken, häufig auch gegenüber anderen Korbblütlern, zu deren Familie die Artischocken gehören.)

Pilze
Ambrosia − Nahrungsmittel − Arznei?

„Mykes" ist das griechische Wort für „Pilze". Und von diesem Wortstamm sind alle die Wörter abgeleitet wie „Mykologie" oder die „Mykophoben", das sind diejenigen, die Angst haben vor den Pilzen, und die „Mykophilen", das sind die Liebhaber von Pilzen. Die „Mykologen" sind Menschen, die die Pilze wirklich kennen.

„Mykes" bedeutet im Griechischen aber auch „Schleim", „Rotz", also etwas ganz anderes. Und hier in diesen Begriffen liegt ja doch eine bestimmte Mißachtung oder Verachtung, und so kam es auch, daß viele unserer Pilze mit solchen vulgären Worten bedacht worden sind. Mit Kröten und ihrem Schleim wurden sie in Verbindung gebracht. Bei den Engländern haben wir die „Krötensitze". Und wenn man sie im Walde findet und sie in einem Ring, im Kreis etwa, wachsen, so spricht man von einem „Hexenring";

man war der Meinung, innerhalb dieses Ringes tanzten sie, die Elfen und die Kobolde, die Gnome und die Nymphen.

Der auch an anderen Stellen bekannte Römer Marcus Valerius Martialis sagte einmal: „Silber und Gold und die verlockenden Freuden der Liebe kann man entbehren, schwer ist es aber auf Pilze zu verzichten."

Pilze sind eine eigenartige Gabe der Natur. Vielleicht eine von den wenigen, die wir heute noch nicht recht begreifen können. Man darf nicht vergessen, daß man sie nicht züchten kann, nur ganz wenige Sorten. Man kann sie nicht irgendwo anpflanzen und vermehren, wenn Menschen in der Nähe sind oder Kunstdünger und eine der bei uns üblichen Chemikalien. Wenn sich Kulturen wie Mischwälder plötzlich zu Nadelholzwäldern oder umgekehrt entwickeln, dann reagieren sie äußerst empfindsam und verschwinden in den meisten Fällen. Sie verschwinden genau so wie die Männlein im Walde, nämlich die Zwerge, die Gnome, die Kobolde. Sie gedeihen aber unglaublich gut, wenn sich unsere Wälder nicht verändern. Wir können das nicht erklären. Es gibt heute noch keine Beweisführung dafür.

Pilze sind zart, empfindsam, aber sie können natürlich unglaublich stark sein, den Asphalt einer Straße einfach auseinandersprengen wie Dynamit, sogar ganze Steinblöcke können sie verschieben. Auf der einen Seite schmecken sie wunderbar, auf der anderen Seite aber – und das können Sie selbst feststellen, wenn sie in den Wald gehen, Pilze pflücken und in einen Beutel geben, diesen zumachen und wieder öffnen – riechen sie eigenartig, und zwar nach Fäulnis, nach Moder.

Sie sind in mancher Hinsicht auch unheimlich, denn auch ungiftige Pilze können z.B. giftig werden, wenn man sie aufwärmt oder möglicherweise in einem geschlossenen Gefäß nach Hause bringt. Überhaupt ist das eigenartig, wenn man dieses aufmacht, dann steigt eine Wärme heraus, von der man nicht weiß, woher sie eigentlich kommt. Umgekehrt gibt es Pilze, die giftig sind, wenn man sie roh ißt, aber wenn man sie kocht, werden sie ungiftig.

Nun, man fragt sich, was sind das eigentlich für Wesen? Sind das Pflanzen oder ist das irgend etwas anderes? Wenn Sie einen modernen Botaniker fragen, wird er sagen, sie stehen eigentlich mehr aus Bequemlichkeit in der Ordnung des Pflanzenreiches als aus überzeugenden wissenschaftlichen Gründen. Man müßte eine eigene Kategorie für sie schaffen. Denn unübersehbar ist das Pilzgewimmel auf der Welt. Da gibt es einige, die können wir nur unter dem Mikroskop sehen, und andere wieder sind so groß, daß wir erstaunt davor stehen.

Die „Kleinen" sind z. B. solche, die sich an unseren Zehen oder dazwischen befinden. Was bringen diese für einen schrecklichen Juckreiz, sie zerstören die ganze Haut.
Andere wieder, auch solche, die man nicht mit bloßem Auge sehen kann, bringen den Kuchenteig dazu, daß er sich so langsam hebt, und das Bier bringen sie dazu, daß es zu schäumen anfängt. Wieder andere lassen einen Käse reif werden, der dann köstlich schmeckt. Und eine weitere „Art" bietet ein Arzneimittel, nämlich das Penicillin. Sie können aber auch, wenn sie als übler Schwamm in alten Häusern, Kellern und Wohnungen auftreten, ganze Mauern vernichten. Gleichfalls zerstören sie ganze Weinernten, als Mehltau beispielsweise.

Wir müssen einen Unterschied machen zwischen diesen kleinen, winzigen Pilzen, die wir im Mikroskop sehen, und den großen Pilzen, die da im Dunkeln wachsen. Was wir sehen, das sind ja nicht die Pilze, nicht die Pflanzen, es sind nur die Blüten und die Früchte. Die Pflanze, das Mykes, ist eine Freundin der Dunkelheit, ein „Kind der Erde" im wahrsten Sinne des Wortes, denn es wächst unter der Erdoberfläche. Das ganze Jahr über fressen die Myzele Pflanzenreste, modernde Bäume und Holz. Es sind die einzigen Lebewesen, die Holz abbauen können. Interessanterweise hat gerade der Holzwurm in seinem Darm Helfershelfer, das sind Pilze. Umgekehrt zeigen die Pilze bei lebenden Bäumen eine mutualistische Symbiose mit ihnen, indem sie den Wurzeln Nährstoffe entnehmen und dafür Wasser und Salze geben. So lebt dieses Myzel, für uns nicht sichtbar. Erst wenn es im Herbst oder im Spätsommer nach feuchten Tagen aus dem Boden schießt, in wenigen Stunden da ist, erstaunlich schnell auf die Erde geschickt.

Der Pilz lebt von seiner unsichtbaren Mutter unten in der Erde, lebt von dem Moder dort. Die Pilz-Myzele haben weder Chlorophyll, sie sehen auch die Sonne nicht, sie leben von anderen Pflanzen und von Mineralstoffen, die sie hervorragend aufnehmen und speichern können. Und überlegen Sie sich einmal, daß unsere Reherl oder auch Pfifferlinge genannt, viel mehr Eisen haben als vielleicht Spinat oder Brennessel. So geht es aber noch viel weiter mit der Fähigkeit des Speicherns. Sie speichern auch Schwermetalle, Cadmium, Quecksilber, Blei, alles das ist in großen Mengen vorhanden. Aber das ist nicht erst durch die Umweltverschmutzung so, nein! Wir kennen 100 Jahre alte Champignons, da ist genau so viel Cadmium darin wie heute. Und in den Steinpilzen, die in den Katakomben gefunden worden sind in alten Tongefäßen, die sich über Jahrhunderte gehalten haben durch eine gebrannte Glasur, diese Steinpilze enthalten genau so viel Blei wie unsere heutigen Pilze, auch wenn sie auf bleifreiem Boden wachsen.
Die Erzählungen von der Vergiftung der Pilze durch die Umwelt sind angesichts dessen wohl etwas überholt.

Leidenschaftliche Pilzesser sollten aber daran denken, daß Pilze auch giftig sein können, auch die guten Pilze durch ihre Schadstoffe, wenn man zu viel davon ißt oder sich ausschließlich davon ernährt.

Wenn sie auch vieles speichern können, sind sie nicht in der Lage zu unterscheiden zwischen radioaktiven und nicht-radioaktiven Metallen, z. B. bei Cäsium. Sie speichern beides. Es gibt da eine deutliche Grenze für uns, wenn wir uns an den Verzehr dieser Pilze machen.

Wenn wir vorhin davon gesprochen haben, daß manche rohen Pilze giftig, gekocht aber nicht giftig sind, so gibt es auch Pilze, die für Kinder oder alte Leute tödlich sein können. Aber ein gesunder Erwachsener darf diese essen, sie schmecken gut und es passiert gar nichts.

Oder denken Sie einmal an den Faltentintling, dessen Gift nur in Verbindung mit Alkohol wirkt.

Und letztlich müssen wir auch daran denken, daß Pilze, die Sie selbst pflücken, nicht lange liegen dürfen, bevor sie zubereitet werden, denn sie sind so leicht verderblich, daß nach kurzer Zeit in den Speisepilzen sich ebenfalls Giftstoffe bilden können. Verständlich ist so, daß mancher Pilzfreund oder Genießer etwas vorsichtig da herangeht, weil doch immerhin einiges ihn erwarten kann.

Die Götter der alten Griechen sahen den Pilz als einen aus der Erde wachsenden Schleim an, der dadurch entstanden ist, daß der heilige Blitz die Erde an dieser Stelle getroffen hat. So hat man die Pilze damals für heilig erklärt, und die gewöhnlichen Sterblichen durften sie nicht speisen, sondern nur die Götter. Man hatte das Glück, auf diese Weise von giftigen Dingen abgelenkt zu sein, aus religiösen Gründen natürlich.

Der bedeutendste Pharmakologe des Altertums, er war Arzt zur Zeit Kaiser Neros, *Dioskurides*, meinte, daß Pilze deswegen giftig seien, weil sie entweder unter Eisen oder angefaulten Dingen oder in der Nähe einer Schlangenhöhle oder unter Bäumen mit giftigen Früchten wüchsen.

Diese Ansichten wurden über Hunderte von Jahren weitergegeben. *Paracelsus* und *Albertus Magnus* waren dann der

Meinung, daß Schwämme bzw. Pilze keine Pflanzen sind, aber auch keine Tiere, sondern eigentlich eine überflüssige Feuchtigkeit der Erde, die diese als Schleim herausbringt. Diese Meinung besteht auch noch bei *Hieronymus Bock* oder bei *Lonicerus*.

In der römischen Kaiserzeit gab es ausgesprochene Lieblingspilze wie *Amanita caesaria*, die von dem Feinschmekker Kaiser Tiberius äußerst gern gegessen wurden. Der Neffe allerdings von Tiberius, Kaiser Claudius, aß genau am 12. Oktober des Jahres 54 die letzte Mahlzeit seines Lebens, es waren Kaiserlinge, nämlich die *Amanita caesaria*. Was er aber nicht wußte und auch nicht merkte, weil es so gut schmeckte, das war die Tatsache, daß diese Pilze von der eigenen Frau *Agrippina* mit Knollenblätterpilz-Saft präpariert worden waren.

Die Mörder damals wußten genau Bescheid, denn als er krank wurde, hat man dann ein Klistier bei ihm gemacht, und zwar mit Kürbis-Saft, also wurde das Gift noch schneller wirksam. Nero wurde dann Kaiser, und von ihm ist uns ein zynischer Witz überliefert, den er bei einem Festmahl im Bezug auf Kaiser Claudius machte. Einer der griechischen Gäste, natürlich bei einem Pilzgericht, meinte als Sprichwort: „Pilze sind die Speise der Götter." Dazu meinte Nero: „Richtig, Claudius verdankt ihnen seine Göttlichkeit."

In der berühmten Toxikologie von Levin von den Giften in der Weltgeschichte, da wird allerdings deutlich angeführt, daß Giftpilze verhältnismäßig selten als Mordinstrument benutzt worden sind.

Interessant ist vielleicht zu bemerken, warum die Steinpilze früher oder auch jetzt noch „Herrenpilze" heißen. Nun, das beruht auf der Tatsache, daß für die Pilze, besonders eben für die Steinpilze, bei den Adeligen ein Reservatrecht bestand, deswegen also „Herrenpilze".

Anmerken sollte man noch, daß die Bundesrepublik der

Weltmeister im Pilze-Essen ist, mit 2 1/2 kg pro Kopf steht die Alt-BRD weit vor allen Ländern dieser Welt. Auch wenn wir dabei bedenken, daß sehr viele Zuchtpilze den größten Teil davon ausmachen.

Den berühmten Trüffel-Pilz kann man eigentlich außer Acht lassen. Nicht nur, weil er so wahnsinnig teuer ist, sondern weil er genau genommen nach gar nichts schmeckt, es sei denn, man bereitet ihn besonders zu. Und das, was wir da in der Kalbsleberwurst finden oder sonstwie als Dekoration, diese kleinen schwarzen geschmacklosen Schnipsel, das sind ja keine Trüffel, sondern sehr preiswerte Verwandte aus der Trüffelfamilie, die weder schmecken noch giftig sind.

Wie oben schon erwähnt, sollen nach Ansicht der Alten aus Blitz und Erde die Pilze entstanden sein. Umgekehrt aber wurden Pilze getrocknet und zu Zunder gemacht, um das Feuer zu entfachen.

Es gibt eine Sorte von Pilzen, die in den verschiedenen Kulturen die Menschen in Ekstase brachten und damit ihr Bewußtsein so erweitert haben, daß sie das Gefühl hatten, in die Nähe ihrer Götter zu kommen. So trafen sich die Menaden, die Fliegenpilze aßen, mit ihrem Gott Dionysos.

Das gleiche bei den Wikingern. Sie bekamen eine „Berserkerwut" und kämpften sich so quasi „direkt" in den Himmel hinein.

Die Schamanen bekamen auf diese Weise Befehle ihrer Götter. Und in Mittelamerika, auch in Mexiko, hat man Pilze ausgegraben, alte steinerne Pilze und Rauschpilze. Da haben wir *Anhalonium*, auch „Peyotl" genannt, einen Kaktus, der zu Heilritualen und Stammesfeiern benutzt worden ist. Ganz eigenartig ist bei diesem, was er für Psychosen auslösen kann.

Die Toxikologie und Pharmakologie kennt an Inhaltsstoffen die vielen Alkaloide, darunter das *Mescalin*, ein halluzinogenes Alkaloid. Außerdem noch viele andere, die fast alle halluzinogene Wirkungen haben.

Schließlich kennen wir in der Homöopathie in der Arzneimittelprüfung Beschreibungen von halluzinogenen Situationen, die alle im Selbstversuch durchgeführt worden sind. Dabei ist interessant, daß bei diesen Versuchspersonen noch lange, teilweise sogar monatelang, eine grün-blaue Farbblindheit bestehen blieb, verbunden mit einem etwas gespaltenen Bewußtsein und einer motorischen Aktivität, sowie einer unglaublichen Aufhellung aller Farben.

Eine sehr genaue Schilderung dieser Wirkung von Anhalonium finden wir bei Ernst Jünger in seinen „Annäherungen". Die farbigen Visionen, die auftraten, müssen unglaublich gewesen sein, denn alle, seien es Indianer, die ihre Stammesfeiern mitmachten, oder die die Arzneimittelprüfungen absolvierten, berichteten übereinstimmend über ein unglaublich farbiges und üppiges Visionenbild von herrlichen Farben, von glitzernden roten und grünen Augen bei Tieren und von stark erotisch gefärbten, bis zum sexuellen Reiz hin gehenden Traumerwartungen im Halbschlaf. Es war immer eine frohlockende erwartungsvolle Spannung, die da bestand und die den betreffenden Menschen aus der Dunkelheit herausriß, eine Situation mit unendlich viel Licht.

Ein verschwenderischer Reichtum an Farben, an edlen Farben, an Glitzern, an Glänzen tritt auf und alles wirkt bezaubernd schön.

Ulrich Klever, der sich sehr viel mit Pilzen beschäftigt hat, er ist ein ausgesprochener Mykophiler, stellt die Frage, ob auch der Autor der Apokalypse ein Pilzesser war? So folgert er aus den Visionen des Johannes und seinen Offenbarungen das neue Jerusalem, das er in seinem verschwenderischen Reichtum sah: „Die zwölf Tore waren zwölf Perlen und die Gassen der Stadt waren lauteres Gold wie durchscheinendes Glas."

Dann kommen die vielen Edelsteine, alle in ihren Farben aufgezählt, alles glänzte und glitzerte.

Sind Pilze nun wirklich eine Speise der Götter, sind sie ein Geschenk der Götter an uns, und wir verstehen nur noch nicht mit ihnen umzugehen? Teilweise sind sie bei uns Nahrung, teilweise, und das besonders in der Homöopathie – mit Agaricus dem Fliegenpilz, mit Peyotl – sind sie Arzneimittel und wie wir wissen, haben die Kaiser der Römerzeit sich delektiert an diesen Speisen, vielleicht auch den Rausch genossen? Und die Götter haben sie als Ambrosia, vielleicht als Nektar zu sich genommen, vielleicht auch, um ihrer Rolle gerecht zu werden – Götter dieser Menschen zu sein.

Aphrodisiaka in der Nahrung

Weil die Liebe zu zweit nicht nur durch zärtliche Worte, vielleicht durch Blumen und Konfekt spricht, sondern bekanntlich auch durch den Magen geht, wird eine kluge Frau den geliebten Mann durch ihre Kochkunst zu verwöhnen bemüht sein. Das Essen, das sie auf den Tisch bringt, muß nicht sehr üppig, aber abwechslungsreich und guten Geschmacks sein, so wie wir es gerade bei den Gewürzen gehört haben. Und, da wir auch wissen, daß der Teufel eine Rolle spielt, denn er wird von Gewürzen ausgetrieben, so ist es sicher der Teufel der Impotenz, der im besonderen „verjagt" werden soll. Darüber hinaus aber wird jede gute Hausfrau auch verschiedene Gewürze kennen, die aus der „Küche Aphrodites" kommen; es sind ja immerhin unter den Gemüsen, den Pilzen und Gewürzkräutern nicht wenige, die müde Ehemänner und nicht nur diese, wieder munter machen, weil sie auch eine kühl gewordene Liebe wieder anheizen können. Hier ist das Würzen bereits der Beginn und stellt eine rechte Kunst, auch einen Prüfstein der häuslichen Würzkunst dar. Und da finden wir bestimmte Suppen, Soßen, nicht nur für Fleischgerichte, auch für Salate.

Ein gewisser Marquis de Béchamel, er war Haushofmeister des französischen Sonnenkönigs, erfand die nach ihm benannte Soße, die er für besonders optimal für Liebesmahlzeiten hielt. Er nahm Geflügelbrühe, Butter, Champignons, ein wenig Zwiebel und süßen Rahm.

Wenn man alte Koch- und Schmausebücher durchsucht, findet man unglaublich viele amüsante, aber auch pikante Rezepte. Und bekannt ist ja doch eines: Genießer unter den Gourmets waren selten schlechte Liebhaber.
Das wußten natürlich auch die alten Römer. Ovid hat in seiner „Ars amandi", der Kunst des Liebens, eine Kost aus weißen Zwiebeln, Eiern, Honig, Pinienkörnern und grünen Gemüsen empfohlen.

Im Kamasutra, im altindischen Lehrbuch der Liebeskunst aus dem 4. bis 6. Jht. n. Chr., wird der Genuß von Reis und Sperlingeiern in Milch dick eingekocht und mit Honig und Pflanzenfetten versetzt große Liebesfreuden versprechen. In einem alten Kochbuch kann man auf einen Hinweis stoßen, der fröhlich macht, nämlich, daß Rhabarber der Lüsternheit der Männer förderlich sei und man wohlbefinde, diese Wurzel den Barbaren wegzunehmen, denn sie machet übermütig und treibe zum Schabernack. Katharina von Medici empfahl Artischocken. Und ein guter Pariser Gemüsehändler hat noch Ende des 19. Jahrhunderts lautstark und eindeutig seine Ware so angepriesen: „Kauft Artischocken, Artischocken für Madames und Messieurs. Sie halten Körper und Seele warm und bringen Pfeffer in den Hintern!"

Vielleicht noch als letztes Liebesgewürz ein Bericht von Casanova, diesem großen Frauenhelden. Er hat darauf geschworen, das beste Frühstück nach einer Liebesnacht sei: Eine Gulaschsuppe mit sehr, sehr viel Paprika.

Gewürze

„Wenn wir ein kleines Blümelein ganz und gar so, wie's in seinem Wesen ist, erkennen könnten, so hätten wir damit die ganze Welt erkannt." (Der Mystiker und sprachgewaltige Dominikaner Meister *Eckhart*)

War es der Aberglaube oder waren es geschäftstüchtige Quacksalber auf den Jahrmärkten, die dem Kümmel andichteten, daß er vor Behexung und Zauberei schütze und vor Vergiftungen, die ein Feind mit Hilfe eines Nahrungsmittels einem zuführen wollte. Man sagte, den Geistern, besonders den bösen, sei er wegen seines Geruchs unangenehm. Und solches ist auch bei anderen Gewürzen der Fall. Teilweise waren sie als Teufelskraut bekannt, teilweise zum Vertreiben der Hexen, in jedem Fall aber nahm man sie zunächst nicht zur Verbesserung des Geschmacks der Speisen ein, sondern man wollte die bösen Geister vertreiben.

Ich möchte nun eine kleine Auswahl unserer Gewürze in einer Reihenfolge besprechen, die ohne hierarchische Relevanz ist.

Kümmel – Carvum carvi L.

Die alte Medizin verordnete dieses Gewürz bei Störungen im Verdauungsbereich. Nun, diese Störungen waren früher viel häufiger infolge der nicht so guten Hygiene und der mangelhaften Zubereitung der Nahrungsmittel. Würmer, Darminfekte und verschiedene andere Erkrankungen des Bauches gehörten zu den immer wiederkehrenden Übeln. Kümmel zählt zu jenen Gewürzen, die Blähungen beseitigen, er galt aber auch als Mittel gegen Würmer und als Reizmittel für den Magensaft, um die Nahrungsmittel besser zu verdauen.

Die heutigen Untersuchungen ergeben, daß tatsächlich die Säurewerte des Magens durch die Kümmelwirkung leicht erhöht werden und Kümmel außerdem die Cholerese beeinflußt, d. h. der Gallenfluß wird beschleunigt. Darüber hinaus wirkt er auch ein ganz klein wenig krampflösend. Der Kümmelschnaps — in den feinen Kreisen heute als „Aquavit" bekannt, dient den gleichen Beschwerden.

Zu verwechseln ist diese Pflanze eigentlich kaum, denn sie riecht von oben bis unten nach Kümmel. Sie wächst teilweise sogar vor unserer Haustüre, wenn wir auf dem Land wohnen und die Wirkung ist tatsächlich wohltuend. Zu der gleichen Pflanzenfamilie, den Doldengewächsen, gehören übrigens auch Sellerie, Petersilie, Dill, Koreander, Anis und andere.

Eine Kleinigkeit sollte man noch beachten, wenn man den Kümmel selbst auszusäen beabsichtigt. Da hat uns nämlich Theophrastus von Erosos (370 – 285 v. Chr.) einen besonderen Tip gegeben: „Kümmel wächst und gedeiht besonders gut, wenn man bei seiner Aussaat flucht oder lästert, schimpft oder krakeelt."

Anis – Pimpinella anisum L.

Wieder ein Doldengewächs, das seit der Antike nicht nur als Gewürz, sondern auch als Heilmittel verwendet wird.

Hieronymus Bock hat in seinem Kräuterbuch entsprechende Empfehlung gegeben auch wieder für den aufgeblähten Leib, bei Appetitmangel und bei Durchfall, aber auch bei Krämpfen der Eingeweide, bei Grimmen, Koliken. Doch soll es auch helfen bei Asthma und Husten, bei Schlaflosigkeit und vielleicht auch bei Hysterie.

Die moderne Pharmakologie gibt uns deutlich Hinweise, daß die ätherischen Öle von Anis auch auf den Verdauungstrakt wirken, und zwar durch stärkere Durchblutung, was wiederum zu verstärkter Sekretion und Peristaltik führt, besonders auch entkrampfend bei Kontraktion des Darmes. Auch hier eine choleretische Wirkung, d. h. der Gallenfluß wird gefördert und damit der Verdauungsprozeß etwas beschleunigt.

Die Inhaltstoffe von Anis sind bekannt, und wir wissen aus der Pharmakologie auch genau alles über Wirkung und Wirksamkeit. Den Liebhabern geistiger Getränke sind sicher der französische Pernod und/oder der griechische Ouzu deutlich bekannt. Bei Husten kann man auf Jahrmärkten heute noch Anisbonbons kaufen und Weihnachten gibt es da, wo die Oma noch Plätzchen bäckt, auch mal Anisplätzchen. Anis wurde auch „Pimpinelli" genannt, es ist dieses volkstümlich so berühmte Bibernell.

Wer alles wissen will, der sollte sich merken, daß man mit Anisöl auch Läuse und Milben, ja sogar Krätze vertreiben kann.

Bohnenkraut – Satureja hortensis L.

Der Name „Satureja" wird von einigen Etymologen von „Satyr" abgeleitet, da diese Pflanze im alten Rom als Aphrodisiakum galt (über Aphrodisiaka reden wir später noch). Die Entstehung des Namens „Bohnenkraut" ist ja einleuchtend. Es ist ein Gewürz, das auch als Carminativum wirksam ist, d. h. es soll alle die Töne verhindern, die nach dem Genuß von Bohnen gerne auftreten, mitunter begleitet von unangenehmen Geruchsqualitäten.

Schon im 9. Jahrhundert finden wir Bohnenkraut in den Klostergärten. Hildegard von Bingen empfiehlt es, wenn schlechte Säfte in Eingeweiden überhand nehmen und dem Herzen durch schwarze Galle viel Leid zufügen. Hier handelt es sich wohl um den Römhildschen Symptomenkomplex.

Tatsächlich preisen die Kräuterbücher Bohnenkraut bei Bauchgrimmen, Koliken, Appetitlosigkeit, bei Durchfall, bei Wurmbefall, gelegentlich auch bei Husten. Auch als Nervinum ist es ab und zu gebraucht worden, was wiederum dazu paßt, daß es als Aphrodisiakum üblich war. Die Inhaltstoffe sind bekannt und deuten tatsächlich auf erfolgreiche Behandlung mit diesem Gewürz hin.

464

Es ist eine ziemlich unscheinbare Pflanze. Sie blüht Juli bis tief in den Oktober herein, schmeckt sehr würzig. Nur, man muß es in der Küche sehr sparsam verwenden, weil es einen starken Eigengeschmack hat. Bohnenkraut werden Sie erst dann richtig kennenlernen, wenn Sie es auch einmal als kleines Heilmittel benutzen, nämlich die kleinen, frischen, zerkleinerten Blätter auf einen Bienenstich legen, dann läßt der Schmerz sehr rasch nach. Die Schwellung wird gar nicht so groß, wie man sonst erwartet.

Chilli — Capsicum frutescens

Der rote Chillipfeffer ist eine scharfe Art von Paprika, die in fast allen heißen Zonen der Welt wächst, jedoch in unterschiedlicher Form. Mal als kleine, winzige, runde Schote, dann auch bis zu 20 – 30 cm Länge. Auch die Schärfe ist ganz verschieden, von sanft-mild bis höllisch-feurig. Die reifen Schoten sind rot, manchmal auch ockerfarben bis zum tiefen, rötlichen Schwarz.

Der rote Pfeffer ist das Gewürz der warmen, aber auch der meist armen Länder. Man kann dort ohne Chilli gar nicht leben. Den kleinen Kindern werden schon rote Schoten als Schnuller in den Mund gesteckt. Stellen Sie sich das vor! Bei uns würden sie Blasen bekommen, denn ein Inhaltsstoff der Chillischote, das Capsaicin, verursacht ein Anschwellen des Gaumens, der Lippen und der Zunge. Dieser Stoff sitzt in der Kapsel, und zwar in den obersten Zellen der Fruchtknotenscheidewände. Im Mund wird der Speichel zum 9- bis 10fachen seines Normalwertes abgesondert, im Magen entstehen Hyperämien und Ödeme der Magenschleimhaut, die gastroskopisch gesichert sind; kommt es über den Blutstrom auch ans Herz, so wird das Schlagvolumen des Herzens vergrößert. Es heißt, daß die Mexikaner seltener Coronarsklerose kriegen und ischämische Herzkrankheiten, weil sie Chillis kauen. Empfindliche Menschen reagieren mit

Schweißausbrüchen, mit Überwärmung des gesamten Körpers, schließlich ist auch eine Steigerung der Aktivität der Nebennierenrindenhormon-Produktion festzustellen, was wohl die Ursache dafür ist, daß die Inder Chilli als das beste und kräftigste Aphrodisiakum bezeichnen. Die grünen Pfefferschoten, die Pepperoni, gehören auch in diese Pflanzengruppe herein. Sie sind auch teilweise mild, aber manchmal auch furchtbar scharf. In unseren Breiten braucht man schon sehr starke Schleimhäute im Magen-Darm-Kanal, um mit Chilli oder Pepperoni fertig zu werden.

Kardamon — Elettaria cardamonum

Kardamon ist eines der ältesten Gewürze überhaupt, was teilweise schon in Vergessenheit geraten ist. Die Römer schätzten den Geschmack, aber auch die frühindischen Veden erwähnten es schon und verwendeten das Aroma für ihre Parfüms.
Die Griechen haben ihm den Namen gegeben und auch die Indikation als Heilmittel bei Herz- und Magenkrankheiten. Die Pflanze ist in Südasien zu Hause und wächst in den feuchten Tropenwäldern. Beim Kaufen der Samen sollte man vorsichtig sein, denn sie müssen noch leicht klebrig und etwas braun-schwarz gefärbt sein, dann sind sie richtig, dann duften und schmecken sie auch gut. Bei Spekulatius und Weihnachtsbäckerei wird auch heute noch bei uns Kardamon verwendet.

In der Heilkunde stand früher Kardamon im Ruf, das Liebesfeuer anzufachen, so wie man es den vielen scharfen Gewürzen nachgesagt hat. Es hilft allerdings auch bei Schluckauf, Übelkeit und Erbrechen.

Majoran — Origanum majorana

Majoran ist eine uralte Kulturpflanze und war nicht nur ein Gewürz für besondere Speisen, sondern hatte im alten Griechenland auch kultische Bedeutung. So wurde Majoran schon im alten Ägypten in die Kränze der Jungfrauen eingeflochten, denn er gilt als ein Sproß des Osiris.

Majoran gehört zu jener Gruppe, die als Bittermittel den Magen anregt und zwar nicht nur die Sekretion, sondern auch seine Motorik. Ein vor dem Mahl gereichter Aperitif mit einem Bittermittel intensiviert die Magenverdauung, beeinflußt aber nicht die Passagegeschwindigkeit im Magen und Dünndarm. Majoran wurde auch als schweißtreibendes Mittel bei katarrhalischen Entzündungen der oberen Luftwege angewendet, auch bei Asthma. Schließlich bei Krämpfen im Bauch und verschiedenen Organsteinchen, die abgehen sollten. Das hatte eine Zeitlang eine enorme Indikationsbreite. So war Majoran eigentlich in jedem Garten zu finden, damit man ihn immer bei Bedarf zur Verfügung hatte.

Seine Inhaltsstoffe sind uns heute wohl bekannt, wir wissen, daß sie tatsächlich auf den Magen-Darm-Trakt Einfluß haben, aber auch etwas als Diuretikum wirksam sind.

Das blühende Kraut wird von Juli bis September für Küchengewürze gesammelt. Man kann es auch gemahlen oder gezupft kaufen. Es verträgt sich nur sehr schlecht mit anderen Gewürzen. Daran sollte man denken, wenn man zum Beispiel Leberknödel macht. Man kann Pfeffer schon dazu nehmen und Salz, aber sonst eigentlich nichts.

Wer in der Geschichte Bescheid weiß, der hat sicher schon erfahren, daß sich der berühmte Feldherr *Hanno aus Karthago* nach seinen Siegen stundenlang in einer mit Zimtöl gefüllten Badewanne ergötzt und dazu auf einer gespannten Ochsenhaut von den vielen Delikatessen auch mit Käse und Majoran gefülltes Gebäck gespeist hat.

Knoblauch — Allium sativum L.

Oh, herrlich duftendes Gewürz! Wenn Dich nur alle mögen würden! Doch wie traurig ist die Umwelt oder sagen wir besser die Mitwelt, daß sie es nicht duldet, wenn man viel von diesem herzhaften, der Gesundheit so dienenden Gewürz zu sich nimmt. Denn selbst eine heiß Liebende ist nicht gewillt, den Geliebten an ihrem Munde festzuhalten, wenn dieser vorher reichlich Knoblauch gegessen hat.

Im Volksmund und in der Volksmedizin war Knoblauch eigentlich eine Wunderdroge. Der Teufel wurde vertrieben, die Hexen wurden verjagt, und er war ein Verjüngungsmittel. Zu diesen Zwecken, bis zur Beruhigung des Bauches und der Behandlung der Arteriosklerose und deren Verhinderung wurde er vor allen Dingen verwendet. Die so vielen ungesättigten Alkohole bestimmen den scharfen Geschmack, aber besonders den Geruch des Knoblauchs. Knoblauch regt die Sekretion von Salzsäure und von Fermenten im Darm an, aber er wird auch in das bakteriostatisch wirkende Allizin umgewandelt. Schließlich soll auch ein Stoff im Blut auftreten, der die Virulenz der Bakterien, die Wirksamkeit von Toxinen schwächt. Auch gegen Würmer hat man ihn benutzt. Nun, es ist vorstellbar, daß bei diesem „Duft" selbst Würmer aus dem Darme fliehen.

Knoblauch gehört zu den Liliengewächsen. Es handelt sich dabei um eine Pflanzenfamilie die ungeheuer giftige Pflanzen enthält, wie z. B. das Maiglöckchen, aber auch sehr viele wohlschmeckende Gemüse, wie z. B. Spargel.

Nachlesen sollten Sie noch über Meerrettich und Nelken, Paprika und Pfefferminze, Wacholder, Zimt und Zwiebel. Wir wollen hier nur einige wenige nennen.

Muskat — Myristica fragans

Muskat kommt genau wie Zimt und viele andere Gewürze von den Molukken im Archipel der tausend Inseln. Man bezeichnet diese als das Gewürzhaus der Welt. Nicht ohne Grund heißen sie „Gewürzinseln". Oben in den Bäumen, da schaukeln diese Muskatfrüchte. Dreimal im Jahr können sie geerntet werden.

Im Fruchtfleisch eingebettet liegt der schwarzbraune Samen. Er ist zunächst einmal blutrot, später wird er gelb und brüchig.

Wenn wir uns zu Hause Muskatnüsse kaufen, so fällt auf, daß sie so eigenartig verkalkt aussehen. Nun, das kommt daher, weil man sie in Kalkwasser legte, um die Keimfähigkeit zu zerstören. Man hatte Angst, daß andere Menschen diese Pflanze anbauen könnten in anderen Gebieten und damit die Konkurrenz zu groß würde. Dieses Kalkbad hat sich später auch als Insektenschutz herausgestellt und so hat man es bis heute beibehalten.

Muskat ist wirklich eine der ältesten Gewürzpflanzen dieser Erde überhaupt, denn früher schon hat man ihn als Räucherwerk für kultische Zwecke verwendet. Die Griechen kannten ihn, ebenso die Römer, und in altägyptischen Gräbern fand man Muskat auch neben den Mumien. Nach Europa haben ihn die Araber im 10. Jh. gebracht und er galt als eine Kostbarkeit, als ein fürstliches Geschenk.

Muskat war auch ein Heilmittel als Einreibung bei Rheuma, bei Magenpflastern konnte man es schon bei Hildegard von Bingen nachlesen. Zu viel Muskatnuß wirkt aber auch gefährlich, dann kommt es zu Durchfall, Koliken und teilweise zu deliranten Zuständen. Bei der Verwendung von Muskatnuß muß man darauf achten, daß man nur so viel raspelt, als man gerade braucht, denn das Aroma verfliegt äußerst schnell und damit auch die Freude an diesem köstlichen Gewürz.

Petersilie – Petroselinum sativum Hoff.

Jeder kennt heute Petersilie als Suppenkraut, als Heilpflanze dagegen kaum noch. Dabei hat sie ja über Jahrhunderte einen festen Platz im Heilschatz unserer Vorfahren gehabt. Im Volksmund galt sie als Unglückspflanze. Man konnte sich zwar von bösen Einflüssen der Hexen und der bösen Geister schützen, aber sie war auch ein Aphrodisiakum, d. h. für Männer; für Frauen hingegen war sie oft gefährlich, weil Petersilie zum Tode führen konnte, wandte man sie als Abortivum an.

Ein alter Spruch heißt:
„Petersilie hilft dem Mann aufs Pferd,
der Frau unter die Erde."

Im Altertum war Petersilie auch als Kraftspender gebräuchlich. Herakles soll sich angeblich bei Festen mit Petersilie geschmückt haben. Horaz erachtete sie sogar für würdig, neben der Rose die Banketthallen zu zieren. Interessant in diesem Zusammenhang ist, daß jene Gassen alter, deutscher Städte, in denen sich Freudenhäuser befanden, „Petersiliengassen" genannt wurden.

Kam es zu einem Hexenprozeß, dann wurde der Böse „Maître petersil" genannt. Petersilie ist auch ein Doldengewächs, das früher bei Fieber angewendet wurde, aber auch wind- und harntreibend war, schließlich blutanregend neben der Tatsache, daß es auch den Appetit förderte.
Eine Abkochung galt als gutes Haarwuchsmittel und schließlich auch als Mückenschutz. Kopfläuse wurden mit Petersilienabkochungen vertrieben. Schließlich konnte man Insektenstiche damit behandeln, um Schmerzen zu lindern und die Schwellung zu verringern. Daß es bei Sommersprossen und Leberflecken hilft, hat sich eigentlich in diesem Jahrhundert nicht mehr bewährt.

Im pharmakologischen Bereich ist aufgrund der Inhaltsstoffe seine Wirkung als Diuretikum und zur kräftigen Anregung der Nierentätigkeit durchaus anwendbar. Die Wirkung als Abortivum ist sicher darin zu suchen, daß ein Inhaltsstoff, nämlich das Myristizin starke Uteruskontraktionen hervorruft.

Jede Hausfrau weiß, daß man Petersilie nicht mitkochen darf, erst wenn die Speisen fertig sind, kann man Petersilie dazu anrichten.

Salbei — Salvia officinalis L.

Der Name „Salvia" ist uralt. Er leitet sich vom lateinischen „salvare" ab, was „heilen" heißt oder von „salvers", was „gesund sein" bedeutet. In einem ärztlichen Heilbuch des 12. Jh. können wir folgenden Spruch lesen:

„Cur moriatur homo, dum salvia crescit in horto?"

Ins Deutsche übersetzt heißt das:

„Warum stirbt überhaupt ein Mensch, so lange noch Salbei im Garten wächst?"

Ein Botaniker und Apotheker, Engländer, 1716 bis 1775, war auf der Suche nach einem Lebenserhaltungsmittel. Und aufgrund dieses Spruches suchte er nun, die ganzen Wirksamkeiten von Salbei zu bestimmten Jahreszeiten zu betrachten. So fand er, daß die Knospen des Salbei tatsächlich zu der Zeit, wenn sich die Blüten gerade zu öffnen anfangen, ein besonders stark riechendes Harz enthalten. Es ist balsamisch wohlschmeckend und schließlich auch ein angenehmes Stärkemittel, wenn man es entsprechend zubereitet. Von diesem Botaniker stammt dann auch der Spruch:

„Salvia cum Ruta facient tibi pocula tuta."

Das war sein Rezept, um immer munter und stark, stets aktiv und kreativ zu sein: Das von den Knospen mit verdünntem Alkohol ausgezogene Harz zusammen mit der Tinktur von Ruta. Zu Deutsch heißt oben genannter Spruch:

„Salbei und Raute machen ein gutes Gebraute."

Sogar *Albertus Magnus* war der gleichen Meinung und lobt den Salbei über alle Maßen:

„Salvia quia in numeros salvos et incolumes servat." Salbei gilt in der modernen Medizin als schweißhemmendes, allerdings auch als schweißtreibendes Mittel, hilft bei katarrhalischen Entzündungen der oberen Luftwege, aber auch des Mundes. Die Inhaltsstoffe sind bakterizid und mykozid. Das ist auch der Grund, warum unsere Großmütter, wenn sie einmal Erdbeermarmelade gemacht haben oder andere süße Gelees, ein Blatt Salbei auf die fertige Marmelade legten, bevor sie die Dosen schlossen. Sie verhinderten, ohne dabei von ihrem Geschmack etwas abzugeben, die Ansiedlung von Pilzen.

Der Volksmund sagt: „Wer alt werden will, muß im Mai Salbei essen."

Es stimmt. Wenn Sie merken, daß eine Erkältung kommt, nehmen Sie einmal Salbeitee. Gurgeln Sie damit, spülen Sie den Mund, aber nicht nur einmal am Tag oder einmal in der Woche. Nein, dauernd und immer wieder, gurgeln Sie auch ein wenig damit, bevor sie ihn herunterschlucken. Sie werden sehen, die Grippe wird nicht ausbrechen.

Senf — Sinapis alba L.

Selbst ein hart gesottener Mann wird Tränen in den Augen haben, wenn ihn die volle Schärfe der ätherischen Öle von Senf an der Schleimhaut reizt. Dies ist ganz typisch für den Senf.

Er würzt ja nicht nur Speisen, er regt auch die Schleimhäute zur Sekretion an, besonders den Magen und was anschließend an fermentproduzierenden Schleimhäuten folgt.

Man weiß heute gar nicht mehr, wie lange es schon her ist, daß Senf in Kräuter- und Arzneibüchern zu finden ist. Der weiße Senf war wohl der erste, der schwarze Senf, jedenfalls der Samen, ist wesentlich stärker. Als Senfpflaster wird er als hautreizende Packung oder auch als Bad zur Reinigung der Haut angewendet. Früher gab es überall in jedem Haus einen Senfbeutel damit der Hexenschuß, Rheuma und Ischias, des Teufels Krankheiten, ausgetrieben werden konnten. Aber auch bei Prellungen an den Rippen, am Rücken, am Gesäß konnte man es anwenden. Senfbrei war immer das Mittel der Wahl. Zerstoßener Senf wurde mit lauwarmem Wasser zu einem dicken Brei verrührt, auf ein Tuch gestrichen und schließlich auf den Körper aufgelegt. Senf, beim Essen mit den Speisen als Gewürz genossen, steigert die Speichelmenge und damit die Amylaseaktivität, schließlich wird die Magensekretion angeregt und der Gallenfluß, was wiederum Fett und Eiweiß besser verdauen läßt. Lesen wir moderne Kräuterbücher oder moderne Pharmakologien, so ist die Empfehlung der alten Kräuterbücher immer noch die gleiche: Bei Verdauungsstörungen, bei Magen-Darm-Katarrhen, aber auch bei Katarrhen der oberen Luftwege, überall wo Schleimhäute sind, wird Senf durch seine ätherischen Öle sehr freundlich wirksam sein.

Bei uns gibt es gewiß einige Sorten Senf, in Frankreich über 100 Sorten. Dort wird der grüne Pfeffer noch angewendet, ebenso der weiße und der schwarze, auch gemischt mit noch anderen Gewürzen. Wenn Sie das lesen, läuft Ihnen nicht das Wasser im Mund zusammen?

Thymian – Thymus L.

Das Kraut kam im 11. Jh. aus dem Mittelmeerbereich in unser nördliches Klima. Es war nicht nur Gewürz, sondern auch ein wichtiger Bestandteil der Hausapotheke und half bei Sodbrennen, Leberleiden, Appetitmangel und Blähsucht und bei Magenkatarrhen. Der Tee half auch bei Keuchhusten, Verschleimung und bei Entzündung der oberen Luftwege. Thymian leistete auch Dienst als krampflösendes Mittel im Bauch.

Beim Würzen soll man ihn sparsam verwenden, weil er doch sehr stark aromatisch riecht.

Wer starke Nerven braucht, aber leider nur schwache Nerven hat, der soll 100 g Thymian in heißes Badewasser geben und darin 20 Minuten baden.

Sellerie — **Apium graveolens**

Jedes Land auf dieser Welt besitzt Heilpflanzen, Heilkräuter, Gewürze jeglicher Art, mit denen die Völker der Erde ihre häufigsten Beschwerden, Krankheiten, Gebrechen zu kurieren, aber auch gewisse Lustseiten des Lebens anzuregen suchen. So wurde in den fernöstlichen Ländern die Ginsengwurzel berühmt, weil sie Kraft besitzt, die aufgrund von Hunger und Not auftretenden Mangelerscheinungen dort jedenfalls zu korrigieren und den Körper zu stärken.

Hierzulande glaubt nun jeder, daß er bei Genuß der Ginsengwurzel zweifelsohne, da er ja nicht Not zu leiden hat, was Essen anbelangt, aber eben durch den schrecklichen Streß der so übertechnisierten Welt weder Ruhe noch Erholung findet, sich mit Hilfe der Ginsengwurzel regenerieren zu können, um im täglichen Leben wieder „voll da" zu sein. In unseren Gegenden haben wir aber auch eine einheimische „Ginsengpflanze", die im Stande ist, die häufigsten Volks- und Belastungsbeschwerden, auch Streß zu kurieren. Dazu kommt noch, daß durch die Fehl- und teilweise Überernährung der Stoffwechsel bei uns gestört wird, und sich so während vieler Jahre im Organismus Schadstoffe ablagern. Dann kommen die Erkrankungen wie Rheuma, Gicht, Arthritis, Allergien, Ekzeme, Nieren- und Blasenbeschwerden, die immer häufiger werden und medikamentös kaum noch einzudämmen sind.

Dann ist es gut, wenn der naturinteressierte Mensch eine Pflanze kennenlernt, die eine Kraft und unglaubliche Wirkung besitzt, solchen gesundheitlichen Störungen vorzubeugen oder sie zu behandeln. Das ist unsere Sellerie, die genau wie Ginseng in Asien früher einmal mit Gold aufgewogen und bei uns „als Kraut der ewigen Jugend" bezeichnet wurde.

Jeder, der Sellerie in irgendeiner Form als Rohkost oder als Saft, als Gemüse oder als Salat genießt, wird seinem Körper die Möglichkeit geben, sich zu reinigen, ihm darüber hinaus auch wieder Ruhe und Gesundheit zu schenken. Bestens ist dieser Saft geeignet zur Entschlackung, zur Entwässerung, zur Reinigung des Organismus. Außerdem zeigte diese Saftkur aufgrund des dann entstehenden Basenüberschusses die Wirkung, die Säurebildung im Blut zu verhindern und so vor allen Ablagerungs- und Schadstoffkrankheiten zu schützen. Wird die Nierenfunktion angeregt, werden natürlich auch giftige Stoffwechselprodukte vermehrt ausgeschieden, was die Neigung zu Steinbildung und auch die Übersäuerung des Blutes verhindert. Man kann also jedem nur empfehlen, viel Sellerie als Saft, als Salat, als Gemüse zu essen und damit eben uralte Weisheit in die moderne Streßzeit herüberzuholen, und jeder wird staunen, daß dies tatsächlich gelingt.

Zingiber – Ingwer

Ingwer gibt es in verschiedenen Formen, den schwarzen Ingwer, das ist der ungeschälte, den weißen, das ist der geschälte Ingwer, der noch dazu gebleicht wird mit Kalkmilch. Die einzelnen Handelsqualitäten sind nicht nur abhängig vom geschälten, ungeschälten oder halbgeschälten Zustand, sondern auch von der Lokalisation des Wachstums. Am schärfsten ist wohl der afrikanische Ingwer, der aber nicht das feine Aroma hat wie der Jamaika-Ingwer, der zwar deutlich aromatischer, aber auch sehr scharf ist, nicht aber so scharf wie der afrikanische Ingwer. Der Bengal-Ingwer ist die beste indische Ingwer-Sorte.

Er wird verwendet zur Zubereitung des Ingwer-Bieres, in der Likör-Industrie und in der Genuß- und Nahrungsmittelindustrie als Gewürz. Und nicht zuletzt in der Parfüm-Industrie, und hier liefert der japanische Ingwer, der eine nur geringe Schärfe hat, aber ein bergamott-ähnliches Aroma, besonders der kosmetischen Industrie Grundlagenstoffe. Pharmakologisch wirkt Ingwer am vorzüglichsten zur Anregung der Produktion von Fermenten im Dünndarm.

Curcuma

gehört auch zu den Ingwer-Gewächsen, vor allem in Indien, den Philippinen, Westindien, gelegentlich in Afrika und Südamerika wachsend. Hier finden wir einen Bestandteil des Curry-Gewürzes, besonders aber der Worchester-Sauce. In der kosmetischen Industrie ist er ein Farbstoff für Puder und Cremes und ein Zusatz für Lichtschutzcremes.

Convallaria – Maiglöckchen

Es ist eine sehr giftige Pflanze, man sollte an der Stelle nochmals erwähnen, daß getrocknete Blüten, allerdings nur in sehr geringer Quantität, ein Bestandteil des Schneeberger Schnupftabaks ist, also wie Helleborus, seine Wurzel.

Gentiana lutea – gelber Enzian- oder Bitterwurz

Er hat eine wunderbare, sehr lange Wurzel, die als Rohstoff für Gewürz-Extrakte verwendet wird, vor allem aber in der Schnapsindustrie wird fermentierter Enzianwurzel-Auszug benutzt. Die rasch getrockneten, gelblich-weißen Wurzeln werden für arzneiliche Zwecke verwendet und die fermentierten, sehr intensiv riechenden zur Enzianschnaps-Herstellung. Besonders im bayerischen Raum gilt der Enzianschnaps als ein Arzneimittel, mit dem man Verdauungsstörungen, sowie Störungen des Magen-Darmtraktes nach Fraß und Völlerei behandeln kann. Eine andere Möglichkeit ist, den Magen mit dem Schnaps anzuwärmen, damit die (große) Menge kalten Bieres nicht schadet.

Haronga madagaskarensis

Von dieser Pflanze werden Rinde und Blätter verwendet als Gewürz, aber auch als Arzneimittel zur Steigerung der Magensaft- und Magensäure-Produktion, des Galleflusses und zur Erhöhung des Sekretionsflusses der Bauchspeicheldrüse. In Afrika finden die Früchte, Blätter, die Rinde und das Harz medizinische Verwendung eben in den oben genannten Indikationen.

Willmar Schwabe hat das weiland aus Madagaskar hier eingeführt und damit eine segensreiche Pflanze verbreitet.

Gewürze als Medizin

Beim Honig haben wir schon von der Jahreszeit gesprochen, in der uns die Sonne und ihre Wärme fehlt, in der uns die Energie fehlt, die wir einfach brauchen. In der Zeit um Weihnachten gibt es aber auch die Zeit der verführerischen Gerüche. Gewürze reizen ja sowieso durch ihren Geruch. Kommt aber erst einmal der Duft der Weihnachtsplätzchen ins Haus, vielleicht auch noch von Glühwein, manchmal auch über Weihnachtsmärkte, dann werden angenehme Gefühle wach. Diese durchaus begehrenswerten Düftemacher haben nicht nur die Fähigkeit, unsere Nase zu erfreuen und einen Gaumenreiz auszulösen, sie haben häufig auch Wirksamkeiten wie ein Pharmakon, d.h. sie wirken wie ein Arzneimittel.

Es gibt Pflanzen, die ätherische Öle enthalten, und zwar solche, die als Lieferanten für Geruchs- und Geschmacksstoffe in Frage kommen. Diese nicht fetten Öle, die wasserdampflöslich sind, setzen sich aus verschiedenen Komponenten zusammen. Die Komponenten stammen aus dem Terpen-Stoffwechsel der Pflanzen. Man kann das ganze Öl nutzen wie z. B. bei der Kamille, aber auch die einzelnen Komponenten. Nehmen wir nur einige heraus. Ich will nun nochmal an die Weihnachtsbäckerei erinnern: den Genuß von Ingwerstäbchen, von Zimtsternen, von Anisplätzchen, von Glühwein. Wir können sie auch als medizinische Arznei betrachten.

Da haben wir den Ingwer, ein Gewürz mit sehr intensivem Geschmack, nicht für jedermann besonders gut verträglich. Aber bei Liebhabern genießen Ingwerstäbchen nicht nur in der Vorweihnachtszeit großes Ansehen. Der Wurzelstock von Zingiber officinale ist es, der ein ätherisches Öl enthält, das Zingiberen. Die scharfen Stoffe, die Gingerolen, nehmen, wenn man zu viel von den Ingwerstäbchen genießt, eine starke Speichel- und Magensaftsekretion auf. Äußerlich angewendet führen sie zu einer ziemlichen Erregung der Wärme und Kälte bei Wärmerezeptoren, und können so bei Rheuma- und Muskelschmerzen zur Anwendung kommen. Am stärksten wirken hier allerdings die scharfen Stoffe von Paprika und Pfeffer, die dann bei Schmerz- und Thermorezeptoren eingesetzt werden. Sie sind die häufigsten Bestandteile der sogenannten antirheumatischen Salben.

Genauso werden die Verdauungssäfte durch Zimt angeregt. In vielen Weihnachtsplätzchen kommt er vor, aber auch schon einmal im guten alten Milchreis, wenn Zimt und Zukker verwendet wird. Genau genommen handelt es sich dabei um die Rinde des immergrünen Zimtbaumes, des Zinnamomum ceylanicum, der in Ceylon (Sri Lanka) heimisch ist und u. a. aufgrund seiner reizenden Wirkung auf Magen und Darm eine deutliche Verbesserung der Sekretion dieser Organe mit sich bringt.

Ähnlich der Wirkung auf den Verdauungstrakt, aber anders in der Zusammensetzung des ätherischen Öles sind die in Europa, vor allem im Mittelmeerraum heimischen Gewürzpflanzen Anis, Koriander und Kardamom. Hier sind es die Früchte, die man bei der Zubereitung z. B. von Anis-Plätzchen gebraucht, aber auch bei Lebkuchen.

In der Kinderheilkunde verwenden wir sie gelegentlich bei der Lösung von Krampfzuständen, bei Husten, aber auch bei Krämpfen, zusammen mit Fenchel beispielsweise, der zur gleichen Familie gehört.

Denken Sie aber auch, daß Anis-Öl eines der wichtigsten Bestandteile in Hustenbonbons ist, und zwar vor allem als ein Mittel, den Auswurf zu erleichtern. Anis-Öl spielt deshalb auch in Hustensäften eine Rolle.

Eine Pflanze sei noch genannt, das sind die Nelken, die Blütenknospen von *Syzygium aromaticum*. Er blüht im Gebiet des Indischen Ozeans und gilt in der Zahnmedizin als lokales schmerzstillendes Mittel und zur Desinfektion von Wundkanälen. Zerkaut man eine Blütenknospe langsam im Mund, so wird die Zunge kurze Zeit später pelzig.

Zusammenfassung

Nehmen wir einmal alle Nahrungsmittel, die uns bekannt sind, alle Gewürze, von denen wir gehört haben, und stellen wir uns vor, daß ein kulinarisches Gericht zubereitet wird. So richtig göttlich von der Küche her mit kleinen Schwaden uns in die Nasenlöcher steigend, hat es die Produktion des Saftes von Magen und Darm angeregt. Das Wasser läuft einem schon im Munde zusammen und dann wird das Essen serviert.

Wenn nun in diesem Augenblick vielleicht auch noch ein unbedingt wichtiger und von allen schon im vorhinein hochgejubelter Kriminalfilm über die Fernsehscheibe flimmert, dann bleibt einem ja nichts anderes übrig, als nicht mehr mit der Zunge, den Lippen und der Nase zu genießen, mit den Augen die wundervoll angerichteten Speisen zu schauen, sondern die Flimmerkiste. Nun, wenn man solche Leute anschaut (ich hatte das Vergnügen bei einem Menschen, den ich gut kenne), dann spürt man plötzlich, daß der moderne Mensch nicht mehr schauen kann. Er kann nur noch starren; er kann auch nicht mehr lauschen, sondern lediglich aushorchen; er ist nicht in der Lage, anderes zu berühren, zu liebkosen, zu tasten oder zu kosten, auch zu streicheln ist er nicht fähig. Er kann nur noch zupacken, kreischen nach jenem Programmwähler elektronischer Art wie er zu dem Fernsehapparat dazugehört. Das ist das, was den modernen Menschen krank macht.

Früher sagte man, man kann nicht vielen Herren dienen. Versuchen Sie einmal, ihre Sinne auf eine gute Nahrung, eine gute Speise und Getränke hinzulenken und auch noch auf den Fernsehapparat. Dann kann man nicht mehr schauen und lauschen. Menschen, die es nicht mehr können, deren Psyche, deren Seele und deren Nerven werden krank. Das führt früher oder später zu einem großen Chaos im vegetativen Nervensystem. Diese Diagnose kennen viele von Ihnen. Die Krankheit ist im Innern noch gar nicht so recht bekannt. Man meint sogar an gewissen Orten, daß der Mensch vom lieben Gott falsch konstruiert und zusammengesetzt wäre. Nein, das ist sicher nicht richtig. Der Herrgott verlangt ja doch nur, daß man sich an gewisse Lebensgebote hält. Ganz einfach, man sollte Maß halten und sollte mit Ehrfurcht einen jeden Menschen würdigen, die Menschen nicht quälen, mißhandeln oder mißbrauchen, auch das eigene Ich nicht. Man sollte doch vielmehr essen und richtig genießen, so als ob man gestreichelt würde. Und wenn wir dann anfangen, uns selbst wieder zu lieben, dann sind wir auch wieder in der Lage, unseren Nächsten zu lieben, ihm Achtung und Ehrfurcht, aber auch Toleranz und ehrliche Offenheit entgegenzubringen.

Genußmittel

Coffea arabica – Kaffee

Wenn wir Kaffee zu den Genußmitteln mitheranziehen, dann aus mehrfachen Gründen. Ein wichtiger Grund ist unser Riechorgan, die Nase. Durch sie treten wir in direkten Kontakt mit dem, was wir im allgemeinen als Duft wahrnehmen. Er strömt durch die Nase herein, er beeinflußt uns in irgendeiner Form. Aber da wir sehr stark sind, können wir uns vor solchen Einflüssen schützen. Wir dürfen nicht vergessen, daß wir auch eine eigene Duftausstrahlung haben und diese Emanation ist wirksam auf unsere Umwelt, genau so wie die Umwelt auf uns über ihren Duft wirkt. Denken Sie nur an den Ausspruch: „Ich kann ihn nicht riechen."

Jeder Duft, egal welcher Couleur, löst in uns Gefühle aus und Empfindungen, die sich genau so negativ wie positiv auswirken können.

In der Großstadt sind wir völlig reizüberflutet und können mit diesen tausend Düften oder besser gesagt: Gerüchen und Gestankvariationen kaum mehr fertig werden, weil wir ihnen nicht ausweichen können. Täglich erleben wir ein olfactorisches Inferno, erleiden ein knock-out der Nüstern! Wir gewöhnen uns dann an, sehr oberflächlich zu atmen und alle Gefühle zu hemmen, die normalerweise über das Riechorgan auf uns sehr reizvoll wirken. Der größte Nachteil dieser Situation ist natürlich der, daß wir, wenn wir irgendwo nur schwache Duftreize empfangen, diese gar nicht mehr richtig wahrnehmen können.

Hier kommen dann noch verschiedene Sachverhalte hinzu, bei denen sich unbewußt ablaufende Reflexe einmischen, die schließlich durch Duftstoffe ausgelöst und dann in unserem Gefühlsleben bewußt oder unbewußt eine deutliche Beeinflussung ausüben.

Denken Sie doch nur einmal daran, daß Sie eine Freundin hatten, welche ein ganz bestimmtes Parfüm benutzte. Diese Freundin hat Sie verlassen, trotzdem ganz tief in der Seele hängen Sie noch an ihr. Irgendwo, irgendwann stoßen Sie auf diesen Duft und Sie sind einfach fasziniert, die Erinnerung überwältigt Sie, und es beginnt die Träumerei und das

Bauen von Luftschlössern. Es sei denn, die Trägerin dieses ach so wundervollen Parfüms entspricht eher einer kaukasischen Bergziege in ihrem Aussehen als dem, was Sie vorher liebten.

Denken Sie einmal an den zauberhaften Duft von Lavendel. Meine Oma hatte viele kleine Lavendelkissen in ihrem Wäscheschrank, und wenn ich Lavendel rieche, so kommt es immer wieder zu einer Assoziation zu meiner Großmutter, die mir wiederum nicht sehr hold war, weil mein all zu flottes Mundwerk durch das Gehege meiner Zähne so viel aussprudelte, was gar nicht nach ihrem Geschmack war. Ihre Strafen waren entsprechend und heute noch wird sich mir bei Lavendelduft die Nase ganz von selbst rümpfen, ich brauche gar nichts dazu zu tun.

So ist allein der Duft eines bestimmten Aromas ungleich stärker wirksam auf unser Gefühlsleben als wir im allgemeinen annehmen, und das nicht nur im erotischen Bereich. Nein, eine ganze Gefühls- und Gedankenwelt wird ausgelöst beim Geruch, der entstanden ist, wenn Gewitter-Regen in einer hochsommerlichen Atmosphäre in einen Wald hereingebrochen war, in dem gerade frisches Holz geschnitten wurde. Das ist ein Aroma! Welche Faszination! Welche unglaublichen Emotionen werden da geweckt. Denken Sie an den harzig duftenden Tannenwald!

Oder einfach an den Duft der kleinen Veilchen oder der wunderbaren Rose. Ganz egal, welche Wohlgerüche wir aufnehmen, begreifen wir es, uns diesen Düften bewußt zu öffnen, dann werden wir nicht nur wirklich belebende, sondern auch wundersame und geheimnisvolle Empfindungen erleben, die einmalig sein können.

Es gibt bestimmte Therapierichtungen, die allein auf diese Duftreaktionen hin verordnet werden, wobei Kranke auf einen Duftstoff ansprechen und je intensiver sie dies tun, desto größer werden ihre Selbstheilungskräfte sein.

Dies als kleine Vorrede, denn eigentlich wollte ich über eines der beliebtesten und bekanntesten Geruchserlebnisse sprechen, nämlich den Kaffee-Duft!

Kennen Sie es, wenn Sie ein wenig abgearbeitet oder vielleicht sogar erschöpft nach schwerer geistiger oder körperlicher Arbeit ein Haus betreten, in dem Ihnen bereits nach Öffnen der Tür ein Kaffee-Duft entgegenkommt? Beim richtigen Rösten von Kaffee entstehen nicht nur Geschmacksstoffe, sondern auch äußerst flüchtige, aber sehr kräftig duftende Aromastoffe, die nicht einmal 1 % der gesamten Inhaltsstoffe ausmachen.

Beim Kaffee haben wir diesen typischen Duft, eines der köstlichsten Naturprodukte, der herausströmt beim ersten heißen Aufguß, aber auch schon beim Mahlen frisch gerösteter Bohnen.

So wie uns üble Gerüche einfach die Lust am Leben zerstören, so mögen Wohlgerüche die Lebensfunktionen anregen, Freude bereiten und schließlich das Dufterlebnis uns wieder hinführen zur Benutzung und zur Nutzung unserer Sinnlichkeit.

Der Kaffeebaum wird bis zu 10 m hoch. Die Bestandteile sind derart vielfältig, daß wir Seiten bräuchten, um alle nur aufzuzählen. Das ätherische Röstöl, welches der Hauptträger des Aromas ist, wie ich es oben beschrieben habe, besteht schon allein aus 300 Substanzen, von denen bisher höchstens 200 identifiziert worden sind.

Was die Wirksamkeit des Kaffees zur Anregung des Kreislaufs und der Herztätigkeit, zur Erregung des zentralen Nervensystems und zur Steigerung der Diurese anbelangt, spielt die Zubereitungsart eine sehr große Rolle. Da haben wir die türkisch-arabische Zubereitung aus staubfreiem, feinen Kaffeemehl, kalt angesetzt mit Wasser und viel Zucker. Dann die Papierfilter-Methode, die Palmblätter-Filtermethode, die Espresso-Methode, bei welcher heißes Wasser unter hohem Druck durch pulverfeines Kaffeemehl gedrückt wird, und das Auflöseverfahren mit modernen Kaffee-Extraktstoffen.

Die Hauptwirkung geht auf das zentrale Nervensystem. Verstärkung von Assoziationen, das Gedächtnis wird besser, das Auffassungsvermögen wird leichter, Ideenreichtum, man wird lebhafter, das Erinnerungsvermögen wird plötzlich wieder munter.

Allerdings gibt es auch emotionale Erregungen, deren Folge dann Schlaflosigkeit sind, Muskelzuckungen und auch Schmerzen, sowie eine deutlich vermehrte Empfindlichkeit sämtlicher Sinnesorgane. Natürlich auch die Empfindlichkeit gegenüber Schmerzen.

Alle Anregungsmittel, so auch Kaffee, verschlimmern somatische Beschwerden.

Interessant in diesem Zusammenhang ist sicher noch die Tatsache, daß Coffea in der Veterinärmedizin **das** Mittel gegen Viruserkrankungen ist.

So wird also hier einmal der Wohlgeruch des Kaffeeduftes und die zentral erregende, emotional steigernde und die Sinnesorgane anregende Wirkung gemeinsam zum Lieblingsgetränk vieler Menschen, die den Kaffee vertragen. Bei manchen wird schon bei wenigen Schlucken eine Übererregbarkeit spürbar, sichtbar, die natürlich den Kaffeegenuß verbietet. V. v. Weizsäcker gab streitbaren Ehepaaren den Rat, sich nicht scheiden zu lassen, sondern keinen Kaffee mehr zu trinken. Es half oft.

Kakao

Eine der eindrucksvollsten Naturbeschreibungen entstand zu Beginn des vorigen Jahrhunderts. Ihr Verfasser ist wohl einer der berühmtesten Wissenschaftler des 19. bzw. des 18. Jahrhunderts, und zwar *Alexander von Humboldt*. Er hat mehrere umfangreiche Werke geschrieben, in denen er den wissenschaftlichen Extrakt seiner Reisen über Süd- und Mittelamerika veröffentlicht hat. Besonders viel hat er über die dortige Pflanzenwelt geschrieben.

In einer seiner Arbeiten, nämlich in den „Ideen zu einer Geographie der Pflanze" (1807) versuchte *Humboldt*, seinen Lesern nicht nur die Flora und Vegetation fremder Länder zu zeigen, sondern auch die Ursachen für die unterschiedliche Pflanzenwelt in den einzelnen Gebieten zu erläutern.

Durch ihn wissen wir sehr viel, und weitere Forscher haben noch mehr Erkenntnisse dazu gewonnen. So wissen wir, daß die üppigste Vegetation auf der gesamten Erde im tropischen Regenwald gefunden wird. Dieses feucht-heiße Vegetationsgebiet beschränkt sich auf die äquatorialen Klimazonen, die von 10 Grad südlicher Breite bis 10 Grad nördlicher Breite reichen. Der tropische Regenwald erstreckt sich vor allem in einem großen und riesigen geschlossenen Gebiet vom Amazonasbecken bis zum Ostabhang der Anden in Süd- und Mittelamerika, dann auf das indo-malayische Gebiet über Westafrika und das Kongobecken und die Küstengebiete im Golf von Guinea, sowie auf kleinere zerstreute Bereiche an den regenreichen Hängen in Ostbrasilien, Nordost-Australien, Indien und Ostafrika.

Hier finden wir den höchsten Niederschlag im Durchschnitt des Jahres. Die Spitzenwerte liegen jährlich bei mehr als 10 000 mm, im Vergleich dazu in Mitteleuropa zwischen 500 und 1000 mm.

Zu der großen Feuchtigkeit kommt eine Wärme, die kaum unter 18 Grad absinkt, und beides hat nun zur Entwicklung einer Vegetation beigetragen, die durch eine Fülle von hohen Bäumen charakterisiert ist. Baumriesen von 50 m Höhe sind keine Seltenheit.

Sicher, das Wachstum, die Wuchsform und die Lebensweise unterscheiden sich jeweils von unseren Bäumen, aber das ist hier nicht der Sinn dieser Darstellung und des Buches. Mir kommt es hier auf die ganz eigenartigen Vegetationsformen unter den Tropenbäumen an.

So gibt es da Bäume, bei denen die Blüten an den blattlosen Stämmen und an alten Ästen hervorbrechen. Und diese botanische Eigenart, die man Stammblütigkeit oder auch Kauliflorie nennt, hängt mit der Bestäubung der Blüten durch Fledermäuse und mit der Verbreitung der Samen durch Flughunde zusammen. Die Tiere kommen an die Stämme viel leichter heran als in die dichten Kronen der Tropenbäume.

Und hier haben wir einen Baum, der sehr berühmt und auch bei uns bekannt ist, und das ist der Kakao-Baum (*Theobroma kakao*) mit seinen kleinen rosaroten Blüten. Innerhalb eines Jahres liefert ein Kakao-Baum bis zu 100 000 Blüten, aber nur ein kleiner Bruchteil − bis zu 5 % − wird befruchtet. Die Blüten und die Früchte fallen vorzeitig ab; die Früchte werden als Schoten bezeichnet, botanisch sind es aber Beeren mit 25 − 40 Samen, die von einem süß-säuerlichen Fruchtfleisch umgeben sind. Die Frucht kann sehr groß werden, einen Durchmesser von 5 - 10 cm und ein Gewicht von ca. 500 g erreichen. Die eiweiß- und ölreichen Samen, die Kakao-Bohnen, werden dann später fermentiert, getrocknet, geschält und zerrieben. Aus der Kakao-Masse wird das Fett, die Kakao-Butter, abgepreßt, in der Schokolade finden wir sie wieder, die Rückstände kommen als Kakao-Pulver in den Handel. Im Kakao-Pulver ist das anregend wirkende Alkaloid *Theobromin* enthalten.
Neben dem *Theobromin* haben wir in geringen Mengen *Coffein*, schließlich eine große Menge Kakao-Butter, fast 50 % im Kern, in der Schale Gerbstoffe und verschiedene Zucker, Stärke etc.

Die unfermentierten Kakao-Bohnen liefern uns den Edelkakao, die etwas mehr Gerbstoffe enthaltenden Kakao-Bohnen den Konsum-Kakao.
Schließlich sind noch die Kakao-Schalen zu nennen, die frü-

her in Deutschland als Kakao-Schalen-Tee gern von den Kindern getrunken wurden. Aus den Kakao-Bohnen wurden früher auch noch Theobromine hergestellt, ein Arzneimittel, das auf das zentrale Nervensystem nicht so stark wirkt wie Coffein, aber dafür peripher stärker wirkt. Theobromin wirkt gefäßerweiternd, außerdem noch etwas diuretisch. Es ist im wesentlichen aus dem Arzneischatz der Allopathie ganz verschwunden, wobei es nicht ganz klar ist, aus welchem Grund.

Die von uns so gern gegessene Schokolade ist eine Mischung von Kakao-Masse, die nun wieder aus Kakao-Pulver und Kakao-Butter besteht, mit Zucker und verschiedenen Zutaten als Geschmacks-Korrigentien.

Der Kakao ist ein beliebtes Getränk, er enthält eine sehr geringe Menge Coffein, mit Kaffee zusammen ist er ein Mischgetränk, das so mancher Kenner und mancher Gourmet im Stillen zum Frühstück genießt, ohne daß die andern das wissen. Man kann es natürlich auch leichter haben, man braucht nur ein bis zwei Stücke Schokolade in den heißen Kaffee hineingeben, dann hat man den gleichen Genuß und auch die gleiche pharmakologische Wirkung der Erregung, und zwar sowohl des peripheren als auch des zentralen Nervensystems. Man fühlt sich recht wohl und euphorisch. Ich habe den Genuß solcher Köstlichkeit bei *Dr. Wilmar Schwabe* kennengelernt, der mit Vergnügen zum Frühstück dieses Getränk zu sich nahm.

Vielleicht noch eine Kleinigkeit. Als Student hatte ich einmal das Vergnügen, die Schokoladenfabrik Stollwerck in Köln zu besuchen. Nach der Besichtigung erhielten wir jeder eine Tafel Schokolade, das war während des Krieges schon etwas Wunderbares, und der Gesangverein der Fa. Stollwerck sang uns ein Abschiedslied. Der Gesangverein dieser Firma hieß „Theobromina". Seitdem ist mir der Name Theobromin nie mehr aus dem Gedächtnis entschwunden, wenngleich er aus der allopathischen Pharmakologie bereits gestrichen ist.

Zu erwähnen wären noch die Öle der entschälten und entkeimten Samen. Diese Fette werden als Basis für die in der Medizin so bekannten und beliebten Zäpfchen verwendet, auch für die Vaginal-Globuli, für Salben und Pomaden. Diese Kakao-Butter, wenn man sie als reines Suppositorium nimmt, übt einen kleinen, zarten Reiz auf die Darmschleimhaut aus und bewirkt daher auch eine Stuhlentleerung. Das wendet man gelegentlich in der Kindertherapie gerne noch an.

In der Kosmetik wird Kakao-Butter verwendet und die Fette der Samen haben eine ganz andere Zusammensetzung als die Fette der Kakao-Schalen und der Kakao-Keime. Diese haben sehr unangenehme Eigenschaften, die aber hier unwichtig sind.

Camellia sinensis — Tee

Ursprünglich, wahrscheinlich in Assam wildwachsend, in China, Japan, Formosa, in Indien und vielen anderen Orten bis Südamerika kultiviert.

Verwendet werden immer das Blatt und das Öl der Samen. Das Blatt zeigt sehr viele Inhaltsstoffe, deren Zusammensetzung ungeheuer kompliziert ist und sehr variiert, sowohl was Gerbstoffe und Coffein-Gehalt anbelangt. Diese beiden sind ausschlaggebend für Qualität und Geschmack der Tee-Sorten. Durch Fermentierung erfolgt ein teilweiser Abbau, es entwickelt sich das Tee-Öl. Sowohl das Tee-Öl als auch die Abbauprodukte beeinflussen das Aroma und die Farbe. In den meist sehr flüchtigen Verbindungen des Tees sind bisher mindestens 100 Substanzen gefunden worden. Der Gehalt an Coffein, das früher Thein genannt wurde, schwankt je nach Sorte und Herkunft zwischen 0,9 bis 5 %. Außerdem haben wir noch viel Theophyllin und auch

Theobromin, das wir schon vom Kakao her kennen, als Inhaltsstoffe, inclusive Vitaminen, verschiedene Farbstoffe, Fette und ätherische Öle.

Tee ist ein beliebtes Genußmittel, dabei ein Anregungsmittel, auch ein Diuretikum. In vielen Ländern wird er als Arteriosklerose-Prophylaktikum benutzt. Schließlich auch industriell zur Coffein-Gewinnung.

Der Unterschied zwischen schwarzem, grünem, Ziegeltee und anderen Tees besteht vor allem in der Aufbereitung des Tees in einzelnen Produktionsstufen.

Der echte russische Tee wird in den Kaukasus-Gebieten kultiviert. Der Teegenuß kann schon etwas sehr Schönes sein, und so manch einer, der sich Genießer nennt, schnuppert erst einmal an 5 bis 10 Dosen, um dann den Tee auszuwählen, der ihm gerade im Augenblick behaglich, wohlriechend und nicht nur der Nase, sondern auch dem Geschmack angenehm ist.

Das Öl der Samen, das sogenannte Tee-Samen-Öl der verschiedenen Camellia-Arten wird vor allem in China und in Brasilien gewonnen. Verwendet wird es als gutes Schmieröl und zur Seifenfabrikation. Schließlich, wenn man eine Raffination vornimmt, kann man es auch als Speiseöl verwenden.
Verschiedene ostindische Tees und deren Samen-Öl werden in der Kosmetik verwendet. Aber auch als Schmieröl für Präzisionsmaschinen.

Betrachtet man die Kaffee-Trinker und die Tee-Trinker, so gehören erstere zu jenen, die eigentlich mehr die anregende Wirkung des Kaffees suchen, um munter zu bleiben bzw. munter zu werden und im Gehirn eine bessere Durchblutung zu haben. Dagegen sind die Teetrinker ungeheuere Genießer, die nicht nur den Duft, sondern auch den Geschmack lieben.

Die Art, wie man Tee trinkt, ist in allen Gegenden der Welt, in allen Ländern so verschieden wie die Hautfarbe, das Temperament und die Mentalität der einzelnen Menschen quer durch Amerika bis Südamerika, von Brasilien nach Afrika, von Ostindien bis Japan und China und zurück wieder zum Kaukasus. So viele Temperamente und so viele mentale Reaktionen es gibt, so viele Teesorten existieren auch.

Ich kenne Menschen, die jeden Tee genau erkennen nach seiner Herkunft, nach dem Jahrgang und auch genau nach der Zeit, in der er gepflückt worden ist.

Vanilla planifolie — Vanille

Sie gehört zu der Familie der Orchideen.

Wir haben oben schon beim Kaffee von den Duftstoffen gesprochen, die eine so fürstliche Rolle spielen im Empfindungsleben aller Sinnesorgane. Und so kommt hier in diese Gruppe, wo unbeschreibliche Empfindungen und starke seelische Eindrücke zurückbleiben, noch ein Stoff hinzu, der aus der neuen Welt zu uns gekommen ist und der früher auch mit als Bindeglied gesehen wurde zwischen Geist und Seele zum Körper. Was ja auch der Grund dafür ist, daß in der alten Medizin die Duftstoffe eine so große Rolle gespielt haben.

Die so wunderbar duftenden, schwarzen bis braunen Stengel der Vanille werden kurz vor der Reife geerntet und einem sehr komplizierten Fermentationsprozeß unterworfen, bevor sie auf den Markt kommen. Es handelt sich um die Schotenfrüchte einer vor allem in Mexiko, aber auch im nördlichen Teil von Südamerika vorkommenden Kletterorchidee. Seit dem 16. Jahrhundert sind sie durch die Spanier als „königliches Gewürz" bekannt geworden. Bei den Azteken war die Vanille bereits jahrhundertelang unter dem Namen „tlilxochicl — schwarze Blume" gebraucht worden, vor allem zum Würzen ihres chocolatl, das ist der Kakao. Aber sie haben sie auch zum Würzen des Tabaks benutzt und schließlich sogar als Parfüm.

Vielleicht sollte man auch daran denken, daß das Wort „Vanille" vom spanischen „Vainilla" herkommt, was die Verkleinerungsform von „Vaina" ist und im Lateinischen „Vagina" heißt. Nun, „Vagina" heißt „Schote", aber auch „Scheide". Im 17. Jahrhundert hat man ihr dann den Beinamen planifolia gegeben.

Jahrhundertelang war Mexiko der Monopolhalter der Vanille, denn die Ausfuhr von Pflanzen war mit schweren Strafen bedroht. 1819 haben es die Holländer geschafft, einige der Vanille-Pflanzen nach Java zu bringen, wo sie schließlich auch gediehen, blühten, aber ohne Früchte blieben. Das lag daran, daß die Insekten, die in Mexiko diese Pflanze bestäubt haben, in Java nicht lebten.

Interessant in diesem Rahmen ist noch, daß die Orchidee, die Blüte, nur wenige Stunden von frühmorgens bis gegen 10 Uhr blüht, dann wird der zu einem Kolben verwachsene Blütenstaub auf die Narbe der Blüte gebracht, nicht befruchtete Blüten sterben ab und müssen entfernt werden. Bis zu 10 m ranken sich diese Orchideen an Bäumen hinauf, etwa erst im 5. Jahr tragen sie Früchte und bleiben dann 10 Jahre lang ertragreich.

Das Aroma entwickelt sich erst durch die Fermentation. Alle Menschen in Mexiko zitterten, als es den Chemikern gelang, Vanillin synthetisch herzustellen, nämlich aus Eugenol und Guajakol. Man fürchtete um den Fortbestand der Plantagen, doch echte Vanille war nicht annähernd zu erreichen, weder was den Geruch, noch was den Geschmack anbelangt.

Vielleicht ist es auch interesant, daß der Aromastoff Vanillin sich auch im Perubalsam findet, in dem Harz des Guajak-Baumes, dann im Rohzucker der Zuckerrüben und im Fichten-Kambial-Saft.

Wenn Sie einmal eine Vanille-Schote öffnen und die Samen herausstreichen, diese winzig kleinen schwarzen Pünktchen, wie wir sie in der Vanille-Sauce oder im echten Vanille-Eis finden, und die Nase hineinstecken, dann können Sie diesen unbeschreiblichen Duft genießen. Sie werden ihn so genießen, daß Sie dann auch die Vanille in all ihren Zubereitsformen als Genußmittel anerkennen werden.

Manchmal ist es staunenswert, welche Stoffe in unseren Nahrungsmitteln enthalten sind, die einen spezifischen Geschmack geben.

Wer von Ihnen weiß z. B., daß ein Myrtengewächs, nämlich Syzygium aromaticum oder Syzygium jambolanum, der Jambul-Baum, einen Stoff enthält, das sogenannte Heptanon, das in der Käseindustrie verwendet wird und dem ach so beliebten Roquefort-Käse seinen Geschmack gibt. Die Pilze sind nur für Farbe und Form des Käses verantwortlich, den Geschmack hingegen verleiht ihm das Heptanon.

Die ätherischen Öle der Blütenknospen werden aber außerdem noch für besonders feine, manchmal sehr, sehr teure Parfüms verwendet.

Spiritus vini — Weingeist = Alkohol

Die ältesten Erfahrungen mit Alkohol haben die Menschen in ihrer Kulturgeschichte, insbesondere des Abendlandes seit dem Altertum mit Wein gemacht.

Nach heutigen archäologischen Erkenntnissen dürfte die Weinherstellung etwa schon 10 000 Jahre alt sein. Aus Honig, Wasser und Gewürzkräutern als Met und schließlich aus anderen Bestandteilen als Palmen-, vermutlich als Dattelwein noch viel länger, doch da fehlen uns die nötigen Unterlagen.

Bei den alten Ägyptern, genau wie von den Griechen und Römern, wurde der Weinanbau sehr gepflegt und in der bildenden Kunst aller Kulturen sind viele schöne Zeugnisse davon erhalten.

Wenn Sie die Bibel aufschlagen, so finden Sie den Weinstock, den Rebstock und den Wein mehrfach erwähnt. So wird im Alten Testament erzählt, daß Noah z. B. – die Sintflut war kaum vorbei – einen neuen Weinberg angelegt hat. Nach alten Überlieferungen sind Weinreben bereits 6000 v. Chr. im Kaukasus, in Mesopotamien angebaut worden, 3000 v. Chr. in Ägypten und Phönitien und 2000 v. Chr. kamen sie nach Griechenland, später nach Italien, Sizilien, Nordafrika und in den folgenden 500 bis 1000 Jahren nach Spanien, Portugal.

Manche behaupten, das wäre das schönste Erbe der alten Römer, daß sie die Reben mit nach Gallien gebracht haben, also auch zu uns. Nach ihrem Rückzug aus dem heutigen Frankreich und dem Rheingebiet hinterließen sie die Grundlagen für den Weinbau in den wichtigsten Weinbaugebieten der Neuzeit.

Wir wissen, daß die Römer über die Möglichkeit verfügten, Wein in Fässern zu lagern, auch dort altern zu lassen, doch scheint beim Zusammenbruch des Römischen Reiches dieses Wissen verlorengegangen zu sein.

Deswegen wurde später dann jahrhundertelang der Wein getrunken, sobald ihn das Winterwetter geklärt hatte, aber spätestens im darauffolgenden Jahr. Und erst Ende des 17. Jahrhunderts, vielleicht auch etwas früher, als der Korken entdeckt wurde, hat man, nachdem der Wein in den Fässern nach dem Anstich sehr schnell verdarb, festgestellt, daß er in fest verkorkten Flaschen länger haltbar ist. Es ist erst vor 150 oder 180 Jahren entdeckt worden, daß der Wein, wenn er in Flaschen abgefüllt und sorgfältig verkorkt ist, weiter reift und eigentlich erst dann das entwickelt, was wir heute ein Bouquet nennen.

Die Gattung der Weinreben-Stöcke umfaßt ja heute mindestens 50 bis 100 Sorten, es werden immer wieder neue gezüchtet, um neue Geschmacksrichtungen herauszufinden.

Die angepflanzten Rebstöcke der Frühzeit sind nicht beschnitten worden, sondern waren kletternde Sträucher, die sich meist an Ulmen-Alleen rankten. Und erst viel später wurden die Reben bis auf das alte Holz zurückgeschnitten, was nicht nur zu quantitativ, sondern auch qualitativ besseren Erträgen geführt hat.

Die Ursache dafür soll ein Esel gewesen sein, der, der Aufsicht des Weinbergbesitzers entflohen, einige Weinreben abfraß, insbesondere bis auf das Holz, was schließlich dazu führte, daß er aus dem Weinberg vertrieben wurde. Doch siehe da, im nächsten Jahr sah gerade dieser Weinbauer, daß die zurückgebissenen Reben nicht nur wesentlich mehr trugen, sondern auch die Qualität des Weines besser war. Also schnitt der Weinbauer die Rebstöcke zurück, was später selbstverständlich und überall Brauch wurde.

Die Weinreben sind interessanterweise eine variationsfähige Kulturpflanze, deren Früchte in Duft und Geschmack etwa die Eigenschaften des Bodens der ganzen Gegend, des Klimas und der kosmischen Einflüsse auf eine faszinierende Art widerspiegeln.

Die abendländische Kultur ist ohne die Weinrebe kaum denkbar, während beispielsweise im fernen Osten, in China, der Tee etwas viel Wichtigeres darstellt, der Wein jedoch dort kaum eine Rolle spielt.

So wie eine Arznei sich ja auch nach dem Menschen richtet oder dem Kranken entsprechend anzupassen ist, muß eine Pflanze, die zur Kulturpflanze werden will, auch eine innere Beziehung zum Menschen finden.

Medizinisch gesehen ist der Wein die Grundlage vieler Arzneimittel, als Spiritus vini auch von Elexieren und, das ist die wichtigste Rolle für uns als Arznei, als Destillat, nämlich der Weingeist, als wasser-, aber nur beschränkt fettlösliches Extraktions- und Konservierungsmittel für eine Vielzahl von Wirkstoffen, z. B. bei ätherischen Ölen, bei Pflanzenextrakten usw.

In der Homöopathie ist die alkoholische Extraktion eine weingeistige Lösung, die Urtinctur genannt wird. Sie ist das Ausgangssubstrat sämtlicher pflanzlicher Arzneimittel.

Wenn wir schon davon sprechen, so müssen wir sagen, daß auch das Abendland die „geistlosen"-Getränke erfunden hat, und wir Deutschen sind wie immer an dieser etwas schizophrenen Situation schuld. Wir haben das „geistlose" Bier erschaffen, manche nennen es auch „alkoholfrei". Wir haben jetzt sogar schon den „geistlosen" Wein erschaffen. Möge doch diese Geistlosigkeit nicht weiter überhandnehmen in unserem doch sonst vom Geiste so durchdrungenen Volk.

Man sollte an dieser Stelle wieder einmal darauf aufmerksam machen, wie auch der Schweizer homöopathische Arzt *Dr. Furlenmeier* deutlich darauf hinweist, daß zur Herstellung homöopathischer Heilmittel z. B. nicht Äthanol verwendet werden sollte, sondern die weingeistige homöopathische Arznei. D. h. also das Produkt einer in ihrer Art einmaligen Kultur- und Heilpflanze wird mit dem echten Weingeist potenziert.

Wer würde schon gern einen Grappa trinken, der aus Äthanol hergestellt ist mit Weingeist-Aroma? Oder wer möchte wohl ein Kirschwasser trinken, bester Provenienz oder ein „Eau de Framboise", das nicht aus Himbeeren hergestellt ist, sondern aus Weingeist mit ein wenig Himbeeraroma? Nun, wem das gleich ist, der soll ruhig davon trinken. Die Kopfschmerzen am nächsten Tag werden dann schon zeigen, was man getrunken hat.

So ist also der Alkohol auch bei uns zu einem Genußmittel geworden. Als Wein, später als Bier, schließlich als das Brennprodukt aus verschiedenen Früchten, die sehr zuckerhaltig sind. Da haben wir eine riesige Palette, die nicht aufzuführen ist an dieser Stelle. Zu nennen sind Liköre und viele, viele andere alkoholische Getränke.

Das Geheimnis, im Alkohol ein Genuß- und nicht ein Rauschmittel zu finden, liegt eigentlich nur darin, daß jeder Maß halten muß. Wenn ein Mensch, egal ob männlich oder weiblich, einen Schluck Wein oder einen Schnaps nicht verträgt, dann bleibt nichts anderes übrig, als Alkohol zu meiden. Wenn dagegen ein anderer eine, zwei oder drei Flaschen Wein trinkt und dann nicht nur fröhlich sein, sondern sich gut unterhalten kann und geistig rege bleibt, nun, dann ist sein Alkoholkonsum sicher etwas zu hoch, aber der kann ja doch mal ein Glas Wein mehr trinken und wird es gut vertragen. Man sollte aber daran denken, daß der Weingeist oder der Alkohol, wie Sie es auch nehmen, ein Mittel ist, das die Leber auf Dauer schädigen kann. Auch ein Mittel, das später, wenn die Leberschranke durchbrochen wird, das Gehirn schädigt.

Fernhalten sollte man allerdings Alkohol absolut von Kindern, deren Gehirnsubstanz ja noch äußerst empfindlich ist und zu einem großen Teil vernichtet werden kann, wenn in früher Jugend schon Alkohol getrunken wird.

Hier möchte ich auch warnen davor, Kleinkindern oder Säuglingen homöopathische Arzneimittel als Dilution zu verabreichen.

Wir haben als Heilmittel ja auch die Globuli, die Trituratio oder die Tabletten, die man sogar zerstoßen kann, und müssen nicht auf alkoholische Lösungen zurückgreifen, die für Kinder schädlich sein können oder aber zumindest eine Schiene legen mit dem Ziel, daß ihr Lebenszug auch einmal in eine alkoholische Richtung läuft.

Maßhalten habe ich oben gesagt, maßhalten bei allen Alkoholika, das ist wohl das Entscheidende, um zu verhindern, daß hier aus der „Wildsau einer Rauschdroge" ein Zustand erreicht wird, der in die Sucht führt. Deren Behandlung nun wiederum ist äußerst schwierig.

Bei uns wird der Alkohol nicht mehr als „Wildsau" gesehen, sondern nur noch als „Hausschwein", denn es gibt ja kaum eine Gelegenheit, eine kleine Feier, ein Jubiläum, wo Alkohol — wie man so schön liest — nicht in Strömen fließt. Oh möge ein wenig von Al-Cahal, von „Geist", nicht nur von Weingeist, in den Köpfen der Menschen erhalten bleiben.

Bier

„Wo ehrbar-blond der Weizen reift und stachlig-keusch die Gerste sticht, wenn man sie noch so leise streift."

In den Ländern, in denen diese Schilderung zutrifft, wird das Bier dem Wein vorgezogen. Das Gedicht ist übrigens von *Hebbel!*

Beim Bier spielt die Quantität eine große Rolle. Der Alkoholgehalt ist geringer, aber einen Vorteil hat das Bier gegenüber dem Wein, es verdirbt den Durst nicht. Hat man einen großen, einen riesigen Durst, so kann man sicher sein, daß dieser nicht verloren geht. Denn mit jedem Schluck, den man mehr trinkt und immer mehr und noch mehr, mit jedem Schluck wird der Durst größer.

In Walhall, wo die Asen daheim waren in dem großen Palast, da wird nicht mit Nektar wie im Olymp bei den Olympiern, sondern mit Met gezecht. Dorthin werden auch die gefallenen Krieger geleitet und bekommen ihren Frühtrunk und üben sich für den letzten Gang. An Odins Tisch wird aus goldenen Bechern Met gereicht.

Auch bei den Gelagen gab es eine Rangordnung. Das Bier, das in großen Kesseln bereitstand, wurde auf besondere Weise geweiht. Das war bei den Christen ein großes Ärgernis, aber sie blieben trotzdem gewaltige Biertrinker.
Unter anderen Wundertaten wird vom *Heiligen Columban* berichtet, daß er einen Bierkessel zum Bersten brachte, indem er das Kreuz über ihn schlug. Dieses Bier war dem

Wotan geweiht, und um den Kessel saßen die Sueben versammelt. Sie saßen beisammen, um Wotan zu erwarten, der dann mit Pferden, Hunden und Ebern zum wilden Jäger wurde. Eigentlich noch bis über die Zeiten Karls des Großen hinweg waren sie sehr mächtig.

Wer einmal in Holstein war, der weiß, daß bis zum Krieg noch die Bauern die letzte Garbe nach der Ernte für die Pferde Wotans stehen ließen.

Maßloses Zechen und natürlich auch Schmausen zeichnete die germanischen Gelage aus. Schon im germanischen Mythos sprach man von männlichen Schweinen und von Bökken, deren Fleisch stets nachwuchs, so viel man sich auch abschnitt und Hörnern, die unerschöpflich waren. Diese Unmäßigkeit hatte und hat, wie alle Dinge dieser Welt, auch eine andere Seite. Sie kennzeichnet ja nicht nur den Alkohol oder das Bier schlechthin, sondern auch den, der es trinkt. Hier wird das Zechen interessant zur Begutachtung aller Menschen.

Liegt das Maßlose, das Unmäßige ohnehin in der Art der Germanen, finden wir es hier in gesteigerter Form wieder. Und hier ist der Met das richtige, denn so viel Wein kann man gar nicht trinken.

So entstanden im Laufe der Jahre und Jahrhunderte Trinksitten; erst war es das Kreisen des Hornes in gebührender Folge, was später von verschiedenen Zünften und Gilden, schließlich auch von den Studenten der Hochschulen übernommen wurde. Manchmal war es aber auch bei Rittern und Mönchen, bei Landsknechten üblich, hier allerdings geriet es in enorme Verrohung und in geistlose Völlerei.

An den Universitäten hat sich dann diese Art zu trinken als akademische Freiheit getarnt. Wo scharf gezecht wurde, und das gerade bei den Studenten, da war der Degen sehr schnell zur Hand und es konnten blutige Händel nicht ausbleiben. Die Deutschen und deren Studenten fochten ja lieber mit Hieb, die Stoßwaffen standen bei ihnen in minderem Ansehen. Ähnlich die Katze, verglichen mit dem Hund, wurde das Bier verglichen mit dem Wein. Erst mit der Mensur konnte man schließlich als Übergang eines – vielleicht sogar archaischen Relikts – die Mensur als einen Sport betrachten. Tragisch war es dabei, daß die Partner oder auch Gegner, die Kontrahenten eigentlich um Dinge stritten, die es gar nicht mehr gab.

Ernst Jünger sagte so schön, daß es doch sehr viele Menschen gab, die früher auf dem Paukboden bei einer Mensur, später auch in der Raumfahrt, ihren Mann standen und doch letztlich Nieten waren.

Fassen wir das zusammen, so wissen wir, daß Befreiung zu spüren, die Befreiung wie ein Fest zu genießen, deutlich nachzulesen ist. Daß im Rausch, nicht nur der Liebenden, sondern auch des Mörders und des Bettlers, sich Freiheit verbirgt. Das hat Baudelaire in seinem Zyklus gezeigt.

Hölderlin sagt: „Einmal lebt ich wie Götter... und nicht mehr."

Wein- und Wasser-Pantschereien

Den reinen Wein mit Wasser zu vermischen war in der Antike allgemeine Tischsitte. Dazu dienten „Mischkrüge", sogenannte „Kratere", die mit ihrer weiten runden Öffnung schon früh den vulkanischen „Kratern" den Namen gegeben haben. Den reinen Wein zu verwässern war damals also noch keine Pantscherei. Allerdings kam es auf das Mischungsverhältnis an, das je nach Weinsorte und Gebräuchen wechselte.

In Pompeji finden wir eine Inschrift, deren Versfüße freilich auch schon nicht mehr ganz gerade „gehen" können. Hier wird ein geschäftstüchtiger Schankwirt verwünscht, der seinen „Krater" den Spinnen überlassen hat:

„Du verkaufst das Wasser und trinkst selbst den Wein."
(„Tu vendes aquam et bibes ipse merum.")
Martial, ein paar Jahre später, hat in sehr ironischen Epigrammen die Schuld am verwässerten Wein der verregneten Weinlese zugeschoben. Seiner Meinung nach dürfte ständiger Regen die Weinlese durchnäßt haben.

So lesen wir bei Ovid: „Der reiche Regen tut Wunder, Coranus brachte es auf 100 Fässer voll Wasser."
(„Centum Coranus amphoras aquae fecit.")
Doch auch in der Antike gab es Zeiten, da die gesamte Wirtschaft Kopf zu stehen schien. Denn es war in Ravenna, damals noch Lagunenstadt und Flottenstützpunkt, wo eine anhaltende Trockenheit herrschte, so daß der Wasserpreis weit über den Weinpreis anstieg. Statt hier den Wein nun mit Wasser zu mischen, pantschte man nun das Wasser mit Wein. Ein wahres Schlaraffenland war das für die dort stationierten Mariner.

Martial war es, der die paradoxen Perspektiven dieser verkehrten Welt anvisiert hat:
„Für einen Brunnen gäb ich einen Weinberg jetzt in Ravenna: Könnt ich doch Wasser dort viel teurer verkaufen als Wein!"
(„Sit cisterna mihi quam vinea malo Ravenna cum possem multo vendere pluris aquam.")
Solches allerdings zog sich bis in unsere Zeit hinein. Selbst *Hahnemann,* der berühmte Entdecker der Homöopathie oder Inaugurator besser gesagt, hat einen großen, wenn auch nicht überall beliebten Ruhm erlangt, als er nämlich als Kreisphysikus in Leipzig ein Mittel entdeckte, um festzustellen, ob die Wirte den Wein mit Zuckerwasser gemischt hatten. Das hat ihm von seiten der Wirte nicht gerade gute Nachrede eingebracht.

Und ein Zeitgenosse von *Hahnemann,* nämlich der berühmte *Johann Wolfgang von Goethe* trank einmal in einem der

Frankfurter Gärten einen Wein und ließ sich auch einen Krug Wasser dazu bringen. Er mischte diese beiden Getränke und genoß sie, während am Nebentisch fröhlich einige Studenten zechten und sich lustig machten über den alten Herrn, der da den Wein nicht pur trank, sondern mit Wasser mischte.

Goethe ließ sich ein Blatt Papier bringen und einen Stift und schrieb darauf nachfolgendes Gedicht, das er, nachdem er die Zeche bezahlt hatte, dem Kellner übergab mit der Bitte, es den Herren Studenten zu überreichen:

„Wasser allein macht stumm,
das beweisen im Teich die Fische.
Wein allein macht dumm,
das beweisen die Herren am Nebentische.
Weil ich beides nicht wollte sein,
darum mischte ich Wasser mit Wein."

Die Studenten behielten dieses Gedicht und es wurde in ihr Verbindungsbuch eingeklebt, wo es bis zum heutigen Tage erhalten ist.

Aphrodites Zauberkräuter

Zu den Urgefühlen, aber auch zu den Urtrieben der Natur und des menschlichen Daseins gehört die Liebe. Es war wohl schon immer so, daß der Mensch, auch der Vorzeitmensch, diesem Urdrang nachgeben mußte, sich zu vereinigen, zu zeugen oder wie es in der Schöpfung heißt, sich zu vermehren.

Da die Vorstellungs- und die Einbildungskraft des Menschen schon immer sehr groß waren, pflegte er diesen ungeheuer großen Trieb auf Wind und Wetter, auf Himmel und Erde, auf die Gestirne, aber auch auf Pflanzen, Wasser, Steine zu übertragen.

Die Liebe ist eine fundamentale Kraft, durch die der Mensch eigentlich erst in seiner Persönlichkeit reifen kann.

Sie ist überall dort, wo zwei Menschen zueinander sagen: „Es ist gut, daß es Dich gibt, denn in Deinen Händen weiß ich mich besser geborgen, als in meinen eigenen." Liebe ist keine unveränderliche Größe, sie kann statisch sein, aber sie ist auch dynamisch. Die Sehnsucht nach dem geliebten Du ist das Zeichen einer echten Liebe. Werben und Umworbensein sind ihre Ausdrucksformen. In allen Kulturen und jederzeit bemühten sich die Menschen mit Hilfe von Blüten, Pflanzen oder Früchten ihre Liebe oder Sympathie erkennen zu lassen.

So sollte man auch den Blumenstrauß sehen, die Blumen oder besser die Blüten sind ja im Grunde die Geschlechtsorgane der Pflanzen. Und wenn wir heute einen Strauß aus solchen Organen als Blüten zusammenbinden und ihn der Geliebten schenken, dann scheint das fast wie ein Wink mit dem Zaunpfahl, nur, und das ist wohl interessant, man weiß es entweder nicht mehr oder bemerkt es nicht, es sei denn, der Blumenstrauß wird zunächst als Zeichen der Werbung oder des Umworbenseins angesehen.

Das Anliegen, das man mitbringt, ist ja allein durch die Tatsache des Vorhandenseins bestimmter Organe der Pflanzen nicht zweideutig, sondern absolut eindeutig.

Welch große Rolle die Pflanzen im Leben der Menschen spielen, finden wir in den Mythen aller Völker. Denken Sie nur an die griechische Sage von Athis, den die phrygische Göttin Kybele liebte. Diese leidenschaftliche Geschichte wird in vielen Berichten erzählt und zeigt eigentlich alle im Verlauf einer Liebe, vom Verliebtsein bis zur rasenden Eifersucht, sogar bis zum Wahnsinn, sich verändernden Charaktereigenschaften aufgrund temperamentvoller und emotionaler Entgleisung.

Oder denken Sie an Abraham − die apokryphische Legende −, dessen Tochter durch den Genuß eines Apfels Phanuel, das Gottesgesicht gebar. Er wurde Satans großer Gegner und war einer der 4 Erzengel in den Bilderreden des Urvaters Hennoch.

Daß es allerdings ein Apfel war, den Eva vom Baum pflückte und Adam zum Genusse gab, der dann schließlich eine völlig „neue Erkenntnis" erbrachte, das ist wohl recht zweifelhaft. Denn erstens gab es zu dieser Zeit und in dieser Gegend keine Äpfel und zweitens heißt es doch in der Bibel: „... nachdem sie sahen, daß sie nackt waren, pflückten sie von dem Baume Feigenblätter und bedeckten sich."
Die beiden werden ja zwischendurch nicht ein paar Meter gelaufen sein. Abgesehen davon, es hätten Hunderte von Kilometern sein müssen, bis sie einen Apfelbaum gefunden hätten. So gesehen, scheint vielleicht die Feige die Frucht gewesen zu sein oder man hat letztere einfach Apfel genannt.
Sicher ist, daß zu der Zeit bzw. in dem Bereich, in dem das Paradies vermutet wird, nur Paradiesäpfel existierten. Die nun wieder sind der Feige sehr ähnlich.

Vielfältig sind aber auch nach dem Volksglauben die Wechselbeziehungen im Geschlechtlichen zwischen Pflanzen und Menschen. Viele sehen menschliche Genitalien bei Gewächsen wieder und uralt ist der Glaube an die menschenähnliche Gestalt gewisser Wurzeln. So haben wir z. B. unsere Knabenkräuter mit ihren beiden Knöllchen, die dem männlichen Geschlechtsmerkmal deutlich ähnlich sind. Denken wir aber auch an die Feigen, an Pfirsiche oder Aprikosen, die bereits im Altertum mit der Vulva verglichen worden sind. Unser heimischer Aaronstab wird dem Penis als ähnlich angesehen. 1992 erblühte in Frankfurt/Main im botanischen Garten ein Aaronstabgewächs: „Amorphophallus titanum." (Aracea). Seine Blüte über 2 m hoch sah aus wie ein Phallus. Die Äpfel sind ähnlich den weiblichen Brüsten. So haben wir also hier deutlich, nach der Signaturenlehre jedenfalls, sexuell betonte Pflanzenbildung als besonders aphrodistische Stimulantien anzuwenden. So wurden sie auch genutzt, denn es war zu allen Zeiten üblich, daß der Mensch nach Mitteln und Wegen suchte, um das Liebesgefühl nicht nur des Partners, sondern auch bei sich zu wecken, zu erhalten und zu vergrößern. Um an das Ziel seiner Wünsche zu gelangen, hat er es mit Zauber und Magie versucht oder er bediente sich der Gaben der Natur. Und da war es wieder die Pflanze mit ihren Säften, Blättern, mit Blüten, mit Wurzeln und mit Früchten.

Daß der Geruch eine ebenso große Rolle spielt, zumindest auch in der Liebe, erkannte man durch entsprechende Duftmischungen, die jemanden zu einer Sinnenfreude stimulieren, umgekehrt aber auch ablehnen lassen konnten. Ihnen allen ist ja das Tierreich bekannt, wo der Geruch die Geschlechter in der Brunftzeit zusammenfinden läßt. Auch dem Menschen ist ein Artgeruch eigen, aber er hat seinen eigenen Kontaktgeruch längst verloren.

Er ist bemüht, seit er das Liebesleben kultiviert hat, den Körpergeruch einfach mit fremden Essenzen zu überdekken, mit Parfüm, mit Salben, mit Ölen. Sicher sind sie wohlriechend. Das gab es alles schon vor ein paar tausend Jahren bei den orientalischen Völkern. Dort gehörte es zum kosmetischen Inventar vornehmer Frauen und auch der Hetären.

Die Ägypter waren es, die eine besondere Vorliebe für duftende Essenzen hatten, welche sie durch Auspressen bestimmter Pflanzen gewannen. Frauen salbten und parfümierten sich, auch die Männer, und das nicht nur bei Festen und Gastmählern. Diese Riechstoffe und Öle, die speziell kultischen, aber auch erotischen Zwecken dienten, wurden im Tempel hergestellt. Bei Luxor gibt es einen kleinen Tempel in Edfu, wo solche Laboratorien erhalten und auf dessen Wandinschriften verschiedene Herstellungsrezepte zu ersehen sind. Damals war es schon so, daß feine Parfüms mindestens 6 Monate bis zur endgültigen Fertigung brauchten. Für alle Körperteile gab es spezielle Salben und Parfümkugeln, die man in Körperhöhlungen versteckte, um die Liebe des Partners zu erwecken oder sie zu steigern, schließlich aber auch zu erhalten. Diese Parfümkugeln der alten Ägypter sind Jahrtausende später wieder in Mode gekommen. Es benutzte sie keine andere als die berühmte Gräfin Dubarry, die Geliebte Ludwigs XV. von Frankreich, die Nachfolgerin der Pompadour. Schiffe mußten Myrrhe, Zimt und Weihrauch bringen und unendlich viele Rosen wurden verarbeitet, um Rosenöl zu gewinnen.

Schon in der Bibel lesen wir von Ruth, der jungen Witwe Elimelechs. Sie verführte mit ihrem Wohlgeruch den judäischen Großbauern Boas, und nicht anders war es bei der schönen Witwe Judith, die Holofernes tötete, um das jüdische Volk zu retten, aber erst nachdem sie ihn mit weiblicher List betört hatte.

Und so gibt es Berichte in jeder Menge, nicht nur von den Orientalen, auch die Griechen und Römer übernahmen die Vorliebe für duftende Gewürze in der Kosmetik. Und dann lesen wir bei Euripides beispielsweise:
„Wenn sie sich gebadet hat, läßt sie sich aus einem goldenen Becken Hände und Füße mit ägyptischer Salbe einreiben. Wangen und Brust mit phönizischer Salbe, mit Minzensalbe die Arme, mit Majoransalbe die Augenbrauen und das Haar, mit Thymiansalbe den Hals.“

Und zu diesen Körpergerüchen kamen dann noch Räucherungen mit betäubenden Düften. Nun, auch das gab es bei allen Kulturen. In Ägypten, in Mesopotamien, bei den Azteken, in China, in Rom, in Hellas, überall wurde geräuchert. Wobei hier nicht nur magische, reinigende Wirkung des Feuers und des Rauches da war, sondern auch magische Beschwörung für das Liebesspiel als Reizmittel. Reste der Räucherung sind heute noch in der katholischen Kirche mit dem Weihrauch-Ritual im Rahmen des Gottesdienstes erhalten. Noch existieren Rezepte aus diesen Zeiten, wie man einen Raum beräuchern sollte, um wirklich ein Liebesgemach daraus zu machen. Ein jüdisches Rezept nennt uns hier das Rauchwerk Myrrhe, Weihrauch, Narden, Zimt, Gewürznelken, Muskat, Mastix, Styrax, auch Nelken und Rotangholz.

Schon vor Jahrtausenden gab es große, festliche Anlässe. Und auf dem Liebeslager wurde, noch bevor der Partner kam, das Haupthaar gepflegt. Auf die Tatsache bezieht sich die älteste, uns aus der ägyptischen Literatur erhaltene Geschichte oder das älteste aus der ägyptischen Literatur erhaltene Gedicht, etwa 2000 v. Chr. Das Lied des Harfners, eine Aufforderung zum Lebens-und Liebesgenuß:

„Folge Deinem Wunsch, dieweil Du lebst,
lege Myrrhen auf Dein Haupt,
kleide Dich in feines Linnen,
getränkt mit köstlichen Wohlgerüchen,
den echten Dingen der Götter.

Vermehre Deine Wonne noch mehr,
laß Dein Herz nicht müde sein,
folge Deinem Wunsch und Deinem Vergnügen!"

Im Hohenlied von Salomon lesen wir über die Vorzüge der Geliebten:

Ihr Körper, „an dem kein Fleck ist", duftet „wie ein Lustgarten von Granatäpfeln und Zypernblumen mit Narden und Saphran, Kalmus und Zimt, mit Weihrauch, Myrrhe und Aloe..."

Und er spricht zur Geliebten:

„Der Geruch Deiner Salben übertrifft alle Würze."

Duftstoffe als Liebesmittel. Alle Wohlgerüche Arabiens, Persiens, des gesamten Orients schienen nicht auszureichen, um das Rom von Cäsar in seinem Parfümrausch zu befriedigen. Römer konnten sich Liebesgenuß ohne Wohlgeruch nicht vorstellen. Die römischen Frauen, sowohl die vornehmen Damen, wie auch die Freudenmädchen verbrauchten Unmengen von Essenzen. Und das Gewerbe der Parfümhersteller und Verkäufer war voll ausgelastet. Die Lagerstätten, wo schließlich die Liebe gefeiert wurde, war mit Rosenblättern und Lilienblüten überschüttet. Die Nachfrage nach Rosenöl war so gestiegen, daß viele Ländereien, die die Früchte für Brot erzeugten, auf Rosenkulturen umstellten.

Von Nofretete erzählte man, daß nicht nur sie und ihre Begleiter sich mit Rosenöl einrieben, sondern auch die Schiffe mit der Essenz versahen. Die Ägypter, die am Nil warteten, ob ihre Herrscherin endlich käme, konnten so noch vor Erblicken des Schiffes am Geruch feststellen, daß es sich ihnen näherte.

Wohlgerüche als Liebesstimulantien, dazu gehört auch Ambra. Der Ausscheidungsstoff des Pottwals soll die Sekretion der Hormone anregen und die Arbeit der Geschlechtsdrüsen steigern. Allerdings sagt die Wissenschaft hier, daß der natürliche Körpergeruch eines Menschen wohl das wirksamste Aphrodisiakum ist, und zwar für beide Geschlechter. Damit stimmt diese nun wieder mit dem erleuchteten Buddha überein, von dem das Wort stammt:

„Keinem anderen Geruch, Ihr Jünger, kenne ich, der das Herz des Mannes so fesselt, wie der Geruch des Weibes."
„Keinen anderen Geruch, Ihr Jünger, kenne ich, der das Herz des Weibes so fesselt, wie der Geruch des Mannes."

Dichter haben den Körperduft der Geliebten oft besungen. Denken Sie an Shakespeare, hier an „Romeo und Julia":

„Die Liebe zu Dir würde doch nicht kleiner, denn von den Dünsten Deines Angesichts steigt Atemdunst, der Liebe erzeugt durch Riechen."

So ist es bis zur heutigen Zeit geblieben.

Johannes sagt:

„Wer nicht liebt, bleibt im Tode, wer aber liebt, ist vom Tod in das Leben eingegangen."

Da menschliche Liebe, auch in ihren höchsten Anstrengungen, immer menschlichen Grenzen unterworfen bleibt, wohl Unsterblichkeit anstrebt, aber aus sich allein nicht erreichen kann, müssen in sie übermenschliche, göttliche Kräfte einströmen, um sie wirklich in der Erfüllung, nicht bloß in der Sehnsucht, unsterblich sein zu lassen.

Couturier schreibt:

„Die Liebe verspricht, was nur Gott halten kann."

Die Liebe ist dem Menschen eingepflanzt als ruheloses Verlangen, auf Wegen und Irrwegen nach dem Absoluten zu suchen.

Augustinus sagt uns dazu:

„Unruhig ist unser Herz, bis es ruht in Gott. So ist sie für den Gläubigen, die der Liebe Gottes antwortende Liebe des Geschöpfes, die vom Materiellsten und von der Sinnlichkeit des Leiblichen angefangen alles durchstaltet und verklärt in die Unsterblichkeit, wenn sie sich mit dem ewigen Gott verbündet."

Die schon verstorbene Schriftstellerin Gertrud von Le Fort hat dieser Liebe in der großartigen Novelle „Plus Ultra" ein Denkmal gesetzt. Dort wird gezeigt, daß auch der Gläubige von diesem Zwiespalt der Liebe, von der Erfahrung ihres Scheiterns an ihrem Unendlichkeitsverlangen nicht verschont bleibt.

Die Statthalterin der Niederlande, Margarethe von Österreich, so heißt die Hauptfigur dieser Novelle, baut ihrem verstorbenen, über alles geliebten Gatten als Grabmahl eine Kirche, und an die Stelle des Hochaltars setzt sie sein Grab, wo in ihrem Herzen für keinen anderen mehr Platz zu sein scheint als nur für den geliebten Toten. Rom lehnt ein solches, an sich heidnisches Grabmahl ab und will es nicht weihen. In schwerem Ringen mit ihrer eigenen Seele, aber auch mit ihrer Kammerzofe, einem jungen Mädchen, das von der Liebe erfaßt wird, kämpft sie sich durch zur wahren Erkenntnis der Liebe:

„Liebe bedeutet keine Standeswahl und keine Sinneslust; Liebe liebt auch nicht allein des Kindersegens wegen. Liebe bricht als Strahl aus einer anderen Welt herein, die unsere zu verklären, und in diesem Strahl will ich mich auf meinem Erdenweg vertrauen. ..... Es gibt in alle Ewigkeit nur eine Liebe, die stammt vom Himmel, auch wenn diese Welt sie irdisch nennt. Ja, ich liebe Gott, ich habe ihn von je geliebt, ich liebe ihn in seinen Ebenbildern."

Gott läßt sich für uns Menschen nicht unmittelbar erreichen, sondern nur über die Geschöpfe, über seine Ebenbilder. Deswegen ist Gottesliebe mit Nächstenliebe gekoppelt und das Maß der Gottesliebe ist die Nächstenliebe. Andererseits haben wir das maßlose, ja wahnsinnige Verlangen der Liebe nach Absolutheit, es ist ihr göttlichstes Verlangen, und es läßt sich daher nur über ihn und mit ihm stillen, auch in jedem Geschöpf.

So ist das Maß der Nächstenliebe die Gottesliebe. Gottesliebe ist nicht Beeinträchtigung irdischer Liebe, sondern ihre Vollendung:

Sie macht frei von aller Todesverfallenheit, im moralischen Sinn von Egoismus, von Sensualismus und von Materialismus, im ontologischen Sinn, indem sie den Tod überwindet. Ihre Sprache steht senkrecht auf der Richtung vergehender Herzen.

Nicht durch die Verleugnung irdischer Bereiche, sondern durch Erfüllung:

Das Sinnliche wird geistlich, die Materie mit dem vom Logos verheißenen Geist der Liebe erfüllt, die Zeit wird Ewigkeit. Hier liegt auch der positive Sinn, kann er jedenfalls liegen, heutiger Vorliebe für erotische Literatur. Die Stiftung dieses persönlichsten, intimsten Bezuges gegen die totale Verformelung, gegen Eindimensionalität, gegen Uniformierung, gegen die sublime Sklaverei der wissenschaftlichen Unterwerfung des Menschen.

Auf den Umschlag seines Testamentes schrieb Gottfried Benn für seine Frau:

„te spectem suprema cum mihi venerit hora, te teneam moriens deficiente manu (Dich möchte ich sehen, Deine Hand möchte ich halten, wenn meine letzte Stunde schlägt, wenn meine Hand herabsinkt.)"

Ernst Jandl hat diese Liebesumarmung in der formalen Gestaltung eines Gedichtes wunderbar zum Ausdruck gebracht:

„Ich liege bei Dir, Deine Arme
halten mich. Deine Arme
halten mehr als ich bin.
Deine Arme halten, was ich bin,
Wenn ich bei Dir liege und
Deine Arme mich halten."

Ingeborg Bachmann klagt darüber, daß die aufklärende, erotische und religiöse Literatur leider unterrichtet durch Zehntausende von Büchern.

Doch, so ist ihre Meinung, nur wo ihre glühende Lava auf uns herabfährt, leuchten wir das Dunkel aus bis in die Fingerspitzen, dort werden die Augen Fenster, ein Land der Klarheit, die Brust ein Meer, das auf den Grund sieht, die Hüften zu Landestegen für heimkehrende Schiffe, und innen sind Deine Knochen, Höhlen, Flöten, aus denen ich Töne zaubern kann, die auch den Tod strecken werden! So lesen wir es bei ihr „Aus den Liedern auf der Flucht".

Das innigste aller Stoßgebete was die Liebe anbelangt, lesen wir bei Christine Busta:

„Was Du auch vorhast
mit Deiner Welt,
die kleinen Fälle der Liebenden
laß ungeschoren,
daß sie einander wärmen
wider den Tod."

Die heilige Schrift lehrt uns:
„Stark wie der Tod ist die Liebe."

Wir wissen, die beiden Gebote stehen an der Spitze aller Gebote im Christentum: Gottesliebe und Nächstenliebe, das eine ist dem anderen gleich, und daran hängt das ganze Gesetz.

Deshalb hat Christus sein menschliches Dasein mitvollzogen, um seinen Tod durchzustehen zur Himmelfahrt, und deswegen verspricht er den Trost des heiligen Geistes, der die Liebe ist, daß er in uns wohne, daß er den Staub der Erde aufbrenne im Feuer seiner Liebe, der die Toten, wie sie Ezechiel auf dem Gräberfeld sah, im Sturm seiner Liebe zum Leben führt.

In jedem Funken menschlicher Liebe, echter Liebe
vom Strahl der göttlichen Liebe. Selbst die Sünderin,
Maria Magdalena, findet darin ihre Rettung.

So ist die Liebe eines Menschen immer mehr als nur das, was die Biologie, die Philanthropie, die Humanität, das soziale Unternehmen, die Tiefenpsychologie sagen, kein bloßes Gefühl von Sympathie und Hochstimmung, kein psychologisches Phänomen, sondern ein Akt, den man setzen kann oder auch nicht.

Sie ist Verwirklichung der ganzen Person und aller ihrer Talente, sie ist innerste Personenmitte eines Menschen, sie ist die Ur-Großsache von allem; und deshalb steht sie auch an der Spitze von allem, was wir weltlich oder geistlich tun. Das war und ist nicht nur in einem christlichen Zeitalter so, auch die Alten, die Ägypter in ihrem religiösen Bereich, ebenso die Mesopotamier, die Griechen, die Römer, ja eigentlich jedes große Kulturvolk wußte dies schon. Wir sollten uns immer wieder daran erinnern, gleich ob wir von der Göttin der Liebe sprechen oder dem Gott der Liebe.

Aphrodisiaka

Wir sahen schon, daß die Götter im Olymp so vielgestaltig sind wie die zahlreichen Literaturquellen, in denen sie immer noch fortbestehen. Und jede dieser Gottheiten war eigentlich mit allen menschlichen Eigenschaften behaftet, worüber uns die Namen mancher Pflanzen etwas verraten.

Die nach Rosen und Myrten duftende Göttin Aphrodite, die die Granatäpfel liebte, die Göttin der Lust und Liebe, gab ihren Namen für jene Mittel, die zur geschlechtlichen Lust reizen. Bei den Griechen nannte man dieses Mittel „Philtron". Es war der Liebestrank, die Medizin bei mangelnder Libido oder auch bei Impotenz. Auf jeden Fall stellte es ein Mittel zur Steigerung und zur Vervollkommnung großer Liebeslust und sinnlicher Freude dar. Diese Liebesmittel wurden der Aphrodite zur Liebe zubereitet und auch mit ihrer Namensnennung getrunken.

So ist also Aphrodite mit Dionysos im Bunde. Beide zusammen spenden köstliche Lust. Voneinander getrennt allerdings erfreuen sie auch, doch deutlich minder.

Die Feste des Dionysos, genau wie die von Aphrodite mysterienähnlich begangen, waren dem Fruchtbarkeitskult gewidmet. Die Beteiligten berauschten sich in sexuell orgiastischer Raserei an Wein, der zubereitet war mit anderen heiligen Pflanzen. Diese Ekstasen waren so stark, daß sie in irgend einem Augenblick zur Ekstasis in mystischer Vereinigung zum Universum wurden. Orgasmus und Erleuchtung wurden zugleich erfahren.

Dabei spielten sicher halluzinogene Pilze eine große Rolle. Die Zentauren, die Menaden und die Satyrn des Dionysos verzehrten rituell einen gefleckten Pilz, nämlich den Fliegenpilz (*Amanita muscaria*).

Er verlieh enorme Körperkraft, gewaltige erotische Potenz und daneben wahnhafte Visionen und prophetische Gaben. Viele Teilnehmer ähnlicher Mysterien kannten sicher auch *Panaeolus papilionaceus*, einen kleinen Faulpilz, der noch heute von portugiesischen Hexen eingenommen wird und der Mescalin-Wirkung sehr ähnlich ist.

So hatte der Wein des Dionysos, von lüsternen Satyrn gekeltert, nichts gemein mit dem heutigen griechischen Wein. Dieser dionysische Wein, der „das Blut der Erde" genannt wurde, durfte nur mit Wasser verdünnt getrunken werden, mindestens in einer Mischung 1:3, da sonst der Trinker in ewige Wahnsinnsorgien oder in den schrecklichen Tod geführt wurde.

Dieser Wein war harzig durch die Fässer, wir kennen das vom heutigen griechischen Wein, und er wurde mit Kräutern aromatisiert. Dazu gehörten Thymian, Wacholder, Pfeffer, Wermut, Ysop, Lorbeer, Zypresse und Myrte, daneben noch halluzinogene Pflanzen wie die eben genannten Pilze. So wurde dieser Wein zur kräftigen Rauschdroge.

Die heute noch berühmte „Blume" des Weines war hier wörtlich zu nehmen, er duftete ungemein, verursacht durch die halluzinogenen Bestandteile dieses Trankes.

Die Pflanzen wurden von den Nymphen in den Bergen gesammelt: „Das Sammeln von Pflanzen war eine Jagd."
Eine Jagd nach Pflanzen, die sowohl Kinder der Erde waren als auch Quellen ekstatischer Besessenheit. Sie hatten eine sexuelle Identität, die sich in erotischer Symbolik äußern mußte. Es waren im wesentlichen folgende Pflanzen, die auch in unserem Raum, also nicht nur im Mittelmeer-Gebiet üblich waren und die als Aphrodisiaka zugesetzt wurden:

Einmal sind hier die psychotropen Minzen wie *Mentha pulegium* zu nennen, dann das der Unterwelt assoziierte Bilsenkraut (*Hyoscyamus niger*), die Alraune (*Mandragora officinalis*), schließlich der Stechapfel (*Datura stramonium*) sowie Weihrauch, Balsam, Myrrhe, Krokusöl, Alpenveilchen, Oleander und Nießwurz, nicht zuletzt noch Opium. Solcher Wein war in seiner berauschenden, aphrodisischen Wirkung so mächtig, daß ihm sogar der doch so gewaltige Zyklop erlag. Euripides legte ihm in seiner Tragödie die passenden Worte in den Mund:

„Mir ist, als ob der Himmel mit der Erde Bund
gemischt, sich drehe, den Thron des Zeus sehe ich
vor mir, der Götter ganzen Glanz und Herrlichkeit.
Könnt ich nicht küssen alle?"

Während dieser dionysischen Orgie, an der Nymphen, Satyrn und Menaden teilnahmen und bei der unendlich viele Amphoren von Wein geleert wurden, entstand auch das berühmteste Aphrodisiakum des Orients, das „Satyrion". Im allgemeinen Sinnestaumel wurde Orchis, der knabenhafte Sohn eines Satyrn und einer Nymphe, von den Berauschten erschlagen, weil er aus Versehen eine jungfräuliche Priesterin mit seinem mächtigen Organ durchbohrt und sie auf diese Weise anstelle des Gottes zur Frau gemacht hatte. Orchis, dessen Name ja „Hoden" bedeutet, wurde, nachdem er getötet worden war, zerstückelt.

Der Vater bat den Gott, seinen Sohn doch wieder auferstehen zu lassen. Sein Wunsch wurde ihm nur zum Teil erfüllt, denn der Zerstückelte kehrte in der Gestalt einer bezaubernd schönen Orchidee, dem Knabenkraut (Satyrion) zurück. Die Wurzelknollen der Pflanze hatten die Form der Hoden beibehalten und auch ihre Kraft. Das machte sie zur Lieblingsnahrung der Satyrn und zum stärksten Aphrodisiakum der Menschen, das bald im ganzen Orient hohe Verehrung genoß unter dem Namen „Salep".

514

Wer das Knabenkraut aß, so hieß es, wurde selber zum Satyrn. Und die Satyrn wiederum wurden durch den dauernden Genuß so lüstern, daß sie wild über die Erde zogen und ihr Sperma verspritzten. Überall, wo die Mutter Erde Gäa diesen Samen aufnahm, entstand Mandragora, das berühmteste Liebesmittel der mittelalterlichen Geschichte. Die Blätter dieser Alraune waren so stark und hatten solche Kraft in Liebesdingen in sich, daß sie sogar auf Elefanten wirkten. Wenn weibliche Elefanten von Alraunen-Blättern genossen hatten, so waren sie besessen von dem Wunsch nach Kopulation und rasten wild umher, um einen Bullen zu finden. Auf Menschen mußten sie noch viel mächtiger wirken.

Andere Aphrodisiaka im alten Griechenland waren Schöllkraut (*Chelidonium*), Stabwurz (*Artemisia*), Bärenklau (*Herakleum*), einige Minerale wie der Topas, der Achat, auch Stalaktiten, schließlich die Tintenfische und die Geschlechtsteile verschiedenster Tiere.

Schließlich ist die von Homer bezogene Wunderdroge Molÿ zu nennen, von der wir nicht wissen, woher sie kommt und was sie wohl war.

Es gibt Menschen, die meinen, es sei Knoblauch gewesen oder die Steppenraute, vielleicht auch der wilde Knoblauch. Aber keines war so stark wie die heiligen Pflanzen der dionysischen und aphrodisischen Mysterien.

Im alten Rom gab es immer wieder neue Liebesmittel, die man gerne und viel einnahm. Anis gehörte dazu und Senf, auch Pasternak und Brunnenkraut zählte man zu den Amatoria. Sie galten als Mittel, um Leidenschaft zu schüren, Begierden anzustacheln und höchste Lüste zu verursachen. Geschlechtsteile von Tieren, wie Ziegen und Wölfen wurden benutzt, um Liebeswässerchen herzustellen und Lustbarkeiten zu genießen.

Der Wein spielte im alten Rom eine große Rolle als Rauschdroge, aber auch als Liebesmittel.

Von *Plinius* wurde die Trunkenheit als „Lehrmeister der

Wollust" bezeichnet und als „Ehebrecher" angeprangert, denn „dann mustern die Augen in geiler Gier die fremde Gattin" (aus „Naturwissenschaften", 14. Buch).

In dieser Zeit war auch die Urticatio bekannt, das heißt das Peitschen mit frischen Brennessel-Stengeln, wobei die Partner sich gegenseitig peitschten, bis die Spannkraft erhöht wurde und die Kraft des Priapus offensichtlich war.

Interessant in diesem Bereich ist die Tatsache, daß den Römern *Cannabis indica* wohlbekannt war. Doch sie haben es kaum gebraucht, weil die Angst umherging, daß der Samen irgendwann impotent mache. Vor Impotenz hatten die Römer eine panische Angst. Wenn wirklich niemand mehr helfen konnte, auch die Ärzte nicht, dann ging man zu einer Priesterin des Priapus.

Ich möchte hier nicht *Petronius,* den Dichter von Satyrikon, zitieren, weil Sie dieses Buch sonst scheel ansehen würden. Aber lesen Sie doch einmal im Satyrikon nach. Da werden Sie erleben, mit welchen Mitteln man einen impotenten Mann sicherlich nicht nur auf die Beine, sondern fast in den siebten Himmel brachte, aber auch ins Grab.
Der gleiche Dichter schreibt an anderer Stelle, daß er solches selbst erlebt habe. Er ließ sich dieses letzte Liebesglück gern gefallen und sah dann, wie auf dem Sterbebett ausgestreckt, dem Tod sehr wenig furchtsam entgegen.

Wenn man seinen Blick auf die arabische Form der Liebeskunst richtet, entdeckt man, daß Haschisch als magische Liebes- und Leidenschaftspflanze gebraucht wird. Das Bewußtsein wird deutlich erweitert und jede körperliche Liebe in ihrem Höhepunkt ihrer mystischen Eigenschaft zugerechnet. Indem man in das geliebte Wesen eindringt, reinigt man seinen Körper und seine Seele mit Gott.

Bei den Arabern werden sehr viele geruchsaktive Pflanzen verwendet, so daß sie selbst also immer gut duften. Dieser

516

Duft soll den weiblichen Duft verschönern und außerdem die Liebeslust erwecken.

Die uns bekannten arabischen Rezepte sind ungemein kompliziert und reichen von einer Mischung aus Safran — Anis — Karotten — Orangenblüten — trockenen Datteln — dem Eigelb — reinem Brunnenwasser bis zu frischem Blut von reinen Tauben. Das alles wird dann gemischt, gekocht und wiederum weiter verarbeitet. Fische, die Magenhaut des Kamels, in Kümmel eingemachtes Schaffleisch, Pistazien und Fenchel gehören ebenso wie die Muskatnuß, Weihrauch und Honig zu den Aphrodisiaka der Araber. Opium gehört des weiteren als Geist der Dämonen in die Reihe der aphrodisisch wirksamen Pflanzen.

Im Orient gab es noch sehr lange, bis ins vorige Jahrhundert hinein, die Fröhlichkeitspillen. Diese bestanden aus Stechapfel, Opium, Haschisch und anderen liebesanregenden Gewürzen. Die Pastille des Serail war in gleichen Mischungen hergestellt. Doch hier kamen noch Cannabis-Blüten dazu, Gewürznelken, Moschus und Ambra, Muskatnuß und nicht zuletzt Honig mit Nüssen, süßen Mandeln und Sesam.

Ähnliche Kombinationen sind auch aus Indien bekannt. Sie wirken ebenso berauschend und erotisierend, und jeder Bestandteil hat eine spezifische Wirkung auf einen bestimmten Neurotransmitter, so wissen wir es aus der modernen Wissenschaft. In der Kombination wird tatsächlich das gesamte System beeinflußt, was nun bedeutet, daß die orientalische Fröhlichkeitspille eine enorme Droge ist, die den Zustand des Bewußtseins und des Körpers für die Dauer einiger Stunden radikal verändern kann.

Sind wir hier vielleicht auch an der Schwelle des moslemischen Paradieses? Auf einer Schwelle, die zu dem Tempel führt, in dem sich Erotik und Mystik vereinigen?

Am wüstesten waren die Hoch-Zeiten der Aphrodisiaka und der Liebestränke im Mittelalter, bei den Hexen, den Alchimisten. Da herrschte die Lust an der Unkeuschheit, welche mit allen Mitteln angestachelt wurde.

Hier kommen wir auch zu den klösterlichen Aussagen. Auch der Hl. Hildegard von Bingen waren alle diese Aphrodisiaka bekannt. Sie wußte von diesen Liebeskräften des Weines, dieses heiligen Trankes des Dionysos. Darüber hinaus kannte sie die verbotenen Qualitäten der Alraune, diesem zauberischen Liebesmittel, das zur Unkeuschheit reizt und deshalb bekämpft werden müßte.

Da die wichtigste medizinische Literatur des Mittelalters aus den Schriften der griechischen und römischen Ärzte stammte, so sind auch die Aphrodisiaka der Antike, die in Mitteleuropa bekannt waren, benutzt worden. Außerdem brachten die Zigeuner, die in Mitteleuropa einwanderten, ihr Wissen über magische Kräuter mit, um es hier bodenständig zu machen. Dazu kamen die Überlieferungen arabischer Ärzte und Alchimisten. Es gab eine Reihe von Alchimisten, denken Sie nur an die Templer, die Rosenkreuzer, die auf alten Traditionen aufbauten und meist im Dienst einer hochgestellten Persönlichkeit standen. Offiziell suchten sie den Stein der Weisen, aber sie erdachten auch Jungbrunnen, besonders für ihre Herren.

Das Mittelalter war also nicht nur eine Zeit der riesigen Epidemien z. B. der Pest oder der Cholera, von anderen ganz zu schweigen. Das Antoniusfeuer loderte nicht nur in den Köpfen, sondern auch in den Beinen der Vergifteten. Es kam zu Massen-Halluzinationen, die Hölle war direkt auf die Erde gekommen. Da die Ursache unbekannt war, aber doch gefunden werden mußte, erschuf das Mittelalter die Hexen, die nun wegen ihrer Künste im aphrodisischen Bereich der Inbegriff des Bösen waren, also der Antichrist. Existierte nun diese Hexe wirklich nur in den Köpfen der Inquisitoren? Oder waren sie Priesterinnen heidnischer Kulte oder waren sie Frauenrechtlerinnen, vielleicht eigentlich nur soziale Deutungsmuster? Oder waren sie einfach, wenn sie auf dem Imaginationsvehikel auf den Blocksberg fuhren, Mitglieder sexuell-magischer Sekten?

Nun, wie auch immer, sie waren wahrscheinlich Kinder Luzifers, so wurden sie jedenfalls hingestellt.

Wir kennen ja diese Hexensalben, diesen Hexensabbat der Inquisitoren mit ihren schrecklichen Greueltaten. Wir haben auch von den Hexen gehört, die an geheimen Orten zusammenkamen und dort wilde Gelage und wüste Orgien feierten. Jeder auch nur mögliche perverse Wunschtraum sexueller Triebe ging da in Erfüllung.

Wir kennen die Hexensalben und ihre Rezepte, darüber hinaus sind uns auch Flugsalben bekannt. Hier lesen wir im Kapitel der modernen Arzneien weiter, was da alles an Flug-Gedanken und -Träumen auftritt bei moderner Medizin. Die Bestandteile der Hexensalben sind wohl bekannt und hier auch teilweise schon genannt worden. Man hat sie auch in ihrer Wirksamkeit nachvollzogen, und der Zauber dieser Salben wurde von allen Beteiligten bestätigt. Alle diese Zauberwurzeln und auch die Verurteilung der Hexen hat übrigens wieder etwas Aphrodisisches an sich. Denn es wurde eine neue Lust geboren, die Lust zum Töten, zum Stärken, aber es wurden auch neue Freveltaten begangen, im wahrsten Sinne des Wortes hatten diese mit Tod und Teufel zu tun, aber wenig mit Liebe. Denn die Henker des Mittelalters waren selber so zwielichtige Wesen zwischen Teufelswerk und Hexenbann, und sie bearbeiteten und verkauften dann alles das, was sich am Galgen befand, also die Nägel, die Holzblätter, Alraunen und Galgenstricke, in kleinen Amuletten, und brachten so neue Liebesmittel auf den Markt.

So zeigt uns das Mittelalter satanische Orgien, wo Begierden ins Unermeßliche gesteigert wurden, ja manchmal, wenn ihr Genuß zu reichlich war, schließlich in einen todesähnlichen Schlaf, aber auch zum Tode führten.

Tanatos und Hypnos sind Brüder, gehört Eros dem gleichen Geschlecht an?

Hat einmal ein Mensch solche aphrodisische Ekstase erlebt, war er einmal in der Walpurgisnacht unterwegs, dann hat es ihn immer wieder hingezogen wie eine Sucht zu diesem Erlebnis, das ebenso grausig wie schön war, das wegen seiner Dämonie erschreckte, aber mit quirlenden, schillernden und schimmernd perlenden Erlebnissen die Sinne verzauberte, die man nicht schildern kann.

Zum Vergleich dieser Erlebnisse mit einer körperlichen Liebesekstase muß letztere zu einem stumpfsinnigen, täppischen Getaste werden, so scheint es zumindest. Denn was für eine Bedeutung kann etwas haben, verglichen mit der Vereinigung von einem menschlichen Astralleib mit dem durchsichtigen feinstofflichen Leib eines Wesens der Astralebene. Sie durchdringen sich ganz, durchschweben einander und berühren sich dabei in allen Teilen ihres Leibes, was eine unsagbare, überirdische Wonne verursacht.

Noch einige kleine Aphrodisiaka möchte ich hier anführen, die auch heute noch üblich sind.

Da haben wir *Muira Puama* von dem brasilianischen „Ptychopetalum-Baum". Es besteht aus dem Holz des Stammes, der Rinde und den Wurzeln. „Diese Wunderdroge ist von unbändig anregender, alle Hemmungen abbauender Sexualkraft."

Eine ebensolche Droge ist *Damiana*. Sie besteht aus getrockneten Blättern des Strauches *„Turnera diffusa"*. Sie kommt aus Bolivien, Mexiko, Texas. Sie steigert vor allem die Blutzufuhr im Bereich der Genitalien und weckt dadurch erotisches Verlangen.

Vor etwa 100 Jahren muß es gewesen sein, da hat der Leiter einer deutschen Handelsniederlassung in Kamerun festgestellt, daß die Eingeborenen gegen Zeugungsunfähigkeit und überhaupt gegen Impotentia coeundi den Aufguß einer bestimmten Rinde zu sich nehmen. In ihr fand man nach eingehenden chemischen Analysen ein Alkaloid, das den Namen „Yohimbin" erhielt. Es handelt sich um das Krapp-Gewächs *„Pausinystalia yohimbe"*, einen hohen Baum, der etwa 30 m hoch wird. Die Wirkung geht mit einer Blutgefäßerweiterung der Genitalien einher und einer erhöhten Reflexerregbarkeit im Sakralmark, da liegt das Reflexzentrum des Genitale.

Weitere Aphrodisiaka aus unserer heimischen Pflanzenwelt wären noch zu erwähnen, zumal unsere moderne Leistungsgesellschaft, die ja nur noch absolutes berufliches Engagement, gesellschaftlichen Aufstieg predigt, vor allem möglichst viel Image-Pflege, oft von jedem einzelnen die letzte Kraft verlangt. So muß man sich fragen, bleibt hier noch Zeit für die Liebe?

Und da werden dann Präparate auf den Markt geworfen, die nun wirklich gar nichts helfen. In diesem Fall muß man allerdings noch kurz einflechten, daß Tee und Kaffee auch nutzlos sind, zumindest was die Liebe anbelangt. Denn nach jahrelangem bzw. zu starkem Genuß von Kaffee oder Tee, wird Impotenz und Frigidität mit Sicherheit die Folge sein.

Ginseng wird hier mit aufgeführt, ja sogar die „Spanische Fliege" in verschiedener Form, besonders bei Frauen, soll die Frigidität ablösen. Daß dieses Mittel auch sehr giftig sein kann, davon spricht natürlich niemand. Die tödliche Dosis liegt bereits bei 1 bis 2 Gramm. Man sollte sich da doch lieber an die Hausmittel halten und daran denken, daß Liebe eben „durch den Magen" geht. Und die guten Köche oder besser: die guten Köchinnen, die ihre müden Ehemänner munter haben wollen, und nicht nur sie allein, sie wußten genau, was man da anbietet. Hierüber gibt es sehr viele, besonders alte Kochbücher. In den neuen Kochbüchern stehen ja nur die Namen der Büchsen und vielleicht auch noch die chemischen Formeln der Plastiktüten-Verpackungen. Aber man sollte daran denken, daß in den alten Büchern auch schon stand, daß Artischocken (*Katharina von Medici* hat es empfohlen) besonders wirkungsvoll bei Männern sind.

Die Pariser Gemüsehändler haben ebenso lautstark wie eindeutig ihre Ware angepriesen: „Kauft Artischocken, Artischocken für Madame und Monsieur, sie halten Körper und Seele warm und bringen Pfeffer in den Hintern."

Auch *Casanova* hat sehr genau gewußt, daß das beste Frühstück nach einer Liebesnacht eine scharfe Gulasch-Suppe mit viel Paprika ist. (Paprika ist übrigens ein Nachtschattengewächs; Sie sehen, wie übergreifend der Zauber, die Dämonie auch in der Liebe ist.)

Erotik und Aphrodisiaka

Teiresias + Eros

Die lateinische Bezeichnung „Amor" ist wesentlich bekannter und scheint auch eindeutiger zu sein; es handelt sich um denselben Gott, einmal bei den Griechen, das andere Mal bei den Römern. Aber bei den Griechen ist es interessant, daß sie ihn teilweise als einen jungen, herrlichen, schön anzusehenden Jüngling darstellen, manchmal als verspieltes, geflügeltes Knäblein mit Pfeil und Bogen. Das war aber nicht immer so. In früheren Zeiten hat man sich diesen Sohn der Aphrodite und des Ares als einen sehr gut aussehenden jungen Mann vorgestellt, manchmal gelegentlich als bärtigen älteren, aber sympathischen Herrn. Und bei einigen Theoretikern im Bereich der griechischen Götter, da galt er als Schöpfer der Welt. Die Ansichten hielten sich aber nicht lange, er blieb der kleine, manchmal etwas spitzbübische, mit Pfeilen nicht immer sehr klug hantierende Gott, der Leidenschaft entfachte und dabei mitunter Situationen schuf, die nicht ganz leicht zu beherrschen waren.

Er selbst war auch einmal leidenschaftlich verliebt – vielleicht hat er sich an einer seiner Pfeilspitzen vergiftet –, und zwar in die wunderschöne kleine Psyche, die dann seine Geliebte wurde. Aber hier gab es wie oft in solchen mythologischen Berichten etwas Besonderes. Sie durfte das Antlitz ihres Freundes Eros nicht sehen, deswegen traf man sich eben nur in der Nacht. Das hat sie natürlich auf die Dauer nicht ertragen, denken Sie nur an Lohengrin und seine Elsa. Er verschwand, als sie ihn sehen wollte.

Das Wort „Psyche" heißt ja eigentlich „die Seele". Solange eine Seele lebt, wird sie natürlich Liebe suchen, und die kleine Psyche rastete nicht, bis sie ihren lieben Eros wiederfand. Schließlich war sie mit ihm bis zur heutigen Zeit glücklich vereint.

Plato vergeistigte die Kraft des Eros zum Drang nach dem Schönen und Guten. Da kam aber die Doppelbedeutung hinzu, die uns heute noch verwirrt. Nämlich, so meint man, er sei eine sittliche Macht, die den Menschen absichtslos und ohne etwas für sich zu wünschen lieben läßt. Doch viele haben daraus eine andere Sache gemacht, nämlich die Erotik. Und wie weit die Erotik mit dem echten Eros etwas zu tun hat, das ist nicht ganz klar und läßt sich auch im Endeffekt nicht ergründen.

Hier gab es auch eine Schwierigkeit unter den griechischen Göttereltern, zwischen Hera und Zeus. Da, so war es ja wohl auch bei den Göttern, niemand sicher sagen kann, wer denn schöner, besser, tiefer fühlen mag in der Liebe, ob es Schmerz oder Lust bedeutet, wer von beiden, Mann oder Weib, es wohl sei, so stritten auch Zeus und Hera im Verlauf einer ihrer endlosen Ehezwistigkeiten, welchem der beiden Geschlechter wohl das größte sexuelle erotische Vergnügen beschieden sei.

Mit einer verblüffenden Intelligenz hat Zeus behauptet, es sei die Frau, Hera aber, die Pionierin aller Kämpferinnen für die Gleichberechtigung der Frau, man könnte sie fast als Feministin bezeichen, widersprach Zeus sehr heftig und erklärte dabei, daß doch die ganze Welt wisse, daß der Mann das größere Vergnügen dabei habe, denn er sei es schließlich, der sich dauernd darum bemühe. Nun, man einigte sich dann und hat den berühmten Seher Tiresias befragt, der das einzige Wesen war, das beide Seinsformen erlebt hatte.

Ich will das hier nicht lange erklären, nur soviel: Teiresias kam dazu wie zwei Schlangen kopulierten, er empfand das als eklig, trat darauf, warf sie weg. Hera ärgerte das furchtbar. Sie verwandelte ihn in eine Frau. Er mußte dann Jahre, ja vielleicht sogar Jahrzehnte als Frau leben und erlebte auch hier die Freuden der Liebe, bis er dann wieder in einen Mann zurückverwandelt wurde. So war er der einzige Mann des Altertums, der sowohl als Frau, als auch als Mann gelebt hatte, der beide Seinsformen erlebt hatte. Er wurde nun, von Hera und Zeus befragt, wer es wohl sei, der das meiste Vergnügen hatte in der Liebe.

Teiresias fällte einen durchaus klugen Spruch. Er sagte ganz einfach: „Es sei die Frau." Hera war zornig, weil sie sich des altehrwürdigen Vorwandes, den Männern alles zu verargen, beraubt glaubte, wandte sich deswegen gegen Teiresias und schlug ihn jetzt mit Blindheit, da er zu vieles und zu weise erkannt hatte.

Wenn man sich das nun überlegt, dann ist es eigentlich traurig für Teiresias, aber interessant, daß hier ein Mann doch deutlich die Aussage gemacht hat, wer wohl mehr, schöner oder besser, ethischer, moralischer oder seelischer empfinden kann.

Männlichkeit und Weiblichkeit sind aber verschiedene Konzepte, die eben, und das sollten wir einmal überlegen, nicht an ihren Trägern, also an Mann oder Frau, kleben. Man kann natürlich jetzt in großen Lexika nachsehen, was ist denn eigentlich eine Frau. Da kommt erst mal die Frage, ist eine Frau überhaupt ein Mensch? Auch diese Frage ist schon gestellt worden. Schauen Sie einmal in die zweite Hälfte des 18. Jahrhunderts, da finden wir in der großen Enzyklopädie der Aufklärung von *Diderot* und *D'Alembert:* „Homme" heißt auf französisch gleichzeitig Mensch und Mann. Er ist ein fühlendes und denkendes Wesen, das frei über die Erde schreitet und wohl an der Spitze aller anderen Tiere steht, über die er herrscht. Hingegen: „Frau — das Weibchen des Menschen".

Aber werfen wir einmal einen Blick in die Gegenwart. Das Wörterbuch der königlich-spanischen Akademie von 1970 schreibt:
„Hombre" (im Spanischen „Mensch" und „Mann"):
1. Ein vernunftbegabtes Tier. Dieser Begriff umfaßt das ganze Menschengeschlecht.
2. Männliches Wesen, vernunftbegabte Kreatur männlichen Geschlechts.

„Frau" — Person weiblichen Geschlechts.

Beim Weiterblättern findet man allerdings nirgends den Begriff „machismo", das ist die südeuropäische oder lateinamerikanische Variante des Männlichkeitswahns. Den gibt es einfach nicht!

Sie sehen also, die Frage „Mensch" ist in verschiedenen Zeiten immer unterschiedlich betrachtet worden, das gilt um so mehr für die Frage „Mann" und die Frage „Frau". Aber eines wissen wir seit Hera sicher, auch wenn es sie geärgert hat: es ist die Frau, die die Liebe wesentlich stärker empfindet als der Mann.

Wenn wir uns dabei Zeus ansehen, so ist er eine in jeder Hinsicht imponierende Persönlichkeit, wahrscheinlich von mächtiger Gestalt mit riesigen Bart- und Haarlocken, mit einem Haupt, das etwa dem Donnerkeil und auch dem Blitzstrahl entspricht, mit dem er seine Macht darstellt. Ihm hat man in alter olympischer Zeit „Vater unser" zugerufen. Ganz zu schweigen allerdings dabei von diesen vielen Zänkereien mit der eifersüchtigen Gattin, den doch gar nicht seltenen, aber immer wieder vorübergehenden Mißerfolgen und so ungöttlichen Kalamitäten. Man konnte über Zeus verschiedener Meinung sein. Man konnte ihn anbeten, bewundern, aber man konnte auch getrost über ihn lachen, wenn die Umstände entsprechend waren. Über ihn und alle seine Götter. Ja, weil diese große Göttlichkeit auch große menschliche Züge trug, so eben konnten die Menschen ihm auch viel Verständnis entgegenbringen und etwas Humor zuteilen, ohne den der ganze olympische Himmel traurig gewesen wäre.

Kosmetika

Als die Menschen geschaffen wurden, so meinte man früher, waren sie wohl vollkommen. Doch so ganz ist der Mensch in seiner Vollkommenheit mit sich nicht zufrieden und viele, in diesem Fall besonders die Frauen, möchten eigentlich noch schöner sein. Sie möchten betörender, verführerischer, unwiderstehlicher, besonders anziehend sein. Sie wollen die Männer bezaubern und spüren, daß ihr Liebreiz wirklich wahrgenommen wird. Und die Herren der Schöpfung, die dann von Versuchung reden oder von Nervenkitzel, sind schließlich ihrer Angebeteten erlegen.

So meint es auch die kosmetische Industrie, indem sie genau weiß, daß das phylogenetische Erbe der Menschen ja die Verknüpfung von Duft und Erotik beinhaltet.

Auf der einen Seite wird versucht, schon von Alters her, mit Düften die Kontaktfähigkeit und die Anziehungskraft zu steigern, aber auch die eigene Schönheit noch weiter in den

Vordergrund zu stellen. So werden nicht nur Riechstoffe aus erotischen Stoffen benutzt, sondern unendlich viele Arten, die die Haut schöner erscheinen lassen, die Farben verändern. Je nachdem, ob wir natürliche oder künstliche Beleuchtung haben, verändern sich bestimmte Farben bzw. bei Dunkelheit auch die Gerüche.

Hier wird also der Sinn nach Schönheit verbunden mit dem kleinen, manchmal auch größeren Hang nach fleischlicher Sinneslust.

Schon in der ganz alten Medizin, der prä-ayurvedischen Medizin, galt Moschus nicht nur als Duftstoff und als Aphrodisiakum, sondern er wurde auch als Tonikum der Haut eingesetzt, genau so wie als Tonikum des Eros. Wir wissen, daß in jüngster Zeit die Chemiker und auch Sexualforscher den Moschus genau untersucht und festgestellt haben, daß Moschus tatsächlich als Sexual-Lockstoff (Pheromon) wirkt. Man hat große Untersuchungen in dieser Richtung angestellt und auch chemische Zusammenhänge gefunden zwischen dem männlichen Geschlechtshormon, dem Testosteron und dem Moschus. Was ist denn nun eigentlich Moschus?

Ein kleiner Hirsch bildet z. Zt. der Brunst in seinem sogenannten Moschusbeutel, eine Drüse zwischen Genital- und Analbereich, ein Sekret, dessen Hauptduftstoff Muscon enthält. Es handelt sich dabei um ein zyklisches Keton mit der Summenformel $C_{16}H_{30}O$.

Dieses Duftmittel wirkt auf die weiblichen Tiere, die diesen Stoff nicht produzieren, außerordentlich anziehend. Da der Moschus-Hirsch bereits kurz vor dem Aussterben steht, mußte die Chemie versuchen, diesen Stoff künstlich herzustellen, was sich als äußerst schwierig erwies. Unglaublich kompliziert ist diese Synthese, und die Chemiker haben nun zwar ähnlich riechende Stoffe hergestellt, die nun in Erotik-Shops als das Mittel der Wahl verkauft werden. Die Stoffe riechen tatsächlich sehr ähnlich — wirken aber überhaupt nicht!

Es gibt übrigens noch andere Tiere, die Moschus in den dafür vorgesehenen Drüsen, aber in viel schwächerer Konzentration, absondern: der Moschus-Ochse, die Moschus-Ratten, die Moschus-Krake und die Moschus-Ente, schließlich noch das Moschus-Ratten-Känguruh und die Moschus-Schildkröten. Interessant dabei ist, daß auch Pflanzen solch einen Duft erzeugen. Das wären z. B. das Bisam-Kraut (*Adoxa moschatelina*), Moschus-Eibisch (*Abel-moschus-moschatus*), verschiedene Moschus-Bäume, aber auch die Sumbul-Wurzel (*Ferula moschata*). *Angelika archangelika*, unsere so bekannte Engelwurz, enthält einen Duftstoff, der nicht nur moschusähnlich riecht, sondern auch tatsächlich ähnlich wirkt, analog zu dem Muscon. Chemisch fast identisch ist auch das Zibeton, der Hauptbestandteil des Zibets. Es ist das Analdrüsensekret der in Äthiopien heimischen Zibet-Katzen, das genau wie der Moschus in der Fein-Parfümindustrie verarbeitet wird und auch sexuell anregend und anziehend wirkt.

In die Reihe der animalischen Duft- und Kosmetikstoffe gehört auch das sehr teuer gehandelte Ambra, das ein Stoffwechselprodukt (durch Verfettung der Darmzysten) des Pottwals ist. Aber auch das Bibergeil oder Kastoreum, ein Stoffwechselprodukt des männlichen Bibers, ist bekannt. Wundersame Wirkungen werden von ihnen berichtet, doch ich weiß nicht, ob die männlichen Nasen wirklich Freude an diesen Düften haben.

Was ist denn nun eigentlich der tiefere Hintergrund solcher kosmetischer Veränderungen? Da werden Öle, Salben und verschiedene andere Dinge benutzt. Was geschieht denn hierbei eigentlich?

Nun, die Lebenskraft eines Menschen, der in einer bestimmten Hinsicht müde ist, wird wieder angefacht. Wir kennen aus der Zeit des Tantras, daß bei einer sexuellen oder überhaupt die Schönheit anbelangenden Situation Räucherwerk eine Rolle spielt. Hier haben wir hier bei den Römern z. B. Salvia als das Kraut, das das Leben verlängern hilft, aber auch den Appetit nach Fleischeslust steigern soll. Immer wird mit Blüten aufgrund des Zusammenhangs zwischen der Weiblichkeit und deren Sinnlichkeit eine Assoziation entstehen, die insbesondere bei Räucherstoffen als Assoziation zu den Göttinnen verstanden wurde. Es waren die ersten Wege der Kosmetik − Bilsenkraut, Schierling, Safran, Mohnsamen, Alraune und die Nachtschattengewächse − eigentlich am Anfang bewußtseinserweiternde Räuchereien, aber auch häufig durch ihren Duft wirksame Kosmetika. Teils im Sinne von Aphrodisiaka, teils aber auch in Richtung optisch zur Schönheit verändernde äußerliche Mittel.

Denken wir noch einmal an den Weihrauch, der ja in der katholischen Kirche zu einem sakralen Geruchsstimulans gebraucht wird. In der griechischen Mythologie erschien Aphrodite in einer Wolke aus Weihrauch, der ebenfalls durch ein dramatisches olympisches Geschehen in die Welt kam:

Apollo liebte Leucothe, die aber von ihrem Vater lebendig begraben worden war. Apollo wollte die Angebetete wieder zum Leben erwecken und übergoß ihre Leiche mit göttlichem Nektar. Daraufhin jedoch wandelte sich der Frauenkörper dieser herrlichen Leucothe und erblühte als duftender Weihrauch-Strauch, dessen Harz dann später gesammelt und von den Orakelpriesterinnen, die göttinnengleich waren, als Räucherwerk benutzt wurde.

Das Orakel von Delphi war mit dem Rauch von Weihrauch, verbrennenden Stechapfelblättern und Samen umgeben, um hellsichtig zu machen. Aber es war auch ein sehr stark wirksames Aphrodisiakum.

Das bekannteste Rezept, das man aber nur in Tagen und

Stunden der Venus verwenden bzw. abbrennen sollte, wirkt ungemein stark: Olibanum (8 Teile), Sandelholz (4 Teile), Zimt (4 Teile), Veilchenwurzel (2 Teile), Rosenöl (4 Teile), Moschus (2 Teile), Weihrauch (15 Teile).

Das alles gemischt und dann auf glühenden Kohlen geräuchert ergibt ein sowohl tonisierendes als auch aphrodisisches Räucherwerk.

Im kosmetischen Bereich ist daneben interessant, daß die bereits traditionelle arabische Alchimistenkosmetik, die mit destillierten ätherischen Ölen arbeitete und experimentierte, erst in Vergessenheit geriet, um dann später im Frankreich des späten 16. und 17. Jahrhunderts wieder entdeckt zu werden. Damals wurden aromatische Duftstoffe zu Heilzwekken durch die Nase inhaliert, aber auch bei Frauen an anderen Körperstellen eingerieben. Und diese Düfte sollten nun verhindern, daß die sogenannten „im Körper aufsteigenden Blähungen" ins Gehirn gelangten und dort für Schmerzen und üble Laune sorgten. Nun, man hat diese Theorie nach einiger Zeit verworfen.

In den dreißiger Jahren wurde bei uns die Aroma-Therapie eingeführt. Diese Theorie ging davon aus, daß ätherische Öle über den Geruchssinn im Menschen Veränderungen verursachen und schließlich − richtig und gezielt eingesetzt − Heilerfolge herbeiführen könnten. Einige versuchten nun, mit diesen Düften Dämonen und Krankheiten auszutreiben. Andere wieder experimentierten, um die Stimmungen des Menschen zu verändern und damit auch den Tonus der Haut und die Schönheit zu bessern. Schließlich setzte man sie auch als Duftessenzen bei Impotenz und Frigidität, also als Aphrodisiakum ein.

In der Tat wirken alle diese Stoffe entspannend und damit auch anregend, und zwar sowohl im sexuellen als auch im geistig-rationalen Bereich.

530

Diese Aromastoffe werden natürlich auch in der Kosmetik eingesetzt, und hier besonders als Badezusätze. Wenn wir eine Handvoll Rosmarin- und Melissenblätter nehmen, zwei Zimtstangen dazu, diese als Absud durch ein Sieb geben und dem Badewasser zusetzen, vielleicht noch mit etwas Jasmin oder Rose vermischt, dann werden alle Sinne geöffnet für Zärtlichkeiten. Aber auch die Haut wird entspannt, der ganze Organismus löst sich und die Falten werden deutlich zurücktreten. Ist Muskatnuß noch dabei, kann man Schwächezustände vertreiben und angenehme Träume hervorrufen.

Aber nicht allein die Nase, auch das Auge und die Hände des Partners sollen doch auf ihre Rechnung kommen. Zu allen Zeiten, zumindest zu denen, die uns bekannt sind, war die Frau auf ihr Make-up bedacht und hat mit Salben und Schminken, mit Ölen, mit Puder, Pülverchen und anderen Dingen ihre Liebeskünste und so auch ihre Verführungskünste ausprobiert. Ich glaube, es ist mehr als 5000 Jahre her, so ist uns bekannt geworden, daß es keiner Frau in China je in den Sinn gekommen wäre, sich ungeschminkt, d. h. mit „nacktem Gesicht" in der Öffentlichkeit zu zeigen.

Die Ägypterinnen, einige Jahrhunderte später, saßen vor ihren Salbentöpfen. Sie schminkten sich die Lippen, die Augen, damit diese größer und strahlender erschienen. Aus dem Ruß eines aromatischen Harzes zog sich die ägyptische Frau schwarze Lidschatten. Aus verführerischem Malachitgrün glänzten dann die unteren Augenlider. Wenn jemand glaubt, daß die Buntheit der Augenlider unserer heutigen Damen, nicht nur in der Halbwelt, etwas Neues seien, der irrt schon sehr. Es gab damals hohle Pflanzenstengel, die gefüllt waren mit Salben aus dem roten Farbstoff des Henna-Strauches (*Laves sonia inermis*). Diese dienten als Lippenstifte, und durch bestimmte Pflanzen wurden dann die Farben an den Lippen und Augen kußfest gemacht. Die

Haare wurden gefärbt, Finger- und Fußnägel farbig lakkiert.

Auch die Griechinnen, vor allem aber die Römerinnen, hielten es nicht anders mit Schminken, Pudern und Salben. Es gab da eine Schönheitssalbe aus den Säften verschiedener Blumenzwiebeln, von Hefe, Hirschhorn und Erbsenmehl. Über den umfangreichen Bestand kosmetischer Mittel im einzelnen bei den alten Griechinnen wissen wir nur wenig Bescheid. Die Römerinnen haben das in etwas größerem Umfang mitgeteilt.

Wie schon oben erwähnt geht es immer darum – und das zu allen Zeiten, wohl auch noch in Zukunft – sinnliche Reize auszuspielen.

Im Mittelalter nahmen die Frauen als wunderbares Schönheitsmittel ein aus dem Kraut und der Wurzel von Löwenzahn gebrautes Wasser.

1685 lesen wir in der „Medizinchymischen Apotheke": „Die Weiber pflegen sich auch unter den Augen mit diesem Wasser zu waschen – verhoffen dadurch ein lauter Angesicht zu erlangen – um die rote Purpur- oder Blätterlin (Sommersprossen) damit zu vertreiben."

Manche erwarteten sich von dem Saft dieses Krautes auch Liebeserfolge und bildeten sich ein „wann man mit dem Safte des Krautes bestreiche, daß man bey großen Herren angenehm dadurch werde und auch halten könne, was man begehre".

Ein sehr berühmtes Frauenkraut, das heute mehr in naturheilkundlichen Behandlungen angewandt wird, war damals in kosmetischer Hinsicht bekannt. Es wächst auf Wiesen, Weideplätzen, in Wäldern und ist das allbekannte Frauenmantelchen (*Alchemilla vulgaris*). Die infolge des hohen Gerbstoffgehaltes zusammenziehende Wirkung der Pflanze machten sich vor Jahrhunderten die Dienerinnen der Venus zunutze. Man tat das Kraut ins Badewasser, wenn eine Frau, wie es in „Schröders Apotheke" heißt, „die oft bestürmte Venusburg gerne jungfräulich haben wollte". Noch deutlicher ist das Rezept des Tabernomontanus:

„Dies Kraut in Regenwasser oder in Löschwasser, darin die Schmied das glühende Eisen ablöschen − gesotten − und mit demselbigen Wasser die heimlichen Örter der Weiber gewäschen − dringt es dieselbigen zusammen − als wann sie Jungfrauen wären."

Nicht genug damit. Der kurfürstliche Pfalzmedicus, der Artzney-Doktor *Tabernomontanus,* hat noch weitere „kosmetische" Künste parat. So empfiehlt er „wider die leidlich schlotternden und hängenden Brüst der Weiber" ein Pflaster aus Weißkümmelpulver und Eichäpfelwasser, sowie Umschläge mit Wegwartensaft.

„Das macht sie wieder fest, um die Begierde der Männer zu erwecken." „Um das Antlitz schön, klar und weiß zu machen − wird ein Wasser auf folgende Weise gemacht", lesen wir an anderer Stelle:

„Nimm Weinrauten, Fenchel, Eisenkraut, Betonienwurzel, Rosen, Venushaar, jedes gleich viel − lasse diese Kräuter mitsamt den Rosen ein wenig welk werden − tue die darnach in ein Glas oder steinern Geschirr − schütte darüber einen weißen Wein, daß die Kräuter bedeckt werden − lasse sie also 24 Stunden beizen − danach destilliers in Balneo mariae. Von diesem Wasser bestreich das Angesicht des Tages ettliche Male und lasse es von sich selbst wieder trocken werden."

Bei den alten Griechen gab es auch ein Rezept für die Pflege der Brüste. Bekannt ist ja, daß die alten Griechen sowohl die Frauen als auch die Knaben liebten, und so versuchten sie zu verhindern, daß die Brust der Mädchen sehr groß werde, um den Knaben ähnlicher zu sein. Sie haben mit Schierlingssalbe die ersten knospenden Brustansätze regelmäßig eingesalbt, damit sie nicht zu groß würden.

Für Schönheitsrezepturen, insbesondere für eine verführerisch weiße Haut empfiehlt man Liebstöckl und Ysop-Wasser, Bohnen- und Tollkirschen-Tinktur: „Etliche Weiber brennen aus Kraut, Wurzel und Blumen vom Aron-Stab ein kräftig Wasser, welche das Gesicht schön macht und die Runzeln vertreibt."

Im Sommer, so lesen wir in einer 100 Jahre alten St. Gallener Chronik, sollten sich die schönheitsbewußten Frauen das Gesicht mit den Blättern des Frauenmantels direkt abreiben, um Flecken und Pusteln los zu werden. Hier handelt es sich aber wohl weniger um eine unmittelbare Wirkung des Krautes, als vielmehr um die sich in den trichterförmigen Blättern ansammelnden Wassertropfen, die vom Volk als Tau angesehen wurden.

Das Waschen mit Tau gilt seit eh und je in der Volkskosmetik als das beste Mittel für die schönste Gesichtshaut.

Wenn wir schon vom Tau gesprochen haben, so war es auch bekannt, daß in den Bergländern der Maientau, besonders der am 1. Mai gesammelte, besonders wirksam war. Der Volksmund und auch der Volksglaube hält ihm heute noch für ein unfehlbares Kosmetikum. Genau so spricht man auch von einem Tee, der aus den ersten Maiglöckchen hergestellt ist, den man allerdings wegen der Giftigkeit nicht trinken, sondern lediglich das Gesicht damit einreiben sollte. Dann würde man eine Haut bekommen, die einem nicht nur selbst gefällt, sondern die auch die jungen Burschen so schön finden, daß sie sich selbst in die Haut verlieben könnten.

Es war die gleiche Zeit, als das Maiglöckchen ein gutes Kosmetikum war und zur gleichen Zeit auch noch als Adjuvans auf den Bildnissen bedeutender Männer zu finden war. Bei *Kopernikus* und vielen anderen.

Pflanzen, die auch Heilwert haben, werden in der modernen Kosmetik wieder angewendet, jener alternativen Kosmetik, die sich nicht mit synthetisch-chemischen Dingen befaßt, sondern mit natürlichen Stoffen. Und hier sind vor allem die Aloe und Hamamelis zu nennen, die eine unwahrscheinlich starke Affinität zur Haut haben, eine sehr gute Wirksamkeit, Resorptions- und Regenerationsfähigkeit für die Haut bieten. Zugleich geben sie aber auch der Haut die nötige Feuchtigkeit und Fettgrundlage, damit diese nicht schrumpelig oder gar runzelig wird, sondern glatt bleibt oder wieder glatt wird.

Eine für die Geschichte interessante Situation wäre noch zu erwähnen, nämlich die Tatsache, daß im Mittelalter viele Frauen sich schöner machten durch Bepudern oder Bepinseln ihrer Augen mit Grauspießglanz.

Hier hatten wir dieses silberglänzende Grau, das den Augen einen so sinnlichen, vielleicht auch einen träumerischen und seelenvollen Blick gab. Man sagte dann manchmal, die Frauen hätten „den seelenvollen Blick eines wiederhäuenden Kälbchens". Und so stieß ihr „Geschau" auch bei der Kirche auf Widerwillen, man verbot einfach den Grauspießglanz. Die Damen mußten alle ihre Vorräte abgeben, sogar die Apotheken und die Drogerien, sogenannte Kosmetiksalons gab es zu der Zeit noch nicht. Und damit das geschmähte Mittel wirklich vernichtet wurde, mußten diese Säcke in den Klöstern abgegeben werden. Das Entsorgungsproblem, um den armen Seelen den Weg in die Hölle zu ersparen, war nicht ganz einfach zu lösen. Ein ähnliches Prinzip haben wir heute bei radioaktiven Stoffen.

Die Entsorgung in den Klöstern dürfte nicht gerade etwas sehr Menschliches darstellen, aber damals wußte man keinen „besseren" Entsorgungsplatz für Grauspießglanz als das Kloster.

Ein Abt im Salzburger Land kam auf die Idee, mit diesem

grauen Pulver sein Schweinefutter aufzuwerten und siehe
da, die Schweine wurden kräftiger, dicker, stärker, hatten
ein festeres Fleisch und mehr Speck, was den Mönchen wiederum zugute kam, die mit solcher Nahrung sich wohler
fühlten als mit den mageren, gelegentlich nur aus Gemüse
bestehenden Mahlzeiten.

Ein anderer Abt, der dieses hörte, glaubte nun auch seine
Mönche damit füttern zu können, und er verfütterte nun
„Stibium sulfuratum nigrum" an seine Mönche. Der Erfolg
war umwerfend gegenteilig. Die Mönche wurden appetitlos,
magerten ständig ab, hatten eine belegte Zunge und sehr
viel Magenschmerzen. Es war das toxikologische Bild von
Stibium sulf. nigr.
Als er dies feststellte, versenkte er diesen Grauspießglanz im
Erdboden, nicht ohne dieses Teufelszeug zu beschuldigen,
gegen die Mönche zu sein, was im Lateinischen heißt: „An-
timonachia".
Solches wurde ruchbar und kam auch den hohen Herren der
Naturwissenschaft zu Ohren. Und also nannten sie dann
dieses Stibium sulfuratum nigrum „Antimon" (Antimo-
nachia).
Ein kleiner Witz der Weltgeschichte, wie die Kosmetik
selbst in der Chemie neue Namen erfindet.

Vielleicht sollte man als letztes doch noch erwähnen, woher
der Name Kosmetik kommt. Nun, „kosmesis" (η $\varkappa o\sigma\mu\epsilon\sigma\upsilon\varsigma$)
bedeutet die Erhaltung und die Herstellung der gehörigen
Ordnung, aber auch die Verschönerung und das Schmücken
der gehörigen Ordnung. Und so ist also die Kosmetik die
„Ars kosmesis" eine Kunst des Schmückens, eine Kunst der
Verschönerung. Solches also aus der alten griechischen
Welt.

Aus „Tristan und Isolde" (Richard Wagner)
Oh Heil dem Tranke,
Heil seinem Saft!
Heil seines Zaubers
Heerer Kraft!
Durch des Todes Tor
Wo er mir floß,
Weit und offen
Er mir erschloß,
Darin ich sonst nur träumend gewacht,
Das Wunderreich der Nacht.

Immer noch lebendige Zauberbotanik

Mancher Zauberglaube ist Jahrhunderte, ja vielleicht sogar Jahrtausende alt und im Bewußtsein unseres Volkes immer noch so lebendig wie früher.

Da ist das Eisenkraut (*Verbena officinalis*), ein auf Schutt am Weg und Straßenrändern überall wild vorkommendes Unkraut, das heutzutage immer seltener geworden ist, aber in der Antike einen ungewöhnlichen Ruf genoß. Man hat damals unter dem Begriff „Verbena" zahlreiche Kräuter zusammengefaßt, die als heilige Pflanzen als Opfer gebraucht wurden.

Plinius schreibt von diesem Kraut: „Das ist die Pflanze, mit der unsere Gesandten zu den Feinden gehen, mit welcher der Tisch des Jupiter abgestaubt wird, unsere Häuser gereinigt und vor Unglück geschützt werden."

Die Gallier, heißt es in seiner „Naturgeschichte", benutzten die Verbena zum Wahrsagen und die Magier trieben wahren Unsinn damit. Denken Sie auch daran, daß Verbena das Eidkraut am Altar des Apoll war, wie ich schon berichtet habe.

Über das Eisenkraut hören wir auch bei *Martin Luther*. Er wendet sich deutlich gegen die Leute, die die heiligen Sakramente schänden und Eisenkraut an die Kinder anbinden, wenn sie zur Taufe gebracht werden: „Das Eisenkraut ist gar gebräuchlich bei solchem Aberglauben, wenn sie es ausgraben, gebrauchen sie dazu einen Haufen Zeichen, danach lassen sie es weihen und rufen darüber den Namen Gottes und der Heiligen, wie sie es vielleicht bei einem gottlosen Juden kennengelernt haben." Soweit *Martin Luther*.

Das Eisenkraut ist zu Recht das Wunschkraut für jedermann. Es hilft gegen Krankheiten, Beschwerden aller Art, es schützt vor Schlangen, giftigen Tieren, verjagt Gespenster, unter seiner Mitwirkung findet man auch gestohlenes und verlorenes Gut; also all das, was uns heute der Hl. Antonius als Hilfe schenkt, vermochte früher das Eisenkraut.

Unser Zaubertrank hat aber auch die Kraft, alle Schlösser zu öffnen und Fesseln zu sprengen. Bis heute sind diese Verbena-Bräuche im Volk lebendig geblieben.

Wenn man Eisenkraut den Kindern ins erste Bad gibt, dann werden sie stark wie Eisen. Hängt man es ihnen in einem Säckchen um den Hals, so hilft das gegen Zahnen, gegen Beschreien durch Hexen, gegen Menschen mit dem bösen Blick.

Zum Liebeszauber hilft es besonders. Trägt man es selbst unsichtbar unter der Hose oder Bluse, so hilft es sehr, daß die Frauen einem hold werden, nur sollte man es zu diesem Zweck nicht mit einem Eisen ausgraben, sondern mit einem güldenen Löffel, so heißt es in einem alten Spruch, sogar schon bei Vergil.

Eine wunderbare Pflanze ist *Carlina acaulis*, die Lieblingspflanze Karls des Großen, dem zu Ehren sie auch „Carlina" genannt wird. Dieser distelähnliche Korbblütler, er ist mit Spitzen und Stacheln versehen, hat einen eßbaren Blütenboden, welchem der Volksaberglaube alle möglichen Kräfte zuschreibt. „Eberwurz" wurde dieses Distelkraut früher genannt. *Plinius* bezeichnet sie als „schwarze Chamäleon-Wurz" und *Hieronymus Bock* nennt sie die Wurzel, die gerühmt wird von allen Heilern.

Ein Zeitgenosse von *Bock* war *Paracelsus*, der dieser Distel Carlus angelicus, den Namen „Engelswurzel" gibt. Tatsächlich ist der Blütenboden der Carlina ein unglaublicher Kraftquell. Bereits 1777 ist in der „Flora silesiaca" seiner Heimat Schlesien von Graf Mattuschka beschrieben worden, daß bei Pferderennen dieser Blütenboden von der Carlina den Pferden gegeben wurde und sie siegten in jedem Turnier; Doping sagen wir heute, man hat es aber auch damals schon praktiziert, vor immerhin 200 Jahren. Die ganze Hexen-Zauber-Botanik, die Sagen der Nymphen und Nixen, alle diese Wesen, die scheinbar in ferne Vergangenheit gerückt und angeblich für uns von keiner Bedeutung sind, haben aber heute noch ein großes Stück des Glaubens an die alte Zauberkraft der Pflanzen behalten.

Vielleicht in einer wissenschaftlichen Verpackung. Denken Sie an die Wünschelrute. Ich will hier nicht auf die Wünschelrute und den Haselstrauch eingehen, der in der Therapie eigentlich eine geringe Rolle spielt. Aber wir wollen nur an eines denken, daß der Haselstrauch es ist, unter dessen Rinde wie überhaupt unter den Rinden, die Hexen zu Hause sind. Das ist auch der Grund, warum am Palmsonntag alle großen Palmenstecken, an denen Palmkätzchen sind, geschält werden und die Rinde nicht mit in die Kirche getragen wird, damit die Hexen in der Kirche keinen Unsinn treiben können.

Der Haselstrauch wird auch als Wünschelrute benutzt. Er muß zu einer bestimmten Zeit geschnitten werden: in der Johannisnacht.

Bedeutungsvolle Zeiten sind die 12 Nächte nach Weihnachten, die Rauchnächte, die Osterwoche natürlich, der Hexenabend, die Walpurgisnacht, schließlich die Johannisnacht und Maria Himmelfahrt. Nicht umsonst wird an Maria Himmelfahrt heute noch bei uns in den Kirchen ein Strauß geweiht mit vielen Heilkräutern. Ich selbst pflege immer, mit ein paar Jungen unseres Dorfes, einen Heilkräuterstrauß zu pflücken, der schließlich an Maria Himmelfahrt in der Kirche geweiht wird und dann in der Praxis hängt.

Eine kleine Anekdote mag dieses kleine Kapitel beenden. *Karl Ludwig Schleich*, jener Kollege, der die Lokalanästhesie erfunden hat, bekam eines Tages Besuch von einem bekannten Professor und ging mit ihm durch seinen Garten spazieren. Plötzlich bemerkte sein Gast, daß dieser Garten so schön, so wild und aufregend sei und man das Gefühl habe, als würden hier wirklich Nymphen, Elfen und Feen leben. Darauf wandte sich Schleich ihm zu, sah ihn erstaunt an und fragte: „Ja wissen Sie denn nicht, daß hier wirklich Elfen, Feen und Nymphen und viele andere gute Geister leben?"

Zauber und Drogen

Betrachten wir in unseren Tagen die Gesellschaft, jene Gesellschaft in Mitteleuropa. Sie lebt mit einer geradezu übertriebenen Süchtigkeit, als wolle sie damit ihr Dasein bewältigen. Die Gesellschaft will ausweichen, dem Denken und auch dem Nachdenken. Sie will verdrängen, was ihr nicht paßt. Das Leben wird als Selbstverständnis angenommen; das Leben, das die Gesellschaft will, bedeutet ja eigentlich nur „Lust-Leben". Es berührt den nachdenkenden, aber auch nachdenklichen Homo sapiens („Sapiens" beinhaltet auch das Nachdenken) schon sehr eigenartig:

Auf der einen Seite wird die Gesellschaft geplagt von einer dauernden, ja ständigen, medienwiederholten unbestimmten Angst vor Giften. In der Umwelt, wo die Automobile als Missetäter daran glauben müssen oder die rauchspeienden,

Schwefel-Stickoxyd-verteilenden Schlote der Fabriken, von der zunehmenden Verschmutzung der Luft und der Gewässer, von der Vergiftung der Lebensmittel. Aber auch von anderen Dingen. Da gibt es plötzlich Würmer in den Fischen und so viel Blei in den Pilzen. Bei genauer Kenntnis aber erfahren wir, daß die Pilze auch vor 2000 und 3000 Jahren genau so viel Blei enthielten wie heute. Man hat dies in den Katakomben feststellen können.

Aber unsere Medien scheuen sich nicht, die Angst noch weiter zu schüren. Wehe dem, der etwa keine Angst hat! Wenn einer es noch wagt, anderer Meinung zu sein, vielleicht weil in den Jahren 1760 und 1870 auch schon ein riesiges Waldsterben in Schlesien über Sachsen, Thüringen über ganz Deutschland hinweg stattfand, dann schweigt man doch lieber. Man könnte sich den Zorn der Gesellschaft zuziehen.

Es gab einmal eine Gesellschaft, die hatte als Schlagwort „panem et circences", Brot und Zirkus. Bei uns ist auch noch panem, allerdings ist es im Überfluß da, und circences können wir jeden Tag in der Zeitung lesen.

Doch bei uns kommt etwas Neues dazu, die Angst, die schreckliche Angst, die immer wieder neu geschürt werden muß.

Auf der anderen Seite ist dem Menschen der heutigen Zeit die Angst vor Rausch- und Genußgiften einfach verloren gegangen. Die Angst vor Arzneiwirkungen ist ihm gleichgültig, er schluckt kilogrammweise seine Tabletten. Fast täglich wird nicht nur bei uns, sondern weltweit der Drogenkonsum mit einer unverantwortlichen und tatsächlich unverständlichen Gleichgültigkeit gehandhabt. Wir stehen vor einem unfaßbaren Phänomen. Und so spricht man nicht darüber, daß beispielsweise Tabak doch ein unglaublich schweres, ja mordendes Gift ist. Es gehört zur *Nicotiana tabacum*, der Stammpflanze des Nikotins, einer Rauschdroge, die früher zu Hexensalben und Hexenträniklein gemischt wurden, was in den einschlägigen Kapiteln des Teils II nachzulesen ist.

Doch man spricht nicht darüber. Da wird auf der einen Seite beim Bundesgesundheitsamt der Huflattich wegen seines Pyrrolizidin-Gehaltes verteufelt, auf der anderen Seite aber dieses Wahnsinnsgift Nikotin durch Puplic-Relations-Maßnahmen in seinem Verbrauch noch um ein Vielfaches heraufgeschraubt. Nur weil Vater Staat hier so schön kassieren kann.

Was die Angst vor dem Huflattich anbelangt, so hat vor nicht langer Zeit ein Schweizer Arzt einmal ausgerechnet, daß er täglich 14 Liter Huflattich-Tee trinken müßte und das über 60 Jahre hinweg, um leichte Vergiftungserscheinungen von Pyrrolizidin-Alkaloiden zu bekommen.

Wer denkt denn schon daran, daß der bei uns so heiß geliebte Alkohol, in welcher Form auch immer, ob als Sekt, Wein, Likör, oder als harte Schnäpse, eigentlich ein Rauschgift ist. Ein echtes Rauschgift, sogar i.S. des Gesetzes.

Ein Rauschgift, dem jährlich Tausende zum Opfer fallen, weil sie nicht von dieser Rauschdroge Alkohol wegkommen. Wer sieht denn noch, daß gerade der Alkohol praktisch ein „Wildschwein" unter den Rauschdrogen darstellt, ein „Wildschwein", das wir in unserer „abendländischen Kultur" zu einem „Hausschwein" gemacht haben, zu einem harmlosen, fröhlich grunzenden, gemütlichen Tier, das wir häufig in den Abendstunden, aber auch in den Morgenstunden brauchen, um dem von den Umweltreizen so schrecklich überzogenen vegetativen Nervensystem ein wenig Ruhe zu gönnen.

Dieses eben nur kurz angesprochene Phänomen ist wirklich unfaßbar. Unfaßbar in einer Welt und in einer Gesellschaft, die von sich in Anspruch nimmt, unglaublich fortschrittlich zu sein. Wir können mit unseren Raumschiffen den Weltraum erobern, wir sind auf dem Mond gelandet. Wir bringen zur alten Mutter Erde ein paar Kilogramm Mond mit, um diese genau zu untersuchen. Wir können Atomkerne spalten und eine ungeheuere Energie damit entfalten, nicht immer zum Wohle der Menschheit. Wir können Dinge synthetisch herstellen, von denen wir vor 30, 40 oder 100 Jahren nicht einmal zu träumen wagten.

Aber bringen wir es fertig, unsere alte Erde in Ordnung zu halten und die Gesellschaft der heutigen Zeit, die Gesellschaft des Homo sapiens in friedlichem Beieinander zu ordnen? Daß die Menschen nicht nur nebeneinander, sondern auch miteinander leben können? Es scheint eine Aufgabe, die fast unlösbar ist.

Rauschdrogen

Über Drogen und Rauschmittel unter medizinischen, pharmakologischen, sozialen und chemischen Gesichtspunkten ist so umfassend und gleichzeitig so unübersehbar viel geschrieben worden, daß ein weiterer Beitrag unangebracht erscheint.

In Tageszeitungen, großen Illustrierten und Magazinen erscheinen ja in regelmäßigen Abständen Berichte über Rauschgift, Drogen, Rauschmittel, daneben gibt es auch Berichte über Todesfälle unter dem Einfluß noch unbekannter Drogen.

Ich will hier nur mehr unter dem Gesichtspunkt der Pharmakologie diese Dinge betrachten und verweise dabei auch auf das Kapitel II, in dem verschiedene Rauschgifte oder Drogen beschrieben sind, die ja seit Jahrhunderten bei uns zu Hause sind.

Ein Laie wird schon kaum mehr durchblicken. Er weiß allenfalls etwas über Alkohol, der ja noch den meisten bekannt ist.

543

Heroin, Opium, Haschisch und LSD, Kokain schließlich sind auch allen bekannt in ihren Auswirkungen. Schwieriger wird es schon, wenn so Phantasienamen wie „Engelsstaub" oder „China-white" oder schließlich nur noch bestimmte Kürzel wie „DOM", „DOB", „MDA" auftauchen, die ja meist nichts anderes als die chemische Struktur darstellen. Diese drei Zuletztgenannten gehören zu einer Reihe von Substanzen, die chemisch zumindest dem Mescalin, das sie vom Peyotl aus dem II. Kapitel kennen und dem Amphetamin nahestehen.

Mescalin ist eine halluzinogen wirkende Verbindung aus dem mexikanischen Peyotl-Kaktus. Amphetamin ist ein synthetisches Präparat aus der Gruppe der Weckamine, die wir unter dem Begriff „on Doping" und „Aufputschmittel" kennen, unter den Namen wie „Pervitin" u. ä.

Anfang der sechziger Jahre haben Chemiker in Amerika im Auftrag des Verteidigungsministeriums ähnliche Verbindungen untersucht, um festzustellen, welche Substanzen zur Entwicklung von Modellpsychosen evtl. brauchbar sind. Von diesen Substanzen gelangte eine, nämlich „DOM", die Droge aus Methoxyo-4-Methylamphetamin, schließlich auf dem schwarzen Weg in den Untergrund und Ende 1969 auch in die deutsche Szene. Hier waren zwei bis drei Milligramm der Verbindung darin, eine an sich sehr niedrige Dosis, wenn man überlegt, daß 300 mg in etwa bei Mescalin wirksam und auch gefährlich werden kann.

Es gab halluzinogene Effekte, aber darüberhinaus nach der Einnahme Verwirrungszustände, Desorientiertheit und äußerst schwere akute Angstreaktionen, die tagelang anhalten konnten. Die Gefahr bei dieser Droge besteht vor allem darin, daß ärztlicherseits beim LSD-Notfall mit Florpromazin geholfen werden kann, bei dem DOM-Rausch mit seinen Angstreaktionen aber deutliche Verschlimmerung und teilweise auch Atemlähmung auftreten können. Eine Tatsache, die auch dazu geführt hat, daß dieses Mittel — soweit übersehbar — auf dem deutschen Markt kein besonders gutes Ertragsfeld geliefert hat.

Ein ähnliches Mittel ist Anfang '70 bekannt geworden — „DOB" (Dimethoxy-4-Bromamphetamin), welches schließlich eine erhebliche Verbreitung gefunden hat. Da gibt es verschiedene Formen, wie kleine Papierstückchen, Kügelchen, kleine rote, schwarze, braune. Auf dem Markt ist es als besonders wirksames LSD verkauft worden, etwa in der Größe von 3 mg. Auch dieses DOB ist ein sehr starkes Halluzinogen, dessen Wirksamkeit in ein unkontrollierbares Verhalten übergeht mit Tobsuchtsanfällen, Zertrümmerung und Gewalttätigkeit.

Viel gefährlicher als diese Wirkstoffe sind die Drogen „Angel-Dust" und eine als „China white" bezeichnete Droge, die in Form weißer Pulver gehandelt werden.

Das eine ist ein Phencyclidin, eine zunächst als Analgetikum in den Handel gebrachte Substanz, deren Verwendung bereits eingestellt worden ist und nur noch bei Schlachtvieh zur Beruhigung gegeben wird.

Schließlich kam es auch in die Drogenszene, es wird geschnupft, auch als Tablette genommen, führt aber nach einer Stimulation zu einer ganz erheblichen Lethargie. Aber eine leichte Überdosierung läßt u. a. Aggressionen entstehen, die wegen der völligen Aufhebung der Schmerzempfindlichkeit auch gegen sich selbst geführt werden.

Trotz Ängsten und Mißempfindungen und trotz Horror-Visionen ist es doch von Jugendlichen oft ausprobiert worden.

„China-white", das im allgemeinen als „besonders reines Heroin" bezeichnet wird, aber gar kein Heroin, sondern ein Methyl-Phentanyl ist, wird in anderen Strukturen bei der Anästhesie verwendet. Dieses hier im Handel befindliche angebliche Heroin ist ungefähr 80- bis 2000mal stärker als Heroin, wenige Milligramm führen bereits zu einer hochfliegenden Euphorie, wobei schon geringste Überdosierungen Atemlähmungen und Tod zur Folge haben.

Angesichts der riesigen Gewinne und der großen Möglichkeiten schnell zu Geld zu kommen, wird natürlich auf allen Wegen versucht, ein solch übles Zeug einzuführen. Und nicht zuletzt auch in Behältnissen aus Gummi, in Gummifingerlingen oder Präservativen im Magen und Darm. Solche Behältnisse können aber auch angedaut werden, und dann gnade dem Gott, der dieses Objekt transportiert!

Denken wir daran, daß der eine oder andere auf die Idee käme, selbst zu Hause in seinem Garten z. B. Papaver somniferum anzubauen, dann ist hier nicht mit Schlafmohn zu rechnen, mit einem hohen Alkaloid-Gehalt bis zu 25 % wie z. B. beim türkischen Schlafmohn, sondern hier wird bei großem Arbeitsaufwand und der Gewinnung des Opiums, das ja nichts anderes als eingedickter Milchsaft aus den angeritzten unreifen Mohnkapseln ist, eine kommerzielle Nutzung kaum möglich sein. Auch die Teezubereitung mit getrockneten Mohnkapseln ist bei weitem nicht annähernd so rauschmachend wie man sich das vorstellt.

Auch der Anbau von Cannabis-Produkten gelingt sehr schwer. Zwar gibt es schon verhältnismäßig hohe Prozente der Wirksubstanzen, doch es ist wahnsinnig schwierig, es in unseren Breiten überhaupt hochzuziehen, weil es dann auch meist sehr schnell auffällt und sofortige Bestrafung zur Folge hat.

Wir dürfen aber eines nicht vergessen, und das ist der Grund, warum ich es hier aufschreibe: Es existieren bestimmte Ausweichstoffe, und zwar sind das Lösungsmittel, auch gewisse Arzneistoffe, Pflanzenteile und Gewürze.

Das Schnüffeln ist schon seit den vierziger und fünfziger Jahren bekannt, wo also einfach Klebstoffe verdünnt und dann eingeatmet werden. Das wird erst dann gefährlich, wenn man eine Plastiktüte als Behältnis benutzt und dann selbst noch den Kopf dort hinein steckt. Man versäumt meist diese Haube zu entfernen, was dann zum Erstickungstod führt.

Rauschmöglichkeiten gibt es auch mit dem überall erhältlichen Amylnitrit, einer Schwester des in der Herzmedizin bekannten Nitroglycerins.

Mißbräuchlich benutzt werden auch Medikamente, die z.T. rezeptfrei sind. Denken Sie an Asthma-Zigaretten, einige Hustenmittel gehören dazu, Schlankheitsmittel sowieso, Barbiturate und schließlich Medikamente, die allerdings als Betäubungsmittel verschreibungspflichtig sind, wie Tilidin und Metaqualon.

Dabei sollte man nicht vergessen, daß auch einige der meist von uns weggeworfenen Dinge unter Umständen für Rausch und Halluzination verwendet werden können, so z. B. Bananenschalen und die in der Küche übliche Muskatnuß, schließlich auch Pilzarten.

Über die Herstellung von Rauschgift aus diesen Dingen sollte man sich schon Gedanken machen, bevor man es tut. Es schadet vielen und nützt am meisten dem, der es herstellt. Serotonin ist der Wirkstoff, der dabei eine Rolle spielt. Bei der Muskatnuß haben wir eine Wirksamkeit, die etwa dem Marihuana entspricht. Das Erscheinungsbild ist aber sehr uneinheitlich und man kann lediglich berichten, daß es hinterher viel Kopfschmerzen und einen Kater gibt. Was gar nicht angenehm ist, das sind die schweren Angstanfälle mit Herzrasen und ähnlichen Situationen.

Erst seit wenigen Jahren ist bekannt, daß in Deutschland, in England, auch in der Tschechoslowakei sogenannte „Zauberpilze", die eigentlich in Mexiko beheimatet sind, wachsen und auch geerntet werden können. Es sind Blattpilze der Gattung *Psilocybe semilanceolata* und *Psilocybe cubensis*.

Die Sporen kann man kaufen und es gibt sogar Schriften, wie man sie anpflanzen kann.

Schon die Münchner Medizinische Wochenschrift Nr. 124 berichtet davon, daß in England mehr als 16 Bücher über Umgang mit dem Pilz auf dem Markt seien. Die Untersuchungen der in Deutschland gewachsenen Pilze ergaben, daß diese Wirkstoffe Psilocybe und Psilocin, deren Einnahme eine milde Euphorie bis zur intensiven Halluzination auslösen, mit erheblicher zeitlicher und örtlicher Desorientiertheit einhergehen und schließlich zu verstärktem Farbsehen, aber auch Farbfehlsehen führen.

Wenn wir die klassischen Rauschmittel, Cannabis indica, Heroin und LSD betrachten, so steht dem gegenüber eine riesige Palette neuer Substanzen in der Szene, die auch erprobt werden und eine gewisse Bedeutung erlangen und alle behaftet sind mit der riesigen Gefahr aller Rauschmittel. Diese Gefahr ist die Sucht, das Nicht-Loskommen-Können, der Zwang immer wieder erneut zu diesen Substanzen greifen zu müssen und bei Mangel an barem Geld folgen schließlich kriminelle Übergriffe, um sich diesen Stoff zu besorgen.

Wenn wir schon von Rauschdrogen reden, dann kommt natürlich der Verdacht auf, daß Nicotiana tabacum zu ihnen zählt, also die Pflanze, die zu den Solanaceen gehört, zu jenen Trösterpflanzen, die alle Hexen- oder Satansgifte − wie sie früher genannt wurden − enthalten. Warum sollte Nicotiana tabacum eigentlich kein Rauschgift sein? Es gibt ja doch sehr viele Anhaltspunkte dafür und ich glaube, daß hier der Staat bei seinen ach so deftigen Einnahmen aus dieser Quelle das Rauschgift oder die Droge vergißt.

Das gleiche kann man vom Alkohol sagen. Gleich in welcher Form, ob als Wein, als Bier oder als Schnaps, als Likör oder als Cocktail genossen, der Alkohol ist und bleibt ein Rauschgift. Wenn man ihn in kleinen, winzigen Dosen genießt, vielleicht zur besseren Verdauung der schweren Speisen, vielleicht auch zur leisen Anheiterung einer Gesellschaft, dann sollte man doch nicht vergessen, daß er sich nicht gesundheitsfördernd, allenfalls gesundheitsschädigend ist. Immer sollten wir daran denken, daß wir Europäer, die den Alkohol mitunter auch maßlos genießen, hier aus einer „Wildsau" ein „Hausschwein" gemacht haben.

Und nun glauben wir, daß er doch so lieb und friedlich ist. Wie sagt schon Wilhelm Busch:

„Wer Sorgen hat, hat auch Likör,
das ist ein Spruch von alters her."

Alkohol

Jede Zeit hat so ihre Moden, unter anderem was die Genußmittel, aber auch was die Rauschgifte anbelangt. Da gibt es doch Menschen, die schon als Kinder eine gewisse Genialität andeuteten, indem sie vielleicht die Haare ungekämmt herumflattern ließen. Die orientieren sich dann heute an diesen komischen Gesellschaftslisten, diesen „In- und Out-Listen", wie Schafe nach einem Leithammel suchen. Das sind Menschen, die natürlich unter einem besonderen Streß leben, denn sie stehen in dem wilden Trend und müssen zwangsläufig in die Angst hereingeraten, irgend etwas zu verpassen.

Als ich jung war, konnte man gelegentlich einmal damit rechnen, einen Martini dry als Aperitif zu bekommen. Wer trinkt denn das heute noch? Heute will man einen Kir haben, möglichst aber einen Kir Royal. Da wird dann der Likör dieser wunderbaren schwarzen Johannisbeeren genommen, mit Champagner aufgegossen und dann ist man ein Nouvelle-cuisine-Bürger. Man kann natürlich auch Pfirsich- oder Himbeerlikör statt Johannisbeerlikör nehmen.

Denken Sie an diese wahnsinnig wichtigen Menschen, die dann aus der Karibik die verschiedensten Rumgetränke mitbrachten in Gläsern. Aus Gläsern wird er natürlich nicht getrunken, sondern aus Kokosnußschalen oder aus den ausgehöhlten Früchten irgendwelcher fossiler Früchte.

Sherry gehört auch zum guten Ton und er paßt immer. Besonders gut paßt er als Ouvertüre irgendwelcher dionysischer Opern.

Wenn ich ein paar Jahrzehnte in puncto Alkohol überdenke, vom Martini angefangen, über karibische Rumpunch-Getränke bis zu ganz modernen Getränken, so sollte man eigentlich sagen, Martini dry ist das entscheidende, ist der Klassiker unter sämtlichen Aperos.

Man kann jetzt darüber streiten, ob man ihn nun einfach so oder so macht. Aber ein eben richtiger Martini dry muß mit einem Vermouth à la Noilly Prat bereitet werden. Zwar scheint mir das linguistisch etwas paradox, aber er heißt nun mal so. Er kann den Geist anheizen, allerdings auch den Körper, wenngleich nicht zu leidenschaftlicher Wildheit, so aber doch zu legendärer sentimentaler Erotik.

Man darf sich nicht an die englische Gesellschaft der dreißiger Jahre anlehnen, die 1/3 Wermut genommen hat und 2/3 Gin, dann war die Sache fertig.

In Paris pflegte man erst mal Eiswürfel in das Glas zu tun und dann ein paar Spritzer Angustura Bitter auf einen großen Schuß Noilly Prat daraufzutun. Man schwenkte das Glas und hatte damit das Eis parfümiert. Und dann erst, wenn man die Flüssigkeit wieder ausgegossen hatte, gab man nun den Gin darüber und trank dies.

Nun, es gibt verschiedene Meinungen und verschiedene Geschmacksrichtungen. Ich will nur zeigen, daß tatsächlich hier die „Wildsau Alkohol" auf eine ganz feine, manchmal bornierte, gelegentlich arrogante, in jedem Fall aber extravagante Art zugeteilt wird.

Sicher ist eines: Es gibt Menschen, die sehen so etwas auch als Kultur an, und besonders die jüngeren Männer haben ja keine Ahnung mehr von dieser Art Cocktail-Kultur. Sie schütten einfach alles durcheinander und geben ihm einen neuen Namen. Der eine Cocktail heißt Casablanca, der andere nennt sich Paris, der dritte hat den Namen Neuilly. Bei dem, was eigentlich der Aperitif machen sollte, nämlich das Aufwecken aller Sinne und damit dann das Öffnen von Leib und Seele für alle Wohltaten, die uns Küche und Keller bieten können, muß man eines beachten. Da darf man sich nicht mit eiskalten Sachen erschrecken. Es gibt einen Franzosen, der hat einmal gesagt:

„Wer Martini über eine Orgie von Eiswürfeln gießt, der hat nichts von der Kultur des Aperitifs begriffen."

Der gleiche Mann hat außerdem bemerkt, falls einer Whisky als Aperitif trinke, dem könne man auch rote Tinte als „Chateau Lafitte Rothschild" verkaufen.

Einen selbstsicheren Menschen wird dies überhaupt nicht erschüttern. Denn der sagt dann, ich bin der, der das trinkt, was die anderen denken, ist mir egal. Wenn man von Kultur spricht, machen alle anderen mit und Whisky gilt dann eben als Aperitif unfein. Dann schon lieber Melissengeist, Spiritus melissae, ich meine nicht jenen von berühmten Firmen hergestellten Marken-Melissengeist, sondern einfach den Spiritus Melissae 79 vol % Alkohol, der angeboten wird für ältere Damen, aber auch für ältere Herren, abends vielleicht 3 Eßlöffel genossen, das sind etwa 50 g einer 79 %igen alkoholischen Lösung. Das entspricht ungefähr 40 g reinem Alkohol, was − am Rande bemerkt − nicht nur 400 kcal sind, sondern auch, falls man im Laufe des Tages schon einmal 1 bis 2 Löffel genommen hat, bereits eine Menge von jener „Wildsau Alkohol", die wir zum „Hausschwein" gemacht haben, die dann eben zwar vielleicht diskret, aber doch darauf hinweist, daß hier hinter dem Genießenden ein kleiner Alkoholiker steckt. Daß berühmte Firmen dann noch hinschreiben, daß Nebenwirkungen bei bestimmungsgemäßem Gebrauch nicht bekannt sind, ist staunenswert. Kann es möglich sein, daß die Angehörigen dieser Firmen diesen Geist nicht oder noch nicht kennengelernt haben? Das sind dann jene, die nur geistlose Getränke lieben. Die anderen, die zu viel von diesem „Hausschwein Äthanol" genießen, die werden dann, selbst wenn sie zu Fuß gehen, immer wieder neu erschrecken, wenn Autoscheinwerfer mit ihren Lichtkegeln duellieren. Oder wenn sie eine Allee entlang zu gehen haben, sich manchmal wundern über dieses eigenartige, romantisch-impressionistische Ballett der Allee-Bäume in nebliger Dämmerung.

Kinder sind gefährdet

Nicht auf die Drogen will ich jetzt zurückkommen, auf die Gefährlichkeit der Süchte oder auf die Gefahr der Arzneimittel, sondern auf etwas ganz anderes.

Schauen Sie sich doch einmal unsere Kinderspielplätze an, und zwar ganz genau. Schauen Sie vorher in ein schönes Buch, deren es sehr viele gibt, wo man prüfen kann, was für Pflanzen an den Kinderspielplätzen angepflanzt sind, deren Blätter, Blüten und Früchte manchmal gar nicht so ungefährlich, sondern sehr giftig sind, dabei allerdings äußerst zum Spielen verlocken. Ich will hier nur einige solcher Pflanzen aufführen.

Bocksdorn − *Lycium barbarum* oder neu:
Lycium halimifolium

Er ist ein Zierstrauch, der zur Befestigung von Dämmen und Abhängen angepflanzt wird, allerding auch in der Umrandung von Zäunen, Spielplätzen und ähnlichem. Er gehört zur Familie der Nachtschattengewächse, die ja sowieso bekannt sind als sehr große Giftträger. Bis zu 3 m wird er hoch, hat zauberhaft schöne purpur-lila-farbene Blüten, die den Blüten der Nachtschattengewächse sehr ähneln. Er blüht von Juni bis September, um dann von August bis Oktober knallrote Früchte zu tragen.

Hyoscyamin ist das Gift, das in ihm enthalten ist, und alle Teile, vom Stengel über das Blatt, von der Blüte bis zur Beere, sind sehr giftig. Wer davon genossen hat, bekommt weite Pupillen, wird sehr durstig, zeigt Erregungszustände bis zur Tobsucht, Herzrasen.

Beim Menschen sind bisher keine großen Vergiftungen bekannt geworden, weil die Teile nicht gerade sehr gut schmecken. Wir kennen diese Vergiftungserscheinungen allerdings von Kamelen.

Goldregen – Laburnum anagyroides

Alle kennen ihn, diesen bis zu 6 m hohen Strauch oder Baum mit den büscheligen, dreizähligen Blättern, die aussehen, als seien sie Klee. Charakteristisch sind auch die goldgelben Blüten, diese zahlreichen hängenden Trauben, und die Früchte, die Hülsen oder Schoten gleichen mit länglichen, braunen Bohnen darin.

Giftig ist die ganze Pflanze, vor allem aber diese Schoten. Drei bis vier solche Schoten, das sind etwa 20 Samen, sind für Kleinkinder tödlich! Ich habe nicht selten gerade auf Kinderspielplätzen diesen Goldregen angetroffen. Schlimm dabei ist noch, daß die Bohnen in den Schoten gar nicht einmal schlecht schmecken.

Auch alle anderen Teile sind durchaus giftig und sogar die Wurzel. Hier kommt etwas besonderes hinzu, daß nämlich die Wurzeln genau so schmecken wie Süßholz. Wer das einmal entdeckt hat, und Kinder sind ja sehr entdeckungsfreudig, wird gerne von den Wurzeln essen und ganz erheblichen Schaden davontragen.

Die Vergiftungserscheinungen sind ähnlich wie die Nikotinvergiftungen. Meist schon nach einer Viertelstunde zeigen sie sich in einem Brennen im Mund bzw. im Rachen, in starkem Speichelfluß und Durst, Übelkeit, Erbrechen, das stundenlang anhalten kann und sogar mit Blut vermischt ist, in Schweißausbrüchen, Schwindelgefühl und Schwäche, ja sogar Lähmungen sind schon aufgetreten.

Dazu kommen Verwirrtheitszustände mit Halluzinationen, Muskelzuckungen und Krämpfe in den Extremitäten.

Der Tod wird bei Kindern, die größere Mengen von Goldregen gegessen haben, unabwendbar sein.

Heckenkirsche, gemeine rote − *Lonicera xylosteum*

Ein bis zu 3 m hoher Strauch, besonders in Hecken zu finden, wo der Boden sehr kalkig ist, die Sträucher lieben Kalkböden. Die Früchte sind rot und paarig angebracht genau wie die Blüten. Die Beerchen glänzen scharlachrot und laden geradezu zum Genuß ein.

Die Giftigkeit dieser Beeren wird von vielen Seiten als sehr stark, von anderen wieder als schwach angesehen. Es gibt ausgesprochen widersprüchliche Angaben, so daß mit starken Wirkungsschwankungen gerechnet werden muß.

Frische Früchte sind oral verhältnismäßig gering toxisch. Etwa 2 Beeren werden im allgemeinen ohne große Symptomatik vertragen, aber es kann ab etwa 3 bis 4 Beeren bereits Erbrechen eintreten, vor allem Bauchschmerzen und Fieber mit Temperaturen über 39 Grad. Schließlich kommt es noch zu kalten Schweißausbrüchen, Zittern, Schwindel und schnellem Herzschlag.

Bei Kaninchen wissen wir, daß 7 Beeren bereits den Tod herbeiführen.

Liguster − *Ligustrum vulgare*

Ein häufig für Schnitthecken verwendeter Strauch der bis zu 5 m hoch werden kann. Er hat lederartige, gegenständige Blätter, die wie Lanzetten aussehen, die Blüten sind klein, weiß in endständigen Rispen. Die Beeren sind erbsengroß und schwarz.

Während der Strauch im Juni und Juli blüht, sind ab September bis in den Winter herein die Früchte reif. Sowohl die Beeren, die Blätter als auch die Rinde sind giftig. Als Vergiftungserscheinungen finden wir Übelkeit, Erbrechen, Benommenheit, Kopfschmerzen, mitunter Durchfall und auch einmal Kreislaufreaktionen.

Beim Schneiden einer solchen Hecke wird der Gärtner mit Hautreizungen rechnen müssen, die als Liguster-Ekzeme bekannt sind.

Erwachsene können bis zu 10 Beeren ohne Schwierigkeiten vertragen, während bei Kindern schon wenige Mengen zu diesen obengenannten Beschwerden führen können.

Pfaffenhütchen – Euonymus europaeus

Es handelt sich um einen Strauch, manchmal auch einen Baum, der über 3 m hoch werden kann mit lanzettähnlichen Blättern, kleinen, gelblichen Blüten in Scheindolden. Die Früchte sind orangefarbig in einer karminroten Kapsel.

Alle Pflanzenteile sind giftig, vor allem aber die Früchte. Etwa 30 Früchte können für Erwachsene bereits tödlich sein.

Die Vergiftungserscheinungen treten erst 12 bis 20 Stunden nach Einnahme der Früchte ein, es kommt zu Übelkeit, Krämpfen, zu Temperaturanstieg, schließlich zu blutigem Durchfall mit Koliken, Lähmungen der Kaumuskulatur und Tod in Bewußtlosigkeit.

Nur 2 von den Beeren reichen schon bei einem Kind zu schweren Vergiftungserscheinungen. Deshalb: Bitte vorsichtig sein, Kinder aufklären, noch besser den Strauch von Kinderspielplätzen entfernen.

Schneebeere – *Symphoricarpos Albus*

Die Schneebeere ist an sich in Nordamerika beheimatet. Dort kommt sie wild vor, bei uns wird sie als Zierstrauch angepflanzt, wird etwa 2 m hoch, die Blätter sind rundlich-elliptisch, dunkelgrün, auf der Unterseite graugrün. Die Blüten sind klein, rosafarben mit endständigen Trauben, die Beeren kugelig weiß, die es so etwa ab September bis zum Winter hin gibt. Es handelt sich um jene zauberhaften weißen Beeren, die wir als Kinder so gern benutzt haben, um sie an die Wand zu werfen, weil sie dann plötzlich mit einem Knall zerbarsten, oder um sie mit einem Finger zu zerdrücken, schließlich auch, um sie den Freunden an die Stirn zu drücken oder nach ihnen zu werfen.

Und gerade diese Beeren sind so giftig. Es kommt bei Berührung der Haut mit dem Saft bereits zu Entzündungen der Haut, beim Essen zu Schädigungen der Mund- und Magenschleimhaut, schließlich zu Übelkeit und Durchfall. Bei 3 oder 4 Beeren bleiben diese Symptome noch aus, bei größeren Mengen kommt es dann zu Bauchschmerzen mit krampfartigem Charakter, Erbrechen, Durchfall und Hautrötungen.

Ich habe extra bei diesen Pflanzen, die für Kinder so gefährlich sind und gelegentlich auf Kinderspielplätzen angepflanzt werden, alle Vergiftungserscheinungen mit aufgeführt, um den Eltern oder dem Lehrer erkennen zu lassen, wann jemand evtl. ärztliche Hilfe beanspruchen muß, und dies möglichst schnell, weil man durch entsprechende Spülungen und medikamentöse Interventionen sehr rasch Hilfe schaffen kann.

Aber wichtiger als die ärztliche Hilfe ist es, ein Augenmerk darauf zu haben, ob auf einem Kinderspielplatz eine von den 6 hier angeführten giftigen Pflanzen vorhanden ist. Wenn ja, bitte sagen Sie doch dem Besitzer bzw. dem Unternehmer, er möge diese Giftpflanzen abschaffen und durch nicht-giftige ersetzen.

Vorbeugen ist immer noch besser als Heilen!

Arzneimittel

Die Kräuterkenner der Antike glaubten, es gäbe für jede Krankheit ein Kraut, das sie heilt.

Es sieht so aus, als ob wir uns langsam von den Synthetic-Syndromen und der Psychoexperimentalpharmakologie (siehe Psychopharmaka!) der letzten Jahre in der Pharmazie zu erholen beginnen. Vielleicht werden wir erkennen, daß auch die biblischen Propheten recht haben.

Bei Ezechiel, 47,12 steht zu lesen:

„Und an demselben Strom, am Ufer auf beiden Seiten werden allerlei fruchtbare Bäume wachsen und ihre Blätter werden nicht verwelken und ihre Früchte nicht ausgehen. Alle Monate kommen neue Früchte, denn ihr Wasser fließt aus dem Heiligtum. Die Frucht wird Speise sein und die Blätter Arznei."

Schlagen Sie aber auch die Offenbarung des Hl. Johannes auf, 22. Kapitel, 2. Vers. Ich fange mit dem ersten an, wo geschrieben steht:

„Und er zeigte mir einen Strom vom Wasser des Lebens, glänzend wie Kristall, der hervorging aus dem Throne Gottes und des Lammes. In der Mitte eine Straße, die des Stromes, diesseits und jenseits der Baum des Lebens, der zwölf Früchte trägt und jeden Monat seine Frucht abgibt. Die Blätter des Baumes sind zur Heilung der Krankheiten der Völker da."

Die Kraft in den Blättern wird hier dargestellt als die Kraft, die von Gott kommt, die er uns geschenkt hat, damit wir mit dieser Kraft arbeiten können; nicht daß wir Gott direkt aus jedem Baum, aus jeder Pflanze herausholen können (es gab manche Philosophen, die sich darüber gestritten haben).

Wir haben vielleicht in den Jahrtausenden Ersatzwesen gefunden, die helfenden Nymphen, die Feen, die Nixen und haben diese Ersatzwesen doch als Wesen gesehen, wie *Carl Ludwig Schleich* seinem Besucher antwortete auf die Frage, ob er denn an Nymphen und Feen glaube. Er erhielt zur Antwort: „Ja, wissen Sie denn nicht, daß diese hier sind?"

Einleitung

In den zwei ersten Teilen habe ich Ihnen von den griechischen Göttern, von ihren Pflanzen, von den Zauberpflanzen des Mittelalters und von dem Zauber und der Magie im Zusammenhang mit Pflanzen erzählt. Ich möchte Ihnen nun im dritten Teil über eine Auswahl von Pflanzen aus unserer heutigen Sicht berichten.
Pflanzen, die eine ungeheuere Bedeutung auch in unserem modernen Arzneischatz haben. Nicht nur in der Naturheilkunst oder in der Volksmedizin, nicht nur in der Homöopathie, sondern auch in der Schulmedizin. Als Drogen, oder als in den Apotheken verfügbare, fertige Arzneimittel.

Der Anteil an Pflanzen in unserer modernen Medizin ist genau genommen recht bescheiden, besonders im Gegensatz zu anderen Kulturkreisen. Denken Sie an die chinesische Pflanzenheilkunde, an die indianische Medizin. Denken Sie aber auch an die Medizin vieler afrikanischer Stämme, die bei ihren Medizinmännern ungeheuere Kenntnisse offenlegen über das Wissen um Pflanzen.

Wenn hier einige Pflanzen vorgestellt werden, besonders aus unserem Kulturkreis, so ist das kein repräsentativer Querschnitt aller bei uns genutzten Arzneipflanzen. Der Sinn dieser Auswahl ist das umfangreiche und außerordentlich gründliche Wissen der Pflanzenmedizin über einzelne Heilpflanzen zu demonstrieren, das jahrtausendelang auf Intuition, Gespür und Erfahrung beruhte, bis sie heute aufgrund wissenschaftlicher Systematik und Methodik einen tiefen Einblick in die Biochemie über die Wirkung im pharmakologischen Bereich, die Wirksamkeit bei Patienten erreicht haben.

Wenn man sehr genau die alte Geschichte der Heilpflanzen, und zwar über Jahrtausende hinweg, kennt und sich intensiv mit ihr beschäftigt hat, so ist es sehr erstaunlich, daß die Kenntnisse über Heilpflanzen, sei es bei Indianern in Amerika, in Südamerika, in Afrika bei anderen wild lebenden Stämmen, in keiner Weise den empirischen Erkenntnissen der modernen pharmazeutischen und pharmakologischen Wissenschaft nachstehen.

Sie werden hier außer der kurzen Einführung in die Geschichte und einem kurzen Text auch noch chemische Analysen vorfinden, die äußerst modern sind, auch im phytotherapeutischen Wissen.

Im höchsten Grad erstaunlich dabei ist immer die Tatsache, daß die alten empirischen Indikationen der Eingeborenen, gleich ob in Amerika oder in Afrika oder China, den wissenschaftlich erprobten Indikationen ungeheuer ähneln, manchmal sogar gleichen, in vielen Fällen sogar identisch sind. Wir finden sogar in unserem heimischen Arzneischatz und seiner Erforschung, sowohl der Universitätsmedizin als auch der Homöopathie, der Naturheilkunst und der Volksmedizin, starke Parallelen zu der Medizin der Urvölker.

Eine zunächst negative Entwicklung im deutschen Bereich, nämlich eine Entfernung der Heilpflanzen im Deutschen Arzneibuch, war wohl die Chemiegläubigkeit und die völlige Überschätzung der chemischen Pharmazeutika. So wurde ein großer Teil erst einmal aus dem DAB 6 aus dem Jahre 1929 rigoros gestrichen, und zwar etwa Dreiviertel; erst das Deutsche Arzneibuch 1978 hat mühsam wieder zwei Drittel des ursprünglichen Bestandes der Heilpflanzen aufgeholt.

Die Besinnung auf die Heilpflanzen kam eigentlich durch die doch immer stärker werdende Problematik der bedrohlichen Nebenwirkungen und katastrophalen Unfälle, ja sogar Todesfälle und schwerwiegenden Dauerschädigungen.

In den siebziger Jahren, mit dem Beginn der „Grünen Welle", in der die Umwelt und deren Zerstörung erkannt wurde, und als man auch begann, die Umwelt wieder zu sanieren, wurde man sich bewußt, daß solche Zerstörung auch durch Arzneimittel vorkommen kann. Und es kam zu einem Abwehrbewußtsein gegen alle die chemischen, konzentrierten Pillen, Kapseln, Tabletten usw. Man wollte sich wieder natürlich behandeln lassen und auch gesund bleiben.

Daß hier ein Bewußtseinswandel stattgefunden hat, in dem sich die Prioritäten umzukehren begannen, ist klar. Die gesunde Haltung und die Krankheitsprophylaxe wird absolut vorrangig vor der hochwissenschaftlich hochtechnisierten und überladenen Krankheitsbehandlung betrachtet.

Es ist staunenswert bei genauer Betrachtung aller dieser Denkweisen, z. B. der Chinesen, aber auch der alten Griechen, der Römer und der Indianer, daß es schon immer die gesunde Haltung und Vorbeugung war, die im Vordergrund standen.

Das gleiche gilt ja auch für das alte China von vor 3000 Jahren, wo der Anteil von Arzneipflanzen die den Körper stärken, die eine Infektabwehr steigern und die Immunität stimulieren, in großer Zahl beschrieben worden sind.

Sind nicht diese Denkanstöße ungeheuer wichtig für alle, die sich wissenschaftlich damit befassen?

In der heutigen modernen Pharmakologie ist mit modernsten wissenschaftlichen Methoden weltweit verstärkt geforscht worden. Heute kann man sagen, daß diese Entwicklung einen enormen Erfolg verzeichnet, in der Analytik und in der Strukturaufklärung von Inhaltsstoffen. Hier sind in den letzten drei Jahrzehnten große Fortschritte erzielt worden. Diese sind so beachtlich, daß man Gefahr läuft, schon fast wieder die Übersicht und beinahe erneut die Beziehung zu dem eigentlichen Objekt des Denkens, nämlich dem Patienten zu verlieren.

Von den Urvölkern können wir in diesem Punkt viel lernen, z. B. daß eine lebende Pflanze ganz andere Eigenschaften hat wie eine im Labor in ihre Einzelteile zerlegte Pflanze. Zum Vergleich: Man kann vielleicht die einzelnen elektrolytischen und anderen chemischen Parameter des Menschen in die einzelnen Teile zerlegen, alles das zusammen, weder als Summe, noch als Produkt, wird aber je einen Menschen ergeben.

Wo die Urvölker Frischpflanzen verwendeten, müssen wir vor allen Dingen wegen schwieriger Lagerhaltung und anderen Voraussetzungen auf aufbereitete Drogen zurückgreifen, die nicht immer von der Frischpflanze stammen. Allerdings ergibt sich der Vorteil, daß mit der Aufbereitung solcher Drogen Standardisierungen und bessere Lagermöglichkeiten gegeben sind. Man kennt heute genaue Methoden wie man hier Meliorierung und Optimierung schaffen kann.

Daß die Urvölker ohne theoretische Grundkenntnisse in Hygiene und Bakteriologie, und ich kenne hier persönlich nur afrikanische und südamerikanische Eingeborenen-Verhältnisse, ihre Kranken schon immer isolierten, die Räume desinfizierten, keimwidrige Gummimischungen zum Lutschen verordneten, die Zahnpflege kannten und heilende Bäder; daß sie sogar Arzneimittel direkt durch feine Einschnitte in die Haut einbrachten und antiseptisch arbeiteten, an Wunden z. B.; bewundernswert auch der ungeheuer disziplinierte Umgang mit Rauschdrogen ohne Abhängigkeits- oder Suchtgefährdung (ich denke da an Peyotl) — das alles zwingt jedem von uns den allergrößten Respekt ab.

Wir sollten auch überlegen, daß die Eingeborenen aller Regionen dieser Erde ungeheuer viel Tee tranken bzw. trinken. Sie haben eine erstaunliche Fülle von verschiedenen Tees für alle auch nur möglichen Krankheiten. Und nicht nur Krankheiten konnten sie behandeln, sondern auch die Krankheitsanfälligkeit war eine wichtige Richtung der Therapie.

Hier müssen wir uns an unsere eigene Brust schlagen, denn die großen, sich ja fast wie Seuchen verbreitenden Zivilisationskrankheiten, wie Herzinfarkt, Stoffwechselkrankheiten, hoher Blutdruck, Allergien und viele, viele andere Krankheiten, sind sicher zurückzuführen auf falsche Ernährung, Arzneimittelmißbrauch, Alkohol, Streß usw. Denn alle diese Krankheiten sind bei den vorgenannten Naturvölkern fast unbekannt.

Wenn man sich überlegt, welch ungeheuere Menge eigentlich nutzloser Getränke bei uns in den Rachen gegossen wird, auf deren Etiketten auch noch Anpreisungen stehen wie „Vitamin angereichert", was ja gar nicht den Tatsachen entspricht. Sie sind angereichert mit Ascorbin-Säure, und die Ascorbin-Säure ist doch kein Vitamin. Wohl ist das Vitamin C Ascorbin-Säure, aber umgekehrt nicht.

So sollte man bei uns doch langsam, aber sicher wieder daran denken, daß man vernünftig lebt und sich wieder an eine bescheidene, ja fast armutsähnliche Lebensweise gewöhnt, um gesund zu werden und gesund zu bleiben.

An dieser Stelle möchte ich einem der großen Vorreiter auf dem Gebiet der Phytotherapie, aber auch der Homöopathie meinen Dank aussprechen. Einem Mann, der doch immer wieder unter großen Strapazen mit viel Arbeit und Mühe jahrzehntelang bei vielen Völkern gelebt hat, um deren Wissen kennenzulernen und dieses für die moderne Heilkunst nutzbar zu machen. Ich möchte seinen Namen auch für alle anderen, die sich auf gleichem Gebiet erfolgreich betätigt haben, in Dankbarkeit nennen. Es ist *Dr. Willmar Schwabe,* der uns unendlich viel geschenkt hat auch aus dem Wissen der Völker einiger Erdteile, die noch nicht von der Zivilisation überrollt und zertrampelt worden sind.

So kamen zu uns neue, richtungsweisende Impulse und damit entstanden Ideen, die unsere Wissenschaft befruchten können. Und vieles haben wir bereits gelernt in der Behandlung z. B. von Allergien, aber auch bei der Stimulation des Immunsystems.

Die genaue Kenntnis der Natur und ihrer Schöpfung, aber auch die wissenschaftlich exakte, dabei jedoch ebenso intuitive Umsetzung auf den Menschen, das wird eigentlich den Erfolg unserer Ärzte ausmachen, die als Naturheilkünstler tätig sein wollen: Immer den Menschen als ein Ganzes, ein Unteilbares („Individuum" heißt „unteilbar") sehen und dann so in der Lage zu sein, die Harmonie wieder herzustellen. Die Harmonie, die im Endeffekt verhindert, daß wir krank werden.

Einen Rat möchte ich allen denen geben, die nicht nur Naturheil-Verfahren anwenden (hier gefällt mir das Wort „Verfahren" nicht: Die laufen Gefahr, sich zu verfahren). Vielleicht ist es richtiger, von der Naturheilkunde zu sprechen, vielleicht noch besser von der Naturheil*kunst*.

Auch Hahnemann hat für die Homöopathie das wichtigste Lehrbuch geschrieben, das „Organon der Heil*kunst*".

Die im folgenden vorgelegte Auswahl nimmt für sich nicht in Anspruch vollständig zu sein. Sie soll nur einen Querschnitt darstellen, wie man unsere Arzneien heute betrachten kann mit den Voraussetzungen, die wir in den ersten Kapiteln bereits besprochen haben.

Es war der preußische *General von Clausewitz,* der, so kann man es in den „geflügelten" Worten lesen, gesagt haben soll, der Krieg sei nichts anderes als die Fortsetzung der Politik mit anderen Mitteln. Das ist ganz interessant, wenn man das liest, dies war ja vielleicht auch früher ganz richtig so. Ob das heute noch so ist, weiß ich nicht.

Aber die Medizin, und das weiß ich genau, denn das hat auch schon der römische *Feldherr Marcus Cato* in alten Annalen zitiert, sei die „Fortsetzung des Krieges mit wieder anderen Mitteln".

Man findet immer wieder etwas anderes. Im 19. Buch seiner auch kulturgeschichtlich höchst ergiebigen „Naturgeschichte" verbindet *Plinius der Ältere* einen Rückblick auf die Einwirkung der griechischen Medizin in Rom mit dem damals schon berühmt-berüchtigten Zitat, in dem Cato eben diese griechische Medizin als die „geheime Waffe der Griechen" brandmarkte:

„Es gibt einen gewissen *Casis semina,* einer der Ältesten und der ist der Gewährsmann dafür, daß als erster von den griechischen Ärzten ein so mit dem Namen bekannter *Archagathos,* der Sohn eines gewissen *Lysanias,* aus dem Peleponnes nach Rom gekommen sei, und zwar während der Zeit der *Consuln Lutius Emilius* und *Marcus Livius.* Angeblich im Jahre 535, als die Stadt begründet worden ist. Diesem Arzte *Archagathos* ist damals das römische Bürgerrecht verliehen worden, man habe ihm sogar aus öffentlichen Mitteln ein Praxislokal gekauft, damit er dort als Vulnerarius, als Wundarzt sozusagen, Verletzungen behandeln konnte."

Damals gab es etwas Derartiges noch nicht in Rom, und so wurde seine Ankunft überschwenglich begrüßt.

Aber dieser Ehrentitel „Vulnerarius" ist ihm später aberkannt worden, weil er beim Schneiden und Brennen brutal vorging; daraufhin gab man ihm einen anderen Namen, nämlich *Carnifex,* d. h. so viel wie „Folterknecht".

Und die ärztliche Kunst und alle Ärzte sollen damals sehr in Verruf gekommen sein. Bei *Marcus Cato* ist das zu erkennen. Er hat eine Äußerung getan, die man aus – seinen Werken übersetzt – hier deutlich darstellen kann:

„Auf diese elenden Griechen werde ich, mein lieber Sohn, zu gegebener Zeit zu sprechen kommen: Welche Erkenntnisse sie in Athen gewonnen haben und daß es gut ist, in die Schriften dieser Leute einmal hineinzuschauen, nicht etwa sie durchzustudieren. Zu Schanden will ich dann die ganz und gar nichtsnutzige und unverbesserliche Art dieser Leute werden lassen; und nimm mein Wort, als hätte ein Seher es gesagt: Wenn dieses elende (die Griechen) Volk uns einmal seine Bücher herüberschickt, wird alles verderben und dann erst recht, wenn es seine Ärzte erst herüberschickt.

Verschworen haben sie sich untereinander, die Barbaren miteinander umzubringen mit ihrer Medizin, als wenn Krieg wäre; aber auch das machen sie noch gegen Honorar, und daß je eher wir ihnen Vertrauen schenken, sie uns um so eher zugrunde richten können. Selbst uns Römer bezeichnen sie beharrlich als Barbaren und noch übler als den anderen spielen sie uns mit, wenn sie uns despektierlich als uskische Hornochsen titulieren. Dir, mein Sohn, verbiete ich aufs strengste, dich mit Ärzten einzulassen.“

Naturwissenschaft

Unsere Zeit schätzt das naturwissenschaftlich Beweisbare, was auch das Meßbare, Wägbare und Reproduzierbare beinhaltet.

Was sich dieser Methode entzieht, wird skeptisch betrachtet. Andererseits wächst aber das Interesse für vielfache Erscheinungsformen des manchmal Magischen, auch Okkulten, auch für Wunder, doch ebenso für den Glauben an das, was die Natur uns bietet.

Wir haben uns in der Neuzeit angewöhnt, die Wissenschaft zu kanonisieren, gar heilig zu sprechen und ganz klar von vornherein vorauszusetzen, daß Wissenschaft auf absolute Wahrheit gerichtet ist und auf sonst nichts. Leider handelt es sich dabei um eine naive Verkennung der menschlichen Natur, und nur Menschen mit von keinerlei Sachkenntnis getrübtem Infantilismus können diese Meinung auch wirklich aufrecht erhalten. Nichts, was der Mensch in die Hand nimmt, bleibt ganz seinem eigenen, objektiven Wesenssinne treu. Man übersieht über die Selbstverherrlichung der Wissenschaft, daß der Mensch auch mit seinen dunklen Seiten in seiner Wissenschaft steckt und von daher die Wissenschaft selbst notwendigerweise auch dunkle Seiten haben muß.

Wissenschaft kann so als Waffe magischen Verfügens über die Wirklichkeit benutzt werden und sie wird – Gott sei es geklagt – nicht selten so benutzt. Wie oft hat es sich in der philosophischen Dialektik ereignet, daß bei herrlichem, fast gottähnlichem Kraftgefühl mancher Theologe und Philosoph Gott an den Fäden des Beweises herangezogen hat wie eine Marionette, um ihn dann mit der magischen Kraft der gleichen Logik wieder zu vernichten.

Wenn ich heute einen ähnlichen Beweis etwas anders aufbaue und das logische Geschoß einer magischen Rationalität in eine etwas andere Richtung führe, dann räume ich eben den lieben Gott aus der Welt, dann ist er tot. Und gerade das hat sich ja doch in der philosophisch-antitheologischen Dialektik in den letzten Jahrzehnten ereignet. Das alles kann der Mensch natürlich und ein Gelehrter kann die selbstverständlichsten, die sichersten, die handgreiflichsten Wirklichkeiten mit ein paar Schüssen aus diesem logischen Kanonenrohr magisch beseitigen, viel besser als mancher Medizinmann im Busch.

So hat man es ja auch fertiggebracht, das sicherste und erstgegebene, nämlich das Seelenleben von Millionen und Generationen intelligenter Menschen für ein Nichts zu erklären. Man kann tatsächlich ungeheures Machtbewußtsein aus dieser Fähigkeit gewinnen. Nicht nur die Menschen, sondern auch die Welt nach der eigenen Laune nach Wunsch und Wille zu formen. Diese Art von Qualität der Wissenschaft, dieser Zaubermantel der Selbstverherrlichung, ist eine für etwas schwache und eitle Menschen gefährliche Qualität. Mit ihrer Hilfe entdeckt ein manchmal sehr hochintelligenter Mensch, daß er stärker sein kann als der sogenannten „allmächtige und liebe Gott". Und daß er tatsächlich kraft seines Intellekts in der Lage ist, den Allmächtigen und seine Werke, ja auch seine Anordnungen, zunichte zu machen.

Denn, hier kommen wir schon an die erste Stelle heran, daß diese Werke und Anordnungen Gottes für die Menschen lästig und demütigend sind. Solche Demütigungen müssen dann beseitigt werden. Der Mensch baut sich, scheinbar logisch, seine Wissenschaft auf und betet sie an, ja, er kniet vor ihr und glaubt, mit dem Fortschritt der Wissenschaft mehr zu sein als der Schöpfer.

Aber ist das Wort „Fort-Schritt" nicht schon ein Zeichen dafür, daß wir vom Wesentlichen fortschreiten, nämlich von jenem geistigen Wesen, das uns diese Welt geschenkt und uns in diese Welt hineingesetzt hat. Wir erklären diese Welt jetzt als erklärbar, als in Naturgesetzen beweisbar, und was ist die Folge? Wir fangen an sie zu vernichten, wir zerstören sie, die Welt um uns wird durch uns vernichtet. Nicht im Sinne des Schöpfers, nein, im Sinne des Rebellen, der zerstört, der destruktiv handelt.

Jetzt zeigt es sich, daß doch an vielen Stellen unter großen Lava- und Aschenbergen die bisher verborgene Resignation sich auflehnt, und wo ausgebrannte Frömmigkeit sie noch zudeckt, glüht jetzt eine Glut der Auflehnung, des Neides, des Machtkampfes mit den lästigen Rivalen und Tyrannen der Naturwissenschaft und es will wieder ein Weg gefunden werden. Ein Weg, der wieder zurückführt, nicht nur zurück zur Natur, nein, zurück zu Gott dem Schöpfer dieser Natur, dem Geist, der uns die Seele und den Verstand gegeben, beide aber dem freien Willen unterstellt hat.

Liegt nicht in all dem Tun das eigentlich Wesentliche, daß die im Menschen verborgene Tendenz, mehr als Gott bzw. Gott überlegen sein zu wollen, sich als falsch herausgestellt hat? Gründet nicht diese ganze moderne Wissenschaft auf der Verführung in der Ursünde: „Eritis sicut Deus" („Ihr werden sein wie Gott!")?

Die Faszination dieser Verheißung hat die Menschen in Hunderten von Generationen nicht verlassen. Das sehen wir nicht in Psychosen, sondern ganz naiv in den Kaiserkulten der Antike, in den Analysen neurotischer, aber auch gesunder Menschen, bei Gläubigen und Ungläubigen. Überall kommt irgend etwas Besonderes heraus, ein Numen, das Walten einer Gottheit, in der der Mensch sich zu einer göttlichen Mächtigkeit erhebt.

Denken Sie nur an die Schule von *C. G. Jung.* Da wird die Psyche zu einer göttlichen Mächtigkeit erhoben. Andernorts finden wir das unverbindliche, namenlose Metaphysische als Numen wieder. Und unsere heutige Generation entdeckt ihre göttliche Macht in der Kunst der Wissenschaft und der Technik, die so grandios, so faszinierend, so magisch geworden ist, daß es schon viele gibt, die sie anbeten.

Für den modernen Menschen ist es schwer zu ertragen, daß alles Große, alles Tragende, alles Wesentliche unverfügbar ist. Aber der Mensch soll nicht sagen: „Was eine Tatsache ist, bestimme ich!" Denn wenn er einmal in die Natur hinausschaut, wird er das finden, was er braucht. Der moderne Mensch der Wissenschaft will Fakten haben. Er soll aber einmal klar sehen, daß die vielen unmeßbaren und unwägbaren Wunder in der Natur Fakten sind, und mit diesen Wundern als Fakta ist gerade der moderne Mensch in seinem besonderen, auf das Faktische gegründeten Wissenschaftsethos beim Wort genommen.

Die Medizin im allgemeinen ist in Bewegung geraten, die starren Formen haben sich aufgelöst. Wie alles im Leben ist auch die Medizin im Fließen und in diesem Fließen hat sich aus den konventionellen Formen die eine oder andere neue Disziplin herauskristallisiert. Das, was ich in diesem kleinen Kapitel „Arznei" beschreiben will, ist weder die klinische

Pharmakologie, noch Toxikologie, ist auch nicht irgendeine Therapie-Form der alternativen Medizin, sondern ich will einfach nur ein paar Beispiele dafür geben, daß selbst die moderne Medizin noch ganz alte Gedanken enthält und in den ganz alten Erkenntnissen der Therapie hochmoderne Formen stehen.

„To pharmakon" ist das alte griechische Wort für „Heilmittel", für Arznei. Es bedeutet aber zudem, und zwar sowohl in der alten griechischen Sprache als auch im Neugriechischen, „Gift", „Gifttrank", weiterhin „Zaubermittel", „Zaubertrank", „Zaubersaft", „Liebestrank", schließlich die „Farbe" oder das „Färbemittel".

Das Wort kommt aus dem Griechischen, von „pharmasso", d. h. so viel wie „öffnen" und auch „hineintun". Es ist also ein Mittel, das erst einmal geöffnet werden muß, wo man die Kraft einer Arznei herausholen muß, um es dann in den Körper eines Kranken oder eines Lebewesens, das seinen Zauber braucht, hineinzutun. Vielleicht in ein hübsches Mädchen, in das man verliebt ist und das man gefügig machten möchte.

So ist also die Bedeutung „Arznei" eine sehr weit gefaßte. Wir wollen einen kleinen Spaziergang machen durch Arzneimittel, die früher schon bekannt waren.

Den Honig kennen Sie alle als ein Nahrungsmittel, das unter gewissen Voraussetzungen sogar als ein heilendes Nahrungsmittel angeboten wird. Und im Zuge der „Naturproduktwelle" treten heute gehäuft wieder Honigvergiftungen auf, wenn wir den Honig direkt beim Bienenzüchter kaufen. In Amerika sind einige Ärzte schon darauf gestoßen, daß bei einem Symptomenkomplex, der sehr stark an Herzinfarkt erinnert, eine Honigvergiftung in Betracht gezogen werden muß. Bekannt ist auch, daß im Krankenhaus von Trapezunt jährlich 10 Fälle von Honigvergiftungen gemeldet werden, wobei diese Honigvergiftung genau so verläuft,

wie *Xenophon* in seiner „Anabasis" bereits vor 2400 Jahren
geschildert hat. Bei Xenophon lesen wir, wie toxisch Honig
sein kann. Im Jahre 401 v. Chr. führte *Kyros d. J.* eine Ar-
mee von 200 000 Mann gegen seinen Bruder *Ataxerxes II.*,
den König von Persien. Er verlor die Schlacht und seine
griechischen Söldner kehrten unter der Leitung *Xenophons*
in ihre Heimat zurück. In der Nähe von Trapezunt, das heute zur Türkei gehört, plünderten die Soldaten zahlreiche
Bienenstöcke, was vorübergehend verheerende Folgen hatte. Selbst die Männer, die nur wenig von dem Honig gegessen hatten, zeigten Symptome eines schweren Rausches;
größere Mengen führten zu Ohnmachtsanfällen, Erbrechen
und Durchfall. Nach etwa 24 bis 48 Stunden verschwanden
die Symptome und die Menschen waren wieder vollständig
hergestellt.

Wörtlich lesen wir bei Xenophon:
„Hierhin und dorthin wandten sich die Feinde zur Flucht.
Die Griechen gelangten auf die Höhe und lagerten in vielen
Dörfern, die eine Fülle von Lebensmitteln boten. Sonst gab
es dort nichts, was ihre Bewunderung erregt hätte; nur Bienenstöcke gab es in Mengen. Die Soldaten − hungrig −,
die von den Honigwaben aßen, verloren alle die Besinnung,
erbrachen, bekamen Durchfall, keiner von ihnen konnte
sich aufrecht halten, sondern wer wenig gegessen hatte,
glich einem völlig Betrunkenen, wer aber viel zu sich genommen hatte, einem Wahnsinnigen, einige sogar glichen
Sterbenden. So lagen sie, sehr viele, auf dem Boden herum
wie nach einer Niederlage und es herrschte große Mutlosigkeit. Am nächsten Tag aber war keiner gestorben und ungefähr zur selben Stunde, manchmal etwas später, kamen sie
wieder zur Besinnung. Am dritten oder vierten Tag erhoben
sie sich wie nach dem Genuß eines betäubenden Trankes."
Soweit also *Xenophon*.

Solche, durch spezielle Honigsorten verursachte Vergiftungen, ereignen sich heute noch, und zwar sowohl in der Türkei als auch in den Vereinigten Staaten, nämlich überall, wo *Rhododendron ponticum* gedeiht. Man hält die Grayanatoxine für die Ursache solcher Vergiftungen. Moderne Untersuchungen sehen als den wichtigsten Inhaltsstoff das Andromedotoxin an, das ist ein Asepotoxin mit fast Aconitähnlicher Wirkung. Wir finden dabei Speichelfluß, Erbrechen, Krämpfe, Atemlähmungen. Der Blutdruck wird gesenkt, und zwar ganz erheblich. Bei großen Mengen kommt es zu Vergiftungen, wie sie Xenophon uns beschrieben hat. Für uns ist interessant, daß die Andromedotoxine auch in der modernen Medizin eine Rolle spielen.

So ist z. B. in dem phytotherapeutischen Rauwoplant das Andromedotoxin enthalten. Es handelt sich hierbei um ein beliebtes pflanzliches Mittel zur Blutdrucksenkung.

Allein an diesem Beispiel sehen Sie, daß bei sorgfältiger Betrachtung alter Schriften und Berichte über Vergiftungserscheinungen doch sehr ähnliche Bilder zu finden sind.

Übrigens wird auch in der Homöopathie dieses Mittel verwendet, allerdings hier wieder in einer ganz anderen Richtung, nicht sehr weit entfernt von den Bildern, wie Xenophon sie beschrieben hat.

1986 wurde in Metz eine französische Gesellschaft der Ethnopharmakologie gegründet. Diese Gesellschaft hat 1990 ihren 1. europäischen Kongreß für Ethnopharmakologie gehalten. Es handelt sich dabei um die Dringlichkeit der Wiederentdeckung traditioneller Arzneimittel, besonders aus dem phytotherapeutischen Bereich, weil diese Arzneimittel heute vom Aussterben bedroht sind. Wenn wir nur davon ausgehen, daß heute in Brasilien beispielsweise 15 % der Bäume oder Pflanzen eine medizinische Heilwirkung haben, aber z. Zt. alle bei der Rodung dieser Wälder, der sogenannten Regenwälder, ausgerottet werden, dann geht uns dabei mehr als ein kostbares Gut verloren: Daneben ist es doch ganz interessant, wenn wir die Entwicklung von sehr wichtigen Arzneimitteln gerade in Amazonien kennen, zu wissen, daß sich *Alexander von Humboldt* während seiner Amazonasreise um 1800 mit der Herstellung und Benutzung von Curare und Chinin beschäftigt hat. Nun wollen sich die Ethnopharmakologen auch mit anderen Heilmethoden aus aller Welt beschäftigen und diese studieren, um auf diesem Wege doch wieder die Pflanzenarznei zu gesundheitlicher Primärversorgung zu führen.

Bei uns setzte besonders der leider zu früh verstorbene *Dr. Willmar Schwabe* diese Idee in die Wirklichkeit um und führte eine große Menge Arzneimittel der Therapie zu. Ich denke dabei nicht zuletzt an *Ginkgo biloba*, an *Fabiana imbricata* und viele andere Pflanzen, die er von seinen Forschungsreisen mitbrachte, pharmakologisch prüfte, pharmazeutisch entwickelte und dann der Therapie zuführte, sowohl im phytotherapeutischen als auch im homöopathischen Bereich nach entsprechender Arzneimittelprüfung, wie sie die Homöopathie bekanntlich benötigt.

Huflattich — Tussilago farfara

In der Naturheilkunde ist der Huflattich schon sehr lange bekannt und geschätzt und gehört zu den ältesten und besten Hustenmitteln, die wir kennen. Auch heute noch sind seine Bestandteile in anerkannten Hustentees enthalten, wenngleich das Bundesgesundheitsamt gelegentlich wegen der darin enthaltenen pyrrozolidinhaltigen Alkaloide Einwände erheben möchte.

So finden wir in einem Kräuterbuch von 1543 ein originelles Rezept, wo Blätter des Huflattichs gedörrt werden, auf eine Glut gelegt und der Rauch davon eingeatmet wird. Damit wird der trockene Husten und das Keuchen oder die Enge des Atmens deutlich besser und der Bronchialschleim löst sich. Bei uns wird Huflattich aber vor allem als Tee getrunken und findet sich in einigen Hustentropfen.

Interessant aber auch sein Genuß als Wildgemüse. Huflattich hat nämlich einen eigenartigen aromatischen Geschmack. Schleim, Bitterstoffe und Gerbstoffe sind magenfreundlich und wirken appetitanregend.

Die jungen, zarten Blätter kann man wie Kohl verwenden zu Krautwickeln. Man kann sie allein oder als Mischgemüse mit Spinat zubereiten, sie eignen sich auch zu Kräutersuppen, als Saft, als Salat und Mischsalat zusammen mit Brennesseln, Wiesenschaumkraut, Gundermann. Man kann sie auch aufs Butterbrot legen. Die Herbheit sollte einen nicht davon abhalten, diese Kräuter auf diese Weise zu genießen, denn gerade der gesundheitliche Nutzen ist bei solchen herben Kräutern besonders groß.

Schon 4 oder 5 Jahre lang wird, vor allem in der Bundesrepublik Deutschland, aber auch in anderen Ländern, eigenartig umgesprungen mit der Pflanzenheilkunde, und hier besonders mit einigen Pflanzen, die seit Jahrtausenden hilfreiche und treue Begleiter des Menschen sind. Gewisse Wissenschaftler und auch große Gesundheitsbehörden gehen auf seltsame Weise damit um.

Da heißt es, jemand habe Huflattich-Tee getrunken, vielleicht von Beinwell oder Pestwurz, und die Inhaltsstoffe könnten krebserregend sein. Und wenn eine stillende Mutter Huflattich-Tee trinkt, nimmt man das als Krebsrisiko für das Kind an. Man kennt bestimmte Krankheiten und das ist richtig, die aufgrund der Inhaltsstoffe, nämlich des Pyrrolizidin-Alkaloides (PA) besonders Leberkrankheiten auslösen. Nun, man hat es in Labors nachvollzogen und hat Ratten ein ganzes Leben lang mit einer krassen Überdosierung solchen PA-haltigen Futters versorgt. Sie wurden ein ganzes Leben lang vergiftet und man hat gefunden, daß tatsächlich dabei Krebs entstand. Nun, das bedeutet, wenn wir das auf den Menschen umrechnen, daß wir, so wir Huflattich-Tee zu uns nehmen, täglich mindestens 14 Liter trinken müßten, und das ein ganzes Leben lang, also von dem Augenblick an, wo wir etwas trinken können aus der Tasse oder Flasche, sonst würden wir niemals diese Dosis erreichen. Ich weiß nicht, ob wir dann an Krebs sterben würden oder möglicherweise an einem Überschuß an Wasser. Wahrscheinlich würden wir eher an übermäßigem Wasserkonsum zugrunde gehen.

Man hat das genau ausgerechnet. Im Tee werden ja nur die wasserlöslichen Stoffe aufgenommen. Im Tierversuch wird die ganze Pflanze verabreicht. Nun, das sind trotz aller „Wissenschaftlichkeit" für die Wirklichkeit unbedeutende Ergebnisse. Dieser unendlich große Erfahrungsschatz der Volksmedizin und die unzähligen dankbaren Patienten aus aller Welt lassen sich durch unsinnige Vergleiche nicht verunsichern.

Wir sollten an Paracelsus denken und dieser wird doch oft genug von den Behörden zitiert: „Nichts ist Gift, alles ist Gift, allein die Dosis macht, daß Gift nicht Gift ist."

Das gleiche Prinzip haben wir doch auch sowohl in der Phytotherapie als auch in der Homöopathie. In wohldosierter Reizdosis gibt man einen Stoff, der bei einem Gesunden gleiche oder ähnliche Krankheitssymptome auslösen würde, die man aber aufgrund der winzigen Dosis aufheben kann. Das universelle Gesetz der Umkehrwirkung ist hier gültig.

Man kann ja doch nicht z. B. auf einmal Pflanzen verbieten, die in höheren Bergregionen wachsen, bei denen wir wesentlich höhere Inhaltsstoff-Mengen finden, nur weil die Radioaktivität da oben in den Bergregionen höher ist. Oder würden Sie glauben, wenn ein Mensch Krebs bekommt und man weiß nicht warum, weil er gar nicht mit karzinogenen Stoffen zusammengekommen ist, daß er nur weil er jeden Tag Milch getrunken hat, wegen der Milch seinen Krebs bekommen hat, oder weil er jeden Tag Brot gegessen hat und deshalb das Brot karzinogen ist? Ich glaube, man sollte nicht so oberflächlich urteilen, und Gott sei Dank sind die Menschen reifer und kritischer geworden und sind irgendwelchen Spekulationen, selbst wissenschaftlichen Spekulationen gegenüber kritischer, manchmal auch ironisch-kritischer geworden.

Sagte mir doch neulich ein Bekannter: „Ich werde einmal zwei Stückchen Zucker in den Starnberger See werfen und das dem Gesundheitsamt melden. Und dann werde ich warten wie lange es dauert, bis am Ufer des Starnberger Sees große Schilder aufgestellt werden: „BADEN FÜR ZUCKERKRANKE STRENG VERBOTEN", denn der Zuckergehalt entspricht dann in etwa dem Pyrrolizidin-Gehalt des Huflattichs in etwa 1000 Tassen Tee." "

Es gibt eine sarkastische Statistik. Nach dieser Statistik ist Milch sowohl von der Kuh, als auch vom Menschen das größte Krebsrisiko, denn über 90 % aller an Krebs Erkrankten haben über 1/2 Jahr Milch getrunken.

Es wäre noch zu erwähnen, daß in der Naturheilkunde noch ungeahnte Möglichkeiten vorhanden sind. Die sogenannte „Pille", die große Errungenschaft der modernen Pharmaindustrie hat ja auch Schattenseiten. Ihre Nebenwirkungen sind nicht so einfach wegzudiskutieren und niemand weiß, ob sie nicht eine „Zeitbombe" ist, die erst nach ein oder zwei Generationen „explodieren" wird.

Wir wissen auf jeden Fall, daß im Urwald des Amazonas Pflanzen wachsen, deren Blätter die einheimischen Frauen essen, um auf Jahre hinaus steril zu sein. Wenn sie wieder Kinder haben wollen, heben sie mit den Blättern einer anderen Pflanze die Wirkung der ersten wieder auf.
Wir wissen wenig über die Inhaltsstoffe dieser Pflanzen, die eine amerikanische Botanikerin gesammelt und schließlich

der Pharmaindustrie übergeben hat. Leider sind diese Unterlagen verloren gegangen.

Daß aber solche Dinge existieren, ist auch aus anderen Forschungsergebnissen und Entdeckungsreisen bekannt. So war es ein französischer Forscher, der in Westafrika erlebt hat, wie Frauen, die zwei Kinder hatten, von ihrem Medizinmann ein Säckchen bekamen, das mit Sand gefüllt war und das sie immer oberhalb ihres Schambeins tragen mußten. Sie bekamen dann keine Kinder mehr. Alle halbe Jahre mußte das Säckchen nachgefüllt werden.

Nachforschungen und genauere Untersuchungen ergaben schließlich, daß es sich bei dem Inhalt des Säckchens um radioaktiven Sand handelte, mit dem praktisch eine radiologische Sterilisation durchgeführt wurde.

So gibt es sicher noch unendlich viele in der Natur vorhandene Möglichkeiten nicht nur zur Heilung von Krankheiten, sondern auch zur Steuerung von Gesundheit und Krankheit, aber auch für jene Gradwanderungen, denen wir heute in unserer so fortschrittlichen Zivilisation ausgesetzt sind.

Aloe

Es handelt sich dabei um ein Liliengewächs, also um ein aus einer Familie stammendes Gewächs, von dem viele Mitglieder sehr giftig sind. Die Pflanze gehört zu den Sukkulenten. Das sind Pflanzen, die ähnlich aussehen wie die Agaven und wegen ihres starken Saftgehaltes dieser fleischigen Üppigkeit aufgefallen sind.

Im griechischen Altertum war sie schon bekannt und begehrt. Die Griechen nahmen die Insel Sokkotra als die Heimat der Aloe an, und so heißt die Pflanze auch heute noch im botanischen Gebrauch „*Aloe sokkotrina*".

Als Heilpflanze wird sie schon von Dioskurides, von Plinius und Celsus erwähnt. Dabei ist staunenswert, warum trotz der Therapie mit Aloe bei griechischen und arabischen Ärzten diese Pflanze bei *Hippokrates* und *Theophrastus* überhaupt nicht erwähnt wird.

Im religiösen Bereich finden wir die Aloe auch wieder, und zwar bei den Mohammedanern, besonders bei den ägyptischen Mohammedanern, da war die Aloe ein religiöses Symbol. Ein Mohammedaner, der eine Pilgerreise zum Schrein des Propheten absolviert hatte, besaß das Recht, Aloe-Blätter über seinen Hauseingang zu hängen.

Die Inhaltsstoffe sind vor allem kristallines Aloin, das aus Barbaloin und Isobarbaloin besteht, amorphes Aloin, das aus Beta-Barbaloin besteht, Sokaloin, Capaloin, Aloe-Emodin und verschiedenen Herzstoffen.

Medizinen werden besonders aus Aloe-Sukkotrina hergestellt. Aloe vera hingegen, das kein Aloin und Emidin enthält, wird bei Kosmetika, vor allem bei Sonnenschutzpräparaten, bei Dusch- und Badegels, aber auch als einfaches, aber besonders wirksames Kosmetikum angepriesen.

Die Aloe vera ist tatsächlich in der Lage, die Haut etwas zu glätten, die Hornschicht zu verbessern, und es ist immerhin möglich, daß noch einiges aus dieser Pflanzenzubereitung in der Kosmetik zu erwarten ist.

Die medizinischen Indikationen sind im Besonderen in der Vergangenheit die reinigende Entleerung des Darmes gewesen. Es war eines der besten Abführmittel und ist noch heute in einigen Abführpillen enthalten. Und schließlich sollte man nicht vergessen, daß der italienische Kräuterschnaps „Fernet Branca" Aloe enthält. Man braucht sich also nicht wundern, wenn man zuviel davon trinkt, daß möglicherweise der Darm etwas unruhig, vielleicht auch chaotisch reagieren kann.

In der chinesischen Medizin wurde Aloe bei Kopfweh, Schwindel, Verstopfung, kindlichen Krämpfen, auch bei Keuchhusten angewendet. Hingegen bestand eine strenge Kontra-Indikation bei der Schwangerschaft.

Baldrian – Valeriana officinalis

Baldrian ist eine der populärsten einheimischen Heilpflanzen. Im Laufe von Jahrhunderten, ja sogar Jahrtausenden hat sie verschiedene Wandlungen erfahren. Einmal wurde die Heilkraft an ihr gelobt, mal verdammt, dann wieder eine neue Heilkraft gefunden, so daß sie ein recht bewegtes Leben unter den Menschen hinter sich hat.

Die alten römischen und griechischen Ärzte kannten diese Pflanze unter dem geheimnisvollen Namen „Phu". *Dioskurides* schätzte das Kraut Phu als erwärmendes, menstruationsförderndes und harntreibendes Mittel. *Hippokrates,* der *heiligen Hildegard* und *Paracelsus* war der Baldrian ein äußerst zuverlässiges Heilmittel. Teilweise war er sogar als Liebesmittel bekannt.

Im 17. Jahrhundert hat *Fabio Colttonna* dem Baldrian ein Buch gewidmet. Er selbst litt unter Krampfanfällen und suchte für seine Krankheit ein Heilmittel, stieß dabei auf Baldrian. Dadurch wurde er geheilt.
Er studierte später Botanik und verfaßte ein Buch, in dem er die Heilkräfte des Baldrians beschrieb. Hier wird zum ersten Mal Baldrian als das große Nervenmittel aufgeführt und dieser Ruf geht ihm bis heute noch voraus.

Der Name „Valeriana" wird vom lateinischen „valere – kräftig sein, sich wohlbefinden" hergeleitet, weil sie als Pflanze galt, die eine Allheilwirkung darstellte. Auch heute noch heißt Baldrian im Englischen „All heal", das bedeutet „Allesheiler".

Vom Baldrian wußte man im Mittelalter, daß er auch die Pest heilen konnte, und er gehörte mit zu den Theriak-Kräutern. Theriak war ein besonderes Heilmittel, es war sehr teuer, seine Zusammensetzung war sehr geheim und galt als ein Heilmittel auch bei der Pest. Angelika gehörte noch dazu und einige andere.

Die Feen im Walde haben dem Menschen verraten, daß Baldrian gegen die Pest hilft und es galt dann der Spruch:
„Eßt Bibernell und Baldrian,
so geht euch die Pest nicht an."

Noch lange nach den Pestepidemien hat man Baldrian als Antiinfektmittel benutzt.

Die Pflanze ist an sich nicht zu übersehen. Zunächst einmal sieht sie aus wie ein Doldengewächs. Man könnte sagen, sie ist die einzige doldenartige Pflanze die rosa blüht. Sie ist aber kein Doldengewächs, auch wenn sie eine schirmförmige Blüte hat. Baldrian bildet eine eigene Familie, das sind die Baldriangewächse.

Es ist eine „leichte" Pflanze, die viel Licht in sich trägt.

Die Germanen sahen im Baldrian vielleicht schon die Kräfte von *Baldur,* des Gottes des Lichtes bzw. dessen Reinheit und Güte. *Baldur* heißt auch der „Hilfsbereite".

So sahen sie auch im Baldrian eine Pflanze, die bei allen Gebrechen ihre Hilfe anbietet. Die Namensähnlichkeit von Baldur und Baldrian ist immerhin etwas Interessantes.

Und noch einmal hat der Baldrian in der nordischen Mythologie einen Ehrenplatz erhalten, und zwar in den Händen von Göttin Herta, die ihn als Gerte benutzt, wenn sie auf ihrem mit Hopfen gezäumten Hirsch durch den Wald reitet. Hier steht Baldrian als das Symbol für die Besänftigung von wilden Tieren.

Es ist also ein guter Waldgeist, dieser Baldrian. Und so erleben wir ihn auch draußen am Waldrand, an kleinen Lichtungen, feuchtem Laub- und Mischwald, nahe an einem Fluß. Er hat das feuchte Element sehr gern. Man kann ihn schlecht pflücken, denn er welkt sehr bald. Und in mondhellen Nächten sollen nun alle die Geister des Wassers, die Undinen, die Nixen, die Nymphen mit den Elfen um ihn herum tanzen. Und so hat er auch den Namen „Elfenkraut" bekommen. Er ist eine richtige Elfenpflanze, schauen Sie ihn sich einmal an. So schlank, hoch aufgeschossen, feine, fiederblättrige Blättchen, nicht viele, aber gerade so, daß sie zauberhaft einen Kontrast zu dem rillenartigen Stengel bilden, gekrönt von rosa Blütenköpfchen.

Baldrian hat auch den Namen „Katzenkraut" oder „Tollerian". Nun, es gibt eine Tierart, die verrückt wird bei Baldrian, das sind die Katzen. Wenn der Geruch des Baldrians der Katze in die Nase steigt, dann wird sie wirklich toll, daher der Name „Tollerian". Wenn Katzen im Garten Baldrian finden, dann werden sie ihn sicher bald zerstören, zerreissen oder gar zertrampeln.

Inhaltsstoffe:
Da ist einmal das ätherische Öl mit verschiedenen Estern, Borneol und Borneol-Ester, dann bizyklische Sesquiterpen. Valeren-Säure, Valeranal und Alkaloide, schließlich auch noch Valeprotriate und deren Abbauprodukte Baldrinal und Hormobaldrinal.

In unseren Medikamenten sind die thermo- und chemolabilen Valeputriate nicht mehr enthalten.

In den alten Bauerngärten fehlt der Baldrian nicht. Man wollte eigentlich immer eine heilkräftige Pflanze in der Nähe haben.

Eine heute in der Küche recht übliche Baldrian-Pflanze, die wir aber unter einem anderen Namen kennen, existiert auch in solchen Gärten, nämlich *Valerianella olitoria*. Es handelt sich dabei um den Feldsalat, Rapunzelsalat.

Wer hat denn schon gewußt, daß Rapunzel eine Baldrian-Pflanze ist? Nun, sie enthält kaum noch irgendwelche Wirkstoffe unseres bekannten Baldrians. Jeder Gärtner weiß auch genau, daß Baldrian-Anpflanzungen Regenwürmer anziehen, und das in ungeheuren Mengen, was ja eine große Hilfe für unsere Gärten bedeutet. Sie durchlüften den Boden und stellen einen ungeheuer guten Kompost her; so sollte man auch Baldrian immer auf den Kompost setzen, dann wird man einen herrlichen Kompost haben.

Im biologisch-dynamischen Anbau verwendet man Baldrian-Pflanzen und -Präparate, auch bei Tomaten im Herbst und auch Obstbaumblüten im Frühjahr, um die Pflanzen vor Frost zu schützen. Dabei macht natürlich die Wärmeausstrahlung des Baldrians den wesentlichen Schutz aus.

Und wer genau Bescheid weiß, der pflegt die Samen von Tomaten, Lauch und ähnlichen Pflanzen in verdünnten Baldrian-Extrakt kurz zu baden. (Bitte keine Leguminosen mit ihrem Saatgut so behandeln!)

Zum Schluß fragen Sie bitte noch Ihren Apotheker oder Ihren Arzt, wie man Baldrian-Tee macht, damit er wirklich wirkt. Es ist schon interessant, daß kaum jemand ihn richtig herstellt und deswegen enttäuscht ist, daß er nicht wirkt:

Sie nehmen ihren Tee am Abend, bevor sie schlafengehen, nehmen 1 Teelöffel, mitunter auch 2 Teelöffel, damit es noch besser wirkt (so denkt man jedenfalls!) und kochen den vielleicht 5 – 10 Minuten lang, weil sie solches gehört haben. Wenn sie dann den Tee getrunken haben, so richtig schön heiß noch, dann gehen sie zu Bett und hoffen nun endlich auf den so ersehnten Schlaf. Und, oh Graus, er kommt nicht. Man wird immer unruhiger, immer erregter, man steht auf, läuft herum und das kann die ganze Nacht so gehen bis zum frühen Morgen, wo man dann erschöpft in den Sessel sinkt, um endlich einzuschlafen.

Was ist geschehen, wo bleibt die segensreiche Wirkung dieses ach so guten Arzneimittels? Nun, das liegt im wesentlichen daran, daß hier eine Arzneimittelprüfung durch den Patienten durchgeführt wurde. Der Patient hat hier einen zu hohen Gehalt der entsprechenden Inhaltsstoffe zu sich genommen, noch dazu in heißem Zustand, und hat so genau diese Erregungszustände, wie wir sie beim kranken Menschen kennen, bei sich selbst ausgelöst. (Ähnlich wie bei Katzen.)

Da erhebt sich jetzt natürlich die Frage, wie soll man den Tee zubereiten? Nun, der Tee wird gleich für 10 Tage im voraus angesetzt. 10 gehäufte Teelöffel Baldrian-Wurzel, bereits klein zerhackt in der Apotheke gekauft, gibt man auf 10 Tassen Wasser und dies wird dann ungefähr eine Stunde stehengelassen. Dann erst wird der Topf auf die Flamme gestellt und zum Kochen gebracht (10 Minuten). Der Deckel bleibt die ganze Zeit auf dem Topf und wird auch nicht abgenommen, wenn wir jetzt den Tee vom Herd wegstellen an einen kühlen Ort, z. B. die Speisekammer oder unter das Fensterschränkchen, wo auch immer sie einen kühlen Ort haben. Und da bleibt der Tee 10 Stunden lang stehen, muß ziehen und langsam abkühlen. Dann nach 10 Stunden wird der Tee abgegossen durch ein Sieb oder ein Leinentuch, so daß alle Wurzelfasern hängen bleiben, und nun wird er abgestellt. Am Abend dann vor dem Schlafengehen nehmen Sie eine Tasse voll des kühlen Tees, vielleicht zimmerwarm, aber keinesfalls erwärmt oder gar erhitzt, und süßen ihn mit Honig, 1 bis 2 Löffel und dann trinken Sie ihn langsam und gehen nach 10, 20 Minuten zu Bett. Jetzt kommt das Staunenswerte, der Tee wirkt beruhigend und Sie werden auch das Heilsame und das Wundersame von Baldrian erleben.

Etwas sollte man noch anführen. Es gibt eine Pflanze, die Sie alle kennen. Sie hat weiße große Dolden und gehört zu den Doldengewächsen. Es ist die Engelwurz, *Angelica archangelica*, und diese Pflanze wird in der Volksmedizin und in der Homöopathie als Tonicum angewandt, d. h. als Mittel, das einem besondere Kräfte verleiht, das einem mehr Schwung, mehr Aktivität und Kreativität verleiht.

Der Allgemeinheit ist dieses *Radix angelicae* am meisten bekannt durch einen sehr berühmten Likör, das ist der Benediktiner oder auch *Chartreuse* genannt. Hier ist die Alkoholwirkung und das Tonicum stimulierend.

Beinwell — Symphytum officinale

Er gehört zu der Familie der Rauhblattgewächse, zu den Boraginaceae. Im Garten, da sind sie wie Titanen. Sie haben große, ja riesige fleischige Blätter, sind ganz weit um den Stengel herum, einem sehr hohen Stengel, ausgebreitet und sie sehen so aus, als ob sie alle Kraft aus dem Boden gesaugt haben, damit sie immer größer und immer stärker werden können. Es gibt nur noch eine Pflanze, die genau so wild ist, das ist die Kürbispflanze. Oh weh, wenn diese beiden Pflanzen im Garten sich entwickeln, dann hat man bald keinen Garten mehr. Dann muß man schnell wieder Platz schaffen. Besonders Beinwell, der sich in einer Geschwindigkeit ausbreitet, daß er alles überwuchert, sollte kräftig in die Hand genommen werden.

Es ist schon schön, diese zartvioletten Blütchen zu sehen. Übrigens finden wir nirgends so viele Hummeln wie gerade beim Beinwell, denn in diesen Blüten muß sehr viel süßer Nektar sein, an den andere Insekten gar nicht herankommen, nur die Hummeln.

Es gibt noch ein „*Symphytum peregrinum*". Das ist keine einheimische Pflanze, sie stammt wahrscheinlich aus dem fernen Osten und ist nach England gekommen. Es handelt sich dabei um eine Kreuzung aus unserem Symphytum officinale und einer Beinwell-Art, die aus dem Kaukasus kommt. Dieses Symphytum wird heute „Comfrey" nach einem englischen Gärtner genannt, der in den Diensten Katharinas II. in Rußland gestanden und die Pflanze von Petersburg nach England gebracht hat. Comfrey wird größer als unser Beinwell, hat riesige behaarte Blätter, fleischig saftig, auch die Stengel sind groß. Man kann sie als Futterpflanze verwenden; übrigens hat auch sie wunderschöne zarte Blüten.

Nochmals zurück zur Pflanzenfamilie. Da kennen wir einige außer dem Beinwell. Das Lungenkraut, Borretsch, Vergißmeinnicht, und noch viele andere mehr. Sie alle haben einen hohen Gehalt an Kieselsäuren, aber auch an anderen Stoffen.

Inhaltsstoffe:
Der Anteil der Inhaltsstoffe ist ja nach Pflanzentyp, Zeit der Ernte und Art der Trocknung und Zubereitung sehr verschieden.

Gute Pflanzen- und Kräuterweiblein wissen sogar, daß es auf die Stunden ankommt, in denen man diese Pflanze pflücken soll und an welchen Tagen, weil dann die entsprechenden Saturnkräfte besonders stark wirksam sind.

In Amerika sind tatsächlich besondere Untersuchungen gemacht worden und man fand heraus, daß in Beinwell-Blättern an verschiedenen Tagen gepflückt, die Menge der Inhaltsstoffe ganz verschieden war.

Dabei ist Beinwell insbesondere deshalb interessant, weil sie etwa siebenmal so viel pflanzliche Proteine wie die Sojabohne enthält und viermal so viel Vitamin B 12 wie beispielsweise die Hefe. Das heißt also, ein echtes Anti-Anämie-Vitamin könnte man hier konstruieren. Also Substanzen, die sonst nur in Fleisch, Fisch und Milch vorkommen.

Weitere Inhaltsstoffe sind Allantoin, Polysacharide, Triterpene, Polyphenolsäuren, Aminosäuren, Mineralsalze und, was die Pflanze zeitweise in Verruf brachte, Pyrrolizidin-Alkaloide.

Diese letztgenannten Alkaloide sind im toxikologischen Bereich gelegentlich als bedenklich bezeichnet worden, besonders wenn man sie über längere Zeit einnimmt. Die äußere Anwendung scheint unbedenklich, da sie perkutan kaum resorbiert werden.

Ein endgültiges Urteil ist noch nicht gefällt, denn die doch sehr häufig geübte Form, daß man *Symphytum peregrinum* pulverisiert, den Wurzelstock eßlöffelweise einnimmt, um den Darm sauber zu halten, bedeutet, daß hier Patienten über Jahre hinweg ca. 500fache angeblich toxikologisch relevante Mengen von Pyrrolizidin-Alkaloiden einnehmen.

Heilwirkung:

Der uns bekannte früheste Bericht über die Heilkraft von Beinwell stammt von *Dioskurides,* dem berühmten Militärarzt. Er lobt sie in seiner „De materia medica libri". Er hatte ja vor allem mit Kriegsverletzungen, Knochenbrüchen und Heilungen von Wunden zu tun, und das ist auch noch heute das gebräuchlichste Wirkungsgebiet von Beinwell.

Der Name „Beinwell" deutet ja darauf hin, daß besonders die Knochen hiermit geheilt werden können. Nun, es war kein geringerer als der bekannte amerikanische Pharmakologe *Edgar Allen,* der „Beinwell, die Arnika der Knochen und der Knochenhaut des derben Gewebes, der Narben und Fasern" nannte. Man kann also bei allen Verletzungen von Knochen Beinwell anwenden, bei Knochenbrüchen, aber auch bei Sehnen und Bändern, bei Entzündungen, Verstauchungen, Überdehnungen wird es helfen.

Daneben aber auch bei Nagelbettentzündungen. Ebenso bei Schmerzen nach Amputationen, auch manchmal bei Phantomschmerzen, besonders mit homöopathischer Dosis. Am besten wirkt dabei die innerliche Anwendung mit homöopathischen Mitteln und schließlich die äußere Anwendung als Tinktur, aber auch durch Umschläge mit Tee aus den Blättern, zu guter Letzt dadurch, daß man Blätter zerreibt und dann die grob verriebenen Blätter auf die frische Wunde aufträgt.

Es ist aber auch ein Beruhigungsmittel aller Schleimhäute und läßt Entzündungen abklingen und ist deshalb auch ein gutes Heilmittel bei Magen-Darm-Erkrankungen, auch bei chronischer Enteritis, Gastritis, Sodbrennen, zu viel Magensäure; man kann es hier als Comfrey-Pulver oder als Blättertee einnehmen. Schließlich bei Zahnfleischerkrankungen und Paradontose pinselt man mit dem Tee aus der Wurzel oder mit der Tinktur (1:1 mischen mit Wasser) den Krankheitsherd.

Brennessel — Urtica urens (die kleine Brennessel)

Im Kräuterbuch des *Dodonäus,* im 16. Jahrhundert aufgeschrieben, finden wir einen prachtvollen Spruch von der Brennessel:

„Das Kraut kenn ich, sagte der Teufel und setzte sich genüßlich in einen großen Brennesselbusch, gleich hinter dem Haus."

Beißend und stechend, so kennen wir die Brennessel, und sie steht ja selten allein, es sind immer viele miteinander. „Kommt mir bloß nicht zu nahe", sagen sie uns.

Sie sind als Unkraut abgetan, und nur unsere bösen, chemischen Düngemittel haben sie zu einem Teil vernichten können, aber sie wachsen schon wieder fleißig und werden wieder groß.

Man muß sich überlegen, daß so berühmte Leute wie *Horaz* und *Ovid* die Brennessel besungen haben, ja sogar Naturphilosophen, in diesem Fall *Phanias,* ihr zu Ehren ein ganzes Buch geschrieben hat. Der nicht gerade sehr sanfte und schamvolle Dichter *Catull* beschrieb die Brennessel in einem Gedicht und lobte sie hoch. Auch *Hieronymus Bock* beschrieb die Brennessel am Anfang seines Kräuterbuches.

Interessant dabei der Gedanke, daß *Albrecht Dürer* auf einem Bild die Brennessel in die zarten Hände eines Engels gelegt hat, der dieses angebliche Unkraut zum Thron des Himmels hinaufbringt. Man kann es ja auch so sehen, daß hier ein Kraut zum Himmel emporgehoben wird, ein brennendes Teufelsunkraut, wie man so sagt.

Die Pflanze ist natürlich auf Distanz bedacht; wo Menschen sich niederlassen, ganz gleich ob in Einödhöfen oder in Dörfern, immer kommt sofort die Brennessel dazu. Und selbst dann, wenn alle Menschen wieder verschwunden sind, dann werden die Brennesseln immer noch zu finden sein. An alten Scheunen, zwischen den Brettern, wo die alte Egge steht und die alten Pflüge, da überall kommt die Brennessel wieder.

Die Brennessel wirkt in irgendeiner Form heilend auf das Bodengeschehen ein. Wo der Krieg so viel zerstört hat, sei es auf Acker- oder Walderde, kommt sie mit ihren riesigen Wurzeln, macht die Erde wieder locker für neue Humusbildung, und die abgestorbenen Brennessel bereitet einen Boden mit einem ungeheuer hohen Gehalt an Mineralien, wie sie kaum eine andere Pflanze noch enthält.

Wir lernen sie meist im Kindesalter kennen und empfinden das starke Brennen auf der Haut als so schrecklich und unangenehm, daß oft sogar Tränen fließen.

Die spitzen, beißenden, fast stacheligen, brennenden Blätter der Brennessel zeigen uns eigentlich, wohin sie gehört. Sie trägt deutlich das Siegel des Planeten Mars. Das heißt also, so wie dem alten griechischen Kriegsgott *Ares* und dem römischen Kriegsgott *Mars* ist ihr das Eisen zugeordnet, das Eisen, das Metall des Krieges. Die entsprechende Farbe ist blutrot, denn es verletzt ja alle. Und wenn man überlegt, daß früher Mars mit dem Teufel identifiziert wurde, so kann man auch die Liebe zwischen der Brennessel und dem Teufel erklären, von der es ja unendlich viele Sprüche, Reime und Legenden gibt.

Und als Marspflanze kann die Brennessel natürlich sehr stark brennen, d. h. sie erwärmt auch ungemein; überdies kann sie schon draußen in der Natur sehr gut mit Abfallstoffen umgehen. Denken Sie einmal an ihren Standort bei irgendwelchen Abfallgruben, oder auch bei alten Toilettenhäuschen, so ist sie eigentlich die ideale Pflanze zur Behandlung von Rheuma und Gicht.

Sie kann nämlich alle diese (Abfall-) Stoffe gut abbauen und so auch helfen, solche Giftstoffe aus dem Körper abzubauen.

Eisen, dieses Marsmetall, findet sich in hoher Konzentration in der Brennessel. Das heißt, sie kann tatsächlich dem Menschen Eisen zuführen. Sie ist eine der besten Blutreinigungspflanzen, besonders im Frühjahr, wenn der Körper noch voll von Schlackenstoffen ist, dann kann sie die Frühjahrsmüdigkeit „herausziehen". Man sollte sich mit einer Brennessel-Reinigungskur behandeln und alles Böse entfernen.

Inhaltsstoffe:
Acetylcholin, Histamin, Serotonin, Beta-Setosterin, Carotinoide, Enzyme, Glukokinine, Hormone, Mineralsalze, organische Säuren, Kieselsäure.

Aber nicht nur bei Rheuma und Gicht wird die Brennessel verwendet, sondern auch als Antianämikum, schließlich als Haarwuchsmittel. *Pfarrer Kneipp* hat sie besonders empfohlen. Er riet, 200 g frisch geschnittene Brennessel in einem Liter Wasser eine halbe Stunde lang zu kochen und den Absud abzuseihen. Damit sollte man sich vor dem Schlafengehen täglich den Kopf waschen.

Der Samen der Brennessel beinhaltet Pflanzenhormone und Stoffe, die den Körper vitalisieren. Pferdehändler wissen es genau und sie werden ihre Pferde, die sie verkaufen wollen, die vielleicht etwas alt und schwach sind, vorher entweder mit Brennessel-Samen etwas aufputschen oder auf die alte Methode mit *Acidum arsenicosum*, dann werden sie wieder wild und jung, haben feurige Augen und schnaubende Nüstern und ein glänzendes Fell.

Der römische Dichter *Ovid* hat uns über Brennessel-Samen vor 2000 Jahren berichtet, und zwar hat er in seinem Werk

„Liebeskunst" Rezepte seiner Zeit preisgegeben, die zur Steigerung der Liebeskraft dienen sollten. Pfeffer und den Samen von der Brennessel sollte man mischen. Dazu allerdings empfahl er noch, damit es besser wirkt, Honig, Zwiebel, Eier und Pinienkerne.

In der heutigen Naturheilkunst werden Brennesselsamen für etwas weniger amuröse oder intime Anwendungsgebiete empfohlen. Heute gelten sie als gutes Tonikum bei Erschöpfungszuständen, nach Krankheiten und bei älteren Menschen.

Schließlich werden die Wurzeln und deren Extrakte bei Prostata-Erkrankungen angewendet. Allerdings würde ich in diesem Fall empfehlen, einen Arzt hinzuzuziehen, weil zu langes alleiniges Hantieren mit solchen Präparaten schließlich doch manchmal nicht ungefährlich sein kann.

Für alle Freunde, die sich selbst ihre Nahrungsmittel zubereiten, sollte man auch daran denken, daß Hühner ihre Legeleistung deutlich erhöhen, wenn man sie ein wenig mit Brennesselsamen füttert. Besonders im Winter sollte man im Körnerfutter gelegentlich Brennesselsamen untermischen. Wer dies einmal getan hat, der weiß genau, wie gut das wirkt.

Für alle, die gern wandern und manchmal sehr, sehr müde nach 8 – 12 Stunden Wanderung zurückkommen, noch eine kleine Empfehlung: Wenn Sie schon sehr müde sind und die letzte halbe Stunde schon fast gar nicht mehr schaffen könnten, dann empfehlen sich drei bis fünf Blätter des oberen Teiles eines Stengels, natürlich eines nicht blühenden Stengels einer Brennessel, abzureißen und dann mit der Handinnenfläche zu einer Kugel zu rollen. An der Handinnenfläche gibt es kein Brennen, und dann sollten Sie diese Kugel kauen, lange kauen mit Speichel und weiterkauen; es werden keine 10 Minuten vergehen, dann werden Sie das Gefühl haben, daß Sie zwei Tassen Kaffee und vielleicht noch ein Glas Sekt getrunken hätten, Sie werden sich sehr wohl fühlen und prachtvoll weitere Kilometer laufen können und vielleicht sogar den anderen voraus sein.

Hyoscyamus niger – Bilsenkraut
(auch Toll- und Zigeunerkraut)

Wir haben schon einiges darüber im Kapitel II gelesen bei den Zauber- und Hexenmitteln. Hier ist etwas anderes interessant, nämlich die Tatsache, daß dieses früher für Narkose und ähnliche Dinge angewandte Mittel kaum oder selten noch gebraucht wird, außer in der Homöopathie, wo wir es unter ganz anderen Gesichtspunkten sehen. Es soll auch hier nur deswegen erwähnt werden, weil wir es bei den früher auftretenden Psychosen (denken Sie an die Hexensalbe) erlebt haben, daß Hyoscyamus gerade das Flugerlebnis vermittelt hat. Einer, der es eingenommen hatte, ist schließlich auf einem Besenstiel, auf jeden Fall auf einem Imaginations-Vehikel in die Lüfte hinausgesegelt, und zwar nicht ohne erotischen Beigeschmack.

Dieses Flugerlebnis ist ganz typisch für Hyoscyamus, es kommt allerdings auch bei anderen Pflanzen vor, aber hier ist es besonders stark.

Nehmen wir einmal die moderne Medizin. Da gibt es ein Mittel, das bei krampfartigen Schmerzen von großen Hohlorganen angewendet wird, sei es bei Gallen-Koliken oder Gallenblasenkrankheiten, sei es bei Blasenkoliken oder auch z. B. bei Blasenschmerzen nach Prostata-Operationen, die ja ungemein heftig sein können. Da kann man mit einem modernen Präparat, dem *Buscopan,* das dem Patienten in Infusionen oder Spritzen einverleibt wird, eine ganz erhebliche Besserung herbeiführen. Inhaltsstoffe: *Scopolamin* und *Hyoscyamin.*

Wenn Sie mit dem Patienten dann am nächsten Morgen nach gut durchschlafener Nacht einmal sprechen und ihn danach fragen, was er nachts wohl geträumt habe, so werden Sie von allen, die sich überhaupt an Träume erinnern können, plötzlich hören: „Ja, das war eigenartig, ich habe einen Traum gehabt und bin auf einem großen Baumstamm über die Isar geflogen." So hörte ich es von einem Patienten.

Ein anderer berichtete mir, daß er von seinem Segelboot den Mast abgenommen hätte und auf dem über alle Berge, über das Oberland hinweg geritten sei.

Und ein Dritter, den ich sehr gut kenne, konnte genau berichten, daß er die Marktstraße in Bad Tölz, jeweils rechts und links am Arm zwei, drei große Plastiktüten verschiedener Kaufhäuser hatte, und der Wind hat diese Plastiktüten aufgeblasen. Dann ist der Mann die Marktstraße etwa in 10 bis 20 m Höhe herauf- und heruntergesegelt, und immer wenn er die Hände anlegte, konnte er sanft auf der Marktstraße landen, sich mit jemand unterhalten. Sobald er die Hände wieder ausbreitete blähten sich die Tüten auf und er flog wieder über die Isarbrücke hinüber bis zum Blomberg-Haus hinauf.

Was Sie hier erleben, ausgelöst durch ganz moderne Medizinen, ist das, was schon Goethe in seinem Faust so schön schreibt von jenen, die zum Blocksberg geflogen sind, um mit dem Teufel zu kopulieren.

Humulus lupulus – Hopfen

Im Hopfen sind mehrere Hauptwirkstoffe zu finden, das Humulon, das Lupulin und das Lupulon. Alle sind verhältnismäßig nahe miteinander verwandt und noch vereint mit vielen anderen Inhaltsstoffen.

Alle diese Hopfen-Bitter-Säuren, die noch vorhanden sind, stellen schwache Hypnotika dar und haben eine sanfte sedative Wirkung. Bei niedrigeren Tieren gibt es gelegentlich

Lähmungen, die wir aber bei höheren Tieren, auch beim Menschen, nicht finden. Dann enthält Hopfen noch Bestandteile ätherischen Öles, das im Zusammenhang mit den anderen Inhaltsstoffen nach primärem Erregungszustand eine leichte zentrallähmende Wirkung hat, die bis zu einer tiefen Narkose gehen kann. Akute Vergiftungserscheinungen sind im wesentlichen nicht beschrieben, aber man kann sich schon vorstellen, daß nach einem erheblichen Biergenuß u. a. auch diese Substanzen wirksam werden, wenn eine entsprechende Responsibilität besteht. Der (Bier-) Rausch geht ja bekanntlich zunächst mit mehr oder weniger großer Erregung einher, denken Sie nur an Betrunkene bei Bierfesten, z. B. dem Oktoberfest. Dieser Erregungsphase folgt ein tiefer Schlaf, und man hat Mühe, den „Delinquenten", der am Tisch, den Kopf auf die Arme gesenkt, eingeschlafen ist, wieder wach zu bekommen.

Dem Biertrinker sollte man allerdings auch ganz leise verraten, daß es sich hier bei dem Hopfen um ein sogenanntes Anti-Aphrodisiakum handelt, also ein Mittel, welches die Liebe deutlich dämpft und das Liebesverlangen mit allen seinen Folgen deutlich senkt.

So also dem Biertrinker ins Tagebuch geschrieben, falls er nach dem Besuch eines Festes noch Lust hätte, sich mit einem hübschen Mädchen zusammenzutun.

Allen denen, die das nun aber weniger interessiert, sei aber verraten, daß sowohl der Hopfen als auch *Cannabis indica*, der indische Hanf (der Ursprung für Haschisch ist), einer Familie angehören. Und wenn zwei Pflanzen zur selben Familie gehören, so sind auch ihre Eigenschaften im Giftbereich manchmal einander sehr ähnlich. In diesem Fall gibt es einen kleinen Unterschied: Während der Hopfen das Liebesverlangen dämpft, wird es bei Cannabis indica doch recht deutlich angeregt, führt aber dann schließlich auch zu einem ganz erheblichen Abfall des Liebesverlangens.

Bei beiden ist der sogenannten „Katzenjammer" ganz gewaltig groß.

Es sei noch erwähnt, daß die Hovaletten, ein Baldrianpräparat, mit Hopfen vermischt sind und eine beachtliche beruhigende Wirkung entfalten.

Helleborus niger – Die Christrose

Die Christrose (Helleborus niger) ist in den Kalkalpen zu Hause. Sie wächst da meist in steinigen, mit Gebüsch bestandenen Grasflächen, aber auch im lichten Bergwald. Im Frühling, Sommer und Herbst finden wir von ihr nur die ganz unauffälligen, die so charakteristisch geformten Blätter. Etwa zur Weihnachtszeit, manchmal auch etwas später, jedenfalls zur Zeit der tiefsten Winterruhe in der Natur, da entfaltet die Christrose ihre stattliche, schneeweiße, manchmal auch rötlich zart getönte Blütenpracht. Dabei hat man den Eindruck, als ob die Christrose den Jahreszeiten gegenüber blind sei. Auf der einen Seite ist ihr Blattwerk das ganze Jahr über immer das gleiche, d. h. nie irgendwie verändert; auf der anderen Seite erscheinen die Blüten zur Unzeit und auch nicht besonders derb, weil Winter ist, sondern sehr weich und wässrig. Eigenartigerweise fallen die Blüten, wenn ihre Zeit vorüber ist, nicht etwa ab oder vertrocknen, sondern sie bleiben im Zustand des normalen Pflanzenblattes. In diesen fallen sie zurück, werden grün, derb und sind unterhalb der Fruchtbälge enthalten.

Wir haben gesagt, daß der schwarzfarbige Wurzelstock in steinigem Boden verankert ist, aber er bleibt eigentlich unverholzt. In ihm konzentriert sich die gesamte Giftwirkung. Bemerkenswert ist aber im besonderen, daß sich die Christrose in ihrem Blütenverhalten sehr eigensinnig verhält, d. h. sie befolgt nicht, was das Jahr der Natur vorschreibt, sondern sie hat ihren eigenen Lauf.
Interessanterweise können wir tatsächlich bei Menschen,

insbesondere bei Kindern, die gelegentlich eine absolut krasse Widersprüchlichkeit in ihrem Verhalten, dem Tag- und Nachtrhythmus, dem gesellschaftlichen Verhalten zeigen, mit Helleborus bei entsprechendem Simile in der Homöopathie doch sehr viel erreichen.

Es handelt sich hierbei um ein Arzneimittel, das in der Homöopathie eine große Rolle spielt, besonders nach Geburtsschäden von Kindern, aber auch bei Urämie, bei Kopfschmerzen und Brechdurchfällen.

In alten Zeiten war Helleborus als Abortivum üblich, teilweise aber auch als Drastikum und Brechmittel. Eine Zeitlang ist es in der Medizin üblich gewesen, dieses Mittel bei tachycarden Decompensationszuständen des Herzens zu geben, doch ist diese Indikation in der Schulmedizin heute kaum noch üblich.

Dabei ist es eigentlich das Interessante, daß justament das kleine Christröslein, dieses so reine und unscheinbar erscheinende Pflänzlein, ein beliebtes Abtreibungsmittel von früher war.

Wenn ihm auch heute keine medizinische Wirkung mehr zugesprochen wird, so finden wir es doch als Genußmittel gelegentlich noch, weil es eine sehr starke örtliche Reizwirkung entfaltet, insbesondere eine das Niesen erregende Wirkung. Denken Sie bitte an den Namen „Nießwurz". Hier ist diese Wurzel in einem Schnupftabak enthalten, und zwar in dem sogenannten „Schneeberger".

Capsella bursae pastoris − Hirtentäschelkraut

Bei diesem Hirtentäschelkraut ist es interessant zu hören, daß schon *Hippokrates* Capsella bursae pastoris als ein Blutungsmittel, ein Hämostypticum bezeichnete, besonders für den Uterus, aber auch für das Nasenbluten. Aus diesem Grunde wurde es im 1. Weltkrieg auch als Ersatz für Secale cornutum, das schwer zu erwerben war, benutzt oder empfohlen.

Die Pharmakologie sagt, daß die Wirkstoffe im Hirtentäschelkraut — Cholin auf der einen Seite und Acetyl-Cholin auf der anderen Seite — oral nicht wirksam seien, wie überhaupt nach Meinung der Pharmakologie die allgemein übliche innerliche Anwendung unwirksam sei.

Aus der Homöopathie wissen wir aber, daß potenzierte Arznei als D1, D2, selbst als D3 und D4 immer noch lokal blutungsstillend wirkt und peroral gegeben (D2 z. B. alle 10 Minuten) bei Nasenbluten einen sehr schnellen Effekt bringt.

Bei gynäkologischen Blutungen wird es in der Homöopathie kaum oder gar nicht angewendet.

Capsicum annuum — Spanischer Pfeffer — unsere Paprika

Hier handelt es sich um eine Pflanze aus der Familie der Nachtschattengewächse, die wir im Kapitel II ja bereits kennengelernt haben mit allen ihren Zauberwirkungen.

Capsicum kommt wild kaum mehr vor, wird aber gezüchtet und ist reichlich mit Vitamin C versehen und enthält auch noch andere Vitamine, bzw. sehr viel Zucker. Es gibt Früchte die frei sind von dem scharfen Stoff Capsaicin; diese kann man wie Obst essen, sie sind süß und außerdem gesund.

In der Therapie wird nur die aus der offizinellen Droge Fructus capsici siccata bereiteten Galenika, aber auch sogenannte Capsicum-Pflaster äußerlich als Hautreizmittel angewendet, außerdem finden wir es im ABC-Pflaster wieder.

In der Homöopathie wird es noch als ein Mittel angewendet, besonders bei Frigidität, bei gewissen klimakterischen Beschwerden. Man muß dabei allerdings aufpassen, daß man das Mittel in tiefen Potenzen, wo es am besten wirksam ist, nur immer kurzfristig gibt, weil es sonst Nierenreizungen auslöst, die zu sehr schweren Veränderungen führen können.

Conium maculatum – Gefleckter Schierling

Der Hauptwirkstoff ist Coniin, welcher leicht von der Haut und von den Schleimhäuten aufgenommen wird. Er bewirkt eine kurze Erregung, dann aufsteigende Lähmungen zu den motorischen und bulbären Zentren, schließlich erfolgt der Tod durch zentrale Atemlähmung.

Außerdem wirkt Coniin wie Nikotin auf die Synapsen des vegetativen Nervensystems und auf die sensiblen Nervenenden, ähnlich wie Aconitin und Veratrin unter vorausgehenden anästhesierenden Paraesthesien.

Die übrigen Pflanzenbestandteile sind auch Alkaloide und wirken ähnlich wie Coniin, sind aber nur in geringerer Menge vorhanden.

Im Altertum wurde der gefleckte Schierling für Giftmorde und auch als staatliches Hinrichtungsmittel benutzt, wie es das klassische Beispiel des sogenannten „Schierlingsbechers", durch den *Sokrates* hingerichtet wurde, beweist. Interessant dabei ist die Beschreibung dieser tödlichen Vergiftungen durch Plato.

Vergiftungen kamen auch durch verhängnisvolle Verwechslungen vor. So sind z. B. die Wurzel von Meerrettich und Petersilie oder die Blätter von Fenchel und Petersilie verwechselt worden mit der Coniumwurzel. Der diese genossen hatte, mußte elendiglich sterben.

In der offiziellen Heilkunde wurde *Conium maculatum* früher offiziell angewendet als Sedativum Antispasmoticum, aber auch als Anti-Aphrodisiakum.

Schließlich alle spastischen Erkrankungen, vom Krampfhusten bis zu spastischen Zuständen anderer Hohlorgane.

Daß heute *Conium maculatum* in der allopathischen Heilkunde nicht mehr benutzt wird, hat seinen Grund in dem Wirkungsverlust der Droge beim Lagern. Ein anderer Grund für die Anwendung des konstanten und genau dosierten Alkaloides Coniin, besteht einerseits in der Gefahr der toxischen Nebenwirkungen, insbesondere auf das Atemzentrum; hinzu kommt, daß für die angegebenen Indikationen andere synthetische Pharmaka zur Verfügung stehen, die weniger toxisch, aber genau so wirksam sind.

In der Homöopathie verwenden wir den Schierling, insbesondere bei einer besonderen Form von Schwindel, vor allem bei alten Leuten mit ganz besonderen Symptomen. Aber auch bei anderen Indikationen, zum Teil auch bei Impotenz der Männer.

Nicotiana tabacum − Virginischer Tabak

Hauptwirkstoff ist das Nikotin. Es hat den Namen von einem französischen Botschafter in Portugal, der als erster diese Pflanze nach Europa importierte, sein Name war *Nicot.* So wurde dieses Gift „Nikotin" genannt.

Die Vergiftungserscheinungen zeigen bei einem sofortigen Kollaps sehr schnell Atemlähmungen in kürzester Frist, also innerhalb von Sekunden. Es kommt dann dabei auch noch zu kaltem Schweiß, Kopfschmerzen, heftigem Zittern, Zukkungen an allen Extremitäten, Erbrechen, Koliken, Beklemmungen, Herzklopfen und Angina pectoris-Beschwerden. Eine Behandlung ist meist nicht erfolgreich, d. h. die Vergiftung verläuft meist tödlich. Ich selbst habe einige Vergiftungen mit Nikotin während der russischen Gefangenschaft erlebt bei Kameraden, die Zigaretten abkochten und diesen Absud tranken.

In der allopathischen Medizin wurde die früher offizinell gewesene Folia nicotiana arzneilich verwendet. Heute ist die therapeutische Anwendung von Tabak und Nikotin beim Menschen aufgegeben.

Bei der Bekämpfung von Pflanzenschädlingen allerdings spielen nikotinhaltige Präparate noch eine große Rolle und damit auch deren Kontamination mit dem Menschen als Gift.

In der Homöopathie wird Nicotiana tabacum noch verwendet, insbesondere bei schweren Kollapszuständen verbunden mit kaltem Schweiß auf der ganzen Stirn und am ganzen Körper. Trotz der Eiseskälte und trotz des Frierens besteht das Gefühl des Ich-möchte-nicht-zugedeckt-Werdens, der Wunsch nach eiskalter frischer Luft.

Atropa belladonna — Die Tollkirsche

Im Kapitel II haben wir schon über die Schicksalsgöttinnen, über die Parzen gesprochen, von denen eine, nämlich die am meisten gefürchtete, Atropos war, die den Schicksalsfaden eines Menschen abgeschnitten hat.

Nun, sie waren keine Gottwesen oder das eigentliche Schicksal, nein, sie waren nur Vollzugsorgane einer unheimlichen, geheimnisvollen und dunklen Macht. die Griechen nannten sie Tyche oder Heimarmene, d. h. Schicksal, Verhängnis oder aber auch Verhängtes. Und justament die am meisten gefürchtete der Parzen hat dieser Pflanze den Namen gegeben. Wie giftig diese also sein muß, wird man sofort wissen, wenn man nur den Namen kennt.

Ihre Hauptwirkstoffe sind Atropin, Scopolamin, Belladonnin. Und schließlich noch Hyoscyamin. Diese Pflanze ist gefährlich, weil hier immer wieder Verwechslungen mit Kirschen vorkommen, und das besonders bei Kindern, die also am meisten gefährdet sind. Ein Erwachsener merkt sofort, daß dies keine Kirschen sind, spätestens daran, daß sie keinen Stein haben, auch wenn sie sehr gut schmecken. Damit kann auch der botanisch Ungeschulte sie von richtigen Kirschen unterscheiden.

Wir wohnen ja hier im Gebirge und bekannt ist, daß gerade die im Gebirge wachsenden Pflanzen besonders alkaloidreich, d. h. also besonders giftig sind. Es gibt eine Varietät, die gelbe Beeren hat und weniger giftig ist, aber die schwarzen Beeren sind sehr giftig!

Wir kennen die Anwendung des Atropins. In der Schulmedizin wird Belladonna als Extrakt, schließlich in Lösungen, als Suppositorien, als Beigabe bei starken Schmerzmitteln, wenn es sich um krampfartige Beschwerden der Hohlorgane handelt, immer wieder heute noch angewendet.

Schließlich gibt man es auch zur Applikation am Auge als Mydriaticum, d. h. um die Pupille groß zu machen, damit der Augenarzt hineinschauen kann.

Bei vielen krampfartigen Magen-Darm-Beschwerden wird es als krampflösendes Mittel verwendet, schließlich noch zur Beschränkung der Sekretion im Mund, Rachen, Trachea und Bronchien, vor Operationen beispielsweise und als Gegengift bei einer Reihe von schweren Vergiftungen. Z. B. bei Blei, Barium und Digitalis-Vergiftungen und als sicheres symptomatisches Gegengift bei Muscarin-Vergiftungen und bei solchen Pilzvergiftungen, die praktisch Muscarin-Vergiftungen darstellen. Schließlich noch, aber heute in wesentlich seltenerer Form, bei extrapyramidalen Bewegungsstörungen, speziell bei postencephalitischem Parkinsonismus.

In der Homöopathie ist es ein sehr wichtiges Mittel in der Kinderheilkunde, insbesondere bei allen Kinderkrankheiten und hochfieberhaften entzündlichen Zuständen.

Ein guter homöopathischer Arzt wird außerdem noch darauf achten, daß jedes Arzneimittel, auch Belladonna, ein eigenes spezifisches Wirkungsprofil aufweist. So unterliegt auch die Toxizität eines Arzneimittels, wie hier in diesem Fall Belladonna, großen tageszeitlichen Schwankungen. Das geht aus den Ergebnissen chronopharmakologischer Experimente deutlich hervor. Es ist nicht, wie irrtümlicherweise angenommen wird, einfach die Responsibilität auf bestimmte Zeiten mit erhöhter oder erniedrigter Ansprechbarkeit, sondern es ist die Toxizität des Arzneimittels. Wir wissen z. B., daß 190 mg Phenobarbital (ein Schlafmittel) pro kg/Körpergewicht bei allen Versuchstieren tödlich verläuft, wenn diese mittags gegeben werden. Wenn man es am Abend oder in der Nacht verabreicht, dann gibt es keine letalen Folgen.

Hier haben wir ein ganz klassisches Beispiel dafür, daß Arzneiwirkungen niemals allein durch quantitative Normierung des Wirkstoffes allein standardisiert werden können. Man muß auch Bescheid wissen über die zirkodiane Wirkung und Toxizität eines Arzneimittels.

Wenn man an dieser Stelle überlegt, daß in der Allopathie die meisten Arzneimittelprüfungen u. a. ohne Berücksichtigung der chronopharmakologischen Gesetzmäßigkeiten vorgenommen und ausgewertet wurden, versteht man die oft bestehende Diskrepanz zwischen den hier und da angegebenen Dosierungen, den Indikationen und auch die bei den Patienten dann eigenartigerweise an verschiedenen Tageszeiten auftretenden Reaktionen.

Beispielsweise kennen Sie alle doch die Morgenmuffel, die früh launisch, verschlafen, geistig träge, „maulfaul" herumlaufen, aber abends und nachts zu unermüdlichem Tun aufgelegt sind. Umgekehrt haben wir die Frühaufsteher, die bereits früh um halb fünf ein Lied im Badezimmer singen, wo die Resonanz so besonders wohllaut ist, daß alle Familienangehörigen, grantig oder nicht, aufwachen.

Haben nun zwei solche verschiedenen Typen die gleiche Krankheit, so sind zwei verschiedene Krankheitsbilder vorhanden. Und hier liegt auch der Grund, warum die Homöopathie zwei verschiedene Arzneimittel findet. Viele homöopathische Arzneimittelbilder zeigen ausgeprägte und typische, rhythmisch wiederkehrende Verschlimmerungszeiten. Z. B. *Acidum arsenicosum*, immer nachts zwischen 0 Uhr und 2 Uhr. *Kalium carbonicum* zwischen 2 Uhr und 4 Uhr morgens und *Lycopodium* ist bekannt für seine Verschlimmerung zwischen 16 Uhr und 20 Uhr. *Lachesis muta* hingegen morgens nach dem Aufstehen. Man sagt, dieser Patient „schläft in seine Verschlimmerung hinein".

Diese Pflanze spielte im Mittelalter neben dem Bilsenkraut und Stechlaub eine große Rolle bei der Herstellung von Gift- und Liebestränken, das haben wir schon gehört.

Obwohl die Tollkirsche ja seit Urzeiten als sehr starke Giftpflanze bekannt ist, gibt es Berichte über Heilwirkungen der Pflanze erst in der zweiten Hälfte des 17. Jahrhunderts.

Urtica dioica — große Brennessel

Der Giftstoff dieser großen Brennessel ist außerordentlich wirksam. Bereits wenig mehr als 0,1 gamma ruft bereits auf der menschlichen Haut die typische Nesselwirkung hervor, die sich in sofort auftretenden brennenden Schmerzen und in der Ausbildung einer blassen, später von starker Rötung umgebenden heftig juckenden Quaddel äußert. Die winzige Menge Sekret eines einzigen Brennhaares eines Blattes genügt zur Erzeugung einer Nesselquaddel. So kann man wohl die Brennessel als das einzige Kraut bezeichnen, das allen Leuten bekannt ist, die einmal ihren Händedruck erhalten haben. Dieser Händedruck bleibt ihnen unvergeßlich, allerdings nur insofern, als der Händedruck auf irgendeine Körperstelle des Betroffenen geht. Denn die Handinnenfläche, bei den meisten Menschen ja doch mit etwas verhornter Haut versehen, zeigt keinerlei Reaktionen, weil die feinen Brennhaare einer Brennessel nicht durch diese Haut durchkommen. So kann man tatsächlich solche Brennessel-Blätter pflücken, zwei oder drei, und sie in der Hand zerreiben zu einer kleinen Kugel und schließlich, falls man müde oder schlapp von großer Wanderung ist, diese in den Mund nehmen und zerkauen. Der Nesselstoff hat dann keinerlei Wirkung i. S. von Schmerzen, Juckreiz oder Allergie, wohl aber wird man danach ganz schön munter, als wenn man eine Tasse Kaffee oder ein Glas Sekt zusammen getrunken hätte.

Welchem Bestandteil der Brennessel diese Wirkung zukommt, ist bisher nicht bekannt und eigentlich nur in der Volksmedizin zu Hause. Ich kann es nur bestätigen, daß hier tatsächlich eine deutliche stimulierende und auch euphorisierende Wirkung vorhanden ist. Nach großer Anstrengung wird man wieder munter und frisch.

In der Schulmedizin wird die Anwendung der Brennessel nicht besonders befürwortet, insbesondere auch nicht als Hautstimulations-Reiz, den sogenannten Urticationen, das sind Peitschungen der Haut mit frischen Brennesseln zur Behandlung von chronischen rheumatischen Erkrankungen. Man hat Angst, daß dann Vergiftungserscheinungen auftreten, die bei Kindern zumindest zum Tode führen können, bei Erwachsenen ist das nicht bekannt.
Die angebliche Wirkung von Brennessel-Tee als Diuretikum ist festgestellt worden, aber nicht besonders groß angesehen.

Bleibt also nur die Verwendung in der Phytotherapie, bzw. in der Homöopathie, wo sie bei Urticaria, bei Herpes, bei Ekzemen, bei Überempfindlichkeitsreaktionen der Haut und der Gelenke angewendet wird, aber auch bei Verbrennungen und bei Haarwuchsstörungen.

In der Volksmedizin wird der Tee, also das Abgekochte von Blättern und Früchten schließlich auch noch als milchanregendes Mittel gegeben. Die jungen Brennessel-Blätter, die noch keine Nesseln mit Giftwirkung entwickelt haben, dienen als bekömmliches Gemüse und sind bekannt wegen ihres hohen Vitamin-C-Gehaltes und des Eisen-Gehaltes. Die Brennessel gehört zu den eisenhaltigsten Pflanzen überhaupt. Aber man sollte keine alten Blätter verwenden, weil dann unter Umständen die Giftwirkung eine negative Rolle spielen kann.

Mineralsalze mit Phosphor und Eisen sind noch vorhanden, sowie Ameisensäure und neben Vitamin-C noch das Vitamin D, welches beim Knochenwachstum der Kinder als auch für die Aufnahme des Kalkes in Nahrungsmitteln aus der Nahrung so ungeheuer wichtig ist. Das heißt also, roher Brennessel-Saft wäre hier das Mittel der Wahl.

Alle diese Inhaltsstoffe sind demnach geeignet bei Blutarmut, zur Stoffwechselanregung, zum Stoppen von Haarausfall, wenn man die betroffenen Partien lokal mit Brennessel-Haarwasser einmassiert. Schließlich können wir es auch bei Durchblutungsstörungen der Beine anwenden, als Zusatz im Badewasser bei Beinbädern.

Nicht so beliebt ist die äußere Anwendung, aber das Peitschen der schmerzenden Stellen mit Brennesseln, besonders bei chronischem Rheuma, zeigt gelegentlich überraschend gute Effekte. Ich habe immer wieder selbst diese Urticationen angewendet und gesehen, wie gut der Erfolg war.

Die Bauern hierzulande verwenden abgekochte grüne Nesseln mit jungen Blättern als Medizin für die Kühe, bei denen die Milchproduktion gefördert werden soll.

Melissa officinalis − Melisse

Die Blätter duften stark und angenehm nach Zitrone und schmecken auch würzig. Im Blatt finden wir ätherische Öle, das Oleum melissae, Citral und Citronelal, das ist die Ursache für den guten Geruch nach Zitrone.

Die Melisse wird seit alten Zeiten als Stomachicum, als Carminativum, ähnlich wie Pfefferminze verwendet, aber vor allem bei Tier und Mensch als gut wirksames Sedativum gelobt, das sich besonders bei Schlaflosigkeit auf nervöser Grundlage bewährt hat.

Vielleicht sollte man auch anführen, daß Melisse im Tierversuch keine baldrianähnliche sedative Wirkung hat.

Die Melisse trägt den Namen von Melissa, die Biene, denn sie war schon im Altertum als Honigpflanze bekannt und sehr beliebt.

Im Mittelalter stellten die Karmeliterinnen in Paris ab dem Jahre 1611 eine Arznei her, den sogenannten berühmten Karmeliter-Geist. Aus dem Karmeliter-Geist entstand später 1825 der „Klosterfrau-Melissengeist", der möglicherweise dem Karmeliter-Geist ähnlich ist. Denn der allgemein als Spiritus melissae compositus in Apotheken verkaufte Geist enthält weder Melissenöl (*Oleum melissae*), noch einen anderen Bestandteil der Melisse, sondern *Oleum citronellae = Oleum melissae indicum*. So können die mit dem Karmeliter-Geist erzielten Wirkungen niemals auf Melissa officinalis bezogen werden.

Man sollte aber darauf achten, wenn man den Klosterfrau-Melissengeist einnimmt, daß er immerhin über 75 % Alkoholgehalt hat. Ob da nicht die oft geübte Dosierung bei alten Damen und Herren am Abend oder in der Nacht zwei, drei Eßlöffel davon zu nehmen, nicht die Alkohol-Toleranz-Grenze überschreitet? Denn 3 Eßlöffel, das entspricht 45 g, das ist bei 76 % immerhin 38 g reiner Alkohol! Wobei man übersehen kann, daß hier Kalorien eingenommen werden, so ist doch die Alkohol-Schienenwirkung nicht zu verkennen. Mag auch das Positive daran die bessere Durchblutung des Hirns sein, doch die Wirkung auf die Leber bei derart hochprozentigem Getränk ist mit Sicherheit nicht wünschenswert!

Matricaria chamomilla — echte Kamille

Die Kamille ist zweifelsohne die wertvollste und sicher auch bekannteste Arzneipflanze, die wir im mitteleuropäischen Raum haben. Sie hat unendlich viele Namen, von der Feldkamille bis zum Drudenkraut ist alles möglich, etwa 30 Namen im deutschen Sprachraum sind bekannt.

Diese vielen Namen weisen darauf hin, daß dieses Heilkraut überall eifrig verwendet wird. Die Kamille ist seit alters her ein unglaublich wichtiges Mittel gegen Krämpfe, gegen Regelbeschwerden und bei Schleimhauterkrankungen.

„Matricaria" heißt „Mutter", „matrix" heißt „Gebärmutter", d. h. sie wirkt also auch bei Erkrankungen der Gebärmutter und aller Organe, die damit zusammenhängen.

Die heutigen Kamillenpräparate der pharmazeutischen Industrie werden angewendet zu Spülungen, zu Umschlägen, zu Bädern, zu Inhalationen, schließlich als entzündungswidriges Mittel bei Katarrhen der Schleimhäute, der Mundhöhle, des Kehlkopfes, der Bronchien, der Nasennebenhöhle, schließlich aber auch bei schlecht heilenden Wunden, bei Intertrigo, bei Soor, bei Kindern auch als Carminativum. Nur muß man hierbei aufpassen, daß die Dosis sehr gering gehalten wird.

Schließlich ist in der letzten Zeit auch eine Wirkung des Cham-Azulen, eines Inhaltsstoffes der Kamille, bei kindlichem Asthma erfolgreich angewendet worden.

In der Homöopathie ist es auch üblich, sie bei fieberhaften katarrhalischen und rheumatischen Affektionen, schließlich bei großer Reizbarkeit, auch bei Gastritis, Enteritis, bei Leberaffektionen und schließlich bei Dysmenorrhoe und Menorrhagien, letztendlich bei Zahnungsbeschwerden und ebenso bei Zahnschmerzen anzuwenden.

In der Volksmedizin ist es ein so hochgeschätztes Heilmittel, daß es leider oft als Allheilmittel gebraucht wird und selbst bei Krankheiten, wo es wirklich nicht nützen kann.

Die Kamille ist eine sehr empfindsame Pflanze. Die bei uns doch sehr viel geübten künstlichen Düngungen sind mit daran schuld, daß die früher häufig am Wegrand gesammelten Blüten der Kamille immer weniger geworden sind. Und, wenn man sie selbst sammelt, so sollte man darauf achten, daß die Blüten unbedingt lichtgeschützt aufbewahrt werden müssen, und zwar in grünen oder braunen Gläsern, weil sonst der Wirkstoff nicht mehr wirksam ist.

Die Kamille ist ein im Volk sehr weit verbreitetes Mittel, das auch ohne ärztliche Verordnung genommen wird. Man liest in den üblichen Kräuterbüchern, daß man Kamille auch zur Beruhigung einnehmen kann, ja sogar zum Einschlafen. Bei jenen Patienten, die abends zwei bis drei Tassen Kamillentee getrunken haben, dann jedoch überhaupt nicht mehr schlafen konnten, muß man damit rechnen, wenn der Tee auch noch stark gemacht worden ist, daß Vergiftungserscheinungen aufgetreten sind. Unruhe, Schlaflosigkeit, Überempfindlichkeit gegenüber Sinneseindrücken, Überempfindlichkeit gegenüber Schmerzen, große Ungeduld, Gereiztheit, Blutandrang zum Kopf, Ärgerlichkeit sind dererlei Kennzeichen. Dies ganz besonders abends oder nachts, typische Zeichen der Arzneimittelprüfung von Kamille.

Das gleiche gilt besonders bei Kindern. Manche sorgsame und vorsichtige Mutter gibt ihrem kleinen Säugling ein wenig Kamillentee, weil er Bauchweh hat. Nun, wenn der Tee zu stark ist oder gar zwei, drei Tassen gegeben werden, dann darf man sich als Arzt nicht wundern, wenn man nachts gerufen wird, weil das Kind unter Krämpfen leidet, die sehr heftig sein können. Diese Krämpfe rühren vom Kamillentee her. Es kommt auch zu Zuckungen des ganzen Körpers, manchmal zu einem heißen Kopf und einer unglaublichen Empfindlichkeit gegenüber Sinneseindrücken, sei es Licht oder Geräusche. Solche Problematik gibt es auch bei der Anwendung von Kamille im allopathischen Bereich. Denken wir an Magen-Darm-Krankheiten, wenn Kamille in zu großer Menge genommen wird, dann ist die Verwunderung groß, was für Nebenerscheinungen auftreten können.

Avena sativa — der Hafer

Der Hafer ist bekannt als ein Futter- und Kraftmittel, besonders für Pferde, allerdings auch für krank gewesene Menschen, in der Rekonvaleszenz sollte man viel Hafer geben, als Flocken, als Suppe oder wie auch immer.

Die meisten kennen ihn als Nahrungsmittel, wenige nur als Heilmittel für uns Menschen, wobei die größte Heilkraft in den Blüten liegt und nicht erst in den späteren Früchten, nämlich dem Haferkorn. Hafer enthält sehr viel Eiweißstoffe, Mineralien und außerdem Phosphor, Eisen, Kobalt, Mangan, Zink, Aluminium, Kalium und andere Spurenelemente, auch Bor und Jod. Als Bademittel kommt die Kieselsäure zur Geltung, die allerdings nicht so reichlich vorhanden ist wie beim Zinnkraut. Und schließlich noch eine Reihe von Vitamin B, A, E, K, die als Wirkstoff zumindest in der Pflanze und im Nahrungsmittel enthalten sind. Wir können also sagen, hier haben wir ein wirklich arzneilich wirksames Mittel bei Ernährungsstörungen und Schwächezuständen nach schweren Kranheiten. Kaum eines unserer Nahrungsmittel, neben der Milch, ist so reichhaltig an Kraftspendern wie Hafer. Auch Hafertee mit Honig gesüßt erweist gute Dienste bei Schleimhauterkrankungen von Magen und Darm, nicht zu vergessen die Hafersuppe. Daneben ist es ein Nervenmittel. Hier wird allerdings das grüne, hochgewachsene Gras verwendet, und dies am besten während der Blütezeit. Dieser grüne Hafertee ist ein vorzügliches Nervenberuhigungsmittel und über längere Zeit getrunken regeneriert er überreizte Nerven.

Bei Hauterkrankungen kann man Kinder in Haferstroh baden und als Diuretikum Haftertee zu trinken geben. Der grüne Hafertee hat eine deutlich diuretische Wirkung, nur sollte man bei solchen Tees immer daran denken, daß man sie nicht länger als eine Woche einnimmt und dann wieder wechselt, z. B. zu Brennesseltee übergeht, um hier einen entsprechenden Effekt zu haben.

In der Homöopathie verwenden wir Avena sativa in niedrigen Potenzen als Beruhigungsmittel bei nervöser Erschöpfung, bei Appetitlosigkeit, schließlich auch bei Streßsituationen, bei Prüfungsangst der Schüler und Studenten.

Es macht nicht müde und hält den Geist fit, solange man es tagsüber nimmt. Am Abend und des Nachts, da macht es hin und wieder müde, und man kann es dann als Schlafmittel benutzen.

Equisetum arvense − Zinnkraut (auch Schachtelhalm)

Ein manchmal für den Landwirt etwas lästiges Unkraut an Wegrändern, aber trotzdem ist es sehr interessant, es zu betrachten.

In der Geschichte der Pflanzen ist es eines der ältesten Pflanzen überhaupt, und wie man aus verkohlten Pflanzenresten feststellen konnte, waren diese Zinnkrautgewächse in der Steinkohlenzeit etwa mittelgroße Bäume. Bei Lycopodium, dem Bärlapp, liegt etwas ähnliches vor.

Wie kleine zarte Tannenbäumchen stehen sie da, aber zäh und unverwüstlich. Diese Pflanze hat eine fast unzerstörbare Biegsamkeit und Festigkeit, hält den schlimmsten Überschwemmungen stand, richtet sich wieder auf, wenn alle Pflanzen durch Sturm hoffnungslos geknickt sind.

Sie enthält unendlich viele Mineralien, besonders viel Kieselsäure und wurde deshalb früher zum Reinigen von Zinngeschirr benutzt, woher der Name „Zinnkraut oder Scheuerkraut" kommt. Fressen Pferde oder Rinder zu viel von dem Kraut − und das ist der Grund, warum die Landwirte diese Pflanze nicht mögen − dann werden sie krank.

Pfarrer Kneipp schätzte diese Pflanze sehr, besonders bei Nierenleiden. Und *Pfarrer Künzli,* der „Chrut- und Unchrut-Verfasser" aus der Schweiz empfiehlt es bei Rheuma, Gicht und Nervenschmerzen.

608

Der Wirkstoff dieser Pflanze ist insbesondere die Kieselsäure, die etwa 70 % bis 80 % der Asche der Stengel ausmacht. Der größte Teil der Kieselsäure liegt aber ursprünglich in wasserunlöslicher Form vor und nur 10 % lassen sich in wasserlöslicher Kieselsäure extrahieren. Flavone und Glykoside sind noch enthalten.

Der hohe Kieselsäure-Gehalt ist die Ursache dafür, daß man es als Adjuvans früher bei der Lungentuberkulose angewendet hat, allerdings nimmt man heute kieselsäurehaltige Spezialpräparate. Schließlich wird es als Diuretikum angewendet und ist in allen diuretischen Tees enthalten. Und dann als Haemostyptikum.

In der Homöopathie, da wird aus den frischen unfruchtbaren Frühlingstrieben eine Essenz bereitet, als Urtinktur bei Blasenentzündungen, bei nächtlichem Einnässen und auch bei Entzündungen der Nierenbecken. Schließlich noch bei der Reizblase und schlecht heilenden Wunden, sowie zu Mundspülungen für Mund- und Rachenerkrankungen.

In der Volksmedizin finden wir es noch zur Festigung des Bindegewebes als wirksames Mittel. Außerdem bei vielen Hauterkrankungen, bei chronischen Ekzemen und schließlich bei Kopfschuppen, innerlich in homöopathischer tiefer Potenz und auch äußerlich. Man wäscht dann die Haare mit Zinnkraut-Absud, den man über Nacht mit kaltem Wasser angesetzt hat und den man vor dem Waschen nur kurz anwärmt. Danach kann man die Haare mit kalt gepreßtem Olivenöl einmassieren und eintrocknen lassen. Schließlich werden die Schuppen ganz verschwinden.

Denken Sie aber auch an die Bindegewebserkrankungen, daß bei Bandscheibenschäden, besonders wenn sie beginnen und auch in der Familie bekannt sind, regelmäßig mit Zinnkraut eine Stabilisierung erreicht werden kann. Möglich ist auch, es in tiefen homöopathischen Potenzen einzunehmen.

Bei chronischen Schweißfüßen gibt es noch Tinkturen zum Einreiben (nicht empfehlenswert!). Unterdrückung!

Schließlich vermehrt Kieselsäure die Zahl der weißen Blutkörperchen, bewiesen in der Arzneimittelprüfung. Das bedeutet, daß wir es auch zur Verbesserung der Abwehrkräfte gegenüber Infektionen anwenden können. Mit anderen Worten hier haben wir einen echten Immunstimulator, ähnlich wie bei Acidum silicium als homöopathisches Mittel, in tiefen Potenzen gegeben.

Taraxacum officinalis – Löwenzahn

Auf allen Wiesen können wir den Löwenzahn bei uns finden, seine gelben Blüten bringen die erste strahlende Farbe auf unsere Frühlingswiesen. Wenn wir uns das einmal anschauen, es sieht einfach wunderbar aus.

Alle von Ihnen – und dazu gehöre ich auch –, die einen Krieg miterlebt haben, können sich erinnern, daß damals unsere Wiesen gar nicht so voll waren von Löwenzahn. Ich muß Ihnen das einmal ganz eindringlich ins Gedächtnis zurückrufen. Da standen hier und da ein paar Löwenzahnblüten herum, auch ab und zu ein paar mehr, im allgemeinen aber sehr wenige. Während heute im Frühling in der Blütezeit ganze gelbe Teppiche auf den Wiesen zu finden sind. Woran liegt das?

Nun, an dieser Stelle sollte man sich einmal daran erinnern, daß wir nicht nur für die Pflanzen da sind, sondern daß die Pflanzen auch für uns da sind. Der Löwenzahn, dessen Blätter und dessen Urtinktur in der Homöopathie wir im wesentlichen verwenden, wird ja angewendet, um unsere Verdauung anzuregen. Der Stoffwechsel wird angeregt, alle Leber- und Galleleiden werden deutlich gebessert; Löwenzahntee ist ein Blutreinigungstee und außerdem auch noch wassertreibend.

Da tritt die Frage auf, denn wir wissen, daß wir alle während des Krieges zu wenig zu essen hatten, vor allem Fett fehlte fast ganz, so daß alle Gallen- und Leberleiden (auch Alkohol gab es nur in beschränkter Form) sehr weit zurückgingen.

Ich habe in fast 6 Jahren russischer Kriegsgefangenschaft niemals eine Gallenkolik erlebt bei Patienten, niemals Lebererkrankungen − außer denen, die schon vorher bestanden hatten und infektiöse Gelbsucht − und niemals Gallenblasenentzündungen. Es gab ja nichts zu essen, vor allem nichts Fettes.

Also brauchten wir den Löwenzahn gar nicht, infolgedessen ist er auch gar nicht gewachsen.

Jetzt, in der Zeit des Wirtschaftswunders, ansteigend bis zum heutigen Tag immer mehr vermehrend, besteht doch eine ausgesprochene Freßlust bei allen Menschen. Und selbst die, die die Quantität schon hintangestellt haben, pflegen aber doch besonders qualitativ gute Dinge zu essen, sehr ausgefallene, mitunter schwer verdauliche Speisen. Ausgefallene Fette wie Gänseleber beispielsweise oder Räucheraal, Räucherlachs, Speisen also, in denen doch sehr viel Fett enthalten ist. Und hier ist die Zeit des Löwenzahns wieder gekommen. Und so zeigt er sich, blüht und will uns sagen: „Hier bin ich, ich bin für euch da, benutzt meine Blätter, nehmt sie doch." Wenn die Blätter jung sind, schneiden Sie die grünen Spitzen bis zur Wurzel ab und decken Sie die Wurzel wieder mit Erde zu. Sie treibt dann von neuem. Auch die fleischige Wurzel ist eßbar, man kann Gemüse daraus machen, man kann den Saft für eine Frühjahrskur verwenden. Aber alles in allem, der Löwenzahn hat sich uns angeboten, nehmen wir ihn also und seien wir dankbar dafür!

Ist die Blütezeit vorbei, so haben wir einen kugeligen Fruchtstand, den wir als Kinder als „Pusteblume" bezeichneten, die wir doch so liebten. Den ganzen Sommer über sind wir herumgelaufen und haben diese kleinen Kugeln — die Pusteblumen — genommen und die kleinen Fallschirmchen in die Luft geblasen.

Der Löwenzahn hat unendlich viele Namen, Milchblume, Milchkraut (das weist auf den milchigen Saft der Stengel hin, deutet aber auch an, daß die Milchproduktion der Kühe durch Löwenzahn gesteigert wird).

Er hat eine hervorragende Wirkung auf die Leber, aber auch auf die Nieren. Er war das Hausmittel des nierenkranken Kaisers Friedrich, der es liebte und damit doch recht alt wurde.

In Frankreich heißt der Löwenzahn nicht wie bei uns „gemeine Kuhblume", sondern „Pis en lit", was soviel bedeutet, daß hiermit Bettnässer behandelt werden können, also wieder eine neue Möglichkeit der Therapie.

Seinen wichtigsten Heilwert im allopathischen Bereich verdient Taraxacum als Choleretikum und als Entwässerungsmittel bei hepatogenem Hydrops, d. h. bei Wasserbauch bei Lebererkrankungen. Jeder homöopathische Arzt und jeder, der Phytotherapie betreibt, weiß, daß man mit Taraxacum mitunter, gerade im Bereich der sehr schweren Lebererkrankungen immer noch eine deutliche Besserung der Lebensqualität des Patienten, also der subjektiven Erscheinungen, herbeiführen kann, wobei die objektive Besserung nicht unbedingt meßbar, wägbar ist.

In der Volksheilkunde werden die Blätter als Frühjahrskuren zur Blutreinigung benutzt. Und immer wieder wird die diuretische Wirkung hervorgehoben.

Als Stomachicum gilt es, als Tonikum und schließlich ist es mitunter bei Hämorrhoiden recht gut wirksam.

Sehr empfehlen kann ich es, neben Chelidonium und Carduus marianus, der Mariendistel, als ein Adjuvans bei der Behandlung der Herzinsuffizienz, bei der ja immer eine, wenn auch latente und nicht grundsätzlich manifeste Leberstauung besteht, die durch die Gabe von Taraxacum deutlich erleichtert wird. Der Stauungsprozeß durch entsprechende starke Cholerese wird abgemindert und nimmt dadurch dem Patienten diese doch so üblen Beschwerden des Blähbauches, die dann schließlich in einem Circulus vitiosus auch zum Roemheldschen Symptomenkomplex führen.

Nasturtium officinale aquaticum — Brunnenkresse

Eine jedem bekannte, an langsam fließenden klaren Bächlein zu findende, kleine Pflanze. Daß es sich um eine alte Heilpflanze handelt, ist weniger bekannt. Man kann sie auch im Winter zu einem vitaminreichen Salat verwenden, indem man sie einfach an einem Fenster in einer Watteschicht ansät, und innerhalb von wenigen Tagen hat man schon eine vitaminreiche, Bitterstoff enthaltende, mit Senföl und ätherischen Ölen angereicherte Salatbeilage, die allein ein wenig aromatisch bitter schmeckt und deswegen pur nicht bei jedermann beliebt ist. Man kann sie täglich ernten, man darf sie nur nicht eintrocknen lassen, sonst sind ihre ganzen Wirkstoffe verloren.

Das Benzyl-Senföl, das in dieser Pflanze enthalten ist, hat sich als eine antibiotisch wirksame Substanz erwiesen, die in der täglichen Praxis ohne die Risiken der klassischen Antibiotika eingesetzt werden kann.
Sie wirkt bei grampositiven und gramnegativen Keimen.

Im Gegensatz zu den klassischen Antibiotika ist das Benzyl-Senföl als Wirkstoff einer Pflanze auch wirksam gegen Sproßpilze, z. B. gegen Candida albicans, dem Soor-Pilz.
Gegen Influenza-Viren und auch gegen Rickettsien.

Der Angriffspunkt dieses Antibiotikums muß also tiefer in den Stoffwechsel hineinreichen als die üblichen Antibiotika.
So erklärt sich auch, daß Resistenzbildung von Mikroorganismen gegen Benzyl-Senföl nicht beobachtet worden sind.

Senföle sind allgemein, das ist sehr interessant, als Gewürze bekannt und beweisen hier die fehlende Neigung dieser Stoffklasse zur Allergiesierung. Senföle sind gut lipoidlöslich, sie werden also schon von der Mundschleimhaut resorbiert und gelangen gar nicht in den Dickdarm und kommen daher mit symbiontischen Mikroorganismen, die wir ja selbst brauchen und benötigen zur Bioverfügbarkeit unserer Nahrung, nie in Kollision.

Andererseits ist eine höhere Konzentration dieser lipoidlöslichen Stoffe im Blut nicht vorstellbar. Sie wirken also nicht bei Pyämie, stören aber auch die Immunitätsausbildung nicht und können keinen Endotoxin-Schock auslösen. Hier haben wir ein Mittel, das als z. B. Tomacaps im Handel erhältlich ist und seine antibiotische Wirkung entfaltet bei Infektionen des Halses, der Nase und des Rachens, aber auch der Nieren und Blase.

In der bei uns als Zierpflanze sehr beliebten Kapuzinerkresse (*Tropaeolum majus*) kommt auch ein Glucotropaeolin vor, nämlich ein Senföl-Glykosid, das Benzyl-Senföl liefert, genau wie bei der Brunnenkresse. Auch diese Pflanze ist in der Volksmedizin schon unendlich lange bekannt.

Ich erinnere mich noch an unseren Großvater, der uns täglich eine Blüte zum Essen gab von der Kapuzinerkresse, die in großen Mengen am Zaun entlang in seinem Garten das ganze Jahr über wuchs und blühte. Insbesondere aber das Schwänzchen, das an der Blüte hängt, wenn man da die Spitze abbeißt, dann kann man einen wunderbar würzigen Saft herausholen, den wir als Kinder sehr liebten und der, wie Großvater es verhieß, uns dazu verhalf, daß wir niemals Schnupfen, Husten, Heiserkeit oder Grippe bekamen, während alle anderen Leute im Bett lagen.

Heute noch gibt es bei uns im Sommer noch bei jedem Salat mindestens ein paar Blätter der Kapuzinerkresse und auf dem Salat, nicht nur als Schmuck, sondern auch zum Verspeisen eine Blüte dieser sehr schönen Pflanze, die uns mit ihrem Antibiotikum, das keine Immunstörung hervorruft, sehr hilfreich ist, insbesondere aber bei Influenza-Viren.

Viscum album — Mistel

Sie wird auch Hexennest oder Donnerbesen genannt, aber auch Drudenbusch und Heiligenheu, die sollten wir uns merken.

Wer kennt nicht die mutigen Abenteuer des Helden Asterix und seines Freundes Obelix? Das sind zwei Gallier aus einem kleinen Dorf in Gallien, vielleicht in der heutigen Bretagne gelegen. Asterix schöpft seine übermenschliche Kraft aus dem Zaubertrank des ehrwürdigen Druiden (dabei handelt es sich um keltische Priester), des Miraculix.

Miraculix geht in der Vollmondnacht mit einer goldenen Sichel unter einem alt überlieferten Ritual auf die Bäume und schneidet da die Misteln ab. Und daraus braut er einen Zaubertrank, der jeden unbesiegbar macht, der davon trinkt.

Tatsache ist, daß die Mistel eine uralte Zauber- und Heilpflanze ist, die bereits von keltischen Priestern geschnitten und als Allheilmittel verwendet wurde. Sie dient nicht nur der Krankenheilung und wird seit altersher gegen Hysterie, Dämonen, ja gegen Epilepsie verwendet. So entstanden auch die unendlich vielen, bis zu 50 magischen Namen, die die Pflanze im Laufe ihrer Geschichte erhielt.

Im anthroposophischen Therapiebereich ist die Mistel ein wohlgeschätztes und sehr erfolgreiches Präparat bei der Behandlung von Krebserkrankungen.

Vielleicht sollte man noch den jahrhundertealten Brauch erwähnen, der in Weihnachten in England existiert, wo die Wohnungen mit Misteln geschmückt werden. Es ist ein alter heidnischer Brauch, bei dem aber auch die Christen schon „mitgemischt" haben. Trifft man unter einem solchen Mistelstrauch ein hübsches Mädchen, so darf man es umarmen und küssen, dann wird sie die eigene Frau werden.

Der Hauptwirkstoff dieser Pflanze ist Viscotoxin. Dieser Wirkstoff findet sich im Blatt bzw. im Preßsaft der frischen Pflanzen. Viscotoxin ist pharmakologisch gesehen weder ein Glykosid, noch ein Saponin. Der Gehalt der Mistel an Viscotoxin ist verhältnismäßig gering. Es wird angenommen, daß Viscotoxin resorptiv fördernd und stabilisierend wirken könnte, während der Wirkungswert der Mistel beim Alterungsprozeß der Droge deutlich abnimmt. Hierzu kommt noch ein Gemisch von Acetylcholin und Cholin, schließlich Viscautchin und Triterpene, Oleanol-Säuren.

Pharmakologisch wirkt der Mistelextrakt deutlich blutdrucksenkend, besonders bei parenteraler Zufuhr. Viscotoxin hat eine örtlich sehr heftig reizende nekrotisierende Wirkung, es ist also ein exquisites Zellgift, dem aber selbst in 4 %iger Lösung die haemolytische Wirkung, d. h. der Saponincharakter fehlt. Saponine sind auch in der Pflanze nicht nachgewiesen.

Die Toxizität für das Herz ist bei intravenöser Zufuhr erheblich. In der normalen Magen-Darm-Passage wird Viscotoxin nicht resorbiert, jedenfalls nicht in ausreichender Menge. Erst wenn man das 300- bis 400fache zuführt, kommt es zu der charakteristischen Bradycardie und Blutdrucksenkung.

Sicher ist bei Untersuchungen, daß der Mistelsaft bzw. Extrakt ebenso wie Cholchicin das Wachstum künstlich erzeugter Pflanzen-Tumoren hemmen.

Bei parenteraler und intratumoraler Einspritzung des Mistelextraktes Plenosol ergibt sich eine günstige, nicht zur Einschmelzung, sondern zur völligen Verschrumpfung führende Wirkung bei Impftumoren und in einem hohen Prozentsatz kann Heilung von Carcinomen bei Mäusen erzielt werden.

Diese bei Tieren gefundene Wirkung hat man auch am Menschen bei inoperablen, bösartigen Tumoren auszunutzen versucht, ohne daß die Schulmedizin hier einen Einfluß auf die Tumore feststellen konnte. Wohingegen im Bereich der Phyto- und der anthroposophischen Therapie und Homöopathie deutliche Besserungen, nicht nur des Allgemeinbefindens des Patienten im subjektiven Bereich, sondern auch ein Einfluß auf den Tumor gefunden werden konnte.

In der Volksmedizin pflegte man eine Mistel über den Betten aufzuhängen, in denen Kinder Krämpfe bekamen.
Aber schließlich wurde sie auch bei Blutungen benutzt, besonders bei Blutungen der Gebärmutter. Außerdem hat man die Früchte als Wurmmittel verwendet, nicht immer allerdings mit dem erwünschten Effekt.

Betrachtet man, ganz unabhängig von der pharmakologischen Wirkung, die Wirksamkeit der einzelnen Stoffe, so finden wir, daß der Misteltee seit vielen Jahrzehnten gegen hohen Blutdruck einen ausgesprochen guten Effekt hat, noch bevor es die berühmten Antihypertonika gab; da waren 3 Tassen Misteltee pro Tag eigentlich ausreichend, besonders wenn man ihn noch mit der Schlangenwurzel (*Rauwolfia serpentina*) gemischt als Tee trank, konnte man den Blutdruck sehr deutlich senken.

Mistel wird auch zusammen mit Bärlauch und Weißdorn zur Bekämpfung von Alterserscheinungen am Herzen benutzt, d. h. es ist häufig eine Mischung Mistel-Weißdorn-Bärlauch, mitunter auch Knoblauch, die deutlich für den Patienten − zumindest subjektiv spürbar − eine Besserung dieser Altersinsuffizienz mit sich bringt.

Die Anwendung der Mistel im anthroposophischen Therapiebereich bringt beachtliche Erfolge bei Krebserkrankungen. Es ist zweifelsohne das führende Krebsheilmittel in der Naturheilkunde. Allerdings muß es parenteral angewendet,

d. h. gespritzt werden, die perorale Wirksamkeit ist nicht ausreichend.

In der Homöopathie wird die Mistel bei Hypertonie angewendet, bei Arteriosklerose, besonders bei Schwindelanfällen.

Lycopodium clavatum – Bärlapp

Es ist ein niedriges Kraut mit etwas kriechenden, rundlichen Ästen. Wir wissen, daß es, ähnlich wie Equisitum, vielleicht schon sämtliche Eiszeiten überstanden hat und so uns erhalten geblieben ist.

Bärlapp wächst auf trockenen, nährstoffarmen Böden in Lichtungen von Fichtenwäldern, irgendwo schon halb in den Bergen oben und enthält ungeheuere Mengen Aluminium. Der Aluminiumgehalt der Asche beträgt etwa 54%. Wenn man das Sporenpulver z. B. anzündet, verpufft es explosionsartig, das sind diese Blitzpulver oder Hexenmehl-Feuerchen, die man so auslöste.

In der Pharmakolgie ist bekannt, daß die Inhaltsstoffe teils unbekannte Alkaloide sind, darunter auch Lycopodin, Clavatin und Clavatoxin bei dem doch sehr hohen Gehalt an Aluminium.

Vergiftungserscheinungen bei Mäusen sehen aus wie Curare-Vergiftungen.

In der Heilkunde der Schulmedizin werden heute nur noch gelegentlich die Sporen von Lycopodium gemahlen zum Bestreuen von Pillen angewendet. Allerdings ist Lycopodium in der Homöopathie ein unwahrscheinlich gutes, wichtiges Polychrest, d. h. ein Mittel, das bei vielen Krankheiten wirksam sein kann, bei akuten Organerkrankungen bis zu chronischen Verstimmungs- und Gemütserkrankungen.

Benzodiazepine

Die in der Medizin so bekannten und berühmten Diacepame, es gibt deren einige fünfzig z. Zt., als Psychopharmaka benannt, haben eine Strukturformel, wie wir sie nicht nur chemisch hergestellt bekommen, sondern tatsächlich auch schon in der Natur vorfinden. Und das ist staunenswert: Ein siebengliedriger Ring mit 1 Stickstoff.

2 H-Azepin

Chemisch anders gebaut sind die Acepame, es sind Diazepinderivate − die bekanntesten.

Valium   *Adumbran*   *Nobrium*
(Diazepam)   (Oxazepam)   (Medazepam)

Viele andere gehören noch dazu allen gemeinsam ist das Chlor (Cl) und die Grundstruktur. Nur leichte Veränderungen der Seitenketten sind notwendig.

All diese Stoffe stammen aus der Klasse der Benzodiacepine, d. h. also genauer gesagt, 1,4-Benzodiacepine. Es sind Substanzen, welche, seit sie entdeckt worden waren, mit einem ungeheueren Umsatz auftrumpfen. Der „Erfinder" ist ein gewisser *Leo Henrück Sternbach*, er wurde 1902 in Abbazia geboren. Sein Vater war ein polnischer Apotheker mit großer chemischer Begabung. Er war auch sehr begabt dieser Knabe, und das drückte sich schon darin aus, daß er mit 12 Jahren das väterliche Unternehmen teilweise in die Luft sprengte. Er studierte trotzdem weiter Pharmazie, verspürte aber wenig Lust dazu, die väterliche Apotheke zu übernehmen, und studierte schließlich dann noch Chemie. Sein großer Spleen und seine Vorliebe waren komplizierte organische Strukturen, er war glücklich, wenn es ihm gelang, diese zum Kristallisieren zu bringen.

Er hat also Kristalle „gezüchtet".

Man erzählt, daß seine Mutter ihn zum Abendessen nicht begrüßte mit „Guten Abend", sondern mit: „Ist es kristallisiert?"

Ein sehr berühmter Mitarbeiter, ein späterer Nobelpreisträger, nämlich *Leopold Ruzicka* meinte sogar, *Sternbach* könne notfalls einen Schweizer Käse zum Kristallisieren bringen.

1940 bekam er einen Vertrag bei Hoffmann La Roche, wo er sich in einer amerikanischen Filiale mit seinen geliebten Kristallen beschäftigen konnte und Synthesewege für Vitamine und Chemotherapeutika entwickelte. Mehr als 200 US-Patente tragen seinen Namen.

Während im Krieg Blutgerinnungsmittel und in der ersten Nachkriegszeit Vitamine im Vordergrund des Interesses standen, wurde in der nun folgenden hektischen Zeit des Wirtschaftsaufschwunges der Wunsch nach einem besonders guten und sanften Beruhigungsmittel laut. Die damals bekannten Wirkstoffe Meprobamat, Reserpin und Chlorpromazin sollten abgelöst werden, weil sie zu viele Nebenwirkungen besaßen.

Solche Zwangssituationen traten bei Chemikern nicht selten auf. So hat in der Farbstoffherstellung in den späten achtziger Jahren des vorigen Jahrhunderts *Dr. Duisberg* das Phenazetin entwickelt, weil sehr große Mengen P-Nitrophenol anfielen, die zu schade zum Wegwerfen waren. Daraus hat man Phenacetin gemacht, einen immerhin über Jahrzehnte bestehenden unheimlich guten Wirkstoff gegen Schmerzen. Eine weitere beliebte Strategie, neue Arzneistoffe zu entwickkeln, bestand darin, daß man in der Natur vorkommende Wirkstoffe wie Salicylsäure weiterentwickelte, chemisch veränderte und damit dann das Aspirin entdeckte.

Den schwierigsten Weg mußte man wohl gehen, wenn man eine völlig unbekannte Struktur finden wollte mit erhofften pharmakologischen Wirkungen. Da waren die Erfolgschancen nicht sehr groß.

Sternbach erinnerte sich an frühere Experimente, hat diese von früher bekannten Benzheptoxdazine entwickelt und hat nun festgestellt, daß man bei weiterer Synthese und Variation, und zwar bei der Umsetzung mit primären Aminen, Derivate bekam, die biologisch stark wirksam waren. Trotzdem kam es zu einem Stop, weil sie innerhalb der Firma mit anderen Dingen beschäftigt waren. Alle Lösungen dieser Stoffe wurden weggeschüttet, nur ein paar kristalline Rückstände wurden aufgehoben. Ich erinnere nur an *Sternbachs* Vorliebe für diese Art von Materie.

Wenige Milligramm einer schön kristallisierten Base waren übrig geblieben. Man hat die pharmakologische Wirksamkeit versucht zu untersuchen: Das Ergebnis war so stark, daß enthusiastische Reaktionen innerhalb der Firma entstanden.

So zeigte dieses neue Wirkungsspektrum, daß diese Präparate sowohl sedativ bis hypnotisch wirken, antikonvulsiv, zentral muskelrelaxierend und anxiolytische Eigenschaften hatten.

Die therapeutische Breite war ungewöhnlich groß und die toxische Dosis betrug ein Vielfaches der therapeutischen Dosis. Die Substanz war also nicht sehr toxisch. Man mußte erst sehr viele Tests durchführen, bis schließlich die Benzodiacepine geboren wurden, dann auf den Markt kamen und von der Stoffklasse völlig neu erschienen. Von dieser Seite also eine Revolution auf dem pharmazeutischen Markt.

Man konnte tatsächlich sagen, zumindest zu dieser Zeit, hier ist eine chemische Struktur vorhanden, die wir aus der Natur nicht kennen, die einfach von einem Chemiker erfunden wurde, eine große wissenschaftliche Leistung!

Bereits in den Jahren 1988/89 kamen aber schon die ersten Untersuchungen, daß die gleichen chemischen Substanzen, nämlich die Benzodiacepine auch im Maiskorn, in Linsen, in Kartoffeln, in Sojabohnen, im Reis, in Pilzen enthalten waren, so daß also Bezodiacepin tatsächlich kein Synthetikum darstellt, sondern einen bereits in der Natur vorkommenden und von der Natur entwickelten Stoff.

Nur, das sollten wir immerhin anerkennend sagen, ist die Menge, die in diesen obengenannten Pflanzen und noch anderen Substanzen vorhanden ist, sehr gering.

Kartoffeln und Weizen enthalten bei sorgfältiger Errechnung etwa 0,05 mg/pro 1 Tonne, d. h. man würde 1 mg Valium (die Normdosis sind 5 mg) in 20 Tonnen Kartoffeln oder 20 Tonnen Weizen finden. Das reicht nicht aus, um die manchmal gute Wirkung dieser Stoffe als Sedativum und Anxiolytikum in der Medizin anzuwenden. Interessant ist aber auch in diesem Fall die Tatsache, daß es eben keine künstlich hergestellte Substanz darstellt.

Fagopyrum esculentum − echter Buchweizen

Es handelt sich um ein Knöterich-Gewächs, bei dem das Kraut sehr giftig ist. Es handelt sich dabei um Phagopyrin, einem multizyklischen Ringsystem, das sehr stark photosensibilisierend ist und besonders bei Schweinen und Schafen auch Hautentzündungen auslöst. Das gleiche gilt allerdings auch für den Menschen, allerdings nur dann, wenn es in großer Menge zu sich genommen wird, fast an der Vergiftungsgrenze.

In neuer Zeit haben Untersuchungen erwiesen, daß das Kraut eine ganz erhebliche positive Wirkung hat in einer bestimmten Dosierung und in einer ganz bestimmten galenischen Zubereitung, z. B. bei Durchblutungsstörungen, nicht nur der Extremitäten, sondern auch bei Durchblutungsstörungen des Herzens und vor allem des Gehirns.
Außerdem habe ich persönlich dieses Kraut auch angewendet bei Tinitus und selbst bei lange bestehenden cerebralen Durchblutungsstörungen im Alter zwischen 60 und 80 Jahren.

Mentha piperitae − Pfefferminze

Das sogenannte japanische Pfefferminzöl.

Die Pfefferminze wurde im Volk als Minze, als Minzenkraut als Peperite gekannt. „Mentha" ist eine Entlehnung vom griechischen „Minthe" (*Hippokrates*) oder „Mintha" (*Theophrastus*). Nach einer griechischen Sage ist die Nymphe Mintha, Tochter des Kokytes, von Prosperina in diese Pflanze verwandelt worden. Diese Sage überlieferte *Ovid*. Andere bringen den Namen mit der alten indischen Wurzel Manthe (= zusammenreiben) oder mit dem griechischen „minytho" (= sterilisieren) in Zusammenhang.

Alle Namen beziehen sich auf den starken Geruch der Pflanze, die nicht nur wild wächst, sondern auch in Kulturen seit Menschengedenken angebaut wird.

1881 sind die Reste eines Blumenstraußes eines altägyptischen Grabes gefunden worden aus der Zeit etwa 1 000 v. Chr. Und da waren auch Pfefferminzblätter dabei.

Da diese Pflanze in Unterägypten ja nicht wild angetroffen wurde, auch heute noch nicht, ist man der Meinung, daß sie aus medizinischen Gründen angebaut wurde.

Nach Europa wurde diese Pflanze von dem berühmten venezianischen Kaufmann *Marco Polo* (1244 − 1324) gebracht.

Schon in den alten Kräuterbüchern finden wir diese Pflanze erwähnt, und zwar als eine erwärmende, zusammenziehende und austrocknende Kraft. Innerlich angewendet soll sie Eingeweidewürmer vertreiben, äußerlich, also als Umschlag, Abszesse heilen.

Bei *Plinius* lesen wir, daß sie die Liebeslust sehr förderte. In der Volksheilkunde wurde sie bei Geschwüren und Wunden eingesetzt; um die Jahrhundertwende verabreichte man den Patienten, die unter Blähungen und Magenverstimmungen litten, Pfefferminzlikör und etwa 3 − 4 Tropfen Pfefferminzöl auf Zucker.

Interessant sind noch die alten Rezepte bei Blähkoliken: 12 Tropfen vom Pfefferminzöl in 4 g versüßtem Salpetergeist, dreimal täglich 10 Tropfen auf Zucker.

Ein anderes Rezept empfiehlt:
„Gegen Magenkrämpfe und krampfhaftes Erbrechen lasse in ein gut verschließbares Fläschchen je 0,5 g Pfefferminzöl, dieselbe Menge Muskatnuß, Lorbeer und Nelkenöl hinein und reibe damit morgens und abends die Haut über dem Magen ein."

Weiter wurde es angewendet bei Schnupfen, Kopfschmerzen, der sogenannten Nasendiphtherie. Bei homöopathischen Gaben wurde das Pfefferminzöl bei Heiserkeit, Halsschmerzen und trockenem Husten verwendet.

Die krause Minze wird in der Homöopathie verwendet ebenfalls bei Heiserkeit. Da wird sie als *„Rumex crispus"* rezeptiert.

Die echte japanische Pfefferminze (*Mentha arv. var. pip.*) wächst vorwiegend auf vulkanischem Boden, hat eiförmige oder lanzettartige Blätter mit scharfen Spitzen und gesägten Rändern. Die Oberfläche ist grau-gelb und zur Seite hell mit Drüsenhaaren und Schuppenblättern auf beiden Seiten.

Das Öl, wenn es gereinigt ist, enthält in der Hauptsache Menthol und Menthon, außerdem noch viele andere Inhaltsstoffe, bis zum Cariophyllin. Die ätherischen Öle bestehen aus einem Gemisch von Alkoholen, Aldehyden und verschiedenen anderen chemischen Stoffen.

Einige dieser Substanzen weisen tatsächlich als Reinsubstanz einen bakterientötenden Effekt auf. Das japanische Pfefferminzöl ist den europäischen Pfefferminzarten therapeutisch deutlich überlegen.

Hier liegt auch eine gewisse Gefahr: Im Übermaß genossen kann das japanische Pfefferminzöl wegen seines hohen Mentholgehaltes auch rauschartige Zustände auslösen und

624

eine unglaubliche Kälteempfindung hervorrufen, nicht nur lokal, sondern am ganzen Körper.

In der „Toxikologie der Lebensmittel" erwähnt *Lindner* einen Fall, in dem durch das Lutschen große Mengen Pfefferminztabletten Vorhofflimmern auftrat. Bei der Anwendung normaler Mengen dürfte das nicht der Fall sein. Nur sollte man das Öl nicht lokal in die Augen bringen.

Weitere bakteriologische Untersuchungen ergaben, daß neben Staphylokokken und Streptokokken auch *Candida albicans* und gramnegative Bakterien wie der Proteus in ihrem Wachstum gehemmt werden. Keine Hemmung gibt es dagegen bei den Colibazillen und dem *Pseudomonas aeruginosa*.

Bei den einzelnen Bakterienarten kommt es auch auf die Konzentration des Öles an, ob es wirksam ist oder nicht.

Man kann jedenfalls zusammenfassend sagen, daß das japanische Pfefferminzöl bei diesen Versuchen einen teils abtötenden, teils entwicklungshemmenden Einfluß auf Mikroorganismen entfaltet.

So ist es erklärbar, warum Pfefferminzöl auch in der Therapie Eintritt gefunden hat, und zwar nicht nur bei der Behandlung der Infektionskrankheiten viraler oder bakterieller Herkunft und bei Pilzerkrankungen, sondern auch bei rheumatischen Beschwerden, z.B. bei Einreibungen, zeigt Pfefferminzöl eine deutliche positive therapeutische Wirkung. Das Öl bewirkt eine verstärkte Hautdurchblutung, darüber hinaus werden die tieferen Bereiche, d.h. die Muskeln ebenfalls kräftig durchblutet. Eine verspannte oder hypertone Muskulatur wird deutlich aufgelockert. Die Schmerzempfindung in diesen Zonen läßt spürbar nach.

Bei cervikal bedingten Kopfschmerzen kann man erhebliche Besserung erreichen, schließlich finden wir noch eine Indikation im Bereich des allgemeinen Abgespanntseins und der

Müdigkeit, bei Wechseljahresbeschwerden und Schwächezuständen.

Zu nennen ist noch die Anwendung bei Beschwerden des
Magens, der Gallenblase und der Leber; mit Fruchtsaft oder
Tee genossen hat es eine krampflösende und blähungstrei-
bende Wirkung.

Homöopathisch wird weniger das Pfefferminzöl, sondern
eher das Kampferöl angewendet.

Bitte aber deutlich **beachten:** Wir wissen aus der Homöopathie sehr genau, daß gerade ätherische Öle, Kampfer, Pfefferminze usw. einerseits einen ganz besonders guten Einfluß
auf die zu behandelnden Organe haben, auf der anderen
Seite allerdings die therapeutische Wirksamkeit fast aller
Pharmaka wesentlich beeinträchtigen und dabei einen Effekt auslösen, der fast neutralisierend ist. Es ist also sicher
falsch, neben einer Arznei-Therapie, gleich ob allopathisch
oder homöopathisch, noch zusätzlich diese ätherischen Öle
anzuwenden, in welcher Form auch immer, peroral oder
perkutan. Man wird feststellen müssen, daß dann der Effekt wesentlich schlechter ist als man es erwartet hat. Also
denken Sie bitte daran, es handelt sich um ein wunderbares
Heilmittel, aber auch um einen Störfaktor in der übrigen
Therapie.

Gott Priaps und das Penicillin

Cicero äußerte sich eines Tages in einem Brief an seinen
Freund *Paetus* über den Gebrauch obszöner Worte. Dabei
bemerkte er, daß das Wort Penis bei den Alten in seiner ursprünglichen, eigentlichen Bedeutung den Schwanz und erst
in übertragener, metaphorischer Bedeutung das Ge-
schlechtsorgan bezeichnet. Aber allzu oft ist die das Obszö-
ne verhüllende Metapher am Ende selbst obszön geworden.
Dazu verweist auch die Verkleinerungsform, daß aus Penis
in der eigentlichen Bedeutung wegen der Ähnlichkeit des Di-

minuitiv Penicillus in der übertragenen Bedeutung „Pinsel" entstanden ist.

„Penicillus" ist das Verkleinerungswort einer Verkleinerungsform, denn erst von dem lateinischen „Peniculus" wurde „Penicillus" abgeleitet. Beide Verkleinerungsformen bedeuten „Pinsel", mit dem der Maler die Farbe aufträgt, im Französischen „Pinceau", im Deutschen „Pinsel", im Englischen „Pencil", dort ist das Wort von der Malerei in die Literatur übergegangen, vom Pinsel zum Schreibstift.

Einzig der Einfaltspinsel hat einen anderen Ursprung. Der ist in einer anderen Zunft zu Hause.

Cicero hat noch viele Briefe geschrieben, an seinen Brüder *Quintus* z. B. Da kommt diese Metapher auch vor. In der Naturgeschichte des *älteren Plinius* wird Penicillus einfach als in den Bereich der Malerei angehörend hingestellt.

Die weitere Wortgeschichte führt uns fort von solchen klassischen Überlegungen, in denen sich ein „Schwänzchen" bis in die höchsten Sphären der schönen Künste aufschwingt und dann wieder herabsinkt bis auf die tiefsten Stufen lebendigen Lebens, nämlich zu den Schimmelpilzen.

In der von *Linnée* im frühen 18. Jahrhundert begründeten Systematik des Pflanzenreiches erhielt eine Gattung von Schlauchpilzen wegen ihrer Sporenträger, die pinselförmig waren, die lateinische Bezeichnung „Penicillium" und entsprechend den deutschen Namen „Pinselschimmel".

Zum Schrecken der Hausfrauen gehört zu der überaus artenreichen Gattung Penicillium der Schimmelpilz im Brot, im Zwetschgenmus, im Kirschkompott, kommt aber auch beim Camembert- oder Roquefort-Käse vor, hier zur Freude der Gourmets.

Wieder ein Jahrhundert später, im Jahre 1928, machte der englische Bakteriologe *Dr. Sir Alexander Fleming* die epochemachende Entdeckung, daß bestimmte Pilzstämme krankheitserregende Bakterienstämme abtöten, zumindest aber deren Vermehrung hemmen können.

Im Anschluß daran entstand das erste Antibiotikum mit dem Gattungsnamen „Penicillium".

Wenn wir also davon ausgehen, daß es der Gott der animalischen und vegetabilischen Fruchtbarkeit an der Küste des Helespontes war, Priaps oder Priapos, was ja genau das gleiche ist wie das Membrum virile, so bedeutet das, daß die Darstellung dieses Gottes ungeheuer vielfältig ist und neben der Fruchtbarkeit in der körperlichen Liebe eben auch eine ungeheuere, bis zur heutigen Zeit kultisch durchgeführte Penicillin-Gläubigkeit hat. Antibiotika sind „in", und so wie früher bei Dionysos Priester und Priesterinnen in religiösen Genossenschaften ihren Rückhalt im Gott Dionysos hatten, der von Priapos stark beeinfluß war, so finden wir auch heute noch beeinflußt vom Gott Priaps diejenigen, die im antibiotischen Bereich das Penicillium, das winzig kleine Pinselchen zu ihrem Gott erhoben haben.

Die Kultstätten des Priapos sind für uns in der modernen Zeit sehr interessant. Es sind die ersten Tempel gewesen, in denen sich die alten Griechen oder auch Zugereiste angeregt fühlten, Grafitti, die moderne Malerei mit der Sprühdose, durchzuführen. Nur hat man sie damals nicht mit der Sprühdose, sondern mit Kohle und Kreide hergestellt. Es hat sich damals ein poetisches Genos entwickelt, die sogenannten „Priapaea".

Es gibt auch ein priapaeisches Versmaß, von dem allerdings nur wenig erhalten ist. Es sind im wesentlichen pornographisch anmutende Spottgedichte gegen Gott Priaps.

Bayerische Volksmedizin – auch heute noch aktuell

Bayern gehört noch zu den Ländern, in denen alter Brauch üblich ist: Wo man noch Leute findet, die wirklich am Neujahrstag, an der Silvesternacht, Brot und Salz für das neue

Jahr auf den Tisch legen, um mit diesem Brauch die Erwartung zu verbinden, daß keiner unter diesem Dach in den kommenden Monaten Not zu leiden braucht.

Die Bräuche haben sich gewandelt. Die Bräuche sind auch an verschiedenen Orten ein wenig variiert worden. Mit Abschaffung vieler Feiertage, nämlich der Namenstage, sind auch viele Bräuche verschwunden. Früher hatte jeder Namenstag seinen eigenen Brauch.

Ich möchte hier neben einigen Nahrungsmittel-Bräuchen aus dem bayerischen Raum auch ein paar Arzneimittel aus der Volksmedizin anführen.

Mitten im Winter, wenn die Tage schon wieder etwas länger werden, da gibt es einen Tag – und justament heute ist er und deshalb möchte ich es aufschreiben – der Namenstag des Sebastian am 20. Januar. Es ist ein besonderer Feiertag, doch heute merkt man nichts mehr davon. Aber ich kann mich noch erinnern, und das besonders am Hauptsitz der bayerischen Sebastiani-Verehrung in Ebersberg, wo viele Kirchen und Kapellen diesem Märtyrer geweiht sind, auch eine Sebastiani-Bruderschaft besteht, da wird noch das Patrozinium gefeiert.

Es war früher ein halber Feiertag, bis mittags wurde nicht gearbeitet. Natürlich ging man in die Kirche und hat dann noch ein wenig einen verlängerten Frühschoppen gemacht. Aber am Nachmittag wurde wieder gearbeitet.

Nur eines war üblich, man mußte fasten, und zwar mit etwas Besonderem. Es war streng verboten, an Sebastian einen Apfel zu essen, und brave Kaufleute haben auch keinen Apfel angeboten in der Auslage, da der Heilige an einem Apfelbaum gemartet worden sein soll.

Maria Lichtmeß, am 2. Februar, stand früher auch einmal rot im Kalender. Das Fest hat sowohl heidnischen, als auch christlichen Ursprung. Im alten Rom war es eine Huldigung an den Februus, der die Stadt von Dämonen befreit hatte. Es war aber auch ein Reinigungstag. Jede Mutter mußte 40 Tage nach der Geburt eines Kindes zur Reinigung in den Tempel gehen, was ja die Ursache dieses Festes ist: Maria ging nach Jerusalem. In diesen Tagen, wo es ja noch kein elektrisches Licht gab, hat man alle Lichter angemacht, da war es hell, nicht nur im Zimmer, sondern auch draußen auf der Straße, in den Fenstern wurden die Kerzen angezündet, große Kerzen. Überall zündete man Kerzen an und war glücklich, es endlich hell zu haben, die lichte Messe wurde gefeiert, die ganze Kirche war voller Kerzen.

Vielleicht sollte man erwähnen, daß Bienenwachskerzen nur in der Kirche angezündet werden durften, andere Kerzen auch zu Hause.

An Lichtmeß erfolgte früher auch die Lohnauszahlung für die Bauernmägde und Knechte. Sie zogen dann aus dem Hof aus auf einen anderen Hof oder blieben auch da, auf jeden Fall gab es da erst einmal den Lohn. Bevor sie aber fortzogen, gingen sie noch zur Kirche und ließen sich dort den Blasius-Segen geben. Dieser Kirchenbrauch lebt heute noch fort. Mit zwei gekreuzten Kerzen vor Hals und Gesicht erteilt der Pfarrer den Segen zum Schutz vor Halskrankheiten. Früher hat man dem Vieh noch einen Wachsring um den Hals gehängt, um es vor Krankheiten zu bewahren.

Der Tag ist noch nicht verlorengegangen. Ich war in der Kirche, in der Abendmesse. Die Kirche war zum Bersten voll und alle sind zum Blasius-Segen gegangen, 5 Geistliche und Diakone haben diesen Segen erteilt. So schlecht scheint es mit dem Glauben gar nicht zu stehen, besonders wenn es an die Krankheiten geht.

Es ist noch nicht lange her, da hat mir eine Frau erzählt, daß sie jahrelang die Grippeimpfung bekommen habe. Immer wieder habe sie Schnupfen und Husten bekommen.

Aber seit 4 Jahren ginge sie lieber wieder zum Blasius-Segen und seitdem habe sie Ruh!

Am Palmsonntag werden die Palmbuschen fertig gemacht. Früher einmal gehörten neunerlei heil- und zauberkräftige Kräuter dazu. Es war Erika und der Segenbaum, der die Hexen austreibt. Wacholder, Eichenlaub, Buchs, Seidelbast, Mistel und drei Zweige von der Blitz und Hexen bannenden Haselstaude. Dieser Brauch ist längst vergessen. Aber die Rinde wird noch abgemacht, denn unter der Rinde leben die Hexen. Und wenn man mit dem Palmbuschen in die Kirche geht, dort dürfen ja keine Hexen hinein, können sie nicht mithineinschlüpfen, weil die Rinde von den Zweigen entfernt wurde.

In der Nacht zum 1. Mai sind die Hexen und die Druden darauf aus, der Frühlingsgöttin den Einzug restlos zu versalzen. Früher wußten die Leute oder sie ahnten zumindest, daß die Hexen über das Haus zum Bocksberg reiten. In dieser Nacht hat man vor vielen, vielen Jahrzehnten auf Feldern und Hügeln noch die Hexenfeuer angezündet, damit die Winterdämonen endlich weichen. Geweihte Palmkätzchen wurden ins Herdfeuer geworfen. Das Drudenkraut, es war ein Bärlapp-Kranz, der früher an die Stalltür genagelt wurde, der aus einer einzigen Ranke gewunden war, wurde mit in das Feuer geworfen oder im Herdfeuer verbrannt.

In dieser Walpurgisnacht blieben die Kammerfenster und die Wirtshäuser leer. Geweihtes Salz wurde auf die Türschwellen gestreut. Nach dem Drudenstein wurde noch geschaut, ein Stein mit einem kreisrunden Loch in der Mitte. Dieser mußte an der Stalltür hängen. Mit dem Besen ging man über den Hof in den Garten, um die Hexen zu vertreiben. Und es war ein ungeschriebenes Gesetz im Bayernland, Kinder und Viecher durften nicht mit dem Besen geschlagen werden, nur die Hexen.

Unter all den Kräutern, die Hexen bannen und mit denen in

der letzten Aprilnacht das Haus und der Stall ausgeräuchert wurden, hatten die Edelraute, das Johanniskraut und der Wacholder, der die guten Geister ins Haus lockte, den meisten Zauber.

Selten war sie, aber deshalb auch sehr gefragt, die Alraune. Wer sie in der Walpurgisnacht bei sich trug, der war stich- und feuerfest und gegen Krankheiten gefeit das ganze Jahr.

Übel spielte man den liederlichen Weiberleuten mit, und zwar mit einer Katzenmusik, die sie aus dem Schlaf riß. Das war der Übermut, den die Burschen mit dem Bauern oder mit den Mägden trieben, welche nicht ganz so sauber waren, wie sie sein sollten.

Unendlich viele Geschichten kann man erzählen. Vom heiligen Florian und von den Bittgängen gegen Feuer, Sturm, Hagel und Blitzschlag. So gab es Wetterbüsche, die man im Stall oder auch in der Stube am Fensterkreuz aufhing. Steinbrech, Eberwurz, Rohrkolben, Königskerzen schützten die Menschen oder zumindest sollten wohl schützen.

Verschiedene Bräuche an Christi Himmelfahrt oder im Pfingstfestkreis, an Fronleichnam und an Sonnenwend gab es. Immer wieder feierte man bis zur Erntezeit fröhliche Feste mit hausgemachten üblen Streichen dabei.

Sie sollten sich einmal alte Bücher besorgen und dort nachlesen. Es ist ein ungeheures Vergnügen, beispielsweise auch aus der Spinnstube einiges zu hören oder z. B. von Kathrein, wenn so recht getanzt wurde und wo man den Dirndln, die zum ersten Mal zum Tanzen gingen, ein Zweiglein vom Johanniskraut in den Rocksaum nähte, damit der Teufel nicht auf die Idee kam, dem Dirndl unter den Rock zu greifen.

Dann haben wir natürlich noch den Weihnachtsfestkreis mit Andreas und seinem Orakel; der heiligen Barbara, den Nothelfern, die vor Blitz und hitzigem Fieber schützten und an deren Namenstag man die Zweige von Forsythia in die Vase stellt, damit sie an Weihnachten blühen. Der heilige Nikolaus mit seinen vielen Legenden und schließlich das Adventssingen, der Heilige Abend und die Rauchnächte bis zum Dreikönigstag und den Sternsingern. Es lohnt sich nachzulesen über all die Hexen, die Druden und das Alleluja-Wasser.

Am Karsamstag, beim Gloria, kommen nämlich nach altem Glauben die Glocken aus Rom zurück, wohin sie gegangen waren mit ihrem Klang. Und beim ersten Glockenschlag lief die Dirn auf den Anger und rupfte eine Schürze Gras aus, das Alleluja-Gras. Es stand im Ruf, das beste Viehfutter zu sein, was das ganze Jahr wirksam blieb für die Gesundheit.

Viel bekannter war, besonders bei den Mädchen, das Alleluja-Wasser. Es war geweiht am Karsamstag und es schützte gegen Sommersprossen.

Das waren nur wenige Bräuche. Wer sich viel damit beschäftigt hat, den Inhalt und den Gehalt solcher Bräuche kennt, der weiß, daß das Leben tiefere Wurzeln hat, als es in der raschlebigen Gegenwart erkennbar ist.

Antike Inkubation und moderne Psychotherapie

Wenn wir hier an dieser Stelle einmal von Pflanzen und anderen Heilmitteln weggehen und uns die Frage stellen, ob unsere heutige Psychotherapie auch antike Vorbilder hat, so müssen wir das bejahen. Im Altertum war ja alles Psychische kultisch eingebettet und so gilt es hier, Vorbilder im antiken Kult nachzuweisen.

Hier finden wir eine Literaturstelle bei *Galen*, welche sehr interessant ist. Hier nannte sich der berühmteste Arzt der Spätantike sehr stolz: „Therapeutés seines Patrios theos asklepios." Was bedeutet hier therapeutés? Das kann nur die ursprüngliche Bezeichnung sein für denjenigen oder für diejenigen, welche um den Kult besorgt sind, die dem betreffenden Gott kultisch dienen.

So gesehen sind also Psychotherapeuten Menschen, die für den Kult der Psyche besorgt sind. In welchem Maße aber die gesamte antike Religion ein Kult der Psyche war, ist häufig widersprüchlich in der Literatur beschrieben worden. Wer nämlich in dieser Religion lebte, so muß man jetzt denken, für dessen „Seelenheil" war aber auch bereits gesorgt.

Interessant ist, daß es C. G. Jung war, der den Hinweis gegeben hat, daß in der griechischen Patristik der Mönch „therapeutés" heißt.

Was aber nun war wenn jemand krank wurde? Nun, dann ging es darum, daß er nach Epidaurus fuhr oder später auch zu anderen Kultstätten des Asklepios. In Epidaurus war ja wohl das dortige Asklepeion, das berühmteste von allen. Es war eines von jenen Orten, in denen die Inkubation betrieben wurde. Wenn wir uns einmal die Situation genau ansehen und die antiken Asklepien betrachten nach der Tatsache, was ist im Altertum mit dem Kult der Seele im Fall von Krankheit überhaupt geschehen?

Der Arzt hieß damals „Iétér oder Iétros oder Iatros". Er wurde schließlich ein Gott oder ein Heiland „Soter" genannt. Asklepios war also kein menschlicher, sondern ein göttlicher Arzt.

Und das hat seinen Grund darin, daß der antike Mensch in der Krankheit die Wirkung des Göttlichen, to theion, sieht, welcher daher wiederum nur durch ein Göttliches oder durch einen Gott geheilt werden kann. So wird also eigentlich in den antiken Heilstätten eine ausgesprochene Homöopathie betrieben: Das Göttliche (die Krankheit) durch das Göttliche geheilt (Similia similibus curantur). Wenn die

Krankheit eine so hohe Dignität hat, so bietet das den großen Vorteil, daß man ihr auch Heilsamkeit zuschreiben
darf.

Die Divina afflictio der Krankheit enthält dann auch ihre
Ätiologie, ihre Therapie und ihre Prognose, so daß man
sich darauf einstellen kann. Und dafür, daß diese Einstellung möglich ist sorgt der Kult, welcher einfach darin besteht, daß die ganze Heilkunst dem göttlichen Arzt überlassen wird. Er ist ja die Krankheit und das Heilmittel, das
Göttliche nämlich. Die beiden Begriffe werden also hier
identisch. Es ist darum, weil es ja die Krankheit ist, auch
selber krank. Das heißt auch verwundet oder verfolgt so wie
Asklepios oder *Trophonios* und weiß als göttlicher Patient
auch zugleich den Heilsweg.
Und diesem Gott gilt als Apollo-Orakel „ho trosas iasetai",
„der verwundet hat", heilt auch.

Die Asklepiaden *Machaon* und *Podaleirios* hatten den von
Achill am linken Schenkel verwundeten *Telephos* vergeblich
zu behandeln versucht. Da erhielt *Achill* das besagte Orakel: das Heilmittel ist der abgeschabte Rost der Lanzenspit-
ze des *Cheiron*, mit welcher *Achill* den *Telephos* einst verwundet hatte.

Das Telephos „pauper et exul" zu seinen ehemaligen Feinden Zuflucht nehmen mußte und dort Heilung findet, ist
eine besondere psychologische Finesse.

Auch im Märchen von Amor und Psyche bei *Apuleius* wird
Psyche durch den Pfeil des Cupido geheilt, mit dem sie sich
verwundet und dadurch all ihre Leiden zugezogen hat. Ihre
Heilung geht mit einer Katabasis „eis aidou" und einer
nachfolgenden Anabasis (Apotheose) einher. Ein Mythologem, welchem wir noch bei mehreren Heilgöttern begegnen
werden.

Es handelt sich bei diesem Beispiel um ein weit verbreitetes

Mythen-Motiv, das wir auch bei *Goethe* finden im Tasso, 4. Akt, 4. Aufzug:
„Die Dichter sagen uns von einem Speer
der eine Wunde, die er selber geschlagen,
durch freundliche Berührung heilen konnte."

Oder bei *Richard Wagner* im Parsival, 3. Akt:
„Die Wunde schließt der Speer nur, der sie schlug."

Daß der Gott, der die Krankheit schickt, selber krank ist und leidet und daß er auch die Krankheit zu heilen imstande ist, sehen wir auch bei einem anderen Heil-Heros, nämlich bei *Herakles*. Er leidet an Epilepsie und heißt „Alexikakos", weil er eine Pest-Epidemie abwendet und „Soter" wegen der Befreiung von einer anderen Epidemie.

Die koischen Asklepiaden rühmen sich wohl deshalb immer „Katandrogeneion" von Asklepios, im Mutterstamme aber von Herakles abzustammen.

Die analytische Forderung nach der Lehranalyse findet in diesem Mythologem ihr uraltes Vorbild, wobei sie allerdings, wenn sie nichts als einen Lernprozeß meinen sollte, gründlich mißverstanden wäre. Das Mythologem des ambivalenten Pharmakon, welches immer zugleich Gift und Heilmittel ist, findet sich auch im Unbewußten des modernen Menschen.

Der innere Zusammenhang zwischen göttlicher Krankheit und göttlichem Arzt macht den Kern antiker Heilkunst aus. Neben dieser theurgischen Medizin entwickelte sich die berühmte wissenschaftliche Medizin der alten Griechen, deren Prinzip in ihrer späteren Entwicklung die Bekämpfung der Krankheit war, wobei die letztere selbst den Arzt nichts mehr angeht. Sie geht im wesentlichen auf *Hippokrates* und *Galen* zurück. Witzigerweise hat aber die hippokratische Ärzteschule auf Kos nach dem Tode ihres Stifters nicht darauf verzichten können, daselbst doch noch ein Asklepeion einzurichten und konnte also der theurgischen Medizin doch nicht auf die Dauer entraten.

Dieses interessante Faktum wird uns vielleicht noch beschäftigen. Jedenfalls war schon 100 Jahre nach Hippokrates Tod der Asklepios-Kult in Kos bereits zum beherrschenden Staatskult und der Schlangenstab des Asklepios zum Staatswappen geworden. Dies geht wohl nicht zuletzt darauf zürück, daß er aus Pergamon stammt, dem neben Epidaurus bedeutendsten Kultort des göttlichen Arztes Asklepios.

Vor wenigen Tagen erst habe ich das Pergamon-Museum besucht und da eine Stunde lang versucht, geistig eine Brükke zu finden zu dieser alten Denkweise, philosophisch und ärztlich zu fühlen, zu denken und zu leben.

Gehen wir noch einmal kurz zurück zu Hippokrates, der doch so streng wissenschaftlich eingestellt war. Hier hat das göttliche Element in der Heilkunde auch seinen Platz, wenn er in seiner Schrift „Peri euschemosynes" (über den Anstand, den der ärztliche Beruf verlangt) sagt:

„Ietros gar philosophos isotheos"

„Der Arzt, der zugleich Philosoph ist, ist Gott gleich".

Diese Ausstattung des Arztes mit göttlicher Qualität ist bestimmt nicht unbedenklich, denn sie setzt ihn den Gefahren der Inflation aus, ist aber immerhin jeder gänzlich säkularisierten Medizin vorzuziehen.

Was geschah nun in Epidaurus und in anderen großen Asklepias-Tempeln, die alle Filiationen von Epidaurus waren.

231 v. Chr. wird ein Asklepion auf der Tiber-Insel gegründet. Wir finden da noch heute ein Bild des Aeskulap mit dem Schlangenstab. Ein in der Mitte der Insel aufgestellter Obelisk, der heute verschwunden ist, bildete den Schiffsmast nach. Wir wissen aus der Geschichte, daß in dem Augenblick, wo Rom erreicht ist, der Gott vom Schiff sich auf

die Tiber-Insel begibt und dort seine göttliche Gestalt wieder annimmt. Mit seiner Ankunft erlischt die Pest. Während das Schiff den Tiber hinaufgezogen wird, dampften auf beiden Ufern die Altäre von Weihrauch und allen Opfertieren dem Gott zu Ehren. Das Meer war schon wahnsinnig stürmisch und alle Vestalinnen und Priester jubelten, als die Pest verschwunden war.

Es führt jetzt zu weit, noch viel über Asklepios zu erzählen. Er war ja der Sohn des Apoll, der seinetwegen in Pergamon das Epitheton „Kaliteknos" (der mit dem trefflichen Sohn) trägt und als solcher einen eigenen Tempel hat. Asklepios war usprünglich ein sterblicher Arzt, der alle seine Heilkunst von dem Kentauren Cheiron erlernt hatte. Cheiron ist durch den vergifteten Pfeil des Herakles unheilbar verwundet, also auch einer jener leidenden Heilkundigen.
Durch seine großen Heilerfolge hingerissen, wagte Asklepios sogar Tote zu erwecken. Die verführerischsten Erfolge waren die Heilung des Herakles und des Philoktetes, welch letzterer ja bekanntlich den Trojanischen Krieg entschied.

Von Totenerweckungen sei nur an diejenigen von Hippolytos und Glaukos erinnert. Das wurde von Zeus allerdings als Übergriff in göttliche Vorsehung empfunden und damit bestraft, daß er den verwegenen Heilkünstler mit seinen Blitzen erschlug. Wahrhaft eine prometheische Sünde, ein Heilgott zu sein.

(Die Darstellung − lesen Sie es nach − bei Diodor in Bibl. hist. IV 71,1-4 und bei Ovid, Fasti VI 743-62. Hier ist es deutlich beschrieben.)

Apoll grollte dem Göttervater über die Tötung seines Sohnes und tötete seinerseits die Zyklopen, welche dem Zeus seine Blitze schmiedeten. Er mußte allerdings auch dafür büßen, indem er einige Zeit dem sterblichen Athmetos als Sklave die Herde hüten mußte. Dabei verursachte er als Zwilling unter den Schafen lauter Zwillingsgeburten.

Einen interessanten Trost für den Tod seines Sohnes Asklepios gibt *Ovid* dem Apoll:
„Phoebe, querebaris: Deus est, placare parenti:
Propter te, fieri quod vetat, ipse facit."
Für Asklepios hatte es zur Folge, daß er selber in den Kreis der Götter aufgenommen wurde.

Apoll war von alters her ein Orakel und ein Heilgott, Seuchen abwehrend, *Pausanias* schreibt es. Bei Äschylos heißt Apoll „Iatromantis", bei *Aristophanes* „Iatros keimatis". Bei dieser Verbindung handelt es sich wohl um die der magischen Heilkunde unentbehrliche Kombination von „praxis kei logos", vom Behandeln und Zauberworte sprechen.
Auch Apoll weist als Heilgott die uns bereits bekannte Ambivalenz auf, in dem er mit seinen giftigen Pfeilen als Ferntreffer Seuchen sendet.

Mit diesem Apoll — „Toxophoros" und „Apothoxin" — welch letzterer als „Propylaoios" — war es der Gott der Seuchen schickte, aber auch behandeln konnte. In welch gefährliche Nähe des Seuchengottes Apoll — der christliche Gott — geraten kann, zeigt das Pestbild von Rottweil in deutlicher Form an.

Mantik und Heilkunst sind noch heute eng verbunden, nicht nur in der Welt der kirchlichen Heilwunder, sondern auch die rein ärztlichen Heilwunder, welches deshalb immer eine sehr zweideutige und angefochtene Sache bleiben wird. Die wieder moderne Polemik zwischen Kurpfuschern und alternativen Behandlern und Ärzten auf der anderen Seite wären dringend einer solchen Betrachtungsweise bedürftig.

Das gleiche gilt auch für die Psychotherapie innerhalb der Medizin, welche von vielen Fachkollegen nicht gerade besonders hoch angesehen ist.

Die Heilungswunder haben auch heute noch lokale Häufungswunder, denn die Heiligkeit hängt manchmal auch am

Ort. Ein neuer Inhaber eines Orakels muß den alten verdrängen (Heros iatros). Und trotz der göttlichen Freizügigkeit bleibt das Numen in seinem Heiligtum epidemisch. Denken Sie nur an Asklepios oder an Kos.

Es ließe sich noch vieles über die Analogien und die Gegensätze sagen und es wäre interessant darüber zu sprechen. Aber das geht weit über das hinaus, was dieses Buch Ihnen zeigen soll.

Wir wollen nur noch von der Inkubation reden. Jenem Ort, wo all die Kranken in den Tempel gebracht wurden, wo sie dann, weil eben Asklepios der wahre und kompetente Arzt war, gebadet und gereinigt wurden, weil dann Leib und Seele auch rein sind.

Auch *Fuerius* berichtet von einer Inschrift in Epidaurus:
„Rein sei jeder, der tritt in den weihrauchduftenden Tempel,
rein aber heiß, wer im Sinn heilige Gedanken nur heget."

Eine andere Inschrift in einem Asklepion lautet:
„Bonus intra, meliorexi."

Erstes Reinigungsbad war also absolut notwendig für Körper und Seele, indem es die Kontamination der Seele mit dem Körper auflöst und dadurch die erstere zum Verkehr mit dem Gott freimacht. Auch die Begleiter mußten baden, dann kamen die Voropfer, schließlich der Gott des Schlafes, Hypnos, der Gott des Traumes, Oneiros. Sie hatten übrigens Statuen in jedem Asklepeion und viele Weihinschriften.

Im Heiligtum selbst in einem Raum — im Abaton — lag man auf einer „kline", wovon unsere modernen Kliniken zwar noch ihren Namen tragen, aber ich kenne keine, wo man sich noch daran erinnert, daß die Patienten dort liegen um Heilträume zu empfangen. Manchmal stand die kline auch neben dem „agalma" (Götterstandbild) im Tempel.

640

Abaton heißt eigentlich „der nicht von Unberufenen zu betretende Raum". Der zum Schlaf zugelassene mußte ein „Berufener" oder ein „Gerufener" sein. In allen Tempeln finden wir diese Hinweise. Durch ein Orakel gibt der Gott zu verstehen ob hier einer erscheinen dürfe.

Die Träume waren etwas sehr wichtiges. Es waren aber keine Traumdeuter, die hier dabei waren. Sie waren gar nicht nötig, denn Priester dürften auch Träume interpretiert haben. Es waren vielmehr Priester und Therapeuten im Sinne der Galen-Stelle: „Alle in der Umgebung des Gottes sind Therapeuten." Und sie hatten teilweise ärztliche Qualifikationen, manchmal aber auch nicht.

Jeder Geheilte war verpflichtet seinen Traum aufzuschreiben, eine Forderung die wir auch heute noch kennen.

Die schriftlichen Fixierungen hießen im alten Griechenland als Votive „Charisteria", auch als Inschrift, wie ein Dankopfer (vergleiche christliche Votivtafeln in Wallfahrtsorten!).

Interessant in diesem Zusammenhang ist, daß Sokrates im Sterben des Asklepios gedenkt. Das zeigt, daß der antike göttliche Arzt auch für den Moriturus wertvoll war, er wußte auch von der „Krankheit des Lebens" zu heilen.

Da finden wir die orphische Hymne an Asklepios:

„Komm, Seliger, komm, Helfer, dem Lebensspender ein edles Ende."

Bei *Pausanias* in seinen Beschreibungen über Griechenland, da finden wir eigentlich die wichtigste Quelle über das Inkubationsritual. Ich möchte das jetzt nicht ganz aufführen, nur noch die Tatsache, daß man hier den Schlangen, die ja als „Metastase der menschlichen Seele" galten, auch die Grabhüterinnen des Schlafes der Verstorbenen, auch den Schlaf der Lebenden hüteten. So kommt es, daß man die Schlange als das allergeistigste Tier ansieht.

Schlangenbad im Taunus, da kommt immer noch die Aesculapschlange vor, die sicher die Römer dorthin exportiert haben.

Die Schlangen, die alle da waren und unter den Kranken im Keller hausten, wurden mit Honigkuchen gefüttert, welche den Priesterinnen übergeben wurden. Sie wurden deshalb auch Melisse genannt, die Bienchen, die schließlich dann die Angehörigen der Kranken bei Nacht, wenn der Gott sich mit diesen beschäftigte, mit deren Angehörigen beschäftigten in einer Form, die auch etwas Analoges an sich hatte. Hier haben wir die Gegensätze. Hier einmal das Dionysische der Trunkenheit und das Apollinische in der Musik. In dem orgiastischen Korybantiasmus und dem lyraspielenden Eros bekam diese Art Trunkenheit einen kultischen Besessenheitszustand. So fand nun weitere Heilung statt.

Die Griechen haben die Musik therapeutisch verwendet und teilweise in Raserei Lebende damit geheilt. Gebete wurden noch gesprochen und schließlich der gemilderte dionysische Orgiasmus, die sogenannte „nüchterne Trunkenheit" (Methe nephalios) oder wie man sie auch nannte, „die Trunkenheit der Seele", mit der Musik zusammen wurden hier, wie eine erotische Funktion als lytische Therapie zur Heilung geführt.

Denken Sie an *Platos* „Staat", da wird auch die musische Erziehung zur höchsten Bedeutung hinaufstilisiert bis zur Möglichkeit, therapeutisch wirksam zu sein. Was den Gesang anbelangt, so sollte man auch an die epidaurischen Hymnen denken, die in den Asklepien verwendet wurden. Da wo „Logos" gleichgesetzt wird mit „Pharmakon", und gleich mit „Iatros". Bewußtsein oder das Wort, oder die Tat ist das Pharmakon und ist auch der Arzt.

Noch etwas ist wichtig. Inkubations-Rituale im engeren Sinne konnten nur in der Nacht stattfinden. Das asklepische Heilwunder, das im Abaton nun stattfand, wurde als Mysterium verstanden. Alle Mysterien wurden ja nachts gefeiert.

Inkubation ist aber durchaus kein asklepiatischer Brauch. Es ist viel älter als sein Kult und vielleicht früher etwas primitiver gewesen, um dann bei Aeskulap sehr hoch zu steigen.

Es gibt noch andere Stellen etwas primitiverer Art, wo solche Inkubationen stattfinden. Davon nur einige Beispiele, auch aus dem Etymologischen heraus. Wie wir von *Herondas* wissen über Kos, da heißen die Brote als Schlangenfutter noch „popana" oder psaista". Während sie nach der Konsekration, beim Verbrennen auf dem Altar „hygieia oder madzia" heißen. Die Unterscheidung entspricht also derjenigen, welche bei uns zwischen Oblate und Hostie gemacht wird.

Es gäbe noch viele Geschichten zu erzählen vom Parnaß und von den prophetischen Nymphen, die dem Apoll in seiner Jugend die Wahrsagekunst beigebracht haben. Wir können auch von Sarapis, dem berühmtesten unter allen Kollegen des Asklepios sprechen, der im alten Ägypten herrschte. Auch bei ihm gab es Inkubationen eigener Art.

Der Heilzauber ging bis zu einem durch gütiges Geschick geführten Umgang mit dem Gott, der schließlich den Charakter einer „Unio mystica" hatte und es trifft häufig wörtlich zu. Denn hier hat sich eine regelrechte Thalamos, d. h. Brautgemach-Symbolik entwickelt, die ich hier nur am Rande erwähnen möchte.

Wir finden sie sogar in der Vita der *Hl. Thekla* deutlich niedergeschrieben.

Bei *Hippokrates* und bei *Plinius* lesen wir, daß die Synousia (Koitus) als Heilzauber durchaus echt antik, aber auch kultisch begründet wird.

Kultisch gehören auch Krankheit und Armut zusammen, Gesundheit und Reichtum. Allerdings anders zu verstehen als in der heutigen Zeit.

Der Mysteriencharakter der Inkubation ist ja jetzt wohl klar. Die Nächtlichkeit des Heilgeschehens gehört dazu, die

Myste durch Träume, der Aufruf zu Initiation. Der Inkubant wird geheilt wiedergeboren. Vielleicht nach einem Besuch der Unterwelt oder zumindest bei einem Gott. Hier haben wir etwas Ähnliches wie in den alten Isis-Mysterien.
Um diese Inkubation wirklich ganz klar und deutlich darzustellen, bedarf es noch viel weiterer Ausführungen.

Ich möchte hier nur kurz anklingen lassen, daß tatsächlich, bei aller Schlichtheit der Darstellung wie sie bisher gewesen ist, Erfahrungen mit Methoden der modernen Psychotherapie sich in Übereinstimmung befinden mit uraltem Heiltum und Vorstellungsgut. Die Psyche als das allersubjektivste des menschlichen Wesens erweist sich hier als ihren eigenen zeitlosen Gesetzen dem Consensus omnium, treubleibend. Der Wandel der Zeiten bei uns bringt gewisse Veränderungen der Standpunkte mit sich.

Die Nomina, die wechseln. Die Numina aber, ihre Wirkungen bleiben im wesentlichen gleich.
(Nomen = Name − Numen = göttlicher Wille, Walten oder Geheiß der Gottheit).

Immunitätsschwäche

Immunitätsschwäche − Folge der gestörten Umwelt oder Folge eines unvollkommen geschaffenen Menschen oder Mißachtung eines göttlichen Auftrages?

Dieses Jahrhundert der Technik und der Wissenschaften weckt unser Mißtrauen angesichts der aufbauenden, aber auch zugleich zerstörenden Kraft, die unter dem „Sinn des Fortschritts" wirksam ist. Wir suchen unter solchen Voraussetzungen instinktiv nach dem Elementaren, Natürlichen und Absoluten, um dabei feste Säulen zu finden, die stark genug sind, das Dach unserer Existenz sicher zu tragen. Allein die Geschichte der Schöpfung, die Geburt des Seins aus dem Chaos, übersteigt doch bei weitem die Vorstellungskraft unseres menschlichen Verstandes. Obwohl die Wissenschaft titanische Fortschritte gemacht hat und den Horizont unserer Erkenntnis ständig erweitert, bleibt die Urfrage nach dem Sinn des Seins genauso verschlossen wie sie es war, als der erste Mensch es wagte, sie zu stellen.

Eine erfolgversprechende Suche ist nur in der Tiefe der menschlichen Seele, in Bereichen menschlicher Empfindungen und religiöser Erkenntnis möglich.

Bei dem Versuch, diese Welt umzugestalten, kam die Menschheit zu der grausamen Erkenntnis, daß reiner Intellekt sie blind werden läßt in der rücksichtslosen Ausnutzung dessen, was ihr so vertrauensvoll geschenkt wurde.

Immer klarer zeichnet sich besonders bei der Jugend eine weltweite Sehnsucht ab, das Gleichgewicht zwischen Geist und Materie zu finden. Die reine Logik reicht hier nicht aus, wir müssen Zeugnisse alter Kulturen und Religionen ausfindig machen, wo wir die Wahrheit finden können.

Gerade das erste Kapitel der Bibel stellt ein solches Geschehen dar, in dem Unbekanntes wie durch Visionen aufgedeckt wird. In wenigen Worten auf einer einzigen Seite finden wir erregende Worte, die in unsere Fantasie Bewegung, Faszination und Licht bringen. Das Thema ist in der Bibel nicht neu, wir finden es schon in Aufzeichnungen der babylonischen und ägyptischen Kulturen, auch in den „Rigweda" der indischen Entstehungsgeschichte.

„Am Anfang schuf Gott Himmel und Erde." Allein bei diesem Satz wird in uns ein Gefühl geweckt von Ergebung, Bescheidenheit, Demut, von Staunen und ungeheuerer Hochachtung.

Die Welt wurde erschaffen und am letzten Tag der Schöpfung der Mensch.

Mein größter Lehrer war Christian Friedrich Samuel Hahnemann. Er lebte von 1755 bis 1843. Er hat unendlich viel geschrieben, gelernt, gelesen, geredet und war ein sehr genauer, äußerst praktisch denkender, aber aus der Erfahrung her lebender Mann, der unsere größte Hochachtung verdient.

Er hat 1829 „Kleine medizinische Schriften" herausgegeben. Hier lesen wir in diesem kleinen zweibändigen Werk im Band 2: Im 1. Kapitel *„Heilkunde der Erfahrung"* und ich darf wörtlich aus diesem Kapitel den Anfang zitieren:

„Als Tier ward der Mensch hilfloser erschaffen als alle übrigen Tiere. Er hat keine angeborenen Waffen, wie z. B. der Stier zur Verteidigung, keine dem Feinde überlegene Schnelligkeit wie das Reh, keine Flügel, keine Schwimmfüße, keine Flossen, keine der Gewalt undurchdringliche Schale wie die Schildkröte, keine von der Natur dargebotenen Schlupfwinkel wie tausend Insekten und Würmern zur Sicherheit offen stehen, keine den Feind entfernende physische Eigenschaft, die den Igel und die Zitterroche furchtbar machen, nicht den Stachel der Bremse oder ein Viperngift am Zahne; – allen Anfällen feindseliger Tiere ist er bloßgestellt, wehrlos. Auch der Übermacht der Elemente und Meteore hat er als Tier nichts entgegenzusetzen. Ihn deckt gegen die Fluten nicht das glänzende Haar der Robbe, nicht die dichte, fette Feder der Ente, nicht das glatte Schild der Wasserkäfer; sein gegen das Wasser nur etwas leichterer Körper schwimmt unbehülflicher, als der keines anderen vierfüßigen Tieres und mit naher Todesgefahr. Ihn schützt nicht wie den Eisbär oder den Eidervogel, eine den Boreas undurchdringliche Decke. Neugeboren weiß das Lamm die Euter seiner Mutter aufzusuchen, aber der schwache Säugling des Menschen müßte verschmachten, wenn seiner Mutter Brust ihm nicht entgegenkäme. Nirgendwo wo er geboren ward, schuf die Natur seine Nahrung schon zubereitet ihm entgegen wie dem Dasypus die Ameisen, dem Samormog die Heuschrecken, die Schlupfwespe die Raupen oder der Biene den geöffneten Becher der Blume.

Weit zahlreicheren Krankheiten ist der Mensch unterworfen, als die Tiere, denen gegen diese unsichtbaren Feinde des Lebens eine geheime Hülfswissenschaft angeboren ward, der Instinkt, welcher dem Menschen fehlt. Der Mensch nur allein entwindet sich mühsam seiner Mutter Schoß, so weich, zart, nackt ohne Wehr, hilflos und entblößt von allem, was sein Dasein nur erträglich machen könnte, entblößt von allem womit die Natur selbst dem Wurm im Staube reichlich zum frohen Leben ausstattete."

Soweit der Wortlaut Hahnemann's am Anfang des 2. Bandes seiner „Kleinen Medizinischen Schriften".

Wie wir es hörten, ist eben dieser als letztes geschaffene Mensch kein Tier, sondern er ist etwas ganz anderes, er ist ein Mensch. Dieser Mensch, schon in frühen Zeiten, wenn er auch noch unfrei war, lebt in diesem Menschen, lebt der Geist. Er wird im Verlaufe einer im Vergleich zur biologischen Entwicklungsperiode unbegreiflich kurzen Zeit einen Zustand schaffen, den wir heute Zivilisation und Kultur nennen.

Am Anfang aber ist er sehr gefährdet und wird gefährdet. Denn die Empfinglichkeit für Eindrücke der Außenwelt, der Reaktion gegen sie, die Akte der Abwehr und des Angriffs, die Maßnahmen, mit denen er sich in der Umwelt zurecht findet: Er sucht Schutz und Unterhalt.

So kommt es zwangsläufig, daß der frühe Mensch Furchtbares an Entbehrungen und Beschwerden durchgemacht hat, auch Ängste unvorstellbarer Art vor den Mächten der

Natur, die er nicht verstand. Noch mehr als das, weil die infolge seiner großen, aber geistig noch ungeklärten religiösen Erlebniskraft eine dämonische Schrecklichkeit hatten. Manches Dunkle in der Tiefe unseres heutigen Unbewußten stammt aus jener Zeit.

Doch der Mensch setzt sich zur Wehr und die erste Waffe, die er gegen die Natur richtet, ist seine Erfahrung. Er lernt langsam mit den Tieren, auch den wilden Tieren, umzugehen. Er weiß, was man essen kann und was nicht. Er weiß dann schon aus Erfahrung und seiner unwillkürlichen Einfühlung in die Umwelt das unmittelbare Empfinden für Dinge, die unseren Bedürfnissen als Mensch entsprechen. Er setzt seine Werkzeuge ein, seine Hände, seines Sinnesorgane, aber er bastelt auch Werkzeuge, wie z. B. eine Axt. Erst einmal den Stein, dann an den Stock gebunden eine Art Hammer. Er erfindet immer mehr, benutzt die Wasserkraft. Das heißt also, er lernt Naturenergien einzufangen und so zu lenken, daß bestimmte, seinen Absichten entsprechende Wirkungen, entstehen.
Es entsteht eine Welt der Hilfsmittel, eine Welt der Instrumente, der Werkzeuge, mit denen sich der Mensch gegen die Natur erwehrt oder sich ihrer bemächtigt.

Im Laufe der Geschichte, der vielen Jahre, Jahrhunderte, Jahrtausende, ist der Mensch immer mächtiger geworden, hat Erfahrung an Erfahrung gereiht und ist jetzt imstande, die Natur zu bezwingen, teilweise auch zu beherrschen. Aber auch andere Menschen zu beherrschen, zu schädigen, zu vernichten.

Betrachten wir einmal den Zeitraum von der Schöpfung, vom Eintritt des Menschen in die Natur. Es ist faszinierend zu erkennen, wie der menschliche Organismus in 600 Millionen Jahren nicht nur mit der Natur um sich fertig geworden ist, sondern auch auf molekularbiologischer Ebene konditioniert wurde, seine Identität gegenüber allen anderen individuellen Daseinsformen zu wahren und in sich selbst Regulationstechniken zu entwickeln, deren Variationsbreite alle potentiellen feindlichen Angriffe auf die eigene Integrität umfaßt. Hundert und mehr Trillionen spezielle Moleküle unserer Antikörper werden von den menschlichen Lymphozyten produziert, hundert Trillionen Teilchen die über ein deutungsfähiges Feindgedächtnis verfügen, in deren Erinnerung alle potentiellen Begegnungen mit nicht Selbstorganisationen lückenlos aufbewahrt sind. Begegnungen, mit denen das einmalige Individuum in seiner ihm zugemessenen Lebensspanne nie Kontakt hatte und auch nie bekommen wird. Mit diesem schier unerschöpflichen archaïschen Reservoir an gesammelter Bewertung und Erfahrung ausgestattet, bleibt trotzdem die Möglichkeit für Zuwachs, für neue Informationen, die aus der Vielgestaltigkeit im Strukturwandel unseres ganzen planetaren Umfeldes dem Individuum präsentiert wird.

Es ist die Chance, die durch Selektionsdruck die Evolution vorantreibt. Kann das lebendige System eine neue Erfahrungsinformation in sich aufnehmen? Steht es offen für den Kommunikationstransfer zu zusätzlicher Information? Dann wird es eine neue Bewußtseinsdimension annehmen und eine differenzierte Reagibilität entwickeln, eine Responsibilität; im anderen Fall wird es neuen Erfordernissen nicht genügen können und somit der Degeneration anheimfallen und weitere Evolutionsstufen nicht erreichen können.

Mit dieser Betrachtung berühren wir ein Thema, nämlich den Begriff der „Immunschwäche".

Immunschwäche ist etymologisch ein falscher Begriff. Wir verwenden den Begriff heute als „Abwehr", dann wäre diese Schwäche eine Abwehrschwäche. „Munis" heißt „dienstbereit", „immunis" heißt „nicht dienstbereit", nicht „Pflichtverbundenheit", es heißt eigentlich „Abgabenfrei und steuerfrei", das heißt „Militärdienstfrei", es ist ein Privileg, ein Freisein von Dienstleistungen.

Wir verlangen aber von unserem Immunsystem und so ist es ja wohl gedacht, eine Dienstleistung, eine Abwehr.

Wenn wir also von „Immunschwäche" sprechen, so ist das eigentlich nicht richtig, aber das nur was die Etymologie anbelangt. Aber die können wir genauso wenig ändern wie den Begriff der „Phytotherapie", der eigentlich bedeutet, daß wir kranke Pflanzen behandeln sollen.

Der Begriff „Immunschwäche" ist ja heute zu einem Schlagwort geworden, das nicht nur von Immunologen gebraucht wird, sondern in jeder Fachzeitschrift wiedergekäut, inzwischen sogar in der Laienpresse in allen Niveauabstufungen sensationslüstern ausgeweitet und bereits schon an die Penetranz eines Werbespots erinnert, so als sei Immunschwäche etwas ganz Neues.

Aber Abwehrvorgänge und deren Störungen sind so alt, wie das Lebendige überhaupt. Das haben wir bereits oben erwähnt. Der erkenntnis-theoretische Ursprung der Immunologie liegt im ideellen Wahrheitsbegriff der Antike begründet, wonach Gleiches durch Gleiches erkannt werde. Immunität also Freiheit von Leistung, modern auch teilweise von Verantwortung, bedeutet bis zur kausalanalytischen Wende in der Medizin am Ende des 19. Jahrhunderts:
In einer Norm, in einer selbstbestimmten Ordnung zu bleiben.

Damit war medizinisch Gesunderhaltung gemeint, nicht Krankheitsbekämpfung.

Ich will hier nicht auf die Einzelheiten des Immunitätsprinzips eingehen, auch nicht auf die Strukturkomponenten der Grundsubstanz im Rahmen des Abwehrsystems usw., sondern einfach mich weiter auseinandersetzen mit dem Individuum Mensch, der in der Evolution einen völlig neuen Prozeß durchmacht.
Sicher ist, daß die Selbsterkenntnis von Seiten der abwehr-

kompetenten Strukturen eine Schlüsselposition hat bei allen regulativen Vorgängen des Immunsystems.

Vor jeder Aktion wird die Rückfrage der nach dem genetischen Plan des Individuums kodierten Sinnhaftigkeit abgefragt. Eine Entsprechungsfunktion, die der Zielsetzung der Selbstentwicklung angemessen und förderlich ist, ein Prozeß der vor dem Computer-Zeitalter schon ablief.

Abwehrschwächen können verschiedene Grade und Modifikationen aufweisen, in deren Folge bestimmte Krankheitsformen, auch Phasen, auf der somatischen Matritze in Erscheinung treten.

Das will ich jetzt einzeln hier nicht erläutern, denn wir wollen ja hier nur zu einer Ebene kommen, die unser Anliegen ist. Wir müssen uns hier auch ein wenig mit der Evolution des Bewußtseins auseinandersetzen. Auch mit der Existenz der Psychomaterie und deren Eigenschaften die die Aussagen der jahrtausendealten asiatischen Mystik bestätigen.

Überall lesen wir heute, daß der Streß, die derzeit herrschende Mentalität und geistige Haltung, auch seelische Haltung des Menschen das Immunsystem stört und schädigt. Übermäßige Belastung, sportlicher Art, geistiger Art, überhaupt Hetze, alles stört das Immunsystem. Zuviel Arbeit – Ärger – Kummer – Gram – Zwietracht – stört genauso. Leistungszwänge auf allen Ebenen – überzogene Ehrgeizhaltungen – Süchte und Räusche aller Art ebenso.

Schauen wir uns aber die heutige Zeit einmal an. Die Zunahme von Allergien, von Infektionskrankheiten, von rezidivierenden Infekten, aber auch von destruktiven Prozessen im Organismus. Da muß uns doch der Gedanke kommen, daß wir mit der dauernden Informatik von außen nicht mehr richtig fertig werden, sie nicht mehr richtig beantworten können. Daß wir bereits zerstörerische Auswirkungen am eigenen Körper sehen, das zwingt uns doch, sich darüber

651

Gedanken zu machen. Gedanken darüber, daß der uns beschäftigende Zustand der Abwehrschwäche nicht nur des Menschen, auch des Planeten, anklagend deutlich hochgehalten werden muß. Es sollte endlich die rettende Einsicht kommen, die uns mit Nachdruck herausfordert, wieder Anschluß an die Spiralen der Evolution zu finden, an die Wiederholung. Es dreht sich hier nicht um unser Ego, unsere Psyche, die Seele, die als Medium zwischen Stoff und Geist potentiell befähigt, die Hochzeit mit dem Geist zu vollziehen.

Sie ist auf einmal reduziert auf animalische Bedürfnisse eines animalischen Egos. Die Abwehrschwäche, wenn wir sie jetzt so sehen, bedeutet auf allen Daseinsebenen eine unzureichende Selbstorganisation und Anfechtbarkeit, weil die innere harmonische Rhythmik, die kommunikative Informatik mit dem kosmischen Umfeld zugunsten selbstherrlichen Autonomieverhaltens aufgegeben wurde.
In einer selbstherrlichen Anthroprozentrik machen wir uns den biologischen Menschen zum Mittelpunkt des Universums, etwas geradezu Lächerliches, wenn wir die Dimensionen der Raum – Zeit im Rahmen der Evolution betrachten.

Wir rühmen uns selbst als die „Krone der Schöpfung" und machen aus Gott einen Geist nach dem Bilde des Menschen und nicht umgekehrt. (Gott wie der Boß eines Konzerns!)

Die vielen Versuche, die durch die Mythologie an uns herangekommen sind, die haben wir nicht verstanden. Wir sind nicht Endziel der Schöpfung, sondern Mittel zum Zweck, Vergeistigung des Universums, das ist der Sinn, den wir erkennen sollten. Wir hören nicht mehr unsere innere Stimme, uns mahnt die Stimme eindringlich, der wahren Intuition den Weg der Vergeistigung zu gehen, wo wir doch mit dem Geist verbunden sein können.

Ich hole noch einmal die christliche Mythologie, die Bibel hervor. „Am Anfang schuf Gott Himmel und Erde." Als

Einheit, in der Geist, Seele und Materie in lebendigem Austausch waren, deren Lenkung durch universelle Weisheit offen stand.

Die mit dem Bewußtsein sich langsam entwickelnde Vernunft, die uns innewohnende Schlange, löst sich aus der Verbindung mit dem Geist, sie wollte sein wie Gott. Sie aßen vom Baum der Erkenntnis, Adam jedenfalls und stürzte in eine Welt von Raum und Zeit. Das Universum löste sich, die unmittelbare Verbindung mit der Paradiesebene, dem wirklichen Schöpfungswillen, ist abgerissen. Die Kommunikation mit dem transzendent gewordenen Geist war von Seiten des Geschöpfes her nicht mehr möglich. Einzig ein Keim des ursprünglichen Geistes begleitet als göttlicher Funke uns als Geschöpfe.

Was bleibt uns denn zu tun und solange wir das „Cogito ergo sum" unseres Hybridenverstandes nicht aufgeben, um zu einem intensiven „Credo ergo sum" der Seele zu kommen, muß die Schöpfung stöhnen.

Wir leben in einer apokalyptischen Zeit. Apokalypse heißt Enthüllung, das heißt also in einer Zeit, die vielleicht die Wahrheit hervorbringt.

Was können wir jetzt also praktisch tun? Man kann keine realisierbaren pragmatischen Anweisungen geben. Jeder muß nach Geist und sachgerechter Forschung, der die Leistung der Neuzeit getragen hat, sich an die Arbeit machen.

Aber ein paar Möglichkeiten gibt es. Wir müssen wieder die Möglichkeit haben zu lernen, wie man ruhig wird, wie man sich entspannt, wie man sich sammelt und aufmerksam wird. Auf diese Empfänglichkeit werden dann auch wesentliche Gedanken gestellt. Aus Schriften weiser Menschen, aus Werken der Dichter, aus der Hl. Schrift, aber auch aus anderen, nicht nur christlichen Schriften.

Wir haben es mit Patienten zu tun, wir wollen behilflich

sein, wir wollen auch helfen, daß sie nicht mehr zurückfallen in ihre Verkrampfung und Verspannung.

Wenn wir jetzt endlich einmal das ganze Leben und unsere Umwelt, auch unsere Innenwelt, in einem anderen Licht sehen, nicht nur als Schatten, sondern als wirkliches Licht, dann dürfen wir uns nicht an Scheinnotwendigkeiten halten und uns von denen imponieren zu lassen.
Da ich ja älter bin als die meisten von Ihnen – und das darf ich hier sagen – sehe ich etwas mehr, als alle anderen.

Denken Sie an die Ostasiaten und ihre Mentalität, die noch religiös denken. „Religio" heißt „Rückkopplung nach oben".

Amerikaner, Europäer gehen mit explosiven Dingen um in Wissenschaft und Technik und merken nicht was passieren kann, machen sich gar keine Gedanken.

Was würden Sie zu dem Vorschlag sagen, jeder dem daran liegt, daß man nicht nur an den 6 Tagen der Woche Geld verdient, sondern richtige Arbeit im Dienst der richtigen Dinge getan werden. Jeder soll dafür sorgen, daß der Sonntag ein Tag der Ruhe ist, nicht nur des Geldverdienens, der Vergnügungsindustrie, der Erholungs- und Freizeitgestaltungsjagd. Sondern ein Tag, der die andere Seite des Daseins zu ihrem Recht kommen läßt, die Stille, die Sammlung, die innere Tiefe.
Diese Ruhe sollte wieder über uns kommen. In allen, nicht nur den großen Religionen, auch den sogenannten Primitiven gibt es einen Tag der Ruhe. Und wenn diese Grundhaltung in ihrem wiederkehrenden Rhythmus gelebt würde, dann wird erst eine vollständige Woche werden, eine ganze Woche, eine ehrliche Woche, in der auch das Immunsystem wieder mitkommt.

Denken Sie an Herakles, wie er Antaios, den Sohn der Erde, der gegen Herakles kämpfte und ihn nicht bezwingen konn te bis er merkte, daß jedesmal, wenn er den Boden berührte, dieser Antaios wieder neue Kraft gewann. Dann hob er ihn mit einem Arm aus dem Kontakt aus dem Urgrund heraus und erwürgte ihn in der Luft, im Ortlosen, im Raumlosen.

Eine tiefsinnige Sage, die uns sagt, daß es einen Urgrund der Kraft gibt, daß er in der Tiefe, in der inneren Freiheit lebt. Die uns aber auch zeigt, daß der Mensch fertig geworden ist mit den Unbillen der Natur, weil er scheinbar unvollkommen erschaffen wurde und seinen Geist eingesetzt hat um alles das zu schaffen, was er hat schaffen können. Aber, als er seinen Geist auch noch einsetzen sollte, um seine Seele und nicht nur die Umwelt, auch die Innenwelt — und hier ist das Immunsystem gemeint — in Ordnung zu bekommen, da versagte sein Geist. War sein Machtbewußtsein zu groß geworden?

Wie heißt es denn in der Schöpfungsgeschichte: Bei jedem Tag den er gemacht hatte, steht in der hl. Schrift und wie heißt es da: „Und Gott sah, daß es gut war."

Wir müssen lernen, daß es bei vernünftiger Einsicht wieder zu erreichen ist und wir wieder das zu schätzen beginnen, was wir zu lange als selbstverständlich hingenommen und damit vernachlässigt haben.

Alle brauchen wir wieder eine Zeit der Ruhe, der Besinnung, eine Zeit der Rückgewinnung von Demut und Bescheidenheit. Wir brauchen eine Zeit, in der sich die Seele wieder entfalten kann und die Enge verschwindet über den durch Streß und Sorgen eingeengten Horizont.

Jetzt kann die Schöpfung wieder ihre Erfüllung finden, die Schwäche der Immunität wird kleiner und kleiner und die Abwehr in uns kann wieder wachsen und wird stark und stärker, als alle Umweltaggressionen auf uns.

Dann, wenn wir den göttlichen Auftrag wieder befolgen, werden wir auch die Vollkommenheit des Menschen in der Schöpfung wieder erleben.

Ein in Bonn auf dem Lehrstuhl sitzender griechischer philosophischer Theologe hat einmal von „Αταραξια της ψυχης" „ataraxia taes psychaes" gesprochen. Er nannte es „die Windstille der Seele".

Wir brauchen wieder einen Tag der Ruhe, einen Tag der Windstille für die Seele. Dann werden wir wieder glücklich auf dieser Erde sein und werden es wieder erleben dürfen wie schön die Schöpfung ist.

Wir werden wieder staunen lernen und mit dem Staunen können wir alles wieder richtig begreifen. Aber nur mit der Windstille der Seele! − „αταραξια της ψυχης".

Nachdenkliches zum Schluß

Götter, Zauber und Arznei
braucht das der moderne Mensch noch?
Was braucht er denn?

Wir haben von den Göttern gehört, gleiches können wir auch erzählen von den Göttern der Römer und der Ägypter, der Mesopotamier und vieler anderer alter Kulturen. Und vom Zauber könnten wir noch berichten aus allen Erdteilen, von allen Rassen und aus vielen Religionen. Berichten von den vielen Masken Gottes.

Menschen, die zu verschiedensten Zeiten lebten, fanden sich in ihren Ursprüngen wieder in den Geschichten um die Entstehung der Welt, in Schöpfungsgeschichten, aber auf anderen Wegen laufend in wissenschaftlichen Hypothesen.
Sie hatten sich entwickelt, den Zeiten und Umständen angepaßt, haben sich aufgerichtet im Laufe der Jahrtausende, haben ihren Geist entwickelt und teilweise eine Zivilisation geschaffen, die sie in ihrem geistigen Potential hie und da bereits überholt hat.

Und vor 100 Jahren hat es schon *Wilhelm Busch* deutlich gesagt, daß der Mensch „mählich mangelhaft" wird. Er sah es als individuelle Alterserscheinung an. Aber wir sollten uns das einmal transformieren auf die gesamte Menschheit. Wir sind ja bald fünf oder sechs Milliarden Erdenbewohner und in Beziehung zu dem, was wir geschaffen haben an Technik, an Forschungsergebnissen, sind wir mangelhaft geworden. Wir entsprechen bei weitem nicht mehr jener Zukunft, die ja eigentlich schon vor ein paar Jahren begonnen hat.

Haben doch die Götter der alten Zeiten, aber auch jener Gott im Himmel, an den wir glauben, uns keine Ersatzteile mitgegeben. Zumindest sind wir schon langsam in der Lage, dies oder jenes Organ zu ersetzen. Sei es durch feinste, unangreifbare Metalle, durch Keramik, durch verschiedene andere Kunststoffe. Sei es im Mund und seiner Höhle, sei es in den großen und kleinen Gelenken, ja selbst innere Organe wie das Herz können ausgewechselt werden. Das wissen wir ja von der Transplantationschirurgie, die in letzter Zeit ungeheuer viel geleistet hat.

Als *Thomas von Aquin* sein Werk „De motu cordis" geschrieben hat, wußte er davon noch nichts, wenngleich er staunenswerterweise dieses Herz in seiner Tätigkeit in seinem ungeheuer interessanten Bereich beschrieb. Ich komme weiter unten noch darauf zurück.

Aber den technischen Ersatzteil-Prozeß wirklich zu perfektionieren, davon sind wir noch weit entfernt. Sicher, wir haben künstliche Gebisse, Gelenkprothesen, Herzklappen aus Kunststoff, künstliche Nieren. Aber die künstliche Leber ist noch sehr, sehr fern.

So bleibt es nicht aus, daß der Mensch, dieses vollkommene Geschöpf, eigentlich recht mühselig hinter seiner eigenen Schöpfung herhinkt. Und wenn wir uns überlegen, daß die Zeitmessung Genauigkeit von Hundertstelsekunden garantiert, wie wir sie bei der Olympiade oder anderen Sportfesten gemessen bekommen, ja man kann sogar Hundertstelsekunden schon für ein Jahrhundert garantieren. Aber es gibt noch keine Herzen, zumindest keine Ersatzteile, die pro Tag nicht mehr oder weniger als einen Schlag von der idealen Norm abweichen.

Hier wird eine große Forderung an die Gentechnik gestellt. Stellen wir uns vor, daß unsere Tonsillen oder unser Appendix vielleicht Bakterien, deren Gifte abschirmt oder uns davor warnt, so haben wir noch kein Organ, das uns vor radioaktivem Abfall warnen könnte oder vor Schwermetallen. Hier sind die Gentechniker gefordert, ein Warnsystem einzubauen, uns eine Information zu geben, wenn irgend etwas auf uns zukommt, mit dem wir möglicherweise nicht fertig werden können.

Denn hat einer von uns nach dem Unglück von Tschernobyl gespürt, wie diese unglaubliche Kraft der Titanen sich über Westeuropa hinwegwälzte? Keiner hat es gefühlt, keiner hat es gesehen, keiner hat es gehört, getastet, gerochen oder gar geschmeckt. Hier wäre eine gute Aufgabe für die Gentechniker.

Wir feiern zwar ungeheuere Erfolge, was die Technik anbelangt.

Schauen Sie sich doch einmal unsere Motoren an, wie schnell sie sind. Die Düsenmotoren der Flugzeuge, mit welcher Geschwindigkeit sie durch die Luft jagen. Oder die Kraft der Trägerraketen eines Satelliten, das ist unglaublich.

Interessant auch die Verpackungskunst der täglichen Bedarfsgegenstände, die ein normaler Sterblicher schon gar nicht mehr ent-packen, geschweige denn ent-sorgen kann.

Auf der anderen Seite ist unsere kosmetische Industrie riesengroß geworden. Es ist unglaublich, was sie alles kann. Außer der Paraffin-Injektion und chirugischer Korrektur bestimmter Körperteile bietet sie allerdings nicht mehr, als schon *Kleopatra, Phryne* oder gar *Sappho* kannten. Von Männern will ich ganz schweigen, die ihre Haare verlieren und darauf warten, daß irgend jemand in der Lage ist, den Wuchs dieser kleinen Hautgebilde anregen zu können. Wenn man anderen Organen, die auch plötzlich, allerdings nicht im tatsächlichen Sinne ausfallen, aber ausfallen in funktioneller Hinsicht, Anregungen geben könnte, davon wird jeder potenzgierige Mann noch Jahrhunderte träumen müssen.

Gehen wir ein Kapitel weiter. Wir können ja heute in jedem Supermarkt ein Mittel kaufen zur Entfernung von Kesselsteinen, von Rost oder Kalkablagerungen in den Wasserrohren. Doch die Säuberung von Arterien von ihren Cholesterin- und Kalkablagerungen oder gar der Stirnhöhlen, der Bronchien, macht schon erheblich mehr Schwierigkeiten. Denken Sie auch an die Ärgernisse der Blutgruppen oder der verschiedenen Parameter, die notwendig sind, in ihrer Übereinstimmung bei Organtransplantationen. Wir sollten einmal alle Menschen mit der Blutgruppe 0 versorgen, dann wäre das Transfusionsproblem ein für alle Mal geklärt. Aber es ist nun einmal so.

Eines würde ich mir aber nicht wünschen, auch nicht unseren Nachkommen, daß die bisherige, doch ziemlich „altmodische" Methode der Fortpflanzung vielleicht geändert werden sollte und dann à la Huxley als in vitro — Fortpflanzung weitergeführt wird. Ach nein, das möchte ich doch weder unseren Kindern, noch Enkel oder Urenkeln wünschen. Wir wollen da doch bei dem alten System bleiben.

Größere Schwierigkeiten bereitet wohl das Nervensystem. In Amerika sind es fast 80 % der Bevölkerung, die einen Psychotherapeuten brauchen. Nun, ein Hinweis darauf, daß der Mensch mit seiner Umwelt nicht mehr fertig wird. Also ist die Umwelt, die wir ja geschaffen haben, nicht rich-

659

tig. Aber nicht die Umwelt wird jetzt geändert, nein, der Mensch wird therapiert.

Wenn man sich überlegt, welche Inkonsequenz darin liegt, dann kann man nur staunen. Im wesentlichen überläßt man ja doch alles den Computern. Nun, früher hat man es den Pferden überlassen, die haben größere Köpfe, heute überläßt man es den Computern, weil sie schneller denken.

Apropos Denken, tun die das eigentlich? Sind sie wirklich logisch? Ich weiß es nicht, ich habe mich nie damit beschäftigt. vielleicht deshalb, weil mein Hirn auch nicht mehr richtig funktioniert, aber haben Sie schon einmal gehört, daß eine brauchbare Hirnprothese geschaffen worden ist. Oh Gott, wie mag die wohl aussehen? Ich bin mit meinem Hirn noch zufrieden.

Eines ist sicher, der moderne Mensch, so wie er uns täglich begegnet, will mit seiner Zeit synchron gestaltet werden. Die synchron-optische Situation ist aus allen Fugen geraten, ist chaotisch geworden. Der „Homo sapiens", der genügt nicht mehr.

Wir müssen den Homo chip-sapiens von den Gentechnologen fordern für den perfekten Menschen. Wir müssen auch den Chip auswechseln dürfen oder können. Ob das dann aber auch wirklich alles besser wird, ich zweifle sehr daran. Wenn ich mir überlege, wie viele Menschen in meine Praxis kommen mit den Ängsten dieser Welt, dieser modernen Technologie gegenüber, die nachts aus dem Schlaf gerissen werden, Nacht für Nacht in neue Ängste geraten, nach Atem ringen, winseln, aufschreien, die manchmal das Gefühl haben, als ob ihr ganzer Körper und ihr Geist, vielleicht sogar ihre Seele, eingegipst wäre. Solche Träume sind heute schon Wirklichkeit. Wie soll dieses Mißverhältnis zwischen rasender, progressiver Chaotik auf der einen Seite und Sehnsucht nach Frieden und Harmonie andererseits gelöst werden?

660

Vielleicht bringt uns das nächste Kapitel und das letzte etwas näher heran.

Von Göttern haben wir gesprochen, von magischen Dingen, von Zauber bzw. Zauberei und schließlich auch noch von der Arznei. Diese haben wir dann im weiten Sinne behandelt, auch als Nahrungsmittel, als Gewürz, als Aphrodisiakum. Wenn man die Weltgeschichte anschaut und dies über Jahrtausende von Jahren, dann findet man überall und immer wieder in der gesamten alten Literatur, angefangen im mesopotamischen Bereich, in Indien, in Griechenland, in Rom, Aphrodisiaka und Gewürze und trifft auf Zauberpraktiken im erotischen Bereich. Man stößt auf magische Liebesamulette. Nimmt man aber die großen dicken Lehrbücher herbei, die vom Katheder herunter verkündet werden, dann hat man den Eindruck, hier auf dieser Welt nur moralisierende, prüde, engstirnige, mit Scheuklappen behaftete Menschen zu finden, die sich einfach nicht trauen, über diese Dinge zu reden oder gar zu schreiben. Wobei dann einem natürlich der Gedanke kommt, wie es, wenn kein Mensch sich mit solchen Dingen beschäftigt, überhaupt zu einer solchen Überbevölkerung auf der Welt kommen kann? Das nun wieder bedeutet ja, daß sich alle Menschen damit beschäftigen. Eigenartig, dieser Widerspruch zwischen Wissenschaftlern und der Zauberei, zwischen Wissenschaft und der Sexualität, zwischen Wissenschaftlern und der Erotik, ja selbst zwischen Wissenschaftlern und der erotisch gesehenen Botanik.

Ich halte mich hier an den Satz von *Thaddäus Golas:*
„Wenn du einen See betrachtest, so hast du noch lange kein Wasser in deinen Gedanken."

Warum sollte man also nicht die Anthropologie, die Ethnologie, auch einmal mit den Augen eines Menschen sehen, eines lebendigen Menschen. Wissenschaft wird ja auch von Menschen betrieben, zum Teil von Menschen, um sich selbst wahrnehmen zu können, wenn es Anthropologen sind. Man hat doch nicht Wasser im Gehirn, also einen Wasserkopf, wenn man sich einen See anschaut.

Warum sollte man nicht auch einmal anthropologisch die Menschen betrachten in ihrem Ringen, in ihrem Kampf um Erotik, um Sexualität, in ihrem Kampf um Rauschdrogen, wo es ursprünglich ja eigentlich um den kulturellen Gebrauch, ja sogar um den sakralen Gebrauch von Aphrodisiaka ging.

Es gab schon immer entsprechende Werke, die alles sehr klar gesehen und gesagt haben, und das nicht nur in den letzten Jahrhunderten. Vor dem 17. Jahrhundert war Europa ja doch durch die Kirche stranguliert, in den Kerker gestellt und keiner getraute sich darüber ein Wort zu sagen. Die alten Griechen und die alten Römer hingegen haben fröhlich drauflos erzählt. Denken wir nur an den herrlichen Götterhimmel, wie ich einiges am Anfang schon beschrieben habe. Man sollte diese Dinge sehr klar sehen, die ich da aufgezeichnet habe.

Es werden Leser da sein, die sie mit den reinen Augen eines Forschers, den das interessiert, dem das Freude macht, ja vielleicht sogar zum Lächeln reizt, lesen. Es gibt vielleicht auch Leser, die die gierige Lust eines Wüstlings in sich spüren und mit einer solchen lüsternen Gier dann die Zeilen verschlingen.

Ich will mein Buch weder als wissenschaftliches Buch betrachtet wissen, wenngleich alle Fakten nachlesbar und nachweisbar sind. Ich will es aber auch nicht als ein Werk sehen, das die Lüsternheit herausstellt wie einen Strahlenkranz.

Denken Sie an die verrückte Zeit der Puritaner in Amerika oder an die kurz zurückliegende Zeit der Nazis. Da waren das alles Tabus. Auch die Aphrodisiaka. Als die deutschen Soldaten, im Exerzierreglement gedrillt, gen Frankreich kamen, da fielen ihnen plötzlich Werke in die Hand. die ihnen teilweise die Augen öffneten, teilweise aber auch schockierten, weil sie so etwas noch nie gesehen hatten.

So wird also die Beurteilung, wieweit hier klösterliche Reinheit zwischen den Zeilen herrscht – denken Sie nur an Salat und ähnliche „Erfindungen" der Klöster – oder ob hier Lüsternheit zwischen den Zeilen herumspringt – kleine Hexlein oder Teufel –, das wird vom Leser abhängen, sicher nicht vom Autor.

Wir haben also aus archaischer Zeit von den Göttern gesprochen, von den Bäumen und Flüssen, von Quellen, von Nymphen und Nixen, von Steinen und von Metallen, die alle von Göttern belebt und beseelt waren. Damals wußten die Menschen, wenn sie respektlos in das Reich der Quell-Nymphen eingriffen, dann wurde das Wasser giftig und nicht mehr genießbar. Und wenn sich eine Nymphe in einen Menschen verliebte und ihm zu eigen war, dann mußte er sterben. Und wehe, wenn man Pflanzen belästigte, die Bäume schlug, ohne sie vorher um Verzeihung zu bitten, dann kam großes Unglück über uns. Denn der Zorn dieser Wesen, die in den Wäldern, in den Wiesen und Blumen lebten, brachte Unglück über alle, die es wagten, hier einzugreifen.

So war der Mensch eigentlich erzogen worden mit diesen Wesen vorsichtig umzugehen. Das heißt, der Umgang mit der ganzen Welt zwang ihn zur Vorsicht, denn das Unglück, das ihn traf, wenn er etwas falsch machte, war riesengroß. Denken Sie nur, wie wurde denn die Sintflut angesehen, nämlich als ein riesiges Unglück für das Fehlverhalten der Menschen!

Wenn die Ernte schlecht ausfiel, glauben noch heute viele Völker, etwas falsch getan und damit den Zorn der Götter erregt zu haben.

Die Fruchtbarkeitsgötter wurden in der Natur positiv gestimmt durch menschliche Opfer, durch Gebete. Dann quoll das Füllhorn über und wurde über die Menschen ausgeschüttet. Und sie waren glücklich und im Glück, dann begann es wieder, daß sie nicht vorsichtig genug im Umgang mit dieser Welt waren. Ist es eigentlich eine Umwelt, die bis weit in die Ferne reicht in z. B. australische Gegenden? Oder ist es die Welt, in der diese Wesen leben, unsere Welt, in der wir auch leben und weiterleben wollen?

Unsere Gewässer waren rein und sangen plätschernd Lieder, die Nymphen fühlten sich darin wohl. Aber sagen Sie ehrlich, wenn Sie eine Nymphe wären oder eine Nixe, würden Sie in unseren Flüssen noch leben wollen, im Rhein beispielsweise oder gar in der Elbe? Wie viele Nixen und Nymphen sind da besungen worden.

Nein, unsere Ab-Wässer, unsere Ab-Fälle befinden sich heute darin. Also aus unserer häuslichen Lebenswelt werden die Götter vertrieben. Nicht nur die griechischen Götter, nicht nur die germanischen, die keltischen Götter, sondern alle die, die für uns gesorgt haben, die für uns da waren. Hier auf dieser Welt, da herrschen nur noch Stahl und Beton, Plastik, Chrom und Eternit, da herrscht nur noch Silber und Gold, aber nicht als sakrales Gefäß, sondern als profane Machtgier enthaltende Substanz.

Der Mensch hat, nachdem er sich entfernt hat von allen Göttern und Pflanzen-Geistern, alles im Griff, so denkt er zumindest, doch langsam beginnt er zu merken, daß er es im Würgegriff hat! Jetzt ist nur noch die Frage, wie kommen wir aus dem Dilemma heraus? Ist es etwa solch ein Chaos wie am Anfang, etwa vor der Schöpfung? Aber wir haben ja einen Kompaß und vielleicht, wenn wir schlau sind, finden wir, wenn wir der Kompaß-Nadel folgen, den richtigen Weg, um wieder mit der Umwelt in Frieden leben zu können.

Aber was geschieht, wenn die Kompaß-Nadel uns wieder in eine neue Einbahnstraße hereinbringt, weil Machtgier, Genuß-Sucht und die Gier, die Welt zu beherrschen und viel Geld zu verdienen, doch wieder stärker sind.

Ratio heißt ja wohl „Vernunft", der alte Begriff umfaßt aber auch „Rechnung". Könnte es sein, daß die Natur, die Welt in der wir leben, uns die Rechnung stellt für die Vernunft, die wir falsch angewendet haben?

Reicht es eigentlich schon, daß wir Filter erfinden, die die Luftverpestung bessern sollen, indem sie einige Gifte, die nach außen dringen, absorbieren oder adsorbieren? Aber wohin tun wir dann die Gifte wieder?

Oder denken wir einmal an jene Filter, die das Gift aus den Industrie-Kanälen herausnehmen sollen, weil diese, wenn sie aus dem Chemie-Werk entlassen werden, in unser Trinkwasser-Reservoir führen.

Wenn wir dann weiter überlegen, fällt uns ein, daß für den Fall irgendewelcher nuklearer Katastrophen bei einem GAU es auch schon Überlebensbunker in Serienfertigung gibt, man kann sie kaufen. Sie werden sogar vom Staat subventioniert. Reicht das eigentlich schon, um die Natur wieder gnädig zu stimmen, um Nymphen und Nixen zu erfreuen? Aber auch in der Luft leben solche Wesen.

Weiter werden Fahrzeuge gebaut, solche, die unter dem Wasser fahren, welche auf dem Wasser und solche, die auf den Straßen rasen, schließlich solche, die in der Luft noch viel schneller sind. Und damit der Absatz auch genügend groß ist, werden sie immer schneller gebaut, trotzdem sie eigentlich immer nur langsamer fahren können.

Doch weil die arme Natur nicht Schaden leiden soll, bekommen die Fahrzeuge Katalysatoren. An dieser Stelle sei angemerkt, daß auch Platin giftig ist. Lesen Sie einmal die Toxikologie von Platin durch!

Ist also die Umwelt jetzt wirklich entlastet? Es hat ja noch niemand festgestellt, ob Platin aus den Katalysatoren entweicht!

Wir können noch viele andere Beispiele nennen. Denken wir an die elektromagnetische Überladung in den Häusern, die ja auch den Bäumen nicht gerade gut tut. Der Überzeugung muß man sein, wenn man kleine Wälder unter Starkstromanlagen ansieht. Ist Ihnen schon einmal aufgefallen, wie diese Bäume ausschauen? Haben Sie einmal das Wachstum eines Kornfeldes gesehen, das da wogt im wunderbaren Sommerwind, viel trägt an Frucht. Wenn da eine Starkstromleitung darüber geführt ist, wie klein sind dann die Ähren, wie wenig tragen diese! Aber davon verstehe ich zu wenig. Es gehört aber auch zur Welt dazu, in der wir leben.

Da hilft es nichts, wenn wir unser Innenleben, also die Welt in uns beruhigen durch wunderschöne Kalender und Fotografien von der Natur, dem Frühjahr, den kleinen Krokussen, die im ersten Sonnenstrahl herauskommen. Oder im Herbst die Bäume mit ihren gelben und braunen Blättern, wie schön die sind, besonders in der Vergrößerung, als Poster im Superglanz natürlich!

Da ist die Katastrophe ja noch nicht zu sehen. Und dann wird unser Innenleben frei, ich möchte fast sagen: frei von diesen „dummen" Gedanken, daß alles kaputt geht. Man sollte diese Innenwelt aber nutzen, um wieder einen Kontakt zu finden. Einen Kontakt zu der Welt da draußen, zu den Pflanzen, zu den Tieren.

Wie sagt denn *Paracelsus:* „Denn alle Welt ist wie eine große Apotheke, die uns zu Nutzen vom Schöpfer aufgebaut."

Da müssen wir wieder hinfinden, zur Natur, zu den Pflanzen. Wir brauchen nicht die Antennen auf den Häusern, die wie kleine Zeigefinger in die Höhe schauen. Wir brauchen eine Antenne in ganz anderer Richtung. Dann brauchen wir nicht diesen Kompaß, den ich vorhin erwähnt habe. Dann werden wir auch wieder den richtigen Weg finden.

Denn da draußen in dieser Welt bei den Pflanzen gibt es Wirkstoffe, die dem Menschen wirklich viel schenken, helfen bei Krankheiten, ihm vielleicht wieder Gesundheit geben können. Aber was haben wir aus den Pflanzen gemacht? Wir haben sie analysiert, extrahiert, zu Tinkturen verarbeitet, synthetisiert. Wir haben einfach die Pflanzen mit unserem eigenartigen Weltbild ihrer Seele beraubt. Denn es kommt bei uns ja nicht darauf an, daß wir die Pflanzenkräfte in unserer Seele zum Erblühen bringen, oder auf das Verlangen nach Gesundheit. Nein, wir nehmen die Wirkstoffe in unsere Gewalt, um damit Geld, möglichst viel Geld zu verdienen und ja nicht etwa uns gegenseitig zu helfen!

Wo können wir das aber wieder lernen, wo sollen wir in die Lehre gehen? Wir sollten einmal daran denken, daß wir im täglichen Leben versuchen, anderen Menschen gegenüber teils respektvoll, teils höflich, aber auch freundlich entgegenzukommen. Wir beschenken uns gegenseitig, einmal mit Wissen, auch mit kleinen materiellen Geschenken und wir freuen uns daran. Warum tun wir das eigentlich nicht mit unseren Freunden, den Pflanzen? Warum sind wir ihnen gegenüber nicht respektvoll, warum sind wir nicht höflich zu ihnen. Sie schenken uns doch so viel, allein schon durch ihren Anblick. Denken Sie an den Frühling, denken Sie an den Herbst! Die Pflanzen schenken uns aber auch ihre bei Krankheit helfenden Inhaltsstoffe! Wir haben doch unheimlich viele Pflanzen kennengelernt in diesem Buch, bei denen wir in die Lehre gehen können.

Denken Sie an alle diese psychoaktiven und aphrodisisch wirkenden Kräfte dieser Pflanzen, die genau in die Innenwelt des Menschen eindringen. Ob gewaltsam oder nicht, hängt wiederum von uns bzw. auch von der Skala ab, an der wir unser eigenes Empfinden messen können. Das heißt, wir müssen lernen, in uns selbst eine Skala zu entwickeln und sie ablesen zu lernen, ob es richtig ist, was wir getan haben. Ob wir wirklich mit den Pflanzen und unserer Umwelt unser Wissen austauschen. Wir müssen unser Inneres öffnen.

Und wenn wir es einem Menschen gegenüber öffnen, dann tun wir das mit Vorsicht, aber auch mit Respekt, doch sicherlich ebenso mit Vertrauen. Warum sollen wir dieses Vertrauen nicht auch der Natur gegenüber haben?

Schauen Sie sich einmal die kleinen Gärten an vor den Häusern, mit wieviel Liebe sind sie hergerichtet. Da sieht man das Verständnis zwischen den Menschen und den Pflanzen. Aber bei den Regenwäldern in Südamerika, wo die riesigen Bulldozer viele Kilometer einfach abreißen, brennen und schneiden, da fehlt diese Liebe völlig.

Wir müssen, um hier wieder Ruhe hereinzubringen in diese Welt, endlich Antennen finden. Antennen zum Himmel, wobei völlig gleich ist, ob Sie eine Antenne zu Gott suchen oder zu den alten Göttern. Ob Sie von Nymphen reden, Nixen oder Gnomen. Sie sollten das, was Sie nicht sehen können, einmal versuchen zu begreifen. Da haben wir immer noch das Gebet. Eine Möglichkeit, sich mit der Natur zu unterhalten, doch auch etwas in uns zu ändern, also nicht nur die Umwelt verändern, sondern unsere Welt in uns.

Wenn wir wieder einen solchen Weg finden, über die Natur vielleicht hin zum Schöpfer. Welchen Glaubens man ist, das bleibt gleich, das ist nicht das Wesentliche. Wichtig ist es, das Wesentliche zu finden. Und wenn wir einen Weg zum Himmel gefunden haben, dann, dessen können wir sicher sein, werden wir auch nicht die Prügelknaben des Himmels werden, sonder wie einst in der gesunden Welt die Kinder Gottes.

Öffnet der Mensch sein Inneres und läßt einmal Pflanzen herein, ich denke dabei auch an Rauschpflanzen, dann bekommt er Einblick in neue Dimensionen des Lebens, die ihm sonst vielleicht verschlossen bleiben. Aber zielt man diese Erlebnisse nur darauf ab, um kurzfristig wirksame, drastisch wahrnehmbare Erotik oder Sexualität zu erleben, und zwar ohne Bewußtsein für besonders feinfühlige Veränderungen, dann wird nicht der Lustgewinn der Alten eine Rolle spielen, sondern es werden Horror-Visionen auftreten, Angst. Dann wird die Umgebung bevölkert sein von häßlichen Fratzen und Kröten, wilden Tieren, die bedrohlich naherücken, um uns zu verderben. Der Wonneschauer, der vielleicht das Bewußtsein ergreift in der kleinen Dosis, wird plötzlich transformiert in Krämpfe, Lähmungen. Da ist das Kreislaufzentrum, da ist das Atemzentrum, beide stehen plötzlich still und das ist dann das Ende.

Wir wollen jetzt am Ende noch einmal zurückgehen an den Anfang, deswegen noch einmal: „Die Welt läßt sich nicht einfach festhalten wie die Zeiger einer Uhr. Aber wir können lernen von den Alten. Wir können von ihnen lernen. Wir können von den Göttern, wenn sie im Zorn sind, als Prügelknaben aus dieser Welt gejagt werden. Wir können aber auch wieder Kinder Gottes werden."

Im ersten Kapitel sprachen wir von den olympischen Göttern. Die olympischen Götter mußten die Herrschaft über die Welt einem ganz anderen Geschlecht, dem unglaublich kraftstrotzenden Geschlecht der Titanen entreißen. Am Anfang war nichts als ein riesiges Chaos im gähnenden Schlund. Aus dem Chaos wurde Gaia geboren, die Urmutter der Erde. Diese hatte Uranus zum Sohn, den Himmel, mit dem sie dann die heilige Hochzeit „Hieros gamos" feierte. Das war der Anfang aller Zeiten.

Chronos entmannt, natürlich im Bund mit seiner Mutter Gaia, seinen Vater Uranus und aus Furcht, daß ihm ein ähnliches Schicksal zustoßen könnte, läßt er sich von seiner Gattin und Schwester Rhea jedes Neugeborene vorsetzen und verschlingt es. Der Gott der Zeit frißt seine Kinder. Denken Sie darüber nach!

Einmal aber gibt sie ihm einen in eine Windel gewickelten Stein und versteckt das richtige Kind in einer Höhle auf Kreta.

Die Mutter hat den Vater überlistet. Auf Kreta wird Zeus heranwachsen, er wird Chronos und seine Anhänger nach furchtbarem Ringen in den Tartarus stürzen und eine neue Götterherrschaft begründen.

Im Kampf der Olympier gegen die Titanen und ihrem Sieg spiegelt sich die Auseinandersetzung von zwei Weltordnungen ab, und zwar der weiblichen und der männlichen Weltordnung. Die alten Götter gehören einer elementaren Sphäre an, in deren Mittelpunkt die Urgöttin Erde steht. Zeus ist der Sohn, der sich von der Mutter löst, die Erde überwindet und als Vater der Götter und Menschen vom Olymp über die Welt regiert.

Lesen Sie die Orestie des *Aischylos,* eine Trilogie. Da ist das mütterliche Prinzip durch die uralten Göttinnen, durch die Erinnyen vertreten. Das väterliche Prinzip durch Apoll und die anderen jungen Götter, auch Athene.

Es kommt etwas Neues, etwas völlig Neues. Das Nichts ist vorüber, das Chaos ist vorbei. Der Sohn ist erwachsen geworden, er unterwirft sich die Mutter als Frau. Jetzt ist die Welt polarisiert. Orest ist ein typisches Beispiel. Eine Versöhnung der beiden Welten, des Weiblichen und des Männlichen. Es hat keiner verloren. Denken Sie an die Stimmengleichheit der Richter, die über Orest entscheiden müssen. Und so werden im weiteren Verlauf aus den Rachegöttinnen die Segensgöttinnen, sie heißen in Zukunft „die Wohlgesinnten − die Eumeniden". Und statt dieser polaren dialektischen Einheit haben die Griechen das Wort „Harmonie". Diese Tochter von Ares, des Kriegsgottes, und Aphrodite, der Göttin der Liebe, bringt uns schon bei den alten Griechen etwas näher heran an den Sinn unseres Denken.

Wer in seinem Leben, wenn er offene Augen und offene Ohren hat, es lernt, treu die Natur zu beobachten, der findet drei zuverlässige Leitsterne. Die findet er aber nur, wenn er seine Aufgabe erfüllt und das sittliche und geistige Prinzip der Erfahrung sich zunutze macht. Diese drei Leitsterne sind:

– **Die treue Beobachtung der Natur**
– **die Hingabe an die Forderung der Wahrheit**
– **und das Hineingehen in das Handgemenge der Wirklichkeit.**

Wenn wir jetzt von den Göttern weggehen mit der Harmonie als dem letzten Wort, so müssen wir, um den Begriff Harmonie verstehen zu können, auch den Begriff der Liebe hereinholen. Mit dieser Liebe haben wir die Pflanzen, die Mineralien und all die Gifte dieser Welt betrachtet. Wir haben sie transzendent gemacht und in dieser Transzendenz gesehen, daß hier auch eine Liebe zum Menschen vorhanden ist von Seiten der anderen Geschöpfe auf anderer Ebene. Ist nicht der Zauber im 2. Kapitel nichts anderes gewesen als nur die Sehnsucht nach Liebe? Die Sehnsucht nach Harmonie, um alles abzustreifen, alles abzuwenden, was nicht gut ist, und sich das heranzuholen, was gut ist. Wir dürfen unser Herz nicht nur an diesseitige Dinge hängen. Nicht an das sinnlos sich drehende Karussel der bloßen geschichtlichen Vorgänge und ihrer Modenarrheiten, sondern wir müssen es zum Mittelpunkt bringen, von dem aus wir den ganzen Kreislauf überblicken. Wir müssen unser Herz in eine dynamische Mitte bringen, die wohl jeden geschichtlichen Augenblick begleitet, sich ihm aber nicht ausliefert. Damit gewinnen wir ein Herz, das Denkkategorien, die alt oder jung, modern oder veraltet, reaktionär oder revolutionär, mit dem sich entweder erwachsene Denkfaulheit oder jugendliche Unreife, also selber ein Denken vortäuscht, gleichsam unterminiert, mit eigener Dynamik beseelt. Es ist ein mühsames und immer neu zu beginnendes Unternehmen, das wir uns nicht ersparen können, auch wenn wir es nur auf der kleinen Insel des eigenen Ich im Weltmeer dieses großen Menschenhaufens gerettet haben.

Der Mensch ist im Grunde kein Stehaufmännchen, der einmal so und einmal so glauben kann oder einmal noch glauben und einmal nicht mehr glauben kann. Er ist kein Männchen, das man hin und her werfen kann. Das sind die Gemütsakrobaten, die sowohl die Meinung und auch ihren Glauben immer wieder neu manipulieren lassen oder ihn selbst unentwegt manipulieren. Das sind dann Stehaufmännchen, aber keine Menschen.

Nicht der modische Wandel der Zeit entscheidet, nicht was die öffentliche Meinung, dieser eigenartige geschmacklose Kaugummibegriff, lobt oder tadelt, sondern die Tiefe des Herzens bewahrt unsere Zeit vor ihrem Wandel in den Verfall und wird ihr damit die wahre Zukunft schenken. Das ist keine Absage an den Fortschritt, ganz im Gegenteil. Damit werden wir auch keine Parolen anheizen, weder konservative, noch progressive, noch revolutionäre, nein, das ist zu billig. Den wahren Fortschritt bringt das Durchstoßen des Kreislaufs der Geschichte, seines Steigens und Fallens, des Veraltens, des Modernisierens dieses eigenartigen Affentheaters oder auch Irrenhauses der Weltgeschichte.

Die Harmonie allein, man kann sie nur nicht erzwingen, bezwingt die Gegensätze. Nur sie kündet sichtbar die Nähe göttlicher Mächte an. Und ist sie erreicht, dann sind die Götter zu erwarten und auch zu empfangen, wie es ja auch schon geschehen ist. Sie brauchen ja nur Philemon und Baucis zu lesen.

Wir schöpfen aus dem Chaos, aus dem Wasser, aus ungegliederter Materie und aus dem Abgrund des Wissens Pharaos.

Augustinus denkt hier sehr radikal. Er nimmt an, daß auch diese Vorstufe bereits geschaffen worden sei. Zuvor war nicht das Chaos, sondern das Nichts. Für *Augustinus* (Bekenntnisse XI, V) ist das Chaos die gestaltlose Materie, aus der das Schöne geschaffen wird. Die unsichtbare Materie wird aus Nichts erschaffen, aus ihr schließlich das Sichtbare. So wird in unserem Denken der Schöpfer ein Töpfer, der rohe Erde nimmt und aus dem Gestaltlosen ein Gerüst für ein Geschöpf macht.

So gesehen wird Ursprung und Schöpfung, Magie und Zauber, Chaos und unberechenbare, computergesteuerte Zukunft plötzlich anders sichtbar. Da wird aus Dunkel plötzlich Licht, aber auch das Licht kann verdunkelt werden. Wenn die Erde von unseren Vorfahren mal als Höhle, mal als Schlange, mal als Ei, auch als Schildkröte oder wie auch immer dargestellt worden ist, das sind Bilder, die aus dem Urgrund kamen; Bilder, die dann Mythen wurden.

Wir brauchen moderne Tatsachen nicht zu entmythologisieren, wenngleich sie auch selbst schon Mythos sind. Denken Sie nur an den *Mönch Gerbertus*, der im Jahre 1003, als der Papst Sylvester II. gestorben ist, die arabischen Ziffern im Abendland einführte und damit eine Bewegung schuf, die so ungeheuerlich war, daß wir sie fast göttlich nennen müssen. Die Null gab es ja nicht im römischen Ziffernbild, die Null ist im Denken doch eine Leere, ein Nichts, aber sie ist in der Lage, alles zu ändern. Sie hat die ganze Zukunft verändert seit diesem Jahre 1003. Und die Zukunft verändert sich noch immer weiter.

Manche modernen Dinge lassen sich fast als Wunder interpretieren und doch sind es berechenbare Dinge. Manche geistige Bolide wurde schon abgeschossen und zunächst mit dem Nobelpreis ausgezeichnet als eine unglaubliche Erfindung menschlichen Geistes. Sie entpuppte sich als ein grauenhaftes Ergebnis von Experimenten, die Millionen Menschen das Leben kosten kann.

Apropos Millionen: Hier sind unendlich viele Nullen daran. Wenn wir von „Lichtjahren" sprechen, dann reden wir von Milliarden, dann macht es schon gar nichts mehr aus, ob wir ein oder zwei Nullen hintanhängen. Die Null zeigt uns nichts von unseren Göttern, nichts von dem Zauber und der Magie, zeigt uns auch nichts von unseren Religionen.

Der Glaube, den wir heute haben, spendet uns viel und er entlastet uns auch. Er nimmt uns Furcht weg und Angst, und man ist nicht mehr einsam, egal wo man ist, auch in der Wüste.

Man weiß, es ist jemand da, der uns hilft. Sicher, es ist kein Wissen, aber es ist eine Gewißheit, auf die sich der Glaube stützt. Das Gebet, das mit dem Glauben Hand in Hand geht, kann nicht ersetzt werden. Weder durch die Technik, auch nicht durch die moderne Synchronisation in mehreren Sprachen, auch nicht durch chemisch neue Komponenten, die vielleicht uns den Schlaf spenden können.

In der griechischen Mythologie ist interessant, daß Hypnos der Bruder von Tanatos ist, der Schlaf also der Bruder des Todes.

Heute hat man manchmal das Gefühl, daß die Götter sich zurückziehen, oder sagen wir, daß der Schöpfer sich zurückziehen will. Wir alle merken es nur daran, daß es irgendwie etwas kühler wird. Kühler am häuslichen Herd, kühler im Begriff des kalkulierenden, erfindungsreichen Verstandes, der unermessliche Fülle von Zahlen aussondert, multipliziert und dividiert, eine Wurzel zieht und ein neues Ergebnis findet. Dieser menschliche Geist durchsetzt alles, manchmal hat man richtig Angst, daß er auch Gebiete enteignet, die man als Kultur begriffen hat. Es genügt nicht, und ich sage das mit aller Überzeugung, daß man heute mit großer Technik praktisch und auch bequem wohnen kann, aber der Architekt kann nicht den Hausgeist hereinsetzen und planen. Den muß der Bewohner hereinholen. Er muß dafür sorgen, daß die Laren und die Penaten sich wohlfühlen. Dieses Zurückziehen der Götter, das die Romantiker schon sehr früh empfunden haben und das Nietzsche bewußt begriffen hat und als „Götterdämmerung" definiert hat, ist etwas sehr Besorgniserregendes. Denn die Welt verändert sich nicht unbedingt zu ihrem Vorteil. Sicher, sie ist fortschrittlicher, technisch jedenfalls, aber verliert sie nicht etwas an Wohlklang, an Farbe, vielleicht geht auch ein gewisser Duft verloren.

Aber sich über Farbenblindheit zu streiten, muß man vermeiden. Der Streit ist aussichtslos. Denn in diesem großen Weltengerüst bewegen sich ja auch die Farbenblinden. Das muß man wissen.

Man muß auch manchmal wortlos sein und versuchen über Dinge, die so wertvoll sind wie die Mythologie oder wie unser Schöpfer dieser Welt, schweigen zu können.

Ein großes Schweigen „Die Windstille der Seele", wie es *Demosthenes Savramis* nannte, die „Ataraxia tes psyches".

In einem Zeitalter des Geredes steht die Versuchung zur Prostitution des Wortes täglich auf unserer Schwelle, in unseren Zeitungen, auf den Kathedern, ja auch auf der Schwelle unseres Herzens und auch auf der Schwelle der Kirche. Der sinnloseste Vorschlag ist ja wohl der, daß man unbedingt immer predigen müsse, ob in der Kirche oder woanders. Das ist auch ein Mißverständnis, wenn man meint, man muß mit dem Anschwellen dem Chor der Redseligen ebenso lautstark mitreden müssen, um sich Gehör oder einen Platz an der Sonne zu verschaffen. Mit Reden kann man keine Erstarrungen lösen.

Harmonie und Liebe werden überall in der Literatur, sowohl in der klassischen als auch der modernen Literatur, immer wieder das Urverlangen der Liebe nach Unsterblichkeit offenbaren. Das Versprechen der Liebe vom Nichtssein in Sein zu überführen.

Eine moderne Dichterin, *Ingeborg Bachmann*, ruft laut aus: „Reißen wir unsere Herzen aus für ein Nichts? Wer hat geschrien, daß es Gott nicht gibt?

675

Liegt darin wohl die sehr verschwiegene Ahnung als Hoffnung oder Wunsch, daß die Gegenzeit, die menschlichen Kräften versagt bleibt, vielleicht doch von woanders her einen fließenden göttlichen Kräften gewährt wird."

Plato hat das Wesen der Liebe aller frommen und unfrommen Sentimentalitäten entkleidet und ihren zeitlosen Mythos im „Symposion" gestaltet. In jenem Gastmahl, das zu Ehren des Dichters Akathon veranstaltet wird. Alle Geladenen singen das Lob des Eros, des Gottes der Liebe. Es kommt dann zu der Frage des *Sokrates* und zu der Antwort, mit der *Sokrates* dann gesteht, daß er im Irrtum über Eros unterlegen sei und bis ihn die Priesterin **Diotima** in sein wahres Wesen eingeführt habe. Und nun erzählt er den Mythos seiner Geburt und damit seines Wesens.

Aus Anlaß des Geburtstages der Liebesgöttin Aphrodite veranstalten die Götter ein Festmahl. Mit ihnen saß der *Poros*, Gott des Reichtums und des Überflusses am Tisch, der gleichzeitig auch der Gott der Klugheit ist, der Mittel und Wege weiß, zu Reichtum zu gelangen.

An der Tür stand *Penia*, die Armut, um die Abfälle des Festmahles zu erbetteln. Von beiden, dem *Poros* und der *Penia*, wird nun im Rausch des Festes der Aphrodite Eros gezeugt. Aus dieser seltsamen Ehe zwischen Reichtum und Armut, Überfluß, Bedürftigkeit, erwächst die eigenartige Natur des Eros. Er ist arm, aber er verlangt nach Glück. Kein Gott ist er, sondern nur ein Dämon im Sinne eines Halbgottes, ein Mittelding zwischen sterblich und unsterblich, wild, leidenschaftlich, nach Glück heischend, nach dem Schönen jagend. Er ist ein gewaltiger Jäger, klug, erfinderisch, aber auch zwischen Weisheit und Dummheit, Seligkeit und Unseligkeit hin und her gejagt. Er ist nicht das Geliebte, das Liebenswerte, sondern der Liebende, der nach dem Geliebten begehrt, letztlich nach dem Schönen, auf daß er es besitze.

676

Staunenswert diese Ambivalenzen, so wie bei Ares und Aphrodite Harmonia entsteht, so wird aus Reichtum und Armut Eros.

Die Liebe erstreckt sich also von der Leidenschaftlichkeit, auch von der blinden Leidenschaft der Triebe bis zum höchsten Geist, bis zu Gott hin. Sie umfaßt die ganze Skala bis hinauf zum Höchsten. Die Ambivalenz der Liebe kommt hier zum Ausdruck, aber auch die Ambivalenz des Lebens, die Ambivalenz zwischen Gesundheit und Krankheit, zwischen Leben und Sterben.

„Wer nicht liebt, bleibt im Tode", so sagt *Johannes*, „wer aber liebt, ist auch im Tod in das Leben eingegangen."

„Liebe bricht als ein Strahl aus einer anderen Welt herein, um unsere zu verklären, und diesem Strahl will ich mich auf dem Erdenweg vertrauen..." (*Gertrud von Le Fort* in ihrer Novelle „Plus Ultra")

„Es gibt in alle Ewigkeit nur eine Liebe, die stammt vom Himmel, auch wenn diese Welt sie irdisch nennt. Ja, ich liebe Gott, ich habe ihn von je geliebt, ich liebe ihn in seinen Ebenbildern." (*von Le Fort*)

Alles, was wir gehört haben, alles, was Sie gelesen haben von Göttern, von Zauber, Magie, von Pflanzen, Giften und Arzneien, von modernen Arzneimitteln, alles verblaßt mit diesen letzten Worten, die uns hinführen wollen zu dem, der uns alles geschenkt hat, den wir nur versuchen müssen, zu begreifen, bei dem wir glauben müssen, um Gewißheit zu haben.

„Wo glühende Lava auf uns herabfährt, leuchten wir das Dunkel aus bis in die Fingerspitzen, dort werden die Augen Fenster in ein Land der Klarheit, die Brust ein Meer, das auf den Grund zieht, die Hüften zu Landungsstegen für heimkehrende Schiffe." Und „innen sind deine Knochen helle Flöten, aus denen ich Töne zaubern kann, die auch den Tod bestricken werden." (*Ingeborg Bachmann*)

Noch einmal: Eines der innigsten Stoßgebete für die Nacht
ist von einer modernen Dichterin, von *Christine Busta*:

Was Du auch vorhast
mit Deiner Welt,
die kleinen Felle der Liebenden
lass ungeschoren,
dass sie einander wärmen
wider den Tod.

Gebet

Das Gebet ersetzt keine Tat, aber das Gebet ist eine Tat, die
durch nichts anderes ersetzt werden kann!

Immer wieder habe ich darauf aufmerksam gemacht, daß
nicht nur der Patient, wenn es ihm sehr schlecht geht, ein
wichtiges Medikament von ganz alleine findet, nämlich das
Gebet. Und mit dem Gebet findet er auch wieder die Geduld
und manchmal auch die Kraft.

Man sollte auch die Familien miteinbeziehen in dieses Gebet
und, so glaube ich und habe es auch meinen Kollegen immer
wieder gesagt, auch die Ärzte sollte man miteinbeziehen,
daß sie manches Mal für einen Patienten beten. Nach meiner Erfahrung als Arzt, und das sind immerhin 50 Jahre, ist
das Gebet eine wertvolle Arznei.

Die Psalmen gehören zu den ältesten Gebeten der Menschheit. Der Psalm 116 beinhaltet als Gesundheitspsalm das
schöne Wort „Placebo", jenes Wort, das als ein Begriff für
„Scheinarznei" gelegentlich in der modernen Medizin Eintritt gefunden hat. Hier als Gebet = die Scheinarznei?

Vielleicht ist es nicht nur Schein, sondern wirklich Arznei.

Die letzten vier Wochen habe ich einmal aufgepaßt und war
in einigen Kirchen, in großen und kleinen Kirchen. Es war
noch nicht der Wonnemonat Mai, aber ein Marienlied habe
ich in einer einzigen Kirche einmal gehört und da auch nur

eine Strophe. Ich habe aber in der gleichen Zeit in ungefähr 6 verschiedenen Wunschkonzerten im Rundfunk bzw. im Fernsehen den Eindruck gewonnen, ich befinde mich bei einer Marienandacht. Dabei war es nichts anderes als „Patrona bavariae", die mit einem Gesang angerufen wurde, oder „Ave Maria" und verschiedene andere Lieder, die durchaus ein Gebet sein konnten.

Man sollte hier nicht vorschnell über die Naivität, über die Sentimentalität der Hörer solcher Lieder lächeln. Man sollte sich einmal Gedanken darüber machen, ob man nicht selber auch etwas dazu beitragen kann, hier das Gebet mit in die Umwelt hineinzubringen.

Es war nicht nur *Ludwig Thoma*, der in einer netten Geschichte es geißelte, daß die Menschen, wenn sie aus der Kirche kommen, gar nicht so erfreut aussähen, als ob sie eine frohe Botschaft gehört hätten.

Es war nicht nur *Nietzsche*, der den Christen vorgeworfen hat, wirklich genau betrachtet sähen die Menschen gar nicht so „erlöst" aus, wenn sie aus der Kirche kommen.

Es sind ja doch Heilsgedanken, die vermittelt werden, so müßte man eigentlich mehr Fröhlichkeit haben.

Und hier kommen wir zum nächsten Kapitel. Das Gebet sollte aus frohem Herzen gesprochen werden. Wie ja auch ein Gesang, der aus frohem Herzen kommt. Und hier in dem naiven kindlichen Glauben liegt doch das große Geheimnis, doch nicht in jenen elitären Gesprächskreisen, wo am Ende dann durch ewige Diskussionen eine Theologie entwickelt wird, bei der Gott eigentlich keine Rolle mehr spielt. Damit ist es sicher nicht getan.

Auf einem kleinen Abreißkalender bei einem alten Mann in einem Seniorenheim habe ich den Spruch gelesen: „Gott ist eine viel zu wichtige Angelegenheit, als daß man ihn allein den Theologen überlassen sollte!"

Menschen sind auch eine Arznei.
(frei nach Lukas 8,26 ff)

Wußten Sie schon,
daß die Nähe eines Menschen
gesund machen,
krank machen,
tot und lebendig machen kann.

Wußten Sie schon,
daß die Nähe eines Menschen
gut machen,
böse machen,
traurig und froh machen kann.

Wußten Sie schon,
daß das Wegbleiben eines Menschen
sterben lassen kann,
daß das Kommen eines Menschen
wieder leben läßt.

Wußten Sie schon,
daß die Stimme eines Menschen
einen anderen Menschen wieder aufhorchen läßt,
der für alles taub war.

Wußten sie schon,
daß das Wort
oder das Tun eines Menschen
wieder sehend machen kann.
Einen, der für alles blind war,
der nichts mehr sah,
der keinen Sinn mehr sah in dieser Welt
und in seinem Leben.

Wußten Sie schon,
daß das Zeithaben für einen Menschen
mehr ist als Geld,
mehr als Medikamente,
unter Umständen mehr
als eine geniale Operation.

Wußten Sie schon,
daß das Anhören eines Menschen
Wunder wirkt.
Daß das Wohlwollen Zinsen trägt,
daß ein Vorschuß an Vertrauen
hundertfach auf uns zurückkommt.

Wußten Sie schon,
daß Tun mehr ist als Reden.
Wußten Sie das alles schon?
Wußten Sie auch schon,
daß der Weg vom Wissen über das Reden zum Tun
interplanetarisch weit ist.

Wenn Sie das alles wissen,
alles erfahren haben
und begriffen haben
und erkannt haben,
dann haben Sie
einen kleinen Spalt geöffnet
zu schauen in die Faszination des Unendlichen.

Dieses Gebet ist aus dem Buch Wilhelm Wilms, „Der geerdete Himmel"

Der Tod

Wenn wir schon von Göttern, von Magie und von Zauber,
schließlich von Nahrungs- und Genußmitteln, von Drogen
und von Arzneien gesprochen haben, dann sollten wir eines

nicht vergessen, nämlich das Einzige, von dem wir in unserem Leben wissen, daß es ganz bestimmt kommt, absolut sicher. Wir wissen nur nicht, wann.

Was ich hier anspreche ist das Ende des Lebens, der Tod.

Nach dem Krieg mit Bombenterror und Granaten, mit Verschüttungen und gräßlichen Verbrennungen, nach all dem Elend der Vertreibung und den Tausenden von Leichen, den Hunderttausenden und Millionen von Toten, haben wir alles, was den Tod anbelangt, ja doch etwas verdrängt. Es hat sich in dem Gedankenbereich des Todes eine Art „Entsorgungsmentalität" breit gemacht. Es stirbt ein Mensch, er wird begraben, verbrannt oder auf eine andere Weise aus diesem Leben weggenommen. Er wird zwar nicht „weggekippt", aber manchmal, z. B. bei der Seebestattung, eben doch in das Meer gestreut. Es bleibt gleich, ob man zum Hades kommt auf dem Weg über Neptun oder über Zeus.

Für mich entwickelt sich die Frage, warum herrscht eigentlich Sprachlosigkeit über den Tod? Warum ist der Tod das große Tabu unserer Zeit?

Es gibt doch Völker und Religionen, in denen man weiß, daß die Seele, die Unsterbliche, weiterlebt. Gerade im Christentum, wo die ja beinahe schönsten und größten Verheißungen uns alles aufzeigen, was schön ist nach dem Tode, pflegt man nach dem Tod eines geliebten Menschen mit Trauerkleidung, Tränen in den Augen, in Angst und Schrecken zu sein.

Dazu kommen noch die „Manager" der Trauer und des Todes, die hereinstoßen in dieses Vakuum der Hilflosigkeit bei den zurückgebliebenen Familienmitgliedern des Verstorbenen.

Angehörige werden dann von diesen Managern in Gemeinschaftsarbeit mit den Behörden wie Marionetten herumgestoßen. Natürlich kühl, vornehm und höflich, eben dem Trauerfall entsprechend. Aber außer den Worten am Grab, die der Tote als Lebendiger gerne gehört hätte, denn wie jeder Mensch hätte auch er Lob und ähnliche Streicheleinheiten gebraucht. Hier bekommt er sie erst, wenn auch nicht mehr als Lebender, so wird seine Seele doch noch etwas davon mitnehmen können ins Jenseits.

Bevor aber dieser Augenblick eintritt, da herrscht noch Angst und Unruhe, unbändige motorische Kraft wird noch einmal in Gang gesetzt zu einer geradezu frappierenden Bewegungsunruhe des Geistes und des Körpers. Die Angst paart sich mit der Unruhe, das Grauen, von dem man glaubt, daß es schrecklich sei, packt und schüttelt uns noch einmal.

Hier wird die Medizin mit allen ihren Arzneien außer den Holzhammer- und Betäubungsspritzen, die den Weg, den man gehen muß, vernebeln, kaum etwas anderes bieten können. Hier wird auch die Psychotherapie nur am Rande laufen können. Hier wird der Zuspruch des Stellvertreters Gottes auf Erden, des Priesters, nur mit einem halben Ohr gehört, denn man muß ja selber sterben und hineinspringen in das Unbekannte.

In diesem Fall helfen homöopathische Mittel und es gibt deren einige, sowohl aus dem Mineralreich als auch aus dem Tier- und aus dem Pflanzenreich.

Oft habe ich diese angewendet und immer habe ich erlebt, daß eine himmlische Ruhe eintrat, ein großer Frieden wie ein warmer Mantel sich um den Sterbenden legte, seine Augen wieder einen lächelnden Glanz bekamen.

Da ich auch während der Gefangenschaft Tausende sterben gesehen und sie begleitet habe auf ihren letzten Schritten, so habe ich es erlebt, daß sie auf einmal froh waren und sich ein Lächeln auf dem Gesicht abzeichnete, das sie hinübernahmen in das unbekannte Land. In jenes Land, von dem wir nichts oder nur sehr wenig wissen, das wir aber mit sehr viel mehr Freude erreichen können, wenn wir das glauben, was wir eigentlich wissen, und glauben könnten, was wir eigentlich wissen sollten.

Gesundheit und Harmonie

Wir haben uns Gedanken gemacht über die griechischen Götter, wir haben über die Bibel gesprochen und auch über den Zauber des Mittelalters.

Jetzt kommen wir zu einem Gedanken des Sabbats, den es wieder zu entdecken gilt, was doch bedeutet, daß wir uns einmal mit uns selbst und mit den Mitmenschen, mit unserer Natur und schließlich mit Gott aussöhnen sollten. Hier liegt ja der eigentliche Sinn des Sabbats. Es gab auch ein Sabbat-Jahr und dies ist dem Gesetz entsprechend da, um Schulden verjähren zu lassen, hier bekamen die Sklaven ihre Freiheit und Streitigkeiten wurden endgültig aus der Welt geschafft. Der Sabbat diente schließlich dazu, daß sich die Menschen untereinander die Hand reichen und sich mit der ganzen Schöpfung in Harmonie wissen könnten.

Harmonie aber ist die Voraussetzung für Gesundheit neben der Toleranz, und gerade im Augenblick wird dieses Wissen, was den Alten selbstverständlich war, für die Wissenschaftler wieder interessant. Sie glauben es neu zu entdekken: Denn alles was Gott geschaffen hat, vom Lauf der Planeten bis zum kleinsten Sandkorn, fügt sich in wohlklingenden Akkorden in die gesamte Natur ein. Und wenn wir heute davon sprechen, welches wohl die älteste Quarzuhr ist, nun, im wahrsten Sinne des Wortes, es ist die Sanduhr.

Jede Lebensfunktion, jeder Rhythmus im täglichen Leben und jede Lebensäußerung stimmt mit der Melodie der Schöpfung überein. Vorausgesetzt, es handelt sich um etwas Gesundes.

Pythagoras, der wohl einer der bekanntesten griechischen Philosophen ist, hat aus diesem Wissen die Lehre der Eurhythmie geschaffen. Musikwissenschaftler haben darüber nachgedacht, aber auch Arbeitsmediziner haben in Konkurrenz miteinander Nachweise geliefert, daß dem so ist:

An der Wiener Hochschule war es Professor *Haase*, Lehrer für Musik und darstellende Kunst, der ausgehend von der Musik zeigte, daß es bei den Musikintervallen Gesetze gibt, die mit der Natur und dem Menschen genau übereinstimmen. Halbiert man eine Saite, die im Grundton ein „C" schwingt, erhält man wiederum ein „C", nur eine Oktave höher. Der eine Ton steht zum anderen im Verhältnis 1:2. Der erste und der fünfte Ton der Tonleiter haben zueinander die Proportion 2:3 und die Quarte 3:4, eine Terz 4:5; immer stößt man bei Akkorden, die einen Wohlklang ergeben, auf solche ganz glatten Bruchzahlen. Dabei ist eines nun besonders interessant, nämlich die Tatsache, daß sich genau dieselben Verhältnisse im Aufbau von Kristallen finden. Denken Sie an die Kantenlänge allein schon von einem Bergkristall. Diese Verhältnisse im Aufbau gleichen aber auch, was Kantenlänge und Seitenflächen anbelangt, jeder Blüte, jedem Blütenblatt, sogar in der Form von Tieren und schließlich im menschlichen Körperbau, nicht zuletzt in den Planetenbahnen. Alles in der Natur ist „harmonisch" konstruiert. Es gibt in der Natur keinen „Mißton".

In der Universität Marburg hat Professor *Hildebrandt* klargelegt, in vielen Messungen, daß sich auch die Körperfunktionen beim gesunden Menschen in zueinander stimmenden Rhythmen vollziehen.

Als Beispiel: Während des gesunden Schlafs besteht die Blutversorgung zwischen Muskeln und der Haut im Verhältnis 4:1, auf jeden Atemzug kommen 4 Herzschläge, auf eine Blutdruckperiode 4 Atemzüge, auf 4 Blutdruckperioden ein Blutverteilungsrhythmus. Bei gesunden Betätigungen, auch bei heftigsten Anstrengungen, bleiben diese Verhältnisse immer erhalten.

685

Doch bei monotonen, unnatürlichen Arbeiten geraten die Rhythmen durcheinander. Es kommt, wie in der Musik, zu einem störenden Mißton oder gar Mißklang.

Das funktioniert so klar und deutlich, daß man aus den Rhythmen der schlafenden Menschen darauf schließen kann, ob sie ganz gesund oder „aus dem Takt" geraten sind. Jeder Ärger, jede Erregung, jeder Streß, jede Angst wirft uns aus der Harmonie heraus und schafft Disharmonien, schafft auch im Vegetativen krankhafte Zustände.

Manchmal reicht der Schlaf einer Nacht, besonders in solch „modernen", medienbetonten Nächten, nicht aus, um gesunde Funktionen, also eine Harmonie der Akkorde wieder herzustellen.

Wir können aber noch ein wenig weitergehen, aus dem Zauber heraus in das Göttliche, das Heilige. So wäre alles heilig, was sich im Einklang befindet mit der Vorstellung Gottes, mit seinem zur Schöpfung gewordenen, grandiosen harmonischen Akkord.

Sünde wäre demnach die Disharmonie, der Mißklang, das Zerreissen von schönen Tönen. Der Sonntag könnte dann zu einem heiligen Tag werden, wenn wir ihn in diesem Sinn wieder heiligen, damit uns die verlorene Harmonie wieder zurückgegeben wird.

Es genügt nicht, und das ist hier ganz deutlich, vermeintlich mit Gott im Reinen zu sein. Es kann keine Harmonie geben, solange einer der anderen Akkorde, z. B. zum Mitmenschen oder zur Natur, gestört ist und nicht so abläuft, wie es die Harmonie will.

So versteht auch Jesus den Sabbat in den Evangelien. Er hat geduldet, daß seine hungrigen Jünger unterwegs Ähren abrissen (Matthäus 12, 1-7). Oder denken Sie an jene Stelle, als Jesus am Sabbat heilte und deshalb wiederum getadelt wurde:

„Wer von euch wird, wenn ihm am Sabbat ein Schaf in die Grube fällt, es nicht sofort wieder herausziehen? Wie viel mehr wert als ein Schaf ist ein Mensch! Darum ist es erlaubt, am Sabbat Gutes zu tun" (Matthäus 12, 11-12). Und schließlich lesen wir noch bei Markus 2, 27:

„Der Sabbat ist für den Menschen da, nicht der Mensch für den Sabbat."

Es geht also nicht darum, ein Gesetz starr einzuhalten, einen Buchstaben zu erfüllen, sondern den Geist des Gesetzes zu erfassen und nach seinem Sinn zu handeln.

Es ist kein Zufall, daß aus dem Sabbat der Juden (dem heutigen Samstag) der Sonntag der Christen und in umgekehrter Form der Freitag der Mohammedaner geworden ist. Sabbat war schon nach altbabylonischer und astrologischer Einteilung der Tag des Saturns und der Saturn galt als der Stern der Juden (Saturday). Die drei Magier wurden von der Messias-Konstellation zu ihrer Reise nach Bethlehem geführt. Jupiter, der Königstern, und Saturn, der Stern der Juden, standen am Himmel so nah beieinander, daß es von der Erde aussah, als wären sie zu einem Stern verschmolzen. Das konnte nun für einen astrologisch und astronomisch gebildeten Sternkundigen nur heißen:

„Wo ist der neugeborene König? Wir haben seinen Stern gesehen und sind gekommen ihm zu huldigen." (Matthäus 2,2).

Schon die ersten Christen haben neben dem Sabbat den Sonntag als den Tag des Herrn gefeiert, weil er am Ostersonntag von den Toten auferstanden ist. Kaiser Konstantin der Große (280 – 337), der in seiner Jugend den Sonnengott verehrte, (Sonntag = Tag der Sonne), der im Zeichen Christi siegte und das Christentum im römischen Reich zur Staatsreligion machte, erklärte im Jahr 321 den Sonntag zum geheiligten Tag.

Und diese Festlegung kam den abendländischen Kulturen, speziell den germanischen und keltischen Völkern sehr entgegen. Der Geburtstag des Herrn, Weihnachten, wurde auf den 25. Dezember verlegt, den Tag der Wintersonnenwende, an dem die Finsternis vom Licht besiegt wird. Christus und das Licht wurden einander gleichgesetzt.

Denken Sie an die Mohammedaner, die am Freitag, dem Tag der Venus, in die Moschee gehen. Venus und Mond sind nach astrologischer Deutung für diese Religion die beherrschenden Gestirne. In seinen Prophezeiungen hat der französische Seher Michel *Nostradamus* (1503 – 1566) angekündigt, um das Jahr 2000 etwa würde eine neue Religion gegründet, die schließlich den Donnerstag, den Tag des Jupiters, den Tag von Donar, zu ihrem Festtag erheben würde.

Mitunter scheint es, als hätte der christliche Sonntag, aber auch der islamische Freitag, niemals voll den Sinn und den Charakter des ursprünglichen Sabbats erreichen können.
Vor allem unser Sonntag ist ja heute kein Heilstag, kein heiliger Tag mehr: Statt uns festlich zu kleiden, festlich zu speisen und uns in versöhnlicher, ausgleichender Atmosphäre zusammenzufinden, sind wir froh, endlich einen Tag lang die steife, korrekte Kleidung, die der Beruf erfordert, abzulegen und in Freizeitkleidung hineinzuschlüpfen. Wir setzen uns nicht mehr an den sonntäglichen Tisch zum Braten, wir gehen zum Brunch. Oder wir nehmen stehend eine Wurstsemmel ein, um unserem Vergnügen baldmöglichst nachjagen zu können.

Wann immer von uns Götter, die bei den Griechen angebetet wurden, im Christentum Gott verehrt wurde, haben wir heute einen neuen Gott gefunden; unser „Gott" ist die Arbeit; das Wochenende ist eigentlich nur noch eine Pause zwischen den Arbeitstagen. Es ist ein großer Versuch, allen diesen Zwängen und Unterdrückungen auszuweichen. Der

Sonntag ist zu einem Tag geworden, der dazu dient, sich zu „zerstreuen", statt zu sammeln.

Dieser „Streß", den wir von uns geben, scheint manchmal noch größer zu werden als jener, den die Arbeit von uns fordert. Möglichkeiten etwas für die Gesundheit zu tun, sind immer noch reichlich gegeben. Sie werden auch wahrgenommen, aber das eigentliche Zurückfinden zu sich selbst, ein wirkliches Zurückgewinnen, eine Harmonie mit dem Schöpfer, mit Gott, zu einer Harmonie mit den Mitmenschen und der Natur, das wird immer fast gänzlich verfehlt. Wo oder wer findet heute noch Minuten der Besinnung? Und ein Zusammenklingen in einer noch so kleinen Gemeinschaft?

Wenn wir überhaupt von Erholung sprechen, genau so wie auch im Urlaub, dann ist diese meist nur auf den Körper beschränkt. Aber sie kann ja dort nicht wirksam werden ohne Erholung von Geist und Seele, der Körper ist dann nicht fähig, gesund zu werden. Er wird immer wieder neu gefordert, neu gestreßt, wird aus der Harmonie gerufen, es sind dauernde tausende Mißtöne, die in unsere Seele dringen. So wird die Freizeit mehr und mehr zu einem gesundheitlichen Problem. Und das gerade in einer Zeit, in der die Krankheiten immer wieder neu ausbrechen, neue Krankheiten auftreten und immer mehr Menschen von ihnen erfaßt werden. Wir erwarten von der Freizeit zu viel und sind enttäuscht, weil die meisten nichts mehr mit sich selbst anfangen können.

Schauen Sie sich doch einmal die Urlaubsfreizeit an, in großem Maßstab werden nicht mehr Gott, die Seele, die Harmonie angesprochen, nein, da werden plötzlich Animatoren gefordert, die mit einem lückenlosen Programm für den Körper und auch für viele Sinne, Bewegung und Zeitvertreib fordern. Zeitvertreib, genau wie das Fernsehen heute, das Radio, wie Sportveranstaltungen großen Stils und viele

Unterhaltungen, die uns vollstopfen, damit wir ja niemals mit uns allein sind, nie Zeit finden, die eigentlich notwendigen Fragen zu beantworten. Die Folge davon sind Konflikte; diese Konflikte bleiben ungelöst bis es so weit ist, bis sie die Seele nicht mehr verkraften kann. Dann wird nur mehr die Krankheit weiterhelfen. Die Krankheit als eine riesige, große und letzte Chance der Lebenskorrektur, wo auch Arzneimittel nur noch dämpfen, überdecken, übertünchen können.

Wir müssen versuchen, wie beim Sabbat-Gebot, bei jedem Verbot und auch Gebot einen Segen zu entdecken, und zwar einen Segen, der vom Himmel für uns ganz persönlich zugeteilt wurde, aber auch nur, wenn wir uns daran halten. Hier geht es nicht allein um einen guten Lohn im Jenseits, nein, dieses Thema ist in der Bibel des Alten Testamentes ganz bewußt ausgespart, weil das Schielen danach unsere Möglichkeiten, uns auf Erden richtig zu verhalten, aber auch unseren rechten Einsatz hier auf Erden behindern. Schielt man nämlich mit einem Auge schon zum Jenseits, wird man den Sinn göttlicher Gesetze im Diesseits nur verbiegen, einen Knoten hineinbringen und damit wieder die Harmonie stören.

Heute hat in einige Therapierichtungen z.B. das Fasten Einzug gefunden, das aus allen Religionen abgelesen werden konnte, in denen das Sühnefasten eine große Rolle gespielt hat bzw. spielt.

„Und treibe keine Heuchelei oder stelle nicht Frömmigkeit zur Schau und brüste Dich nicht eigener Verdienste und Leistungen, nein, übe Gerechtigkeit und anständiges Verhalten gegenüber Armen und Schwachen. Das ist wesentlich wichtiger noch als das Fasten."

Bei Matthäus 6, 16-18 kann man nachlesen, daß Gott Trauerklöße nicht mag, auch nicht bei Krankheit, genau so wenig wie beim Fasten. Wir kommen hier zum Kristallisationspunkt des Lebens, zu Augenblicken absoluter Konzentration auf Gott und das eigene Ich.

Versuchen wollte ich, Sie in eine mit Hieroglyphen, Emblemen und Allegorien vollgestopfte Welt der Gnome und Zwerge, der Faune und der Druden, der Satyrne, der Nymphen und Najaden einzuführen, in ihren poetischen, spielerischen und manchmal apokalyptischen Sinnbildern, ihren geistlichen, aber auch profanen Symbolen, im Magischen und im Archetypischen, auch umgesetzt ins Künstlerische. Teilweise ist uns die Pflanze begegnet, ein Schöpfungswunder, dasselbe Schöpfungswunder, das wir als Arznei verwenden. Gewachsen aus der Erde, von der Sonne und dem Regen genährt, ist sie doch mehr als nur ein botanisches Gebilde. Von der Struktur her kann man sie klassifizieren, aber man muß auch daran denken, daß an allen Kräften und Geschehnissen in dieser Welt bis zum Rauschzustand hin die Pflanze ihren Anteil hat.

Irgendwie, irgendwann, durch viele Jahrtausende zieht ihr Weg, ein ganz langer Weg, der seinen Beginn hat bei den Göttern und sein Ende bei den Menschen. Uns allen wollte ich die Freude machen, unsere Arzneimittel, das sind ja doch dieselben Pflanzen, es sind Salze, Minerale, Metalle, Tiere, wieder ein wenig transparenter zu machen. Das nackte, kalte, vielleicht sogar etwas mechanistisch erscheinende Bild eines solchen Schöpfungswunders wie der Pflanze, oder auch der Metalle oder der Mineralien sollte transparent werden. Etwas mehr wollte ich zeigen, von der Schöpfung her bis zum Apokalyptischen, vom Duft her bis zum Dämonischen. Ein Arzneimittelbild mal anders vorzustellen, das war mein Wunsch.

Faust's Waldgebet

„Erhabner Geist, du gabst mir, gabst mir alles,
Worum ich bat. Du hast mir nicht umsonst,
Dein Angesicht im Feuer zugewendet
Gabst mir die herrliche Natur zum Königreich
Kraft, sie zu fühlen, zu genießen. Nicht
Kalt staunenden Besuch erlaubst du nur,
Vergönnest mir, in ihre tiefe Brust
Wie in den Busen eines Freunds zu schauen.
Du führst die Reihe der Lebendigen
Vor mir vorbei und lehrst mich meine Brüder
Im stillen Busch, in Luft und Wasser kennen.
Und wenn der Sturm im Walde braust und knarrt,
Die Riesenfichte stürzend Nachbaräste
Und Nachbarstämme quetschend niederstreift,
Und ihrem Fall dumpf hohl der Hügel donnert,
Dann führst du mich zur sichern Höhle, zeigst
Mich dann mir selbst, und meiner eignen Brust
Geheime tiefe Wunder öffnen sich."

Oft habe ich mir Gedanken darüber gemacht, daß in meinem Buch viel zu viel belanglose Worte stehen, und ich wollte schon sehr viele wieder wegstreichen. Seit einigen Tagen habe ich mein Selbstbewußtsein erheblich gestärkt. Ich habe nämlich ein Telegramm aufgegeben und dort auf dem Postamt erfahren, wieviel so viele belanglose Worte zählen, zahlbar in blanker Münze.

692

Literaturverzeichnis

ALCORN: Huastec Ethnobotany.

ALLGEIER, KURT: Mit der Bibel heilen.

ARATOS: Phainomena − Sternbilder u. Wetterzeichen.

BABA, PAGAL: Temple of the Phallic King.

BARTHELS, KLAUS: Sokrates im Supermarkt.

BARTELS, KLAUS: Eulen aus Athen.

BARTELS, KLAUS: Zeit zum Nichtstun.

BAUMANN: Die griechische Pflanzenwelt in Mythos, Kunst und Literatur.

BEHR, HANS-G.: Weltmacht Droge.

BEHR, H.-G.: Von Hanf ist die Rede.

BINDER, GERHART: Von Adonis bis Zeus.

BINGEN, HILDEGARD VON: Heilkunde.

BONNET, CHARLES: Die pflanzliche Liebe oder die Hochzeit der Pflanzen.

BOSS, MEDARD: Grundriß der Medizin und der Psychologie.

BRAGG: Wasser − das größte Gesundheitsgeheimnis.

BRETAUDEAU, J.: Bäume − Einheimische und fremde Arten.

BUKKYO, DENDO KYOKAI: Die Lehre Buddhas.

BURKA, CHRISTA F.: Kristallenergien.

BUSCH P.: Alcohol and Sex.
CHAMISSO, ADELBERT VON: Illustriertes Heil-, Gift- und Nutzpflanzenbuch.

CHAPIEL: Des Rapports de l'Homöopathie a vu la doctrine de signatures.

CLAUDER, JOHANNES: De philtris.

CRANACH: Von Drogen im alten Ägypten.

CREUZER, GEORG-FRIEDRICH: Symbolik und Mythologie der alten Völker, besonders der Griechen.

CROIX, DE LA, P.-M.: Das Vater unser.

DETLEFSEN, TH: Krankheit als Weg.

THORWALD/DAHLKE/DAVENPORT, JOHN: Aphrodisiacs and Anti-Aphrodisiacs.

DAHLKE, RÜDIGER: Krankheit als Sprache der Seele.

DAHLKE, RÜDIGER: Verdauungsprobleme.

DAHLKE, RÜDIGER: Herzensprobleme.

DAVENPORT, JOHN: Aphrodisiacs and Love Stimulants.

DEAVER, KORRA: Die Geheimnisse des Bergkristalls.

DETIENNE, MARCEL: The Gardens of Adonis.

DEVI, KAMALA: Tantra-Sex.

DIERBACH, J. H.: Flora mythologica oder Pflanzenkunde.

DIOSCURIDES: Arzneimittellehre.

DÜRCKHEIM, G8VON, GRAF: Im Zeichen der großen Erfahrung.

DÜRCKHEIM, VON, GRAF: Erlebnis und Wandlung.

DÜRCKHEIM, VON, GRAF: Der Weg, die Wahrheit, das Leben.

DÜRCKHEIM, VON, GRAF: Vom doppelten Ursprung des Menschen.

EBERTIN, REINHOLD: Sterne helfen heilen!

EDLIN, H. L.: Mensch und Pflanze.

ENGEL, F.-M.: Zauberpflanzen – Pflanzenzauber.

ENGEL, F.-M.: Trip zwischen Himmel und Hölle.

ENGEL, F.-M.: Die Zauberkräuter Amors!

EPIKUR: Sprüche, Briefe, Werkfragmente.

EVERS, FRANZISKA: Erst das Wort, dann die Pflanze, zuletzt das Messer!

FAZZIOLI, EDOARDO: Des Kaisers Apotheke.

FECHNER, GUSTAV-THEODOR: Nanna
oder über das Seelenleben?

FELLNER, STEFAN: Die homerische Flora.

FISCHER, SUSANNE: Medizin der Erde!

FLASHAR, HELLMUT: Antike Medizin.

FOCKE, ALFRED: Für und wider die Zeit
oder streitende Kirche.

FRIEDELL, EGON: Kulturgeschichte Griechenlands.

FRIEDRICH: Symbolik und Mythologie der Natur.

FRITSCHE, HERBERT: Samuel Hahnemann.

FRITSCHE, HERBERT: Sinn und Geheimnis des Jahreslaufes.

FROHNE/PFÄNDER: Giftpflanzen.

FURLENMEIER, MARTIN: Mysterien der Heilkunde.

GATTANIDES, JOH.: Odysseus heute –
Vom Umgang mit dem neuen alten Griechen.

GAWLIK/BUCHMANN: Homöopathie in der Weltliteratur.

GAWLIK, W.: Ganzheitstherapie akuter Erkrankungen.

GAWLIK, W.: Homöopathie und konventionelle Therapie.

GAWLIK, W.: Arzneimittelbild und Persönlichkeitsportrait.

GESUNDHEITSMINISTERIUM: Homöopathisches
Arzneibuch.

GEISSLER, HORST-WOLFRAM: Odysseus und die Frauen.

GENAUST, HELMUT: Etymologisches Wörterbuch
der botanischen Pflanzennamen.

GESSNER/ORZECHOWSKI: Gift- und Arzneipflanzen
von Mitteleuropa.

GIFFORD, EDWARD: Liebeszauber.

GLEICK, JAMES: Chaos.

GOETHE, J. W., VON: Gesammelte Werke.

GRODDECK, G.: Die Natur heilt.

GRUNEWALD: Acta medica empirica.

GÜLKER, HARTMUT: Leitfaden zur Therapie
  der Herzrhythmusstörungen.

HABERMEHL, GERHARD, G.: Gift-Tiere und ihre Waffen.

HAEHL, ERICH: Ein Arzt wird Rebell.

HAGER/HEYN: Drudenhax und Allelujawasser.

HAHNEMANN, S.: 1) Organon der Heilkunst.
  2) Chronische Krankheiten.
  3) Reine Arzneimittellehre.

HAGELSTANGE, Rudolf: Spielball der Götter.

HARISCH/KRETSCHMER: Jenseits vom Milligramm.

HARNISCHFEGER/STOLZE: Bewährte Pflanzendrogen
  in Wissenschaft und Medizin.

HAUSMANN, W.: Die ältesten Heilpflanzen Europas.

HEMLEBEN: Biologie und Christentum.

HENGEL, E. H.: Heilpflanze − Baum.

HENGLEIN: Die heilende Kraft der Wohlgerüche
  und Essenzen.

HENNING, MAX: Übertragen von: Der Koran.

HERODOT: Historien.

HERTZKA/STREHLOW: Die Edelsteinmedizin
  der heiligen Hildegard.

HESSE, HERMANN: Bäume.

HOBHOUSE, HENRY: Fünf Pflanzen verändern die Welt.

HOCHKEPPEL, WILLY: Mit zynischem Lächeln
  über die Hippies der Antike.

HOEFLER: Volksmedizin und Aberglaube
  in Oberbayerns Gegenwart und Vergangenheit.

HÖHN, REINHARD: Seltsames aus dem Reich der Pflanzen.

HOMER: Ilias. Übersetzt von A. Weiher.

HOMER: Odyssee. Übersetzt von A. Weiher.

HOMER: Homerische Hymnen. Übersetzt von A. Weiher.

HUIBERS, JAAP: Gesund sein mit Metallen.

HUIBERS, JAAP: Kranken Kindern helfen.

HUIBERS, JAAP: Überwinde Angst und Furcht.

HUIBERS, JAAP: Kräuter bei Streß und Nervosität.

HUIBERS, JAAP: Liebe, Kräuter und Ernährung.

HUNCKE, SIGRID: Allahs Sonne über dem Abendland.

HUBER, PAUL: Athos.

HUMBOLDT: Darstellung einer Geographie der Pflanze.

IRMSCHER: Lexikon der Antike.

JACQUIN, VON, FRH.: Über den Ginkgo.

JÜNGER, ERNST: Zahlen und Götter –
Philemon und Baucis.

JÜNGER, ERNST: Annäherungen – Drogen und Rausch.

JÜRG, REINHARD: Unerhörtes aus der Medizin.

JUNGCLAUSEN, E.: Suche Gott in Dir.

JUST, CLAUS: Homöopathie –
Das Machbare und das Unendliche!

KÄSTNER, HELGA: Von heilsamen Kräutern und Arzneyen.

KALTENBRUNN: Pflanzenseelen, Planetenengel
und der grüne Weg zu Gott.

KANNGIESSER: Die Flora des Herodot.

KERENYI, KARL: Die Mythologie der Griechen
Band I und II.

KING, FRANCIS: Sexuality, Magic and Perversion Secaucus.

KINZEL, HELMUT: Pflanzenökologie und
Mineralstoffwechsel.

KIRCHDORFER, A. M.: Ginseng: Legende u. Wirklichkeit.

KITTO, H. D. F.: Die Griechen.

KLAUS, THOMAS: Seelsorge und Psychotherapie —
Band 1 Meditation.

KLEIN, MICHAEL: Sammlung merkwürdiger
Naturseltenheiten des Königreichs Ungarn.

KOLPAKTCHY: Ägyptisches Totenbuch.

KRATZ, KARL: Pflanzenheilverfahren — Kräuterkuren.

KRECKEL-RENNER: Wildpflanzen im heiligen Land.

KROKER, ERNST: Katechismus der Mythologie.

KRUMM-HELLER/KÜMMERLIE/GARRET/SPITZI: Magie
der Duftstoffe — Klinische Pharmakologie
und Pharmakotherapie.

KÜNZLE, Kräuterpfarrer: Chrut un Uchrut.

LANGLOTZ: Aphrodite in den Gärten.

LESSING, ERICH: Die griechischen Sagen.

LEUENBERGER, HANS: Im Rausch der Drogen.

LEVI-STRAUSS, CLAUDE: The Use of Wild Plants
in Tropical South America.

LEVY, JULIETTE DE BAIRACALI: Das Kräuterhandbuch
für Menschen.

LEVY, JULIETTE DE BAIRACALI: Botanik
der alten Römer und Griechen.

LEVY, STEPHEN, J./BROUDY, MARIE: Sex Role
Difference in the Therapeutic Community.

LEVY, WILLIAM: Oh Amsterdam.

LEWIN, LOUIS: Phantastica.

LEWIS, B.: The Sexual Power of Marijuana.

LÖBSACK, THEO: Das heimliche Leben der Pflanzen.

MADER, LUDWIG: Übertragen von: Griechische Sagen.

MANDEL, GABRIELE: Islamische Erotik.

MARCUSE, MAX: Handwörterbuch der Sexualwissenschaft.

MARTINEZ/MARZELL: Weihrauch und Myrrhe
Zauberpflanzen – Hexentränke.

MARZELL: Bayerische Volksbotanik.

MEIER, C. A.: Antike Inkubation und
moderne Psychotherapie.

MOORKERJEE, AJIT: Tantra Asana.

MÜLLER, IRMGARD: Die pflanzlichen Heilmittel
bei Hildegard von Bingen.

MÜLLER, JOHANNES: De Febre Amatoria.

NASH, E. B.: Leitsymptome
in der homöopathischen Therapie.

NETTESHEIM, VON AGRIPPA: Die magischen Werke.

NICK, DAGMAR: Medea, ein Monolog.

NICK, DAGMAR: Götterinsel der Ägäis.

OTTO, WALTER F.: Theophania.

OVID: Metamorphosen.

PAULY, DER KLEINE: Lexikon der Antike Bd. I – V.

PELT, JEAN-MARIE: Das Leben der Pflanzen.

PERGER: Deutsche Pflanzensagen.

PLATON: Der Staat.

PLINIUS: XXX, 1-11. Ausgabe. Reclam.

PLUTARCH: Symp. Reclam.

POLLACK: Wissen und Weisheit der alten Ärzte.

POLONOVSKI: Medizinische Biochemie.

PORTA: Phytognomica.

PRELLER: Griechische Mythologie.

RÄTSCH, CHRISTIAN: Argemone mexicana –
Food of the Dead Paper presented at the 2nd annual.

RÄTSCH/PROBST: Xtohk'uh: Zur Ethnobotanik der
Datura-Arten bei den Maya in Yucatan.

RAHNER, HUGO: Griechische Mythen
in christlicher Deutung.

RANKE-GRAVES, ROBERT VON: Griechische Mythologie −
Quellen und Deutung.

RAUSCH, A. M.: Die Welt der Rose.

RAUSCHER, KARL, Pfarrer Geistl. Rat: Heilkräuter −
Geschenke Gottes für Deine Gesundheit.

RECHNUNG/RIPOCHE JAMPAL KUNZANG: Tibetan
Medicine Illstrated in Original Texts Berkeley.

REINHARD, JÜRG: Unerhörtes aus der Medizin.

RISCH, GERHARD: Homöopathik.

RITTER/WÜNSTEL: Homöopathische Propädeutik.

RITZER: Heilung durch Ähnlichkeit.

ROSE, HERBERT, J.: Griechische Mythologie.

ROST, J.: Die Quintessenz der Naturheilverfahren.

ROTH/DAUNDERER/KORMANN: Giftplanzen −
Pflanzengifte.

SCHAEFER, HANS: Dein Glaube hat Dich gesund gemacht.

SCHEFFER, VON, THASSILO: Hellenische Mysterien
und Orakel.

SCHEFFER, VON, THASSILO: Die Kyprien.

SCHENK, G.: Das Buch der Gifte.

SCHIRNDING, VON, ALBERT: Die Weisheit der Bilder.

SCHIRNDING, VON, ALBERT: Durchs Labyrinth der Zeit.

SCHLEGL, EMIL: Religion der Arznei.

SCHMIDT, RICHARD: Beiträge zur indischen Erotik.

SCHMIDT, JOSEF M.: Philosophie Hahnemanns.

SCHNEIDER, KARL: Kulturgeschichte des Hellenismus.

SCHNIEPER: Bäume, Mythos, Abbild, Sinnbild.

SCHÖPF, HANS: Zauberkräuter.

SCHRAMM, HENNING: Märchen und Heilmittel.

SCHRAMM, PETRA: Kuriositäten
aus der Medizingeschichte.

SCHRÖDTER, WILLY: Pflanzengeheimnisse.

SCHRÖDTER, WILLY: Magie, Geister, Mystik.

SCHULTE, R. E./HOFFMAN, ALBERT: Pflanzen der Götter.

SCHULTES, R. E.: The Botany and chemistry
of Hallucinogens.

SCHÜTZ, HARALD: Benzodiazepine −
Entdeckung, Entwicklung u. Zukunftsperspektiven.

SCHUPPERGES, H.: Der Garten der Gesundheit.

SCHWAB, GUSTAV: Die schönsten Sagen
des klassischen Altertums.

SICHELSCHMIDT: Anmerkungen zu Goethe.

SILLS-FUCHS, MARTHA: Wiederkehr der Kelten.

SCHUON, FRITHJOF: Von der inneren Einheit
der Religionen.

SIMON, ERIKA: Die Götter der Griechen.

SIMONIS: Heilpflanzen Bd. I u. II.

SMART: Kosmos-Enzyklopädie der Schmetterlinge.

STADLBAUER: Reibet die Fußsohlen mit weißem Senf.

STAMMEL, H. J.: Die Apotheke Manitous.

STEINEGGER: Lehrbuch der Pharmakognosie.

STAPLETON, MICHAEL: Lexikon der griechischen
und römischen Mythologie.

STARK, RAYMOND: Aphrodisiaka und ihre Wirkung.

STOLL, OTTO: Das Geschlechtsleben
in der Völkerpsychologie.

SUDBRACK: Baum des Lebens − Baum des Kreuzes.

SÖSSEL, RUDOLF: Harmonikale Faszination.

SURYA: Die verborgenen Heilkräfte der Pflanzen.

SURYA: Ursprung, Wesen und Erfolge
  der okkulten Medizin.

TISSERAND, R.: The Art of Aromatherapy.

THEOPHRAST: Theophrasts Naturgeschichte der Gewächse.

ULLMAN, DIANA: Homöopathie, die sanfte Heilkunst.

URCHS, OSSI: Ein ganz besonderer Rausch.

UYLDERT, MELLI: Verborgene Kräfte der Metalle.

WASSON: Soma − Davine Mushroom of Immortality.

WATZLAWICK: Münchhausens Zopf.

WEIDELENER: Die Götter in uns.

V. WEIZÄCKER, V.: Ärztliche Fragen.

V. WEIZÄCKER, V.: Pathosophie.

V. WEIZÄCKER, V.: Klinische Vorstellungen.

WEYERS: Die Empfehlung in der Selbstmedikation.

WIESENAUER: Praxis der Homöopathie.

WIRT/GLOXHUBER: Toxikologie.

VETTER: Personale Anthropologie.

VITHOULKAS: Essenzen homöopathischer Arzneimittel.

VOLLERA: Wörterbuch der Mythologie.

WÜNSTEL: Aktuelle Anwendungsmöglichkeiten
  der Homöopathie in der ärztlichen Praxis.

ZILCH: Intuition und Ganzheit.

ZOHARY: Pflanzen der Bibel.